U0725228

# THE GLORY OF ANCIENT GREEK CIVILIZATION

# 古希腊文明的光芒

（上）

## 青春芳华

赵林
著

人民邮电出版社
北京

图书在版编目（CIP）数据

古希腊文明的光芒 / 赵林著. -- 北京 : 人民邮电出版社, 2020.11
ISBN 978-7-115-54855-9

Ⅰ. ①古… Ⅱ. ①赵… Ⅲ. ①宗教史－研究－古希腊②古希腊罗马哲学－研究 Ⅳ. ①B929.545②B502

中国版本图书馆CIP数据核字(2020)第172876号

◆ 著　　　赵 林
责任编辑　郑 婷
责任印制　周昇亮

◆ 人民邮电出版社出版发行　　北京市丰台区成寿寺路 11 号
邮编　100164　　电子邮件　315@ptpress.com.cn
网址　https://www.ptpress.com.cn
天津裕同印刷有限公司印刷

◆ 开本：880×1230　1/32
印张：30.625　　2020 年 11 月第 1 版
字数：686 千字　　2025 年 5 月天津第 13 次印刷

审图号：GS（2020）4745 号

定价：188.00 元（全 2 册）

读者服务热线：（010）81055522　　印装质量热线：（010）81055316
反盗版热线：（010）81055315

# 赞誉

十次踏访古希腊文明遗址、四十年探讨西方文化渊源的赵林教授出版了新书《古希腊文明的光芒》。从神话、城邦、文艺、宗教、哲学诸维度，展示波澜壮阔的古希腊文明的历史画卷。爱琴海的蔚蓝、荷马的众神、特洛伊的争战，苏格拉底、柏拉图、亚里士多德的哲思，亚历山大的远征，一一迎面而来。丰富的感性直观、深邃的理性思辨，汇成精彩纷呈的交响乐章，我们从中可获欣赏之乐，以期研习之得。

武汉大学资深教授、历史学院教授　冯天瑜

如果你让我推荐古希腊文明的最好讲解者，我会毫不犹豫地告诉你：非赵林教授莫属！史学出身，又专研哲学，兼有史学的细腻和哲学的宏大。他的讲解魅力无限，多少学员被他感染，被带入欧洲文明的情境并深深陶醉其中。听我的，没错！就是赵林教授！

华东师范大学紫江学者、历史系教授　许纪霖古希腊文明与希伯来文明、古罗马文明，堪称西方文化的三大思想源头。古希腊文明给世界带来了理性的光明，诞生了深邃的哲学与独特的艺术。而科学这门当今主流学科，就脱胎于古希腊的自然哲学。可以说，今天的人类依然荫蔽于古希腊文明之下。夸张地讲，不懂古希腊就是没文化。

赵林教授是国内高校中研究西方文明的翘楚，有着深厚的学术功底和高超的教学艺术，在此将他的新书《古希腊文明的光芒》不遗余力地推荐给大家。

佛教文化研究专家　于晓非

# 自序

古人云："读万卷书，行万里路。"其实万卷书与万里路是相互融通的，书中自有路，路上亦有书。但是如果只读书而不行路，如终日困守书斋的蠹书虫，或者只行路而不读书，如满世界打卡的观光客，自然也就无法体会二者之间相通相融的奥妙了。在道路畅通、交通便利的全球化时代，作为一个研究西方文化的中国人，我更应该把读书与行路紧密联系起来，在读书时让思想遨游万里路，在行路时让步履印证万卷书。

由于兴趣所在，我与西方文化结下了不解之缘。从少年时代对西方文学的热爱，到读本科和研究生期间所受的西方史学熏陶，及至独立治学以来这三十余载对西方哲学、西方宗教乃至更为广阔的西方文化的研究，毕生为学志趣一以贯之。另外，由于性情所致，本人天生好奇心强，做事求学均喜欢刨根问底；再加上自小就好高骛远，不耐于在细微处小心考证，而偏好从宏观上高屋建瓴，导致几十年来所关注的研究领域不断转变，从西方哲学到基督教思想和文化，再到古希腊罗马文化。但实际上，这种研究领域的转变是有一条顺理成章的逻辑演进脉络的：哲学作为时代精神最高和最抽象的表现形态，是生长在现实的文化土壤之中的，而基督教构成了西方社会最基本的文化土壤，所以，对西方哲学的研究不可能脱离基督教的思想背景和文化背景。如果进一步追溯，基督教又是在古希腊罗马的文化根基上生长出的一棵参天大树，它的神学思想吸收了希腊哲学的大量精华，它的历史文化（尤其是宗教改革之前的历史文化）被打上了罗马规制的深深烙印，因此，对基督教思想文化的深入探究必然会将研究者的眼光引向更深层的古希腊罗马文化。正是循着这条逻辑脉络，我在近二十年中相继完成了《黑格尔的宗教哲学》《西方哲学史》（与邓晓芒教授合著）、《西方宗教文化》《基督教与西方文化》《基督教思想文化的演进》等研究著作之后，越来越沉迷于古希腊罗马文化。

如果说我对古希腊罗马文化的兴趣最初是在书斋中循着学术进路产生的，那么近十年来，随着我在西方身临其境的考察行走，朦胧抽象的逻辑概念也日益转化为鲜活生动的文化意象。由于时间的不可逆性，现代人不可能回到古代的希腊罗马社会，但是我们可以到现代的希腊、意大利等国去寻找古代的文化遗迹。时间可以改变社会形态，却很难改变文化基因，在今天的雅典、罗马以及其他古老文明的发生地，我们不仅可以看到大量珍藏在博物馆中的历史文物，看到许多韶华已逝、风采犹存的古代遗址[1]，而且可以将这些实物与以前获得的书本知识相互印证，从而更加真切地感受数千年前的文化氛围和精神风貌，同时也更加深刻地领悟“读万卷书，行万里路”的奥妙。

正是对西方古典文明的强烈兴趣，驱策我从书本走向实地，从各种关于希腊文化的研究著作走向雅典、克里特岛、迈锡尼、斯巴达、科林斯、奥林匹亚、德尔菲、罗得岛、以弗所、米利都、锡拉库萨（叙拉古）、阿格里真托（阿克拉伽斯）等地的考古遗址和博物馆。从 2011 年至今，我已经先后十次踏上这片土地，探寻的足迹从南方的克里特岛到北方的科孚岛，从东方的以弗所到西方的塞利农特。每当我站在雅典卫城的帕特农神庙前，俯瞰希腊大地，眺望爱琴海，都会深深沉浸在一种超越时空的文化感动之中，这份深切的感动绝不是能从那些闭门造车的学术著作中获得的。

古希腊文明始终具有谜一般的无穷魅力，这不仅因为它历史久远，也不仅由于那荡气回肠的神话传说，更在于它包含了极其丰富的文化基因，在精神形态方面奠定了西方文化的根基。我常常这样对比希腊人与罗马人的文化特点：“希腊人仰望星空，浪漫超逸；罗马人俯抱大地，功利务实。” 希腊文化处处都折射着一种和谐

[1] 西方国家在保存和保护古代文化遗址方面的确值得学习借鉴。在雅典、罗马等国际大都市寸土寸金的中心地带，毗邻着繁华喧闹的商业街区，往往都是“秦砖汉瓦”般的古代遗址。人们只须在这些恢宏壮观的断壁残垣之前稍作关注或考察，就能深深感受到古代世界的文化遗风，同时也会对那些闭目塞听、妄自尊大的学者近年杜撰的所谓希腊罗马伪史考嗤之以鼻。

之美，正如罗马文化明显展露出一股强劲之力。希腊人为后世西方开创了各种务虚的文化形态，如宗教、文学、艺术、哲学以及超功利的体育竞技等，而罗马人则在政治、经济、法律、社会治理等务实领域为后世西方制定了基本规范。古希腊文化的这种唯美特点，使它不仅成为西方人魂牵梦萦的精神故园，还在许多文化领域成为后世无法超越的楷模。比如世界顶级艺术殿堂巴黎卢浮宫中所谓的“镇馆三宝”（民间说法），其中竟然有两件——《米洛的阿佛洛狄忒》（俗称“断臂的维纳斯”）和《胜利女神像》——出自古希腊；再如西方四大悲剧大师，居然也有三位是古希腊人（埃斯库罗斯、索福克勒斯和欧里庇得斯），只有莎士比亚生活在近代英国；荷马史诗《伊利亚特》和《奥德赛》无可争议地被列为西方经典史诗之首，当之无愧地被誉为西方文学的开山之作；至于苏格拉底、柏拉图、亚里士多德等人的哲学思想更是西方智慧的圭臬、典范，苏格拉底在西方文化中的地位相当于中国的孔子，20 世纪英国哲学家怀特海曾把整个西方哲学史说成是对柏拉图主义的注脚，至于亚里士多德这样百科全书式的人物更是无人可与之匹敌。古希腊的奥林匹亚竞技会开创了人类以和平方式展现力量、速度和各种身体技能的先河，时至今日，传承其文化薪火的现代奥林匹克运动会仍然是全球范围内影响最大的国际活动。如果我们徜徉在繁华的巴黎街头，在巴黎波旁宫、先贤祠、玛德莲教堂等庄严宏伟的建筑中看到的还是科林斯柱、三角楣等古希腊的建筑元素……

呈现在读者面前的这套书正是我多年研究和行走希腊的一份

心得，它根据我在武汉大学或其他学术场所多次讲授的古希腊文明课程的录音整理而成。因为是讲课记录，所以本书在语言风格上具有口语化的特点，略去了烦琐的注释和考证，这样可以让读者比较轻松地进入古希腊时代的文化处境。此外，本套书还配有大量精美的图片资料，其中大部分是我本人在希腊和世界各地的博物馆、艺术馆及历史遗址中拍摄的照片。这些照片与文字彼此映衬、相得益彰，使读者眼前呈现的不仅是一些抽象乏味的概念，更是鲜活的希腊文化场景。质言之，本书并非一部危坐书斋的研究成果，而是我行走希腊的心路历程，作为一部“路上的书”，其目的就是给读者展现书中的路。

虽然本书避免了学术专著的刻板模式，但书中的叙述顺序是按照黑格尔式的精神现象学方法，即遵循希腊文化精神的逻辑演进逐步展开的。在介绍了希腊文化的源头克里特文明和迈锡尼文明之后，本书就开始从古希腊文明最根本的文化土壤——希腊神话及宗教入手，以城邦社会的政治形态作为现实基础，按照文化精神演进的逻辑环节与历史顺序，依次讲述了希腊城邦时代的宗教、竞技活动、造型艺术、诗歌、戏剧和哲学。在这些文化形态中，奥林匹斯宗教是最重要的因素，希腊的各种竞技活动都是为了祭奠崇拜奥林匹斯神灵，希腊的雕塑、建筑、绘画等艺术形式以一种空间凝固的方式表现了与宗教相关的内容，而史诗、抒情诗、悲剧等艺术形式则是以一种时间流动的方式表现了与宗教相关的内容。崇高典雅的希腊悲剧是古希腊各种文化形态的最高峰，也是以雅典为代表的城邦社会达到鼎盛状态的文化标志。随着悲剧的盛极而衰，希腊喜剧开始大行其道，对传统宗教和城邦制度进行嘲讽和解构。与此同时，“密涅瓦的猫头鹰”也开始起飞，哲学在一片彷徨疑虑的时代氛围中将追求智慧提升为人生的主要鹄的，以深刻的批判从根本上动摇了奥林匹斯宗教，同时也为下一个时代的新宗教——基督教的鸣锣上场提供了重要的思想资源。传统宗教的衰落恰恰与城邦社会的瓦解形影相随，由于希腊城邦的内讧和马其顿帝国的崛起，到了希腊化时代，一种末世的奢靡浮华景象昭示了古希腊文明已是日薄西山。古希腊文明的历史命运即将终结，于是，一股强大的刚性力量——罗马帝国——将垂死的希腊化时代收尸入殓，另一股阴郁的柔性力量——基督宗教——则从古希腊文明的不死灵魂中吮吸了大量的精神养料。

做历史研究的人都熟知克罗齐的名言“一切历史都是当代史”。在历史探索过程中，追求绝对的真实永远只是一个纯洁的理想。历史一词的含义不仅是记载，更重要的是解释，而一旦解释就必将受到解释者本人眼界学识、价值取向、情感好恶等因素的影响，从而使解释的结果带有或浓或淡的个性色彩。正如一千个观众眼里会有一千个哈姆雷特，不同撰史者笔下的历史也会呈现纷纭复杂的面貌。虽然一些基本的历史事实是不能随意改变的，但是对于这些历史事实的文化意义和精神内涵的解释却完全可能见仁见智。因此，对历史文化的解释既可以像兰克学派那样注重史料考证和追求客观现实，也可以像年鉴学派那样注重理论综合和强调整体意义，甚至还可以像黑格尔的《历史哲学》那样专注于历史现象背后的精神发展意蕴。而本书作为一部课程讲演录，基本宗旨在于从宏观角度综合而动态地展现古希腊文明的演进历程，以帮助国人较为全面和系统地了解古希腊时代的文化面貌。

一个时代的人有一个时代的活法。作为一个仰望星空的民族，古希腊人始终生活在湛蓝的天空、“葡萄紫的海水”、美丽的神话和自由的遐想之中。所以，今天的人们要想真正走进古希腊文明，就应该放下一些现实的功利考量和科学眼光，多一点浪漫情怀。

# 目录

古希腊文明的光芒

上 青春芳华

古希腊文明的光芒

下 美韵哲思

青春芳华

第Ⅰ章

# 希腊文明的发展历程与后世影响

希腊文明是整个西方文明的源头，被称为西方文明的摇篮。在近两千年的发展历程中，希腊文明经历了从出现到成长、从发育到壮大、从繁荣到衰落的历程。本章将简要阐述希腊文明的发展历程，其中会涉及希腊文明与东方文明及西方其他文明之间的关系，同时还包括希腊文明对后世西方产生的诸多影响。

第Ⅰ节

## 东方与西方——旧大陆的两个文明轴心

西方人言必称希腊，其中一个很重要的原因，是西方的很多文化形态都奠基于希腊。英国著名诗人雪莱说过这样一段话：“我们都是希腊人，我们的法律、文学、宗教和艺术之根都在希腊。”这从侧面说明，希腊的文化形态对后世西方的影响直到今天依旧极为深刻。

现在被人们熟知的西方的艺术、宗教、文学、哲学乃至科学，都可以从希腊找到根源。希腊不仅在很多方面启发了后世，更重要的是，它在某些领域达到的巅峰令后人无法企及。毫不夸张地说，古代希腊创造了一段充满魅力，永远说不尽、道不完的文明。

那么，西方的这些文化形态是如何在希腊这片土壤上滋生的呢？这个问题的答案可从较为清晰的历史脉络和线索中寻得。

众所周知，人类文明主要发生在旧大陆。1492 年，意大利著名航海家哥伦布发现的新大陆，也就是美洲大陆，虽然有着属于自己的、自生自灭的古老文明，但是这些文明基本上都是在一个封闭的状况下发展起来的，对人类的历史进程并没有产生太大的影响，比如自生自灭的玛雅文明以及被西班牙人摧毁的印加文明等。

从这个角度而言，人类文明最早的奠基者主要在旧大陆，也就是今天的亚欧大陆，以及撒哈拉沙漠以北区域，那里是一个自然连接的板块。

按照人们对文明史的理解，旧大陆文明在民间通常被称作四大文明古国，即古代中国、古代印度、古巴比伦和古埃及。但从学术角度来看，学者们一般认为应该有五个重要的文明中心，除了刚才说的四大文明古国，还有一个就是以克里特为代表的爱琴文明，它既是希腊文明的前身，也是西方文明的源头。

从地域的角度来看，这五个文明中心都依傍大河或海洋，从东到西依次是黄河流域文明、印度河流域文明、两河流域文明、尼罗河流域文明及爱琴海文明。

## 一、东方的文明轴心

由于地理环境的差异，这五个文明中心从古代开始便形成了两个对照非常强烈的文明轴心，其中一个是东方的文明轴心——中国。

中国西部崇山峻岭众多，自古以来，这些地方的地理环境就比较险恶。汉朝的时候设立了河西四郡，即武威、张掖、酒泉和敦煌，当时还有通往西域的两大门户——玉门关和阳关。唐代诗人王之涣在《凉州词二首》里写道："羌笛何须怨杨柳，春风不度玉门关。"王维在《渭城曲》中写道："劝君更尽一杯酒，西出阳关无故人。"言下之意，便是指玉门关、阳关以西是人迹稀少的高山大川。

阳关往西是昆仑山，然后是天山，再往西就是著名的葱岭（现在的帕米尔高原）。帕米尔高原再往西，就到了今天的中亚地区，包括哈萨克斯坦、吉尔吉斯斯坦、塔吉克斯坦、乌兹别克斯坦和土库曼斯坦五个国家。

西边是高山大川，西南有难以逾越的喜马拉雅山，这导致中国的中原地区自古以来和西域之间的交往便非常少。直至汉朝张骞出使西域，中原王朝通往西域的道路才逐渐开辟，著名的“丝绸之路”的雏形正是此时出现的。到了唐宋时期，丝绸之路逐渐大盛。

由于与西方之间的联系很少，中国文明的发源和兴盛都是在一个相对封闭的环境之中，无论是面对外族的入侵，还是与周边和平地交往，中华民族始终以自己的文化特色为根本来吸收和融合外来文化，以夏变“夷”。

## 二、西方的文明轴心

西方文明与东方文明存在极为鲜明的反差。旧大陆的五个文明中心，西方就占了三个。它们从东向西，首先是两河流域文明，即西亚文明。西亚文明经历了多种文明形态，许多盛极一时的国度便发源于此。最早是苏美尔、阿卡德，后来是古巴比伦、亚述，再之后是新巴比伦，最后波斯人统一了这一区域。其次就是尼罗河流域文明，即埃及文明，它同样经历了众多王朝、王国不断更迭的过程。然后便是此前提到的以克里特岛为发源地的爱琴文明，也叫爱琴海文明。

打开一份世界地图，你会发现上述三大文明都处于东地中海区域，它们共同构成了西方文明的轴心。西亚文明自两河流域向西扩展，延伸到了地中海东岸的巴勒斯坦、以色列、约旦和叙利亚一带，这一地区过去叫作腓尼基。埃及文明处于东地中海的南部，而克里特岛本身就是东地中海的一个海岛。

由于地理环境的缘故，这三大文明之间很早便有了相对密切的文化联系。古西亚文明、古埃及文明与古希腊文明之间的影响和联系，以及它们在某些文化性状方面的同源性和相似性，都要远远大于它们与古中国文明之间的相关性。

西方文明是不同文明之间相互融合、相互影响、相互渗透的结果，因此自然形成了与中国文明完全不同的文化关系模式。这种文化关系模式不是“以夏变夷”，而是不断吸取异质的文化因素，继而氤氲化生，衍生出新的文化形态。

如果借用生物学的一对基本矛盾——遗传和变异——来解释东西方文明，那么东方文明，尤其是中国文明“以夏变夷”的文化模式，表现出较为明显的遗传的特点：一脉相承，一以贯之，始终以不变应万变；而西方文明之间多有渗透和融合，表现出更强的变异的特点。

换言之，西方文明的变更性较强，这一点在西方文明的整体发展历程中表现得极为明显。从最初的希腊文明到后起的罗马文明，再到基督教文明，最后到西方近现代文明，无不体现着西方文明的剧烈变更。这种不断的变化也让西方文明付出了颇为惨重的历史代价。比如，西方文明曾多次处于濒临灭亡的状态，出现了所谓的“黑暗时代”。但在经历“黑暗时代”的阵痛和洗礼之后，新兴的文明往往又会生发，如凤凰涅槃，融合更新。

不同的地理环境造就了两种截然不同的文明。本节之所以简单地介绍了一下东方文明，不是敝帚自珍，也不是妄自菲薄，而是为了引出后文即将详细阐述的西方文明。不同文明之间若没有比较，也就难以深入理解和领悟，特此说明。

第II节

## 古希腊文明的发展历程

作为西方文明的源头，古希腊文明经历了近两千年的发展历程。从文明之光的兴起，到鼎盛的城邦时代，古希腊文明经历了漫长的历史演变。辉煌的希腊城邦，实为古希腊文明登峰造极的产物。在此之前，希腊文明也经历了一个漫长的序曲时代——爱琴文明。

爱琴文明在历史上持续的时间，远比希腊城邦时代漫长。如果不算希腊化时代，希腊城邦时代前后持续时间不过400年左右（公元前8世纪—公元前4世纪），而爱琴文明却经历了长达千年的岁月洗礼。

在希腊城邦文明之后，还有一个较为短促的终曲——希腊化时代，这一时代直到近公元前1世纪才被罗马帝国终结。

由上可知，整个古希腊文明的发展历程大体上可划分为三个阶段：第一个阶段是爱琴文明，在经历了长达300多年的过渡时期以后，出现了第二个阶段——希腊城邦文明，而在希腊城邦文明走向衰落之时，第三个阶段——希腊化时代便接踵而至。三大阶段各有特点，以下分而论之。

## 一、希腊文明的起点——爱琴文明

如果说古希腊文明是西方文明的摇篮，那么爱琴文明就是“摇篮的摇篮”，它是西方文明的历史源头。

顾名思义，爱琴文明指的是爱琴海周边的文明。爱琴海位于东地中海的北部，是个自成一体的海域。“爱琴海”（Aegean Sea）一词，据说源于希腊神话传说中的一位雅典国王埃勾斯（Aegeus）。他盼儿不归，最后伤心投海身亡，爱琴海由此得名。

爱琴海地区是古希腊文明的起源之地，今天，西方的考古学已经充分证明，早在公元前2000年前后，在青铜技术发展的基础上，以克里特岛为代表的爱琴海地区就已出现最初的文明形态。

### （一）爱琴文明的四个地区

爱琴文明主要包括四个地区，其中最主要的是克里特岛，它代表着爱琴文明发展的最高水平，因此我们通常也把爱琴文明叫作克里特文明。当然，爱琴文明并不仅仅是克里特文明，它还包括另外三个部分。

#### 1. 希腊本土

从爱琴海地区的文化传播和民族迁徙地图上可以看到，希腊地区是直接探入东地中海的一个半岛，在后来的希腊城邦时代成为整个爱琴海乃至地中海地区的中心。但在爱琴文明时期，它的文明发展程度还比较低，并且深受克里特文明的影响。

#### 2. 爱奥尼亚地区

爱奥尼亚地区即小亚细亚的西部，说得更为精确一些，就是小亚细亚的爱琴海沿岸地区，这个地方现在属于土耳其。在爱奥

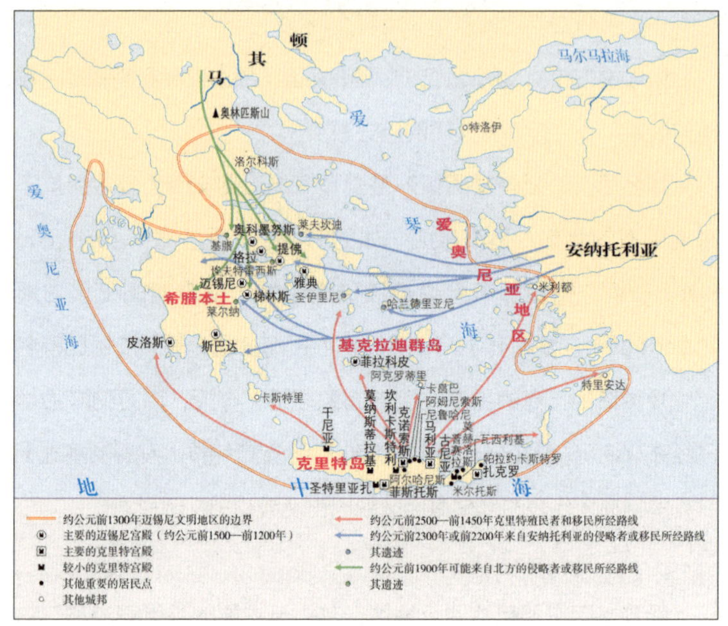


爱琴海地区的文化传播和民族迁徙地图

*审图号：GS（2020）4745 号*

尼亚的北边、小亚细亚的西北角上，有一个著名的古老王国，名为特洛伊，《荷马史诗》中的《伊利亚特》讲述的就是关于特洛伊战争的故事。

由于深受西亚文明和克里特文明的影响，早在《荷马史诗》描述的时代（公元前 12 世纪初）之前，爱奥尼亚地区就已经具有了较高的文明程度。

### 3. 基克拉迪群岛

基克拉迪群岛是由爱琴海中间众多小岛共同组成的一个群岛。受到南边的克里特、东北边的特洛伊以及西边的希腊大陆等多种文化的共同影响，地处爱琴海中央的基克拉迪群岛也形成了颇具特色的文明风格。这些岛屿较为分散，星罗棋布，也是爱琴海的一大特色。

据统计，爱琴海上一共有 2000 多个大小岛屿，其中适合人类居住的就有几百个。有学者曾经计算过，从爱琴海的任何一个地方出发，在航行过程中，距离一个岛屿最远也不会超过 40 海里。这意味着在爱琴海中航行十分方便、安全，航海者不必过于担心险恶的气候和洋流，稍有风吹草动，便可就近找到岛屿停泊船只。同时，许多岛上很早就有人类居住生活，可以满足航海者的补给之需。

### （二）爱琴文明发展的三个阶段

#### 1. 优雅的克里特文明

爱琴文明作为希腊文明发展的第一个阶段，本身又可以细化为三个子阶段，第一个子阶段是克里特文明。

克里特文明深受埃及和西亚的影响，带有浓郁的南国特色，其风格美轮美奂、优雅端庄。

#### 2. 豪迈的迈锡尼文明

迈锡尼文明是爱琴文明的第二个子阶段，发源于克里特岛西北方向的希腊本土伯罗奔尼撒地区，由北方的入侵者和东方的迁徙者建立。在文化基因上，迈锡尼文明与受南方文化影响的克里特文明有很大差异，其具有典型的北方风格——尚武豪迈。

#### 3. 粗犷的“黑暗时代”

爱琴文明的第三个子阶段，也是最后一个子阶段是“黑暗时代”。北方的多利亚人入侵，摧毁了迈锡尼文明。但多利亚人并没有建立新的文明，这便导致希腊半岛从此陷入了长达三百多年的“黑暗时代”，在此期间，文明之火摇曳晦暗。尽管如此，“黑暗时代”也预示着一个新时代——希腊城邦文明时代的到来。

## 二、希腊文明的巅峰时代——城邦文明

在历经三百多年的“黑暗时代”之后，希腊文明进入城邦文明时代，这一阶段虽然仅持续四百年左右，却是希腊文明最辉煌的时期。

### （一）城邦文明发展的两个阶段

城邦文明又被分为两个阶段，每个阶段历时两百年左右。第一个阶段从公元前8世纪到公元前6世纪，通常被称为古风时代或古风时期，这是希腊城邦文明萌芽肇始的早期阶段。

公元前6世纪后半叶到公元前4世纪的近两百年间是第二个阶段，被称为古典时期。这一时期希腊城邦具备了较为发达的文明水平。现在人们了解的关于希腊的重要人物、事件和其他文化现象，大多出现在这一时期。

古典时期著名的人物有前期的政治家克里斯提尼和后来的政治家伯里克利，思想家则包括苏格拉底、柏拉图及亚里士多德，还有著名的悲剧作家埃斯库罗斯、索福克勒斯及欧里庇得斯等。一些著名的建筑风格也都在这一时期进入全盛阶段，这一时期出现了一系列名垂青史的著名建筑，比如帕特农神庙、波塞冬神庙以及德尔菲神庙等。此外，古典时期也诞生了很多著名的艺术品，

比如著名雕塑家米隆的《掷铁饼者》以及波留克列特斯的《束发的运动员》等。

### （二）小国寡民的城邦制

城邦文明时代开创了一种在后世西方多次出现的国家形态——城邦制。在此之前，无论是克里特文明还是迈锡尼文明，所涵盖的地理区域都较为有限，国家力量都比较弱小，而希腊城邦时代则有所不同。

在爱琴海地区乃至广阔的地中海地区雨后春笋般地出现了很多小国寡民的城邦，它们被称作 polis，该词在《荷马史诗》中指堡垒或卫城。每一个城邦都是一个独立的政治国家，用今天的话说就是一个主权国家。虽然这些城邦之间大多“鸡犬之声相闻”，但在政治上却始终保持着自己的独立性。在后世西方世界，很多国家仍以小国寡民的形态出现，如马耳他、卢森堡、列支敦士登等，这便是希腊城邦时代的政治形态的现代翻版。

### （三）古代东西方政治形态的相似性

其实在那个时代，小国寡民的形态不仅存在于西方。当时的中国正处于商周时期，政治形态与之相似，并且这种政治形态一直延续到春秋时期。

众所周知，夏商周时期的天子制度，和秦始皇统一六国以后形成的君主制度是完全不同的。秦汉以后确立了大一统的中央集权制度，这种制度在后世的中原王朝逐渐成为主流，一直延续至清朝。

换言之，秦汉以后，中国走的始终是大一统的道路，但在秦汉之前的夏商周时期却并非如此。当时虽有天子，但实际上天子直接管辖的区域极为有限。四周邻邦虽然向天子称臣纳贡，但它们在政治制度上是独立的国家，这一点跟希腊城邦时代极为相似。

虽然东西方的政治形态在初始时较为相似，但二者后来的走向却不尽相同。中国自秦汉以后，走的基本是大一统的路线，偶尔有南北朝、五代十国这种短暂的分裂时期，但更多的时候还是统一的格局。而希腊城邦制度在后世却呈现不同的发展态势，统一和分裂的国家形态交替出现——虽然也曾有过大一统的情况，比如亚历山大大帝时期和罗马帝国时期，但大多时候还是处于分裂状态。

在亚历山大大帝和罗马帝国时期之后，西方历史上也曾出现一些具有雄才大略的统治者和野心家，他们试图凭武力统一整个欧洲，重现当年罗马帝国的雄风。比如，中世纪的查理曼、近代的拿破仑等，但无一例外，他们最终都走向了失败。

常言道："天下大势，分久必合，合久必分。"但在西方的历史长河中，分的时间要比合的时间久远、漫长得多。直至今日，欧洲仍然包括几十个彼此独立的国家，虽然它们也在试图通过一种和平的方式走向统一，比如欧共体和欧盟的探索，但这条道路注定充满坎坷。

### （四）"主权在民"的民主政治

希腊城邦时代建立了一种被称作"主权在民"（简称民主）的政治制度。无论是在君主制、寡头政治，还是在民主政治或者贵族政治体制下，公民都拥有非常大的权利，不仅拥有选举权，有时还拥有审判权。这对后来的西方政治产生了深远的影响，现代西方的政治体制遵循的正是希腊城邦时代开创的民主政治。

亚里士多德在经典著作《政治学》中提到，公民就是在城邦里具有充分的议政权和审判权并承担相应社会义务的人。亚里士多德认为城邦就是一定公民人数的集合体，可见城邦和公民这两个概念是休戚与共、彼此相依的。此外，在希腊语中，政治、政府、宪法、政治家这些概念都是从城邦这个概念中衍生出来的，例如政治（politics）这个词，就是指处理城邦事务的技能。城邦、公民和政治，这些概念共同奠定了后世西方民主政治的基础。

### （五）以奥林匹斯宗教为根基的希腊文化

除了政治制度受到城邦时代的影响，后世西方的很多文化形态，包括文学、雕塑、建筑、绘画、科学、哲学等，都可以说奠基于希腊城邦时代。奥林匹斯宗教在城邦时代极其盛行，后世西方的诸多文化形态便产生于对奥林匹斯宗教的崇拜。

为了讴歌神，以讲故事的形式来赞美神明的史诗产生了；为了赞美神、充分展现神的魅力，抒情诗出现了；为了直接模仿神的健美形态，古代的希腊人组织了一种集体活动，来展现自己像神一样矫健的身体和高超的技能，这便是竞技，也就是我们现在说的体育，现代奥运会的前身——奥林匹亚竞技会正由此而来；百姓在崇拜酒神的过程中自发地创造了一种载歌载舞的表现形式，这就是早期的戏剧，其中包括悲剧和喜剧。

在所有文化形态里，哲学是最后出现的，它的出现伴随着对奥林匹斯宗教的批判。这是一种更高深的、形而上的、直接用思想把握最高存在的文化形态。此外，科学也与哲学相伴而生，也跟奥林匹斯宗教有着千丝万缕的联系，这种联系是双向的，既有肯定，又有否定。

在人类历史发展的整体进程中，希腊城邦时代的璀璨文化昙花一现，但希腊城邦时代是西方文明发展历程中最辉煌的四百年，长久以来一直被后人津津乐道。

### （六）东方帝国主义与希腊城邦文明的博弈

希腊的政治形态和文化形态建立在小国寡民的城邦基础之上，到了希腊城邦文明的后期，随着东方波斯帝国以及后来希腊北部马其顿亚历山大帝国的崛起，城邦制遭遇危机，分离主义和帝国主义的博弈开始上演，这种政治层面的博弈，自然也在文化层面产生了影响。

最终，这场博弈伴随着帝国主义的胜利落下帷幕。帝国主义高奏胜利的凯歌，而分离主义则落花流水、风雨飘零。

## 三、盛极而衰的希腊文明——希腊化时代

希腊文明的第三个阶段，也是最后一个阶段，便是希腊化时代。公元前 323 年，亚历山大大帝在巴比伦去世。他去世不久，帝国的西半部被他的三员大将瓜分，东半部则被东方人光复。就这样，亚历山大帝国土崩瓦解，而这也标志着希腊化时代的开启。

在希腊化时代，希腊文明的版图已不再局限于希腊这个弹丸之地，甚至不再局限于爱琴海的一隅之地，而是不断向东方拓展，不断促使东西方文明交流和融合。需要注意的是，这里的东方，指的是小亚细亚、西亚及埃及，并不包括中国和印度。这也从侧面说明，

在当时希腊人的认知中，东方是指地中海东岸的那些地方。

尽管希腊文明在希腊化时代就已经远远地扩张到了东方的土地上。但这是否意味着希腊化时代的希腊文明更加博大精深呢?实际上，透过表面会发现，在希腊化时代这三百多年中，希腊文明经历了一次反向的文化交融。

不可否认，希腊文化的很多因子的确对东方文化产生了一定的影响，但在这背后，还存在着一个相反的过程，那就是东方文化也在潜移默化、悄无声息地对希腊文化进行渗透。

这种双向的文明交流过程实现了东西方文明的深度融合。表面上看，在希腊化时代，希腊文明确实一路高歌猛进、发展迅速，实际上却被东方文明悄然侵蚀。最后，来自东方的基督教渗透到了整个西方，让希腊、罗马都匍匐在了耶稣的十字架之下。

从爱琴文明到城邦文明，再到希腊化时代，这三个阶段便是希腊文明发展的全部历程。当罗马帝国的第一位元首屋大维打败安东尼，把最后一个希腊人的王国——古埃及托勒密王国纳入罗马版图之后，辉煌了两千年之久的古希腊文明最终落下帷幕，罗马文明开始大行其道。

第 III 节

# 古希腊文明对后世西方的影响

前文提及，后世西方的诗歌、建筑、雕塑、戏剧、哲学、科学以及体育运动等文化形态的产生，都与奥林匹斯宗教密切相关。有的来源于对它的崇拜，有的则来源于对它的批判。可以说，希腊文化，尤其是希腊城邦时代的文化，为后世西方的一系列文化形态奠定了基础。

## 一、希腊文明与罗马文明

希腊与罗马虽然毗邻而居，于亚得里亚海隔海相望，但这两个民族的民族特性却完全不同。

### （一）浪漫的希腊文明

小国寡民的城邦制导致希腊人对开疆拓土、追名逐利并不感兴趣。希腊城邦大多依海而建，守着很小的区域，就让当时的希腊人心满意足。对于物质生活的繁荣，他们没有太多追求，他们更愿意仰望星空，让思想自由翱翔，从而创造出丰富多彩的文化形态。

这些文化形态有一个共同特点——超功利性。换言之，这些文化形态没有实际的功用，不能推进生产力的发展，只能愉悦人的思想和精神。无论诗歌、建筑、雕塑还是哲学，乃至那个时代的科学，都能引起希腊人浓厚的兴趣。

罗马帝国全盛地图

审图号：GS（2020）4745号

所以，希腊是一个浪漫的民族，一个仰望星空的民族。

## （二）功利的罗马文明

最初，罗马是一个农业民族，发源于亚平宁半岛的台伯河畔。与希腊人正好相反，罗马人从一开始就非常注重开疆拓土，热衷于追功逐利。希腊城邦是点状散布的，缀点成线，形成一个文化统一体；而罗马是依靠逐片吞并别人的土地发展起来的，所以罗马是片状扩张的，最终建立了一个超级大帝国。

罗马的这种民族特性直接影响了其政治形态和文化形态。罗马人创造的都是有用的、可以安邦治国的事物。比如，他们发展了经济，完善了法律，确立了高效的行政管理制度，包括怎样管理一个国家、一个地区、一个家族。另外，他们还建造了恢宏的罗马大道、斗兽场以及大浴场，以能满足人们的物质需求。

所以，罗马是一个功利的民族，一个俯抱大地的民族。

### （三）罗马与希腊的双向征服

罗马人征服了希腊，显示了罗马人超强的文化动能，与此同时，希腊文化则体现了更高的文化势能。当罗马人在统治希腊的过程中逐渐发现希腊文化的优越性时，就不禁开始模仿。于是，希腊的文学、艺术、宗教、哲学等被罗马人借鉴，甚至罗马人使用的拉丁语最初也是从希腊语衍生而来的。罗马人希望通过这种方法将自己的文化变得更加丰富多彩。

但是，罗马人天生更侧重于发展功利的、实用的事物，他们并不具备创造高雅文化的天赋，所以在学习希腊文化时总有一点东施效颦、不伦不类的味道。

这就是希腊和罗马在文化上的差异，也正是因为这种文化上的差异，罗马与希腊之间存在一个双向征服的过程——罗马在政治和军事上征服了希腊，希腊却在文化上征服了罗马。

## 二、希腊文明与基督教的关系

希腊与罗马之间的双向征服导致二者的文化既有相似之处，也有差异之处。这种错综复杂的关系导致基督教在西方传播时，在希腊和罗马这两片土地上开出了两枝完全不同的花朵。在希腊的土地上产生了具有希腊文化特点的希腊正教，即东正教；而在罗马的土地上产生了具有拉丁文化特点的罗马公教，即天主教。

由于希腊文明与罗马文明分属两块不同的区域，所以它们之间的联系是非常明显的。相比之下，希腊文明和基督教的关系则比较隐秘，这种隐性关系分析起来要更加困难。

### （一）基督教的“两希”传统

基督教起源于地中海东岸的以色列。在学术界，关于基督教的文化渊源的问题，素来有所谓的“两希”传统之说。

第一个“希”指的是希伯来。希伯来人是犹太人的祖先，基督教是从犹太教之中脱胎而来的，具有鲜明的希伯来文化的特点。具体来说，犹太教为基督教提供了历史背景（圣教历史）和宗教氛围（罪孽意识与救世福音）。

第二个“希”指的是希腊。希腊文化和基督教之间存在一种隐性关系，它更多的是一种精神上的关系，即希腊的唯心主义哲学为基督教提供了形而上学的思想基础，从而使基督教在摆脱犹太教以后，发展出一套博大精深的神学理论，把得救的希望从现实世界搬到了天国彼岸。

佛教和佛学是有差别的。老百姓信佛教，到庙里去求神拜佛、进香许愿，这只是一种很简单的宗教崇拜。如果佛教只有这些东西，是不可能发扬光大的。更重要的是，佛教有一套博大精深的佛学体系，这是由大量佛教经典构成的理论体系。同样，基督教的理论体系叫作神学，如果没有这套神学理论，基督教充其量只能算作一种简单的低级宗教。基督教之所以能够发展出一系列博大精深的神学理论，比如三位一体理论、基督耶稣的神性和人性的关系理论、原罪和救赎的理论以及关于教会的理论，等等，都深深得益于希腊哲学。

### （二）希腊哲学对奥林匹斯宗教的批判

上面提到，哲学是希腊产生的诸多文化形态中最后出现的一个，黑格尔用“密涅瓦的猫头鹰只有在黄昏时候才起飞”来形容哲学。密涅瓦即雅典娜，她的吉祥物是猫头鹰。在希腊，猫头鹰是智慧的象征，而猫头鹰只有在黄昏时才会起飞。不过这个说法也喻示：当哲学这种文化形态出现时，一个文明已经开始走向衰落。

哲学从一出现就带有批判性，希腊哲学的一个重要使命，就是对奥林匹斯宗教以及在奥林匹斯宗教基础上产生的主流文化形态进行批判。所以，希腊哲学对奥林匹斯宗教来说是一个叛逆的存在，而这种叛逆、这种批判对后来的基督教恰恰起到奠基作用。

在基督教出现之前，希腊哲学就已经开始有意识地批判希腊宗教了。所以，希腊哲学就像希腊奥林匹斯多神教阵营里的一匹特洛伊木马，在对希腊宗教进行着颠覆。尽管它没有成功，但是基督教继承了它的传统，把它发扬光大，并颠覆了希腊罗马的多神教，取而代之成为西方的主流宗教。

因此，希腊宗教、希腊哲学和后来的基督教之间存在着一种非常复杂的辩证关系。从这种意义上来看，公元前 399 年以亵渎神灵罪被希腊人处以死刑的苏格拉底和公元 33 年被罗马人钉死在十字架上的耶稣之间，存在着某种文化上的相似性——他们都对现实世界进行了批判和否定，都在呼唤某种彼岸性的东西。虽然二人生活的时代相隔了四百多年，但他们的殉道从文化意义上来说却是一脉相承的。

## 三、希腊文明对西方近现代文明的影响

随着基督教在西方逐渐成为主流宗教，无论在罗马还是在希腊的土地上，原有的传统宗教和文化都逐渐被取代。不止如此，基督教在羽翼丰满之后，便开始疯狂地对古希腊、古罗马的文化进行报复。一个破坏希腊、罗马古典文化的浪潮随之而来，并愈演愈烈。

基督教成为罗马帝国的国教之后，毁掉了希腊和罗马许多供奉奥林匹斯诸神的神庙。不仅如此，与希腊诸神有关的其他文化艺术形态，比如雕塑、悲剧等，也都被基督教打入地下。公元 393 年，已经持续 1100 多年的奥林匹亚竞技会也被叫停。

公元 5 世纪时，北方民族入侵西欧，罗马帝国的古典文化被毁于一旦。此后的一千多年里，欧洲始终处于分崩离析、闭塞落后的状态。希腊罗马的古典文化早已被人们抛到九霄云外。

当然，古希腊辉煌灿烂的文明并没有就此销声匿迹。在经历中世纪漫长的黑暗时代后，古希腊文明的星星之火重新燃起，其对西方的影响也随着一场文艺复兴运动逐渐拉开了帷幕。

### （一）弘扬希腊文明的文艺复兴运动

文艺复兴是 14 世纪到 16 世纪发生在西欧的一场思想文化解放运动，这场运动对希腊文明的复兴起到了重要作用。

虽然希腊文明在西欧地区已被遗忘了一千多年，但是在东方，尤其是在阿拉伯地区，它得到了继承和发扬。

14 世纪时，文艺复兴运动以意大利为中心开始兴起。客观来说，文艺复兴运动的发生与东西方交往的日益频繁有着密切关系。

随着东西方交往日渐频繁和深入，阿拉伯人继承和发扬的希

腊文明反向流入西欧。这时西欧人才猛然发现，原来自己的祖先曾经有过这样辉煌的文明，于是复兴古希腊文明的浪潮便随之而来。

文艺复兴的过程中，古希腊文明中那些感性的文化，比如诗歌、雕塑、建筑等都得以复兴，众多人文主义杰作相继涌现。

### 1. 追求人性美的雕塑风格

文艺复兴时期著名的雕塑家米开朗琪罗，相信大家都不陌生，他最著名的雕塑作品《大卫》如今被珍藏在意大利佛罗伦萨美术学院。从形态上看，《大卫》深受希腊雕塑的影响，它与公元前5世纪古希腊著名雕塑家波留克列特斯的雕塑作品《束发的运动员》非常相似。在《束发的运动员》这一作品中，准备接受橄榄花冠的运动员肌肉发达，身材匀称，力学和美学完美地融合，而《大卫》雕像在力与美的结合方面与其如出一辙。

文艺复兴时期的那些艺术大师，无论是波提切利、提香，还是达·芬奇、拉斐尔、米开朗琪罗，他们的绘画和雕塑作品都深受希腊艺术风格的影响，尤其受希腊雕塑人体造型的影响。因此，通过文艺复兴时期那些伟大的人文主义巨匠的作品，我们得以重见古希腊辉煌的艺术风格。

### 2. 恢宏雄伟的建筑风格

在基督教盛行的时代，古希腊罗马建筑中欢快明朗、彰显人间幸福的艺术风格被具有强烈的天国情调、充满阴郁诡异特点的哥特式建筑逐渐取代。

到了文艺复兴时期，古希腊罗马的建筑风格又重新出现了。比如，著名的梵蒂冈的圣彼得大教堂，佛罗伦萨的圣母百花大教堂，

米开朗琪罗的《大卫》雕像

巴黎先贤祠

等等，这些建筑都体现了复兴古典建筑的风格。

古希腊的建筑中主要有三种不同的柱型：最早出现的一种叫多立克式，相对简单；后来出现的叫爱奥尼亚式，柱顶有两个涡轮，像绵羊角一样；最后出现的一种是科林斯式，柱顶上有毛茛叶的花纹造型。

近代西方很多恢宏的建筑都体现了古希腊式的建筑风格。比如巴黎著名的先贤祠和玛德莲教堂，都是典型的科林斯式建筑，其特点就是有一些科林斯式立柱，柱顶有一个三角楣的屋顶。除法国外，欧洲许多神圣庄严的建筑也采用古希腊式的建筑风格。

### （二）现代奥运会的诞生

前面提到的雕塑和建筑是从有形的、感性的文化方面阐述了

雅典现代奥林匹克运动会会场

希腊文明的复兴，那么，一些无形的，但同样重要的文化形式，后世又是如何复兴的呢？这就要提到现代奥林匹克运动会的诞生了。

1896 年，法国人顾拜旦在雅典倡议创办了第一届现代奥林匹克运动会，这正是对古代奥林匹亚竞技会的沿袭。从诞生之日到全球化时代的今天，奥林匹克运动会始终是影响力最大的国际性活动。

（三）代表文明的希腊戏剧

在西方，悲剧是一种非常重要的文学形式。从古希腊时期开始，西方就流传着这样一种说法：一个人会不会欣赏悲剧，决定了他是文明人还是野蛮人。古希腊城邦中的公民，正是在剧场中成长起来的。从某种程度上来说，以能否欣赏戏剧作为衡量文明和野蛮差异的传统一直延续到现代西方社会。在今天，戏剧已经成为

莎士比亚悲剧喜剧全集

人们接受文化熏陶的一种重要形式。人们到西方旅游，往往喜欢走进剧院看一场歌剧或芭蕾舞表演。

提到西方的戏剧，有一个人自然不得不提，他就是文艺复兴时期最重要、最伟大的作家——威廉·莎士比亚。无论是他的四大悲剧《哈姆雷特》《奥赛罗》《李尔王》《麦克白》，还是他的其他戏剧作品，都对西方近现代的戏剧产生了重要影响。

西方有四位悲剧大师，除了莎士比亚，埃斯库罗斯、索福克勒斯以及欧里庇得斯都是古希腊人。莎士比亚的悲剧，无论语言、意境还是情节、铺垫，都深受古希腊悲剧的影响。比如，莎士比亚的语言以优美华丽著称，同时也使用了许多民间俚语，而这正是希腊悲剧的特点。三位古希腊悲剧作家之中，被称为“悲剧之父”的埃斯库罗斯对莎士比亚的影响最大。在《麦克白》里，莎士比亚塑造了三个女巫的形象，这三个人物正是受了埃斯库罗斯的戏剧《奥瑞斯忒亚》中三个复仇女神的启发；莎士比亚的《哈姆雷特》与索福克勒斯的《奥狄浦斯王》之间也有异曲同工之妙。只不过，莎士比亚的悲剧更多的是强调善良与邪恶之间的冲突，而希腊悲剧则更强调命运和悲剧主人公的自由之间的冲突，这是文化意境的差别。

### （四）西方哲学的源泉与典范——希腊哲学

众所周知，希腊出现过一些非常伟大的哲学家，比如，苏格拉底、柏拉图、亚里士多德，还有毕达哥拉斯、赫拉克利特，以及德谟克利特、伊壁鸠鲁，等等，这些哲学家的思想对后世产生了重要影响。用 20 世纪英国著名哲学家怀德海的话来说：“整个西方哲学史，不过是柏拉图主义的注脚。”

#### 1. 只能用思想触摸的形而上学

研究哲学的人，应该都能领会怀德海这句话的深刻含义。从专业角度来看，博大精深的黑格尔哲学，便是把柏拉图哲学以一种系统化、学院化的方式重述。所以，希腊哲学对后世西方哲学的影响，可以说怎样强调也不为过。

形而上学是希腊哲学的主要意境，而后世西方哲学最重要的传统就是形而上学。“形而上者谓之道”，形而上学就是追问背后的道，这个道就是智慧，它是超越形体的存在，看不见也摸不着，只能用理性思维去体悟。

### 2. 源于苏格拉底的辩证法

苏格拉底与别人之间的对话方法叫“dialogue”，辩证法正是由此衍生而来的。这种辩证法是一种最原初的辩证法，它充满生命力，后来在西方得到发展，随后又传承到黑格尔、马克思等人那里，逐渐发展为近代意义上的辩证法。

### 3. 伦理学与形式逻辑的奠基与发展

伦理学是西方哲学一个重要的组成部分，而伦理学的集大成者正是古希腊哲学家亚里士多德。亚里士多德的著作《尼各马可伦理学》对伦理学做了精辟的概括和总结，同时也开启了后世西方伦理学的思想源流。

逻辑学同样也是西方哲学的重要组成部分，而亚里士多德也是形式逻辑的重要奠基者。直到今天，大学里教授的形式逻辑仍然以亚里士多德当年《工具篇》里的逻辑思想为依据。

## （五）充满奇思妙想的希腊科学

希腊科学很少为生产力服务，其更倾向于展现人类的精神文明，因此，它充满了奇思妙想。但这些奇思妙想对后世西方的科学发展有着重大的启发。

### 1. 启发现代物理学的原子论

古希腊思想家德谟克利特曾提出原子论的思想。他认为世间万物都是由一种最小的微粒——原子构成的，而且原子是不可分的。这一理论对 17、18 世纪新兴的西方实验科学产生了重大影响。

近代实验科学通过实验对事物进行分解，最后发现了一种非常小的微粒，正是德谟克利特所说的原子。之后，随着实验科学技术的进一步发展，到了19世纪末，物理学发生革命，原子又被分裂为原子核与电子。此时，原子已经成为物理学里的一个基本概念，这个概念对西方近代自然科学及物理学都产生了很重要的启发和影响。

### 2. 几经沉浮的天文学

虽然古希腊天文学中有一些谬误，例如亚里士多德及希腊化时代天文学家托勒密提出的“地心说”，但他们关于宇宙天体及星体关系的一些描述，还是对近代天文学产生了非常重要的影响。比如，哥白尼提出的“日心说”就是在希腊天文学家的理论基础上发展而来的。再后来，天文学家们基于“日心说”这一观点慢慢发展出现代天文学的基本模型。

### 3. 地理学：“地球是圆的”取代“天圆地方”

在地理学方面，希腊人最早提出了“地球是圆的”这一说法。但在中世纪时，受基督教思想的影响，“天圆地方”的说法开始广泛流传。直到15世纪，欧洲兴起地理大发现活动，这次活动在很大程度上受到复兴的古希腊地理学观念的影响，“地球是圆的”这一学说被重新提及。

葡萄牙人往东，绕过好望角到达印度洋，来到印度和中国；西班牙人往西，穿过大西洋之后，发现了中美洲和南美洲，后来又穿过太平洋到达了印度尼西亚和菲律宾；英国人与荷兰人一心想往北走，阴差阳错无意间发现了北美洲，并将其纳入自己的势力范围。无论是葡萄牙人扬帆东来，还是西班牙人扬帆西去，他们很重要的理论依据就是“地球是圆的”这一学说。

### 4. 几何学：欧几里得几何学代表标准的科学模式

古希腊的几何学同样达到了极高的水平。著名数学家欧几里得的《几何原本》为后世西方的几何学，乃至整个西方近代科学奠定了重要基础。

17 世纪时，创建了解析几何的西方数学家、物理学家、哲学家笛卡儿提出一个观点，他认为，如果这个时代所有的科学都能达到几何学的水平，那才称得上是真正的科学。荷兰哲学家斯宾诺莎受笛卡儿的影响，完成了著作《伦理学》。在书中阐述哲学观点的时候，斯宾诺莎依照的就是欧几里得几何学的模式，连形式都一模一样：首先从公理出发，然后是定义、规则、绎理，最后演绎出各种各样的定律。

众所周知，近代科学特别强调普遍必然性，真理一定要放之四海而皆准，这一特性与几何学强调的严格有序、形式精确等特性一脉相承。换句话说，几何学为西方现代科学的规范化奠定了基础。

### 5. 力学：阿基米德的浮力定律与杠杆原理

“给我一个支点，我就能撬起整个地球。”说出这句话的，正是古希腊著名哲学家、数学家、物理学家阿基米德。阿基米德与高斯、牛顿并列为世界三大数学家。他在数学上取得了辉煌的业绩，但与他在物理学方面取得的成就相比，仍稍显逊色。

阿基米德是静态力学和流体静力学的奠基人。他提出了浮力定律、杠杆原理，在机械应用方面成就斐然，他的发现对后世西

著名数学家欧几里德

方力学的发展起到了极为重要的推动作用，因此，他被后人誉为“力学之父”。

### 6. 医学：希波克拉底誓言

除了物理学、天文学、数学领域，古希腊的医学领域也出了一位伟大的人物，他就是西方“医学之父”希波克拉底。直到今天，从医人员入学第一课就是学习希波克拉底誓言，而且他们被要求正式宣誓。

西方“医学之父”希波克拉底

希波克拉底提出了“体液学说”，在对人体液体进行研究的基础上，他提出人体是由血液、黏液、黄胆及黑胆这四种体液组成的。这四种体液在人体内的比例不同，由此使人具备了不同的气质：性格开朗、动作灵敏的多血质；性格急躁、动作果断的胆汁质；性格沉静、动作迟缓的黏液质；性格孤僻、动作迟钝的抑郁质。不同的人，其生理特点以哪一种液体为主，就会相应具备哪一种气质。先天气质的表现，会随着后天客观环境的变化而发生调整，性格也会随之发生变化。这一理论为后世的医学心理疗法提供了一定的指导基础。

在当时，尸体解剖被宗教与习俗所禁止，但希波克拉底勇敢地冲破禁令，秘密进行了人体解剖，获得了许多关于人体结构的知识，为现代人体解剖学奠定了基础。

综上所述，在雕塑、建筑、体育竞技、戏剧、哲学以及科学等方面，希腊文明都对后世产生了极其重要的影响。从这个意义上来说，雪莱的那句名言“我们都是希腊人，我们的法律、文学、宗教和艺术之根都在希腊”被印证了。

第II章

# 爱琴文明

古希腊文明的发展经历了三个阶段，第一阶段是爱琴文明。爱琴文明的发展又分为三个小阶段，依次是克里特文明、迈锡尼文明以及多利亚人入侵后的“黑暗时代”。这一章，我将分别阐述爱琴文明这三个小阶段的详细发展历程，包括它们产生的背景、考古发现、历史分期以及它们的文化特征。

第 I 节

## 爱琴文明的起点——克里特文明

前文提过，爱琴文明包括四个地区，其中最主要的就是克里特岛。克里特文明不仅是爱琴文明的代表，也是该地区最早出现的文明。特别是在公元前 18 世纪以后，它的文化发展到了较高水平，在爱琴海甚至东地中海地区独领风骚，将整个爱琴海地区都置于它的文化影响和政治控制之下，成为爱琴文明当之无愧的翘楚。

### 一、优越的地理位置

我们在古代东地中海地图中可以看到，地中海的西部比东部更为开阔。欧洲大陆向南伸入地中海的半岛有三个，最东边的就是巴尔干半岛，又叫希腊半岛。人类发祥最早的五个文明中，有三个诞生于东地中海地区。而从东地中海的角度来看，克里特岛刚好处于中间位置，不仅紧锁爱琴海的海口，而且与南边的埃及、东边的西亚、东北边的小亚细亚，以及西北边的希腊大陆，距离都不算远，易于航海通商。正是因为具备了这种得天独厚的地理条件，这里一度成为东地中海地区的文明中心，创造了辉煌的文化成就。

克里特文明的诞生，无疑受到了比它更加古老的文明的极大影响。首先便是西亚文明，又称两河流域文明，这是人类历史上最古老的文明之一，迄今为止已有约 5500 年的文明史。其次便是

古代的东地中海地图

审图号：GS（2020）4745号

地中海南岸的古埃及文明。古埃及文明至今也有5000多年的历史。

两河流域文明和古埃及文明，都比诞生于公元前2000年前后的克里特文明更加古老，由于地理环境相近，克里特文明受它们影响的可能性较大。

## 二、关于克里特文明的古老传说

对克里特文明的最早记载，可以追溯到公元前9世纪古希腊著名游吟诗人荷马的史诗，这部分内容在后面的章节中会有更加详细的阐述。此处提到荷马，是因为他曾在史诗《奥德赛》中提到过克里特。

《奥德赛》第十九卷描写了奥德修回到了阔别 20 年之久的故乡伊塔卡的情景。当时，奥德修隐姓埋名，乔装打扮。刚开始，他的妻子没有认出他，问他从哪里来，他回答道：

有一个地方名叫克里特，
在葡萄紫的海水中央，
地方美好肥沃，
四周被水环绕，
那里有很多居民，
多得数都数不清，
有九十个城镇，
不同语言的种族都杂居在一起……[1]

《奥德赛》所描写的是公元前 12 世纪特洛伊战争期间发生的故事，史诗中的主人公奥德修在谈到克里特的情况时，用的是近似于传说的口吻。由此可见，克里特繁荣昌盛的时代，比起《荷马史诗》中讲述的奥德修的时代，要更加古老久远，以至于奥德修在谈到克里特时，羡慕之情溢于言表。

---

[1] 荷马．杨宪益中译作品集：奥德修纪 [M]. 杨宪益，译．上海：上海人民出版社，2019.

关于克里特文明的传说古已有之，流传了几千年之久。尽管很多西方人是听着克里特的神话传说长大的，但在20世纪之前，从科学理性的立场出发，他们对克里特的故事往往持有一种将信将疑的态度，认为那只是扑朔迷离的神话传说而已，算不上明文正史。

那时公认的希腊文明史，往往都是从荷马时代开始的。至于荷马时代之前的故事，大多属于传说之流，难登大雅之堂。当时大多数西方人都认为他们的历史发祥于多利亚人入侵之后，尤其是从公元前8世纪希腊城邦时代开始，才能算得上有了真正的文明史。其中很多人把开始于公元前776年的奥林匹亚竞技会，视作西方文明历史的开端。

事情在20世纪初发生了巨大的变化。考古学上的一个重大发现揭开了克里特文明的神秘面纱。大量可信的考古资料将克里特文明清晰地展现在世人面前。此后，人们便不再怀疑克里特文明的真实性。

## 三、克里特文明的历史分期

众所周知，想要断代某一个古老文明的历史分期，最科学的路径就是考古发现。整个20世纪，有关克里特的考古发掘工作一直在进行。

迄今为止，考古学仍然面临不少难题。考古学涉及古代历史的分期，如果仅仅根据一些遗址或文物来推断，就很难进行较为准确的划分。在中国考古学家对夏商周进行断代的工作上，这种不确定性就表现得比较明显。

改革开放初期，中国考古界开启了一项非常浩大的工程——著名考古学家李学勤先生带队对夏商周进行断代考察。这一工程的主旨是确定夏朝、商朝、周朝各朝代、各君主的具体情况。但在投入了大量的人力、物力和财力之后，最终只确定了周朝各王的精确年代，商朝盘庚以后的年代大体可定，但盘庚之前的早商时代却无法准确考证，至于夏朝，则更是深处迷雾之中。

克里特文明处于同样的境地。从文明发生的时间来看，克里特文明和中国的夏朝近乎同期，都在公元前 21 世纪前后。再往前追溯的历史，更多地被划为历史传说的范畴，很难被界定为确切意义上的文明。

## （一）以新石器时期为开端的克里特文明

按照考古学的推论，克里特的文化之源可以追溯到公元前 8000 年前后，也就是距今约 10 000 年的时候。考古学家发现，克里特文明最下面的考古层挖出的文物属于新石器时代的文物。也就是说，克里特岛上人类活动的历史虽然可以追溯到距今约 10 000 年以前，但是在克里特岛上从来没有发掘出旧石器时代的文物。

这就说明，克里特文明的最初建造者很可能是从别的地方迁徙过来的。人类在旧石器时代所经历的时间要比新石器时代漫长得多。因此，克里特岛上的人类不可能从一开始就进入新石器时代，他们一定是在其他地方经历了漫长的旧石器时代，在进入新石器时代之后才来到克里特岛。

最初人类走出蛮荒，开始制造和使用工具时，往往是就地取材，因陋就简，找到一块顺手的石头，简单地磨一磨，便开始使用了。从简单的就地取材到精心磨制，人类经历了极其漫长的历史过程，这就是从旧石器时代到新石器时代的发展过程。新石器时代的历史要比旧石器时代的历史短得多，而且没过多久就过渡到了青铜器时代和铁器时代。

由于在克里特岛只发现了一些体现新石器时代工艺水平的石制工具，找不到旧石器时代的器具，这就表明，最早的克里特人很可能是从别处迁徙过来的。现在学术界的一般观点认为，他们很可能是从西亚或埃及迁徙过来的，因为他们的人种和身体形态比较接近西亚或埃及人，而不像从北方来的希腊人。此外，克里特文化的诸多方面也明显受到埃及文明的影响。

### （二）真正进入文明的青铜时代

在公元前 2000 年前后，克里特岛上开始出现了青铜器。这是一个重要的飞跃。从新石器时代到青铜器时代的过渡，正是人类所有古老文明地区的一个共同标志。换言之，文明的产生往往以青铜器的出现作为重要标志。

新石器时代还不能称为文明，只能叫作原始文化或史前文化，只有青铜器的出现才是文明产生的真正曙光。中国同样如此，夏商周就处于青铜器时代，至于夏商周以前的时代，不管是三皇五帝，还是唐尧虞舜，都属于文明的史前阶段。

考古学证实，在公元前 2000 年前后，在克里特新石器文化的基础上，开始出现了青铜器文化。在克诺索斯地区（Knossos），也就是克里特岛中间偏北的地方，产生了最早的国家形态，出现了作为文明所必须具有的一些基本要件。比如，人类社会开始从氏族血缘关系走向行政区域管理，产生了国家机器，有了社会分工和贫富分化，有了统治阶级和管理者，最为重要的是产生了文字系统。正是在这些基础之上，克里特文明才得以确立。

### （三）米诺斯王朝一统克里特岛

青铜时代出现的国家分布在克里特岛的克诺索斯地区、费斯托斯地区、马利亚地区及扎克罗斯地区，其中，克诺索斯地区的国家日渐发展壮大。

公元前 1700 年以后的一段时间内，克诺索斯地区的米诺斯（The Minoans）王国一枝独秀，最终吞并了其他国家，统一了整个克里特岛。从此，米诺斯王国的文化开始扩散到爱琴海，乃至东地中海广袤的地区。

公元前 1450 年以后，米诺斯文明逐渐走向衰亡。随后，建立了迈锡尼文明的北方入侵者，越洋大举入侵克里特。这让本已衰落的克里特文明雪上加霜，最终彻底毁灭。

这就是克里特文明的发展脉络和历史分期。由此可见，克里特真正进入文明时代是在公元前 2000 年左右，而它走向衰落是在公元前 15 世纪中后叶，也就是说，克里特文明经历了五六百年的历史发展时期。

第 II 节

# 克里特文明的巅峰——米诺斯王国

克里特文明的中心在克诺索斯地区，这个地区出现了最早的国家中心，建造了国王的宫殿。克诺索斯王宫常与一个统治者的名字紧密地联系在一起，这个统治者叫作米诺斯。

据说正是这位米诺斯国王修建了著名的克诺索斯王宫，这座王宫的结构非常复杂，像迷宫一样扑朔迷离，不熟悉地形的人进去了就出不来。米诺斯王宫的故事在西方流传了好几千年，克里特文明也由于米诺斯国王和他的王宫而名声远扬，甚至被叫作米诺斯文明。

## 一、米诺斯文明的由来

米诺斯文明是整个克里特文明的巅峰。米诺斯文明的名称源自克里特岛克诺索斯地区一个名叫米诺斯的王国。关于米诺斯文明的由来，在西方有一段流传甚广的传说。

这段传说自克里特时代的宗教或神话中流传下来，是一段关于宙斯化身公牛诱拐一位美女的故事。需要说明的是，这段传说讲述的虽然是米诺斯时代的故事，但它真正流传的时期可能要稍晚一些。这是因为关于宙斯以及与宙斯结伴相随的那些著名神祇的故事，都是较晚时才产生的，是由古希腊人带来的神话传说。

### （一）宙斯诱拐欧罗巴

这个传说讲的是一段浪漫的爱情故事。

东方腓尼基地区推罗国王的女儿欧罗巴貌美如花，众神之王宙斯看上了她，于是他化身为一头公牛，出现在欧罗巴的面前。欧罗巴见到这头健壮而温顺的公牛，情不自禁地跨到了牛背上。

公牛就带着她一路狂奔，离开了推罗，来到一个与世隔绝的地方，也就是克里特岛。宙斯的妻子名叫赫拉，是一位爱嫉妒的女神，宙斯为了躲避妻子的耳目，就驮着欧罗巴来到四面环海的克里特岛。然后，宙斯现了原形，与欧罗巴结合。欧罗巴为宙斯生了三个孩子，长子就是米诺斯。因此，米诺斯及其后裔就成为克里特岛上的统治者。

这就是关于米诺斯王国和克里特文明起源的一段著名传说。这个故事流传甚广，在后世许多希腊艺术品中都可以看到以这个故事为原型的作品。甚至希腊还铸造过刻有一头公牛驮着一个女孩子图案的欧元硬币，表现的正是宙斯诱拐欧罗巴的故事。由此可见，这个传说的影响之深远，它讲述了希腊文明甚至整个西方文明的起源。不仅米诺斯王国与这个故事有关，甚至欧洲的名称“欧罗巴”（Europe），也是因这位被诱拐的美丽少女而得名。

当然，这只是一个传说，是真是伪，见仁见智。不过，很多民族的文化都是在传说的影响下发展起来的。比如，罗马人说他们的祖先是被狼奶喂大的罗慕路斯和雷穆斯，而我们认为自己的

宙斯诱拐欧罗巴

祖先是黄帝和炎帝，这些都带有神话色彩。但不可否认的是，一个传说对一个民族性格的塑造，以及对一个民族的发展，都会产生非常重要的奠基作用。

（二）神秘的米诺斯王国

这里有必要提一下，克里特文明及迈锡尼文明与后来的希腊城邦文明存在一定差异。克里特和迈锡尼都有王国，国王地位很高，宏伟的宫殿是国王权势的象征。

但是到了希腊城邦时代，国家制度变成了主权在民，没有国王，或者国王的地位已经不再重要。所以，那时候很少再有宫殿，取

而代之的是越来越多的神庙，也就是说，人们以对神的崇拜取代了对国王的崇拜，这一个很重要的变化。

作为宙斯和欧罗巴之子的米诺斯成为克里特的统治者。米诺斯可能是一个统治家族的姓氏，也可能是克里特世代相袭的国王们的共同称号，就像后来的“奥古斯都”和“恺撒”这类称号一样。之所以这么认为，是因为米诺斯王朝持续的时间长达几百年之久，而它的统治者都叫米诺斯，显然这不是同一个人。

据说开国之君米诺斯是一位英明的国王，他修建了一座非常恢宏的王宫，这座王宫结构扑朔迷离、曲径通幽，有迷宫之称。

同时，他还身兼大祭司和审判者。他最早为克诺索斯地区的国家制定了法律，成为米诺斯王国的创建者。克里特文明就是从米诺斯王国的创建开始的，因此，这位米诺斯就像中国传说中的黄帝一样，成为克里特的人文始祖。

在《奥德赛》中，奥德修讲述了一段惊心动魄的历险故事，其中说到他在地狱中经历的事情。在游历地狱的过程中，奥德修不仅遇见了他昔日的战友阿喀琉斯和阿伽门农，还看到了死去的米诺斯国王，他在地狱被冥王哈得斯任命为判官，手持金笏，正在那里铁面无情地审判死人。这是《奥德赛》第十一卷中记载的一段见闻。由此可见，米诺斯不仅是一位英明的国王，还是一位公正的法官。

不过我们从这里可以看出，在米诺斯王国，国王不仅是最高的行政首脑，同时也拥有非常高的宗教地位，身兼大祭司和审判官的职责。这种情况几乎在所有的古老文明中都存在，例如古埃及的法老和古巴比伦的国王，他们都身兼行政管理、司法审判和宗教祭祀之职。

公元前 17 世纪，米诺斯文明进入鼎盛时期。米诺斯文明不仅仅影响了克里特岛，还通过爱琴海辐射到了希腊本土、小亚细亚及整个爱琴海地区，甚至还辐射了到西亚和埃及。

## 二、米诺斯王宫的考古发掘

克里特文明或米诺斯文明在公元前 2000 年前后就已经出现，在后来的发展过程中，它也经历了许多坎坷。考古资料表明，在公元前 2200 年的时候，克里特虽然还没有出现文明，但史前文化已经发展到比较高的水平。因为考古学家在考古过程中还发现了一些居住中心被烧毁的痕迹。

到了公元前 2000 年，克诺索斯地区开始出现宫殿建筑。但是大概过了一两百年的时间，宫殿建筑被烧毁，其后还有过一两次兴废过程。到了公元前 1700 年以后，在被毁掉的城市的废墟上，又出现了一座新的城市，尤其是此处还建造了一座非常宏伟的宫殿。而人们常说的米诺斯迷宫，就与这座公元前 1700 年以后建造的新宫殿相关。

### （一）伊文斯的考古发现

20 世纪初，英国考古学家伊文斯发掘出了这座王宫，它是一座非常漂亮、壮观的宫殿。考古学家通过科学手段测定，它的建筑年代距今有三千七八百年之久。这座宫殿的建造说明克诺索斯已经成为统一的米诺斯王国的首都，而且克里特文明的影响力也辐射到了整个爱琴海地区，此时的克里特已经确立了在爱琴海甚至东地中海地区的商贸主宰和海上霸权地位。

伊文斯在1893年来到雅典，他在雅典的小商店里买到了一些女性佩戴的饰物，但伊文斯发现这些饰物上刻有一些稀奇古怪的符号。作为专业的考古学家，伊文斯具有一种职业敏感性，他一看到这些符号，就认为它们可能是一种古代的文字，但他无法判断这到底是一种什么文字，是哪个时代的文字，以及是什么人使用的文字。这种文字与欧洲人使用了几千年之久的字母文字完全不同，当时没有人认识这样的文字。伊文斯对这种神秘的符号充满了兴趣，他打听到，这些东西来自克里特岛，于是他来到克里特岛寻找关于这种文字的线索。

在克里特岛，伊文斯买下了一块土地，他坚信这块土地下面埋藏着古代的克诺索斯王宫。当时那个地方经济落后，人烟稀少，十分荒凉。伊文斯聘用了100多个当地人，运用他掌握的专业知识以及前期的准备资料，指导这些人进行考古发掘。功夫不负有心人，经过艰苦的努力，他们终于挖出了传说中的米诺斯王宫，以及大量精美的文物。

从1900年对克里特进行考古发掘开始，伊文斯在克里特待了36年。为了这项巨大而艰苦的考古工作，他耗费了半生心血。1936年，伊文斯发表了四大卷考古报告——《米诺斯王宫》，这是一部具有划时代意义的考古学巨著。至此，关于克里特文明和米诺斯王宫的考古成就被公之于世。

米诺斯王宫遗址局部

### （二）占地 22 000 平方米的王宫遗址

伊文斯发掘的米诺斯王宫并不是最初的王宫，而是在第一座王宫的废墟上建造起来的第二座王宫。现代考古学者通过航拍得到了米诺斯王宫的俯瞰图，还拍摄了宫殿的断面图，并制作了遗址局部和全景复原图。

从复原图上可以看出，米诺斯王宫建立在一个小山丘上，整体占地面积约为 22 000 平方米，相当广阔。虽然埋藏在地下 3000 多年的王宫如今只剩下断壁残垣，但我们依然可以想象它当年的风采。

按照伊文斯考古报告的结论，米诺斯王宫有 5 层楼高，有 1000 多个房间，房间复杂地相互贯通。在伊文斯考古报告的基础上，考古学家运用现代计算机技术复原了这座造型精美、气势恢宏的古代宫殿。

### （三）伊文斯对王宫遗址的破坏性复原

不可否认，伊文斯的考古发掘是一项非常伟大的成就，但这次考古成果也让伊文斯遭到了许多非议。很多人认为，伊文斯在进行考古发掘的时候，所做的选择有些主观和武断。他执意要找到《荷马史诗》或古代文献里描述的东西，带着这样的目的进行考古工作往往会给遗址带来极大的破坏。在伊文斯之前，被称为“现代考古学之父”的海因里希·施里曼（Heinrich Schliemann）就犯过这样的错误，他为了找到《荷马史诗》里描写的东西，出现了很多失误，毁坏了很多遗址。

相对来说，伊文斯要比施里曼专业。在考古发掘的过程中，他虽然没有犯施里曼那样的错误，但在发掘之后，他却主观臆断犯了一些错误。为了表现自己发现的米诺斯宫殿的恢宏，他在挖掘出的废墟上进行了很多重建工作。从某种意义上来说，这种重建就是一种破坏。虽然废墟上都是残砖碎瓦，但那些是真实的，是拥有几千年历史的遗迹。

我们今天看到的米诺斯王宫，既是伊文斯发掘的米诺斯王宫，也是被他局部复原重建的米诺斯王宫。克里特遗址中有些东西是几千年以前的，有些东西却是后来人按照想象复原的，它们混杂在一起，让人真假难辨。

### （四）克里特人以红蓝为主的壁画

尽管遗址中有些部分是后来重建的，但这依然不能更改克里特文明的辉煌过往。去过米诺斯王宫遗址的人都会感叹，有些东西竟然可以保存得如此完整，比如墙上那些漆和壁画，有些印迹至今仍色彩鲜艳，不能不说这是一个奇迹。

在用色方面，克里特人尤其喜欢红色和蓝色这两种颜色。因此在米诺斯王宫遗址中，这两种颜色很常见。红色和蓝色之所以被如此重用，可能是因为这两种颜色的颜料是人们从海洋生物里提取出来的，其特点是一旦上色，便经久不褪。

这种说法是有据可考的。当时，东方的腓尼基就是用颜色来命名的，腓尼基（Phoenicia）这个词的本义是紫色。腓尼基处于地中海东岸，这里有许多毗邻地中海的城邦国家，如西顿、推罗等。当时，这里的人从海洋贝类中提取了一种紫色的颜料，这种紫色颜料极其艳丽，而且长年不褪色，腓尼基因此得名。克里特人偏爱红色和蓝色的原因，应该与此相似。

### （五）代表权力的双面斧和王座遗址

米诺斯王宫里有 1000 多个房间，每个房间都有不同的功能，有国王和王后的寝宫、侍者的居所、贮藏物品的仓库、逗牛嬉戏的表演场所，还有米诺斯国王办公的殿堂。

国王办公的殿堂叫作双面斧厅，双面斧是米诺斯国王的神圣象征，是政治权力和宗教仪式的重要标志。双面斧厅里陈列着一把巨大的双面斧，按照语言学家的考据，“双面斧”一词在词源上与迷宫有关，此外，这个词也代指埃及法老的王座，因此双面斧与迷宫、王座在词义上具有相似性。

这个双面斧厅里还保存着当年米诺斯国王所坐的王座，四面

米诺斯王宫的双面斧厅

墙壁上绘有复原的彩色图案和一些凤鸟头、海豹身、狮子爪的吉祥物。在另外一些房间的墙壁上，绘有王子、贵妇，以及各种花卉和动物（海豚、猴子等），形象栩栩如生，色彩极其艳丽。

因为米诺斯本身既是国王，也是大法官和大祭司，所以他的王座为后世西方历代法官座椅提供了一种标准模式。直到今天，西方法官的座椅还保持着这种高背椅的样式。

正是由于施里曼和伊文斯的考古发现，西方文明的历史得以向前推进了 1000 多年。

第III节

## 克里特文明的文化特征

从伊文斯发掘的大量壁画、艺术品和日常生活用具中，我们可以看出古代克里特人的人种形态和文化风格。这些开创西方文明的先民们是一些什么人？他们的形象是怎样的？他们在文化上具有什么特点？这些问题都可以从克诺索斯地区出土的文物中得到解答。

### 一、人种：地中海类型的克里特人

根据发掘的资料，我们可以看出，克里特人在人种形态上属于地中海类型，不同于后来从北方来的入侵者。

按照人种学的划分，欧洲的主要人种为诺迪克人种。诺迪克人种的一般特征是身材高大、皮肤白皙、金发碧眼。克里特文明的创建者显然不属于诺迪克人种，他们是地中海类型的人种，又称伊比利亚人种。

他们的皮肤不是很白，而是暗白色的，就像今天的埃及人和阿拉伯人，既不同于撒哈拉沙漠以南的黑色人种，也不同于欧洲的白色人种。在身体形态上，克里特人也不像后来被称为“希腊人”的北方人那样身材高大，相反，他们的身材比较纤细、苗条。总之，无论身材还是肤色，他们都和西亚人、埃及人比较接近，而不同于欧洲人。

从克诺索斯出土的大量壁画和陶器上，我们可以清晰地看到克里特人的身体形态。他们不仅身材苗条，还有一个显著特点——崇尚细腰。

克里特人无论男女，腰都比较细，他们从小就喜欢用布条把腰干紧紧地束上。

一般而言，南方人不仅在身材上相对瘦小柔弱，在文化上也讲究纤巧细腻；而北方人身材粗壮魁梧，文化也较为大气粗犷。春秋时代有过“楚王好细腰”的故事，据说受楚灵王审美偏好的影响，臣子们都爱节食束腰。这说明，在中国古代，南方人也崇尚细腰，直至今日，江南美女仍然以“樱桃小嘴、杨柳细腰”为美。

在克诺索斯的壁画中，无论养尊处优的王公、贵妇，还是地位卑微的侍者、农夫，人人都有纤纤素腰，身材苗条。王宫壁画中头戴百合花冠的王子，纤细的腰上就系着束腰的布带。

克里特人身体方面的特点与后来迈锡尼时代的人完全不同，那些来自北方、建立了迈锡尼文明的征服者，个个膀大腰圆、身材魁梧，而且皮肤明显更加白皙，与克里特人的杨柳细腰和暗白肤色形成了鲜明的对照。这些不同于克里特土著的北方征服者，才是真正的希腊人。

## 二、宗教：女神崇拜与生殖崇拜

宗教信仰在古代极其重要。无论东方人还是西方人，南方人

腰身紧束的百合花冠王子

还是北方人，克里特原住民也好，北方来的征服者也罢，他们缺乏科学知识，都极其崇尚宗教。

当他们在自然和社会生活中遇到人力无法解决的问题时，他们就会诉诸神明。从宗教上来看，克里特人与其他古老文明的创建者一样，也具有自然崇拜和图腾崇拜的特点。面对自然界的各种变化，如电闪雷鸣、海啸、地震，古人感到困惑不解，于是选择将这些自然力量加以神化。

古人往往会将神化的自然景物，如山川河流、日月星辰，全部人格化，使之成为人格神。克里特人也不例外，他们也崇拜各种自然现象，也喜欢把各种自然现象神化为人格性的神，由此奠定了希腊神话传说的基础。与后来成熟的、具有“神人同形同性”特点的希腊神话传说相比，克里特人的宗教带有更加明显的图腾色彩，他们像古埃及人那样崇拜一些半人半兽的神祇，他们对公牛的图腾崇拜尤甚。克里特人在宗教上也推崇万物有灵论，认为自然万物都具有生命，具有灵魂。其实，图腾崇拜的特点就是相信万物有灵魂，人类可以通过一些象征性的仪式影响某种事物的状况。

此外，与迈锡尼时代和城邦时代的希腊宗教相比，克里特人的宗教明显具有女神崇拜的特点。这一点恰恰说明，克里特文明仍然保留了一些母权社会的痕迹。我们从出土的文物中可以看到，女神的地位非常尊贵。除此之外，他们还极力突出女神旺盛的生殖特征。

克里特人之所以崇拜女神，是因为生殖现象对他们来说十分神秘，而生殖崇拜自然会导致母性崇拜。人类都经历过母权社会

克里特女神塑像

时期，或者叫作母系氏族社会，因为从自然的角度来说，一个人和自己母亲的关系是最直观的，每个人都是从母亲的肚子里出生的，所以，形成一种直接的母性崇拜是很自然的。

相对而言，一个人和父亲的关系却并非自然直观的，父子关系是由一定的社会关系，尤其是财产继承关系逐渐确立的。在母系氏族社会中，婚姻状况错综复杂，因此只知其母不知其父的现象非常普遍。这种情况使女性的社会地位比男性更加尊贵，表现在宗教上就是对女神的崇拜。

在克里特的雕像和壁画中，可以很明显地看出女神崇拜的特点，例如一对丰乳肥臀的女神（可能是一对母女）手上盘绕、挥舞着两条小蛇。其实，丰乳肥臀和蛇都具有生殖崇拜的意味。此外还有一位被称为伏尔坎诺斯（Velchanos）的主神，他的形象是一头体形硕壮的公牛，米诺斯王宫的壁画上也绘有这头公牛。据说这个公牛神是克里特的雨水和生殖之神，雨水代表滋润万物生长的源泉，因此也具有生殖意义。

这个以公牛形象出现、具有旺盛生殖能力的克里特主神，后来与北方人崇拜的奥林匹斯主神宙斯合并。因为宙斯的主要化身也是公牛。后来，公牛就成为克里特文明的重要象征，也是米诺斯王国的圣物。

克里特的考古资料中存在大量关于生殖崇拜的物品。例如，一些多乳的女神雕像，她们像母牛一样具有两排硕大的乳头，表示她们具有极强的繁殖哺乳能力。在古代社会，人丁兴旺是国家强盛最重要的标志，因此生殖崇拜也就成为宗教信仰中的一个显著特点。生殖崇拜最初总与女性生殖能力联系在一起，往往还具有神秘的特点，后来才转向对男性生殖能力的崇拜。与此相对应，人类社会也逐渐从母权社会转变为父权社会。

克诺索斯出土的许多壁画都反映了妇女们的公共生活和尊贵地位。有一幅壁画描绘了一群姿态优雅的美丽少女正在鲜花丛中优游，另一幅壁画反映了一群气质高贵的时尚女郎坐在剧场前排观看表演。克里特壁画中的女性，在形象、仪态、举止、服饰等方面都显得极为美丽高雅，彰显出一种雍容华贵的气质。她们在头发和身体上佩戴着许多手工制作的精美饰品，可见，当时的社会花费了很大的精力来满足女性审美的需要，尽可能让女性装扮得更加美丽。

克里特出土的“巴黎贵妇”

一个尊重和崇尚女性的文明，往往具有较高的文化水平，它和那些尚未进入文明社会的原始母系氏族社会不可同日而语。克里特文明就是这样一个既保留了母性崇拜的特点，又拥有相当高的文化发展水平的文明形态，在某些方面，它甚至有点像近代的法兰西文明。

事实上，克里特出土的一些壁画上的优雅女性，就曾被文明的西方现代人惊呼为“巴黎贵妇”。那些生活在3000多年前的克里特妇女，在形象、气质、仪态、穿着等方面，都丝毫不逊色于当今时代的人们。她们天生丽质，风度翩翩，形态优雅，从她们身上，我们还可以感受到当时克里特高度发达的文明教化水平。这种教化水平不仅表现为艺术水平，也反映了其文明程度。

## 三、克里特精湛的工艺水平

克里特不仅拥有精美的王宫建筑和壁画艺术，还有很多技艺精湛的手工制品。这些工艺品展现了克里特人高雅的艺术品位和悠闲的生活情景。无论早期制作的陶器，还是后期的青铜器和黄金制品，都具有相当高的艺术水准。

克里特岛上的伊拉克利翁考古博物馆保存着各种形状和图案的陶罐、石制的牛头和狮头、青铜制作的长剑以及大量精美的黄金饰品，其造型、图案、纹路都非常考究，让人很难想象这是3000多年前的工艺水平。

尤其是一双小蜜蜂图案的黄金饰品，堪称克里特工艺制作的标志性成果。两只做工精致的小蜜蜂，侧身而对，头对头，尾对尾，

小蜜蜂黄金饰品

石棺画上的进贡者

翅膀高高地竖起，惟妙惟肖。两只小蜜蜂的翅膀上和尾巴交合处分别吊着黄金坠子，构图极其精巧，算得上是黄金饰品中的经典之作。

还有一个质地非常轻薄、具有透明效果的陶瓶，上面塑有浮雕，反映的是老百姓在收获之后翩翩起舞的欢乐场面。此外还有一个石制的外棺，上面绘着爱琴海周边地区不同国家的人们向米诺斯王国进献贡品的热闹场景。图中男人们手里托着小鹿、象牙等贡品，女人们肩上挑着一罐罐酒水、琼浆，由此可见米诺斯文明的繁荣昌盛。

这幅画很容易让人联想到 1000 多年以后波斯帝国一幅万国来朝的浮雕。在被亚历山大大帝烧毁的波斯波利斯遗址中，有一幅浮雕反映了当时波斯帝国统辖下的 18 个国家的使臣向波斯国王进贡的宏大场面。这些使臣各自带着贡品，驱赶驼羊，肩挑琼浆，纷纷前来向波斯国王进贡。关于爱琴海周边地区的人民向米诺斯王国进贡的情景，还有一个神话故事。

据说米诺斯国王要求雅典人民每隔 9 年进献 7 对童男童女，以供迷宫中豢养的一个牛首人身的怪物食用。后来，雅典少年英雄忒修斯扮作童男深入迷宫，杀死了怪牛，为民除害。

我们从这个故事中可以看出，周边地区的人民不仅要向米诺斯王国进献贡品，还要进献奴隶。

克里特人劳动之余喜欢从事的休闲活动，一是打猎，二是拳击，以及一种精彩的斗牛游戏。尽管那个时候还没有奥林匹亚竞技会，

牛背上的杂耍者

但正是这些休闲活动为后来的体育竞技奠定了基础。一些出土的雕塑和壁画便反映了克里特人的运动场面。

克里特人的斗牛游戏，并不像现代西班牙的斗牛活动那样会残忍地把牛杀死。公牛是克里特的圣物，虽然有时候也作为祭奠主神的祭品，但是克里特人并不会在斗牛游戏中伤害牛。克里特的斗牛者行动矫健灵活，他们在奔跑的公牛背上进行一种杂技表演——在牛的身上翻跟头。这样的活动与其叫作“斗牛”，不如叫作“逗牛”，即戏逗公牛。这种斗牛活动主要在宫廷里上演，供王公贵戚欣赏。伊拉克利翁考古博物馆中珍藏着一尊刻有在牛背上倒立跳跃的杂技演员的象牙雕塑，堪称艺术精品。米诺斯王宫的壁画中也有一幅栩栩如生地反映了表演者在牛背上翻跟头的场面。

从上述艺术品中我们可以看到克里特人的生活情趣丰富而雅致，日常生活祥和悠闲。壁画和浮雕中大量出现的动物图案，如海洋中的海豚、海豹或丛林中的猴子、鹧鸪等，展现出一派万物欣欣向荣的和谐情景。

## 四、克里特的线形文字A与B

克里特人与后来的欧洲人的不同之处，除了身体形态，还表现在文字上。他们使用的文字与欧洲人使用的字母文字不同，他们使用的文字接近古埃及的象形文字和古代西亚的楔形文字，甚至与中国古代的甲骨文也有几分相似之处。

克里特考古最重要的发现就是线形文字的出土和解读。一种文化是否发展到了可以被称作文明的水平，一个标志性因素就是文字。克里特文明之所以是一个确定无疑的古代文明，最重要的依据就是在那里发掘出大量的文字。

### （一）考古发现线形文字

> 早在1900年对克里特岛进行考古发掘之前，伊文斯就在雅典买到的饰物上发现了一些奇怪的符号，并对它们产生了浓厚的兴趣。后来在考古过程中，他果然挖出了1000多块刻有这种文字的泥板。通过对这些线形文字的解读，一个古代文明才逐渐清晰地还原在现代人的面前。

现在可以证明，最初的克里特线形文字也是在象形文字的基础上发展而来的。人类最初使用的文字都是象形的，通过画图的方式描述事物。看见一匹马，就画一匹马，看到一棵树，就画一棵树，通过这些图来表述事物。后来随着人类思维能力和表达能力的提高，才逐渐从象形文字中发展出形态更加高级的文字系统，比如中国的表意文字、西方的字母文字等。

### （二）线形文字 A 与 B 的不同特点

根据现代考古学的研究基本可以断定，大约在公元前 1800 年之前，克里特人就已经在埃及图画文字的基础上发展出由 90 多个音节符号组成的线形文字。根据时代的远近，这些线形文字又可以分为两个系统。较早的系统叫作线形文字 A，线形文字 A 的数量比较少，只有 200 多块泥板，且具有鲜明的象形特点，主要用来记载仓库里的货物。

200 多年后，在线形文字 A 的基础上，又发展出了线形文字 B。线形文字 B 的使用范围则比较广，除了克里特岛，还流传到了希腊大陆和爱琴海地区。线形文字 B 影响了很多人，包括那些从北方到希腊和小亚细亚定居的人们。

语言学家们认为，线形文字 B 不同于单纯的象形文字，它已经发展为一种音节文字。所谓音节文字，就是不同的符号构成了相对固定的音节，具有不同的发音。今天西方的字母文字也是建立在拼音基础上的，只是从音节进一步分化为字母。线形文字的一个音节往往由 2~3 个符号构成，不同音节进一步组成词语，这与象形文字直接指称对象不一样。

可以说，音节文字成为象形文字向字母文字过渡的重要中介，

线型文字泥板

每一个音节最初可能都具有象形的意义，但后来只保留了它的音，而不再要它的形，就发展为以拼音为基础的音节文字和字母文字。

当然，这个发展过程极其复杂和漫长，这是语言学研究的范畴，我们在这里不做详细说明。众所周知，现代西方的许多文字都可以追溯到拉丁文，而拉丁文又脱胎于古希腊文字。作为西方文字的共同基础，希腊字母文字最初来源于西亚的腓尼基。那么腓尼基的字母文字又是怎么产生的呢？语言学界的一些专家认为，腓尼基的字母文字可能就是受到克里特音节文字和闪米特拼音文字的影响逐渐形成的，然后又反哺了希腊和整个西方世界。

伊文斯及后来的考古学家们发掘出来的线形文字泥板多达几千块，它们主要是写有线形文字 B 的泥板。线形文字 B 不仅数量巨大，流行范围也更加广大，整个爱琴海地区都受到它的影响，后来迈锡尼时代的人们也使用这种文字。直到公元前 12 世纪，野蛮的多利亚人入侵希腊，这种文字才被遗忘。随后，在经历了 300 多年的“黑暗时代”以后，从腓尼基传来的字母文字在某种意义上激活了后来的希腊城邦文明。

### （三）线形文字 B 的破译

当伊文斯在 1900 年发掘出线形文字时，西方世界还没有人认识这种奇怪的符号。直到 1952 年，英国建筑学家文特里森终于破译了线形文字 B。

文特里森是一个神奇的语言天才，14 岁的时候，他在牛津大学听了一场伊文斯的考古报告。伊文斯从克里特岛考古归来，展示了许多文物，其中包括刻有线形文字的泥板。

从那以后，年少的文特里森就对这种奇怪的文字产生了浓厚的兴趣。后来，文特里森虽然成为一名建筑工程师，但他一直对线形文字非常痴迷，矢志要把它解读出来。直到 1952 年，经过艰苦的努力，他终于解读出了线形文字 B。

这个过程非常艰难，需要付出极大的心血，既要研究和熟悉各种古文化，又要参照和比较各种古文字和古文献，工作难度超出想象。但文特里森最终还是破译了线形文字 B，揭开了克里特文明的神秘面纱，把一个古老文明鲜明地呈现在今人面前。文特里森好像就是为了完成这项神圣的使命而生的，在解读了线形文字 B 之后不久，他被一场车祸夺去了生命。

直到今天，线形文字 A 仍然未被解读。当然，并不是说除文特里森之外，就再没其他人可以做这件事，而是因为线形文字 A 大多是一些专用符号，在泥板中重复出现的概率很小，因此确实不易解读。在刻有线形文字 A 的泥板中，一共有 300 多种组合方式，其中有 200 多种组合方式只出现了一次，解读难度极大。

相比之下，刻有线形文字 B 的泥板多达几千块，而且通用符号相对较多，同一组音节重复出现的概率也比较大，相较于线形文字 A 更便于解读。对于古文字，出土的数量越多，同一种符号重复出现的概率越大，解读的可能性也就越大。如果随便从土里挖出一两块刻有奇怪符号的泥板，谁也无力破解。正因如此，线形文字 B 如今已被解读，而线形文字 A 仍然是未解之谜。

### （四）文化杂交铸就辉煌文明

克里特文明以物产精美、建筑奇特著称，到了公元前 1700 年以后，它已经成了一个非常强大的文明中心。到了公元前 1600 年以后，线形文字 B 产生，并且逐渐传播到希腊大陆和小亚细亚地区。米诺斯王国在航海和贸易方面独领风骚，和埃及、西亚、小亚细亚以及希腊大陆开始了商业交往。在克里特的考古文物中，很多物品都来自埃及和西亚。米诺斯王国实力强大，在东地中海地区确立了领袖地位。随着与外界的交往日渐频繁，克里特文明吸收了大量的异质文化因素，显示出精彩纷呈的面貌，达到了极其辉煌的巅峰状态。

## 五、克里特文明的突然消亡

然而，这样一个辉煌的文明却在公元前15世纪迅速地走向毁灭。毁灭的原因，既有天灾，又有人祸。

### （一）锡拉岛火山爆发摧残了克里特文明

根据埃及古文献的记载，大约在公元前1485年，从地中海北部飘来了大量的尘埃，遮天蔽日，使埃及人在很长一段时间内不见天日。现在可以推定，这些尘埃是火山爆发所致。

在那段时间，克里特岛北边不远的锡拉岛发生过一场剧烈的火山爆发，火山爆发还引发了海啸。克里特文明很可能就毁于这场可怕的自然灾害。今天我们可以看到，那些刻有线形文字的泥板有被烤过的痕迹。也许正是被火山灰覆盖，它们才能够被长期保存下来。

锡拉岛位于克里特偏北六七十海里的爱琴海中，如今这座小岛已经成为举世闻名的旅行胜地——圣托里尼岛。白色的房子，蓝色的屋顶，映衬着蓝天白云和一望无际的大海，风景美不胜收。每一个去希腊旅游的人，都不会错过圣托里尼岛。

### （二）米诺斯王远征失败与迈锡尼人入侵

所谓人祸，是指北方人的征服。有资料记载，米诺斯国王的海军在出征西西里和伯罗奔尼撒半岛时遭遇惨败。北方人可能乘胜追击，来到克里特岛。他们首先对米诺斯王国在爱琴海周边地区的藩篱进行了扫荡，然后“直捣黄龙”，最后摧毁了米诺斯王国。人祸与天灾相继发生，对克里特文明无疑是雪上加霜，辉煌的克里特文明因此毁于一旦。

这些武力征服者就是来自北方的希腊人。他们包括很多部族，其中最有名的一支就是建立了迈锡尼文明的阿卡亚人，他们成为《荷马史诗》中的主角，继克里特人之后鸣锣上场。

所以，此后的历史就要由这些来自北方的希腊人演绎了。他们在摧毁克里特文明之前，已在希腊大陆上创建了另一个文明形态，即迈锡尼文明。迈锡尼文明，一方面继承了克里特文明的许多文化因素；另一方面也开创了一种迥然不同的文化气象。

第 IV 节

## 希腊人建立的第一个文明形态——迈锡尼文明

爱琴文明泛指整个爱琴海地区的文明。爱琴文明发展时间较长，经历了前后相续的两个阶段，前一个阶段的代表是克里特文明，后一个阶段的代表则是迈锡尼文明。克里特文明和迈锡尼文明前后相续，共同构成了爱琴文明的主要形态。

### 一、迈锡尼文明的建立背景

前面提到，克里特文明在公元前 15 世纪走向衰落，究其原因，既有天灾，也有人祸。人祸是指北方来的一些迁徙者，即后来的“希腊人”。

这些希腊人最初从北方来到伯罗奔尼撒地区和阿提卡地区定居时，仍然是一些文明水平很低的野蛮人。但是，当他们受到克里特文化的影响后，便逐渐走向文明开化。后来，克里特文明日渐衰落，他们却日益强大，再加上北方的迁徙者纷至沓来，形成了一股股从北向南的暴力冲击浪潮，最终克里特文明在公元前 15 世纪后半叶被摧毁。

在克里特文明的全盛时期，其文化影响普照爱琴海地区，所以那些新来的迁徙者都被遮蔽在克里特文明的光辉之下。当克里特文明开始走向衰落时，那些北方来的迁徙者在希腊本土建立的一些定居点就逐渐发展为文明国家。

这些文明国家最初都是小国寡民式的，和后来的希腊城邦很相像，它们实际上是在氏族社会的基础上建立起来的国家雏形。后来，由于对外战争（如特洛伊战争）的需要，这些微型国家在政治上结成了一种军事民主制的国家同盟，而它们的盟主就是迈锡尼。

迈锡尼文明与克里特文明有一个很大的不同。克里特文明主要指克诺索斯地区的米诺斯王国，这个王国最终统一了克里特岛，并把它的影响力辐射到了整个爱琴海乃至东地中海地区。而迈锡尼文明正如上面提到的，是因为希腊本土同时出现了很多不同的微型国家，形成了后来希腊城邦的雏形，即以一个城市为中心形成一个国家，覆盖周围的一些平原、农村和耕地。而迈锡尼只是其中之一。

## 二、迈锡尼的地理位置

从地理上看，希腊大陆南部由两个半岛构成，一个叫伯罗奔尼撒半岛，一个叫阿提卡半岛，两个半岛之间由狭窄的科林斯地峡相连接。在伯罗奔尼撒半岛上出现了迈锡尼、斯巴达、梯林斯、皮洛斯、科林斯等国家，在阿提卡半岛上也有雅典、底比斯等国家。在这些国家中，最强大的就是迈锡尼，所以这个时代的文明就叫作迈锡尼文明。

### 三、迈锡尼文明的建立者

迈锡尼文明是由什么样的人建立的呢？

前面提到，克里特文明的创建者并不是希腊人，他们是比希腊人更加古老的克里特原住民，最初可能是从西亚或者埃及渡海来到克里特岛的。而迈锡尼文明是由真正的希腊人开创的，这些希腊人包括很多不同的族群，从北方的色萨利地区一直到爱琴海上的基克拉迪群岛，所有在这一时期（公元前 1600 年以后）创建国家的人都被叫作希腊人（Hellene）。

考古学家推断，这些希腊人可能早在公元前 20 世纪初期就陆续来到了希腊大陆，及至公元前 15 世纪，克里特文明毁灭，他们已经在希腊这片土地上定居了好几百年。在此过程中，他们自觉或不自觉地接受了克里特文明的影响。因此，克里特文明毁灭后，这些以迈锡尼为代表的新兴国家，既保留了克里特的一些文化因素，又具有浓郁的北方文化色彩。

这些创建新文明的希腊人有许多不同的名称，比如皮拉斯基人、卡里亚人，等等，其中一支来得较晚的人叫阿卡亚人。阿卡亚人的名气比较大，因为在《伊利亚特》中，攻打特洛伊的希腊人都自称“阿卡亚人”。

特洛伊战争发生在公元前 12 世纪初期，由此可以断定，阿卡亚人在此之前就来到了希腊，并在伯罗奔尼撒半岛确立了统治地位。我们固然不能断定最早在迈锡尼创建文明的就是阿卡亚人，但至少在公元前 1300 年以后，这些阿卡亚人已经成为迈锡尼乃至整个伯罗奔尼撒半岛的统治者。

后来的考古发掘充分证实了《荷马史诗》中描述的阿卡亚人的英雄故事。例如，在特洛伊战争时期，迈锡尼国王名叫阿伽门农，他的弟弟是斯巴达国王墨涅拉俄斯，他们都是阿卡亚人的大英雄。还有北方色萨利地区的大英雄阿喀琉斯、伯罗奔尼撒西南角皮洛斯国王涅斯托尔，等等，他们都是阿卡亚人。

## 四、阿卡亚人与希腊诸神

大多数的克里特人身材矮小，有着纤纤素腰，但阿卡亚人刚好相反，他们是典型的北方人，男人高大魁梧，女人美丽健壮。

后来希腊神话中出现的一些女神，比如智慧女神雅典娜、爱与美之神阿佛洛狄忒，等等，她们的形象都是美丽健壮的。尤其是阿佛洛狄忒，在后世的雕塑及绘画作品中，我们经常可以看到阿佛洛狄忒的形象，她体现了一种典型的北方美、一种健康和充满力量的美。

到了希腊城邦时代，这种彰显北方美的风格就成了希腊艺术品的楷模。什么叫美？美必须是这个样子——男人高大魁梧，女人美丽丰满。后来，无论是米开朗琪罗、拉斐尔、达·芬奇，还是波提切利、提香，他们的作品中的男人和女人，都拥有像希腊神或希腊英雄一样的身材。这种审美风格由希腊影响到罗马，又由罗马影响到后世西方，甚至到现代，这始终是一种审美的典范。

## 五、迈锡尼文明的历史分期

### （一）迈锡尼文明初创

公元前 1900 年以后，北方入侵者陆续来到伯罗奔尼撒半岛。最初到来的可能是从东方来的皮拉斯基人，随后到来的是北方的阿卡亚人。到了公元前 1600 年，国家开始出现，文明开始创建。当时，克里特文明还没有毁灭，而且正在大放异彩。

### （二）竖井墓王朝时期

公元前 1600 年到公元前 1500 年，按照墓葬的形式划分，这一时期在考古分期上被称为竖井墓王朝时期。也就是说，这一时期考古发掘出来的墓葬都是长方形的，叫作“竖井墓”。

不同形式的墓葬代表文明发展的不同阶段。比如迈锡尼时期的墓葬，无论竖井墓还是圆顶墓，都属于土葬。而多利亚人到来后，土葬逐渐被废止，火葬开始大行其道。

### （三）圆顶墓王朝时期

公元前 1500 年以后进入了圆顶墓王朝。圆顶墓王朝的墓室非常恢宏，往往会将一个山洞挖空，然后将整个山洞作为一座墓。这种墓葬的顶是圆的，这一历史时期因此得名。

### （四）迈锡尼人入侵克里特岛

公元前 1425 年到公元前 1380 年，迈锡尼人开始入侵克里特岛，他们毁灭了克里特文明。

迈锡尼时代并不是迈锡尼文明一枝独秀，当时，以迈锡尼为代表，伯罗奔尼撒半岛上的其他国家，甚至爱琴海周边以及小亚细亚沿海的很多地方，都受到了迈锡尼文明的影响。

### （五）迈锡尼文明走向繁荣昌盛

公元前1380年到公元前1300年，此时的克里特文明已经衰落。在迈锡尼及周边的梯林斯、皮洛斯、阿尔戈斯这些地方，许多恢宏的宫殿相继拔地而起，迈锡尼文明进入全盛时期，此后，迈锡尼文明彻底替代克里特文明，成为整个希腊文明的中心。

### （六）对外掠夺的特洛伊战争爆发

公元前1200年，由于北方多利亚人及色雷斯人的不断入侵，迈锡尼文明开始走向衰落。当时，梯林斯和阿尔戈斯的宫殿都遭到了北方人的焚毁，经济开始衰退，迈锡尼被迫进行对外战争，特洛伊战争爆发。

### （七）多利亚人入侵迈锡尼文明

对外开战并没有改变迈锡尼文明走向衰落的命运。虽然迈锡尼人打赢了特洛伊战争，但也因此元气大伤。在公元前1100年左右，迈锡尼文明在北方入侵者的摧残之下走向毁灭。

第V节

## 考古大发现——特洛伊城和迈锡尼城

对特洛伊城和迈锡尼城的考古要从一位比伊文斯更早的德国考古学家说起，这个人就是前文提到过的“现代考古学之父”海因里希·施里曼。

施里曼从小受到热爱希腊神话的父亲的深刻影响，对古希腊文化产生了浓厚的兴趣。他自幼熟读《荷马史诗》和各种希腊传说，对希腊各位神祇和英雄的事迹以及特洛伊战争的场面、用具器物了如指掌。19 世纪的欧洲，受启蒙运动的影响，人们的理性精神高涨，许多知识分子对传统宗教采取了批判态度。这种理性主义的批判锋芒不仅指向基督教的传统信仰，也涉及古老的希腊宗教。

当时的人们认为，希腊神话都是空穴来风，是后人随意编造出来的。但施里曼坚信，这些神话传说具有一定的现实根据，其中的一些故事，比如特洛伊战争，在古代一定发生过。

施里曼前半生从事商业活动积攒了一定的财富，于是他决定用这些钱去从事考古活动，立志复原《荷马史诗》所描写的特洛伊城的真实面貌。他勤奋地学习各种语言和相关知识，掌握了希腊语、拉丁语、波斯语、突厥语等 18 种语言，具备了从事考古学研究的坚实学术基础。他找了一位同样热爱和精通《荷马史诗》的希腊籍女子为妻，两人志同道合，一同来到特洛伊进行考古发掘。那时的特洛伊属于土耳其管辖（今天仍在土耳其境内），施里曼就从土耳其政府手中购买了特洛伊的一块土地，在 1870 年开始进行发掘。

施里曼进行考古发掘的年代比伊文斯更早，他开创了现代考古学的先河，因此被称为“现代考古学之父”。

## 一、特洛伊的考古发现

对迈锡尼遗址进行考古之前，施里曼首先来到《伊利亚特》中的战争发生地特洛伊，试图根据荷马描述的具体场景，按图索骥地进行考古发掘。

功夫不负有心人，施里曼果然挖出了一座尘封已久的古代城市遗址，发现了大量金银制品，他确信自己找到了《荷马史诗》中特洛伊国王“普里阿摩斯的宝藏”。

后来更加精确的考古发现证明，施里曼发掘出来的并不是《荷马史诗》所记载的特洛伊城，而是比那个时代更加久远的城市的遗址。特洛伊战争发生在公元前 12 世纪初，大约在公元前 1192 到公元前 1183 年间，而施里曼发掘的城市遗址可以追溯到公元前 22 世纪，比特洛伊战争发生的时代还要早 1000 年（这个遗址在考古学界被称作特洛伊第 1 层）。最为重要的是，施里曼还挖出了公元前 2000 年到公元前 1800 年间一个水平相当高的古城废墟，这个废墟在考古学上被叫作特洛伊第 2 层。

特洛伊考古一共发现了 9 个文化层面，其中第 2 层和第 6 层是最精彩的，第 6 层后来被证明是特洛伊战争发生时的城市遗址。特洛伊第 2 层的时代要比荷马描写的那场战争发生的时代早七八百年，但在这一层出土的文物却非常丰富。施里曼挖出了宏伟的城市遗址和大量珍贵文物，他还把这些文物与《荷马史诗》中的具体描述相对照，大体上都能对得上号。因此，他认定自己发现了特洛伊战争发生时的古城遗址。

随着考古技术和手段的不断完善，以及考古学界的进一步探索，人们发现施里曼的结论是错误的，但这些错误是非常有价值的，因为它意味着特洛伊的文明历史出现得要比荷马描述的时代早得多。这就如同 15 世纪发现美洲的哥伦布，他一直认为自己发现了印度，只是没想到印度远远不像传说中那样富庶。他没能像稍晚踏上航海之旅的葡萄牙人达·伽马那样从印度带回大量财富，因此，他回到西班牙之后遭到了伊莎贝拉女王的冷遇。哥伦布不服气，后来三次踏上美洲的土地，但是一直到死，他都不知道自己发现了一个新大陆。事实证明，哥伦布对美洲新大陆的发现要比开辟通往印度的航路重要得多。

## 二、迈锡尼的考古发现

发掘出特洛伊遗址之后，施里曼又来到迈锡尼进行考古工作。在这里，他再一次创造了考古学上的辉煌。施里曼于 1876 年开始在迈锡尼的遗址上进行考古发掘，很快就挖出了拥有五座竖井墓坑的古代墓葬群。

这些墓葬中，有一座较大的墓穴被施里曼认为是迈锡尼国王阿伽门农的墓穴。他从这个墓穴中挖出了大量金银宝藏，包括镌刻着猎狮图的青铜匕首、杯把上雕有一对鸽子的高脚金杯，等等，这些东西与《荷马史诗》中描写的器物非常吻合。墓葬中还有许多闪闪发光的金首饰和金叶片，熠熠生辉，证明迈锡尼果然如荷马所言，是“多金的迈锡尼”。

尤其是一副制作精美的黄金面具以及一具骨骼粗大的男性尸

迈锡尼的墓葬遗址

骸，让施里曼踌躇满志地相信，他发现了阿伽门农的骸骨。因为传说阿伽门农身材高大，是一位顶天立地的大英雄。而且阿伽门农是被他的妻子谋害而死，死的时候比较年轻。因此施里曼认定，这具粗大的尸骨就是阿伽门农。他甚至电告希腊国王说："我正在凝视阿伽门农的脸庞！"然而，命运又一次捉弄了施里曼，后来的考古证明，他再一次把时代搞错了。他发掘的这个墓葬要比阿伽门农所处的时代早几百年，而那个黄金面具，也为更早时代的迈锡尼国王所有。尽管如此，施里曼的发现仍然价值连城。

公元2世纪，希腊地理学家波桑尼阿在《希腊纪事》一书中记载，埋葬阿伽门农尸骸的墓葬群里一共有五座墓坑，包括阿伽门农、他

“阿伽门农的黄金面具”

的父亲阿特柔斯，以及他的一些朋友和亲人，共有五人埋骨此处。

约 1700 年以后，施里曼来到《希腊纪事》中记载的地方进行考古发掘，果然挖出了有五个墓坑的墓葬群，出土了许多精美的金制器物，甚至还有所谓的阿伽门农的尸骸和金面具。这些东西不仅可以与《荷马史诗》的描述相印证，而且与古希腊地理学家波桑尼阿的记载也吻合。这些情况足以使施里曼确信，他发现了阿伽门农的墓葬。

然而，就在他的考古工作即将收尾的时候，他又意外地挖出了第六个墓葬。这让施里曼非常尴尬，波桑尼阿的书中不是明明说有五个墓坑吗，怎么又多出来一个？施里曼认为，可能是波桑

刻有捕捉野牛场面的金杯

尼阿弄错了，古代人的记载不一定可靠。然而后来的考古研究证明，是施里曼自己搞错了，他发现的是比阿伽门农早400年的国王墓葬。后来，人们才真正地在迈锡尼狮子城门外的一座小山丘下面发掘出阿伽门农的墓葬，又叫“阿特柔斯的宝藏”，这处墓葬气势更加恢宏，规模也更大。

至于之前所谓的“阿伽门农的黄金面具”，后来证明并不属于阿伽门农，但这丝毫不影响它的考古价值。这个黄金面具现在成为雅典国立考古博物馆的镇馆之宝，参观者一进该博物馆的大门迎面看到的就是这副金面具，而且金面具下面仍然打着引号注明：“阿伽门农的黄金面具”。

雅典国立考古博物馆中还收藏着许多价值连城的迈锡尼文物，例如绘有执矛战士的陶罐、刻有捕捉野牛场面的金杯，等等。金杯制作得非常精致，杯子的一面表现了一头野牛正在奋力挣脱罗网的束缚；另一面则表现了这头野牛重获自由后的欢愉姿态。画面栩栩如生，非常精美，杯子用黄金镌刻，显示出很高的工艺水平。

后来施里曼又到迈锡尼北边的梯林斯进行考古，也挖出了宫殿遗址，其厅廊庭院的布局同样与《荷马史诗》中的记载非常吻合。晚年的施里曼还想到克里特岛去进行考古发掘，寻找荷马在《奥德赛》中描述的那个美丽而神秘的米诺斯王宫。但因希腊政府要价太高而未能如愿，这个工作便留给了伊文斯来完成。

第 VI 节

## 迈锡尼文明的文化特征

《荷马史诗》中提到，迈锡尼是一个建筑规划良好的城市，街道宽广，富有黄金。这充分显示出迈锡尼的富庶强盛。

从施里曼在迈锡尼和梯林斯的考古成果来看，出土文物大多带有北方文化大气磅礴的特点。当然，也可以看到受克里特文化的影响，一些文物也具有精美细腻的特点，但总体来说，更多地表现了北方文化大气磅礴和崇尚武力的风格。虽然如此，迈锡尼文化依旧是南北文化融合的产物。

例如，有一幅在梯林斯遗址中发掘出来的精美壁画，绘有一

梯林斯的野猪壁画

群猎狗捕杀野猪的场面，画工非常精细，色彩也很艳丽，表明迈锡尼时代的文化受到克里特风格的影响，在一定程度上模仿了克里特艺术的精美风格。但是，与克里特的文物相比，迈锡尼时代的艺术品更多地表现了战争场面，表明阿卡亚人崇尚武力的特点。正如我们之前提到过的，克里特人比较热爱和平，他们的艺术品所反映的大多是女性的优美仪态，以及各种游戏和日常生活的场面；迈锡尼时代的作品却展现了激烈的战斗场面，例如捕捉野牛、猎杀野猪和狮子，以及战士执矛征战的情景。

考古学家在迈锡尼也发掘出了公牛头的塑像，但与克里特的公牛头不同，迈锡尼的公牛头不仅长着一对黄金制作的犄角，头顶上还有一朵绽开的金花。除此之外，迈锡尼考古中还发掘出许多

迈锡尼金牛头

黄金饰品，其中有一只双柄金杯，两柄上站着两只相向而对的鸽子，而这只金杯曾出现在《荷马史诗》中。在为纪念大英雄帕特洛克罗斯（Patroklos）而举行的竞技比赛中，这只杯子被作为奖品赏给了优胜者。另外，迈锡尼考古还出土了大量的金箔制品，包括各种各样的金花、金胸针、金首饰等，无怪乎荷马要把迈锡尼称为“多金的迈锡尼”。这种多金的文化特征无疑受到了克里特文明的影响。

虽然迈锡尼文化深受克里特文化的影响，但也具备一些与克里特文化不同的特征，比如在建筑以及宗教崇拜方面，迈锡尼文明就与克里特文明有着非常明显的差异。

## 一、南北方建筑风格的差异

迈锡尼的建筑风格与克里特大相径庭。克里特的建筑风格在精巧的王宫建筑上得到充分体现，建筑结构复杂，曲径通幽，表现了南方文化的细腻、精美；迈锡尼的建筑风格则体现在坚固的城墙建筑上，具有坚实厚重、气势磅礴的特点，反映了北方文化的粗犷、雄浑。

无论在中国还是在西方，文化都有南北之分。相对而言，南方文化一般都比较精巧细腻，往往带有一些神秘色彩；北方文化则显得粗犷甚至粗糙，同时也具有一种大气明朗的特点。总体而言，南方文化比较注重技巧，北方文化更多地凸显力量。迈锡尼文明由北方来的征服者创建，它虽然吸收了克里特文明精巧细腻的南国风格，却也更多地表现出自己的文化特征。迈锡尼的狮子拱门和梯林斯的坚固城墙就是这种文化特点的典型体现，它们给人的突

迈锡尼的狮子拱门

出印象就是厚重坚实、气势宏伟，而不像米诺斯王宫那样精美纤巧、神秘莫测。

### （一）结构粗犷的狮子拱门

迈锡尼城的狮子拱门结构粗犷，巨大的城墙门拱上，有两个威武雄壮的狮子造型，线条粗疏、孔武有力，谈不上什么很高的工艺水平，但显得气势雄浑、坚不可摧。

### （二）“坚城的梯林斯”

梯林斯的城墙更是固若金汤。整个城墙用重达数吨的巨石垒筑而成，笨重坚实，最厚之处甚至达到十多米。这些坚固厚重的城墙建筑叫作“库克罗比亚”（Cyclopean），取自希腊神话中独目巨人库克罗普斯（Cyclopes）的名字。《奥德赛》中记载了足智多谋的奥德修与独目巨人库克罗普斯之间的一段惊险遭遇。“库克罗比亚”这个名字充分说明这些城墙就像独目巨人一样高大强壮，不可撼动。迈锡尼时代的这些建筑，虽然工艺上无法与精湛的米诺斯王宫媲美，但气势却比后者更加宏伟大气。

## 二、奥林匹斯宗教的流行

除了这些“硬件”方面的差别，迈锡尼与克里特之间的文化差异在“软件”方面表现得更加明显，这体现了不同宗教和神话之间的差异。

古代人都崇拜神，克里特人有他们崇拜的偶像，迈锡尼人也有自己崇拜的神明，也就是奥林匹斯诸神，即以宙斯为首的奥林匹斯神族。

在迈锡尼时代，希腊人已经开始崇拜以宙斯为首的奥林匹斯诸神了。奥林匹斯山是希腊北部的一座高山，传说中的奥林匹斯神族就是居住在这座高山上的神祇。与之前讲到的克里特文明的女神崇拜不同，迈锡尼时代人们崇拜的神祇以男神为主，如宙斯、波塞冬、阿波罗等，他们推崇的也不再是神的生殖能力，而是他们的征服能力。这一点又体现了北方人的粗犷风格，他们带来的是一些喜欢打仗的神，比如，雷电之神宙斯、海神波塞冬、太阳神阿波罗、战神阿瑞斯等。男神自不必说，即便是那些女神，比如智慧女神雅典娜、爱与美之神阿佛洛狄忒、狩猎之神和少女的保护者阿耳忒弥斯等，也个个都喜欢舞枪弄棍、争强好斗。

很明显，这些神是与北方的征服者一起来到希腊的。出土文

争强斗狠的奥林匹斯诸神

物和古代文献可以证明，在迈锡尼时代，这些以争强斗狠为主要特点的神祇已经名声大噪。迈锡尼时代的各个国家都开始崇拜这些神，把他们当成偶像。奥林匹斯宗教或神话就是在这个时候开始兴起的。

北方征服者摧毁了克里特文明之后，用他们带来的神祇取代了克里特人原来崇拜的神祇。从迈锡尼时代就已经占主流地位的奥林匹斯神祇，一直传承到后来的希腊城邦时代和希腊化时代。

在希腊城邦时代，这些不同的神话体系相融合，最终形成两种不同的神，一种是上流社会崇拜的奥林匹斯诸神，另一种则是普通百姓崇拜的主管劳动生产的神。与上流社会崇拜的奥林匹斯神族相比，主管劳动生产的神似乎难登大雅之堂，比如，农神大潘，长相丑陋，地位卑微；酒神狄奥尼索斯，通常是一副半人半羊的猥琐形象；农神得墨忒耳，尽管在民间很受欢迎，但在奥林匹斯诸神中的地位并不高；还有宙斯和赫拉的儿子、锻造之神赫淮斯托斯，经常遭到众神的嘲弄，他的妻子就是那个风流妩媚的阿佛洛狄忒，常常红杏出墙，给他戴绿帽子。

所以说，希腊神话实际上是由这两种不同的神话体系构建的。正如在中国，自古以来，儒家知识分子、士大夫崇尚的是儒、释、道，而民间百姓信仰的却是妈祖、财神、关公、土地爷。

### 三、缺乏道德秩序的社会生活

迈锡尼文明逐渐取代克里特文明的过程中，人们的社会角色也发生了相应的变化。由于征服者是更具力量优势的男人，所以在迈锡尼时代，女性的地位开始下降，男权主义开始出现，人们的社会地位发生了巨大变化。但是，这个时代毕竟还处于过渡状态，女性的地位还不算太糟糕。到了后来的希腊城邦时代，女性的社会地位才是每况愈下。

在两种文明形态的变更过程中，往往会出现一个弱肉强食、奉行丛林法则的时代。早期的社会还没有形成像希腊城邦时代那样文明的法律和道德规范，在迈锡尼时代，人们崇尚武力和杀戮，有枪便是草头王。《荷马史诗》和后来赫西俄德所著的《工作与时日》都曾表达了这个观点：强权即公理。谁的拳头硬，谁就占有天理。《荷马史诗》讲述的也是一些争强斗狠的故事，刻画了这种“胜者王侯败者寇”的情形。

## 四、影响后世西方的政治体制

迈锡尼时代逐渐形成了一种影响希腊城邦时代以及后世西方社会的政治模式。这种政治模式建立在三个不同层级的关系之上，形成三个等级的政治权力结构。

这些北方入侵的征服者内部也有高低贵贱之分。部落中总会有一些首领和长老，他们组成了贵族阶层，与平民阶层泾渭分明。贵族之中往往还会通过选举或其他方式产生一个最高统治者，也就是国王。

迈锡尼和克里特一样，都由国王统治，那时候还没有民主政治。在《荷马史诗》反映的迈锡尼社会，我们可以看到一种三级权力结构。

最低一级是由那些具有自由身份的平民组成的，这些平民也属于征服者之列，他们是一般的战士，拥有政治权利。这些平民最初形成了一个公民集会，到了城邦时代被称作公民大会；但在迈锡尼时代，这还只是一个初始的公民集会，带有军事民主制的特点，集体的事情由大家共同裁决。但是主要的政治权力还是掌握在贵族们手上，他们组成了贵族会议，这是第二级的权力机构，到城邦时代发展为元老院。在迈锡尼时代，贵族们的社会地位比较高，他们往往和国王一起决定国家的重大事务，国王则是最高权力拥有者。

迈锡尼时代的这种三级权力结构，对后来的希腊城邦，甚至对后世西方的政治产生了深远的影响。这种三级权力结构中，其中某一级的政治权重变大，就会产生西方政治学家界定的三种不同的政治模式。如果将公民大会的权力确立为最高权力，其他层次的权力都居于其下，这种制度就叫作民主制；如果国王个人大权在握，独断专行，那就是君主制；如果贵族会议的权力最大，甚至罢黜了国王，而公民大会只具有象征意义，那么这种体制就叫作贵族制。最典型的贵族制就是后来城邦时代斯巴达的寡头政治，以及元老院统治下的罗马共和国。罗马共和国没有国王，最高的权力机构是元老院，而元老院就是贵族院。这种三级互动的政治模式，就是在迈锡尼时代形成的。

虽然爱琴文明还包括爱琴海上一些岛屿的文明，即基克拉迪文明，但最主要的还是克里特和迈锡尼这两个前后相续又各具特色的文明阶段。

第 VII 节

## “黑暗时代”

迈锡尼文明取代了克里特文明之后，引发了爱琴海周边区域的一些战争，比如特洛伊战争，这些战争使爱琴海地区陷入一种动荡、混乱的状态。迈锡尼文明本身就经历过不同征服者的权力更迭过程，最初是皮拉斯基人、卡里亚人，后来则是阿卡亚人，特洛伊战争就是在阿卡亚人统治迈锡尼时爆发的。这种冲突与融合的过程还在不断继续，特洛伊战争之后不久，又从北方来了一支野蛮的入侵者，他们叫多利亚人。

在希腊神话传说里，多利亚人是赫拉克勒斯的后代，而赫拉

多利亚大英雄赫拉克勒斯

克勒斯是希腊最勇猛的英雄，因此他的后裔也英勇异常。公元前12 世纪，多利亚人摧毁了迈锡尼文明。

多利亚人非常野蛮，他们不像此前的皮拉斯基人和阿卡亚人那样接受了克里特文化因素的影响，创建了迈锡尼文明，而是把希腊本土和爱琴海周边地区的文明尽数摧毁。

在多利亚人入侵的冲击下，辉煌的爱琴文明毁灭了，线形文字失传。这些野蛮的入侵者来到希腊，他们画地为牢，建立了蛮族统治，使希腊半岛乃至爱琴海周边地区陷入了长达300多年的“黑暗时代”。从历史发展脉络来看，“黑暗时代”正是爱琴文明向希腊城邦文明过渡的阶段。

## 一、铁器时代的来临

多利亚入侵者冲入希腊半岛时使用的武器是铁制品而非青铜器。铁制武器在强度和韧性上都远胜于青铜武器，所以，多利亚人的入侵也标志着铁器时代的到来。这一时期，无论在制造生产工具，还是在制造武器方面，其技术效能都远远超过了青铜时代。所以，从技术上来说，多利亚人的入侵也意味着某种进步。

尽管随着多利亚人的入侵，铁器时代取代了青铜时代，但黑铁是不是由多利亚人发明的还很难确定。有资料表明，小亚细亚出现过一个叫作赫梯的北方民族，冶铁技术正是由这个民族最先发明的，他们一直把这当成一种国家机密，秘不外传。赫梯文明灭亡以后，米底文明崛起，随后，波斯文明又取代了米底文明，这种文明的更迭在一定程度上让赫梯人发明的冶铁技术开始广泛地在亚欧大陆上传播。

除了冶铁技术，赫梯人从北方带来的还有驯马技术，从此，马成为重要的运载工具，也作为重要的战争工具进入人类历史。

或许是由于赫梯人发明的冶铁技术在亚欧大陆得以广泛传播，多利亚人使用铁制的刀剑才战胜了使用青铜武器的迈锡尼人，一个民族大迁徙的浪潮就此到来。

## 二、民族大迁徙

“黑暗时代”统治希腊地区的多利亚人，长着圆脑袋，身材高大、彪悍好战，与过去来到希腊半岛的那些长颅人大为不同。正是这些被说成是赫拉克勒斯后裔的多利亚人，与此前在希腊半岛建立统治的阿卡亚人以及更古老的希腊原住民融合在一起，形成了古典时代的希腊民族。

多利亚人的入侵引起了希腊半岛和爱琴海周边地区的民族大迁徙。当地人打不过入侵者，于是纷纷举家外迁，这种迁徙在客观上就造成了地中海地区的文化大交流。迈锡尼时代，特洛伊战争等东西方之间的冲突，使西方文化得以传播到东方，而多利亚人的入侵让这种文化交流的浪潮在地中海地区进一步扩展开来。

公元前12世纪以后，在多利亚人和其他入侵者的挤压之下，原来生活在爱琴文明范围内的人们，有的从希腊半岛往东迁徙，到达小亚细亚和西亚；有的从小亚细亚往南迁徙，到达埃及和北非；还有一支人种从特洛伊附近的小亚细亚出发，越过爱琴海和希腊半岛，穿过西西里和意大利之间的墨西拿海峡，到达意大利中部

多利亚人入侵和民族大迁徙

*审图号：GS（2020）4745 号*

的拉丁平原，这些人叫作伊特鲁里亚人，他们被看作罗马文明的开创者。传说中，他们中有一位英雄叫埃涅阿斯，据说是罗马人的始祖。按照罗马人的说法，在特洛伊战争结束后，特洛伊国王的侄儿埃涅阿斯（据说他也是美神阿佛洛狄忒的儿子）带着他的家人离开了被战火摧毁的特洛伊城，漂洋过海来到意大利中部的拉丁平原，他的迁徙奠定了罗马文明最初的基业。

古老辉煌的爱琴文明由于外族的入侵反而得到一个意外的收获——它的文化影响传播到了爱琴海以外的广大地区。经过 300 多年的“黑暗时代”之后，当希腊城邦文明开始崛起时，最早的城邦并不是在希腊本土崛起的，而是在小亚细亚、南意大利等地区，后来才逐渐影响到以雅典为中心的希腊半岛。所以，蛮族大入侵使希腊和爱琴海周边地区一时间遭受了浩劫，但由于民族大迁徙，古老的克里特文明和迈锡尼文明的火种得以传播到更远的地方。

由此开始的移民浪潮对后来希腊城邦文明的崛起具有非常重要的意义。在 300 多年的“黑暗时代”，以及城邦时代的早期，希腊地区出现了一波又一波的移民浪潮，希腊人到达小亚细亚、西亚和北非，一些远徙者甚至到达法国南海岸和西班牙东海岸。

意大利南部地区出现了许多希腊人的殖民邦，如那不勒斯、塔兰托、克罗顿，西西里岛上的锡拉库萨（叙拉古）、阿格里真托（阿克拉伽斯）等，当时意大利南部地区被称作大希腊。法国南部著名的城市马赛最初就是希腊人建立的殖民邦，西班牙东部的安普里亚斯，北非的阿波罗尼亚、的黎波里等，最初也是希腊人建立的移民据点。可以毫不夸张地说，到了公元前 6 世纪，希腊的殖民城邦像雨后春笋般遍布广阔的地中海海岸线。

## 三、“英雄时代”

多利亚人入侵导致的“黑暗时代”也被叫作“英雄时代”。由于外族入侵和民族大迁徙、大融合，这个时代遵循着残酷的丛林法则，天下一片混乱。而荷马、赫西俄德和一些不知名的游吟诗人就生活在“黑暗时代”的末期，他们都在这个混乱的时代里追忆着逝去的往昔辉煌，追寻着迈锡尼时代的故事。

他们以一种神话传说的方式，讲述着迈锡尼时代的英雄业绩，留下了著名的《荷马史诗》和其他英雄传说。所以，这个时代又被称为“英雄时代”。正是荷马等人渲染的迈锡尼时代的英雄故事，把后来出现的希腊城邦文明与已经消逝的克里特、迈锡尼文明连接起来，使文明的历史得以传承和延续。

在“黑暗时代”，古老的线形文字已经失传，处在蛮荒状态中的一代又一代人就是听着古老的神话传说接受最基本的文化教养的。到了希腊城邦时代，公元前 5 世纪著名的“历史之父”希罗多德就明确表示：“我们生活在荷马和赫西俄德的气息之中。”城邦时代的希腊人是从小听着他们的英雄传说成长起来的。由此可见，“黑暗时代”出现的英雄史诗起到了传承文明的重要作用。

经过这样一段痛苦而漫长的文化融合、文化杂交过程，到公元前 8 世纪上半叶，一个新兴的城邦文明开始崛起于爱琴海畔，最后汇聚到希腊半岛，汇聚到雅典所在的阿提卡地区和斯巴达所在的伯罗奔尼撒地区。

第III章

# 古希腊神话源流

在这一章中，我们主要阐述古希腊神话源流的汇聚过程，其中包含诸多文化因子，有的源自克里特、迈锡尼、多利亚，有的源自东方的小亚细亚、西亚以及埃及，这些文化因子汇聚在东地中海地区，几百年间不断碰撞、融合，到了公元前8世纪，一个新兴的希腊城邦文明闪亮登场，从此揭开了希腊文明的新篇章。

第 I 节

## 影响巨大的古希腊神话

世界上任何一个古老的民族都有自己流传已久的神话，比如中国古代有关于女娲、伏羲、炎帝、黄帝、蚩尤、夸父、刑天、颛顼、共工、帝喾、尧、舜、禹等的神话；古印度、古埃及、古巴比伦以及北欧，也都有从远古时期流传下来的神话。神话可以被看作古人的一种自然崇拜，也是一种低水平、低形态的宗教。

在众多神话中，古希腊神话对后世的影响更大。我们可能知道不少古希腊神话，但对其他国家的神话却知之甚少。从传播的范围来说，古希腊神话的影响力远远超过其他民族的神话。

我们对古希腊神话中的宙斯、阿波罗、雅典娜、赫拉克勒斯、阿伽门农、阿喀琉斯等人物耳熟能详，这种熟悉并不是西方文化成为强势文化后文化输出的结果，远在这之前，古希腊神话就成为一种化石形态的宗教。直到今天，那些与神有关的事迹依然会从古老的记忆中闪现，反映在童谣或某些建筑之中。公元 4 世纪以后，古希腊神话的主流地位才逐渐被基督教取代。

为什么古希腊神话的影响如此之大？可能与两个因素有关，一个是古希腊神话具有优美的文化形态，另一个是它有谱系分明的神话体系。

## 一、形态优美的神话

古希腊神话是在对神和英雄的崇拜过程中产生的，希腊雕塑中的神像美轮美奂，希腊史诗中的故事瑰丽迷人，充满审美意蕴，其中不仅展现了武力的较量，也包含着美感与灵性。

古希腊神话中的神充满人性色彩和对人间生活的向往，他们不仅“神人同形”——有着人的相貌；而且“神人同性”——有着人的七情六欲、喜怒哀乐。正因为如此，人们对希腊诸神的喜爱程度要远远高于对那些不食人间烟火、高高在上的神的喜爱。

古希腊的神充满人性，他们经常在人间惹是生非、拈花惹草，生下无数被称作英雄的子女，如宙斯就经常干这种风流事，其他神也大抵如此。这些神不受道德的束缚，反而显得真实、可爱，因此，他们的故事流传甚广。古希腊的神具有“人形味”和“人性味”，这是古希腊神话的一大特点。

当人们听到古希腊的神话或看到相关主题的雕塑和绘画时，心中会不由地产生一种喜悦之情。文艺作品中的古希腊神祇是如此美丽，如此真性情，人们会情不自禁地想拥抱他们、热爱他们，这就是古希腊神话影响极大的一个原因。

## 二、谱系分明的神话体系

古希腊神话很早就已经有明晰的谱系划分，这一点和其他民族的神话很不一样。什么叫谱系分明？早在公元前 8 世纪，希腊城邦就开始出现，到公元前 6 世纪，希腊城邦进入鼎盛时期，彼时，希腊人都是听着系统的古希腊神话接受文明教养的。古希腊神话是一种体系性的神话，谁是谁的妻子、谁是谁的儿子、谁和谁有什么样的血缘关系、哪个英雄是哪个神和某位人间女子结合所生……故事的脉络清清楚楚，而其他神话可能没有这样清楚。

古希腊神话的谱系至少在公元前 6 世纪就已经完全成型，人们后来只不过是在传承、讲述它而已。罗马人把古希腊神话中神的名字换成拉丁名字后继续传播，所以古希腊人、古罗马人是从小听着系统的神话开始告别蛮荒、走向文明的。后来基督教崛起，古希腊、古罗马的神话被基督教取代，大家不再谈论，不再信仰。直到一千多年之后，文艺复兴时期，古希腊神话兴废继绝，再次受到西方人的喜爱。

正因为古希腊神话具有形态优美、谱系分明的特点，所以它的影响力才如此巨大，它创造的历史影响是其他文明神话难以比拟的。

此外，关于古希腊神话，还有一个重要观点需要强调：它是文明传承过程中不可或缺的因素。在古希腊，从迈锡尼文明的毁灭到希腊城邦文明的产生和发展，再到希腊城邦文明的终结、进入希腊化时代，甚至到了罗马时代，古希腊神话都在一代又一代人的口头和笔端不断传承、流传着。

古希腊神话对当时希腊人的重要意义，就像科学之于现代人。我们生活在科学的环境之中，从托儿所、幼儿园开始，到小学、中学，我们都在不断地获取各种科学知识，用这样的方式获得了文明教养，而古希腊人则是听着神话传说来接受文明教养的，因此，古希腊神话对他们的影响是深入骨髓的。

正因如此，我们才能理解，为什么希腊后来出现的各种文化形态都深深地打上了神话的烙印，比如希腊的雕塑主要以神、英雄，或者模仿神、英雄的运动员为主；希腊的建筑多是神庙建筑；希腊的悲剧、喜剧、体育竞技活动等，都与神话有关。古希腊神话成为希腊人文明教养的基本根基，足以彰显它对希腊人的重要意义。

当然，古希腊神话的博大精深、形态优美和谱系分明，不是一蹴而就的，它是不同文化、不同民族、不同地区的神话相互混杂、演化的结果。这些神话最初彼此独立、形态各异，后来通过种种历史机缘和持续不断的文化交往、融合活动而逐渐趋同，最后通过人为的系统化改造过程，搭建了统一的神话谱系。

古希腊神话主要来自三个方向：南方、北方和东方。东方源头我们会简要提及，这里先重点介绍南方和北方源头，诚如前面提到爱琴文明时，我们很清楚地看到两种风格迥异的文明：南方的克里特文明和北方的迈锡尼文明，神话也是如此。

第 II 节

## 克里特神话的源流

追溯古希腊神话的发展脉络，我们可以先从南方的克里特神话源流谈起。古希腊神话的形成过程和古希腊的历史发展过程是完全吻合的。不同的民族、不同的文明会孕育出不同的神话，但由于文化的融合发展，不同的神话也会相互杂糅、相互融合。在希腊后期成型的神话里存在明显的主次关系，这说明不同时代、不同民族、不同文明的神话演变，实际上与历史发展相一致。

早在北方的入侵者（包括迈锡尼文明的建立者阿卡亚人和后来的多利亚人）到来之前，爱琴海的克里特文明就已经有流传甚广的神话了。

今天，克里特时代的神话传说依稀可辨，但它真正的面目已经模糊不清了，究其原因，其实很简单，北方人征服希腊以后，就把当时流传的克里特神话融入自己的神话系统，但他们对克里特神话的借鉴并非原封不动地引用，而是以一种变化的形式将其融入后来的神话传说之中。其结果是，克里特神话中的神很可能成为后来成型的奥林匹斯神话（更准确地说是奥林匹斯多神教）里以反面陪衬或负面形象出现的神。我们可以从奥林匹斯神话中依稀辨出早先克里特神话的一些特点，如迷宫故事、女神至上、生殖崇拜、能工巧匠、人兽杂糅等要素的存在。从某种意义上说，克里特神话被取舍过。

## 一、深受埃及宗教影响的克里特神话

在讲克里特神话之前，我先要讲一下埃及宗教。克里特的文化形态明显带有受埃及文明或埃及宗教影响的南国风格。

黑格尔对历史精神、时代精神和文化精神的把握非常准确，他曾用两个词概括埃及宗教：“谜”与“工匠”。

### （一）“谜”的宗教

黑格尔说埃及宗教的第一个特点是“谜”。金字塔、木乃伊都是扑朔迷离的，让我们感觉非常神秘、诡异。诺贝尔物理学奖获得者路易斯·阿尔瓦雷茨（Luis Alvarez）教授曾试图利用 X 射线对卡夫拉金字塔进行考察，以探测金字塔内是否还有其他石室或甬道，但他意外发现金字塔内有一种未知的能量在干扰仪器正常工作，使每次测量获得的数据都不相同。直到今天，科技已经发展到如此高的水平，但我们仍然无法探知金字塔里的奥秘。所以，好莱坞才一而再，再而三地将金字塔、木乃伊、机关、暗道、密室等各种机巧设置作为电影元素，因为它们确实给人一种“谜”的感觉。

### （二）“工匠”的宗教

谈及埃及宗教，黑格尔用的第二个词是“工匠”。什么意思呢？他的意思是说，埃及宗教强调精湛的手艺，埃及宗教的物质载体工艺水平极高，技巧性极强。所以我在前面说南方文化充满技艺性或技巧性，实际上就是指“工匠”手艺。

埃及宗教的物质载体充满了精湛的设计，比如金字塔就是工艺水平极高的杰作。关于金字塔有各种各样的传说，比如金字塔的斜度、周长以及它的很多几何性状都体现了天文学原理，充满神秘感。金字塔如同神谕，给人以启示，这不是常人智慧所能达到的。此外，还有木乃伊。大英博物馆里有解开裹尸布的木乃伊，令人叹为观止。几千年前的尸体能够如此完整地被保存下来，即使今天也未必能达到这样的工艺水平。当然，这也可以归功于埃及特殊的地理环境和气候条件，但不可否认，它的制作水平的确很高——抹上香料和药材，用裹尸布一层一层地裹上，这样才能让尸体常年不腐。这一系列制作过程体现了极强的工艺性，所以黑格尔说的“工匠”一词非常准确。

### （三）地位崇高的半人半兽

除了“谜”与“工匠”，埃及宗教还有一些特点，比如说有很多半人半兽的形象，如豹首人身的赛特、牛首人身的女神伊西斯，以及最著名的埃及开罗郊外胡夫金字塔附近的斯芬克斯狮身人面像。所以埃及的神无论在道德上是善是恶，他们大都拥有一半人的身体、一半动物的身体，呈现人兽杂糅的形象，这与奥林匹斯神话完全不一样。

## 二、克里特神话的特点

理解了埃及宗教，我们就会发现克里特神话明显具有埃及宗教的特点：盛行女神崇拜，有半人半兽、迷宫等元素，偏重技艺，具有神秘诡异的色彩。下面我们通过几个克里特神话来理解其特点。

古希腊神话中的女神与生殖崇拜、米诺斯迷宫和米诺陶诺斯怪牛（牛首人身的怪物）的传说、忒修斯和阿里阿德涅的爱情故事、代达罗斯为其子伊卡罗斯制造羽翼飞离迷宫的故事等，都与克里特的古老神话有着一定的渊源，它们明显受到埃及神话的影响。

### （一）米诺斯迷宫和米诺陶诺斯怪牛

有个故事说的是米诺斯国王得到海神波塞冬的神谕，要他把一头健壮的公牛作为祭品献给波塞冬。这个故事很可能是后来编撰的，因为在克里特时代并没有对波塞冬的崇拜，波塞冬作为奥林匹斯神，是后来才出现的。但米诺斯王宫是真实存在的，前文已经介绍过，其遗址位于克里特岛的克诺索斯地区。

米诺陶诺斯怪牛

神谕说要米诺斯国王把一头公牛作为祭品献给波塞冬，但米诺斯国王很喜欢这头健壮、俊美的公牛。于是，他偷梁换柱，将另外一头牛献给了波塞冬。但这没有逃过波塞冬的法眼，他勃然大怒，让米诺斯国王的妻子和这头公牛私通，生下一个半人半牛的怪物，就是米诺陶诺斯。米诺斯国王发现时，大错已经铸成，覆水难收，但家丑不可外扬，他只好延聘天下能工巧匠，请他们设计、修建一座迷宫，将米诺陶诺斯怪牛囚禁其中。最后，雅典著名建筑师代达罗斯为他修了一座迷宫，但被囚的怪牛并不老实，每隔9年就要吃7对童男童女。

有一次，米诺斯国王的儿子在雅典参加一个活动时死于飞来横祸。米诺斯国王勃然大怒，要求雅典人每隔 9 年送 7 对童男童女到克里特岛，给米诺陶诺斯吃。雅典当时只是一个很小的国家，臣属于米诺斯，所以雅典国王只能答应米诺斯国王的要求。

前两个 9 年，雅典一共有 14 对童男童女、共计 28 个人被献祭给米诺陶诺斯。到了第三个 9 年，雅典出现了一位名叫忒修斯的少年英雄，他是雅典阿提卡半岛最伟大的英雄，可以与伯罗奔尼撒半岛的英雄赫拉克勒斯相提并论。这个少年英雄其实是雅典国王埃勾斯的私生子，他决心为民除害，于是便对他的父亲说，他愿意作为童男，带着其他 13 个童男童女去克里特。到达克里特以后，忒修斯深入米诺斯王宫，用自己的宝剑杀死了怪牛，为民除害，绝了后患。

### （二）忒修斯和阿里阿德涅的爱情故事

还有另一个关于忒修斯的故事。

尽管忒修斯武艺高强，是著名的少年英雄，但关押米诺陶诺斯怪牛的迷宫并不是一般人可以走进的。然而在他进入迷宫之前，米诺斯国王的女儿阿里阿德涅爱上了这位少年英雄，愿意以身相许。为了帮助心上人，阿里阿德涅将走出迷宫的办法告诉了忒修斯。

在忒修斯进入迷宫之前，阿里阿德涅给了他一个线团。忒修斯把线团的一头绑在门口的大柱子上，然后深入迷宫，一边走一边解开线团。深入迷宫中央、杀死米诺陶诺斯怪牛后，忒修斯循着线走了出来，破解了迷宫之谜。正因如此，后世西方有了一个俗语，叫“阿里阿德涅的线团”或“阿里阿德涅之线”，指的就是走出迷宫或困惑的方法和路径，现在用以比喻解决复杂问题的线索。

故事到这里还没有结束。阿里阿德涅帮助忒修斯杀死米诺陶诺斯怪牛后，便与忒修斯一起离开了克里特。在回雅典的路上，忒修斯得到一个神谕——酒神狄奥尼索斯要忒修斯把阿里阿德涅留在途经的一个岛上，因为这个女子本属于酒神狄奥尼索斯。

面对神的指示，忒修斯只有忍痛割爱，在阿里阿德涅睡着后不辞而别，扬帆回到雅典。一路上他心神恍惚，甚至忘记了他去克里特前与父亲的约定。他们曾约定，如果忒修斯得胜归来，他会把船帆换成白帆；如果失败，他死于非命，回来的船就会扬起黑帆。结果他忘记了换白帆。挂着黑帆的船驶进了雅典，他的父亲在雅典最南端的苏尼翁海角翘首以盼，远远看到一艘挂黑帆的船，不禁大失所望，以为儿子死于非命，悲痛之下竟投海自尽了。后来，人们为了纪念忒修斯的父亲埃勾斯，就用他的名字为这片海命名，爱琴海因此得名。

这个神话故事把爱琴文明、米诺斯迷宫、斗牛、半人半兽以及阿里阿德涅的线团融合在了一起，显示出典型的埃及特色。这些要素代表能工巧匠，其依靠机巧取胜，而不是靠力量。当然，故事里也有力量崇拜的体现，比如忒修斯就是凭借力量杀死了怪牛。在这里，我们也能看到后来居上的奥林匹斯神话以一种扭曲和融合的方式，把克里特的诸多因素重新表述了出来。

### （三）“西方鲁班”代达罗斯

还有一个神话是关于代达罗斯的。

> 前面提到，米诺斯国王找来代达罗斯负责设计、建造了米诺斯迷宫。迷宫建好以后，米诺斯国王不愿意让代达罗斯走，就把他囚禁在了克里特岛。代达罗斯是一个能工巧匠，他在希腊人心中的地位相当于鲁班在我们心中的地位。为了逃出克里特岛，代达罗斯用羽毛制造了两副翅膀，用蜡将它们粘在自己和儿子伊卡罗斯身上，然后扇动翅膀，飞了起来。
>
> 起飞前，代达罗斯告诫伊卡罗斯千万不要飞得太高，不要得意忘形。然而伊卡罗斯年轻气盛，起飞后非常兴奋，便越飞越高，当他飞近太阳时，太阳的热量融化了粘翅膀的蜡，伊卡罗斯坠入海里身亡。代达罗斯虽然借助翅膀飞离了克里特岛，却痛失爱子。

这段著名的故事表明，南方人讲的神话传说爱突出能工巧匠的特点，而北方人的神话、宗教则完全不一样，不强调这些技巧，而是强调力量。在北方人带来的奥林匹斯宗教里，虽然也有一些神或者英雄是以足智多谋、聪明睿智著称的，比如奥德修，但在希腊人眼里，他远远比不上顶天立地、光明正大地和对手对决，靠武力取胜的阿喀琉斯。

这是我的分析，也许有人会持有不同的观点。我们只是看了一些有关克里特神话的壁画，听了一些神话故事，但没有成文资

代达罗斯为伊卡罗斯制造翅膀

料可供参考，有的地方只能根据后来成型的奥林匹斯宗教反向推测，所以对这部分内容，我们只能见仁见智。我想强调的不是克里特神话的具体内容，而是它的南方特点。

第 III 节

## 迈锡尼神话的源流

迈锡尼神话始于北方阿卡亚人入侵时期。阿卡亚人在深入伯罗奔尼撒半岛和爱琴海地区之前，就曾在希腊北部的马其顿和色萨利等地滞留过相当长一段时间，而奥林匹斯山就位于色萨利以北。因此，早在建立迈锡尼文明之前，阿卡亚人就已经开始崇拜奥林匹斯山上的诸神了。

阿卡亚人来到希腊和爱琴海后，也将北方诸神引到了此处，就是所谓的奥林匹斯神族，与此同时，南北方神族的冲突与融合就此拉开了帷幕。

### 一、南北方神族的冲突与融合

南北方神族的冲突与融合其实就是北方胜利者带来的神话或宗教和南方被征服者的神话或宗教相融合的过程。这个过程一方面表现为克里特神话在奥林匹斯神话中被扭曲和融合；另一方面表现为南北方族群之间的历史冲突被以神话故事的形式记载下来，比如希腊游吟诗人赫西俄德在《神谱》里记载了这样的故事。

当时有两批神，分别占据两个山头。一批神是以宙斯为首的奥林匹斯诸神，他们占领着北方的奥林匹斯山；另一批神是泰坦神，他们占领了南边的俄底律山。泰坦神族是一个古老的神族，泰坦神通常形态怪异，身材高大、面目狰狞，有些甚至有三头六臂。

从神谱的角度来说，南北两神族之间的战斗具有新旧更替的意义。占领北方的奥林匹斯诸神是比泰坦神族更年轻的一代神，是泰坦神族的孩子们。同时，南北方神族间的战斗也有着地域上的象征意义。这场战争的结果是奥林匹斯诸神打败了泰坦神，北方的神战胜了南方的神，这象征着北方的阿卡亚人战胜了南方的克里特人。

奥林匹斯神族和泰坦神族之间的战争故事，被以浮雕的形式记录在了希腊城邦时代著名的雅典帕特农神庙中。令人惋惜的是，随着时间的流逝，今天我们无法在雅典卫城中看到完整的壁画了，只剩些零散的部分被珍藏在雅典卫城博物馆里。其中有一面墙的浮雕反映的就是新一代奥林匹斯神族战胜老一代泰坦神族的场面。现存的壁画中有些保存得比较好，细节依稀可辨，但大部分已经很模糊了。

从社会学的角度来看，北方的神取代了南方的神，实际象征着北方民族战胜南方民族这一历史背景。这个过程必然充满了刀光剑影，《荷马史诗》里讲的特洛伊战争和赫西俄德在《神谱》

里对两个神族之间战争的描述，都是以夸张、渲染的文学手法重现当时不同地区的神话相融合的过程。要了解这一过程，需要抽丝剥茧，一层一层耐心、细致地分析。

## 二、迈锡尼神话的特点

### （一）父权崇拜

伴随着征服者们的扩张脚步，对奥林匹斯诸神的崇拜也慢慢传播开来，不久便传遍了希腊大地的各个角落。

北方来的奥林匹斯诸神显然和克里特人此前崇拜的那些神完全不同。后世的神话学家和语言学家们曾经对此做了考证，他们认为，对奥林匹斯诸神的崇拜以崇拜宙斯为首，带有父权崇拜的显著特征。从迈锡尼时代开始，这种以男神为主角的多神教神话开始在希腊大地上流行，取代了原来以女神为主角的宗教崇拜。

与克里特人对大地之母、万物生长、生殖和生育的崇拜不同，这些男神崇拜更强调武力的重要性，因为父权的权威总是建立在征服的基础之上。当然，这同样反映了男性和女性社会地位的变化。

在迈锡尼时代，妇女的地位远远比不上克里特时代，这与社会功能的变迁息息相关。克里特地区环境整体趋于和平，发展主要依靠农业，因此，人们大多认为生殖、生产是最重要的事情；但对北方的征服者来说，战争、征服才是最主要的事情，而战争又主要依靠男性，因此，对他们来说，男性的地位比女性高得多。

由于社会发展的侧重点不同，人们崇拜的神话角色也因此发生了改变，如宙斯等男性至上神便取代了女性至上神的位置。

奥林匹斯主神宙斯

### （二）崇尚武力

宙斯和他的兄弟海神波塞冬、冥神哈德斯长得一模一样。这三个神外观上最主要的区别在于他们使用的兵器不同。因为他们都是以能征善战和武力雄厚著称的神，所以兵器成了他们身份的象征，足以见当时社会对崇尚武力的文化影响之深。

再来看看奥林匹斯诸神中的女性，比如第二代神、宙斯的孩子——智慧女神雅典娜。雅典娜虽然是女性神，但她并不以丰乳肥臀、强大的生殖能力著称，而是因“第二战神”或“女战神”的身份闻名于世。她披坚执锐、所向披靡，是富有正面意义的战神。相比之下，古希腊神话中的战争之神阿瑞斯却带有凶残、暴戾、邪恶的色彩，他在民间的地位远不及雅典娜。阿瑞斯作为战神，也曾被别人打败过，但雅典娜战无不胜。因此，雅典娜神像头上经常盘旋着长翅膀的胜利女神尼基（Nike）。在罗马神话中，尼基也叫维多利亚（Victoria）。现在很多人拍照时都喜欢用手摆出“V”字，其实就代表胜利。

和雅典娜一样，太阳神阿波罗也是宙斯的孩子，属于第二代神，在希腊，他的民间影响力非常大。希腊最著名的求神谕之所、古希腊人心中的世界中心德尔菲最重要的建筑便是阿波罗神庙。阿波罗的神谕在古希腊神话中都占据着至高无上的地位，代表着奥林匹斯诸神的意志。阿波罗身兼多种功能，既是文艺之神，也是太阳神，同时还是善射之神——他箭法高超，百发百中。雅典娜和阿波罗是奥林匹斯神族新生代中最受希腊人崇拜的两位神，他们虽然名为智慧之神和文艺之神，却具有高超的战斗技能，这也充分反映出奥林匹斯宗教崇尚武力的特点。

### （三）崇拜英雄

除了父权和武力，迈锡尼神话还体现了一种崇拜英雄的倾向。赫西俄德在《神谱》中梳理了众神的谱系，而《荷马史诗》中更多讲述的是英雄业绩。在迈锡尼神话中，真正扮演主角并常常凭借其崇高行为让人敬仰的，并非那些高处奥林匹斯山巅、经常到人间惹是生非的神祇，而是那些叱咤风云、勇往直前、傲然立于天地之间的英雄。迈锡尼时期，阿卡亚人的英雄传说被人们广为接受，比如赫拉克勒斯就被多利亚人和整个伯罗奔尼撒地区的人民奉为始祖。

赫拉克勒斯是伯罗奔尼撒半岛最重要的大英雄。他肌肉发达、所向披靡。他干了 12 件惊天动地的大事，其中之一是杀死了凶猛的涅墨亚狮子，并将狮皮剥下来披在身上。因此，他在后世艺术作品中总是手持大棒、身披兽皮。

文艺复兴时期意大利的著名画家波拉约洛有一幅名画——《赫拉克勒斯与九头蛇》，画中正是手持大棒、身披兽皮的赫拉克勒斯。这幅画尺寸很小，但是享有盛誉，现在被珍藏在佛罗伦萨乌菲兹美术馆。

在迈锡尼神话中，还有一名大英雄叫阿喀琉斯。我们在后面介绍《荷马史诗》时，会重点介绍他。有一幅很著名的陶瓶画，画中表现的是阿喀琉斯和他的战友埃阿斯在战争之余掷骰子的情景，

赫拉克勒斯与九头蛇

阿喀琉斯与埃阿斯掷骰子

他们虽然在玩乐，但刀剑仍然不离手，好战的特点跃然画上。

这些英雄故事其实都是对迈锡尼时期的战争和航海活动的神话渲染，是对阿卡亚人以往英雄功绩的赞美和讴歌。

## 三、南北方神话的文化差异

南方原有的克里特神话和北方人带来的迈锡尼神话之间有以下几点明显的差别。

### （一）女神崇拜与男神崇拜

虽然南北方神话有一脉相承的地方，但总体来说，南方的克里特神话偏重于女神，比如对大地母神的崇拜；而北方的迈锡尼神话则偏重于男神，比如对宙斯、波塞冬和哈德斯三兄弟的崇拜。

在迈锡尼神话中，即使是雅典娜这样的女神，也带有争强好胜的男神的特点。这是南方神话与北方神话一个非常明显的差别。

### （二）大地崇拜与天空崇拜

南北方神话的第二个明显差别是对大地和天空的崇拜。这其实是一种象征。南方的神话更崇拜大地，因为万物的生育、生长，全都依赖大地。因此，根据赫西俄德在《神谱》中的记载，最早的人格神就是大地盖亚，她是“众神之母”，生出了天神和山川河流诸神。对大地盖亚的崇拜，象征着万物都必须以大地为根基。

后来，盖亚生了第二代神，其中天空之神（或叫天宇之神）乌兰诺斯成为第一代众神之王。此后的几代神王，无一不是占领了天空，而非大地。奥林匹斯诸神也是如此分工的，他们将天、海和地狱分别交由宙斯三兄弟，其中波塞冬占领了海洋，是海洋的主宰；哈德斯掌管着地狱，是“冥界之王”；宙斯则控制着天空，是“众神之神”。至于奥林匹斯山和人类社会，则由这三个神共同主宰。

显然，这种对天空的崇拜和此前对大地的崇拜截然不同，象征着天马行空的征服者取代了脚踏实地的劳作者。

### （三）阴柔之风与阳刚之气

克里特文明热爱和平，而迈锡尼文明的建立者阿卡亚人是征服者，他们崇尚武力，因此，克里特神话强调生产，而迈锡尼神话更看重征服。与之对应的另一个显著不同则是克里特神话展现了阴柔的特点，而迈锡尼神话则较为阳刚，二者迥然不同。此外，克里特神话还有半人半兽、形态神秘诡异的神话形象，而迈锡尼时代开始流行的奥林匹斯神话则体现了神人同形的特征，神长得和人几乎一样，只是比人更威武雄壮。

有一个非常有意思的现象：在成熟的奥林匹斯神话里，几乎所有反面角色都有着人兽杂糅的诡异形态，比如斯芬克斯、妖女塞壬和独目巨人，又如地狱里的三头狗和头发竖起来像蛇、人看了就会变成石头的美杜莎，而正面的神都威风凛凛、相貌堂堂，充满人形的美感和人性的光辉。

这种差异恰恰表现出那些古老的神被新来的神征服、取代之后，被打入地下，成为陪衬。这一点和中国神话中蚩尤、刑天等角色的变化十分相似。蚩尤是反面神，他原本是上古时代九黎氏族部落的首领，黄帝是北方神的首领，黄帝战胜蚩尤的传说，表现的就是北方部落对东方部落的征服。

克里特神话中半人半兽的神被迈锡尼神话中神人同形的神取代，成为反面角色，与此同时，克里特神话中那种神秘、诡异的特点也被迈锡尼神话中粗犷、明朗的特点取代。这种转变正是古希腊神话引人入胜的原因所在。古希腊神话从来不会过多地渲染阴谋诡计，其主旋律就是正大光明，以战场上堂堂正正的对决为荣，以背地里使用权谋和诡计为耻。

### （四）保守的民间信仰与盛行的精英崇拜

那些被征服和取代的古老神祇并没有就此消失，反倒在民间赢得了普通百姓的尊重，因为这些神与老百姓的生产、生活息息相关。老百姓并不喜欢战争，他们期待和平时代的美好生活。因此，民间有很多人崇拜大地之母盖亚、谷物女神珀尔塞福涅和农神得墨忒耳这些女神，还有人崇拜酒神狄奥尼索斯。反观精英社会，人们崇拜的绝大多数都是战争之神，例如以武力著称的宙斯、波塞冬、阿波罗、阿瑞斯、雅典娜等神祇。

南北两种神话最后相互融合，形成了正和反、主角和陪衬的关系，也在不同族群和阶层中拥有了自己的信众，以致后来雅俗两界形成了两种宗教，一种是精英社会崇尚的奥林匹斯宗教，另一种是在民间百姓中流行的带有神秘、诡异色彩的宗教。这两种宗教崇拜的对象大不相同，有些神在两个阶层都颇受欢迎，也有些神在奥林匹斯神话体系里地位不高，在民间却被顶礼膜拜。

第 IV 节

## 古希腊神话的东方因素

从南方的克里特神话到北方的迈锡尼神话，再到最终呈现于世人面前的那个美丽而明晰的古希腊神话，它们之中既包含东方——古埃及、古巴比伦、赫梯等神话的神秘主义色彩，也包含爱琴海地区的古朴特点，同时又融合了北方入侵者粗犷勇武的风格。迈锡尼粗犷的风格便是后来奥林匹斯宗教的基调。

事实上，无论是希腊的宗教与艺术，还是希腊的哲学与科学，都深受更加古老的埃及文明和西亚文明的影响，正如美国科学家乔治·萨顿（George Sarton）所说：“我们没有权利无视希腊天才的埃及父亲和美索不达米亚母亲。”

## 一、更加古老的东方神话

之所以说是渗透，是因为西亚文明讲的大多是一些比较隐性的东西，它的影响不同于迈锡尼文明取代克里特文明时那种直接碰撞，西亚文明对希腊文明的影响是以一种潜移默化的方式进行的。

在克里特时代和迈锡尼时代，东西方文化的交流是双向的、彼此交融的。在多利亚人入侵时，希腊的爱琴文明曾传到了东方。而到了希腊城邦时代，东方文明的一些新因素则反向渗透至西方，对古希腊神话产生了较为深远的影响。

相较于西方，东方的宗教、神话以及文化都更加成熟。在希腊文明还未发展成熟之时，东方文明已经达到了相当高的水平，西亚文明中产生最早的文明——两河流域文明已经取得一定的成果，有了属于自己的神话。

在不同民族的神话中，几乎都有关于开天辟地的传说。比如中国的神话里就有盘古开天辟地的故事。同样，古希腊神话里也有从混沌中产生大地之神盖亚，继而天地初开的故事。

但如果要追根溯源，这些神话似乎都晚于古巴比伦的史诗著作《埃努玛·埃立什》。考古证实，《埃努玛·埃立什》早在公元前 2000 年左右就已成型。这部史诗讲述的正是天地初开的故事。故事里讲到两种水，一种叫咸水，另一种叫淡水，这两种水结合之后，很多神祇应运而生，成为天地之间各种自然事物的象征。

尽管与赫西俄德所著的《神谱》相比，《埃努玛·埃立什》有些默默无闻，但作为一部比《神谱》早一千多年出现的史诗，《埃努玛·埃立什》无疑会对《神谱》产生重要的影响。此外，埃及的古老神话和宗教也对古希腊神话产生了重要的影响。

## 二、东方文化的渗透

关于东方文化对古希腊神话的影响，国外的研究已经有不少成果。该领域最重要的一部著作就是1987年获得全美图书奖的《黑色雅典娜：古典文明的亚非之根》，作者是美国学者马丁·贝尔纳（Martin Bernal）。贝尔纳在书中强调了东方文明对古希腊神话的决定性影响，其中最重要的就是来自埃及文明的影响。在这本著作中，贝尔纳从语言文字、文学艺术、哲学宗教以及科学技术等方面详细阐述了东方文化对古希腊神话的影响。

### （一）语言文字中的东方因素

很多史学家及语言学家认为，希腊语最迟是在公元前13世纪从北方，也可能是东方传入的。其中一个重要证据是，早期的克里特语与希腊语完全不同，希腊语在语音上反倒更接近埃及语、塞浦路斯语等东方语言。

### （二）文学艺术中的东方因素

古希腊早期的文学作品深受东方文化的影响，这一点从古希腊神话散发着浓厚的美索不达米亚气息便可得见。比如，赫西俄德所著的《神谱》中开篇描写的鸿蒙初辟，就与东方神话有很多相似之处。再比如，一些英雄题材的文学也是在迈锡尼时代由东方传入古希腊的，《荷马史诗》中描写的故事可以在美索不达米亚史诗《吉尔伽美什》中找到原型。

古希腊艺术在世界艺术史中的地位非常高，其他文明的艺术很难望其项背。但是，在古希腊一些重要的艺术形式中，我们都可以寻到东方的印记。比如在建筑中，由于受到埃及人使用的建筑材料的影响，古希腊人在公元前 7 世纪以后也开始用大理石和石灰岩取代早先的木头和泥石来修建公共建筑。此外，在建筑形式上，雅典帕特农神庙以及其他神庙采用的柱廊形式，明显受到了埃及神庙建筑的影响。

### （三）宗教哲学中的东方因素

虽然古希腊是西方哲学的发源地，但西方哲学并非完全由古希腊独创，而是在很大程度上借鉴了东方的一些思想。比如，古希腊哲学家泰勒斯来自爱琴海沿岸的米利都城（古希腊地区的一个城邦）。泰勒斯创建了最早的古希腊哲学学派——米利都学派（也称作爱奥尼亚学派），提出了万物的本原是水的观点，被称为古希腊哲学之父。另一个早期希腊哲学学派——以弗所学派也产生于小亚细亚爱奥尼亚地区。那些生活在爱琴海东岸的希腊先哲，其哲学思想或多或少受到了西亚文明、埃及文明等东方文明的启发。

古希腊形而上学思想的创始人毕达哥拉斯最初也是从靠近米利都和以弗所的萨摩斯岛流亡到南意大利地区的希腊城邦克罗顿的，在流亡过程中，他游历了埃及、巴比伦等地。正是因为受到东方的几何学、占星术和神秘主义的影响，他才开创了以“数本原说”为表现形态的希腊形而上学源流。

### （四）科学文化中的东方因素

前面提到过，古希腊的科学对后世西方产生了重要的影响。其实，无论在数学、医学还是天文学等方面，埃及和西亚都对古希腊产生了重要影响。正如美国古典语言学家莫西斯·哈达斯说的那样：“可以公平地说，如果没有埃及和美索不达米亚的成就，古希腊不可能在科学和思想文化上如此辉煌。”

## 三、来自东方神秘主义宗教的影响

此前提到，古希腊神话有两个体系，一个是精英社会体系崇拜的神祇，代表者为奥林匹斯诸神；另一个是民间喜爱的古老神祇，虽难登大雅之堂，但被普通百姓珍爱。其实，一个来自东方的宗教——奥尔弗斯宗教，和民间的神话体系有着千丝万缕的联系，该宗教中的一些形象甚至可以跟民间崇拜的神祇合而为一。需要指出的是，这里的东方不包括中国和印度，而是指小亚细亚，特别是西亚和埃及这些地方。

奥尔弗斯宗教对那些以肌肉发达、身材魁梧著称的奥林匹斯诸神而言，无疑是边缘性的，它更多地强调一种彼岸性因素，即对彼岸、异国、另外一个世界的崇拜和向往。这个宗教的格调偏重于神秘主义，与希腊的主流宗教背道而驰，但它在希腊民间获得了很多支持。

### （一）哲学诞生的源头

来自东方的神秘主义宗教衍生出希腊本土的酒神崇拜，这与后世兴起的基督教也有着千丝万缕的联系。或许可以说，它实际上与古希腊哲学之间也存在某种内在的逻辑联系，成为颠覆古希腊主流文化和宗教的重要根源。

古希腊哲学是对古希腊主流文化和宗教的颠覆，尽管它建立在希腊宗教的基础之上，但它是一个带有“反骨”的文化形态。希腊哲学在发展初期，便从来自东方的神秘宗教中汲取了很多元素，当它逐渐发展成熟，尤其是到了苏格拉底、柏拉图的时代，便开始公开颠覆希腊的主流宗教和文化了。

### （二）基督教产生的基础

古希腊是一个崇尚自由的民族，尽管普通百姓在物质上并不十分富足，但他们享受着与贵族一样的自由权利。除了奴隶和外邦人，无论穷人还是富人，彼此的差别只是物质的多少，大家的社会地位都差不多，这也是希腊宗教充满浪漫和欢乐色彩的重要原因。

但是东方各国却完全不同。那些国家有着严格的等级划分，社会底层的百姓大多过着水深火热的生活，此生此世都很难获得幸福，所以他们只能将满腔的希望投注到另外一个世界，即死后去往的世界。

这种思想在古希腊也产生了一定的影响，希腊的下层百姓自然是受影响最大的一群人，后来的基督教正是在此基础上产生的。相比而言，无论是希腊主流的奥林匹斯宗教，还是民间崇拜，虽然都不否认有另一个世界的存在，但民众并不向往那个世界，而是热情地拥抱和享受现实世界。由此可见希腊宗教与东方宗教之间的根本区别。

第 V 节

# 古希腊神话的重要编纂者——荷马

多利亚人的入侵导致希腊经历了三百多年的黑暗时代。在那个时代，将古代文明的火种传承下来的唯一途径，就是口口相传的神话传说。由于是口头传播，流传的过程中会产生许多版本，内容也会存在明显的差别。这种杂乱无章的情况，维持了很长一段时间，直到荷马和赫西俄德等人的出现。荷马可谓古希腊神话的集大成者，甚至可以将他称为古希腊神话的编纂者。

在“黑暗时代”末期，将古老的克里特神话和迈锡尼神话传给后世西方人的，除了赫西俄德的《神谱》和一些佚名诗人写的系统叙事诗，最主要的就是荷马所讲述的两部史诗——《伊利亚特》和《奥德赛》，合称《荷马史诗》。

## 一、关于“荷马”的争议

关于荷马其人，西方存在着很多争议。有人说他是一个人，也有人说荷马是一群人的集合体。下面我们就来探究一下这个问题。

### （一）荷马是谁

“荷马”这个词在古希腊语里有着多种不同的含义，其中一种是“人质”，因此有人猜他可能当过奴隶。在后世的传说中，荷马是一个盲人，在他生活的那个时代，古老的线形文字已经被世

荷马雕像

人遗忘，而新兴的字母文字还没有传人，那是一个没有文字、文明传承青黄不接的时代。不过，尽管荷马是一个盲人，也不识字，但他会讲故事，他的这种技能或许继承自他的祖先。

除了具有“人质”的含义，“荷马”这个词还有着“一些人”的含义。因此，有人认为荷马根本不是一个人，而是很多人的集合体，他的形象也是人们杜撰出来的。这一点跟中国神话中黄帝和炎帝的情况有些相像。

《山海经》有云：“轩辕之国在此穷山之际，其不寿者八百岁。”由此可以看出，黄帝是轩辕部落的名称，这个部落里的人都很长寿，寿命最短的人都活了八百岁。后来经过一代代的民间加工，这个部落就变成了一个人的形象，也就是大家熟知的轩辕黄帝。而炎帝同黄帝一样，最初也是一个南方部落的名称，后来也在传说中变成了一个人。也有人说，黄帝和炎帝指的是同一个人或者一对兄弟。

## （二）关于荷马的历史记载

早在古希腊时代，关于荷马的不同说法就已广为流传。在当时的一些文献中就有相关描述。

### 1. 克塞诺芬尼的《讽刺集》

“荷马”这个名字最早出现在公元前 6 世纪克塞诺芬尼的著作《讽刺集》里。克塞诺芬尼是一个游吟诗人，善于用诗的方式表达自己对希腊奥林匹斯宗教的质疑和批判。

在《讽刺集》里，克塞诺芬尼以讽刺的口吻谈到奥林匹斯诸神。他说荷马笔下的神祇都有一些不道德的特点。这与他本人的观点截然相反，在他看来，神祇应该毫无道德瑕疵。这是关于荷马最早的记载。

2. 赫拉克利特的嘲讽

公元前 6 世纪至公元前 5 世纪，爱琴海东岸的城邦以弗所出了一位著名的哲学家，名叫赫拉克利特，他被称为辩证法的创始人。赫拉克利特在谈到荷马时，口吻颇为不屑。

赫拉克利特曾说道："如果博闻强识也能够称得上智慧的话，那么毕达哥拉斯和荷马也算是有智慧的人。"这句话的意思是，毕达哥拉斯和荷马都算不上真正有智慧的人，最多就是博闻强识而已。真正有智慧的人，是像他这样可以把握逻各斯[1]的人。

从赫拉克利特对荷马的描述中推断，荷马应该是独立个体。

3. 希罗多德的《历史》

公元前 5 世纪，西方"历史之父"希罗多德在著作《历史》中也提到了荷马："我们都生活在荷马和赫西俄德的气息之中，我们所有的教养都是从荷马和赫西俄德那儿获得的。"

4. 西方四大史诗

《荷马史诗》在西方四大史诗中排在首位，其次是罗马帝国伟大诗人维吉尔的《埃涅阿斯纪》，然后是中世纪意大利大诗人

[1] 古希腊的一个重要哲学概念，一般指世界中可理解的规律，因而也有"语言"或"理性"的意义。

但丁的《神曲》，最后是17世纪英国大诗人弥尔顿的《失乐园》。

在西方伟大诗人中，荷马名列榜首。由此可见，从文艺复兴之后，一直到近代，人们对荷马此人的存在已经深信不疑。《荷马史诗》被后世称为西方文学的开山之作，而荷马也被称为“西方诗人之父”。

### （三）近现代对荷马的争议

18世纪初，启蒙运动兴起，一切有关神话和宗教的东西都受到了质疑，甚至是审判。“荷马是杜撰出来的”这一说法，再次甚嚣尘上。

当时，意大利有一位很著名的学者，名叫维科。他在著作《新科学》里对荷马提出了质疑。他认为荷马讲的故事的确属于那个时代，但荷马并不是一个人，而是一个由很多人组成的集合体。

到了18世纪下半叶，一些德国的研究者发现，荷马所著的《伊利亚特》和《奥德赛》的每一章都可以独立成篇，即每一章都是一个独立的故事，就像古代阿拉伯民间故事集《一千零一夜》和意大利作家薄伽丘的《十日谈》一样。18世纪末，德国的一位学者在此基础上，提出了“短诗说”。所谓短诗说，就是指《荷马史诗》的每一卷实际上都是一首独立的短诗。这似乎可以证明《荷马史诗》实际上是由很多人共同完成的：每个人讲一个故事，将这些故事最终汇集到一起，托付给了一个叫荷马的人。

19世纪时，学界又出现了不同的观点，也就是“长诗说”，认为《荷马史诗》是荷马一个人创作的，在创作过程中，他可能吸收了来自许多人的不同素材，但最后是荷马一人将其缀集成一个系统的整体。因此，荷马是《荷马史诗》的唯一作者。

由于荷马身处的时代过于久远，学界有关荷马的争论至今还在继续，仍没有形成一个最终的说法。

## 二、《荷马史诗》的传承

### （一）《荷马史诗》的诞生

正是荷马吟唱的两部不朽史诗——《伊利亚特》和《奥德赛》使克里特、迈锡尼时期那些神话故事流传至今。这两部史诗涵盖了古希腊神话中的重要内容，把当时流传于民间的各种杂乱无章的神话，缀集成一个有机的体系，使其得以世代传承。

后世西方的艺术品主要取材于两个方面，一方面是基督教的圣经故事，另一方面是古希腊罗马神话。而《荷马史诗》是古希腊神话的重头戏，它讲述的故事大量呈现于后世西方的艺术品中。无论是亲自去西方参观过博物馆或艺术馆，还是通过其他渠道看过西方的艺术品，我们都会发现西方艺术品有一个共同的特点：大多以某位著名人物为原型，直接反映其经历的经典场面。比如，海伦被帕里斯诱拐、阿喀琉斯和赫克托耳的对决、奥林匹斯诸神的冲突，等等，这些故事都来源于《荷马史诗》。

这些作品中的人物并不是无名小卒，他们有名有姓，背后通常都有着一段经典的故事传说。这与中国的艺术品不同，中国的艺术品更注重表达意境。中国古代的绘画作品大多表现的是山水和花鸟，也有一些仕女图和官宦图，但画中的这些人物只是为了渲染和烘托一种意境，他们并不传达某些特别的故事，有很多人物甚至就是“无名氏”。

了解这种区别之后，再去看西方艺术品，你能观赏到的就不仅是它们外在形式表现的美，还能感受到它们背后的内涵和故事，这一点至关重要。

### （二）《荷马史诗》正式成文

荷马所在的时代属于文字断层期，因此，《荷马史诗》最初靠的是口头传承。直到希腊城邦文明出现，一种新的字母文字从腓尼基传入希腊，取代了此前已消失三百多年的线形文字。至此，希腊才重新拥有了文字，《荷马史诗》也得以正式记载成文。由于当时记录这些故事的人很多，每个人的记录风格和角度都不尽相同，导致最初的记录较为散乱。

这种情况一直持续到公元前 6 世纪雅典崛起的时代。当时的雅典出了一个名为庇西特拉图的统治者，他推翻了此前国王的统治并取而代之。虽然庇西特拉图是一个篡位者，但他特别热爱文艺，正是他第一次公开把戏剧表演推上了舞台。此外，他还做了一件更加重要的事，那就是让他的侄子将民间流传的杂乱史诗编纂成册。《荷马史诗》正式成文便是在庇西特拉图时代。除了庇西特拉图，希腊其他城邦也有人在整理《荷马史诗》，也是因为这个原因，《荷马史诗》才出现了很多不同的版本。

又过了几百年，到了公元前 3 世纪的希腊化时代，当时的希腊城邦已经衰落，埃及的亚历山大城（曾为古埃及托勒密王朝的都城，因亚历山大大帝兴建而得名）成为当时地中海地区的文化中心，也是当时西方文明水平最高的地方。在这一时期，亚历山大城的一批学者把各种版本的《荷马史诗》编纂成了统一的版本，一直流传至今。

如今，在西方世界，流传最广的文学作品有两部，一部是《圣经》，另一部就是《荷马史诗》。

## 三、《荷马史诗》的历史地位

《荷马史诗》在西方文化历史上拥有极高的地位，被视为西方文学的开山之作，相当于中国文学中的《诗经》。《荷马史诗》的内容包罗万象，除了以古希腊神话为主的内容，还涉及希腊的风俗习惯，以及不同城邦和不同国家的特点等。

《荷马史诗》是西方第一部史诗作品，是现存最早成型的、记载神话和历史的文学作品。

那么，什么样的作品才能被叫作史诗呢？史诗大多取材于神话，也有一部分取材于带有传说色彩的历史故事。史诗的特点在于，它有比较连贯和完整的故事情节、表现恢宏的历史场景。比如《荷马史诗》和《埃涅阿斯纪》都是跟历史传说联系在一起的，讲述了英雄和神祇的故事，反映了重要的历史传说。

《诗经》不同于史诗，《诗经》由《风》《雅》《颂》三部分组成，记载的大多是一些风土人情以及对生活的颂扬和针砭，它没有一个连续的主题贯穿其中，即没有连续完整的故事情节。因此，《诗经》并非史诗。

西方人对史诗的了解颇深，且不说古希腊人，就是与今天的希腊人说起美女海伦、特洛伊战争、阿喀琉斯的愤怒等故事，他们几乎都算得上“如数家珍”。他们之所以知道这些内容，就是因为其中有连续的故事情节，有具体的场景和情节渲染，故事生动，人物丰满、有血有肉。

第 VI 节

# 《伊利亚特》与《奥德赛》

《荷马史诗》包括上下两篇，上篇为《伊利亚特》，下篇为《奥德赛》，它们将英雄传说与神界故事融合在一起，向后人展现了一幅波澜壮阔的英雄史诗图景。

那么，它们都讲述了怎样的故事，表达了何种思想，又对后世的西方艺术产生了哪些影响呢？

## 一、《伊利亚特》

### （一）《伊利亚特》的主题

《伊利亚特》讲的是希腊人组成联军攻打特洛伊城的故事。特洛伊是小亚细亚一个非常富庶、强大的国家，它的都城叫伊利昂。“伊利亚特”就是指关于伊利昂的故事，这部史诗因此得名。

有关特洛伊战争的起因和结局，《伊利亚特》并没有提及，而只记载了战争打到第十年时发生的故事，如果用文学性的语言表达这个故事的主题，就叫作“阿喀琉斯的愤怒”。是阿喀琉斯的愤怒导致战场上产生了一系列变化，一些人的命运因此发生了根本改变。

### 1. 阿喀琉斯的第一次愤怒

《伊利亚特》开篇以一种引子、序曲的方式描述了阿喀琉斯的第一次愤怒。

> 女神啊，请歌唱佩琉斯之子阿喀琉斯的致命的愤怒，
> 那一怒给阿卡亚人带来无数的苦难，
> 把战士的许多健壮英魂送往冥府，
> 使他们的尸体成为野狗和各种飞禽的肉食，
> 从阿特柔斯之子、人民的国王（即阿伽门农）
> 同神样的阿喀琉斯最初在争吵中分离时开始吧，就这样实现了宙斯的意愿。[1]

这段序曲里介绍了两个重要人物，一个是佩琉斯之子阿喀琉斯，另一个是阿特柔斯之子、迈锡尼国王阿伽门农。故事就是从阿喀琉斯和阿伽门农的一次争吵开始的。

> 特洛伊战争打了十年，伊利昂仍久攻不下。就在此时，希腊联军阵营中发生了一场争吵。当时，希腊联军统帅阿伽门农把太阳神阿波罗门下一个老祭司的女儿占为已有。这个老祭司求阿伽

[1] 荷马．荷马史诗·伊利亚特[M]．罗念生，王焕生，译．北京：人民文学版社，1994．以下所引诗文均出自该书，引文断句和译名略有修改。

门农把女儿还给他，却遭到阿伽门农的拒绝，因为那是他的战利品。老祭司非常愤怒，便去向阿波罗诉苦。

阿波罗在这场战争中原本就站在特洛伊人这边，听了老祭司的诉说之后，便向希腊联军射出了神箭。阿波罗不仅是太阳神，同时也是射箭之神，结果希腊联军中很多英雄便死于阿波罗的神箭之下。在这种情况下，希腊联军的统帅召开了紧急会议，共同商议对策。阿喀琉斯和阿伽门农的争吵便是在这时发生的。

阿喀琉斯让阿伽门农把老祭司的女儿还给他，这样就可以平息阿波罗的愤怒。但阿伽门农刚愎自用，坚决不同意阿喀琉斯的建议，还说如果非要让他把老祭司的女儿还回去，他就要把阿喀琉斯刚刚俘获的一个美丽女奴据为己有。

阿喀琉斯听后勃然大怒。要知道，阿喀琉斯虽然只是希腊偏北地区一个小国的国王，但他也是希腊联军中最勇猛的英雄，武艺天下无敌。特洛伊战争本就跟阿喀琉斯没有直接关系，他是碍于情面，才响应阿伽门农的号召前来参战。因此，当他发现阿伽门农如此不讲道理，甚至羞辱他时，便一怒之下退出了战斗。

希腊联军里最勇猛的英雄阿喀琉斯退出战斗以后，战争局势不可避免地发生了逆转。

### 2. 阿喀琉斯的第二次愤怒

特洛伊的大王子赫克托耳是特洛伊最伟大的英雄，也是花花公子帕里斯的亲哥哥。阿喀琉斯退出战斗之后，赫克托耳在战场上再难逢敌手。希腊联军很快被打得节节败退，直到一个英雄的战死，才使他们挽回败落的颓势。

在吃过多次败仗之后，阿伽门农意识到了阿喀琉斯的重要性。如果没有阿喀琉斯，希腊联军注定无法赢得这场战争。于是，他便想与阿喀琉斯握手言和。但已被激怒的阿喀琉斯无论如何也不愿再参战。出于民族大义，阿喀琉斯的好友兼表兄帕特洛克罗斯力劝阿喀琉斯出战，但阿喀琉斯坚决不肯。于是，帕特洛克罗斯便偷来阿喀琉斯的帽盔和铠甲，穿戴在自己身上，冲到阵前向赫克托耳发起挑战。虽然帕特洛克罗斯也是一位大英雄，但他的武艺无法和赫克托耳相提并论，很快便被赫克托耳杀死。

帕特洛克罗斯之死又一次激怒了大英雄阿喀琉斯，这是阿喀琉斯的第二次愤怒。为了给好友报仇，阿喀琉斯与阿伽门农握手言和，重新投身战场。由于帽盔和铠甲被帕特洛克罗斯拿走，锻造之神赫淮斯托斯便为阿喀琉斯重新打造了一副铠甲，女战神兼智慧女神雅典娜也给了他一顶新的帽盔。就这样，阿喀琉斯重新披挂上阵，向赫克托耳发起了挑战。

阿喀琉斯之所以如此愤怒，是因为他和帕特洛克罗斯之间远不只是朋友及表兄弟的关系。其实，帕特洛克罗斯还是阿喀琉斯的爱人。在古希腊神话中，同性之爱盛行，这在当时的希腊社会是一种时尚。爱人被杀，阿喀琉斯自然要为他报仇。

阿喀琉斯与帕特洛克罗斯

阿喀琉斯和赫克托耳在特洛伊城前进行了一场惊心动魄的战斗。最终，阿喀琉斯杀死了赫克托耳。或许是因为仅仅夺走赫克托耳的性命不足以为自己的爱人复仇，阿喀琉斯还把赫克托耳的尸体拖在马车后在城前来回奔驰，直到赫克托耳的尸体残破不堪，他的愤怒才得到了些许宣泄。

当天晚上，阿喀琉斯把赫克托耳的尸体作为战利品带回了自己的营帐。此时，特洛伊的老国王普里阿摩斯前来造访，他恳求阿喀琉斯能够从仁慈的角度考虑，把儿子的尸体还给他。面对这位白发苍苍的敌国统帅，阿喀琉斯动了恻隐之心，最终把赫克托耳的尸体还给了普里阿摩斯。普里阿摩斯将爱子的尸体带回特洛伊，为他举行了一场隆重的葬礼。

关于葬礼的描写，荷马用了朴素、自然、清新的文学手法。在这一段的终结词中，我们可以看到如“初升的有玫瑰色手指的黎明呈现时”这样的句子，表达了一种极为优美的意境。这对后人进行文学创作，尤其是写诗，产生了较大的启发。其实，这种壮观的景色每个人都有机会看到。天气好的时候看日出，首先出现的景象就是一片红色的，就像玫瑰色的手指，这个比喻非常形象。

这句话在《荷马史诗》里多次出现，每当描写黎明的景象时，荷马都会用到它，就如每当描写海洋的时候，他总会用到“葡萄紫”这个词。

再说回赫克托耳的葬礼，书里有这样一段描写。

人们拥到闻名的赫克托耳的火葬堆周围，

在他们聚在一起、集合停当的时候，

他们先用晶莹的酒，

把火葬堆上火力到达地方的余烬全部浇灭，

然后死者的弟兄和伴侣收集白骨，

大声哀悼痛哭，流下满脸的眼泪，

他们把骨殖捡起来，放在黄金的坛里，

用柔软的紫色料子把它们遮盖起来。

坟堆垒好以后，他们就回到城里，

集合起来，在宙斯养育的特洛伊国王

普里阿摩斯的宫殿里吃一顿丰盛筵席。

他们是这样为驯马的赫克托耳举行葬礼的。

对希腊人来说，死亡固然可悲，但死亡本身并不值得过多哀悼。一个人死了，其他人还要继续生活。因此，在赫克托耳的葬礼结束后，参与葬礼的众人吃了一顿丰盛的筵席，《伊利亚特》的故事到此终结。

我曾经在一篇文章里写过，希腊人认为，死亡就是睡着了，生活还要继续，这并不是一件值得过多悲切的事情。

### （二）《伊利亚特》支脉简述

《伊利亚特》没有描述特洛伊战争的结局，只讲到阿喀琉斯和赫克托耳的对决，最终以赫克托耳的葬礼作为这一部分的终结。《伊利亚特》的故事虽然讲起来很简单，但其中包含着许多丰满、精彩的插曲和支脉，涉及许多神祇和英雄，下面我就从中摘选一些重要的情节和内容，进行简单的阐述。

### 1. 各方英雄介绍

在第一卷中，阿喀琉斯和阿伽门农发生了争执，阿喀琉斯一怒之下退出了战斗。于是在第二卷中，阿伽门农进行了大点兵。虽然阿喀琉斯退出了，但其他希腊英雄、统帅及国王们都还在。荷马在第二卷中对这些参战的英雄、国王、统帅们一一进行介绍，其中包括来自斯巴达的英雄墨涅拉俄斯、来自皮洛斯的英雄涅斯托尔、来自伊塔卡的英雄奥德修等。书中除了介绍他们的名字和所属国家，还介绍了他们的家族以及他们各自具有的技能和特点。

### 2. 情敌决斗

在第三卷里，荷马描写了一个非常精彩的场面。

海伦受到特洛伊花花公子帕里斯的引诱后，随他私奔而去，特洛伊战争由此爆发。海伦的丈夫是斯巴达国王墨涅拉俄斯，他与帕里斯在战场上展开了一场决斗。

决斗之前，双方签订了君子协定：如果帕里斯获胜，海伦和她的财产就归帕里斯所有，希腊联军撤军；如果墨涅拉俄斯获胜，特洛伊人不仅要归还海伦和她的财产，还要向希腊联军赔偿。在做好这个协定之后，双方跪下发誓，绝不违约。

《荷马史诗》多次描写了希腊人发誓的情形。希腊人习惯以某位神祇的名义发誓，比如以众神之王宙斯的名义发誓、以最古老的太阳神赫利俄斯的名义发誓，或者以大地女神盖亚的名义发誓等。

让我们将目光转回墨涅拉俄斯和帕里斯决斗当中。此时，海伦也站在特洛伊城墙上观看。看到帕里斯和墨涅拉俄斯两人互相厮杀，海伦心里很难过，她不希望任何一方受到伤害，毕竟一个旧情还在，一个是新的心上人。

花花公子帕里斯自然不是大英雄墨涅拉俄斯的对手，很快就被打倒在地。当墨涅拉俄斯准备拿起武器结束帕里斯的生命时，爱与美之神阿佛洛狄忒用一阵轻雾裹走了帕里斯，把他送回了海伦的床上。

帕里斯只是被打倒在地，并没有被杀死，因此，这场决斗也就不了了之。至于爱与美之神阿佛洛狄忒帮助帕里斯的原因，我会在后文详细阐明，此处暂且不表。

### 3. 狄奥墨得斯打败神祇

在第五卷里，荷马提到底比斯的一个大英雄，叫狄奥墨得斯。他可能是希腊联军里战斗力仅次于阿喀琉斯的大英雄，很多英雄都不是他的对手，甚至连一些奥林匹斯神也成了他的手下败将。

在特洛伊战争中，狄奥墨得斯在雅典娜的帮助下，杀死了特洛伊第一神箭手潘达罗斯，打败了爱与美之神阿佛洛狄忒，还打伤了战神阿瑞斯及特洛伊大英雄埃涅阿斯。一个有意思的情节是，被狄奥墨得斯打败的战神阿瑞斯回到奥林匹斯山上向父亲宙斯诉苦，说希腊的英雄个个勇猛，尤其是狄奥墨得斯，他就像天神一样厉害。

### 4. 赫克托耳与安德洛玛刻的悲情诀别

特洛伊虽然非常强大，但赫克托耳知道，这场战争注定是一场悲剧，特洛伊一定会沦陷于希腊联军之手，并遭受屠城的厄运，苦难将降临在每一个特洛伊臣民的头上。

赫克托耳虽然早已将自己的生死置之度外，但是始终记挂着妻子和儿子的安危。因此，在第六卷中，赫克托耳在与妻子安德洛玛刻诀别时，说了一段非常感人的话。

我一向习惯于勇敢杀敌，
同特洛伊人并肩打头阵，
为父亲和我自己赢得莫大的荣誉。
可是我的心和灵魂也清清楚楚地知道，
有朝一日，这神圣的特洛伊和普里阿摩斯，
还有普里阿摩斯的挥舞长矛的人民将要灭亡，
特洛伊人日后将会遭受苦难，
还有赫卡柏，普里阿摩斯王，我的弟兄，
那许多英勇的战士将在敌人手下倒在尘埃里，
但我更关心你的苦难，
你将流着泪被披铜甲的阿卡亚人带走，
强行夺去你的自由自在的生活。
你将住在阿尔戈斯，在别人的指使下织布，
从墨塞伊斯或许佩瑞亚圣泉取水，
你处在强大的压力下，那些事不愿意做。
有人看见你伤心落泪，他就会说：
“这就是赫克托耳的妻子，
驯马的特洛伊人中他最英勇善战，

伊利昂被围的时候。”

人家会这样说，你没有了那样的丈夫，

使你免遭奴役，你还有新的痛苦。

但愿我在听见你被俘呼救的声音以前，

早已被人杀死，葬身于一堆黄土。

赫克托耳知道，在他死后，特洛伊一定会被屠城。到了那时，妻子和儿子将寄人篱下，过着悲惨的生活。这段话表明，赫克托耳身上既有保家卫国的责任感，也有对家人和妻子无限的爱，还有对生命的尊重。虽然他最终倒在了阿喀琉斯的长矛之下，但仍不愧为一位顶天立地的大英雄。

### 5. 英雄惜英雄

在第七卷里，荷马描写了另一个非常感人的场面。

希腊联军里有一个大英雄，叫埃阿斯。埃阿斯也是古希腊数一数二的大英雄，阿喀琉斯退出战斗之后，他就带领希腊联军迎战赫克托耳。两个英雄打了一整天也没有分出胜负，于是便决定来日再战。

双方都是大英雄，而且互相敬佩，大有英雄惜英雄的意思。因此，在返回各自营帐之前，两个英雄互相表达了敬意，还互相赠送了礼物。

这是一种非常崇高的情结，对后世西方也产生了深远的影响。

对于西方人来说，决斗是一件正大光明的事情，是上流社会的活动，大家都使用明刀明枪，在战场上正面相对，绝不在背后搞偷袭，或者耍阴谋诡计。

### 6. 诸神参战

在这场战争中，希腊和特洛伊的阵营里，除了英雄们在相互比拼，背后其实还有奥林匹斯诸神的身影。太阳神阿波罗、爱与美之神阿佛洛狄忒、战神阿瑞斯以及月亮女神阿耳忒弥斯等神祇都旗帜鲜明地支持特洛伊人，而天后赫拉、海神波塞冬、智慧女神雅典娜以及农神得墨忒耳等则站在了他们的对立面，选择帮助希腊人。

值得一提的是，原本宙斯是支持特洛伊人的，后来却因为两派争斗太激烈，只好保持中立。关于这一点，史诗中描写了一个很精彩的情节。

战争初期，宙斯支持特洛伊人，还以众神之王的名义禁止其他神祇参战。但他的妻子赫拉却因为个人原因支持希腊联军。赫拉用自己的美色诱惑宙斯，使宙斯入眠。此后，她暗中让支持希腊联军的海神波塞冬和智慧女神雅典娜赶快出战，帮助希腊联军挽回败局。

宙斯醒来得知此事后勃然大怒，怒斥了参战的众神，还威胁波塞冬说，如果波塞冬继续参战，他就会给予惩罚。有意思的是，波塞冬不仅对宙斯的威胁不以为意，反而对宙斯的权威表示质疑。

荷马用一段十分精彩的语句来描写波塞冬的抗议。

天哪，他虽然贵显，说话也太狂妄，

我和他一样强大，他竟然威胁、强制我。

我们是克洛诺斯和瑞亚所生的三兄弟，

宙斯和我，第三个是掌管死者的哈德斯。

一切分成三份，各得自己的一份，

我从阄子拈得灰色的大海作为永久的居所，

哈德斯统治昏冥世界，

宙斯拈得太空和云气里的广阔天宇，

大地和高耸的奥林匹斯归大家共有。

我绝不会按照他的意愿生活，

他虽然强大，也应该安守自己的疆界，

不要这样把我当作懦夫来恫吓。

在波塞冬看来，他们三兄弟当初以抓阄的方式三分天下，宙斯拈得了天空，哈德斯拈得了地狱，自己拈得了海洋，奥林匹斯山和大地是三兄弟共管的，所以宙斯没有资格也没有权力命令他。

我们可以从这个细节中对迈锡尼时代的政治制度窥之一二。当时的迈锡尼由国王统揽全局，但军事民主制已初现端倪，这意味着国王独断专行的时代已经基本结束。如果说宙斯是国王，那么波塞冬、哈德斯就相当于诸侯。我们前面提到过，迈锡尼的政治制度分为三级，全部迈锡尼人组成了公民集会，贵族们组成了贵族会议，国王拥有军事权和宗教权，但是国王不能独断专行，他必须尊重贵族们的意见。

因此，波塞冬对宙斯这种独断专行的做法表示明显的不满，并公然提出了抗议。他提出，如果宙斯一意孤行，自己就会与宙斯势不两立。最终，诸神说服了宙斯，宙斯改变了此前单方面支持特洛伊人的想法，决定保持中立。

### 7. 赫克托耳之死

在第二十二卷，阿喀琉斯在战场上与赫克托耳正面对决，最后杀死了赫克托耳，并且凌辱了他的尸体，这一情节让史诗达到了高潮。

与阿喀琉斯的这场对决，赫克托耳并没有多少把握。因此，刚一上阵他就开始逃跑，阿喀琉斯在后面紧追不舍，两人你追我赶地围着特洛伊城跑了三圈。赫克托耳见无法摆脱交战的命运，只得面对现实。但他深知自己打不过阿喀琉斯，便在对决之前向阿喀琉斯提出一个请求：如果一方战死，另一方不能侮辱和践踏对方的尸体，要将尸体还给对方阵营。赫克托耳这是在为自己留后路，因为他知道战死的人十有八九会是自己。但愤怒的阿喀琉斯断然拒绝了他的请求，他的满腔怒火只有靠杀掉赫克托耳并蹂躏他的尸体才能得到消解。

对决就在这样的情况下开始了，最终阿喀琉斯杀死了赫克托耳。接下来，阿喀琉斯果然对赫克托耳的尸体进行了蹂躏。他举起从赫克托耳身上剥下的铠甲和帽徽，扬鞭驱车将赫克托耳的尸体拖曳在车后。

阿喀琉斯杀死赫克托耳

原文有这样一段描写。

> 赫克托耳拖曳在后，扬起一片尘烟，
>
> 黑色的鬈发飘散两边，俊美的脑袋沾满厚厚的尘土。

每当看到这一段描写时，我都会想到一个十分相似的场景，来自维克多·雨果的著作《九三年》。喜欢雨果的读者对这部小说大概不会陌生。在这部小说的结尾，有一个让人感触很深的场面：革命政府代表西穆尔登决定处死革命军总司令郭文，因为他放走了叛军领袖朗德纳克。

郭文是西穆尔登一手培养起来的一个正直、善良的青年。他之所以要放走叛军领袖朗德纳克，不是因为朗德纳克是抚养他长大的叔叔，而是因为朗德纳克作为一个垂暮老人，不惜冒着生命危险从大火中救出了三个孩子。郭文在朗德纳克身上看到了人性的光辉，他的良心不允许他对朗德纳克坐视不理，所以放走了朗德纳克，并因此被西穆尔登下令处死，而西穆尔登也在此之后饮弹自尽。

郭文是一个英俊的青年，看到他的头被断头斧砍下来的那段文字时，我仿佛总会看到一张惨白的、英雄的面孔，还有他向四面飘散的头发。这一幕又会让我想到赫克托耳被阿喀琉斯绑在战车后面拖拽的情景。尽管荷马的《伊利亚特》和雨果的《九三年》相差了许多个世纪，但这并不影响我们在阅读这些文字时产生相同的情感体验。无论相隔多少年，文学中总有些东西是相通的。

### 8. 最早的竞技比赛

第二十三卷讲到，为了悼念战死的帕特洛克罗斯、庆祝阿喀琉斯复仇成功，希腊联军以体育竞赛的方式举行了一场隆重的纪念活动。荷马在史诗里对竞赛的种类进行了详细的描写，主要有赛车、拳击、摔跤、赛跑、比武、掷铁饼、射箭和投标枪。有趣的是，荷马描述的这些体育竞技项目，有很多成了现代奥运会正式的体育项目。

荷马对体育竞技的描述表明当时的希腊人进行这种体育竞技活动是想用和平的方式展现自己的勇气。

值得一提的是，史诗中记载的体育竞技活动要早于历史记载的古希腊体育竞技活动开始的时代。史料记载，希腊第一届奥林匹亚竞技会发生在公元前776年的希腊城邦时代，而荷马所处的时代是在希腊城邦出现之前。换言之，荷马在《伊利亚特》中记载的古希腊第一次体育竞技比赛的时间，要早于史料记载的公元前776年。

## 二、《奥德赛》

《奥德赛》主要讲述了古希腊最智慧的大英雄奥德修在攻陷特洛伊后归国途中十年漂泊的故事。在海上漂泊的十年，奥德修经历了许多匪夷所思的奇遇和苦难，最后得到了诸神的怜悯，才得以回到故乡与家人团聚。

### （一）十年之后

《奥德赛》是以倒叙的手法讲故事，故事的开端是诸神在奥林匹斯山上开会。

> 在那场众神的会议中，雅典娜向宙斯汇报说，特洛伊战争已经结束十年，很多英雄都回到了家乡，唯独奥德修还被卡吕普索女神羁绊在仙女岛（俄古癸亚岛）上。奥德修已经在那里待了七年，他的妻子一直在苦苦期盼他返回家乡。雅典娜希望征得宙斯的同意，让奥德修返回家乡。
>
> 其实，早在被困仙女岛之前，奥德修就已经经历了一系列苦难。仙女岛有点类似于《西游记》里的女儿国，岛上都是女人，此岛的主宰者卡吕普索女神本性并不坏，她是因为爱上了奥德修，才

奥德修

将他长期困于岛上。每天晚上，卡吕普索女神都跟奥德修同床共眠，对他温柔体贴，但这仍然抵消不了奥德修对故乡和妻儿的思念，白天他总是坐在海边悄悄流泪。

奥林匹斯山上的众神都非常同情奥德修的遭遇，最后，宙斯委派神使赫耳墨斯前往仙女岛，让卡吕普索放奥德修返回家乡。女神无法违背宙斯的旨意，只能恋恋不舍地送奥德修乘木筏离开仙女岛。奥德修在海上航行了十几天之后，已经可以隐约看到家乡的山峦了，却不幸被海神波塞冬发现。双方此前曾有过节，波塞冬为了泄愤，便击碎了奥德修乘坐的木筏。

在众神的帮助下，奥德修漂到了斯克里埃岛。国王阿尔基诺奥斯的女儿瑙西卡遵照雅典娜的授意在海边洗衣，她发现了奥

德修，并把他带回王宫。国王待他非常友善，设宴招待他。席间，歌手吟咏特洛伊战争的故事，其中包括奥德修本人的英雄事迹，他听后不禁掩面而泣。

国王知道这其中必有缘由，希望他能讲出来，于是奥德修便向国王讲述了特洛伊战争结束后自己这十年的遭遇。

## （二）十年历险

当初，奥德修率自己的船队离开特洛伊后，首先来到了喀孔涅斯人的岛国，却遭到当地人的袭击。成功脱险之后，他们又在暴风雨里漂流了九天九夜，然后到达了食莲人的海岸。当地人热情款待了奥德修一行人，请他们品尝了比蜜还甜的莲子。然而，这些莲子其实是一种忘忧果，吃下它们的人就会忘记自己的故乡，自愿永远留在这座岛上。奥德修只好把吃了忘忧果的同伴绑在船上，带着他们强行离开这座岛屿。

随后，他们来到了独眼巨人的海岛，岛上的独眼巨人波吕斐摩斯是海神波塞冬的儿子。波吕斐摩斯喜欢吃人，把奥德修的好多同伴都吞到了肚子里。为了逃离这座岛屿，奥德修用一根削尖了的巨大木头，刺瞎了波吕斐摩斯的独眼，把活着的同伴一个个缚在公羊的肚子下，逃出了山洞。正因如此，海神波塞冬开始与奥德修作对，一路兴风作浪，想要置他于死地。

逃出了独眼巨人的魔掌，奥德修一行人来到风神岛。风神送给他一个可以装进逆风的口袋，这样他就可以一帆风顺地返回故乡了。可当船行驶到离故乡不远的地方时，危险再次降临。水手们以为口袋里装的是金银财宝，便趁奥德修睡觉的时候打开了口袋，结果各路狂风顷刻而至，又把他们吹回了风神岛。这一次，风神没有再帮助他们，任由他们漂流到了巨人岛。

居住在岛上的巨人们用巨石击沉了船队中的很多条船，还用鱼叉捕捉掉进海里的人，将他们当作充饥的食物。奥德修乘坐的船没有靠岸，因而幸免于难，他带领水手们来到魔女喀耳刻的海岛上。喀耳刻把奥德修的一些同伴变成了猪。在神祇的保佑下，奥德修战胜了喀耳刻，赢得了她的尊重，受到了她的款待。

为了打探回家的道路，奥德修在喀耳刻的帮助下来到冥府，从先知特瑞西阿斯的预言中得知了自己的未来。在这里，奥德修还遇到了旧时战友阿伽门农和阿喀琉斯的亡灵，并与他们进行了交谈。

此时的阿喀琉斯已经成为鬼魂的统领，奥德修对他表达了敬意，觉得他生前是全希腊最令人敬仰的英雄，死后在地狱依然是威风凛凛的统帅，可谓虽死犹荣。但阿喀琉斯并不认同奥德修的话，他觉得奥德修是在嘲讽他，他说自己宁愿活在世上做一个穷苦人家的仆人，也不想在地狱里做鬼魂的统帅。

离开冥府之后，奥德修与同伴继续航行，来到一片非常凶险的海域。在这里，他们碰到了以歌声惑人心智的塞壬女妖。塞壬女妖鸟身人面，长得非常漂亮。她们盘旋在海滩上，只要有船经过，就会出来唱歌。塞壬女妖的歌声极美，路过的人只要听到，就会如痴如醉，忘了身在何处。这片海域暗礁密布，被塞壬女妖干扰

奥德修与塞壬女妖

的船最终会触礁，船上的人便会葬身海底，成为塞壬女妖的食物。

行经此处时，奥德修想了一个计策，他让水手们堵上耳朵，并让大家把他绑在桅杆上指挥摇橹。他用自己的定力抵挡住了塞壬女妖的歌声，镇定自若地带领大家穿过了这片暗礁密布的海域，最终化险为夷。

接下来，他们又经过了海怪斯库拉的地盘和大漩涡怪卡律布狄斯的地盘，这期间，奥德修又失去了六个同伴。在日神岛上，同伴们不顾奥德修的警告宰食了神牛，结果惹怒了宙斯。宙斯用雷霆击沉了渡船，大多数人因此丧命，而奥德修则被冲到了仙女岛，被女神卡吕普索软禁了七年。

听完奥德修的讲述后，斯克里埃岛的国王阿尔基诺奥斯大为感动，便派了一艘船和一些水手护送奥德修回国。

## （三）终返故乡

那么，在奥德修离家的这十年多里，故乡伊塔卡岛上又发生了什么故事呢？

奥德修的妻子佩涅洛佩是一位非常忠贞的女人，长得也十分漂亮。十年特洛伊战争结束后，奥德修仍然没有回到家乡，伊塔卡岛上的贵族子弟们觊觎奥德修妻子的美貌和家里的财富，纷纷向她求婚。佩涅洛佩却始终坚信自己的丈夫并没有死，早晚有一天会回到故乡，因此，她没有答应任何人的求婚。但这些贵族子弟们并不死心，不仅继续骚扰她，还赖在王宫中宰牛杀羊，挥霍佩涅洛佩的财产。

面对这些求婚者的无理纠缠，佩涅洛佩想出了一条缓兵之计。她宣称，等她为公公织完一匹做寿衣的布料后，就会改嫁给求婚者中的一个。于是她白天织布，晚上又把织好的布拆掉。就这样织了又拆，拆了又织，日复一日，三年过去了。三年后，佩涅洛佩的“障眼法”被求婚者们识破了，聪明的她又想出一个计策。她拿出丈夫奥德修留在王宫里的一副弓箭，宣称谁能拉开这张弓，她就嫁给谁，结果那些纨绔子弟没有一个人能做到。

就在这时，奥德修从斯克里埃岛返回了故乡。雅典娜把奥德修装扮成一个衣衫褴褛的乞丐，让他在牧猪人家中与儿子特勒马科斯相见。跟特勒马科斯一同前来的，还有当年王宫中的一个奴隶猪倌。特勒马科斯向奥德修讲述了这些年的遭遇，三人共同商议了回王宫复仇的计划。

次日，奥德修父子和猪倌一起来到王宫。奥德修以乞丐的身份拉开了弓箭，与妻子佩涅洛佩相认。最后，奥德修利用比武的机会，杀死了所有求婚者，一家人终得团聚。故事的结局皆大欢喜。

这就是《奥德赛》记载的故事。虽然同属《荷马史诗》，但与《伊利亚特》相比，《奥德赛》的地位却稍逊一筹。甚至有很多人认为，《奥德赛》讲的故事并非出自荷马之口。事实上，《奥德赛》里许多词句都有着鲜明的荷马式口述风格。比如，前文说过的“玫瑰色手指的黎明”和“葡萄紫的海水”等仍多次出现，所以这两部史诗应该都来自荷马的讲述。

奥德修是一个非常有智慧的人，有人认为他极为狡诈、诡计多端，攻陷特洛伊城的木马计正是他想出来的。也正是因为他的狡黠，才能够多次化险为夷。

奥德修的狡黠也颇受希腊人诟病。他干了很多投机取巧的事情，这种靠阴谋诡计取胜的做法，显然并不那么磊落，甚至有些不入流。因此，在希腊人眼中，奥德修远不能跟大英雄阿喀琉斯相提并论。但这并不能影响他的英雄地位，因为除了会耍阴谋诡计，奥德修同样武艺高强，只比阿喀琉斯稍稍逊色。

## 三、《荷马史诗》对后世西方艺术的影响

《荷马史诗》中的情节和场面在后世西方文学艺术作品中有

非常多的体现。在谈到西方艺术时，如果没有这些内容做铺垫，我们可能无法理解个中滋味和背后的故事。

下面，我就挑几个经典的场景进行阐述。

### （一）《帕里斯与海伦之爱》

法国画家雅克·路易·大卫（Jacques Louis David）画了很多反映特洛伊战争的名画，其中《帕里斯与海伦之爱》是比较著名的一幅。这幅画现在被收藏在巴黎卢浮宫。画面的背景是一座华丽的宫殿，居中的是正在调情的帕里斯和海伦。帕里斯身上披着一件蓝色的披风，除此之外一丝不挂，而海伦则稍显保守，但她那种充满挑逗意味的眼神和动作，却使人情欲高昂。在这幅画中，人物的比例和结构十分精妙，尤其是海伦和帕里斯的面部表情极其微妙，十分传神。

### （二）德尔菲神庙浮雕

在希腊德尔菲博物馆里，收藏着一幅德尔菲神庙里的浮雕，展现的正是在特洛伊战争中对立的诸神。在浮雕中，诸神分为两个阵营，左边是支持特洛伊的神祇，从右往左依次为宙斯、阿波罗、阿耳忒弥斯、阿佛洛狄忒和阿瑞斯；右边则是支持希腊联军的神祇，从左往右依次为雅典娜、赫拉和得墨忒耳。

由于历史原因，这面浮雕中间的部分现已缺失。原本有一个人物跪在地上，向宙斯祈求，这个人是阿喀琉斯的母亲海神忒提斯。

命中注定，海神忒提斯无论与哪个男神结合，都会生出天下无敌的孩子。宙斯为了防止大权旁落，不仅自己不去招惹忒提斯，还不让她与任何男神结合，最后把她嫁给了人间的英雄佩琉斯，生

帕里斯与海伦之爱

下了阿喀琉斯。

忒提斯跪在宙斯膝前，祈求宙斯手下留情，千万不要伤害她心爱的儿子阿喀琉斯。因为在战争开始时，宙斯支持的是特洛伊人，而阿喀琉斯是敌方希腊联军的大英雄。

（三）《特洛伊妇女》

欧里庇得斯与埃斯库罗斯、索福克勒斯并称为希腊三大悲剧大师，他在悲剧《特洛伊妇女》中，对特洛伊大英雄赫克托耳的妻子安德洛玛刻进行了细致的刻画。安德洛玛刻对丈夫一往情深、忠心耿耿，但她的命运却非常凄惨。特洛伊被攻陷之后，她与赫克托耳的儿子阿斯提阿那克斯被从城墙上扔下摔死，她也被阿喀琉斯的儿子皮罗斯虏为奴隶，之后更是受尽苦楚，一生坎坷。

正因如此，在后世西方人眼中，安德洛玛刻比她的丈夫、大英雄赫克托耳的影响力还要大一些。17 世纪法国著名剧作家让·拉辛（Jean Racine）也写过关于安德洛玛刻的悲剧。

### （四）《奥德赛》对后世西方艺术的影响

后世西方也有很多反映《奥德赛》的艺术作品，比如表现独眼巨人波吕斐摩斯的画作、关于奥德修与卡吕普索女神的绘画等。另外，在后世的文学作品中，塞壬成为歌声美妙的女性的代名词，因为其歌声会让人如痴如醉。

第 VII 节

## 著名的“系统叙事诗”

荷马是一个盲人，再加上他所处的时代没有文字，所以他无法用文字做记录，但他会讲故事，而且讲得绘声绘色，非常好听。基于此，荷马被称为“西方文学之父”，他开创了西方文学的源流。

其实荷马那个时代，或者比那个时代稍晚一些的时代（约公元前 7 到公元前 6 世纪），有很多像他那样的游吟诗人。他们大多社会地位低下，流落街头，一边流浪一边靠讲故事维持生计。

后人将那些无名者讲述的故事编撰成文，命名为“系统叙事诗”。系统叙事诗不像史诗那样完整，它们描述的只是故事的某个片段或情节，内容以神话和英雄传说为主。这些叙事诗将分散凌乱的希腊民间神话组织成彼此相关的有机体系，这恰恰对《荷马史诗》起到了查漏补缺的作用，将《荷马史诗》中没有交代的情节一一补充完整。从这个意义上来说，古希腊神话之所以谱系分明，在很大程度上要归功于荷马和那些不知名的游吟诗人。

## 一、《塞浦路斯之歌》

希腊最著名的叙事诗就是《塞浦路斯之歌》，它主要讲述了三个女神的金苹果之争以及特洛伊战争的起源。提到《塞浦路斯之歌》，便绕不过画家彼得·保罗·鲁本斯（Peter Paul Rubens）的名画《三女神的金苹果之争》，它正是取材于系统叙事诗《塞浦路斯之歌》。而《塞浦路斯之歌》中描述的故事就是从忒提斯和佩琉斯的婚礼开始的。

忒提斯和佩琉斯举行婚礼时广发请帖，邀请了很多天上的神祇和人间的英雄前来观礼，唯独忘记了给纷争女神厄里斯发请帖。奥林匹斯诸神各司其职，厄里斯的职能非常特殊，她专门负责搬弄是非。因为没有收到婚礼的请帖，厄里斯非常生气，便借机挑起了一场纷争。

当婚礼进行到最隆重、最热闹的环节时，厄里斯从天上丢下一颗金苹果，这颗金苹果上写着一行字：献给最美丽的女神。一石激起千层浪。希腊女神大多以美著称，所有参加婚礼的女神都认为这颗金苹果非己莫属，其中三个女神争得最厉害，她们是宙斯的妻子天后赫拉以及宙斯的两个女儿智慧女神雅典娜和爱与美之神阿佛洛狄忒。

三女神的金苹果之争

三位女神都长得非常美丽，也都认为金苹果应该归自己所有。为了分个高下，三位女神来到宙斯面前，让他进行评判。面对妻子和女儿，宙斯左右为难，于是他把这块烫手山芋丢给了特洛伊城外的一个牧童，让他来裁决金苹果的归属。

这个牧童正是特洛伊的王子帕里斯。可是他为什么会变成一个牧童呢？原来，在他出生前一天的晚上，他的母亲做了一个噩梦，梦见自己生下一团火，将特洛伊城烧成了灰烬。第二天一早，帕里斯便出生了。当时的国王普里阿摩斯觉得这个孩子是个不祥之人，会给这个国家带来血光之灾，就命人把帕里斯扔到山上喂狼。但这个孩子大难不死，被一个牧人收养，成了一个小牧童。

三位女神在特洛伊城外找到了帕里斯，为了让他将金苹果判给自己，她们分别对他做出了承诺。赫拉手中握有权力，她的承诺是让帕里斯长大以后成为世界上最强大的国家的国王；智慧女神雅典娜的筹码是让他成为世界上最有智慧的人；阿佛洛狄忒既是美神，也是爱神，她身边有一个长着翅膀、背着弓箭的男童丘比特，他的箭射中谁，谁就会被爱情主宰。阿佛洛狄忒向帕里斯承诺，如果他把金苹果判给她，她会让他娶世界上最美丽的女人为妻。帕里斯毫不犹豫地把金苹果判给了阿佛洛狄忒。这是典型的希腊式选择，对于大多数希腊人来说，权力和智慧都不如美人重要。

就这样，阿佛洛狄忒得到了金苹果。此后，她把帕里斯带回特洛伊城与老国王普里阿摩斯相认，恢复了其王子身份。若干年后，帕里斯长大成人，阿佛洛狄忒便来兑现自己的承诺。她引导帕里斯找到了世界上最美丽的女人海伦。海伦是宙斯与一位人间女子生的女儿，当时已经嫁给了斯巴达国王墨涅拉俄斯。

阿佛洛狄忒引导帕里斯来到斯巴达，趁墨涅拉俄斯不在家，让丘比特用箭射中了海伦的心。海伦芳心大动，爱上了帕里斯，便跟着他私奔了。

墨涅拉俄斯回来后发现了此事，怒不可遏，就来寻求他的哥哥、迈锡尼国王阿伽门农的帮助。于是阿伽门农号召希腊各国国王组成希腊联军，掀起了十年艰苦卓绝的特洛伊战争。这就是《塞浦路斯之歌》讲述的内容，它把《伊利亚特》没提及的特洛伊战争的起源补充完整了。

帕里斯诱拐海伦

## 二、《埃塞俄比亚英雄》

叙事诗《埃塞俄比亚英雄》主要讲述了希腊最勇猛的英雄阿喀琉斯的故事，其中还介绍了他与阿马宗女王彭忒西勒亚之间的一场激烈战斗。最终，阿马宗女王死于阿喀琉斯之手。

阿马宗是生活在黑海北边的一个部落，这个部落里都是女人，有点像《西游记》中的女儿国。部落人勇猛凶悍，非常善战。为

阿喀琉斯杀死阿马宗女王彭忒西勒亚

了增强战斗力，阿马宗人会在身体刚开始发育时割掉右边的乳房，以便练习开弓射箭。到了谈婚论嫁的时候，阿马宗人会跟周边一个都是男人的部落联姻，生儿育女。如果生出男孩，就归对方部落所有；生了女孩，则留在自己部落里。因此，阿马宗部落永远只有女人。

除了阿喀琉斯，希腊其他大英雄，包括赫拉克勒斯、忒修斯等，都曾与阿马宗人战斗过。在希腊的浮雕里，有大量反映希腊人和阿马宗人战斗的场景，比如在帕特农神庙的墙上，就有一面墙上的浮雕表现了希腊人和阿马宗人的战斗场景。后来，阿马宗人被希腊人打败，这个骁勇的部落便在黑海地区消失了，不知所踪。

说到阿马宗人，还牵扯出另一段有意思的故事，那就是亚马孙河名字的由来。

阿马宗人消失两千多年后，到了15世纪末（1492年），意大利籍探险家哥伦布受西班牙王室的差遣发现了美洲大陆。此后，很多西班牙人便沿着哥伦布的航线前往美洲探险，到了中美洲之后便往南走。探险过程中，他们在森林密布的地区发现了一条非常诡异的河流，河流两岸生活着一些非常凶悍的原始部落。

当时的西班牙人认为，两千多年前消失的阿马宗人逃到了这条河附近，于是便将这条河命名为阿马宗河（Amazon），又译作亚马孙河。因此，阿马宗就是亚马孙。

阿喀琉斯打败了阿马宗女王后就参加了特洛伊战争，最后在攻城的混乱中被帕里斯射中脚后跟（脚踵）而亡。在希腊科孚岛上的一座茜茜公主的宫殿中，有一座著名的雕像，表现的正是阿喀琉斯坐在地上，痛苦地拔着脚后跟上的箭。或许你会产生这样的疑问："号称天下最勇猛的英雄阿喀琉斯，怎么会被区区一支箭射中脚踵而死呢？"这还得从他出生时讲起。

阿喀琉斯出生之后，他的母亲忒提斯就提着他的脚踵将他浸泡在冥河之中（一说是放到天火之中），据说这样可以让他全身刀枪不入。由于阿喀琉斯的脚踵被忒提斯握在手里，并没有浸到冥河水，这便成为阿喀琉斯唯一的，也是最致命的弱点。

阿喀琉斯之死

这就是谚语“阿喀琉斯之踵”的来历。这表明，任何强者都会有自己的致命弱点，没有不死的英雄。

在阿喀琉斯很小的时候，忒提斯得知一个有关爱子的神谕：他将名垂千古，但不会得享天年，年纪轻轻便会战死沙场。因此，忒提斯把阿喀琉斯带出宫，为他换上女孩的衣裙，乔装为一个女孩。

阿喀琉斯长相十分俊美，他穿上女孩的衣裙之后，谁也看不出他原本是个男孩。此后，忒提斯把他送到了斯库洛斯岛，交给国王吕科墨得斯抚养。吕科墨得斯有一大群女儿，见忒提斯又送来一个女孩，便非常高兴地留下了。就这样，男扮女装的阿喀琉斯在斯库洛斯岛跟国王的女儿们一起生活，一起玩耍。

几年后，特洛伊战争爆发。原本这跟远在斯库洛斯岛的阿喀琉斯没有什么关系，为什么阿喀琉斯最后会参战，以致最终战死呢？

原来，希腊联军在出征前求得一则神谕，谕示：“只有王子参战才能赢得胜利。”神谕透露了王子阿喀琉斯所处的位置。为了赢得战争的胜利，希腊联军派奥德修和狄俄墨得斯前往斯库洛斯岛请阿喀琉斯出战。

二人来到岛国的王宫寻找阿喀琉斯，但他们只看到一群美貌如花的公主，无法分辨哪个才是阿喀琉斯。足智多谋的奥德修想出一条计谋：他将一根长矛和一只盾牌放在王宫大殿中，让人在外吹响号角，营造出外敌来袭的氛围。

正在玩耍的公主们听闻号角声，吓得纷纷夺路而逃。只有一个“公主”不仅没逃，反而拿起了矛和盾，摆出一副准备战斗的架势。就这样，阿喀琉斯暴露了身份，最后不得不跟随奥德修奔赴特洛伊战场。

阿喀琉斯英勇无敌，在这场战争中杀敌无数，大英雄赫克托耳就死在他手上。但最终，他没能逃过命中劫数，被帕里斯一箭射中脚踵而亡。还有另一种说法是，箭虽然是帕里斯射出的，但其实帕里斯是在太阳神阿波罗的引导下才射中了阿喀琉斯的脚踵。这是因为阿喀琉斯攻城时误杀了阿波罗的一个儿子，阿波罗因此勃然大怒，便借帕里斯之手射杀了他。

阿喀琉斯死后，希腊人为他举行了非常隆重的葬礼。他的盔甲成为希腊英雄埃阿斯和奥德修争夺的锦标，后者最终凭借精彩的演说击败了勇士埃阿斯，继承了这套由锻造之神赫淮斯托斯打造的神器，这便是《埃塞俄比亚英雄》讲述的故事。

### 三、《特洛伊失陷记》

《特洛伊失陷记》主要讲述的是希腊联军利用木马计攻陷特洛伊城的故事。

对于特洛伊城，希腊联军久攻不下，阿喀琉斯和众多希腊英雄也已战死。此时，奥德修这个希腊联军里最有智慧的人想出了著名的“木马计”。

奥德修命人做了一个空心的大木马，并在木马肚子中设置了机关。奥德修和其他希腊英雄们一起藏身于木马之中，剩下的希腊军队便佯装扬帆撤退。特洛伊人在城墙上发现希腊人扬帆远去，便打开城门来到海滩上，发现了希腊联军留下的木马。特洛伊人不知是计，便将这个大木马当成战利品搬到了城里。由于木马太大，特洛伊人为此拆掉了一面城墙。大肆庆祝后，特洛伊人便都回家休息了。

到了半夜，那些躲在木马肚子里的希腊勇士打开机关，跳了出来。他们打开城门，把之前佯装撤退的希腊军队放进城里，里应外合攻破了特洛伊城。最终，希腊联军用一把火将特洛伊城烧成灰烬，夺回海伦，凯旋而归。

特洛伊木马

《伊利亚特》并没有讲到特洛伊战争的结局，而《特洛伊失陷记》正好填补了这一空白。后来，这种钻到对方肚子里定期发作的东西被人们称作"木马"，现在大家耳熟能详的电脑"木马病毒"便得名于此。

此外，《特洛伊失陷记》还讲述了特洛伊战争结束后其他英雄在回家过程中经历的许多稀奇古怪的事情，这些故事与奥德修的经历颇为相似，只不过没有那么生动曲折罢了。

第 VIII 节

## 赫西俄德的《神谱》

在“黑暗时代”末期，将逐渐黯淡的克里特和迈锡尼神话传给后世希腊人的主要媒介就是《荷马史诗》和赫西俄德的《神谱》。荷马和赫西俄德用开创性的编纂整理工作，把系统化的、美丽无比的古希腊神话世界呈现在走出“黑暗时代”的希腊人面前，从而使希腊人在相当长的一段时间里生息在荷马和赫西俄德的世界中。西方历史之父希罗多德认为：“荷马与赫西俄德的时代比我的时代不会早过四百年，是他们把诸神的家世教给希腊人，把他们的名字、尊荣和技艺教给所有的人，并且描述出了他们的外形。”

如果说《荷马史诗》以及众多佚名者书写的叙事诗着重渲染、铺垫的是希腊英雄之间的关系，那么赫西俄德的《神谱》则梳理了神的谱系，梳理了神与神之间的关系，《神谱》的意义正在于此。

民间艺人赫西俄德诞生的年代比荷马稍晚一些，与饱受质疑的荷马不同，赫西俄德存在的真实性从未遭人怀疑。他也是通过吟唱的方式创作了《神谱》中的一系列故事，后人将他讲的故事记载成文，最终从文字里提炼出了“神谱”，再结合《荷马史诗》和其他叙事诗，共同编织了一个逻辑严谨、系统性极强的古希腊神话谱系。下面，就让我们对《神谱》进行全面的介绍。

赫西俄德雕像

## 一、《神谱》的诞生

大多数希腊人都认为，神祇和神祇结合生下的还是神祇，而神祇和凡人结合生下的就是英雄，这些英雄往往被看作王者的始祖。因为有神祇的血统，所以希腊英雄们的身世和家族谱系都可以追溯到神祇身上，这也为他们统治国家提供了重要的依据。既然可以从英雄的谱系追溯到神祇的谱系，那么将神祇的谱系梳理清楚便成为一件极其重要的事情，赫西俄德做的正是这件事。

在《神谱》这首长诗中，赫西俄德把民间流传的纷繁凌乱的原始神话缀集为具有内在一致性和连贯性的体系神话，清晰明了地将神族血缘谱系和人间英雄根源呈现于后世人眼前。

## 二、《神谱》和诸神间的脉络关系

前面提到，赫西俄德同荷马一样，也是一个民间艺人，后人将他讲述的故事记载成文，并根据文字内容画出了一个图谱，也就是“神谱”。

与很多神话相似，古希腊神话最初也是从混沌开始的，最原始的神祇卡俄斯就是混沌。卡俄斯并不是人格神，无性别之分。这跟中国神话中“盘古开天辟地”之前的情形十分相像。当时天地一团黑暗，万物虚无，有“倏”“忽”二神日凿一孔，七天之后天地初开。

最早产生于混沌之中的是大地女神盖亚，她是万物生长的根基；与盖亚同时产生的还有地狱之神塔耳塔洛斯，因为有生就会有死；随后，爱神、黑夜及黑暗等最早的一批神祇相继出现，但其中最重要的始终是大地女神盖亚，我们就以盖亚为主线来详细介绍《神谱》。

> 盖亚未经交配便生下了两个神祇，这有点像生物进化过程中的单细胞分裂，两个神祇分别是“天宇之神”乌兰诺斯和“深海之神”蓬托斯，他们一个主宰天空，一个控制大海。然后，盖亚和她的儿子乌兰诺斯结合，生下一大批神祇，这批神祇以俄刻阿诺斯为首，一共 12 个，最后出生的是克洛诺斯，这批神祇被称为泰坦神族或提坦神族。

泰坦的意思就是巨大，所以泰坦神族的特点就是高大威猛、顶天立地。大家应该都熟悉一部好莱坞电影《泰坦尼克号》，影片中那艘船就是一个“巨无霸”，而它的名字“泰坦尼克”就来源于古希腊的泰坦神族。

> 由于受到“命运”的启示，乌兰诺斯得知他的孩子中有一个将颠覆他的统治，所以，他就把自己与盖亚所生的孩子全部打入地狱，唯独克洛诺斯在母亲盖亚的保护下躲过一劫。克洛诺斯长大以后，用一把巨大的镰刀阉割了他的父亲乌兰诺斯（这种说法反映出古代生殖崇拜的传统），解放了身处地狱的其他泰坦神，取代了乌兰诺斯在神界的统治地位。
>
> 成为新一代神王的克洛诺斯与他的姐姐瑞亚结合，生下了更年轻一代的神，即希腊人熟知的奥林匹斯众神。奥林匹斯神由两

代神祇组成，一代是克洛诺斯与瑞亚生出的6个神祇，包括雷电之神宙斯、海神波塞冬、冥王哈德斯、婚姻女神赫拉（后来成为宙斯的妻子，因此也被称为“天后”）、农神得墨忒耳和灶神赫斯提亚。

奥林匹斯的第二代神祇由宙斯和不同的女神所生，宙斯与他的姐妹们以及其他女神结合，生下了众所周知的智慧女神雅典娜、太阳神阿波罗、战神阿瑞斯、爱与美之神阿佛洛狄忒、锻造之神赫淮斯托斯、商业之神（也是神的使者）赫耳墨斯、狩猎女神和月亮之神阿耳忒弥斯等。

以上就是《神谱》讲述的主要内容，从中我们可以清晰地了解希腊众神之间的关系。

## 三、《神谱》在文化中的重要意义

赫西俄德的《神谱》不仅梳理了神祇之间的血缘关系，还隐含着非常深刻的哲理。从文化学的角度来看，《神谱》具有两层重要意义：第一，它通过神系的生殖原则，反映了一种朴素的宇宙起源论和自然演化观；第二，它蕴含着一种以“命运”为动力的社会进化思想。换句话说，赫西俄德通过《神谱》的讲述，展现了当时希腊人的世界观。

### （一）朴素的宇宙起源论和自然演化观

当时的希腊人既没有成熟的科学思想，也没有成熟的哲学思想，他们熟悉的只有神话。因此，神话实际上是以一种夸张、想象的方式，表达希腊人对宇宙起源、自然界产生和世界演进的看法。

从最原始的神祇卡俄斯到宙斯，绝大多数神祇都象征着某种自然现象，他们各司其职，比如，宙斯掌管雷电、波塞冬掌管海洋、哈德斯掌管地狱、得墨忒耳掌管农业生产等。而第二代神，即宙斯的孩子们，则象征某些社会现象，比如文艺之神阿波罗、狩猎之神阿耳忒弥斯、战争之神阿瑞斯、爱与美之神阿佛洛狄忒、智慧女神雅典娜、商业之神赫耳墨斯、锻造之神赫淮斯托斯，等等。

由此可知，古希腊的神祇不只是单纯的神仙，他们还代表着某些自然现象和社会现象。神祇与神祇结合并繁衍后代，实际上也喻示着自然现象和社会现象的衍生过程。这种用神系的生殖原则说明宇宙起源和自然演化的神话思维图景，在哲学和科学产生之前，成为希腊人唯一的世界观。

### （二）以“命运”为动力的社会进化思想

以内在的自我否定作为神系延续和发展的契机，是古希腊神话的又一个基本特征。其中蕴含着一种非常深刻的哲理：长江后浪推前浪，不断有新一代的神族产生，也不断有老旧的神族被淘汰，这是一种以命运为基本动力的社会进化思想。

前文提到天宇之神乌兰诺斯被他最小的儿子克洛诺斯战胜并取代的故事，这个故事只是一个开场，后来的故事更加精彩。

克洛诺斯取代父亲乌兰诺斯成了新一代的神王，他登上王位后却患上了和父亲一样的毛病——担心自己的王位被兄长们抢走。于是他找了一个借口，把其他泰坦神再次关进地狱，只留下了年轻漂亮的姐姐瑞亚。

随后他与瑞亚结合，生下了6个神祇，这便是奥林匹斯神的第一代，即宙斯六姐弟。此时，命运轮转，克洛诺斯遭遇了与他的父亲一样的情况——他也得到一个预言，说6个孩子中会有一个取代自己的地位，正如他当年取代了他的父亲。由于不知道取代他的会是谁，于是克洛诺斯采取了一种比父亲更决绝的做法——瑞亚每生一个孩子，他就把孩子吃掉。泰坦神族身材巨大，吃掉几个孩子对克洛诺斯来说易如反掌。

吃掉前五个孩子之后，命运再次出现了惊人的相似。瑞亚生下最小的儿子宙斯后，为了避免悲剧重演，就用了一招“狸猫换太子”的计谋：她将石头包在襁褓里递给克洛诺斯，克洛诺斯并未细看，便将其一口吞入腹中，宙斯因此幸免于难。

宙斯长大之后，果然成了一个更加强大的神祇，他决定打败自己的父亲。为此，宙斯想出一个计策，他煎了一大罐药，让母亲瑞亚端给生病的克洛诺斯。喝下药之后，克洛诺斯腹中剧痛难忍，不一会儿，就将之前吃掉的五个孩子都吐了出来。他最先吐出的是一块包着石头的破布，那正是包裹着假宙斯的襁褓。

令人惊讶的是，宙斯的五个兄弟姐妹并没有死掉，反而长大成神。他们跟宙斯联合起来对抗父亲。为了脱离险境，克洛诺斯找堂兄普罗米修斯帮忙。普罗米修斯建议克洛诺斯释放其他被关在地狱里的泰坦神，可克洛诺斯担心他们对自己怀恨在心，会临阵倒戈，转而帮助宙斯，因此，他拒绝了普罗米修斯的建议。

普罗米修斯对克洛诺斯非常失望，于是站到了宙斯那一边，

戈雅《农神食子》

并向他提出了相同的建议。宙斯采纳了他的建议，放出了泰坦诸神，并在他们的帮助下战胜了克洛诺斯，成为新一代的神王。

从《神谱》讲述的故事中可以看出，希腊神王的更迭是通过一种自我否定的暴力方式实现的：老一辈的神王生下儿子后囚禁或吃掉他们，幸免于难的儿子在母亲的支持下反抗父亲并取而代之。从乌兰诺斯到克洛诺斯，从克洛诺斯到宙斯，他们经历的过程大体相同。

这个过程表现出一种非常深刻的思想——关于命运的思想。比如，乌兰诺斯作为众神之王，得知自己的孩子会取代自己，便把这些孩子打入地狱，但最后还是无法摆脱被儿子取代的命运。更具讽刺意味的是，克洛诺斯也面临着相同的境地，尽管他将孩子们吞到了腹中，仍没有躲过命中注定的结局。这种权力更迭的背后其实隐藏着一位没有出场的主角，或者说是一个真正的最高主宰，它就是命运。

后来的希腊悲剧之父埃斯库罗斯的悲剧《普罗米修斯》三部曲表现了一个深刻的主题，就是借助神权更迭机制展现自身的命运。赫西俄德在《神谱》中第一次提出“命运”的思想，他认为神权的更迭其实不由神祇左右，而由命运主宰。

随着奥林匹斯神族夺取了权柄，此前种种恩怨情仇已成过眼云烟。因此，《神谱》的故事讲到宙斯这一代就停止了，但是，这并不意味着故事的最终完结，在后来的古希腊神话中，这个故事有了进一步发展。

同样，宙斯也面临着会被自己孩子取代的局面，但先知神普罗米修斯拯救了他。按照命运的轨迹，如果宙斯与大海女神忒提斯结合，他们生下的孩子就会成为比宙斯更强大的神祇，最终取代他的地位。普罗米修斯将这个天机泄露给了宙斯，宙斯得以逃过这场可怕的婚姻。

试想，如果宙斯没有逃脱宿命，那么《神谱》里的故事或许会一代一代地一直讲下去。不过，从文化学的角度来看，正是因为宙斯逃过了这场婚姻，避免了自己被取代的结局，他才成为古希腊神话的终结者。

虽然宙斯避免了被取代的可怕后果，但这种内在的自我否定的发展契机在古希腊神话中是一以贯之的，神族通过这种连续的叛逆行径不断发展和进化。这种维持神系更新和发展的自我否定机制使古希腊神话表现出一种新陈代谢的社会进化思想，而在背后决定着诸神兴衰泰否的就是那个不出场的“命运”。

在古希腊神话中，新旧神之间的对抗和权力更迭并不具有道德意味，它只是表现了一种自然的进化过程。这种通过命运这一“看不见的手”实现神系更迭和自然进化的思想成为古希腊神话中最深刻的思想，同时也成为推动西方文化在漫长的历史过程中不断自我否定、自我超越的原始动力。

在后来的古希腊神话里，命运被具象化了，变成三个满脸皱纹的老婆婆，她们一个负责纺织生命之线，一个掌管生命之线的粗细长短，一个负责剪断生命之线。这三个具象化的命运女神地位崇高、法力无边，凌驾于诸神之上，就连宙斯也无法控制她们。

这是因为命运女神后面跟着仆从复仇女神，复仇女神会对那些反抗命运的人施以最严厉的报复。相传，宙斯曾郁闷地对诸神说："命运女神对待我，就像我对待你们一样残酷。"

命运女神的威胁，就像达摩克利斯之剑，高悬于英雄和诸神的头顶，随时都可能落下。这种思想最初是从古希腊神话里引申出来的，而它最直接的接续者首先是希腊悲剧，其次是希腊哲学。希腊哲学从希腊宗教里分离而出，与宗教有着千丝万缕的联系。但在希腊哲学盛行之时，古希腊神话或宗教已走向式微。

希腊哲学先以否定的方式接续了希腊宗教，又以肯定的方式影响了基督教，它以一种辩证的方式，将希腊宗教和基督教进行了连接。这是一个非常复杂的过程，我在后面会详细阐述。

第 IX 节

## 希腊主要英雄谱系

古希腊神话故事是西方文学的发端，想要了解西方文学，就必须了解古希腊神话，而英雄的故事则是古希腊神话故事中最精彩动人的部分。英雄是神与人结合所生，所以古希腊不但有一套神谱，还有一套英雄谱。接下来我将详细阐述古希腊主要的英雄谱系以及发生在这些大英雄身上的精彩动人的传说。

## 一、古希腊传说中的始祖

在古希腊神话故事中，神经常参与人间事务，比如参与人间的战争和城市建设，甚至参与人间的情爱和婚姻。但是，神毕竟是高高在上、只可崇拜不可接触的，与之不同，英雄不但可以直接接触，甚至与凡人是休戚与共、血脉相连的。所以，在某种程度上，与高高在上的神相比，希腊人对英雄反而更加亲近。

关于神的故事叫作神话，关于英雄的故事叫作传说，希腊的神话与传说紧密相连。在古希腊的神话传说中，传说的分量要远远大于神话。比如《荷马史诗》中大部分内容讲述的都是英雄之间的对决，英雄是主角，神在其中只是配角。神虽然也参与战争，但参战的主要是阿喀琉斯、赫克托耳等大英雄。

古希腊的英雄与神一样，有着非常复杂的谱系，但英雄们有一个共性，那就是他们与某些神具有一定的血缘关系，也就是说，他们体内或多或少都流淌着神的血液，所以他们可以理直气壮地统治人间的某个国家，成为这个国家的最高统治者或者显贵阶层。

在古希腊的神话传说中，人类是由神创造出来的。神创造的第一代人生活在宙斯的父亲克洛诺斯统治时期，他们是黄金时代的人类。这一代人像神一样，过着无忧无虑的日子，没有富有和贫穷之分，不会生病、不会衰老，终生都在享受盛宴与欢乐。死期到来时，神便让他们安详地长眠。所以，这一代人的道德感、秩序感最强，对神灵也最虔诚。当命运女神要求这一代人从大地上消失时，他们都成为仁慈的保护神，从此开始在人间惩恶扬善，维持正义。

之后，神又创造了第二代人类，即白银时代的人类。这一代人在外貌和品德上与第一代人完全不同，他们行为放肆、感情泛滥，经常做坏事，对神也不够恭敬。但这代人并未完全丧失道德，所以在生命终结后，他们被允许作为鬼魂在大地上游荡。

第二代人消失后，宙斯创造了第三代人，即青铜时代的人类。这代人与白银时代的人又有所不同，他们残忍粗暴、热衷于战争，他们不吃田间长出的果实，只吃动物的肉，对神更是不虔诚。为此，他们死后，便被降入阴森可怖的冥府，成为地狱中的孤魂野鬼。

当青铜时代的人类彻底消失后，宙斯又创造了第四代人，即黑铁时代的人类。这一时代的人类彻底堕落了，他们尔虞我诈、争强斗狠，父子、兄弟、朋友之间都相互仇视、相互憎恨。他们充满邪恶、做尽坏事。守约善良的人得不到公平的对待，作恶多端者却可以飞黄腾达。在这种情况下，宙斯终于发怒了，决定用一场大洪水彻底毁灭人类，以此作为对人类不敬神灵及作恶多端的惩罚。但是，有两个好人在这场洪水中幸存，这两个好人一个叫丢卡利翁，一个叫皮拉。

### （一）丢卡利翁和皮拉

洪水退去后，除了丢卡利翁和他的妻子皮拉，所有人类都被淹死了。大地一片荒芜，如同坟墓一般死寂。他们既害怕又悲哀，只好来到荒废的圣坛前向神灵祈祷，希望神让这个沉沦的世界重生。

这时候，神通过神谕启示丢卡利翁和皮拉，将他们母亲的骸骨扔到自己身后。刚开始，这个奇怪的神谕让两个人感到莫名其妙，后来，丢卡利翁灵光乍现，领悟了神谕的意思：所谓“母亲”是指大地之母盖亚，而“母亲的骸骨”指的就是大地上的石块。于

丢卡利翁和皮拉造人

是，丢卡利翁和皮拉便按照神的指示，捡起石块朝身后扔去。结果，奇迹出现了：丢卡利翁扔的石块都变成了男人，皮拉丢的石块则全部变成了女人。

自此，新的人类诞生了。

（二）希腊人的始祖赫楞

重新创造人类后，丢卡利翁与皮拉在洛克里斯和雅典为宙斯修建了神庙，丢卡利翁成为古希腊第一个建立城市和神庙的初代国王。之后，丢卡利翁和皮拉生儿育女，先后生下了赫楞、安菲特律翁等人，他们成为新一代人类各民族的始祖。其中，赫楞被认为是所有希腊人的始祖，“希腊人”一名就由他而来。

现在，希腊人通常被称为 Greek，但其实这并不是希腊人自己认可的称呼，这个词源于拉丁语，最早是罗马人对希腊人的称呼。公元前2世纪之后，古罗马人征服希腊，将希腊变成了自己的殖民地。早在希腊城邦时代，希腊北部有一个名叫Greeri的小城邦，后来，这个城邦的居民迁移到南意大利地区，在那里建立了自己的殖民城邦。当古罗马人向南意大利地区扩张时接触到了这个希腊殖民城邦，于是他们就将这些希腊人称为Greek。直到后来完全征服希腊，古罗马人仍然将希腊人统称为Greek。

对于希腊人来说，他们通常不会称自己为Greek，而是自称Hellene，也就是"赫楞"。古希腊人认为自己是赫楞的后代。在希腊神话传说中，赫楞的儿子们的确创建了许多希腊部族，比如，埃俄罗斯创建了埃俄利亚族，多洛斯创建了多利亚族，克苏托斯创建了阿卡亚族和爱奥尼亚族，等等。他们先后征服了佛提亚地区，将统治范围逐步扩展到其他希腊城邦，而这些城邦的人们便因为他们祖先的名字而称自己为希腊人。

## 二、古希腊主要的英雄家族

在古希腊，无论人们对英雄的崇拜是起源于祖先崇拜，还是起源于神话传说，总之，当这些英雄拥有了自己的英雄祠堂和墓地之后，他们似乎真的变成了历史上真实存在的人物。古希腊贵族们极其重视家族的传统和声望，他们总是试图将"家族"的世系追溯到神话传说中那些英雄身上，从而改善自己的血统，巩固自己的社会地位。

当然，这种行为并非不可取。事实上，统治阶级与某些神话传说中的英雄人物“攀亲戚”，的确有利于提升部落、城邦或整个民族的凝聚力，毕竟，不是每个人都有底气像中国历史上的明太祖朱元璋那样仰天大笑说：“我本淮右布衣，天下于我何加焉！”

下面我来讲一下古希腊城邦时代的几个主要英雄家族，以及这些家族中几个大英雄的故事。

### （一）伯罗奔尼撒家族

大英雄忒修斯在伯罗奔尼撒半岛和阿提卡半岛之间的科林斯地峡立了一块碑，碑的东边写着：“这里不是伯罗奔尼撒，而是阿提卡”；西边写着：“这里不是阿提卡，而是伯罗奔尼撒”。古希腊本土的大部分城邦都位于这两个半岛之上，而其中伯罗奔尼撒半岛上的许多城邦据说有一个共同的起源。

#### 第一代：宙斯的儿子坦塔罗斯

伯罗奔尼撒半岛上诸城邦的起源可以从伯罗奔尼撒家族谈起，这个家族的第一代是宙斯的儿子坦塔罗斯。

坦塔罗斯聪明伶俐，一出生就深得宙斯的宠爱，宙斯让他统治了吕底亚的西庇洛斯。由于出身高贵，统治国又极其富有，坦塔罗斯受到了众神的尊敬和羡慕，他可以与宙斯一起用餐，无须回避众神之间的谈话。然而，众神的眷顾非但没能让坦塔罗斯学会感恩，反而让他变得骄傲自大，他甚至认为众神愚蠢，皆不如他。

一天，为了试探诸神是否真的具有洞悉一切的本领，坦塔罗斯邀请诸神来到自己的宫殿。接下来，他杀掉了自己的亲生儿子珀罗普斯，将珀罗普斯剁成肉酱献给诸神。诸神早已识破坦塔罗斯的诡计，他们非常愤怒，一起诅咒他，将他丢进了冥府。

罪有应得的坦塔罗斯被安排在地狱的第二层，遭受酷热和干渴的惩罚。坦塔罗斯被锁链锁在一个大湖的中央，水位到他脖子处，他只有头还留在水面上。他的头上骄阳似火，他就这样接受着烈日暴晒的惩罚。坦塔罗斯感到饥渴难耐，想低头喝水，可是只要他一低头，水面便会随之下降到距他的嘴唇一寸之处，因此他永远无法喝到水。不仅喝不到水，他也永远摘不到头顶的树上长着的红彤彤的果子，因为只要他一伸手，果子就会往上升，距离他的手永远只有一寸。就这样，遭受烈日曝晒的坦塔罗斯永远喝不到水，也永远吃不到果子。

戏弄神祇的坦塔罗斯将永远在地狱之中遭受这种苦刑。

### 第二代：伯罗奔尼撒半岛的始祖珀罗普斯

坦塔罗斯被判入地狱后，我们再回过头去看看那个被他剁成肉酱的可怜儿子珀罗普斯。

众神识破坦塔罗斯的诡计并把他打入地狱之后，便利用神力复活了珀罗普斯。由于锻造之神赫淮斯托斯当时吃了一口肉，而被吃掉的正好是珀罗普斯肩膀上的肉，所以复活后的珀罗普斯肩膀上就少了一块肉，于是赫淮斯托斯便为他锻造了一个铁肩膀。

复活后的珀罗普斯继承了父亲的王位，成了西庇洛斯的新国王。不久，邻国特洛伊侵占了西庇洛斯，还将珀罗普斯赶了出去。于是，珀罗普斯从小亚细亚流浪到了伯罗奔尼撒半岛，成为伯罗奔尼撒家族的始祖。

珀罗普斯来到伯罗奔尼撒半岛后，一时举目无亲。这时候，他听说这里有个名叫伊利斯的国家非常强大富庶，伊利斯国王有一个独生女儿，名叫希波达弥亚，长得非常漂亮。于是，珀罗普斯就想迎娶希波达弥亚，成为伊利斯国王的女婿，以后顺理成章地继承伊利斯的统治权。

但是，要迎娶希波达弥亚可没那么容易，因为伊利斯国王此前得到了神谕，说他的女儿出嫁之时，就是他本人命断之日。他不想让女儿出嫁，于是故意刁难那些求婚者。

伊利斯国王要求所有前来求婚的人驾驶马车带上公主在前面跑，自己则驾驶马车在后面追赶，如果自己追赶上了他们驾驶的马车，就算求婚失败。伊利斯国王是战神阿瑞斯之子，他的马车、武器等均为战神所赐，因此他总能追上前面的驾车者并将其刺死。结果就是，那些曾向希波达弥亚求婚的男子非但娶不了她，还会当场遭遇杀身之祸。在珀罗普斯之前，已经有13位求婚者遭此厄运。

珀罗普斯没有贸然去求婚，因为他很清楚，尽管自己是一个英雄，但赛车技术远不及伊利斯国王。但这是他在伯罗奔尼撒半岛东山再起的唯一途径，他必须试试。于是，他便去请求海神波塞冬送给他一驾马车，然后又收买了伊利斯国王的一个驾车者，这个人就是商业之神赫耳墨斯的儿子米尔提洛斯。珀罗普斯向米尔提洛斯许诺，如果自己能在比赛中获胜，以后当上伊利斯国王后，就会将国土的一半分给米尔提洛斯。

珀罗普斯与伊利斯国王赛车

在这种强大的诱惑下，米尔提洛斯决定铤而走险。他在伊利斯国王的车轴上动了手脚。正式比赛时，国王的马车车轴忽然松动，伊利斯国王最终车毁人亡。珀罗普斯因此娶到了公主，并顺利地继承了王位。

但是，当珀罗普斯成为伊利斯的国王之后，并没有兑现自己的诺言，将半壁江山分给米尔提洛斯。他还趁米尔提洛斯不注意，将他从高山之巅抛向大海，米尔提洛斯当场被摔死。失去儿子的赫耳墨斯悲痛欲绝，便将最恶毒、最可怕的诅咒加在珀罗普斯家族身上。从此以后，这个家族世代与罪恶相随，父子反目、手足相残、夫妻成仇、骨肉乱伦屡见不鲜。

### 第三代：阿特柔斯与堤厄斯忒斯

珀罗普斯登上伊利斯国王的宝座后，通过联姻、战争等手段，蚕食、吞并了周边的城邦，最终统治了整个伯罗奔尼撒半岛。他与希波达弥亚生育了几个子女，其中以孪生子阿特柔斯和堤厄斯忒斯最为著名。

前文曾提到，考古学家施里曼在迈锡尼遗址考古时，挖出了“阿特柔斯的宝藏”。阿特柔斯就是阿伽门农的父亲。作为长子，在珀罗普斯死后，他便继承了王位。但是，他的弟弟堤厄斯忒斯也一直觊觎王位。

这时候，阿特柔斯与堤厄斯忒斯接到神谕，说他们兄弟二人中有一个会成为迈锡尼的国王。为此，二人发生了激烈的争吵。为报复珀罗普斯的后代给自己的儿子复仇，赫耳墨斯心怀叵测地送给阿特柔斯一只长着金羊毛的羔羊，但其中暗含不祥。阿特柔斯认为这只羔羊是他合法继承王权的象征，因此顺理成章地当上了迈锡尼的国王。

阿特柔斯的妻子是克里特国王卡特柔斯的女儿阿厄洛佩，尽管她已经为阿特柔斯生下了阿伽门农和墨涅拉俄斯两个儿子，但她对丈夫不忠，暗中与堤厄斯忒斯私通。阿特柔斯发现后，怒不可遏，将堤厄斯忒斯赶出了城邦。

尽管如此，阿特柔斯胸中的怒火仍然没有得到平息。他出城追上堤厄斯忒斯，假意与之和解，并邀请他来参加自己的宴会。而背地里，阿特柔斯早已杀死堤厄斯忒斯的两个儿子，并把他们做成食物，送给堤厄斯忒斯品尝。毫不知情的堤厄斯忒斯就这样吃掉了自己的亲生儿子，等到知情后，一切都已经晚了。愤怒的堤厄斯忒斯向阿特柔斯发出了最恶毒的诅咒，就这样，残酷的暴行也继续落到了阿特柔斯的后代身上。

被仇恨蒙蔽了的堤厄斯忒斯还轻信了占卜师的话。占卜师对他说，只要他与自己的女儿结合，就可以杀死阿特柔斯，为自己的儿子报仇。于是，堤厄斯忒斯便强暴了自己唯一的女儿珀罗庇亚，并使她怀上了孩子。与此同时，阿特柔斯赶走了不忠的妻子，迎娶了自己的侄女珀罗庇亚。不久，珀罗庇亚生下一个儿子，名叫埃吉索斯。这个孩子名义上是阿特柔斯的儿子，其实他的父亲是堤厄斯忒斯。

埃吉索斯长大后知道了自己的身世，于是与自己的亲生父亲联手，杀掉了阿特柔斯，帮助父亲堤厄斯忒斯夺回了迈锡尼的王权。

### 第四代：阿特柔斯之子阿伽门农

阿特柔斯被杀之后，阿伽门农和弟弟墨涅拉俄斯先后跑到西徐昂和埃托利亚避祸。后来在斯巴达国王廷达瑞斯的协助下，兄弟俩重返迈锡尼，杀死了叔父堤厄斯忒斯，赶走了埃吉索斯。阿伽门农登上了迈锡尼的王位，迎娶廷达瑞斯的女儿克鲁泰墨斯特拉为妻；墨涅拉俄斯则娶了廷达瑞斯的小女儿海伦为妻，继承了斯巴达的王位。

然而，施于这个家族的诅咒却远未停止，骨肉相残的悲剧仍在继续。当阿伽门农远征特洛伊凯旋归来时，他的妻子克鲁泰墨斯特拉和情人埃吉索斯却联手将他杀死。阿伽门农与克鲁泰墨斯特拉所生的儿子奥瑞斯忒斯长大后，又杀死了自己的母亲和她的情人，为自己的父亲报了仇。直到奥瑞斯忒斯被由雅典长老组成的陪审团审判时，女神雅典娜为他投出了支持的一票，宣判他无罪，这个被血腥、谋杀、乱伦与背叛困扰许久的家族才最终摆脱了被诅咒的命运。关于这个故事，后面讲希腊悲剧时还会进一步提到。

### （二）底比斯家族

前文提到，宙斯看上了推罗国王的女儿欧罗巴，于是化身公牛，诱拐了美丽的欧罗巴，将她带到克里特岛上，与她在这里生儿育女。其实，除了欧罗巴，推罗国王还有一个儿子，他就是欧罗巴的哥哥卡德莫斯，他正是底比斯[1]家族的始祖。

欧罗巴被拐走之后，推罗国王便命令卡德莫斯去寻找欧罗巴，找不到就不许他回国。卡德莫斯寻找多年无果，迫于父命又不敢回去，只好到德尔菲请求神谕。神谕指示他无须回国，应自己建立一个国家。神谕还指示他，他离开德尔菲后，会在路上遇到一头母牛，他要跟着这头母牛走，母牛停下来的地方就是他要建立国家的地方。

就这样，卡德莫斯跟着母牛一直走，走到雅典北边的底比斯时，母牛停了下来。卡德莫斯遵照神谕，决定在这里建立国家。当他派仆从去河边取水时，一条巨大的恶龙突然从水中窜了出来，吃掉了卡德莫斯的仆从。卡德莫斯非常愤怒，勇敢地与恶龙搏斗，最后杀死了这条恶龙。

[1] 又译作忒拜。——编者注

这时候，卡德莫斯接到智慧女神雅典娜的神谕，让他将这条恶龙的牙齿拔掉，埋到地里。卡德莫斯照做了，埋下龙牙的地方便生出一批非常凶悍的武士。武士们相互搏杀，血流成河，最后剩下七个武士时，他们才停手。这七名武士表示愿意协助卡德莫斯建立一个新的国家。就这样，在七名武士的帮助下，卡德莫斯建立了底比斯城。

这就是底比斯城邦的起源。后来，卡德莫斯娶了爱与美之神阿佛洛狄忒的女儿，生下四个子女。不料，厄运很快降临到了卡德莫斯一家身上。卡德莫斯此前杀死的恶龙竟是战神阿瑞斯的爱宠，阿瑞斯一怒之下便对这个家族下了诅咒，使卡德莫斯的后代异常悲惨。其中最著名的就是发生在家族第五代奥狄浦斯身上的故事（杀父娶母），后面我会结合希腊悲剧对此进行详细叙述。

### （三）雅典家族

#### 第一代：刻克洛普斯

雅典家族的始祖名叫刻克洛普斯，是雅典第一位国王。传说他由大地所生，拥有人的身体、蛇的尾巴。他是教导雅典人读写、举行婚礼和祭祀仪式的文化英雄，也是最早崇拜宙斯的人。后来他被雅典人奉为土地之神，成为阿提卡的地神。

#### 第二代：厄瑞克透斯

雅典家族的第二代国王是厄瑞克透斯。在他统治期间，雅典城的名字还不是雅典，而是刻克洛佩。后来，智慧女神雅典娜与海神波塞冬争夺雅典归属权，最终雅典娜获得了当地人民的支持，当地人民便以她的名字命名了这座城市。

如今，雅典卫城帕特农神庙旁边就是厄瑞克透斯神庙。雅典帕特农神庙顶部的东边和西边分别有一个三角楣，其中一个三角楣上的雕刻群像表现的是雅典娜的诞生，另一个三角楣上的雕刻表现的是雅典娜与波塞冬的争锋。种种遗迹均表明，当时的雅典人在两神之争中选择了雅典娜。

如今厄瑞克透斯神庙周围仍然有一棵用绳子围起来的橄榄树，传说这是雅典娜赐予雅典人的橄榄树。当然，现在这棵橄榄树只是一种意义上的象征。

### 第三代：埃勾斯

雅典家族的第三代领导者是埃勾斯。前文提到，米诺斯迷宫中囚禁着一头怪牛。每隔九年，米诺斯国王便要求雅典献上七对童男童女，供怪牛食用。有一年，埃勾斯的儿子忒修斯自告奋勇地加入童男童女之列，前往米诺斯迷宫，杀掉了怪牛，还获得了米诺斯国王的女儿阿里阿德涅的爱情。然而，在两人出逃途中，酒神狄奥尼索斯逼迫忒修斯离开阿里阿德涅。

出发前，忒修斯曾与父亲约好，如果杀掉怪牛，回来时他就将船上的黑帆换成白帆。而失去阿里阿德涅的忒修斯精神恍惚，忘了将船上的黑帆换成白帆。焦急等待的埃勾斯看见从海上回来的船挂着黑帆，以为儿子遭遇了不测，他悲痛欲绝，跳海自尽了。

### 第四代：忒修斯

忒修斯与伯罗奔尼撒半岛上的英雄赫拉克勒斯齐名，是阿提卡半岛最有名的英雄。他一生做了许多伟大的事情，其中包括杀

雅典的厄瑞克透斯神庙

掉了米诺斯迷宫中的怪牛。

### （四）阿尔戈斯家族

阿尔戈斯家族是一个出美女的家族，因此便自然引出许多著名的神话故事。阿尔戈斯家族的成员伊俄被宙斯看上，便被赫拉派出的牛虻追逐，伊俄变成小母牛一路逃亡，一直逃到希腊西边的一片海域，她漫游过海，这片海域因此得名为爱奥尼亚海，即今天希腊与意大利之间的那片海域（又译作伊奥尼亚海）。

后来，阿尔戈斯家族又出了一位美女，名叫达那厄，她是阿尔戈斯国王阿克里西俄斯的女儿。宙斯发现了达那厄，被她的美貌倾倒，便又来引诱。国王阿克里西俄斯得到神谕，说他的女儿一旦结婚，生下的孩子将成为他的克星。于是，国王不允许达那

达那厄

厄结婚，还将女儿囚禁起来。结果，宙斯趁达那厄熟睡之时，化身黄金雨与其结合，使达那厄生下了古希腊神话传说中大名鼎鼎的英雄珀耳修斯。

文艺复兴时期，意大利著名画家提香曾创作了一幅画，名为《达那厄》，该作品正是取材于这段神话传说，所画内容便是宙斯化为黄金雨与达那厄幽会的情景。

宙斯与达那厄的儿子珀耳修斯正是迈锡尼文明的创造者。关于迈锡尼文明的建立，还有一段婉转曲折的神话传说。

珀耳修斯一出生便和母亲达那厄一起被阿克里西俄斯装进箱子，扔入大海之中。宙斯在海神波塞冬的帮助下才得以保住他们母子的性命。

母子俩随着海水漂流，最后漂到一个名叫塞里福斯的岛上。在这里，他们被一个名叫狄克堤斯的渔人救起。狄克堤斯将珀耳修斯抚养长大。狄克堤斯是塞里福斯国王波吕得克忒斯的弟弟，国王波吕得克忒斯垂涎达那厄的美貌，想娶她为妻，却遭到珀耳修斯的阻挠，未能得逞。

为了摆脱珀耳修斯，波吕得克忒斯便让他去取蛇发女妖美杜莎的头。传说美杜莎有一个特殊的本领，就是无论什么人，只要看她一眼，就会立即变成石头，所以无人能够征服她。波吕得克忒斯让珀耳修斯去取美杜莎的头，自然是居心不良。

在出发寻找蛇发女妖途中，珀耳修斯在海边遇到一位老渔夫，老渔夫借给他几件宝物。这个老渔夫其实是智慧女神雅典娜的化身，她借给珀耳修斯的宝物包括戴上后能隐身的帽子、穿上后能跑得飞快的鞋子、可以伸缩的口袋以及一副盾牌和一把锋利的钻石宝剑。珀耳修斯用雅典娜借给他的盾牌作为反光镜，趁美杜莎熟睡之时，一剑砍下了她的头颅，然后将头颅装入可伸缩的口袋之中。

随后，珀耳修斯带着美杜莎的头颅回到塞里福斯。国王波吕得克忒斯见珀耳修斯完好无缺地回来了，认为珀耳修斯根本没杀掉美杜莎。珀耳修斯便打开装有美杜莎头颅的口袋让他看，结果波吕得克忒斯一下就变成了石头。之后，狄克堤斯继承了王位。

珀耳修斯和母亲达那厄都想回到自己的祖国阿尔戈斯，阿尔戈斯国王阿克里西俄斯听说这件事后，担心神谕成为现实，便跑

珀耳修斯砍下美杜莎头颅

去邻国避难。而珀耳修斯和母亲在坐船返回阿尔戈斯途中遇到狂风，船偏离了航线，恰好漂到了阿尔戈斯的邻国。

当时，邻国正在举行竞技会，珀耳修斯便兴致勃勃地跑去参加，结果在掷铁饼时用力过猛，铁饼落到了观众席上，当场砸死了一个老人。而这个老人正是跑出来避难的阿尔戈斯国王阿克里西俄斯。神谕应验了。

外祖父的死让珀耳修斯非常悲痛，他放弃了应由他继承的阿尔戈斯王位，来到伯罗奔尼撒半岛，建立了一个新的国家——迈锡尼。他将美杜莎的头颅献给雅典娜，雅典娜将它镶在了自己的盾牌（一说胸甲）上面。

以上就是古希腊几大英雄家族创建和发展的历程。众所周知，古希腊人不但崇拜神，还崇拜英雄。在古希腊传说中，每一位英雄不仅有属于他们的谱系，他们身上还发生过许多精彩动人的故事。

### 三. 赫拉克勒斯与其他英雄传说

古希腊的英雄传说多表现为人类对自然的征服、人对人的征服等。翻开古希腊的英雄传说，我们会发现，里面的每一位英雄都充满智慧与力量，他们大多为神与人的后代，受到奥林匹斯山上众神的庇护，具有超乎常人的力量、勇气和才智，可以与怪兽斗智斗勇，可以在战场上冲锋陷阵，有时还会反抗命运。古希腊传说中英雄众多，其中比较著名的有下面几位。

### （一）赫拉克勒斯

赫拉克勒斯是主神宙斯与阿尔克墨涅之子，而阿尔克墨涅正是大英雄珀耳修斯的孙女，也就是说，阿尔克墨涅是宙斯的重孙女。赫拉克勒斯的出身令天后赫拉十分憎恶，但阴差阳错之下，赫拉却成就了赫拉克勒斯。

阿尔克墨涅临产时，宙斯决定让这个即将出生的儿子统治迈锡尼。宙斯还向诸神预言，他的这位儿子前途无量，必定大有作为，这让天后赫拉嫉恨不已。

为了防止自己的儿子被赫拉所害，阿尔克墨涅将刚出生的赫拉克勒斯装入一个篮子，还在上面盖了一些稻草，然后将篮子放到田野中一处隐蔽的地方，希望有好心人发现并收养他。机缘巧合之下，智慧女神雅典娜和天后赫拉来到了这处田野，发现了赫拉克勒斯。当时，她们不知道这个孩子就是阿尔克墨涅的儿子。雅典娜见赫拉克勒斯生得漂亮可爱，就劝赫拉给他喂奶。赫拉也动了恻隐之心，就喂了赫拉克勒斯，但赫拉克勒斯吸吮乳汁时太用力，弄疼了赫拉。赫拉非常生气，一下将他扔在地上。雅典娜不忍心，又把他抱了起来，带回去交给阿尔克墨涅抚养。阿尔克墨涅见雅典娜抱回来的正是自己的儿子，又惊又喜。由于赫拉克勒斯吸吮了赫拉的乳汁，因此变得力大无穷，成为大力神。

后来，赫拉得知赫拉克勒斯没死，还无意中吸吮了自己的乳汁，便更加恼怒了。于是，她派出两条巨大的蟒蛇，让它们爬到婴儿赫拉克勒斯身上，将他扼死。没想到此时的赫拉克勒斯已经拥有了无穷的神力，他用两只手反将两条蟒蛇活活勒死。赫拉无奈，只好作罢。

赫拉克勒斯长大后，更加英勇无比，做了十二件惊天动地的大事。

### 1. 十二件伟大的功绩

当时的古希腊，丛林密布，沼泽遍野，到处都是凶恶的猛兽。因此，清除这些障碍，保卫希腊的安全，也是希腊英雄们伟大的目标之一。

力大无比、智慧无穷的赫拉克勒斯决定完成这一艰巨的任务。他听说基太隆山脚下的一个牧场里住着一头可怕的涅墨亚巨狮，这头巨狮一直伤害生灵，赫拉克勒斯便决定除掉这头恶兽。不过，这头巨狮可不是一般的狮子，它不仅凶残无比，而且刀枪不入，要除掉它可不是件容易的事，但英勇的赫拉克勒斯并未被吓住。历经三天三夜的殊死搏斗，赫拉克勒斯杀死了巨狮，他剥下狮皮披在肩上，割下狮子的头颅，将其当作自己的头盔。

除了杀掉巨狮，赫拉克勒斯还做了其他大事，如斩杀九头蛇海德拉、活捉厄律曼托斯山野猪、捕获刻律涅亚山的赤牝鹿、杀尽斯廷法利斯湖怪鸟、取得阿马宗女王的金腰带、清扫奥吉亚斯国王的牛圈、制服克里特公牛、驯服狄奥墨得斯的食人马、逮获革律翁牛群、取得赫斯珀里得斯姊妹的金苹果、制服冥国看门狗刻耳柏洛斯等。赫拉克勒斯完成这十二件大事过程中经历的艰辛与曲折也成为希腊神话传说中的经典故事。世界各地博物馆中珍

幼小的赫拉克勒斯勒死蟒蛇

藏的关于古希腊文明的遗存中，以“赫拉克勒斯十二功绩”为题材的艺术瑰宝可谓数不胜数。

### 2. 赫拉克勒斯之死

赫拉克勒斯与他的父亲宙斯一样，一生也做过许多风流韵事，生了许多儿女。

做出许多英雄业绩后，赫拉克勒斯来到埃托利亚和卡吕冬。在这里，他遇上了埃托利亚国王的女儿得伊阿尼拉，为她的美貌所倾倒。而此时，得伊阿尼拉正在被众多求婚者猛烈追求，其中包括奇丑无比的河神阿刻罗俄斯。赫拉克勒斯打败了河神阿刻罗俄斯及其他众多求婚者，最终胜利抱得美人归。不过，赫拉克勒斯并没有因此就开始安心过日子，仍旧喜欢到处冒险。而最终，他的风流要了他的命。

有一次，赫拉克勒斯和妻子来到奥宇埃诺斯河边，看到肯陶洛斯人涅索斯站在河岸边。涅索斯是个马人，长着人的头颅、马的身体。赫拉克勒斯让马人涅索斯背着自己的妻子过河，自己则大步走入河中，轻松涉水而过。

马人涅索斯背着得伊阿尼拉慢慢地在后面渡河，由于得伊阿尼拉长得太过漂亮，迷得涅索斯失去了理智，竟想掠走她，得伊阿尼拉吓得大声呼救。刚刚上岸的赫拉克勒斯听到妻子的呼救声，回头一看，发现涅索斯正背着得伊阿尼拉向另一个方向跑去。

赫拉克勒斯非常愤怒，他从箭袋中抽出一支用九头蛇海德拉的毒液浸泡过的箭，朝着涅索斯射了过去。中箭后的涅索斯立刻感受到了箭上毒液带来的痛苦，得伊阿尼拉趁机挣脱了涅索斯的手臂，准备向赫拉克勒斯跑去。

受伤后，涅索斯知道自己性命将尽，他的痛苦化作了仇恨。他假装仁慈地对得伊阿尼拉说，自己的血液拥有神奇的力量，如果得伊阿尼拉将自己的血液涂到她的丈夫赫拉克勒斯的衣服上，那么从此以后赫拉克勒斯就会对她忠心不二，绝对不会再爱上别的女人。说完，涅索斯就死了。得伊阿尼拉一直担心赫拉克勒斯会离开自己，于是便相信了涅索斯的话，把他的血偷偷保存了起来。

不久后，赫拉克勒斯俘虏了俄卡利亚国王欧律托斯的女儿伊俄勒。伊俄勒也是个非常美丽的女子，赫拉克勒斯不禁对她动了心。得伊阿尼拉得知后，心生妒意，便偷偷在赫拉克勒斯的衣服上涂抹了马人涅索斯的毒血，导致赫拉克勒斯身中剧毒，最终痛苦地死去。得知真相的得伊阿尼拉追悔莫及，在无尽的懊悔中上吊自尽了。

赫拉克勒斯死后，被宙斯接到奥林匹斯山上。因为他的英雄事迹，众神一致接纳他为神灵中的一员。

赫拉克勒斯的故事至今仍广为流传。作为希腊神话故事中的一位大英雄，他不惧强暴，敢于挑战邪恶势力，只是由于自身性格当中的某些缺陷，最终导致了悲剧性的结局。事实上，古希腊的诸多英雄都因为自身性格的缺陷无意间冒犯过神灵，导致了他们悲剧的命运。让英雄不得善终，这或许也是古希腊人对英雄超人力量的一种限制。如果英雄也如神灵一般法力无边，恐怕人类社会就再难有秩序可言了。

## （二）其他著名英雄传说

除赫拉克勒斯之外，古希腊还有一些著名的英雄传说，如忒修斯、奥狄浦斯、伊阿宋等，我在后面介绍希腊悲剧时会着重阐述这些人物的事迹。

另外，在一些著名事件中也涌现出一大批英雄人物，比如在卡吕冬狩猎这个故事中就出现了大批英雄。

有一次，卡吕冬国王俄纽斯与他的妻子正在向奥林匹斯山上的众神献祭以庆祝丰收，在此过程中，他们却忘了向狩猎女神阿耳忒弥斯献祭。阿耳忒弥斯因此大怒，便派去一只巨大无比又凶悍异常的野猪，意图摧毁卡吕冬城邦。

为保护城邦，卡吕冬国王邀请多位希腊英雄来围猎野猪，同时还宣布将野猪的皮赠送给杀死野猪的英雄，作为对英雄的奖赏。于是，一大批有头有脸的英雄人物纷纷到卡吕冬帮忙。当猎犬将野猪从森林中赶出时，众位英雄立即向野猪发起猛攻。野猪十分凶猛，不少英雄死于野猪的利齿之下，最终卡吕冬国王俄纽斯的儿子墨勒阿革洛斯给了野猪致命一击，众人才合力将野猪制服。

还有一个希腊人与马人战斗的故事，也体现了古希腊英雄们英勇无畏的精神。雅典帕特农神庙的外墙上镌刻着这一事件的浮雕，奥林匹亚宙斯神庙的三角楣上也有希腊人与马人战斗的雕像，称作“拉庇泰人与肯陶洛斯人战斗”。

马人劫持拉庇泰人新娘

拉庇泰国王庇里托俄斯准备成婚，庇里托俄斯的亲属肯陶洛斯人应邀前来参加婚礼。肯陶洛斯人都是半人半马的形态，他们性格暴虐，嗜酒如命。在婚宴上，肯陶洛斯马人喝了很多酒，在酒精的作用下，他们借酒乱性，劫持了新娘。于是，拉庇泰人与肯陶洛斯马人之间爆发了一场恶战。最后在大英雄忒修斯的帮助下，拉庇泰人才打败了肯陶洛斯人，夺回了新娘。

## 四、希腊各种文化形态的共同根基

无论是希腊的神话故事，还是英雄传说，在今天看来，依然让人觉得栩栩如生。尤其是那些贴近人们生活的英雄故事，显得更加真实、具体。从一些古老的希腊雕塑、浮雕作品，以及一些由近代人创作的绘画作品中，我们可以非常清晰地了解到那些英雄故事和传说的前因后果，它们深刻地影响着古希腊各种文化形态的生长与发展。

当然，在所有英雄故事与传说中，流传最广、对古希腊文化形态影响最深的，还是《荷马史诗》中描写的特洛伊战争。其中，阿喀琉斯、阿伽门农、赫克托耳、奥德修等重要角色，都因为《荷马史诗》为后人所熟知。

这一系列希腊神话和英雄传说为后来产生的各种文化形态做了铺垫，构成了城邦时代希腊文学、艺术的重要灵感来源。

第IV章

# 希腊城邦社会



希腊城邦社会是古希腊文明最主要的历史阶段，虽然它持续的时间不长，但其文明程度却达到了古希腊时期的巅峰。在本章中，我将主要阐述希腊城邦社会的出现、发展历程及其政治制度和宗教文化的发展与变迁。

第Ⅰ节

# 东方文明因素对希腊城邦的影响

公元前800年左右，在经历了300多年的“黑暗时代”后，城邦制度终于出现在希腊大地，古希腊文明也由此正式拉开帷幕。

虽然城邦作为独立的主权国家，疆域都非常小，但在古希腊史上留下诸多史迹和学术文化遗产的，恰恰是这些小城邦。希腊城邦制度存在的时间只有短短几百年，但在这期间，其文明程度达到了古希腊时期的巅峰。

## 一、“黑暗时代”的终结与希腊城邦文明的产生

公元前12世纪，多利亚人从希腊半岛北部汹涌而来，毁灭了迈锡尼文明。幸运的是，文明的火种并没有因为多利亚人的入侵而彻底熄灭。随着民族迁徙的进程加快，灿烂的希腊文明火种被带到海外，到达了小亚细亚、西亚、北非，甚至是广阔的地中海西部地区，这文明因此得以延续下来。所以，从历史发展脉络来看，“黑暗时代”也是爱琴文明向希腊城邦文明过渡的时期。

多利亚原本就是野蛮的民族。入侵希腊后，多利亚人毫不犹豫地摧毁了迈锡尼时代的许多城市，不仅导致古希腊商业陷入瘫痪状态，就连人们赖以生存的农业也出现了一定程度的萧条。

随着多利亚人入侵的尘埃落定，公元前8世纪前后，古希腊

本土的商业、农业才逐渐呈现出复苏的趋势。与此同时，伴随着东西方商业贸易的发展，原本流传到埃及、西亚、小亚细亚等地的文明逐渐“回流”，反过来对古希腊文明的恢复与发展产生了重要影响。

在多因素的共同影响下，公元前 8 世纪，一个新兴的希腊城邦文明开始崛起于古希腊本土和爱琴海周边。从这时起，古希腊才正式进入有史时期。

## 二、古埃及文明对古希腊城邦社会的影响

我们知道，古埃及文明的出现要远远早于古希腊文明。作为东方文明的代表之一，古埃及文明对古希腊文明产生了深远的影响。到希腊城邦时期，古埃及文明对希腊城邦文明的影响主要体现在以下三个方面。

### （一）文化艺术方面

古埃及文明对古希腊文明的影响主要体现在文化艺术方面，比如制陶方法。埃及的制陶工艺产生于古埃及王朝前的新石器文化时代，随着技术和工艺的不断发展，先后经历了黑胎粗陶、黑顶陶器、彩绘陶器等多个发展阶段，古埃及的制陶工艺及陶制品都成为世界文明史中的重要组成部分。在希腊克里特文明时期出现的许多精美的陶艺制品，基本可以追溯到埃及文明时期。

随着生产力的进步，希腊城邦时代的制陶工艺也更加先进，形式多样、精美绝伦的工艺品相继出现，其中一些陶器的功用也极具古希腊文化特色。比如一种制作细致、表面有装饰图案的“大

公元前 8 世纪的大口酒坛

口酒坛”，就是用来混合液体的陶器，常常用于会饮中。会饮是古希腊人宴会文化的一部分，通常在餐后进行，会饮时人们伴着音乐朗诵、谈话、唱歌等，一起饮酒享乐。柏拉图有一部对话作品叫作《会饮篇》，写的就是苏格拉底与朋友们在会饮中的对话。

此外，古埃及的纺织品、金属制品、象牙雕塑等的艺术手法和文化价值，也对古希腊文明发展产生了深刻的影响。

（二）宗教信仰方面

古希腊文化是在宗教信仰的土壤上萌生的，而古希腊在宗教方面又受到了东方，尤其是古埃及的影响。

希罗多德曾经说：“几乎所有神的名字都是从埃及传入希腊的。”在相当长的一段时间内，埃及古老的神从尼罗河流域流传到古希腊，甚至传到后来的古罗马，在广阔的亚欧大陆上，这些神都产生过巨大的影响。

在古埃及诸神中，有两位是古希腊人民最为崇尚和信仰的神，一位是古埃及时代的主神之一伊西斯，她是古埃及最原始的女神，被称为“生命与健康之神”；另一位是伊西斯女神的丈夫，也是她的兄弟，名叫奥西里斯，既被称为“自然界的丰饶之神”，也被称作“冥界之神”。而“冥界之神”的由来，源于一个传说故事。

奥西里斯是“大地之神”盖布与“天神”努特的第一个儿子。奥西里斯在与他的姐妹伊西斯结为夫妻后，一起领导古埃及走向了富强和繁荣。然而，奥西里斯的丰功伟绩引起了他的弟弟赛特的嫉妒。在一次酒会上，赛特设计害死了奥西里斯，而且残忍地将奥西里斯的身体撕成碎片，将碎片扔到世界的各个角落。

埃及女神伊西斯

埃及法老皮努杰姆在“冥界之神”奥西里斯面前接受审判

奥西里斯的死令伊西斯悲痛欲绝。她历尽千辛万苦，从世界各地寻回丈夫的身体碎片，将碎片拼凑在一起，让奥西里斯复活了。但奥西里斯只复活了一个晚上，便成为“冥界之神”。不过他并不是魔鬼或黑暗之神，相反，他象征着古埃及人所相信的死后可以获得永世荣耀的希望。

因为对奥西里斯和伊西斯这两位神的崇拜，从古埃及到古罗马时代，古埃及人都沿袭着兄妹可以联姻的风俗，而且这种婚姻模式在古埃及神话中多有体现。

伊西斯女神和奥西里斯男神的宗教功能对古希腊的文化和宗教产生了极大的影响。除了主要的奥林匹斯宗教，在古希腊一些民间宗教中，最受崇拜的就是主宰丰收与生死的神，比如农神得墨忒耳以及她的女儿珀尔塞福涅。其中，珀尔塞福涅是“冥王”哈德斯的妻子，既为“丰产女神”，也是“死亡女神”。这些神话形象都承袭自古埃及。

### （三）科学技术方面

作为“尼罗河赠礼”的古埃及，每年都会遭遇尼罗河泛滥产生的影响。出于河流泛滥后重新丈量土地的需要，古埃及人很早就发明了几何学。后来，几何学传入古希腊，古希腊人不仅学会了几何学，还将这门学科发扬光大。到后来的希腊化时代，欧几里得将几何学研究推向高峰。可以说，古希腊在科学技术方面的发展，在很大程度上遗传自古埃及。

在哲学和科学方面，古埃及文明对古希腊的影响从未停止。古希腊的很多思想家、科学家，如早期雅典的立法者梭伦、希腊著名数学家毕达哥拉斯，以及思想家柏拉图、德谟克利特等，都曾游历过古埃及，在古埃及领悟了许多哲学思想和科学知识。可以说，他们在哲学及科学领域取得的成就，都受到了古埃及文明的影响。

由此可以看出，希腊城邦文明在很多方面都与古埃及文明相互贯通，而人类灿烂辉煌的文明也总会在相互借鉴、吸收和改进的基础上产生、发展、进步。

## 三、西亚文明对希腊城邦社会的影响

西亚有着世界上最为古老的文明，包括两河流域文明（古巴比伦文明和美索不达米亚文明）、地中海沿岸地区的古代文明、今伊朗西南部地区的古代文明（米底、古代波斯）以及小亚细亚地区的古代文明（赫梯文明）。这些地区的古代文明，尤其是两河流域文明，在人类文明发展历程中占据着重要的地位，对后来许多文明都产生过深远影响。

在公元前 8 世纪前后，西亚地区便出现了许多重要的文明据点，如亚述、新巴比伦、腓尼基等。在这些地方，有的文明出现于王国中，如亚述、新巴比伦；有些文明出现在城邦中，如腓尼基。从某种意义上说，腓尼基就是希腊城邦的雏形。

### （一）城邦制度传入古希腊

严格来说，腓尼基并不是一个独立的主权国家，它是一个由许多城市国家组成的集合体，所以它只能被称作地区，这个地区有过辉煌的文明。

腓尼基地区最值得一提的就是推罗（又译作泰尔）。在希腊城邦出现之前，推罗城邦中有一位国王，因为种种原因被人杀害了。幸运的是，王后迪多逃出了推罗，逃到了很远的地方，她穿过东地中海，穿过古希腊，甚至穿过意大利、西西里岛，最后来到非洲北海岸，在那里建立了一个新的国家，名叫迦太基。

从现在的角度来看，迦太基实际就是腓尼基地区城邦国家推罗在海外建立的殖民地，相当于腓尼基的另一个城邦。因此，古希腊尚处于“黑暗时代”时，腓尼基已经开始在海外建立城邦了。可以说，城邦这种国家形态最初是由腓尼基人开创的。

### （二）商业与造船技术

濒临海边的希腊城邦，土地贫瘠不利于农业发展，主要以商业为主，这基本沿袭了腓尼基人的文明发展模式。腓尼基人很早就开始重视商业和各项科学技术的发展，尤其在造船技术方面，其水平相当高，而当时的古希腊人还造不出像样的船。

随着腓尼基文明被逐渐传入古希腊，不仅古希腊的诸多海外殖民地开始发展商业贸易，古希腊人也学会了腓尼基的造船技术。从这个角度来说，腓尼基称得上是古希腊商贸和造船技术的源头了。

### （三）天文学与星相学

古代两河流域的科学中，以天文学和数学的成就最大。据说在公元前 30 世纪后期，古代两河流域就已经产生了历法。后人在考古发掘出的泥板上发现了公元前 1100 年亚述人采用的古巴比伦历的 12 个月月名的记载。古巴比伦人不仅能较为准确地计算太阳和月亮的运行周期（与近现代观测结果相比，古巴比伦人测算的朔望月的误差只有 0.44 秒，近点月的误差只有 3.6 秒），还能较为准确地计算五大行星的会合周期。

古巴比伦的天文学成就也逐渐传入了古希腊，对古希腊天文学的发展起到极大的推动作用。到后来的希腊化时代，当时的学者在古巴比伦天文学的基础上，逐渐发展了既是几何的也是数值的、既包含纯理论的宇宙模型也试图与实际观测数据相符合的希腊天文学。

与天文学一起从古巴比伦传入古希腊的还有星相学。古代天文学与星相学、占星术等都是联系在一起的，巫师和祭司们要通过夜观天象进行占卜和举办祭祀活动。这与我国古代的儒很相像，最早的儒其实就是负责祭祀或丧葬事务的神职人员，也被称作巫师、术士。由此可见，东西方文化从古到今总有彼此相关、彼此交融的部分。

古时候，这种祭祀活动通常是为统治阶级服务的。为维护自己的统治，统治阶级便试图通过占卜、占星等形式夜观天象，向老百姓“传达”上天的旨意，这其实就是早期的天文学。在观察天象时，不仅要熟悉各种各样的星象，对于昼夜长度、日月运行规律等，也都要进行观察和研究。因为有这种需求，最早期的天文学便渐渐发展起来。

### （四）东方雕塑艺术

古希腊艺术的发展早在爱琴文明时期就已经取得了较大成就，尤其在陶画和壁画方面，但在雕塑艺术方面，古希腊人的水平还不算成熟。“黑暗时代”的到来，令古希腊人不得不重新开始探索艺术的道路，随后出现的几何化风格便体现了这一现实。

具有几何化风格的典型文物便是那些出土于雅典的大型陶器，如陶瓶、陶钵等，这些陶器有的达一人之高，多为陪葬品。如果追根溯源，我们能发现，古希腊雕塑艺术的早期形态其实都深受东方的影响，尤其是腓尼基、巴比伦艺术。如果仔细观察，我们会发现这一时期古希腊的雕塑艺术都呈现一种典型的东方几何化风格。比如，一个在雅典出土的公元前 8 世纪的具有晚期几何风格的双耳陶瓶。这个陶瓶上的装饰图案大多是几何图形，而且主要是回形纹饰，也叫迷宫图案或希腊钥匙图案，这是一种长方形的卷轴形饰带。在陶瓶颈部、肩部和底部，则以一圈圈富有光泽的黑色条纹加以装饰。

此外，很多古希腊雕塑在人物造型方面也明显带有东方风格。

晚期几何风格的古希腊陶瓶

这种典型风格就是人物的两只脚呈一前一后的状态，双手握拳自然下垂，眼睛望向前方，目光向下，面带一种东方式微笑。

不可否认，后来的古希腊艺术发展到了相当高的水平，但早期的古希腊艺术深受古埃及、腓尼基、古巴比伦的影响，呈现一种东方风格。

### （五）希腊的神话传说

马克思曾说："希腊神话不仅是希腊艺术的宝库，而且是希腊艺术的土壤。希腊艺术的前提是希腊神话，希腊艺术的精神和灵魂是希腊神话。"在人类文化的历史发展早期中，古希腊文化具有举足轻重的作用，而希腊神话则像一朵奇葩，凭借极高的思想性和艺术性，拥有了从古到今都不可取代的文化地位和影响。

如前所述，很多希腊神话都以神和英雄为题材，将现实和幻想交织在一起，为后人创造了一个包罗万象的瑰丽世界，同时生动地描绘了古希腊人的社会生活图景。直至今日，希腊神话仍然以其优美的意境和浓郁的诗意长久地留存在人们的意识中，并作为文学艺术的永恒题材流传下来。从渊源上看，精彩纷呈的希腊神话是多种文化因素相互融合的结果，其中东方神话的影响是不可忽略的。

## 四、小亚细亚与波斯帝国的文明对古希腊的影响

除了古埃及、西亚，还有一个地区的古老文明也毫不逊色，它就是安纳托利亚。

公元前2000年，原本生活在黑海草原地区的印欧民族开始了

一次大迁徙，其中有一支被称作涅西特人，他们经高加索山区来到安纳托利亚高原。经过几个世纪的征战，涅西特人与当地的哈梯人、胡里特人相融合，成为赫梯人。

公元前 17 世纪后，赫梯逐渐强大起来。到了公元前 14 世纪，赫梯已成为小亚细亚最强盛的帝国，声名威震小亚细亚与两河流域。

然而在公元前 13 世纪后期，赫梯国力逐渐衰微。此后不久，居住在地中海沿岸、被称为“海上民族”的腓力士人入侵小亚细亚，赫梯随之被分裂为众多地区，其文明传统逐渐为时光所尘封，随之湮灭。

几个世纪后，“海上民族”莫名消失。在此前后，一些来自高加索地区的部族，在安纳托利亚地区建立了吕底亚王国，统治了安纳托利亚西部地区。

公元前 546 年，波斯皇帝居鲁士大帝入侵小亚细亚，他迅速征服了吕底亚，控制了安纳托利亚地区，结束了安纳托利亚众多王国各自为政的局面。从此，安纳托利亚成为波斯帝国的领土。

尽管如此，20 世纪后期，考古人员在安纳托利亚的潘尼奥尼安遗址的考古发现证明，这里与古希腊文明有着千丝万缕的联系。公元前 479 年，古希腊人与波斯人发生大战，古战场就在安纳托利亚的米利斯山，古希腊人将这里视为自己的领土。此前，古希腊的爱奥尼亚人和多利亚人经由爱琴海迁徙到安纳托利亚，在这里定居。在此期间，古希腊文明与小亚细亚、波斯文明彼此影响、相互交融。但总体来说，小亚细亚和波斯对古希腊文明的影响要更大，主要体现在以下几个方面。

## （一）货币贸易制度传入古希腊

吕底亚人统治了安纳托利亚地区后，发明了最早的货币。根据希罗多德的记载，吕底亚是我们所知的第一个铸造并使用金币和银币的民族。吕底亚距爱琴海仅 200 英里[1]，位处东西方的交通要塞，商业贸易繁荣。繁荣的贸易和商业活动自然会衍生出对交易媒介的需求，货币就这样应运而生了。

当时，吕底亚人将从河里挖掘出来的原生金块直接切割成相应的形状，打上吕底亚国王的戳记，将其当成货币使用。这种原生金块纯度并不高，所以早期吕底亚金币的颜色都暗淡发白，俗称“琥珀金”。

由于琥珀金杂质较多，价格不易判定，到公元前 6 世纪中叶后便停止流通了。在克洛索斯执政时期（约公元前 560 年到公元前 547 年），吕底亚人开始打造纯金和纯银的货币，这种铸币上有一头狮子和一头公牛的前半身的图案，因此也被称为“狮币”，西方人普遍认为这是世界上最早的金币和银币。

随着货币的流通，吕底亚的贸易变得更加繁荣起来。公元前 6 世纪中叶，克洛索斯当上国王后，吕底亚进入全盛时期，先后征服了小亚细亚地区的所有城邦。在这种情势下，吕底亚货币传入古希腊成为一种必然。

吕底亚货币出现后，周边各国纷纷效仿，因此当时世界上出现了各种各样的货币、货制，其中最具影响力的要数波斯帝国的

[1] 1 英里 ≈1609.34 米。

币制。大流士一世治下的波斯帝国统一了西亚、中亚后，便试图在帝国内部统一度量衡和货币，这便使波斯货币占据了统治地位。由于波斯人继承的是古巴比伦的度量衡制度，所以这套币制也被称作“巴比伦币制”。

### （二）神秘主义崇拜盛行

大约在公元前 7 世纪末，希腊城邦中兴起了一股对“酒神”狄奥尼索斯的崇拜，这种崇拜可能来自吕底亚或色雷斯。

> 传说“酒神”狄奥尼索斯是宙斯与底比斯公主塞墨勒的儿子。在狄奥尼索斯还很小的时候，就被巨人族吃掉了肉体，只剩下一颗心。后来他的父亲宙斯吃掉了这颗心，给了狄奥尼索斯第二次生命。
>
> 狄奥尼索斯经常头戴葡萄藤，手握葡萄藤缠绕的酒神杖，在希腊游荡，他的身后还跟着一群疯狂的醉汉和女人。这些人都服从狄奥尼索斯的领导，而狄奥尼索斯则教人们种植葡萄，用葡萄酿酒，享受生活。狄奥尼索斯所到之处，女人们便会到森林或山里参加敬奉酒神的活动，大家在一起整夜狂欢歌舞，饿了就抓野兽吃。

这种神圣又野蛮的宗教仪式充满了神秘主义色彩，在古希腊一度产生非常大的影响。

早期的酒神崇拜具有原始野蛮的特性，因此被主流社会认为是低俗的，甚至一度遭到禁止，后来经过诗人奥尔弗斯的改造，才

“酒神”狄奥尼索斯

逐渐演变为一种精神化的形式，由精神的沉醉取代肉体上的满足。

> 奥尔弗斯是希腊神话中的人物，传说他的父亲是色雷斯国王俄阿格鲁斯，母亲是“缪斯女神”卡里厄普。他出生后，“太阳神”阿波罗教会他音乐，并把自己的竖琴赠送给他，使他成了一名诗人和音乐家。

奥尔弗斯是“酒神”狄奥尼索斯的崇拜者和追随者，但他认为早期的酒神崇拜仪式过于癫狂、野蛮，便对其进行了变革，尝试以精神的沉醉代替肉体的沉醉，并提出“天人感通”的思想。这种思想与中国道家“天人合一”的思想颇为相似。庄子在《齐物论》中曾提到“天地与我并生，而万物与我为一”的观点，他推崇神秘主义，将圣人比作婴儿，认为最高的知识就是“不知之知”。可见，东西方思想在很多方面有着惊人的相似，都是全人类的宝贵财富。

但由于各种原因，奥尔弗斯宣扬的这种神秘主义思想仅在古希腊民间获得了认可，对古希腊社会的主流思想没有产生太大的影响。

### （三）哲学思想对古希腊的影响

公元前 7 世纪后，一些新的部落从巴尔干半岛东部经由博斯普鲁斯海峡（又称伊斯坦布尔海峡）进入小亚细亚西部，其中就包括色雷斯部落。此后，色雷斯部落在小亚细亚西部定居，建立了自己的国家。

在色雷斯地区，有个名叫阿布德拉的地方，后来被纳入了希腊城邦。这个看似不显眼的小城中出现了几位影响古希腊文明乃至世界文明的哲学大家，其中非常重要的一位叫普罗塔哥拉，是智者派的主要代表人物。普罗塔哥拉出生在阿布德拉城，后来多次前往希腊雅典，与那里的民主派政治家伯里克利结为好友。他还为意大利南部的雅典殖民地图里城制定过法典。他一生旅居各地，收徒授道，是当时最受人尊敬的“智者”，其思想对古希腊哲学的发展起到了非常重要的作用。

还有两位十分著名的古希腊哲学家也诞生于阿布德拉，其中一位名叫留基伯，他是原子论的提出者和奠基者；另一位是留基伯的学生，他就是古希腊伟大的唯物主义哲学家、原子论学说创始人之一——德谟克利特。德谟克利特在老师提出的原子论的基础上，对这一理论进行了发展，还提出天体演化学说。这些理论和学说对当时的古希腊哲学乃至西方现代科学与哲学的发展都起到了启蒙和推动作用。

### （四）波斯帝国主义传入古希腊

波斯是古代西亚的一个奴隶制国家，曾通过四处征战建立了属于自己的帝国。在大流士一世统治时期，波斯已经发展为第一个横跨欧、亚、非三大洲的庞大帝国。

公元前 546 年，波斯帝国消灭了吕底亚，并趁机进攻了位于小亚细亚爱奥尼亚地区的希腊城邦。当时，爱奥尼亚经济颇为发达，政治体制是较为先进的民主制，而波斯国王却向其提出改民主制为君主制的不合理要求，这一提议遭到爱奥尼亚诸城邦的回绝和抵抗。

公元前 494 年，军事力量强大的波斯帝国最终征服了爱奥尼亚地区，当地一些希腊城邦遭到残酷洗劫。这一时期，爱奥尼亚地区许多优秀人才逃往希腊其他城邦，将爱奥尼亚的文明传播到了古希腊的其他地方。

占领了爱奥尼亚后，波斯国王的野心并未就此收敛；相反，他的野心越来越大，开始觊觎爱琴海彼岸欣欣向荣的希腊城邦。公元前 490 年和公元前 480 年，波斯先后两次远征爱琴海西岸地区，欲将希腊诸城邦收入囊中。然而，波斯大军遭到希腊诸城邦的顽强抵抗，损失惨重。经过近 40 年的对战，公元前 449 年，波斯帝国与希腊诸城邦签订停战和约，波斯帝国不得不承认小亚细亚沿岸希腊诸城邦的独立地位。

战争是残酷的，但希波战争也促成了人类文明史上一次前所未有的大融合，影响力远远超出希腊和波斯的领土范围。它大大加强了东西方文化的交流，促进了东西方文明的发展。其中，古希腊受到的影响尤为明显。在波斯入侵之前，古希腊各城邦采取分离主义的政治原则，不知道什么是帝国主义制度；希波战争爆发后，波斯帝国采取的帝国主义制度传入希腊，古希腊人渐渐学会了追求霸权，继而开始热衷于帝国主义的统治方式。

希波战争结束后，古希腊的分离主义原则变得形同虚设，统治阶级内部逐渐出现了争强斗狠的权力争夺战。可惜，这样做并没有给古希腊带来更多的幸运和进一步的发展，反而导致北方亚历山大帝国以及西方罗马帝国的崛起，给古希腊城邦带来了更大的危机，可见帝国主义制度对古希腊的影响是非常深远的。

### （五）波斯的行政管理制度对古希腊的影响

据历史记载，波斯兴起于伊朗高原的西南部。公元前550年，居鲁士大帝开创了阿契美尼德王朝，建立了波斯第一帝国。此后，波斯人又建立了多个帝国，如萨珊王朝、萨曼王朝、萨菲王朝、恺加王朝等。

作为一个庞大的帝国，波斯有属于自己的一套行之有效的帝国管理体制和治国方略，如君主专制、行省制等。所谓君主专制，即皇帝或国王是帝国最高的军事统帅和中央政府的最高首脑，国家的重要官职都出自皇室，由皇室成员担任。帝国创建了20多个行省，每个行省任命一位总督，总督直接对皇帝或国王负责，总督人选由皇帝或国王亲自从王室成员内挑选。总督还要负责行省的行政、司法、税收等工作。行省下又划分出若干子行省，子行省总督也由王室或行省总督任命。

波斯帝国的行政管理制度对古希腊政体形式的演变产生了深刻影响。后来在古希腊政体基础上崛起的亚历山大帝国以及西方的罗马帝国的行政制度中，或多或少都能找到波斯帝国的影子。借由希波战争，古希腊人不仅学会了帝国主义制度，还学会了一套行之有效的帝国管理方法，谁又能说这不是历史的进步呢？

## 五、古希腊文字的演变

黑格尔曾说：“一提起希腊，现代有文化修养的人就觉得亲切、熟悉。”古希腊文明之所以具有如此大的感召力，文字发挥了不小的作用。

早在爱琴文明时代，古希腊人便已经开始使用文字。克里特、迈锡尼时代的人们使用过一种古老的线形文字，但这种文字并没有延续下来，它随着迈锡尼文明的消亡而消逝了。直到“黑暗时代”结束，具有浓厚文化底蕴的古希腊社会才迎来了它的第二个文字时代。

### （一）线形文字的失传

据记载，希腊字母与拉丁字母都源自腓尼基字母，而希腊字母诞生于公元前 800 年前后，与希腊“黑暗时代”结束的时间大概一致。与只有辅音字母的腓尼基字母不同的是，希腊语中元音发达，所以希腊字母还拥有元音字母，是全音素文字。

值得注意的是，希腊字母与古希腊文明并不是同步的。古希腊最早的文明是以克里特文明为代表的青铜文明（出现在约公元前 2000 年到公元前 1100 年），当时人们发展出两种文字，即线形文字 A 和线形文字 B。但随着“黑暗时代”的到来，这两种文字的发展遭到致命一击，它们在“黑暗时代”结束后也随之失传了。此后的希腊文字与这两种文字并没有直接联系。

在旧的文字消失、新的文字没有出现的时期，古希腊人是如何记录历史，并将其流传下来，为后人所知的呢？

荷马以及像荷马一样的游吟诗人们，将发生在古代的事件用口口相传的形式传达给下一代，从而使这些历史事件得以流传。但是，口授的信息毕竟不那么客观和真实，难免有理解错误或添油加醋的成分，甚至时间越久，流传下来的内容就越偏离事实。正因如此，《荷马史诗》虽然记录了当时的一些历史事实，但其中一些内容还是被后世看作神话传说。

## （二）腓尼基字母传入古希腊

公元前 8 世纪，腓尼基字母传入了古希腊，并逐渐演变为希腊字母，成为古希腊最早的字母文字。

关于腓尼基字母的产生，至今学术界仍争论不休。前文提到，有些语言专家认为，腓尼基文字可能是克里特线形文字与东方闪米特文字相互融合后产生的；还有一种观点认为，腓尼基字母与线形文字之间并没有传承关系，腓尼基字母是独立产生的。腓尼基人最早使用的是苏美尔创制的楔形文字，后来为了便于书写，在公元前 1000 年左右，以原始的迦南字母为基础，合并部分埃及象形文字和简化后的楔形文字创制出 22 个腓尼基字母。此后，这种文字传入古希腊，激活了新兴的古希腊文明，希腊城邦文明由此诞生。

大多数语言学家比较认同后一种观点，认为腓尼基字母并未受克里特－迈锡尼文明的影响，而是从某些楔形文字中简化来的。比如语言学家认为，在最早的腓尼基文字中，字母 A 的写法就像牛角一样（转 180°），它表示的是一头牛。这样看来，字母 A 在腓尼基文字中其实是个象形字，只是因为后来人们对表音的重视程度逐渐超过了象形，A 才演变为字母文字。

再如字母 C，按照语言学家的推测，因为西亚地区有很多骆驼，所以字母 C 在腓尼基语中最初可能指骆驼。直到后来演变为希腊文字和拉丁文字，字母 C 才成为我们现在看到的样子。

腓尼基人对象形文字和楔形文字的简化和创新，主要源于生活实践中的需求。腓尼基人是古代著名的海上商人，每天从地中海东端忙碌地驾着载满商品的船只向西航行，进行海上贸易。在劳碌的过程中，他们感觉象形文字和楔形文字的书写十分麻烦，也不容易掌握。对金钱有着强烈热情的腓尼基人不愿把时间浪费在书写这些烦琐的文字上，因此，经过简化加工，他们最终发明了由 22 个辅音字母组词的文字体系。

此后，腓尼基人创造的字母便跟随他们的商品和船只一路输送到了地中海的各个殖民地商埠中，也输送到了古希腊的城邦中。

根据希腊传说，希腊字母是古希腊人从腓尼基人那里学来的，后来经过编修和补充，最终编制成包含 24 个字母的希腊字母表。近代学者通过诸多考证推测，希腊字母应该是古希腊人从腓尼基人那里学来的闪米特字母，因为从早期希腊字母的形体及排列顺序来看，其中很大一部分与闪米特字母相似。更关键的是，希腊字母保留着与闪米特字母相同的名称，但这些名称在希腊语中没有意义，只在闪米特语中才有一定的意义。

希腊字母虽然来自于腓尼基，但并不是腓尼基字母的简单流传，而是经过重新创造形成的独立的字母体系。最早希腊各城邦使用的字母彼此都不尽相同，直到公元前 400 年左右，爱琴海东岸米利都的爱奥尼亚字母才正式被雅典采用，不久又被其他城邦采用。此后，希腊各城邦字母都统一于爱奥尼亚字母，最终形成了希腊的古典字母。

希腊字母共有 24 个，比闪米特字母多 2 个。希腊对字母最重要的贡献是创造了元音字母。闪米特字母原来只表辅音，不表元音，但每个辅音字母都含有一个 a 音或可变的元音，这种字母是音节性的辅音字母，古希腊人在引入这种文字后创造了元音。这一成就具有重大的历史意义，它的价值在一定程度上甚至可以与物理学从分子发展到原子的认识突破相提并论。

此外，闪米特字母是由右向左横写的，传入古希腊后，古希腊人改变了书写顺序，使字母由左向右书写。这也是一种智慧的创造，因为用右手从左向右书写不会遮挡视线，可以看得更清楚，这一写法也逐渐成为普遍的书写顺序。

追求美感而又崇尚实用性的古希腊人，将“引进”的字母的形体变为简洁、匀称、优美的几何图形。这种改变令字母形体完全摆脱了早期的象形限制，后来的拉丁字母便是以希腊字母为基础进一步加工改良而来的。

### （三）拉丁字母的出现与发展

公元前 8 世纪后，意大利半岛上出现了两个新民族：希腊人和伊特鲁里亚人。其中伊特鲁里亚人来自东方的安纳托利亚。在建立自己的王朝以前，伊特鲁里亚人使用的是希腊字母。到公元前 8 世纪后，伊特鲁里亚人进行改制，创造出伊特鲁里亚字母。

后来，古罗马人从伊特鲁里亚人那里学来了希腊字母，这时的希腊字母还保留着古代闪米特字母的不规则风格。在希腊字母的基础上，古罗马人也对字母的形体进行了简化和美化，取得了青出于蓝而胜于蓝的成果。这是拉丁字母的萌芽时期。

公元前 5 世纪以后，古罗马人向意大利南部的大希腊地区扩张，与古希腊文化的接触也越来越频繁，古罗马人逐渐改变了希腊字母的直线形体，采用拉丁人风格明快、带有各种夸张圆形的 23 个字母。此后，古罗马帝国为了控制日益扩大的疆域、统一语言文

| 腓尼基 | 希腊 | 早期拉丁 | 晚期拉丁 |
|---|---|---|---|
| 𐤀 | A | AA | A |
| 𐤁 | B | [B] | B |
| 𐤂 | ΓC | C | C |
| 𐤃 | ΔDD | ▷ | D |
| 𐤄 | EE | E | E |

字母文字的演变

字沟通形式，也为了适应各民族的语言需要，又由 I 派生出 J，由 V 派生出 U 和 W，最终形成了 26 个拉丁字母，这些字母最终构成了完整的拉丁文字体系。

从此之后，拉丁字母便在世界范围内逐渐传播开来。它以大同小异的运用方法，衍生出西方民族各种不同的文字，成为如今世界上大多数国家的“民族字母”。可以说，西方现有的书写文字大都是由拉丁语发展而来的，例如属于拉丁语系的意大利语、西班牙语、葡萄牙语、法语，以及日耳曼语系中的德语、英语、斯堪的纳维亚半岛的语言，都是由拉丁文字演变而来的。

（四）后世俄语的形成

希腊语不仅影响了拉丁语，还陆续向西、向北传播。到了中世纪，出于宗教和政治的缘故，希腊语传播到了巴尔干半岛北部，甚至传到更北的地方，如斯拉夫民族居住的美丽的多瑙河北部地区，也就是现在的塞尔维亚、俄罗斯一带。就这样，希腊文字逐渐影响了东欧的文字发展，尤其是俄语。与对希腊语改变比较大的拉丁语相比，俄语与希腊语在外形上更为相似。

由此，我们可以看出希腊文字对欧洲文字形成与发展产生的重大影响。它不仅影响了欧洲西部，也影响了欧洲东部，构成了包括希腊语、拉丁语、斯拉夫语、日耳曼语等在内的欧洲民族的大语种。

第II节

## 希腊城邦社会发展历程

前文简要地阐述了东方文明对希腊城邦文明的诸多影响，接下来我要介绍希腊城邦社会发展历程。

### 一、希腊城邦文明概述

公元前8世纪中期，希腊城邦兴起，开启了一个新的文明时代。从发展历程来看，希腊城邦文明的延续时间虽然不及爱琴文明那么漫长，只有400多年，但这400多年是古希腊文明发展的鼎盛时期。

前文提到希腊城邦文明分为古风时期和古典时期。每个时期都各具特色，下面我们分别述之。

### （一）古风时期：希腊城邦文明的第一阶段

从公元前 776 年第一次奥林匹亚竞技会到公元前 6 世纪末，希腊社会发生了翻天覆地的变化：原始社会土崩瓦解、奴隶制形成、城邦崛起、城邦政治改革、议会制形成、各城邦之间的矛盾激化、对外殖民扩张开始……在这一背景下，希腊进入了其文明发展的第一个时期——古风时期。

这一时期的主要特点就是数不胜数的城邦在希腊本土、爱琴海周边以及广阔的地中海地区涌现。一时间，希腊城邦文明的曙光照亮了整个爱琴海地区。这是古希腊文明由黑暗走向黎明的阶段，也是希腊城邦文明进行内部建构的最早时期。

### （二）古典时期：希腊城邦文明的第二个阶段

一般认为，希腊的古典时期起始于公元前 6 世纪末，经历了希腊民族的团结、崛起和再次分裂，最终以公元前 4 世纪亚历山大史诗般的远征而宣告落幕。它前承古风时期，后启希腊化时代，是希腊城邦文明发展的全盛时期，涌现出大批伟大人物，如埃斯库罗斯、索福克勒斯、欧里庇得斯、苏格拉底、柏拉图、亚里士多德，以及伟大的雅典领袖伯里克利，等等。这些伟大的人物为人类带来了伟大的著作、艺术和思想，如闻名世界的古建筑雅典帕特农神庙、德尔菲的阿波罗神庙，以及意蕴深刻的悲剧和哲学等。

此外，后人熟知那些历史事件，如希波战争、伯罗奔尼撒战争等，也都发生在这一时期。这些历史事件不仅改变了古希腊的发展进程，也在一定程度上改变了世界的发展进程。

我们熟知的古希腊历史也主要集中在古典时期。到了公元前 4

世纪，希腊城邦文明经历了极度辉煌之后开始走向没落。尤其是公元前 4 世纪下半叶亚历山大帝国的崛起，彻底敲响了希腊城邦制度的丧钟。从此，希腊城邦制度带着它曾经的辉煌退出了历史舞台，希腊化时代随之来临。

## 二、小国寡民的希腊城邦

古风时期是希腊城邦文明的起始时期，这一时期最大的特点就是众多希腊城邦在爱琴海乃至地中海地区相继出现。

### （一）城邦的出现

前文提到，城邦就是一个城市连同周围一片不大的乡村区域组成的独立主权国家，以“小国寡民”为基本特征。它的国土面积一般只有百余平方公里，人口则有数万，最大的城邦也不过 8000 多平方公里、数十万人口（包括奴隶）。在柏拉图的《理想国》中，他所描绘的理想国家就是一个小国寡民的城市国家，与古希腊的城邦刚好契合。

伴随城邦产生的是成文立法。在此之前，希腊氏族之间所谓的“法”都建立在血亲关系、氏族关系之上，完全以习惯法为纽带。虽然大部分城邦都是“弹丸之地”，但它终究是一个国家。在这种情况下，再将原来的血亲关系、生活习惯等作为法律规范显然是不现实的。故而在城邦的建立过程中，还随之诞生了许多成文的法律，并以此作为规范，古希腊一步步迈入了文明社会。

### （二）城邦制度对后世西方的影响

在西方的历史中，有两种国家形态交替出现，即小国寡民的城邦与地大物博的帝国。而且，以希腊城邦为基础模式的国家形态往往比大一统的国家形态对后世历史的影响更大、更深远，以至罗马帝国灭亡之后，西方基本处于一种分崩离析的状态，即使中间有过几次被帝国统一的时期，也总是昙花一现。

除了影响古代的社会形态，希腊城邦制度对今日欧洲的形成也产生了举足轻重的影响。如今欧洲的一些国家，仍用“小国寡民”形容也不为过，比如安道尔，国土面积为 468 平方公里；圣马力诺，国土面积仅为 60.75 平方公里；而梵蒂冈更是被称为世界上最小的国家，国土面积仅为 0.44 平方公里。

在希腊城邦出现之时，中国正处于西周末年，当时周天子分封了很多诸侯国，如齐国、晋国、鲁国、卫国等。西周灭亡后，周平王东迁洛邑，王权衰落，诸国林立、群雄争霸的时代又出现了。这一状况与同时代的希腊城邦有着异曲同工之处。

直到秦始皇出现，他凭借祖辈的积累和自己的雄才大略结束了战国分崩离析的状态，使中国第一次实现了大一统。此后历朝历代虽然纷争不断，但整体仍走大一统的道路。直到今天，中国依然是统一且不可分裂的。

从这个角度来看，希腊城邦这种小国寡民的政治模式对西方世界的影响是长久且深远的，也曾与东方国家遥相呼应。但由于历史机缘和发展态势，东西方国家形态后来才走向两条完全不同的道路。

第 III 节

## 城邦文明的第一阶段——古风时期

经历了漫长“黑暗时代”的酝酿，古老的文明火种被游吟诗人传承下来，希腊社会的经济逐渐复苏。公元前 8 世纪到公元前 6 世纪，古希腊进入城邦文明的第一阶段——古风时期。

在这个阶段，由于生产力、政治变革和地理环境等因素的影响，古希腊人开始积极进行殖民运动。这个过程就像细胞分裂一样，以希腊本土这个“细胞核”为中心，先是周边衍生出很多子城邦，当这些子城邦发展到一定规模后，再变成殖民母邦继续向外分化，在附近或较远的地区建起新的子邦。

到公元前 6 世纪前后，地中海地区大大小小的城邦多如牛毛，其中较为著名的有小亚细亚的米利都、以弗所，爱琴海的米太林、萨摩斯，希腊阿提卡半岛的雅典和底比斯，伯罗奔尼撒半岛的斯巴达和科林斯，以及大希腊的克罗顿、尼阿波利斯，等等。这些城邦的面积很小，真正称得上是蕞尔小国；各城邦的人口也十分有限，人口最多的城邦如雅典，也不过 30 万人，其中公民不到 5 万人。然而尽管城邦的地域范围和人口数量都显得微不足道，但城邦这种崭新的国家形式的出现，开创了希腊历史的新纪元。

整体而言，希腊城邦这场殖民扩张运动共有四条路线，我们从希腊的城邦图可以看出这四条路线分别为：向东沿着爱琴海东岸

希腊城邦殖民路线图

*审图号：GS（2020）4745 号*

的小亚细亚爱奥尼亚地区一直延伸到爱琴海周围的岛屿；向北通过达达尼尔海峡和博斯普鲁斯海峡延伸到黑海沿岸，甚至到达了今天的俄罗斯、乌克兰争夺的克里米亚；向南则到达北非一带，如今天的利比亚等地；向西伸展至西地中海，包括意大利南部、西西里、科西嘉等岛屿以及法国和西班牙沿岸，而且由于希腊在意大利南部和西西里岛的殖民地非常多，这片区域还被称为“大希腊”。

## 一、向东：跨越爱琴海

在“黑暗时代”，为了生存，希腊本土很多人开始举家外迁，逃往爱琴海东部的岛屿，并一路迁徙到小亚细亚海岸。因此在公元前 10 世纪时，希腊的城市都沿着小亚细亚海岸向四周扩展。直到公元前 10 世纪末期，这批迁徙者才逐渐安定下来。在迁徙过程中，

爱琴海周边的希腊城邦

审图号：GS（2020）4745号

一些重要的城市逐渐有了属于自己的殖民地，比如米利都等城邦。

由于爱琴海上的岛屿星罗棋布，希腊人迁徙时，能轻易跨越爱琴海，来到小亚细亚沿海地区。小亚细亚沿海地区当时叫作爱奥尼亚，这里很早就出现了希腊人的城邦。一部分希腊人再次迁徙于此，也相当于来这里找"老乡"了。

### （一）小亚细亚地区的希腊城邦

有研究表明，最早出现希腊城邦的地方并非希腊本土，而是小亚细亚地区。因为小亚细亚离西亚较近，出于政治、经济等多方面的需要，与埃及等地的交往更加频繁。从这层意义上来说，当希腊本土还没有真正产生城邦文明时，小亚细亚一带已经开始出现较为繁盛的城邦文明了。

比如，古希腊最早的哲学学派米利都学派就诞生于小亚细亚。这一学派出现了西方世界最早的三位哲学大家，分别是泰勒斯、阿那克西曼德和阿那克西美尼。此外，前面提到过的具有传奇色彩的著名哲学家、爱菲斯学派代表人物赫拉克利特，同样来自小亚细亚一个名为爱菲斯的城邦，也就是我们常说的以弗所。

除了哲学文化，古希腊的建筑、雕塑等也都带有一定的东方色彩。前面我们提到过，古希腊的建筑中有一种柱子被称为爱奥尼亚柱式，它深受东方建筑精巧、柔美、细腻风格的影响。此后古希腊还出现了大量的爱奥尼亚式庙宇，风格也是如出一辙。

这些辉煌成就直接表明小亚细亚是早期希腊城邦文明的中心。在小亚细亚城邦文明，尤其是爱奥尼亚地区城邦文明的影响之下，希腊本土及其他地区的城邦文明才逐渐发展起来。

### （二）爱奥尼亚十二城的出现

古希腊人向东跨越爱琴海之后，开始散布到特洛伊附近和小亚细亚沿岸，并在这些地方建立了数不清的城邦。随着商业和文化的发展，这些城邦渐渐分为两大群落，其中一个便是以爱奥尼亚人为主的爱奥尼亚十二城，包括米利都、以弗所、萨摩斯岛等城邦，这些爱奥尼亚人的城邦和周围的乡镇在古希腊文明的发展史上扮演了十分重要的角色；另一个群落是以林佐斯为中心的罗得岛六城邦，它们的商业和文化发展也达到了很高的水平。

一方面，爱奥尼亚十二城所在的地区具有适宜种植作物的温和气候和广阔的河流平原，农业发展条件要优于其他城邦；另一方面，爱奥尼亚人从被征服的原住民身上学到很多知识，还从埃及、美索不达米亚等国家和地区吸收了一些新的文化，希腊因素与非希腊因素的融合，使他们创立的新文化更加丰富多彩。而爱奥尼亚的文化发展反过来又影响了爱琴海以西的地区，推动了希腊半岛的雅典以及其他城邦的文化发展。

## 二、向北：遍布黑海沿岸

在迈锡尼文明时期，爱奥尼亚北部、小亚细亚西北角上有一个著名的古老国家，名为特洛伊，那里发生了一场由爱情引发的战争。这是对特洛伊战争的一种浪漫的说法。事实上，这场战争一点也不浪漫。当时的希腊人发动这次战争的真实目的可能是因为北方多利亚人的入侵。为了摆脱危机，古希腊人便想向东北方向扩张，意图通过达达尼尔海峡、马尔马拉海及博斯普鲁斯海峡，进入商业发达的黑海范围内。

### （一）重要的交通要塞——达达尼尔海峡

达达尼尔海峡古称赫勒斯滂海峡，是亚欧大陆分界处的著名海峡，南北分别连接爱琴海和马尔马拉海，是黑海通往地中海及大西洋的交通要道。由此，我们可以推测出特洛伊战争爆发的真正原因。

多利亚人的入侵让迈锡尼及希腊地区一些国家中的人们感受到前所未有的生存危机。为了解决危机，他们决定向东北方向迁移，去经济、文化都很发达的黑海沿岸建立新的国家。然而要到达黑海，就必须控制这条从南方进入达达尼尔海峡、马尔马拉海以及博斯普鲁斯海峡，再直通黑海的交通要道。在当时，这是一条商业十分发达的交通要道，而特洛伊正处于达达尼尔海峡的要塞。因此，要掌控这条交通要道，就必须先攻占特洛伊。

所以特洛伊战争爆发的缘由远没有那么浪漫；相反，繁荣发达的特洛伊早已令希腊人垂涎三尺，所谓的为夺回王妃而战，也不过是后人虚构的神话罢了，战争从来都不是美好的。当然，希腊人没能想到的是，这场战争会持续 10 年之久，虽然特洛伊最终被毁灭了，但也导致希腊人元气大伤，甚至间接拖垮了整个迈锡尼文明。

### （二）拜占廷的建立

随着特洛伊战争的爆发和结束，希腊移民运动大潮达到了高峰，大批希腊人沿着阿伽门农开辟的路线向东北方向前进。如此一来，特洛伊不再是一个重要的枢纽，而成了一块跳板，无数希腊人从这里穿过达达尼尔海峡、马尔马拉海以及博斯普鲁斯海峡，进入黑海地区，在黑海沿岸建立了一个又一个城邦。

其中有一座城邦值得一提，那就是由来自麦加拉的希腊殖民者建立的拜占廷。麦加拉是希腊本土的一个城邦，位于科林斯地峡以东，这个城邦的移民者特别喜欢在海外建立殖民地，而地理位置非常重要的博斯普鲁斯海峡自然成了他们的染指对象。

当时拜占廷还只是一个普通的希腊城邦，后来它却发展为罗马帝国最重要的城市之一，这源于它特殊的地理位置——拜占廷的位置紧锁在博斯普鲁斯海峡的咽喉处，而博斯普鲁斯海峡是亚欧大陆的连接通道。

公元 4 世纪，罗马帝国一位名叫君士坦丁的皇帝看中了拜占廷优越的地理位置，对这里进行了重建并迁都于此，将其改名为君士坦丁堡。君士坦丁堡后来成为罗马帝国最重要的城市之一，在西罗马帝国覆灭后 1000 年的时间里，一直是东罗马帝国的首都。

1453 年，土耳其人攻陷君士坦丁堡，将其重新命名为伊斯坦布尔，至今伊斯坦布尔仍是土耳其第一大城市。对于当初建立拜占廷的麦加拉人来说，他们或许不会想到这个小小的城邦会有如此长远而辉煌的未来吧。

### 三、向南：到达北非地区

克里特位于爱琴海的最南端，希腊殖民者的脚步横跨爱琴海后，自然就迈到了克里特。他们并未就此止步，而是以克里特为跳板继续向南迁移，直至到达北非地区，停留在了今天的利比亚一带。他们在那里也建立了一些很重要的城邦，其中最著名的殖民城市就是昔兰尼。

在克里特的北边有一个岛屿，名叫锡拉岛。锡拉岛曾是个火山岛，公元前 1500 年左右，锡拉岛火山喷发并引发海啸，克里特文明很可能是因此而毁灭的。

到了公元前 8 世纪，随着希腊海外城邦的建立，希腊人在锡拉岛也建起了一座城邦。后来这里遭遇了多年的干旱和饥荒，民不聊生，当地人称他们获得了一则阿波罗神谕，告诉他们离开锡拉岛，向南进发，去寻找新的生存之地。于是，岛上的希腊居民跟随一个叫巴图斯的领导人一起穿过地中海，来到北非，在利比亚东北部一片气候宜人、物产丰饶的山谷中建起一座新的殖民城市——

昔兰尼。

此后，昔兰尼先后被波斯帝国、亚历山大帝国、托勒密王国、罗马帝国占领和统治，最终在公元6世纪中叶，由于外族入侵等情况，其辉煌的历史被画上了句号。

## 四、向西：远至大西洋沿岸

与现在的繁荣和发达迥然而异的是，古代的西方曾是一片荒芜。所以希腊人在向西建立殖民城邦的过程中并没有遇到什么阻碍，畅行无阻。公元前8世纪时，他们西行的脚步已经到达意大利半岛，并在意大利南部地区建立了许多殖民定居点，随后又到达充满美丽传说的西西里岛。不过，他们在西西里岛也没有停下继续迁徙的脚步，而是进一步向西扩张，到达法国、西班牙等地，并带去了他们的语言、文字、宗教、技术及各种习俗。

### （一）西西里岛的希腊城邦

西西里岛位于意大利南部，是地中海最大的岛屿之一。对于当时的希腊人来说，西西里岛就是他们眼中的美洲。不同于故乡岩石密布的山峦，这里展现的完全是一片新天地。西西里岛上土壤肥沃，水源丰富，他们可以在这里种植各种农作物和水果，发展渔业，希腊人在这里建立了物资极为富足的城邦。西西里和南意大利地区的希腊城邦被称为“大希腊”。

“大希腊”城邦是希腊城邦文明一个很重要的组成部分。它距离希腊本土较近，中间只隔有亚得里亚海和爱奥尼亚海，因此“大希腊”城邦与希腊城邦之间的交往颇为密切，也时常会因为争夺资源发生战争。比如公元前415年，雅典侵犯了西西里岛的锡拉库萨（叙拉古）城邦，导致伯罗奔尼撒战争进一步升级。这些情况后文会详细阐述。

希腊人在南意大利和西西里岛建立的诸多城邦当中，有一部分发展为著名的城邦，比如现在意大利第三大城市那不勒斯就是希腊人当时建立的。古时，希腊人称那不勒斯为Neapolis，其中polis指城邦，而nea为新的意思，那不勒斯其实就是“新城邦”的意思，今天意大利人仍称那不勒斯为新城。

还有一个非常著名的城邦阿克拉伽斯，后来被罗马人改为阿格里真托，如今已成为西西里最著名的旅游胜地之一。这里曾是古希腊最重要的城镇之一，也是西西里岛上最为辉煌的希腊城邦。希腊诗人品达曾盛赞这里为“人间最美的城市”。现在这里仍保留了大量的希腊遗址，如赫拉神庙、协和神庙等古希腊建筑风格的神庙，是希腊境外保存最为完好的神庙群。

此外，克罗顿、塔兰托、叙拉古等意大利重要城市，也曾是古希腊人建立的著名城邦。古希腊人在西西里岛的历史，反映了希腊城邦之间激烈的竞争状况。西西里岛的巨大财富使其成为城邦争斗的中心。时至今日，西西里岛仍然是古希腊文明的重要藏宝之地，为现代人研究古希腊历史提供了重要的参考。

### （二）法国重要城市马赛的建立

在南意大利、西西里岛建立一系列城邦之后，古希腊人并未就此停住脚步，他们继续向西进发，来到今天法国南部普罗旺斯地区一个重要地方——马赛。

阿格里真托的赫拉神庙遗址

马赛虽然是法国的重要城市，但最初建造它的并非法国人，而是古希腊人。公元前 600 年左右，古希腊人到达这里，在北地中海海岸建立了一个名叫马萨利亚的城市，它很快成为希腊殖民地的贸易中心，这个城市就是后来的马赛。

### （三）西班牙最古老的希腊建筑群所在地安普里亚斯

安普里亚斯是目前在西班牙发现的最古老的古希腊建筑群，它的历史可以追溯到公元前 5 世纪古希腊殖民者向西扩张时期，安普里亚斯是当时古希腊殖民者的主要聚集地之一。

古希腊人向西迁移，一路沿海前行开疆拓土，凡是海洋能流到的地方，希腊的城邦都会在那里落地生根。这使古希腊人接触了更多的异域文化，从而为古希腊文明的发展提供了更多的机会，有利推动了希腊经济和文化的进步，奠定了辉煌文明的基础。

## 五、希腊海外殖民城邦的特点

经过数百年的开拓，古希腊人大大扩展了生存地盘，从最早的殖民地小亚细亚的爱奥尼亚地区开始，到后来足迹几乎遍及整个地中海沿岸。

此外，希腊的海外城邦还具有一个显著的特点，即这些城邦很少伸向内陆，绝大多数都沿海而建，充分说明了古希腊人对海洋的强烈热爱。富饶的海洋不仅为古希腊人发展渔业和商业提供了基础条件，还孕育出丰富多彩的古希腊历史文化。希腊人走到哪里，都会在哪里留下迁徙移居的痕迹——如陶器、建筑、地名，等等。今天，我们仍然能从那些城邦文明留存下来的建筑、庙宇、墓碑、纪念碑等遗址中捕捉它们从前的身影。

古希腊城邦文明的发展模式与后来的古罗马文明完全不同。古希腊的发展就像是一直追着海浪航行，勇敢的希腊人如同一个个富有冒险精神的水手和商人，沿着爱琴海、地中海的海岸线一点一点地扩散自己的文化影响；而古罗马的发展模式则像是盛放的烟花，中间先开花，再向四面八方膨胀、覆盖，试图笼罩整个世界，将全世界都纳入自己的版图之中。这种差异恰恰体现了希腊分离主义与罗马帝国主义之间的文化分野。

对古希腊人来说，迁徙就像一则延绵不断的故事。虽然希腊城邦是小国寡民的弹丸之地，但是不断裂变衍生的大量殖民城邦却形成了一种共同的文化和文明，它们的边界就在希腊人远航和贸易的最远处。“就像青蛙越过池塘。”古希腊著名哲学家柏拉图说，“我们在这片海洋沿岸居住下来。”

到公元前6世纪末，地中海和黑海周围可以建立殖民城邦的地方几乎都已被希腊城邦覆盖。自此，以本土为中心的希腊世界基本定型，崭新的古希腊城邦文明缓缓向世人展现它的美丽面容。

第IV节

## 城邦文明的第二阶段——古典时期

希腊的殖民运动起初是分散和无计划的，主要是城邦中一些敢于闯荡的人们，怀着获得土地和财富的愿望漂泊到异国他乡，再定居生息。

希腊的这些殖民城邦只限于沿海一带，并未向内陆深入。部分城邦经过一段时间的发展后又成为殖民母邦，再扩散到附近或较远的地区建起新的城邦。这些城邦的面积都不大，正如古罗马雄辩家西塞罗描述的那样：这些城邦仿佛是一条密密地缝在“蛮邦原野”织锦上的花边。

这些小城邦虽然承袭了母邦的政治制度、文化传统等，但它们与母邦之间的关系是平等的、彼此独立的。它们之间有交流往来，也会发生利益冲突，因为每个城邦都是以自身的利益为发展基础的。

发展到公元前6世纪后半叶，希腊城邦制度开始进入极盛时期。与此同时，希腊城邦文明进入发展的第二阶段——古典时期。这一阶段的最大特点就是希腊文明一改之前殖民城邦四面开花的散漫状态——希腊本土城邦迅速崛起，大放异彩，成为城邦文明的政治主导和文化楷模。

## 一、希腊本土城邦的发展

希腊人的海外殖民促进了爱琴海沿岸工商业和经济的发展。与此同时，殖民城邦与本土城邦之间的贸易往来日渐频繁，在一定程度上带动了希腊本土城邦经济的发展。

那么，在这一时期的希腊本土城邦中，发展比较快的城邦有哪些呢？希腊本土城邦主要分布在希腊半岛的南部，包括位于科林斯地峡附近的交通便利的科林斯、麦加拉，地处伯罗奔尼撒平原的斯巴达，以及位于阿提卡半岛上的雅典等，这些就是当时发展较为迅速的城邦。

从整体上来看，希腊本土南部主要是由两个半岛组成的，一个是伯罗奔尼撒半岛，另一个是阿提卡半岛。希腊本土大部分重要的城邦都分布在这两个半岛上。

### （一）伯罗奔尼撒半岛

如前所述，希腊大部分地区都是山区，而且土壤贫瘠，农业很不发达，这也是希腊人大规模海外移民、建立诸多沿海殖民地、重点发展工商业和渔业的一个主要原因。但有一个地区例外，那就是伯罗奔尼撒半岛中间的一片大平原——伯罗奔尼撒平原。

伯罗奔尼撒平原地势平坦，土质肥沃，属于地中海气候，非常适合农作物的生长。因此，这里成为希腊早期文明的发源地，希腊人建立的第一个文明——迈锡尼文明就诞生于此。虽然到了古典时期，曾经辉煌的迈锡尼文明已成为明日黄花，但也不影响后来的希腊人（多利亚人等）在这里建立新的文明。古风时代和古典时代一些重要的本土城邦，如斯巴达、阿尔戈斯等，都建立于此。

### （二）阿提卡半岛

在伯罗奔尼撒半岛的东边有一条狭窄的地峡，名为科林斯地峡，它将伯罗奔尼撒半岛与东边的阿提卡半岛相连，而雅典就位于阿提卡半岛上。

关于阿提卡半岛和雅典，有很多美丽的神话传说，其中最著名的就是关于大英雄忒修斯的传说。前面提到，忒修斯曾深入克里特迷宫杀死米诺陶诺斯怪牛。除此之外，忒修斯还创造了许多丰功伟绩，比如杀死马人为民除害、与阿马宗人战斗，等等。后来，他来到阿提卡，将附近的居民集中到一个城镇，宣布自己要在这里建立一个国家，并以智慧女神雅典娜之名将这个城镇命名为雅典。

据说，忒修斯在伯罗奔尼撒半岛和阿提卡半岛之间的科林斯地峡矗立了一块碑，碑的东面写着“这里不是伯罗奔尼撒，而是阿提卡”；西面写着“这里不是阿提卡，而是伯罗奔尼撒”。科林斯地峡由此成为这两个半岛的分界。19 世纪末，希腊人在科林斯地峡修建了长达 6.3 公里的科林斯运河，连通爱奥尼亚海与爱琴海，同时也将伯罗奔尼撒半岛与东边的希腊大陆分割开来。

当然，忒修斯的故事只是一个传说，可信度并不高。历史表明，早在《荷马史诗》产生的时代，雅典就已经成为铁器和几何风格陶器生产的中心。在希腊殖民运动中，雅典未曾过多参与，但这并

雅典大英雄忒修斯

未阻碍外来移民的迁入及移民与本地居民的混杂，阿提卡原有的氏族血缘关系网被逐渐冲破，同时，农业与手工业开始分离。到了古典时期，雅典已经成为一个足以与斯巴达抗衡的强大城邦。

此外，阿提卡半岛北部也有一些比较重要的城邦，如底比斯、麦加拉等。底比斯曾是迈锡尼文明时期的一个重要国家，后来在北方人入侵后与希腊其他地区一同进入了漫长的“黑暗时代”。但到了希腊古风时期和古典时期，底比斯逐渐发展为一个区域性的霸主，与斯巴达、雅典并称为希腊最强大的三大城邦。

### （三）希腊内部的冲突

虽然斯巴达所在的伯罗奔尼撒半岛和雅典所在的阿提卡半岛被科林斯地峡紧密地连接在一起，但这两个城邦从建立之时起就

今日之科林斯运河

走上了完全不同的发展道路。如前所述，伯罗奔尼撒半岛中部有一片广阔的大平原，这在希腊是非常少见的。而地处伯罗奔尼撒平原中心的内陆城邦斯巴达也是一个农业国家。

与斯巴达相反，雅典依海而建，不适合发展农业，主要以工商业、渔业为主。因此，雅典和斯巴达最初的发展道路各不相同，它们之间存在很大的文化差异，而这种差异最终引发了一场足以改变希腊城邦历史的大冲突。

公元前 431 年，以雅典为首，包括阿提卡半岛、爱琴海诸岛、小亚细亚沿海地区的众多城邦组成了提洛联盟，与以斯巴达为首的伯罗奔尼撒半岛上的城邦组成的伯罗奔尼撒同盟爆发了一次大战，史称伯罗奔尼撒战争。这场战争持续了 20 多年，几乎所有希腊城邦都被裹挟其中。最终，这场战争结束了希腊城邦的古典时期，终结了雅典的民主政治，给繁荣的古希腊文明带来了前所未有的打击和破坏。

## 二、希腊其他地区的发展

在希腊文明的古典时期，除了伯罗奔尼撒半岛和阿提卡半岛的多数希腊城邦，希腊北部地区也有少许城邦。北部地区多是巍峨险峻的高山，那里有比较著名的奥林匹斯山、帕尔纳索斯山等，这些山脉绵延数百里。这种条件不适宜人类居住，故而城邦较少。

不过，在群山环绕的北部，仍然存在一些对古希腊城邦文明的发展起到重要作用的地方，比如德尔菲、温泉关等。这些地方虽然不适合建立城邦，但由于地理位置特殊，也发生过一些改变希腊命运的事件。

### （一）德尔菲

德尔菲到底是一个城邦，还是一个宗教圣地，至今都很难界定。因为这里一直被当成希腊城邦共同的圣地，也被称为“泛希腊圣地”。

传说主神宙斯为了寻找大地的中心，分别从大地两端放飞了两只鸽子（一说为苍鹰），让其相向而飞，它们相遇之处便为大地的中心。结果两只鸽子在德尔菲相遇了。于是宙斯就将此处视为大地的中心，还在此处竖起一块锥形巨石，作为大地的“肚脐”。这块巨石后来成了神庙前的石祭坛。从此，这里便成为希腊人祈求神谕的圣地。

德尔菲的阿波罗神庙遗址

德尔菲神庙是德尔菲最著名的建筑。据说这个神庙最早用于敬奉大地女神盖亚，神庙由一条巨蟒据守。后来宙斯的儿子、太阳神阿波罗出现，射杀了大地女神盖亚的巨蟒，取代了盖亚女神的地位。此后，阿波罗便开始享用德尔菲神庙的香火。所以德尔菲神庙也被称为阿波罗神庙。这里是最受希腊人景仰的求神谕圣地，在希腊具有崇高的宗教地位。

### （二）温泉关

温泉关位于德尔菲北部，是一条狭窄的通道，周边是陡峭的山壁，地势险要，因通道附近有温热的涌泉而得名。

温泉关虽然地势偏僻，但它是希腊的咽喉门户，有着重要的地理意义。公元前 480 年，这里曾爆发了一次悲壮的战斗。斯巴达国王列奥尼达率领 300 名斯巴达勇士，在这里奋勇抵抗人数超出他们数十倍的波斯侵略军。300 名斯巴达勇士最后全部壮烈牺牲，演绎了一段可歌可泣的英雄故事。这就是闻名历史的温泉关血战。

为了纪念斯巴达勇士，古希腊诗人西莫尼德斯在一尊狮子状的纪念碑上刻下这样一段铭文：

过路的客人啊，
你若到斯巴达，
请转告那里的同胞，
我们阵亡此地，
至死犹恪守誓言。

温泉关血战一直都是西方文学创作的主题之一，人们以诗歌、传记等多种方式将这一段悲壮的故事记录下来，赞美和歌颂那些英勇不屈、保家卫国的希腊英雄。

### （三）奥林匹亚

除了北部的两个重要地区，伯罗奔尼撒半岛西部还有一个很重要的地方，那就是奥林匹亚。严格地说，奥林匹亚并不是一个城邦，但它在希腊人心目中有着异常重要的地位。因为自公元前 776 年开始，每隔 4 年，希腊人便要在此地举行一次奥林匹亚竞技会。不过，那时竞技会的性质与现在完全不同，其目的是祭祀奥林匹斯山上的诸神。

在迈锡尼文明时代，祭拜以宙斯为首的奥林匹斯神族的风俗

奥林匹亚的宙斯神庙遗址

便开始流行于希腊大地。到希腊城邦时代，这一风俗更加盛行。传说中的奥林匹斯神族居住在奥林匹斯山上，但奥林匹斯山位于希腊北部，希腊人每次前往祭祀都要走很远的路。那时交通不便，人们在祭祀的路上要经历很多艰难险阻。

后来为了方便祭祀，希腊人在伯罗奔尼撒半岛西部建立了一座名叫奥林匹亚的小镇。之后每隔 4 年，希腊人便在奥林匹亚小镇举行一次祭祀奥林匹斯山诸神，尤其是祭祀宙斯和赫拉的活动，这种祭祀活动以体育竞技的形式进行，这就是现代奥运会的“前身”。

第Ⅴ节

## 希腊城邦制度

经过大规模的海外殖民活动，到公元前6世纪前后，地中海地区大大小小的希腊城邦已经多如牛毛。在小亚细亚一带，古希腊人在居住地建筑城墙以自卫；而在希腊本土，通常只有一个设防的卫城，一旦城外发生意外情况，居民可直接撤入卫城。

这种微型的政治、经济、文化统一体，为古希腊人提供了基本的自由权利和生活安全感。虽然殖民城邦之间因为利害关系也时常发生冲突，但在希波战争之前，希腊各城邦在政治上始终保持相互的独立性，互不侵犯。早期城邦社会中的希腊人对于“帝国主义”这个概念是十分陌生的，他们已经习惯了“小国寡民”的生活状态。正如柏拉图在《理想国》中写的那样，他认为理想的国家就是这种小国寡民的城市国家，这恰好与“城邦”相契合。希腊人对建立一个幅员辽阔、人口繁盛的政治帝国缺乏兴趣，甚至毫无概念。这种坚持分离主义的政治态度和坚持自由主义的生活信念成为希腊城邦社会的重要特征。

### 一、希腊殖民活动的主要特点

在很多人的观念中，古代的国家应该是“普天之下，莫非王土”，也只有成为大一统的中央集权的国家，才称得上是国家。然而作为西方文明摇篮的希腊，早期却在不断进行海外殖民活动，且殖民活动的主要目的是建立一个个地域狭小、奉行“小国寡民”制度的独立城邦。这些城邦的特点是“邻国相望，鸡犬之声相闻”，与东方（如埃及、波斯等）那种大国形态迥然不同。

### （一）子邦脱离母邦，完全独立

古希腊的海外殖民活动与近代的殖民活动存在根本性的区别。近代的殖民活动，殖民地与其宗主国之间有着千丝万缕的联系。但在古希腊，殖民地与宗主国之间在政治、经济方面是互相独立的。一个殖民城邦一旦建立，很快便脱离母邦的控制，成为一个在政治、经济上完全独立的子邦。

希腊的地理环境也决定了母邦与子邦之间相对独立的状况。希腊到处被山脉或水域阻隔，桥梁很少，道路不通。海洋虽是个敞开的世界，但通过它建立的只是商业上的往来，而非政治上的联系。而商业往来在多数情况下是为了争夺商业利益而彼此争斗。这种政治和经济上的分歧，导致各个城邦呈现一种彼此分离的状态。

城邦之间唯一的纽带便是文化，包括宗教信仰、风俗、语言等。虽然不同的子邦也会有“地区不同，风俗迥异”的情况，但各子邦却有共同信奉的神灵和英雄。正是这种文化特性以及彼此的文化联系，最终促使希腊城邦文明形成。

### （二）希腊城邦的共性

希腊城邦不仅面积狭小，公民人数也不多，一般在几千到几万之间。即使是雅典这样的大城邦，在最为繁盛的伯里克利统治时期，公民人口也只有 4 万多。

城邦制度影响了当时人们的政治观念，比如古希腊城邦时代后期著名哲学家亚里士多德在他的著作《政治学》中提到，如果一个城邦的公民人数超过了 10 万人，那么这个城邦就不再是城邦，而是一个帝国了。可见，这种小国寡民的政治模式对当时人们的观念产生了非常深远的影响。

生活在城邦中的希腊人将个人与城邦很自然地联系到了一起，他们认为自己生活的这个小天地就是一个独立的国家，他们自己就是享有各种自由权利的国民。因此，他们的意识中一直没有东方大国的民众对国家的那种渺茫、抽象的概念，当然，也没有对君主的畏惧以及对疆域广阔的大帝国的向往。而且一个城邦也只有几千、几万个公民，根本不具备征服他人、建立大帝国的力量和条件。所以，守好自己的“一亩三分地”，过着“小富即安”的生活，应该就是希腊人当时普遍的梦想。

希腊是一个仰望星空的民族，喜欢活在理想和浪漫主义的世界中。而罗马人恰好相反，他们喜欢开疆拓土，希望获取大量财富、统治更多公民、设立法律、完善政治制度、建立罗马统治下的帝国。可见，罗马是一个俯抱大地的民族。这种文化差异导致两个民族走向了完全不同的结局。

希腊的城邦文化也被后人称为“分离主义”。这种分离主义与小国寡民的政治理想是各希腊城邦的共同默契，它构成了希腊城邦社会的重要现实基础，这种分离主义原则一旦动摇，希腊城邦社会将面临土崩瓦解的危险。比如到公元前 5 世纪上半叶，希波战争爆发就在一定程度上改变了希腊城邦的分离主义原则。此后继起的伯罗奔尼撒战争更是直接敲响了分离主义的丧钟，导致城邦文明的衰落。

## 二、西方最早的政治学概念——公民

城邦的出现衍生出另外一些概念，其中最重要的一个就是公民。城邦与公民这两个概念不仅在词源上有着密切的联系，在希腊的现实社会生活中也是不可分割的两部分。下面，我来详细阐述一下城邦与公民之间的深刻渊源。

亚里士多德曾这样界定这两个概念："第一，凡是有权参加议事或执行审判职能的人，我们都可以说他是城邦的公民；第二，城邦一般是指一个维护自给生活且具有足够人数的公民集团。"从这个意义上来说，公民就是城邦的组建者和基本人民，既承担保卫城邦安全和服从城邦法律的义务，又享有治理城邦的各项权利。这种相称的权利和义务使公民既是城邦的统治者，又是城邦的被统治者。

### （一）希腊城邦中宝贵的公民权

基于希腊城邦与公民之间的关系，我们可以认为城邦是公民的集合体，公民形成的团体也可以称作流动的城邦。公民走到哪里，城邦就"跟"到哪里。公民是城邦的主人，享有城邦中各种重要的权利，参与城邦的政治生活，当然，也要履行相应的义务，比如保卫城邦的安全、承担一定的经济支持和遵守城邦的法律等。

不过，并非城邦中所有居民都能被称为"公民"，都享有权利和义务。拥有公民权者一般是出身于本邦公民家庭的成年男性，妇女和儿童是没有公民权的。城邦中的奴隶也没有公民权。在古希腊，奴隶甚至称不上“人”，只被当成一种会说话的、为公民服务的“工具”。而定居在本邦的外邦人，如果与本邦人没有血缘关系，也很难取得本邦的公民权。例如，在希罗多德时代，斯巴达城邦仅让两个外邦人获得了公民权。

公元前 6 世纪时，雅典公民权的取得曾比较宽松，但在公元前 451 年公民权法案通过后，获取公民权的限制也严格了起来，就连那些帮助雅典恢复民主政治的外邦人也未能取得公民权。在某些城邦，公民权还与财产挂钩，无产者也被排除在公民之外。

许多城邦还存在所谓的“依附者”阶层，他们也不属于城邦公民。在斯巴达，这一阶层主要包括边民、希洛人和少量奴隶；在雅典，这一阶层主要指奴隶。“依附者”阶层的存在既是城邦经济发展的需要，也彰显着公民权的重要性。享有权利的公民，与那些无权的外邦人、依附者、奴隶、无产者形成了鲜明的对比，这种差异也强化了希腊城邦作为公民团体的性质。

由此可见，对于希腊城邦中的居民来说，公民权实在是一种宝贵的权利。它不仅象征着公民的地位、身份，也代表着他们对国家各种事务的参与权。公民可以参与国家政治、经济、军事等方面的活动，当然也要承担相应的义务，解决城邦中出现的重大问题。从这个意义上来说，公民不仅仅指生物学意义上的人，也指政治学意义上的人。作为西方最早的政治制度，希腊城邦制度中的“公民”自然也成为西方最早的政治学概念。

### （二）公民的权利和义务

组成城邦的公民本身不是一般意义上的人民、百姓，而是具有一定政治学意义的人，他们每个人都可以享受一定的权利，同时也承担一定的义务。这种相称的权利和义务关系令每个公民既是城邦的统治者，也是城邦的被统治者，像是自己在管理自己一般。亚里士多德在评价“公民”一词时说道：“公民是自己的主人。”这句话后来演变为西方政治学中一个很重要的思想——主权在民。当然，在古希腊社会，只有真正的公民才能享受“主权在民”这样一种政治状态。

我们知道，小国寡民和独立自主构成了希腊城邦政治的主要特征，而城邦是在血缘和地域上具有同一性的公民团体，因此，有些资料也将城邦称为“公民国”。当时古希腊还流行这样一句话：“男人就是城邦。”这句话强调了城邦已成为古希腊公民精神上的联合体，而不仅仅是几面城墙、几支军队那么简单。城邦的狭小使每个公民都能直接参与城邦的政治活动，同时积极地追求民主权利，这一点在商品经济相对发达的城邦中表现得尤为明显。但是，就像18世纪法国著名思想家孟德斯鸠在其著作《论法的精神》中提到的那样，这种民主政治只适合古希腊城邦这种小国寡民的政治状态，在大国是根本行不通的。对古代的大国来说，最行之有效的统治方法仍然是君主制。

以民主政治的代表雅典为例，在其鼎盛时期，城邦内有4.3万公民，这些公民共同参与雅典的各种政治活动。但总有一部分公民或是对政治不感兴趣，或是住得比较偏远，不能经常跑到城市中心去参加各种政治活动。如此一来，真正能参与国家政治活动的其实只有一部分公民，甚至只有几千人而已。在这种情况下，“主权在民”的直接民主制就不能完全发挥效能。

怎么解决呢？答案是采取代议制，即由一部分公民作为代表参与国家的政治活动，即由人民选出代理人，这些代理人代表人民参加国家的各种会议、表达人民的意愿。然而这又出现了一个问题，即经过层层代议后，公民代表持有的政治观点、政治主张等，可能已与被代表公民的实际意愿或诉求产生了很大的分歧，偏离了“主权在民”的直接民主制度。

孟德斯鸠指出，希腊城邦的政治制度看似公平、完美，但其实只适合希腊这种小国寡民的城邦国家。随着城邦经济的发展、城邦公民人数增加及贫富分化加剧，公民集团内部必然会出现更多矛盾，甚至会冲击城邦制度。这一点在公元前 4 世纪后半叶得以体现出来，日渐衰微的希腊城邦最终被北部的马其顿王国统治，辉煌一时的希腊城邦民主制度最终湮没在历史的尘埃中。

## 三、希腊城邦制度的变革

公元前 8 世纪到公元前 6 世纪，希腊城邦制度经历了重大的变革。关于这一发展过程，有学者做过总结。

> 除少数例外，希腊城邦走的是同样的政治演化道路。它们的历史自君主制开始。自公元前 8 世纪，它们演变为寡头政治。约在一个世纪以后，绝大多数的寡头都被独裁者推翻，希腊人称后者为“僭主”，其意为不合法的僭取权力者，而不论其暴虐与否。最后，在公元前 6 世纪和前 5 世纪，希腊城邦建立起了民主政治，

有时也称为“荣誉政治”，即基于财产资格而决定政治权利的政府，或以对名誉荣耀之喜爱为统治原则的政府。

从这段叙述中可以看出，当时希腊大部分城邦都在公元前 8 世纪到公元前 6 世纪之间完成了从君主政治向僭主政治和民主政治转化的过程。

### （一）君主、僭主、民主

古希腊城邦的历史是从君主制度开始的，城邦最早的统治者都是国王。多利亚人入侵希腊后，在希腊半岛建立了新的政权，这是一种王权与贵族政治相结合的统治形式。国王一般是军事首领和他们的后裔，贵族们则是那些入主希腊的外来征服者。

后来，随着城邦的殖民化过程，国王在城邦政治中的作用越来越小，而权贵们倚仗自身的传统优势地位，对城邦居民的统治越来越残暴。与此同时，商品经济的发展催生了一批新兴的商业阶层，这些人凭借自己的财富开始不断挑战权贵们的传统优势地位，意图以财富取代家世，获得国家的政治权力。而在一些没有受到多利亚人入侵影响的地方，如地处阿提卡半岛的雅典，国内贫富分化加剧导致本族人内部矛盾日益激化，它们也对政治制度的变革提出了新的要求。

在这种情况下，一群野心勃勃的个人政治家应运而生。他们利用人民对权贵统治的不满情绪，打着代表民意的旗号，在人民的支持下迅速发展壮大，并最终以武力的方式推翻了国王和贵族的统治，建立了一种所谓的“僭主政治”。“僭”即“僭越”，之所以称其为“僭主”，是因为这些人是通过不法的手段获取政治权力的。但这并不代表他们的政治统治都是暴虐的，相反，在建立新的政权后，僭主们往往会制定严明的法律来革除君主和贵族政体的腐败和积弊现象，因此，僭主在多数情况下都能获得人民的拥护。

这一点从后来罗马时代的政治制度演变历程中也可以看出。从罗马共和国到罗马帝国，中间就出现过一批僭主，如恺撒、屋大维等人，他们都是以民意为依托，以军队为后盾，凭借个人的雄才大略取代了那些所谓“德高望重”的贵族的统治，建立了新的政权。

而在早期希腊城邦制度的变革中，僭主政治成为从国主及贵族政治向民主政治过渡的中介。当僭主的统治时代结束后，他们不可能再以世袭的方式延续权力，这样一来，僭主政治便很自然地过渡到了民主政治。到公元前 6 世纪，除了斯巴达等极少数城邦，大多数希腊城邦都完成了从君主政治向僭主政治或民主政治的转化。

### （二）斯巴达的寡头政治

与雅典等绝大多数希腊城邦不同，斯巴达的政治为寡头政治，也就是一种由国内少数贵族阶级掌握政权的政治模式。斯巴达是一个崇尚武力的城邦，他们的公民接受的都是军事训练，其目的是培养一支战斗力强的军队。贵族阶级为了维护自己的政治统治，他们不允许斯巴达公民搞经济、搞生产，要求他们只能从事军事活动。在贵族阶级看来，武力可以解决一切问题，只要有强大的军队，他们就能防止外敌入侵及镇压内乱。

但是，崇尚武力的斯巴达并不重视也不维护公民的权益。与雅典公民相比，斯巴达公民的权益显得无足轻重，权贵们甚至会随时给公民戴上违反纪律的帽子，将他们处死。那些从小被迫接受军事训练的公民，更是过着严酷的军营生活，不仅缺衣少食，还要经受各种艰苦的磨炼。斯巴达统治者这样做的目的，就是让他们面临危险或战争时可以从容应对。也许正因为如此，斯巴达才拥有了一支全希腊最勇猛的军队。

### （三）斯巴达与雅典的对立

前面提到，在希腊数百个城邦中，最强大的两个就是位于阿提卡半岛的雅典和位于伯罗奔尼撒半岛的斯巴达。作为希腊半岛上举足轻重的强大城邦，斯巴达与雅典的政治发展过程是完全不同的，这也令两个城邦在其他很多方面形成了鲜明的对比。

比如在文化方面，雅典注重建设、发展文艺，城邦中处处弥漫着自由的精神和宽容的气氛。公元前 6 世纪后，尤其是在伯里克利当政的数十年间（公元前 461 年到公元前 429 年），雅典如同现代的浪漫城市巴黎一样，成为整个希腊城邦效仿的对象，其文化风格也成为希腊文化的典范。再加上雅典人民具有的那种爱美成性的优雅品位和兼收并蓄的宽广胸怀，使雅典创造了空前辉煌的文化成就。因此，在整个希腊，雅典是文明程度最高、经济最发达的城邦。

与雅典这个开放、浪漫的文明城邦相比，斯巴达显得保守而愚昧，在文化发展方面更是落后得一塌糊涂，而且斯巴达重武轻文的程度在世界历史上都是绝无仅有的。这样的风格，一方面使斯巴达拥有了一支实力最强、纪律最严的军队；另一方面却导致斯巴达的文化建设被完全忽略。在斯巴达，健康的孩子在少年时期便要开始过集体生活，接受各种残酷的训练，同时要对首领绝对服从，直至成长为一名优秀的战士。在文化方面，斯巴达却很少要求孩子们学习知识，斯巴达人普遍认为，青少年只要会写命令和便条就可以了。因此，斯巴达的城邦中几乎没有宏伟的建筑物，更别说留下什么壮美的诗篇或者精致的艺术品了。

世界上很多地方都出现过部落或部落联盟，那些地区最终都走上了统一的道路，而不像古希腊城邦那样，长期处于“小国寡民”的状态。希波战争爆发后，整个希腊面临强大的波斯帝国的进攻，形势十分危急，希腊各城邦终于组成联军抗击波斯大军，直到取得最后的胜利。

即便如此，希腊仍然没有统一为“希腊国”，小城邦依然独立如前，雅典和斯巴达也仍然对立。此后，雅典与斯巴达爆发了伯罗奔尼撒战争。虽然军事力量强大的斯巴达最终战胜了雅典，成为希腊的霸主，但它也没能彻底改变与雅典相互并立的状态。而且从历史发展结果来看，伯罗奔尼撒战争最终导致希腊城邦制度由盛转衰，并最终走向彻底没落。

第VI节

## 斯巴达的政治与文化

斯巴达城邦是由作为征服者进入希腊伯罗奔尼撒地区的多利

亚人建立的，这些军事上的征服者在美西尼亚平原定居后，面临一个棘手的问题，就是如何平息当地原住民的反抗。这种枕戈而卧的防范心理导致斯巴达人从政治体制到整个社会生活都极端保守，也使他们在相当长的一段时间内拒绝对现行制度进行任何改革。斯巴达城邦从建立到衰落，一直保持着一种政治制度，就是前文提到的寡头政治。

## 一、三合一的寡头政治

斯巴达的寡头政治与雅典经历过的君主政治、僭主政治及民主政治都不一样，在寡头政治下，主要国家机构由两位国王、元老院和公民大会组成，政治权力主要集中在少数贵族（元老）手中，国王权力并不大，因此，这种统治也被称为“贵族寡头政治”。

其中，两位国王的权力是并立的，而且职位世袭，但国王处理国家事务时要由五位执政官协助，做任何决定都必须征求元老院的意见。元老院是重要的权力机构，由 30 名成员组成，两位国王也在其中。元老院在讨论国家大事时先以投票的方式做出决定，然后再交由公民大会通过。

理论上，公民大会是国家最高的权力机构，但事实上，只有元老院有资格提出议案，公民大会只需给出欢呼声即可，欢呼声高的议案自然顺利通过；当公民大会表示反对时，其也只有不发出欢呼声的权利。

如此一来，斯巴达城邦便形成了这样一种“三合一”的政治制度，这种制度对后来的西方国家产生了深远的影响，甚至一度被一些西方人认为是最合适、最有效的政治制度。因为它将三种政治体制融合在了一起，既有国王，又有由贵族组成的元老院，同时还有由全体公民组成的公民大会，可谓“三位一体”。

### （一）斯巴达对古罗马政治制度的影响

古代罗马的政治制度分为三个主要阶段，分别是王政时代（公元前 753 年到公元前 509 年）、共和时代（公元前 509 年到公元前 27 年）和帝国时代（公元前 27 年到公元 476 年）。在这三个时代中，王政时代属于古罗马氏族制度解体并向城邦制度过渡的时期，参与古罗马国家政治活动的主要成员有“王”、元老院和库里亚大会。后来因为“王”暴虐无道，罗马人愤而废之，并于公元前 509 年建立了由罗马贵族掌权的共和国，其主要政治机构包括执政官、元老院和公民大会，其中执政官有两人，掌管着最高军事和民政权力，与斯巴达城邦的国王类似。此时的古罗马政治制度与斯巴达三合一的寡头制度已经有了相似之处。

公元前 453 年，为巩固统治，刚刚成立几十年的罗马共和国曾派代表团前往雅典学习政治制度。当时的雅典正在伯里克利统治时期，国家民主政治、经济、文化等正处于最为辉煌和鼎盛的时期，因此吸引了古罗马人兴致勃勃地前来“取经”。

然而，罗马代表团在雅典考察一番后，却认为雅典的民主制度并不完善。雅典的民主制度号称是公民的民主制，但雅典的公民是一个建立在家族身份和财产资格之上的特权阶层。后来，雅典虽然取消了财产资格，但仍保留了家族身份。雅典法律还规定，雅典公民身份只限于那些能确证其父母皆为雅典后裔的男性成年居民，除去居住在雅典的绝大多数奴隶、外邦人、妇女和儿童，雅典的民主实际上只有很少一部分人能够享受。简而言之，雅典的民主制不过是一种具有浓厚贵族色彩的表面民主而已。因此，罗马人认为，雅典这种所谓的“民主政治”不仅不能保证国家长久的和平和发展，还可能导致暴民政治。

### （二）古罗马的第一部律法《十二铜表法》

公元前 450 年，在雅典考察结束却未能获得自己所需的政治经验后，古罗马人自己制定了一部法律，史称《十二铜表法》。这是罗马最早的一部法律，它对国家的基本规范、政治制度等做了详细的规定。

从这部法律规定的政治制度来看，古罗马的政治制度不同于雅典的民主制，反而更类似于斯巴达的寡头政治，不过罗马共和国没有设立国王，只设立了代表贵族的元老院和代表人民的平民大会两个政治机构，历史上将这种政治制度称为“共和政治”。而在斯巴达的寡头政治中，国王的权力也十分有限，真正掌权的是上层的元老院和下层的公民大会。从这点来看，斯巴达的寡头政治的确对古罗马政治制度的建立产生了很大影响。

不仅是罗马，此后西方国家的政治制度都不同程度地受到了斯巴达寡头政治的影响，这种影响一直延续到西方的近代社会。比如，英国的“两院制”——以贵族为代表的上议院和以平民为代表的下议院共同管理国家事务。这些政治制度可能受到了罗马共和政治的影响，而罗马的政治制度最早受斯巴达寡头政治的影响，并在一定程度上将斯巴达的寡头政治制度发展得更规范、更稳固，不但让自己成为一统天下的超级帝国，还为后世西方国家政治制度的建立提供了样板。

## 二、斯巴达城邦的形成

古希腊历史上出现过两个斯巴达，第一个出现在迈锡尼文明时期，由阿卡亚人建立。当时的斯巴达是一个比较弱小的国家，与强大的迈锡尼不可同日而语。后来，随着迈锡尼文明的消亡，这个斯巴达也烟消云散了。

公元前 11 世纪，入侵希腊、摧毁迈锡尼文明的多利亚人来到伯罗奔尼撒半岛，在此处重新建立了一个国家。这个国家就是希腊城邦时代的斯巴达——多利亚人的斯巴达，它与迈锡尼文明时期的斯巴达已不可同日而语，这便是第二个斯巴达。

### （一）多利亚人建立的斯巴达城邦

作为多利亚人的一支，斯巴达人也被称为拉栖代孟人，他们宣称自己是希腊大英雄赫拉克勒斯的后裔。

雅典和斯巴达在政治制度、文化风格等方面迥然不同，在英雄崇拜方面也有着很大的差别。

希腊城邦时代流行着许多关于英雄的传说，其中有两位大英雄最为有名，分别深受斯巴达和雅典两个城邦的人民的崇拜。雅典人最为崇拜的大英雄就是杀死米诺陶诺斯怪牛、为民除害的忒修斯；而斯巴达人最崇拜的则是古希腊神话传说中最伟大的英雄——大力神赫拉克勒斯。

在古希腊神话传说中，赫拉克勒斯是主神宙斯与人间女子阿

斯巴达城邦遗址

尔克墨涅之子，他力大无穷、神勇无比，曾完成 12 件“不可能完成”的任务。赫拉克勒斯死后升入奥林匹斯圣山，成为大力神。后来，他的后裔从北方来到伯罗奔尼撒，征服了这里的居民，建立了新的国家——斯巴达。

斯巴达人宣称自己是赫拉克勒斯的后裔，他们表现得也像祖先赫拉克勒斯那样勇猛、无畏，战无不胜、所向披靡，是令世人折服的战士。然而这也只是一个传说。现实的情况是，多利亚人来到伯罗奔尼撒半岛，征服了当地人，建立了新的国家。但他们很快就发现了一个问题：伯罗奔尼撒半岛中央是一大片广袤的平原，农业比较发达，人口相对较多，而作为入侵者，他们在人数上并不具有优势。虽然他们征服当地人后，已将当地人全部贬为奴隶，但这并不代表这些奴隶不会反抗。这时，怎么用自己的少数人来统治当地的多数人，成为多利亚人必须解决的一个问题。

于是，斯巴达的政治制度应运而生。可以说，斯巴达的政治制度乃至文化风格，全都是围绕这样的政治需求来构建的。

### （二）斯巴达社会的三个阶层

为了更好地统治当地人，斯巴达人将他们建立的社会划分为三个阶层。其中最上层居统治地位的是斯巴达人，也就是那些北方来的征服者，他们的实际人数只有 3.2 万，只占整个城邦人数的 1/20。在这 3.2 万人中，男性都要被训练成城邦的公民和战士，所以斯巴达的男人只有一个职业——战士。他们不经商、不务农，全民皆兵，军队全都掌握在斯巴达人手中。

第二个阶层为柏里伊赛人（Perioikoi），即边民或邻人，他们可能是较早被征服并曾一度成为斯巴达人的同盟者的群体。这些人虽然不属于斯巴达人，但他们为斯巴达的建立立下了一定的功劳，所以斯巴达人对这部分人比较“客气”，允许他们在斯巴达从事贸易和手工业生产等活动。但他们没有公民权，不能参与政治事务。

最底层为希洛人(Helots),他们是被多利亚人征服的当地居民。这一阶层人数最多，大约有 22 万人。被征服后，他们全部沦为奴隶，整日在土地上辛苦劳作，没有任何自由和权利可言。

3 万多斯巴达人想要统治当地 22 万希洛人，其困难程度可想而知。在这种情况下，斯巴达必须建立一套行之有效的管控体系，从而实现这一艰难的目标。

## 三、吕库古立法

无论国家还是城邦，建立后的第一件事就是立法，有了法律，国家或城邦才能摆脱那种依靠氏族血缘关系维系的部落状态，真正迈入国家和文明的行列。而斯巴达的文明和政体则是从吕库古立法开始的。吕库古之于斯巴达，不亚于黄帝之于古代中国。

> 吕库古是一个极富传说色彩的人物。根据一些古书记载，吕库古原本是个斯巴达贵族，早年他到过德尔菲。德尔菲是个可以求神谕的地方，据说阿波罗圣殿的女祭司在传达神谕时，称吕库古为“诸神钟爱之人，不是凡人，而是神”。后来他回到斯巴达，宣称自己获得了神谕，太阳神阿波罗向他颁布了一套律法，并要求他在斯巴达实施这套律法。
>
> 正是凭借这一神谕，吕库古受到斯巴达人的尊重。他为斯巴达人制定了一系列不成文的“瑞特拉”（神谕或律法），并要求斯巴达人发誓永远遵守这些律法。

一些历史记载也提到，在吕库古立法时，曾有一批人支持他，这批支持他的人后来进入了国家最高的权力机构——元老院，成为元老。这就是斯巴达元老院的来历。

当然，有支持者，就必然有反对者，尤其当立法动摇一些人的根本利益时，必然会遭到反对甚至攻击。据传，当时有个贵族青年直接对吕库古进行了人身攻击，他一拳将吕库古的眼珠打了下来。但是，吕库古不仅没有惩办这个贵族青年，还将他带回家中，让他每天看着自己如何为斯巴达殚精竭虑地工作。那个贵族青年目睹了吕库古不顾个人利益、一心为公的行为后深受感动，从此死心塌地地拥护吕库古。

当然，以上种种都带有一定的传说色彩，不足为信。但不可否认的是，吕库古的确为斯巴达制定了一套重要的法律和政治制度。他的立法主要体现在以下三个方面。

### （一）建立元老院

吕库古施行的许多改革措施中的第一件，也是最重要的一件就是建立了元老院，即长老议会。正如柏拉图所说："元老院的效能同国王们'狂热的'治理糅合在一起，加之元老院同国王们在最重要的事务上具有同等的决定权，最终为国家大事的协商带来了稳妥和应有的节制。"在此之前，斯巴达的内政一直摇摆不定，国王与民众相互对立。如今，元老院的权力成为国家这条船上的"压舱石"，元老院可以协调国王与民众之间的利益冲突，将国王与民众放在一条稳稳当当的船上，国家大事就可以获得合理、井然有序的安排。

元老院作为国家的最高权力机构，由 28 名元老和 2 位国王共同组成。至于为什么元老有 28 人，一种说法是，据推测斯巴达可能拥有 28 个氏族，氏族中德高望重的首领便成了最早的元老；另一种说法称，这些人是最早追随和拥护吕库古立法的人，最终，他们进入了元老院，而人数正好是 28 个。加上两位国王，元老院中的这 30 个人共同组成国家的最高权力机构，这 30 个人也被称为"三十寡头"，因此，斯巴达的政治制度也被称为寡头政治。

元老院主要负责监督国家的行政事务、制定议案，并充当最高审判法庭的成员等，同时负责建立公民大会。公民大会的职责是对元老院提出的议案进行表决，以及选举除国王之外的全体公务人员。

尽管吕库古立法对国家政体进行了调整，但寡头政治仍然在其中占据绝对优势。当吕库古的后继者看到这股势力仍在不断“膨胀”时，就开始对它加以羁勒，即设立了5名民选执政官。所以，后来斯巴达的最高权力机关除了2位国王和28位元老，又多了5位民选执政官。

斯巴达28位元老的任职为终身制，一旦有元老去世，新元老会从替补中产生。替补人员由公民大会推举产生，推举的方法是：得到大家推崇的元老候选人逐个走过公民大会，每走过一个人，大会中的公民便发出呐喊声、欢呼声，获得呐喊声和欢呼声最大的人可以进入元老院，由替补转变为真正的元老。当然，如果公民们不愿拥护某位候选人，就可以不发出声音。这种方式在一定程度上避免了统治阶层独断专权，保证了元老、贵族还有斯巴达公民们的权力和权益。不过，这种选举只限于斯巴达人的范围内，柏里伊赛人和希洛人是没有资格参加的。

### （二）定期重新分配土地

吕库古第二个异常果敢的立法举措就是定期重新分配土地，使每个斯巴达人都拥有一块面积均等的耕地，在一定程度上防止了斯巴达内部因贫富分化过于严重而产生阶级矛盾。

我们说过，斯巴达人所在的伯罗奔尼撒半岛有一片广袤的平原，当地的希洛人主要靠农业生活。斯巴达人征服伯罗奔尼撒后掠夺了这里的土地，还使原来的居住者——希洛人全部沦为奴隶。

如此一来，国家便出现了各种各样的不平等现象：财富集中在少数权贵手中，而人口众多的平民和奴隶的生活则异常贫苦，这自然引发了平民和奴隶的不满，阶级矛盾日益激化。

为了改变这种贫富差距过大、不利于城邦长久发展的状况，吕库古提出了一种平均主义政策，即把所有的土地整合成一整块，然后按斯巴达男人的人数重新分配。无论贵族还是平民，只要是斯巴达人，就可以分得一块面积相当、肥沃程度相当、奴隶人数相当的土地。为防止土地兼并，吕库古还规定，每隔 5~7 年，国家重新进行人口登记，按人头重新分配土地。这就让土地兼并失去了意义，也从根本上保证了每个斯巴达人始终都能拥有一块属于自己的土地，这在很大程度上避免了阶级矛盾的出现。

为了最大限度地消除斯巴达出现贫富不均和不平等现象，吕库古又着手分配斯巴达人的流动财产。当然，有很多人不能容忍个人财产被充公，吕库古为此又采取了另一种措施：禁止民间进行任何形式的商业活动，一切生计问题由国家负责；取消所有的金银货币，改用铁来铸币，用铁币取代金银。在改制之后，拿着金银到市场上再也买不到任何东西了，买东西要用铁币。而铁币不值钱，到处都是，很容易弄到，这一举措使斯巴达富人再也没什么比穷人更优越之处了。

铁币政策的实施最终消灭了斯巴达城邦内的富人阶层，历史学家普鲁塔克对此的解释是："铁币很重，又不值钱，花起来、存起来都不方便。”“10 个米那斯（相当于 20 世纪初的 200 美元）需要一间库房才能存放，需要两头牛才能搬运。”也就是说，原本几两碎银的财富，现在要一个仓库才能装下。

金银货币的取缔直接导致斯巴达的商业陷入停滞状态，居民之间的贸易活动又回到了以物易物的时代，社会经济状况可想而知。

在这种情况下，穷人未必更穷，但富人肯定不富。没有了富人，大家都过相同的日子，这就杜绝了斯巴达人贪婪奢侈的念头，使内部能够保持一种原始的平等状态。

16 世纪初，欧洲曾出现一位近代空想社会主义创始人托马斯·莫尔，他创作了一部名垂史册的著作，名为《乌托邦》。在这本著作中，托马斯·莫尔描述了一个美好的、虚幻的名叫“乌托邦”的地方，这里实行财产公有制，公民没有私有财产，大家都到公共餐厅就餐；官吏由人们投票选举产生，职位不世袭；居民每天劳动 6 小时即能满足社会需要，其他时间都用来从事文化、哲学、艺术创作；没有商品货币关系，金银全都用来制造手铐、脚镣或便桶、溺器……

《乌托邦》中的思想深受斯巴达制度的影响。1492 年，托马斯·莫尔进入英国牛津大学就读古典学专业，他在这里学习了希腊文，并有机会尽情阅读柏拉图、亚里士多德等人的作品。其中，柏拉图的思想对托马斯·莫尔的影响尤为深刻。柏拉图创作的《理想国》就是以斯巴达为模型的，柏拉图认为一个好的国家就应该像斯巴达那样，没有私有财产，没有贫富之分，国家的最终目的就是追求最高的善的原则。因此，后来的评论家也将《乌托邦》称作柏拉图《理想国》的续篇。

### （三）建立公共食堂制度

公共食堂制度是吕库古最为精心构思的一项政治制度。在此之前，斯巴达人也像其他希腊人一样，在家里开伙进餐。吕库古认为这就是人们产生不当行为的重要原因，鉴于此，他建立了公共食堂制度。这项制度规定，所有斯巴达人必须到指定的食堂去共同就餐，以增进相互之间的友情，同时避免一部分人成为专注于吃喝享乐的饕餮之徒，从而使人们一心一意地为国家效命。

大家可别小看了斯巴达人公共进餐这件事。斯巴达人称共餐为“菲狄提亚”，要培养一名真正的斯巴达男人、战士，可以说几乎就是从共餐开始的。一个男婴从出生起，他一生的命运就交给了斯巴达。健康的男孩从 7 岁生日那天起，就必须到公共食堂和大家一同就餐。斯巴达公共食堂与我们想象或亲身体验过的食堂完全不一样。那里自始至终只有一种食物，每个人从成为公民那天起，就必须在公共食堂吃这种食物。对于 7~18 岁正在成长的斯巴达人，食堂不但不会提供额外的营养食物，反而会刻意减少对他们的食物供应。这样一来，大家就没有了挑肥拣瘦的机会，也不会养成饕餮的恶习。斯巴达人强调的是拳头，而不是牙齿。

食堂的食物来自哪里呢？斯巴达公共食堂并不是平均分配福利的，其中的食物来自就餐男女每年定额缴纳的谷物或肉类。一些斯巴达男人会外出捕猎，将猎物提供给公共食堂，提供猎物多的人还会获得特别的青睐。比如，斯巴达元老院会从中找出最勇敢、最机灵的男人，让他们组成特别的猎杀队伍，干掉那些强壮的、不肯被驯服的希洛人。斯巴达男子在18岁时会接受资格考验，检验他们的各项军事技能和生存能力，成绩不合格的人可能无法进入军队，甚至被整个斯巴达社会抛弃；而成绩优秀者不但会被公共食堂接收，还可能获得到王家食堂陪伴国王就餐的机会。

总之，吕库古为斯巴达城邦制定的一切制度和规定都是为了降低斯巴达人对财富的欲望和追求，加强斯巴达人的凝聚力和战斗力，使每一个斯巴达人都只知为国，不知为家，从而成长为英雄祖先赫拉克勒斯那样手握棍棒、身披狮皮、勇猛无比、令世人折服的战士。当财富不再是引起斯巴达人欲望的东西时，他们便只剩下一种欲望——追求荣誉的欲望。

## 四、斯巴达的社会体制和文化风格

斯巴达的政治制度、份地制度、教育制度、共餐制度等社会体制以及社会文化风气等，几乎都是由吕库古奠定的，而且这些制度一直延续了几个世纪。吕库古之后的14位国王，没有人对他的制度和法律做过任何更改。在这些制度和法律行之有效的时候，斯巴达人几乎不像是在一个法律管辖下的城邦中生活，倒像是过着一种接受训练、充满智慧的个人生活。这一切奠定了斯巴达城邦强势霸权的基础。

下面，我来详细介绍一下吕库古建立的社会体制，以及在这一体制的影响下形成的斯巴达文化风格。

### （一）野蛮残酷的优生学

斯巴达的婴儿从出生的第一天起，就要接受他们人生中的第一次挑选和考验。母亲会将他抱到众位元老面前，如果元老们认为他身体健康，那么他就通过了人生的第一次考验，可以被抱回家继续长大成人，父母还能获得 9000 份土地中的一份；相反，如果元老们认为他不健康或体弱多病，这个可怜的婴儿就要被按到水里溺死，或直接扔到荒郊野外的弃婴场，任由他自生自灭，因为元老们认为体弱多病的孩子长大后不可能成为一名优秀的战士，不能为国家效劳，所以也没有资格成为斯巴达人。这种对国家无利无益的孩子，只有死路一条。

基于这样的原则，妇女在给新生儿洗澡时用的不是水，而是烈酒，以此检验婴儿是否有病或有癫痫体质。因为据说有病或患有癫痫的婴儿在烈酒中会抽风并失去知觉，而健康的孩子则可以像钢铁一样经受考验，并能由此获得一种强壮的体质。

这种“优胜劣汰”的策略的确保证了斯巴达军队之中没有弱者，每个战士都拥有钢铁般强健的体魄，为斯巴达军队从根源处打下了强硬的基础。但在今天看来，这种制度是非常野蛮、残酷和缺乏人性的。对于那些刚刚出生的婴儿来说，“我命由天不由我”，老天让他健康，他就有生存的希望；老天让他的体质不合格，他的人生便只能定格在出生的那一天。

### （二）军事化的集体生活

斯巴达的男孩在 0~7 岁期间是生活在父母身边的，由父母培养他们合格军人应该具备的各种素质，比如不怕苦、不怕累、不怕孤独、不怕死亡等。过完 7 岁生日后，他们就要离开父母，进入斯巴达专门为儿童设立的教育场所，在那里开始接受正式的军事训练。训练项目包括力量、服从、耐性等，可谓一应俱全。

男孩们来到教育场所后，每天不仅要接受各种各样残酷的体能训练，而且一年四季衣着单薄，光头赤脚。到了晚上，他们也没有床铺、被褥，而是成群睡在铺有芦苇的地面上，即使是寒冷的冬天，他们也只被允许加一点点蓟毛取暖。而且，这些芦苇都需要他们亲自从河里采集。

当这些男孩长到 12 岁时，便进入少年队，开始接受比之前更加严苛的军事训练。与此同时，为了锻炼这些少年战士的机敏性，斯巴达人经常鼓励他们通过抢劫获得生活必需品，除此之外，偷窃也是被允许的，成功者还会获得表扬和奖励，不幸被捉到的少年则要被当众鞭笞。在遭受鞭笞的过程中，不论多么痛苦，他都必须咬紧牙关，不许哀号呻吟，否则会被认为是一种耻辱。

在这个阶段，斯巴达少年还要接受特殊的政治教育。城邦的权贵们会经常与斯巴达少年谈话，向他们提出各种问题，要求他们迅速作答，以此锻炼他们敏捷的反应力。少年们还要学习国家的政治法律、风俗习惯、行为规范等，有时还要参加一些实际活动，如竞技、祭神、执政者的就职仪式等。这样做的目的在于把斯巴达的政治与文化强行灌输给他们，让他们成为城邦忠实的保卫者和统治者。

年满 18 岁时，这些经过十几年训练的青年就要转到更高一级的埃弗比团中，接受更加正规的军事教育。受训期间，青年们还要参加一些秘密服役，比如夜间突袭和追杀希洛人，以此激发他们对希洛人的仇视心理，同时以此慑服希洛奴隶。

结束在埃弗比团的训练后，青年们便开始戍边服役到 30 岁。这时，他们才真正成为一名正式的军人和斯巴达公民，可以参加公民大会，行使自己的各项权利了。

可以说，斯巴达的尚武精神在每一位军人身上都体现得淋漓尽致。一个男孩从出生起就开始经受各种严苛的考验和折磨，目的是培养坚强的意志和百折不挠的毅力，促使他最终成为一名真正的斯巴达人。但正是这种近乎野蛮的教育制度，使斯巴达具备了强大的军事实力，在后来与雅典人进行的伯罗奔尼撒战争中胜出，坐上了希腊霸主的宝座。

### （三）德行比智慧和财富更重要

斯巴达的妇女虽然不能成为斯巴达公民、享受公民的权利，但相对于其他城邦来说，她们的地位还是比较高的。对妇女进行教育，也是斯巴达城邦的一个重要的职责，其原因在于女子负有生育健康后代的重任。

虽然不必像男孩那样，通过集体生活接受严酷的训练，但女孩在家中也要接受各种体能训练，目的是变得身强力壮，以后生育健康的孩子。斯巴达人经常会骄傲地说：“我们斯巴达男人个个都高大健美，我们斯巴达女人个个都强壮美丽。”

为了让斯巴达女孩变得勇敢、强壮，她们可以自由自在地进行户外活动，也可以与男孩们一起接受体育训练，训练的内容包括跑、跳、打球、投掷及跳舞、唱歌等。普鲁塔克曾说，吕库古给予了斯巴达女子一切可能的关注，“他让少女们锻炼身体，跑步、摔跤、扔铁饼、掷标枪，是为了让她们将来腹中的婴儿在健壮的身躯里打下健壮的底子并更好地发育成熟，也为了使她们自己更加健壮结实，怀胎足月，能够顺利应付分娩时的疼痛。”

斯巴达人鄙视财富，智慧对他们来说好像也不重要，他们最看重的是健康、勇敢、强壮和荣誉，这也是斯巴达人的整体特点。所以，斯巴达的女人可以没有财富和智慧，甚至没有美貌，但必须健康、强壮、勇敢。在斯巴达人来看，这些是比财富和智慧更重要的品质。在斯巴达，作为国家公民，必须为国家尽义务，其中包括生儿育女。因此，斯巴达妇女虽然不能像男人那样拥有公民身份和政治权利，但作为为国家做出贡献的人，也具有一定的社会地位和经济权利。

在斯巴达，生孩子从来不是个人的事，而是国家的事，甚至称得上是国家大事，因此斯巴达人将决定后代，乃至决定斯巴达未来的德行看得如此重要。

由于男孩从 7 岁起便到军营中生活，长大后也没什么机会与外面的女孩谈情说爱，所以到了谈婚论嫁的年龄时，便会由父母包办，选个健康、强壮的女孩做妻子。不过，斯巴达人一直延续着古老的抢婚习俗，即使双方父母已经约定好，也要例行抢婚的仪式，风华正茂的新娘要被身强力壮的新郎抢走，然后双方才能在黑暗中成婚。这一习俗似乎也在向世人展示斯巴达人勇猛彪悍的作风。

即使成婚了，斯巴达男子白天也不能与妻子在一起，而必须与同伴在一起，只有晚上才能偷偷回去与妻子幽会。只有在做了父亲之后，他们才能与妻子和孩子堂堂正正地生活在一起。这在很大程度上培养了斯巴达男性坚毅的自我控制能力。

斯巴达的男性公民只有一种身份，就是战士；而斯巴达的妇女，恰如她们自己所言，是世界上“唯一生养战士的女人”。斯巴达青年出征前，他们的母亲都会给他们送上盾牌，同时告诉他们：要么拿着盾牌载誉归来，要么躺在上面被人抬着回来！

### （四）参加战争是斯巴达公民的基本权利

斯巴达是一个彻彻底底的军事主义国家，斯巴达男性终身过着严格的军事生活。他们结婚的目的是生育健康的后代，并将其培养成强健、勇猛的战士。整个斯巴达国家就像是个大军营，处处充满了浓厚的军事色彩。

注重军事，自然意味着对战斗和征服的热衷。作为一个尚武的民族，斯巴达城邦的形成就是凭借对外界的征服和控制，战争也是斯巴达人获取财富和土地的重要途径。

然而，斯巴达的战争不是每个人都能参加的，只有斯巴达公民才有资格参加。战争是斯巴达公民的一项基本权利，是他们身份的象征，同时也是他们的义务。城邦中的奴隶希洛人是无权当兵的，柏里伊赛人在关键时期可以服兵役，但通常不需要他们参加战争，因为为国打仗和牺牲都是公民的事。

在古希腊时期，不管是斯巴达还是其他城邦，在军事制度方面都有一个共同点，即在国家政治生活中地位越高的人，在军队里的职位也越高。战争一旦爆发，这类人必须冲在最前面，也最有可能牺牲。对他们来说，这是在行使自己的权利，是在为自己的国家效劳，因此他们必须以身作则，身先士卒，不畏牺牲。

对于尚武的斯巴达人来说，这一点体现得更为明显。而且斯巴达还有一个规定，就是战士必须生下孩子后才有资格参战。因为在斯巴达人看来，生儿育女同样是在为国家尽义务，没有留下孩子，就没有为国家尽义务，也就没有资格成为完全的公民，自然也就没有资格去战斗、去牺牲。

这一制度在今天看来似乎有些不可理喻，但在当时却极大地激励了斯巴达战士。因为生下儿女后，战士们在作战时会心怀国家、心怀妻儿，才会为了保卫自己的国家和亲人勇往直前、誓死奋战。

此外，斯巴达人的道德风尚与后来基督教推崇的严格的一夫一妻制不同。斯巴达人认为，如果一个家庭中男人没有留下孩子，那就应该将妻子“慷慨”地奉献给别的男人，替别的男人为斯巴达生下孩子。可见在当时，男人不能生育是要受到指责的，因为他没能为国家尽到责任。

由此可见，斯巴达人的婚姻中最重要的是生育，其次才可能是爱情或其他。他们的一切生活，包括婚姻，都是为了培养强壮的后代，为了保卫自己的国家。

### （五）琴剑辉映的斯巴达英雄主义

斯巴达人打仗从来都步调一致，而且要排成阵法后才开始交战。最早的阵法叫作斯巴达方阵，每个方阵由 100 个人组成，共排成 10 行，每行 10 人，四边的士兵手握盾牌，中间的士兵手握长矛，听到指挥发令后，按照统一的步调向敌人进攻。有时还会边进攻边唱歌，歌声嘹亮。别看斯巴达人个个身材魁梧、健美强壮，就以为他们粗陋愚钝、没什么文化，其实他们战歌的歌词非常高雅，

列奥尼达在温泉关

如“配着宝剑挂着琴，琴剑相辉照眼明”等。唱着这样豪迈的战歌进攻，想必每个士兵的心中都充满激情和力量吧！

前面我们提到，公元前 480 年，斯巴达人与波斯大军在温泉关进行了一场殊死大战。后来，法国画家雅克－路易·大卫根据这次战役画了一幅名画，现保存在法国卢浮宫内。这幅画展现了斯巴达国王列奥尼达率领斯巴达勇士出征前与家人慷慨告别、勇赴战场的壮烈场面。

我们可以从这幅画作中感受到即将奔赴战场的斯巴达勇士的冲天豪气和视死如归的精神。虽然这场战役以斯巴达勇士全军覆没告终，却让波斯大军为此付出了惨重的代价，斯巴达人那种血战到底、无惧死亡的精神，更令波斯大军不寒而栗。

### （六）保守落后的文化

斯巴达人在军事上战无不胜、所向披靡，但在文化和艺术上却极度贫乏和落后，甚至被人鄙视和瞧不起。直到今天，大家谈到斯巴达，也只知道它是一个尚武的民族、一个野蛮的民族、一个只会打仗的民族，没有任何文化和艺术可言。在斯巴达城邦的遗址中，几乎看不到一座宏伟的建筑物，也没有一件精致的艺术品流传后世。

斯巴达教育的严酷性造就了斯巴达人顽固不化的个性特征，缺乏文人柔和的一面，对文化、艺术更是嗤之以鼻。斯巴达整个国家就像一个军营，里面所有人都为战争而活，人们仅有的文娱活动就是集体舞蹈和合唱，其目的是遵守纪律，鼓舞斯巴达人的激情和斗志。

如今的斯巴达遗址几乎是一片废墟，除了一座面目全非的剧场，没有留下任何可圈可点的宏伟建筑，甚至连希腊人最看重的祭祀神庙都没有。与斯巴达相比，雅典遗址就显得丰富多了。虽然也是断壁残垣，但仍可从中洞悉当年的风采，无论宏伟壮观的雅典卫城、巍峨高大的赫淮斯托斯神庙、气势恢宏的狄奥尼索斯剧场，还是断壁残垣但风采犹在的阿戈拉广场，都在彰显着这座希腊古城曾经的辉煌。雅典原本就是一个开放文明的城邦，甚至带有几分浮华和奢靡，许多被斯巴达视为邪恶无用的东西，如金银财宝、美食、华服、戏剧、美术、哲学等，在雅典都备受推崇。

总而言之，顽固保守、军事主义的政治制度，使斯巴达人个个都成了出色的战士，斯巴达也因此成为希腊霸主。但正所谓“成

雅典城邦遗址

也萧何，败也萧何”，正是这种制度让斯巴达最后走上了灭亡之路。他们以军事为豪，以战争为念，蔑视商业和生产，视金钱如粪土。他们甚至“自豪”地说：“我们是世界上唯一对财富不感兴趣的民族。”但是，这种制度消灭的不仅是贪婪和罪恶，还有新兴文明的萌芽。过度的军事化教育终将斯巴达引上了另一种穷兵黩武的极端。长此以往，再强大的城邦也会因用力过猛而付出惨痛的代价。因此，强大无比的斯巴达最终走向衰落，也是一种必然结果。

第 VII 节

## 雅典的政治与文化

提起古希腊，人们往往最先想到雅典。无论是苏格拉底的哲学思辨，还是希腊的自由民主；无论是促使希腊走向巅峰的希波战争，还是导致希腊衰落的伯罗奔尼撒战争，雅典都毫无例外地占据了核心地位。

雅典是古希腊最古老的城邦之一。与斯巴达粗俗淳朴的寡头政治相比，雅典实行民主政治制度，这种政治制度后来成为西方人备受推崇的政治模式。雅典民主制度的确立与发展，经历了一个相对漫长的过程，许多著名的历史人物都在这个过程中做出了贡献，如传说中的忒修斯、改革家梭伦、庇西特拉图、克里斯提尼、伯里克利等。雅典先进的政治制度也影响了雅典的文化发展，使其以古希腊文化之都的名字著称于世。

但是，以崇尚文化和艺术著称的雅典并不是一个文弱的、怯懦的民族。在雅典伟大的政治家伯里克利执政晚期，雅典和斯巴达之间爆发了著名的伯罗奔尼撒战争。虽然这场战争终结了雅典的辉煌，但长达 27 年的战事也令斯巴达乃至整个古希腊城邦都付出了巨大的代价。

公元前 431 年，为悼念在伯罗奔尼撒战争中牺牲的雅典战士，雅典民主制领袖伯里克利发表了著名的“丧葬演说”。他描述了

伯里克利发表丧葬演说

雅典人与斯巴达人迥然不同的文化风格。

> 我们爱好美好的东西，但是没有因此而奢侈；我们爱好智慧，但是没有因此而柔弱。我们把财富当作可以适当利用的东西，而没有把它当作可以夸耀自己的东西……我们能够冒险，同时又能够对于冒险事先深思熟虑。他人（指斯巴达人）的勇敢，源于无知；当他们停下来思考的时候，就开始疑惧了。但是真正勇敢的人是那个最了解人生的幸福和灾患，然后勇往直前，担当起将来会发生的事故的人。

那么，伯里克利描述的雅典究竟是如何产生和发展的呢？它的民主政治又是如何建立起来的呢？

## 一、古代雅典的发展历程

与建立在拥有广阔平原的伯罗奔尼撒半岛上的斯巴达城邦不同，雅典临海而建，且周围崎岖多山，土地贫瘠，农业很不发达，当地人主要依靠工商业和渔业为生。多利亚人入侵阿提卡半岛的时候，一是因为遭到了雅典人的激烈抵抗，二是因为这里过于贫穷，他们这才转移目标，去征服富饶的伯罗奔尼撒，并在那里建立了他们的统治地位。

### （一）新石器时代的雅典人

根据考古发现，在多利亚人入侵阿提卡半岛之前，雅典人已经在这里生活了很多年，甚至在新石器时代这里就已经开始有人居住。另外，考古人员在雅典卫城内还曾发现迈锡尼时代的宫殿遗址。

但是在雅典人看来，他们属于一个名叫爱奥尼亚的民族。这个民族一直定居在希腊，特洛伊战争结束不久，由于多利亚人的入侵，一些爱奥尼亚人便迁徙到了小亚细亚地区，在那里定居。此后，随着希腊城邦制度的建立，这些居住在小亚细亚地区的希腊人又跨过爱琴海，迁徙到阿提卡半岛，与当地居民相融合，形成了最初的雅典城邦。这些说法究竟哪一种更真实，如今已无从考证。

在希腊的神话传说中，雅典是由大英雄忒修斯建立的，而雅典城邦的命名，则取自女神雅典娜的名字。

传说来自腓尼基的人们在爱琴海边新建立了一座城市，智慧

雅典娜与波塞冬争锋

女神雅典娜很想成为这座城市的保护神，但海神波塞冬也想得到这座新城的归属权。两个神为此争论不休，互不相让。于是主神宙斯裁定，谁能送给人类一样最有用的东西，这座新城就归谁所有。

波塞冬用三叉戟敲了敲巨石，里面跑出了一匹象征力量和战争的战马，人们毫无反应；而女神雅典娜用长矛敲了敲巨石，石头上立即长出了一棵象征和平和丰收的橄榄树，人们欢呼了起来。于是，雅典娜就成为这座新城的守护者，人们还用雅典娜的名字为这座新城命名，并将橄榄树栽满雅典各地。

到了迈锡尼时代，雅典国王埃勾斯的儿子忒修斯统一了阿提卡半岛。他到周边独立的小镇和村庄中逐个动员那里的居民，表示应该建立一个统一的、民主的“大家庭”。换句话说，忒修斯认为阿提卡半岛上所有村庄都应集中在一起，成为一个城市国家，或者是一个城邦。因此，忒修斯也被认为是雅典最早推行民治的统治者。

尽管各种神话传说出神入化、真假难辨，但可以肯定的是，这些神话传说在很大程度上反映了那些编故事的人的态度，即雅典人对国家起源的探寻。

根据考古记载，雅典作为一个国家出现的时间应该在公元前 7 世纪，此前虽然有人在这里生活过，但这里仍未形成真正意义上的国家，只能算是一般的农村氏族公社。直到公元前 7 世纪之后，雅典才迈出成为一个真正国家的步伐。

### （二）土著部族发展形成的城邦制度

早期的雅典是由 4 个部族组成的，其中每个部族包含有 3 个氏族，每个氏族又包含 3 个宗族，故此雅典一共有 36 个宗族。这也是雅典最初的人群组成。

公元前 11 世纪，雅典没能逃过被多利亚人侵略的厄运。只是强悍的多利亚人没想到，他们在这里遭到了雅典人的强烈反抗。雅典一个名叫科德鲁斯的国王，带领全体居民奋勇抗击多利亚人，最终成功地阻止了多利亚人的入侵。但遗憾的是，科德鲁斯国王在抗击敌人的战争中壮烈牺牲了。

为了纪念这位勇敢、伟大的国王，雅典人定了一条规则：任何人都不可以再接任国王的位置。雅典人认为，没有人能够超越这位殉国的科德鲁斯国王，所以此后雅典便再没出现过国王。

国王制度取消后，雅典君主制随之被废除，开始实行执政官制度。雅典的第一个执政官名叫墨冬，是为国捐躯的科德鲁斯国王的儿子。其实执政官的权力相当于国王，只不过名字不叫国王而已。这一阶段，执政官的任期是终身制，在此期间，雅典有过13位执政官。

到公元前8世纪时，为避免执政官独裁专制，原来终身制的任期改为10年，在此期间共有过7位执政官。自公元前682年起，所有的执政官只能执政1年，而且由原来的1人执政改为9位执政官同时执政，其中包括1位名年执政官，1位王者执政官，1位军事执政官以及6位司法执政官。这9位执政官组成了雅典城邦最早的领导阶层。

9位执政官各司其职，其中名年执政官是雅典的首席执政官，掌握国家内政，地位最高，他任职期间的年号以他的名字命名。这与我国古代用皇帝年号纪年的制度类似，不同的是这位执政官的任期只有1年。

王者执政官的身份相当于王，但只享有王的头衔，并非真正意义上的王。他的职位仅具有宗教职能，所以王者执政官其实是宗教领袖。军事执政官主要负责掌管国家军队，处理行军打仗等事务。

除以上3位执政官外，还有6位司法执政官，主要负责为国家制定各种律法、规章等。由此可以看出，当时的雅典并没有真正意义上的立法，还处于一种由血缘关系维系的世俗社会向真正的国家过渡的阶段。但是，从司法执政官的数量上也可以看出，雅典当时十分注重立法。只是这6位司法执行官为国家制定的都是一些临时的、不成文的法律法规，平时会遵循，但也可以随时改变。

雅典城邦内的一批权贵还组成了贵族院，这个权力机关就相当于斯巴达的元老院。贵族院有一项规定：每位执政官在任期满一年后，如果声誉良好，便可自动进入贵族院，成为一名贵族。这一传统后来还被罗马共和国继承。

总之，早期的雅典由于城邦规模较小，城邦管理相对简单。随着城邦规模的扩大、人口的增多，各阶级的矛盾逐渐凸显。在这种情况下，原有的统治模式已经难以为继，政治制度改革迫在眉睫。

## 二、社会矛盾与改革

公元前 8 世纪，阿提卡半岛上的四个部族在联合运动中组成了统一的雅典城邦。随后，雅典居民被划分为三个阶级，即贵族、农民和手工业者，贵族的政治特权被确立。在其后的土地兼并及贫富分化过程中，越来越多的农民和手工业者沦为债务奴隶，这导致城邦内部的阶级矛盾日益激化。

### （一）贫富分化加剧城邦内部矛盾

与斯巴达占据伯罗奔尼撒平原，居民生活以农业为主不同，雅典受地中海气候的影响，雨热不同期，所以仅适合种植橄榄、葡萄等农作物。为了生计，雅典人用橄榄油、葡萄酒等与外界交换粮食。在频繁的海外贸易中，自由、平等逐渐成为整个社会的需要和主流思想。

然而，随着经济的发展，雅典社会内部开始出现比较明显的贫富分化现象。有些人善于经营，就会越来越富有，最后成为土地贵族，拥有大量良田沃土；有些人不善于经营，或由于其他原因导致生活每况愈下，最后不得不变卖田产，甚至沦为奴隶。

希腊城邦原本就是一个奴隶制社会，奴隶是没有任何人权和自由的，当然也没有任何政治权利。一旦沦为奴隶，就意味着这个人所有的权利荡然无存。原本是一个祖先、血缘相同的后人，现在却因为贫富分化，成为土地贵族与耕田者，甚至是主人与奴隶的关系。

这导致整个城邦的居民阶级划分越来越清晰：上层为处于统治地位的贵族，下层则为处于平民阶层的农民和手工业者。在政治上，贵族把持权力，平民无权无势；在经济上，贵族掌握着国家大部分财富，还要不断兼并土地，平民则备受贵族盘剥，甚至不得不举债度日，最后沦为奴隶，成为贵族财产的一部分。不平等的政治地位和日益扩大的贫富差距，必然会将平民逼上起义的绝路。

然而，面对平民的反抗，高高在上的贵族想的不是平息平民的不满，而是处处维护自身利益，采取的举措也都是为了更好地保护自己的地位、财产。如此下去，双方的矛盾自然无法调和，亟需一个中间力量来平衡两者之间的矛盾。

### （二）德拉古改革

德拉古是一名贵族，但与其他只关注自己利益的贵族相比，他更为开明。作为一名司法执政官，当他看到掌握着国家权力的贵族们肆意杜撰和改变律法，盘剥平民，导致国家矛盾日益尖锐的时候，便下定决心改变这种状况。

公元前 632 年，一个名叫基伦的贵族，利用贵族与平民之间的矛盾发起暴动，试图建立个人独裁的僭主政治。但让基伦没想到的是，平民反而与贵族联合起来对他进行了镇压。基伦策划的暴动很快就失败了。

基伦暴动是古希腊历史中的一个小插曲。政变虽然没有成功，但从侧面清晰地反映出雅典政治的不完善。而在这个关键时刻，雅典平民与贵族联合起来反抗基伦，说明当时的雅典人对彻底改变旧制、建立僭主政治的做法并不认同。贵族与平民之间的矛盾虽然很深，但二者又都想维护城邦的统一，不希望改变现有政体，这就为后来德拉古的改革奠定了坚实的基础。

公元前 621 年，为了缓解贵族与平民之间的阶级矛盾，德拉古开始在雅典城邦内实施改革。德拉古改革的主要内容体现在以下几个方面。

### 1. 制定了雅典第一部成文法典

雅典以前的法律都是不成文的，基本上都是一些习俗的沿袭。贵族们为了获取更多的利益，经常利用自己的特权肆意篡改或歪曲法律，导致平民的不满情绪越来越强烈。作为一名司法执政官，德拉古改革的第一项措施便是制定了一部成文法典——《德拉古法典》。

《德拉古法典》的主要内容有三个：1. 凡能自备武装的人有公民权，不能自备武装的人则无公民权；2. 官吏由贵族会议选拔制改为公民抽签选举制；3. 公民通过选举，组成一个 401 人的议事会。《德拉古法典》虽然对雅典原来的法律进行了一定的规范，但其中的“议事会”和有关公民权的规定其实未能改善实际情况，可谓形同虚设，反而使贵族阶层对底层人民的剥削更加严重。

在今天看来，《德拉古法典》中比较有意义的内容主要体现在两方面：一方面是放宽了财富新贵跻身朝野的限制；另一方面是加强了对社会犯罪的惩罚。

### 2. 放宽财富新贵跻身朝野的限制

由于希腊城邦是一个典型的奴隶制社会，城邦制定律法时，首先要对城邦人口进行普查和登记。不过，这种普查和登记并不是要查人口的性别、年龄和婚姻状况，而是要查每个人有多少财产，然后根据财产的多少将人群相应地分为富人阶层和穷人阶层，这是当时普查和登记人口时一个非常重要的标准。普查完毕，了解到城邦中有多少富人、富人有多少财产后，再进行相应的改革。

德拉古改革也是如此。为了平息平民因贵族随意篡改法律而产生的不满，德拉古在改革中规定，平民阶层当中一部分比较富裕的工商业者，可以跻身于国家的权贵行列，与原来的贵族共同享有管理国家事务的权利。

改革让原来无权的中等阶层获得了一定的权利。虽然雅典最高权力仍掌握在贵族手中，但贵族已经不能再独霸官职了。雅典中等阶层的公民可以通过抽签的方式，成为雅典的中下级官吏。这在一定程度上调整了贵族与中等阶层平民的关系，扩大了统治阶级的基础。

### 3. 加强对社会犯罪的惩罚

《德拉古法典》虽然对贵族阶层原来的习惯律法有了一定的限制，但德拉古依然在极力维护贵族的权益，其中最重要的一点就是设立了极其严酷的刑罚制度。法典允许债务奴役，承认私有财产不可侵犯。如果有人偷了东西，哪怕仅仅是偷了一块面包，也会受到最严厉的刑罚——直接处死。德拉古在评价自己制定的这部极其严苛的刑法时曾说："小偷就应该被处死，而且活该被处死。而对杀人犯的惩罚自然要比处死更严厉，可惜没有比死更严厉的惩罚了。"后世有人评价《德拉古法典》时指出了其严苛的一面，其中雅典演说家和政治家狄马德斯的评价最为一针见血，他说《德拉古法典》"不是用墨水写的，而是用鲜血写的"。

德拉古之所以制定如此严苛的刑法，目的是通过严酷的法令维护社会秩序，让平民不敢轻易反抗。但由于审判权全部掌握在权贵手中，法典反而成了贵族更加明目张胆地压迫平民、保护自己的依据，结果自然是深化了权贵阶级与底层民众之间的矛盾。

总之，德拉古立法并没有改变雅典的贵族制度，也没让广大下层平民获得任何政治权利，更没有解决破产农民面临的土地、债务等问题，只是将旧的习俗变成了文字，其本质仍然是维护贵族专政。德拉古的改革只是开启了雅典社会的一个改革潮流，并没有缓解雅典严峻的社会矛盾。

公元前 6 世纪初，饱受压迫和盘剥的雅典平民开始酝酿武装起义，权贵们闻之大为震惊，他们被迫选出一位新的司法执政官进行立法，这位司法执政官就是梭伦。

## 三、立法者梭伦的改革

世界各民族在记载自己的历史时，都或多或少会留下一些关于社会改革的记载，然而几乎所有的世界史教科书都将公元前 594

雅典立法者梭伦

年的梭伦改革视作古代社会改革的典范。之所以称其为典范，是因为梭伦改革提及的某些原则、规章是后世无法企及的。

大约在公元前 638 年，梭伦出生于雅典的一个贵族家庭，后来因为种种原因，他的家族开始没落。他年轻时曾外出经商，到过小亚细亚、埃及等地，不仅游览了当地的名胜古迹，还了解了很多当地的风土人情、社会制度，并结识了许多古希腊著名的学者和科学家。这一切，让梭伦开阔了视野，获得了渊博的学识，还为他赢得了希腊七贤之一的美誉，对他以后的改革事业产生了深刻的影响。

*据说，在希腊人求神谕的德尔菲，有一些刻在阿波罗神庙*

墙壁和石柱上的箴言，传说这是由祭祀者记录下来的神明赐予人类的神谕。其中有两句最为重要的箴言刻在阿波罗神庙的门楣上，左侧的一句为米利都著名哲学家泰勒斯说的“认识你自己”，右侧的一句是雅典立法者、希腊七贤之一的梭伦说的“凡事勿过度”。

在梭伦改革之前，雅典社会贵族和平民之间的矛盾已经异常尖锐。尤其是德拉古用他制定的法典处处维护贵族和有产者的权益，且用严酷的刑法约束和惩治平民，这进一步激化了两者之间的矛盾。亚里士多德在讲到当时的情况时曾说：“多数人被少数人奴役，人民起来反抗贵族，阶级斗争十分激烈，各阶级长期保持着互相对抗的阵势。”

梭伦就是在这种情况下登上了政治舞台。公元前 594 年，梭伦当选为首席执政官，并被授以立法和修改宪法的权力。此后，梭伦在雅典城邦展开了一系列大刀阔斧的改革。梭伦的改革主要从以下几个方面进行。

### （一）减轻下层民众负担

梭伦很清楚德拉古的改革效果，因此他也更能深刻地体会到雅典社会矛盾的尖锐性。梭伦知道，在这种情况下，自己的改革绝不能再走德拉古的老路。要想缓和阶级矛盾，改革就必须触及矛盾的根源，即真正减轻下层民众的负担。为此，梭伦改革的第一步，就是颁布《解负令》，其中有三条重要的规定。

#### 1. 取消一切私人和国家债务，废除债务奴隶制

梭伦进行改革之前，雅典农民的境况是极其糟糕的，欠了富

人的债务还不上，富人就会在他们的土地上竖起一块债务碑石，借债者沦为“六一农”，要为富人劳作，将收成的 5/6 抵给富人还债，自己只能留下 1/6。如果这 5/6 仍不够还债，第二年，借债者及其妻子、子女都要被富人变卖为奴。

亚里士多德在《雅典政制》中这样总结当时的情况。

> 穷人被富人奴役——包括他们自己、他们的孩子和妻子。穷人被称为从属者和“六分之一伙伴”。因为他们在富人的田地里劳动，只能获得所创造价值的 1/6 作为报酬。所有土地都掌握在少数人手中，如果穷人没有缴纳租金，他们和他们的子女都将遭到扣押。所有贷款都是以人身自由作为担保的。

“六一农”制度与今天的高利贷很像，但比高利贷更加残暴。当社会中的弱势群体再无可牺牲的余地时，就会彻底崩溃，这种崩溃不管是对“六一农”还是奴隶主，都有极大风险，因为有些人认为：再无妥协退让，唯有玉石俱焚。

梭伦实施改革后，第一件事就是废除了“六一农”制度，禁止再以人身作为抵押借债，同时永久禁止将借债的平民变卖为奴。以前那些因债务问题被变卖到异邦为奴的人，将由国家出钱将其赎回。

这一改革措施不仅解除了无数雅典贫苦大众的沉重负担，还废除了沿袭多年的债务奴隶制度，对雅典乃至整个希腊的奴隶社会都产生了极其深远的影响。

### 2. 重新对土地进行分配

为了让农民能重新回到土地上劳作，梭伦还对土地进行了重新分配，其中最主要的措施就是由国家出钱帮这些农民还清之前欠下的债务，赎回之前抵押出去的土地，然后将这些土地还给农民，使他们在恢复自由之身之后能够有地可耕。农民有了赖以生存的土地资源，生计问题就得到了解决，与贵族之间的矛盾自然得到了很大程度的缓解。

### 3. 实行币制改革

在颁布“解负令”两年后，雅典社会逐渐趋于平稳，阶级矛盾也有所缓解。接下来，梭伦又开始推行币制改革。这一改革的核心就是铸造足值的货币，即让货币增重，以减轻偿还人的偿债金额，且账目上不会损害债权人的利益。

比如，农民原本欠地主 100 元，货币改革后，这 100 元的含金量实际上就变成了 70 元。因此，农民只需偿还 70 元即可，但从账面上看，他们偿还的仍然是 100 元。在今天看来，这一改革其实相当于以一种通货膨胀的方式减轻了债务人繁重的债务。

## （二）建立财富与荣誉相联系的政治制度

在梭伦改革前，雅典城邦内有资格成为公民的都是雅典名门望族的子弟，各家族会彼此协调公民的数量，相互掣肘，使各家族中的公民人数保持相对平衡。但随着城邦规模的扩大，很多地主离开农村住进城里，公民集会越来越难以开展。与此同时，随着从商人员的增多，掌握了大量社会财富的商人们却没有任何政治权利，他们开始蠢蠢欲动，试图挑战原先的贵族统治。

梭伦改革时自然也看到了这一社会矛盾，于是，他完成了一项对雅典民主政治起到重要奠基作用的工作——建立荣誉政治制度。具体方法就是：不再单纯地以家族规模来分配权力，不再以出身作为衡量贵族的标准，而以个人财富的多少作为标准，同时还以拥有财富的多少作为衡量责任和义务的标准。

### 1. 按财富将雅典人分为四个等级

按照每个人每年土地出产的谷物、油料、酒等作物及农副产品的数量，梭伦对所有雅典人的身价进行评估，然后根据身价的不同，将全体雅典人分为四个经济群体。

当一个人年收入达 500 麦斗时，就可以位列第一等级。这部分人有权担任执政官、司库等国家最高官职及其他一切重要官职。这既是一个人财富的象征，也是一个人地位、荣誉的象征。当然，作为国家的领导阶层，这类人也必须为国家尽最大的义务：国家需要钱时就要出钱，需要出力时就要出力，打起仗来更要身先士卒、冲锋在前。总之，与其他人相比，他们要为国家尽更大的责任和义务。

第二等级为年收入在 300~500 麦斗的人，他们也被称为“骑士阶层”。他们可以出任国家低级官员，也有资格出任骑兵，但马匹、铠甲、装备等都需要自行置办。

第三等级为年收入在 200~300 麦斗的人，也被称为“牛轭级”，即“有牛耕田的人”。这一等级的人不能担任政府官员，但如果发生战争，他们可以成为全身铠甲的重甲兵，但身上的铠甲仍然需要自行置办。

最后一个等级就是收入不足 200 麦斗的人，这部分人靠给雇主帮工维持生计，也被称为“日佣级”。他们不享有任何政治权利，打起仗来也只能充当轻兵。

通过这样的等级分配，梭伦打破了贵族对政权的垄断，重新配置了国家权力，提高了平民的政治地位，逐渐建立了权责相当的新政治制度。

### 2. 权责相当的政治制度

这一制度与现在一些国家的纳税制有些相似。一个国家中越富有的人，为国家缴纳的税越多，所尽的义务、所做出的贡献就越多，那么他就能获得更高的社会地位，更有资格参与国家大事，从而掌控更多的资源、更大的权力；与之相反，穷人没钱，不能为国家纳税，没有为国家尽到义务，自然就难以获得更高的政治地位，也享受不到更多的权力。

也就是说，以财富的多少作为衡量权责的标准时，一个人拥有的权力、社会地位与其所尽的义务、承担的责任都是对等的。这使一部分普通公民获得了参与政治活动的机会，促使雅典政体向民主制度方向迈出了至关重要的第一步。

### 3. 承认贫富悬殊的现状

我们前面提到斯巴达的政治体现的是一种平均主义，就像《乌托邦》中描述的那样，所有公民财产均等，没有贫富差距。这种政治体制可能会使国家内部保持一种相对团结的状态，但这种团结很刻板、很保守，甚至很粗暴，因为它否认了社会的贫富差异，也否认了人与人能力的不同、智慧的不同，以及拥有的财富的不同。这种政治制度显然很难长久，斯巴达的结局为后世敲响了警钟。

雅典与斯巴达恰恰相反，它承认社会存在贫富差异现象，也承认人与人之间存在财产差异。正是在这个基础之上，梭伦的改革根据财产差异采取了一系列与之相对应的政治制度。这一制度对后世产生了深远的影响。

### 4. 避免无政府的暴力政治

在今天西方的很多国家，财富与地位仍然是一对“亲兄弟”。无论参与国家领导人的竞选，还是进入政府内阁担任国家重要官职，没有巨额的财富作后盾是很难实现的。所以我们说，政治本身就是一件奢侈品，一旦沦为廉价品，就很可能变成一种暴力政治。

试想，当一个国家中所有人都享受一样的政治权利，不管富人还是穷人都可以成为国家的最高统治者，那么这个国家一定会陷入一种无政府的混乱状态，暴力冲突必将上演。事实上，后来的雅典就走向了这条不归路。

但是在梭伦改革的时候，他建立的政治体制使雅典城邦中不同等级、拥有不同财富的人在政治上所享受的权力完全不同，这也令他的政治改革从贵族管理向民主政治迈出了一大步，尽管当时他可能并未意识到这一点。

梭伦并不是一个民主主义者，他只希望通过改革让雅典所有阶级都能获得公平的待遇。他曾这样说：

> “我给平民足够的特权，
>
> 他们既不失尊严，也无须得意。
>
> 那些有权和有钱之人，

我会保证他们毫发无伤。

我手持盾牌，勇敢地站在中间，

不许双方不义相残。”

### 5. 提高公民的文化素养

在梭伦的改革措施中，不管国家是要抗击外敌，购入战争物资，还是要发展文艺事业，很多场合都要由富人来“买单”，而且这一制度沿袭了很多年。

比如，到后来伯里克利统治时期，雅典的文化艺术兴旺发达，每年都要举行戏剧节。戏剧节期间，诗人会创作大量优秀作品在戏剧节上演，雅典观众则充当评委，评点戏剧。

这也成为雅典人接受教育和提高文化素养的基本方式。古代雅典学者有过这样的记载：“这些观众一个挨一个地坐在一起，胳膊碰胳膊、腿碰腿，情感也会在他们之间流动……每个人都是一个政治的人，被深深囊括在城邦之中，与其他观众有着紧密的联系。”

为鼓励更多的雅典人去看戏、接受文化艺术的熏陶，国家会定期为贫穷的观众发放看戏津贴。也就是说，雅典穷人去看戏不但不用花钱，还会领到一笔钱。虽然对于个人来说这份津贴可能并不多，但是对国家而言，定期给所有穷人都发放津贴也是一笔不菲的支出。

这笔巨额支出自然由富人出。因为富人有义务提高全体人民的文化素质，有义务为全体人民普及文化教育。由此也可以看出，作为富人，既然想拥有国家最高的权利，就必须承担更多的义务，这正是梭伦改革建立的财富与荣誉相联系的政治制度的具体表现。

### （三）平民获得立法权

财富的多少决定获得权力的多少，在一定程度上缓解了贵族垄断政权的现象，让一部分平民有了参与国家各项事务的机会，但也产生了一个新问题，即有些人很有才能，却因为没有足够的财产而无权参与政治。

为了兼顾这部分人的权益，梭伦又进行了第三项重大改革，让雅典的平民都有机会获得立法权。

#### 1.400 人会议

梭伦改变了衡量贵族的标准，目的就是让更多人有机会参与政治活动。而且为了让每个人都获得均等的机会，梭伦又提出：用抽签的方式从雅典 4 个部族中分别抽出 100 人组成一个新的政权机构——400 人会议。除了第四等级的人，其他人均可担任官职，且任期只有一年。第四等级的人虽然不能担任官职，但可与其他等级的人员一样，充当 400 人会议的成员和陪审法庭的陪审员。

需要注意的是，梭伦提出，400 人会议的成员必须通过抽签的方式选取，而不是竞选。因为抽签比竞选更公平，使每个人有均等的机会进入政权机构，参与国家的各项事务。这也是梭伦改革实施的最不同寻常的举措，它表明梭伦是真心真意地希望雅典人都可以有机会参与政治活动。

400 人会议的主要职责就是获得原属于贵族会议的众多权力，如拟定公民大会议程、提出议案、成为公民大会的常设机构等。雅典原本有自己的贵族院，其成员是一些德高望重的贵族及卸任后的执政官，这些人掌握着极大的权力。400 人会议组建后，贵族院仍然保留，却没有了原来的威风和实权。相比于贵族院权力的缩小、地位的降低，原来的公民大会却逐渐恢复了其作为城邦最高权力机构的威严，因为各项改革法令都必须经由公民大会通过。公民们参与公民大会的积极性因此空前高涨。

### 2.400 人会议对后世立法制度的影响

梭伦组建的 400 人会议制度对后世西方的立法制度产生了深远的影响，现在许多西方国家采取的政治模式、立法体制等，都与这一制度极为相似。

梭伦改革之前的雅典，主要权力机构为贵族院，国家的重要法案都由贵族院提出。但作为权贵，贵族自然会极力维护自己的利益，盘剥下层民众，因此立法大多不公正。而设立 400 人会议后，虽然国家的重要法案仍由贵族院提出，但这些议案必须经过 400 人会议来讨论确认。如果 400 人会议认为这些议案不合理，有权直接否决，不用再交由公民大会表决；即使 400 人会议通过了某些法案，也需要再次经过公民大会讨论表决。如此一来，最终通过的法案就能更多地关注底层民众的利益，而不仅仅是为上层权贵们服务。

这样一来，国家内部形成了三个重要机构，一个是贵族院，由权贵构成；一个是 400 人会议；一个是由全体公民组成的公民大会。400 人会议实际成为贵族院与公民大会之间的中介机构。

现在西方很多国家的政治模式都与梭伦改革确立的政治模式有一定的相似性，如英国的上议院和下议院、美国的参议院和众议院等。其中，上议院或参议院主要由国家的权贵人士组成，包括王室后裔、世袭贵族、权贵人士、宗教主教等；下议院或众议院议员则由选民分选区按照人口比例选举产生，一般享有立法和监督政府、监督财政等权力。这两个机构代表两个不同阶层的利益集团，它们相互影响、彼此掣肘，共同构成一个完整的政治体制，决定国家的立法规范。

### （四）平民获得司法权

在梭伦改革之前，雅典的贵族院不但有立法的权力，还控制着国家的司法权力。当时，国家没有职业法官，也没有职业律师，一旦发生利益纠纷，往往由贵族院判决。贵族院一向由贵族主持，谁对他们更有利，他们的判决就倾向谁。这种司法模式引起了越来越多平民的不满。

为解决这一矛盾，梭伦再一次发挥了他的创意，采用抽签的方式，从雅典 4 个部落中分别抽出 1500 人，组成一个新的机构——6000 人陪审法庭。这一机构不仅可以参与例行审判，还可以接受各种上诉案件，相当于最高法院。

#### 1.6000 人陪审法庭

6000 人陪审法庭由 6000 人组成，成员不分等级、财富，任何人都有资格参选，这些人包括贵族、艺人、鞋匠、建筑工、铁匠、小商人，等等。陪审法院的成员每年要更换 1/3，即 2000 人，然后通过抽签的方式补足数量，这保证了公民陪审法庭里的人员不断变更，从而让公民最大限度地参与其中。

在案件审理的过程中，陪审法庭成员可以根据案件的大小和性质分配陪审团人数。案件较大的，陪审团人数可相对多些；案件小的，陪审团人数就会少些。在审判过程中，除了特别重要的案件，如涉及叛国、杀人、亵渎神灵等，绝大多数案件都交由公民陪审团判决，无须再上交贵族院。

雅典没有专职的公诉人，任何公民都有权提起诉讼。法庭上也没有辩护人，每位被告都必须为自己辩护。听完原告、被告和证人的口供并检查完相关证据后，陪审员便开始投票判决。在刑事案件中，如果支持原告的票数少于1/5，原告就会受到处罚。

在法庭上，无论原告还是被告，都可以在指定的时间内大声宣读自己的演说词，以期打动陪审团成员，获得更多的支持。受感情左右、有些煽情的演说词比具体的法律条文和客观证据更能影响案件的判决。虽然这种方式违背了司法的初衷，但雅典人坚持认为由多数民众组成的陪审团一定比人数较少的执政官更公正。

通过这种方式，雅典的平民及所有公民不仅可以参与国家的立法，还可以参与国家的司法审判。同时，作为与公民大会和议事会对等的国家机构，6000人陪审法庭在约束公民大会、议事会、执政官及国家权贵时，发挥了重要的政治作用。

2.6000人陪审法庭对后世司法制度的影响

6000人陪审法庭的设立打破了雅典贵族专权的政治制度，保证了公民的司法权力，还满足了平民阶层参与国家政务的要求。

此后，陪审法庭的人数虽然始终保持在6000，但其职权随着民主制度的发展而不断扩大。到后来伯里克利统治时期，所有贵族院应有的司法权力都交给了陪审法庭，贵族院完全丧失了司法权力，同时其掌握的立法权力也逐渐减少。从这以后，雅典开始有了真正的司法制度，6000 人陪审法庭得以独立审理一些大型案件。

在雅典的司法历史上，陪审法庭制度发挥巨大作用的最著名的案件是审判哲学家苏格拉底。

公元前 399 年，年近 70 岁的苏格拉底以亵渎神灵罪被告上法庭。对于当时参与审判苏格拉底的人数有两种说法，一种说法是法庭由 1201 人组成，另一种说法认为法庭由 501 人组成。不管具体人数是多少，都表明这是一个很大的案件，因为通常由几十人组成的法庭就能审判普通案件。

最终，按照审判的流程，多数陪审法庭成员认为苏格拉底有罪，苏格拉底被判处了死刑。

苏格拉底是否真的犯有亵渎神灵之罪、是否应该依法被判处死刑，我们暂且不论。单说这一司法制度与之前完全由贵族院来审理和判决相比，已经体现出了很大的民主意义。

当然，作为由社会不同阶层人士组成的陪审法庭，其本身有着许多不完美之处，但对于雅典这样的奴隶制国家来说，它已经是一个十分先进的制度了。我们甚至可以说，梭伦设立的陪审法庭是雅典民主政治的基础，因为它赋予了公民对政府执行机构的控制权。这一制度也对后世西方社会产生了深远的影响，成为后世西方很多国家陪审员制度的雏形。比如今天的美国、英国、法国等国家都设有陪审团，虽然现在的法庭上已经开始由专业法官审理案件，原告和被告也有了专业的律师，但法官在判决前，陪审团成员可以提出不同的意见，最终以少数服从多数的方式得出结论，再将这一结论提交给法官，这一结论会对法官审理和判决该案件产生极大的影响。

### （五）贵族院将执政官选举权交还给公民大会

在梭伦当选为司法执政官时，雅典的执政官共 9 人，全部由贵族院直接选举产生。梭伦改革之后，将选举执政官的权力交给了公民大会，此后，公民大会以投票的方式决定执政官的任免。

至此，梭伦就将具有立法权的 400 人会议、具有司法权的 6000 人陪审法庭以及 9 名执政官的选举权，全部交给了公民大会。这些将国家权力由贵族向平民倾斜的措施，都为雅典政治制度的民主化开辟了道路。

我一直强调，无论城邦还是国家，都必须有法律。没有法律，它们就仍属于农村公社或世俗社会。从农村公社或世俗社会向国家转变的最基本也是最重要的前提，就是立法。比如前文所述的斯巴达，在吕库古立法以前，无论它有多少民众、拥有多少财富，都只能被称作以氏族或血缘关系为纽带的部落，只有在立法后，它才称得上是一个城邦或国家。

雅典同样如此。立法为雅典从部落发展到国家提供了重要的制度保障。此后，雅典与许多希腊城邦一样，又经历了一系列制度演变，但在任何过渡过程中，它始终坚持一个基本原则，即国家的统治始终建立在法律这个大框架之下，始终都是法在人上，而非人在法上。只有法律越来越健全，公民才能获得越来越多的权益，才会依法为国家尽义务，民主才能真正得以体现。梭伦将雅典的立法权、司法权及行政权全部交由公民大会，其实就是一种民主与法制相结合的具体体现。而梭伦对自己的立法者身份和工作成果也相当满意，他曾经自豪地宣称他为雅典人制定了“他们愿意接受的最好的法律”。

公元 1199 年，英国国王约翰即位。他是一位能力极其有限的国王，在他统治期内，先祖留给他的法国领土被法兰西国王夺回。为夺回这块领土，他对外穷兵黩武，对内大肆征收苛捐杂税，结果把国家搞得乌烟瘴气。

后来，英国在与法国的战争中战败，被迫付给法国大量的赔偿金。为弥补财政的亏空，约翰将手伸向了贵族阶层。贵族们忍无可忍，于 1215 年联合起来，逼迫国王签署了一份协议，以限制国王的权力并给予贵族一定的权力。这份协议就是英国历史上著名的《大宪章》。

《大宪章》中对英国影响最为深远的一条就是：“除非经过由普通法官进行的法律审判，或是根据法律行事，否则任何自由的人，不应被拘留或囚禁，或被夺取财产、被放逐或被杀害。”《大宪章》以法律的形式保障了臣民财产和人身安全。它传达的最重要的一点便是 1800 多年前梭伦立法时强调的“人在法下”——即使是国王、拥有无上的权威，也要按照法律行事。这种绝对的法制精神成为英国宪政民主的历史根基。

再回到雅典，梭伦的改革正是通过立法一步步将政治制度民主化的。后来的历史也证明，只有以法律为根基、坚持建立在法律框架之下的民主，才最有可能带领一个国家走得稳健、走得长远。从这个角度来说，梭伦立法也是西方宪政与法治文明历史中的一座丰碑。

### （六）确立经济法权

与斯巴达以农业为主业不同的是，雅典人民主要依靠工商业和渔业维持生计，因此雅典有许多自由的工商业者。就当时雅典的社会状况来看，这些自由的工商业者恰恰是代表时代发展潮流的人。要知道，当时的土地贵族控制着大量田产，成为贵族寡头；而耕田者虽然在土地上劳作，但由于雅典临海而建，土地并不能成为人们赖以生存的主要经济来源。所以，这两者都不可能成为雅典的主流发展群体。

公元前 7 世纪以后，得益于地理位置，雅典的工商业开始迅速发展，从事海上贸易的人越来越多。这部分工商业者在掌握了大量财富之后，便开始对国家的政务活动跃跃欲试。因此，工商业者一跃成为雅典城邦中发展最为迅速的阶层，这一现象可以被视为雅典城邦崛起的重要标志。

为大力推动工商业的发展，梭伦推出了一系列保护和鼓励手工业和商业发展的措施。比如除自给有余的橄榄油外，禁止出口任何农副产品；凡是雅典公民，必须让自己的儿子学会一门技术，等等。

最为重要的一点是，梭伦还用成文法令明确规定了工商业者私人财产的不可侵犯性，承认了私有财产的继承自由。这一法令在当时产生了极大的反响，甚至对后来的西方社会也产生了巨大的影响。

1640年，英国爆发了资产阶级大革命，直到1688年英国议会反对派发动“光荣革命”才结束。1689年，光荣革命的产物——《权利法案》颁布，该法案以法律的形式对王权进行了明确制约。《权利法案》的内容不多，一共只有13条，但其中有一条明确规定了私有财产神圣不可侵犯。

与此同时，英国著名思想家、西方近代民主的重要奠基人约翰·洛克也曾明确提出天赋人权，这个天赋人权除了我们的生命，除了我们的安全权力，除了我们追求自由和幸福的权力，还有一个很重要的权力，就是我们的私有财产是神圣不可侵犯的。

### （七）规范道德礼仪

在道德礼仪方面，梭伦也制定了一些新的规范。比如，梭伦禁止父亲、兄弟将女儿、姊妹出卖为奴。在此之前，雅典女性的社会地位一直很低，她们没有权利、没有地位、没有尊严，甚至被视为个人的私有财产，可以被随意处置。直到梭伦改革制定了相应的规范，女性的地位才有所上升。他还规定，引诱或侵犯自由女性的人，都将被施以一定的经济处罚。

不过，为了更好地规范女性的礼仪，梭伦又增加了几条对女性的限制，比如在亲属的悼念仪式上，禁止表现得过度悲伤，禁止唱挽歌或进行昂贵的供奉；禁止在丧葬宴会上进食肉类、饮料，等等。

同时，为了约束更多的雅典公民，梭伦还出台了其他的制裁措施，比如，禁止诽谤死者；在神庙或在法官、执政官面前，在任何的公共节日上，禁止诽谤生者，否则就会受到经济处罚，向被伤害者以及国库分别支付一定数量的德拉克马[1]。

虽然梭伦在道德礼仪方面为雅典人重新确立了很多规范，但他保留了某些习惯性的传统。比如复仇的问题，复仇可以按照雅典以往的做法进行，法律并不会进行干涉。这一点在希腊悲剧之父埃斯库罗斯的悲剧中有所体现。

埃斯库罗斯的悲剧三部曲之一《阿伽门农》描写的是希腊联军统帅阿伽门农的儿子奥瑞斯忒斯为其报仇的故事。阿伽门农率兵远征特洛伊，在海上航行时，远征军突然遭遇了逆风，导致船只无法开航。阿伽门农只能将自己的女儿伊菲革涅亚杀掉，献祭给狩猎女神阿耳忒弥斯，以平息神怒而获得顺风。阿伽门农胜利归来后，却被他的妻子克鲁泰墨斯特拉和她的情人埃吉索斯设计杀害。

阿伽门农的儿子奥瑞斯忒斯长大后，为给父亲报仇，杀死了自己的母亲和她的情人埃吉索斯，却因此触怒了复仇女神。雅典城邦的庇护神雅典娜为挽救奥瑞斯忒斯，设立了雅典法庭，审理复仇女神对奥瑞斯忒斯的控诉，最终宣判奥瑞斯忒斯无罪。

[1] 当时的希腊货币。希腊加入欧元区后开始使用欧元。——编者注

从这个故事中可以看出，法庭最终宣判奥瑞斯忒斯无罪，事实上就是承认他复仇是正确的。所以说，虽然梭伦设立了6000人陪审法庭，一些重大案件还要交由贵族院审理，但对于传统，他仍然持保留态度，没有将其全盘否认。

### （八）完善奖惩制度

在梭伦改革之前，德拉古曾制定了严苛的刑罚措施，哪怕是偷面包、偷水果这样的小过失，都要被处以死刑。梭伦立法时不再实施这一酷刑，而是改为要求偷盗者补偿被窃财产双倍价值的钱财或物品。

在担任执政官之前，梭伦是个商人，他很清楚经济增长对于社会和谐和减轻贫困的重要意义。所以在改革过程中，他采取了许多鼓励工商业发展的措施，比如要求父亲们必须教儿子一门手艺，否则父亲年老时就会得不到赡养；为吸引外邦的手工业者（如加工金属制品和生产陶器的工人）到雅典定居，雅典会授予这些人公民身份，允许他们参加雅典的国家事务。这些措施不仅促进了雅典工商业的发展，还大大调动了雅典人劳动和生活的积极性。

在梭伦改革的几十年后，雅典成为庞大的制造业中心，制造品种类繁多、做工精美，尤其是陶器和彩陶，都达到了相当高的水平。现代学者根据这些艺术品的风格断定，当时雅典至少拥有一千余名陶艺家。

梭伦还制定了一条非常有意义的抚恤制度：国家会帮助为国捐躯的人抚养他们的后代，让他们顺利长大成人。这一举措极大地鼓舞了雅典人民保家卫国的斗志，使每一位雅典人都成为愿意为祖国而战的英勇斗士。

（九）告别政坛，周游列国

当梭伦完成了立法任务后，他并没有继续留在雅典享受胜利的果实，而是选择离开雅典，开始了长达 10 年的旅行。同时，他还告诉雅典人，自己制定的法律是从德尔菲那里获得的神谕，雅典人在 10 年之内不能变更这些法律。

即使以今天的眼光来看，梭伦的改革也是具有划时代的进步意义的。它打破了雅典贵族依据世袭特权垄断官职的局面，为非贵族出生的平民阶级打开了获取政治权力的大门，为雅典民主政治的出现奠定了基础。但由于一定的历史局限性，梭伦的改革并未实现公民之间真正的平等，也没有令雅典获得真正的太平。古希腊思想家亚里士多德在《雅典政制》中对梭伦的改革做了如下描述。

> 当梭伦完成上面所述的宪法时，平民经常来找他，他们为着他的法律而来，这使他感到烦恼。梭伦既不愿变更法律条文，也不愿居留而受谤，所以旅行埃及，以经商和游览为目的，声明 10 年之内将不回来。平民期待他制定法律，重新分配一切财产，而贵族则希望他恢复以前的制度，或只是对旧制略加变更。梭伦双方都不讨好，尽管他如果袒护一方，就有成为僭主的可能，但他宁愿遭受双方的仇视，也要采取当时最优良的立法，拯救国家。

梭伦离开雅典后，据说到过埃及、塞浦路斯、小亚细亚等地，一路上留下不少佳话。

小亚细亚有个名叫吕底亚的王国，梭伦旅行到这里时，见到了正处于权力巅峰的吕底亚国王克洛索斯。听说希腊七贤之一的梭伦来到了吕底亚，克洛索斯很高兴，热情地将梭伦请进他的王宫。随后，克洛索斯开始向梭伦炫耀自己的财产和富有，并问梭伦："您看，我拥有这么大的权力、这么多的财产，我应该是这个世界上最幸福的人了吧？"

据说，梭伦当时说了一段非常有哲理的话，大意是一个人的幸福不是由权力和财产决定的，而且任何一个人在自己的生命终结之前都不能随便夸耀自己拥有幸福。

这句话让克洛索斯很不高兴，两人不欢而散。

不久之后，克洛索斯在出兵攻打波斯时，被波斯国王居鲁士大帝击败并俘虏。居鲁士大帝准备处死克洛索斯，在行刑前，克洛索斯忽然想起梭伦的话，唏嘘不已。

克洛索斯的叹息声惊动了在一旁监斩的居鲁士大帝，他问克洛索斯为何叹息，克洛索斯向居鲁士如实讲述了自己遇到梭伦的经历以及梭伦对自己说过的话。居鲁士听后大为震动，然后就没有处死克洛索斯。最后，克洛索斯平安地度过了一生。

这个故事到底是真是伪，早已无从考证，但后人在评价梭伦对克洛索斯说的那段话时，称梭伦这段话不仅挽救了一个国王（克洛索斯），还教育了一个国王（居鲁士）。

总之，无论作为立法者，还是作为哲人，梭伦都称得上是一个伟大的人。晚年的梭伦隐居在家，专心从事研究和著述。梭伦去世后，他的骨灰被洒在美丽的萨拉米岛上。人们在他的雕像上刻下了这样的铭文：

> “摧毁过无端骄横的波斯侵略者的萨拉米岛生育了梭伦，这位伟大的立法者。”

此后，克里斯提尼、伯里克利将梭伦的事业发扬光大，推动了雅典民主政治朝纵深方向发展。可以毫不夸张地说，梭伦为古希腊雅典民主政治的发展奠定了坚实的基础，也使日后雅典走向繁荣和强大成为可能。

## 四、庇西特拉图改革

虽然经历了梭伦改革，但雅典内部三个阶层之间的矛盾并没有完全消除。所以在梭伦离开雅典后不久，雅典各阶级的矛盾再次激化，党争的纷扰接踵而来。

根据亚里士多德的说法，参与党争的主要是雅典内部三个阶级形成的三大势力。第一个是“平原派”，主要指生活在平原地区、掌握着国家土地资源的雅典传统贵族们。他们在梭伦改革中不得不让出部分权力，但实力并未受损。时局动荡，他们更加怀念昔日无限风光的生活。第二个是“海岸派”，主要指聚集在沿海一带、靠经营工商业变富的自由工商业者，他们是梭伦改革的社会基础，也是改革的最大受益者，代表维持现状的力量。第三个是“山地派”，主要是一些穷乡僻壤的贫苦农民，他们曾对梭伦改革寄予厚望，但改革的结果可能并未让他们完全满意。

在离开雅典 10 年后，梭伦又返回了雅典。尽管他再次获得了所有派别的尊敬，可他的影响力却大不如前，没有人再愿意听取他的建议。此时，“平原派”再次掌权，贵族势力不断增强，他们与“海岸派”联合，一起压迫“山地派”的穷人们。这显然不是梭伦愿意看到的结果，为此，他出面极力缓解派系冲突。在此期间，一个“野心家”引起了梭伦的注意，这个人名叫庇西特拉图，是“山地派”的领袖人物。

虽然是“山地派”的领袖，但庇西特拉图并非出身于底层民众，相反，他与梭伦是姨表兄弟关系，都出身于雅典贵族，只不过他的主张与梭伦完全不同。梭伦的改革一直都比较温和，他改革的目的也是缓解雅典不同阶层之间的矛盾，所以我们很难断定梭伦到底站在哪一个阶层的立场上。他的表弟庇西特拉图却不一样，虽然他也试图贯彻和深化梭伦的改革，但他更推崇以铁腕手段促进改革的实现，或者说，他更想用铁腕手段实现自己的野心——僭主政治。

### （一）庇西特拉图的僭主政治

梭伦的改革虽然调和了各个敌对阶级之间的激烈冲突，促进了雅典经济的发展，但社会问题仍未完全解决。尤其到了改革后期，下层民众希望重新分配土地的愿望未获实现，便开始心生不满；贵族们则因为失去太多的权力，时刻忿忿不平；中产阶级因不能担任执政官而怨气冲天。部分工商业奴隶主虽然拥护新法，但他们的目的也仅仅是获得更多的利益，满足自己的欲望。

梭伦离开后，平民与贵族之间的斗争愈加激烈，各派别都想为自己争取更多的权益。因为争斗过于紧张，雅典两年都未能选出执政官，这两年也被称为“无政府年”。这种混乱的状态直接导致雅典僭主政治的出现，庇西特拉图就这样顺理成章地成了雅典第一位僭主。

公元前 565 年，在雅典与麦加拉争夺萨拉米岛的战争中，庇西特拉图因战功卓著而声名鹊起，成为“山地派”的领袖。庇西特拉图极富政治野心，善于玩弄权术，虽然雅典各个阶级斗得你死我活，可他对敌对的各方始终保持着温和克制的态度，因而赢得了雅典人的信任。

在梭伦执政的时代，雅典是没有正规军队的，执政官更不允许拥有私人武装。一旦发生战事，雅典执政官会动员全部雅典公民参与其中，由最富有的人担任指挥官，其次富有的人为骑兵，再次之为重甲兵，最贫穷的人充当轻兵，一起上阵杀敌。战事结束后，军队自行解散，大家回家继续从事自己的职业。然而，庇西特拉图组建了私人卫队。

据说，有一次庇西特拉图故意弄伤自己，然后站在雅典的中心广场，在雅典的公民大会上宣布，自己在为雅典人民服务的过程中遭到一些坏人的记恨，现在这些坏人想要杀死他，而他则刚刚从坏人的毒手中逃脱。因此，他提出一个非分的要求，就是组建一支卫队，无论他走到哪里，这支卫队都要手持棍棒伴随，保障他的安全。

庇西特拉图的要求遭到梭伦的强烈反对。梭伦试图说服人们不要听从庇西特拉图的蛊惑，绝不能让国家的执政官拥有私人卫队。但此时，梭伦早已没有实权，而人数最多的“山地派”则全部站在庇西特拉图一方，因此，庇西特拉图的要求获得了“山地派”贫民的热情支持。最终，公民大会通过投票表决同意庇西特拉图建立一支永久的私人卫队。起初，庇西特拉图称自己只需要50人的保护，然而最后他将这支卫队扩充到了400人。

民众对庇西特拉图无限爱戴，使他拥有了雅典第一支卫队。很快，庇西特拉图的卫队便强大起来，士兵们手里的棍棒也换成了其他更加锐利的武器。公元前560年，庇西特拉图利用这支卫队夺取了雅典卫城，第一次成为雅典的僭主。

不过，由于“平原派”和“海岸派”的反对，庇西特拉图的僭主地位并不稳固，仅仅在僭主位置上坐了4年，他就被赶出了雅典。后来，为了获得其他两派的支持，庇西特拉图与“海岸派”领导人物迈加克里斯的女儿结婚，再次执掌雅典政权，但两年后又被“平原派”和“海岸派”联合推翻。庇西特拉图再一次被赶出雅典。

这一次，庇西特拉图流亡到了希腊北方，在那里侨居了近10年。公元前546年，凭借在色雷斯开发银矿赚取的巨额财富及外国雇佣军的支持，庇西特拉图返回雅典，在广大“山地派”的支持下，再次夺取了雅典政权。这一次，他终于坐稳了僭主的位置，一直到公元前527年去世，他控制雅典政权长达19年之久。

## （二）用独裁推进梭伦的改革

庇西特拉图执政期间，也推行了一系列改革措施。虽然他以僭主制度取代了梭伦执政时期的贵族院制度，但他的改革措施基本上是梭伦改革的延续和发展。为了继续推行梭伦改革的一些措施，庇西特拉图甚至用集权的方式加强梭伦立法。对于梭伦推行的400人会议、6000人陪审法庭、执政官权力交由平民大会等政策，他也全部保留，甚至进一步放宽了某些政策。

### 1. 对梭伦政策的推广

执政时期，庇西特拉图仍然是支持平民，打击贵族。在此期间，他没收了很多贵族的土地，将之分给无地或少地的贫困农民。这样做不仅削弱了一些权贵的势力，还维护了他的支持者“山地派”的利益，从而使自己的统治更加稳固。

庇西特拉图深知，要想巩固自己的统治，仅依靠“山地派”这些穷人的支持是没用的，最重要的是赢得“海岸派”的支持。为此，他大力扶持工商业和海外贸易，不仅增加了铸币的供应链，还建造了大批商船和一支强大的海军舰队。他还在小亚细亚西部的达达尼尔海峡建立了雅典的殖民地，以控制黑海、地中海沿岸的商路与贸易。这些措施大大促进了雅典工商贸易的发展。

在政治上，为了获得更多民意支持，庇西特拉图还相应地降低了公民参与政治的门槛。比如，把某些只属于第一阶层贵族的权力放宽至第二阶层，使一部分工商业者也能跻身国家的最高领导阶层，再比如，允许第三阶层的人们出任政府的一般官员，等等。当然，最底层的民众仍然不能参政，但将前三阶层参与政治活动的门槛降低，已足以让更多人支持他。

在庇西特拉图执政期间，随着工商业的迅速发展，雅典很快跻身希腊先进城邦行列，这为雅典日后民主政治的确立打下了坚实的物质基础。

从历史意义上来说，庇西特拉图的僭主政治属于雅典各派势力争夺利益的产物，这一政治制度起到了从贵族政治向民主政治发展的中介作用。当后者羽翼渐丰之时，僭主政治便不可避免地退出了历史舞台。不过，作为雅典的第一位僭主，庇西特拉图推进了梭伦的改革，加速了雅典民主政治的发展。因此，他不仅是一位野心家，更是一位审时度势、深孚众望的杰出政治家。为此，亚里士多德称庇西特拉图的僭主政治“有如黄金时代”。

### 2. 奠定了雅典文化繁荣的基础

除了在政治、经济方面的贡献，庇西特拉图还很重视雅典的文化和艺术发展。在他的倡导和推动下，雅典的面貌焕然一新。当然，文艺事业的发展反过来也推动了雅典经济的发展，进一步巩固了庇西特拉图的统治，加强了僭主政权的集中与统一。

总体来说，庇西特拉图采取的文化措施为此后雅典文化的繁荣奠定了基础。其中被广为称颂的一件事就是，庇西特拉图下令创办了泛雅典娜节。

#### （1）创办泛雅典娜节

庇西特拉图执政后，像许多坐稳了江山的皇帝一样，开始大兴土木，建造了许多公共建筑和神庙，以显示自己的统治为雅典带来的繁荣与发展。

我们知道，“雅典”这个名字来自女神雅典娜，因此雅典人对雅典娜的崇拜几乎到了虔诚的地步。为了获取民众更多的好感与支持，庇西特拉图又在雅典娜身上做起了文章。公元前566年，庇西特拉图下令创办了泛雅典娜节。

泛雅典娜节，也叫泛雅典娜竞技节，本质上是一种盛大的游行活动。活动期间，城中大多数人都要走进雅典卫城，向女神雅典娜的雕像进献少女亲手编织的长袍。

一开始，泛雅典娜节每年举行一次，规模也不大。后来变为每四年举行一次，节日期间还会举行一些竞技活动，如摔跤、拳击、马车比赛等，在比赛中获得冠军的人会得到英雄一般的礼待。这种节日活动对雅典和全希腊产生了很大的凝聚作用。

### （2）将《荷马史诗》编撰成文

前文提到，在雅典崛起时代，《荷马史诗》被编撰成文，做成这件事的正是庇西特拉图。

希腊文化最重要的根基就是宗教，而《荷马史诗》中提到的各种神的故事、英雄的故事，今天看起来像是天方夜谭，但这些带有明显宗教意义的故事在当时极大地影响了希腊各城邦人民，影响了他们的国家、社会道德，甚至影响了他们的整个文化。从这个角度来说，庇西特拉图的这一措施，无论对雅典文化的发展，还是对整个希腊文明的传承，都称得上是一种功德无量的贡献。

### （3）首次推出戏剧表演

公元前534年，庇西特拉图命人在雅典卫城南部建立了一座新神庙，用以纪念酒神狄奥尼索斯。同时，他还在每年春季举行一次纪念酒神狄奥尼索斯的庆祝活动。

为了增加节日气氛，庇西特拉图还首次将一种民间艺术搬上了酒神节的大雅之堂，使这种民间艺术从此成为一种公开的、高雅的表演形式。这一民间艺术就是戏剧。

最初的戏剧表演多为悲剧。希腊悲剧气势恢宏，带有某些命运的观念，却极富英雄气概。此后，诙谐幽默、富有情趣的喜剧逐渐出现，再一次将希腊的戏剧表演推向高峰。

可以说，古希腊人在戏剧方面取得的成就，在整个古典世界，乃至近代戏剧产生之前，都是无可匹敌的。而最早将戏剧推向舞台的，就是庇西特拉图。

从多种意义上来说，雅典的真正崛起是从庇西特拉图时代开始的，此前的雅典社会虽然也精彩纷呈，但它依然是一个默默无闻的小城邦。直到庇西特拉图执政，雅典才真正迎来了在政治、经济、文化等多个方面飞速发展的时期。

## 五、克里斯提尼改革

公元前 527 年，庇西特拉图寿终正寝，他的长子希庇亚斯继位。刚继位的希庇亚斯称得上是一位优秀的政治领袖，他聪明果敢，热心公益，很适合管理国家。希庇亚斯还有个弟弟，名叫希帕克斯，希帕克斯是个典型的花花公子，骄奢淫逸，整日只知寻欢作乐。正是庇西特拉图这两个儿子葬送了庇西特拉图的僭主事业，让雅典再一次陷入动荡。

幸运的是，在动荡的时局中，雅典又出现了一位重量级改革人物，他就是克里斯提尼。为了重现雅典昔日的辉煌，克里斯提尼在梭伦改革的基础上进一步推行了民主改革措施，从根本上确立了雅典的民主政治制度。

### （一）克里斯提尼改革的背景

当时的希腊社会，婚姻关系、男女关系都缺乏必要的道德规范，并不采取严格的一夫一妻制。不仅如此，整个希腊乃至后来的罗马，断袖之风颇为盛行。庇西特拉图的次子希帕克斯就是一个同性恋者，他喜欢雅典城中一位名叫哈尔摩狄奥斯的美少年。不巧的是，这位美少年当时还有一位同性恋人阿里斯托革顿。为争夺哈尔摩狄奥斯，希帕克斯与阿里斯托革顿发生了冲突。

在公元前 514 年泛雅典娜节这天，阿里斯托革顿和哈尔摩狄奥斯密谋刺杀了希帕克斯。事后，希庇亚斯处死了刺杀弟弟的人犯，也正是此事成为动摇希庇亚斯僭主统治的导火索。

希帕克斯死后，希庇亚斯就像变了个人一样，他感觉雅典城中处处是仇恨和背叛，每个人都是自己的敌人。为清除政治上的障碍，他处死了许多他认为的潜在敌人，变成了一个名副其实的暴君。他的所作所为自然引起了雅典人民的极度不满与痛恨，一时之间，整个雅典阴云密布，一场暴风雨即将来临。

在这种情势之下，雅典城邦内的各派系都在寻找机会试图推翻雅典的僭主政治，而外邦的一些国家，如斯巴达、波斯等，也纷纷参与进来，试图从中分一杯羹。

公元前 510 年，雅典贵族出身的平民领袖克里斯提尼联络斯巴达军队攻进雅典，彻底终结了希庇亚斯的僭主统治，并将希庇亚斯赶出了雅典。之后，克里斯提尼掌握了雅典的大权，雅典也进入了民主政治发展的初级阶段。

### （二）克里斯提尼的改革措施

克里斯提尼出生于雅典非常有权势的阿尔克迈翁家族。庇西特拉图当政期间，他的父亲迈加克里斯是“海岸派”代表人物，后来因反对僭主政治，其族人被全部流放海外。在流亡期间，他们重建了于公元前 548 年被烧毁的德尔菲阿波罗神庙，因此获得了全希腊人的赞誉。

迈加克里斯去世后，克里斯提尼便成为家族的首领。在希庇亚斯统治期间，克里斯提尼还担任过执政官。几经周折，他推翻了希庇亚斯的僭主政治，并以首席执政官的身份再一次点燃了雅典政治制度改革的熊熊烈火。

#### 1. 废除了以血缘为基础的部族组织关系

克里斯提尼的改革措施不像庇西特拉图那样简单、强硬，而与梭伦的手段非常相似。克里斯提尼始终坚持以一种温和的方式推进民主政治改革，因此他的整体改革理念都是在保留梭伦建立的政治体制的基础上进行的，他的改革相当于对雅典的政治体制进行修正和扩充。

克里斯提尼实施改革的第一项措施是将梭伦创立的 400 人会议改为 500 人会议，两者的区别不仅在于多了 100 人。我们知道，梭伦改革时设立的 400 人会议是建立在雅典传统的部落血缘关系基础之上的，由雅典 4 个部落分别选出 100 人。而克里斯提尼采取了一种新的方式，他首先将 4 个部落全部打散，然后按照地理状况将雅典划分为 10 个地区，再以区域为单位，每个区域以抽签的方式选出 50 人，组成新的 500 人会议。这种选举方式彻底脱离了原来以血缘为纽带的组织关系，使雅典完成了从氏族部落制度向国家制度的第一次转变。

与此同时，500 人会议的权力也得到了扩展，除了要为公民大会准备议案，所有议题均由成员讨论，公民大会也由他们主持。另外，他们还要与各部门官员一起处理雅典所有的公共事务。分配任务时，500 名成员需先以抽签的方式分为 10 组，轮流值班。在值班这天，不论公民的身份、地位、财富如何，他们就是雅典城邦地位最高的公职人员，有权处理城邦内的一切公务活动。

### 2. 成立“十将军委员会”

在克里斯提尼执政期间，雅典仍采取 9 名执政官这一制度，并未设立将军或首领。一旦发生战事，军队的指挥权属于军事执政官。为此，克里斯提尼又采取了一项新举措，即从 10 个部落当中分别选出一位将军，组成十将军委员会，由雅典的军事执政官担任主席。如有需要，10 位将军可直接担任雅典海军舰队的指挥官。

10 位将军的职权由公民大会投票表决，每位将军还要向公民大会汇报工作并受其监督。将军同样有权参加 500 人会议，有时还被指定为国家代表与其他城邦进行谈判、订立条约等，但条约必须经公民大会批准才有效。

需要注意的是，“十将军”任职期间，不但没有薪饷，还要自己出资为军队置办装备，所以“十将军”的职务只有富有的人才有能力担当。所以，该职位不能以抽签的方式产生，只能由公民大会选举产生，并可以连任。

此后，随着民主政治的发展，“十将军”的职能变得越来越广泛，他们不仅掌握着军队的指挥权，而且会对城邦的内外关系进行指导，因此，这一职务逐渐成为贵族阶层意图掌握的要职。而原来的9名执政官，包括军事执政官在内，其权力被逐渐削弱。

### 3. 实施陶片放逐法

为扩大民主权利，克里斯提尼又制定了一项新的律法——以一种秘密投票的方式，让全体公民决定是否对某位掌握实权的公民实施政治流放。投票的方式比较特别——公民将他们认为有罪的人的名字写在陶片上（有时也用贝壳），然后将写有名字的陶片放在一个特定的地方，再由专人将结果整理出来。

当然，雅典有4万多公民，全部参与投票是不可能的，但只要参与者达到6000人，就可以召开公民大会进行投票。如果投票结果显示某个人的名字在陶片上出现超过3000次，那么此人就要被流放外邦10年，但其在城邦内的财产不会受到影响。如果在此期间他遵守规定，流放期满后可以重新返回雅典，拿回财产，恢复公民权。如果他愿意，还可以恢复公职。但他若在流放期间试图回国，则会被处以死刑。

这种方式对雅典的官员们，尤其是对贵族阶层的官员，是一种非常有效的监督。一旦某人的违法行为被发现，他的名字就可能出现在陶片上，继而被流放，到希腊其他城邦中艰难度日。

陶片放逐法不失为一种巩固公民权益、监督官员的好方法，但事实上，它也有无法克服的弊病，那就是可能导致广大公民滥用自己手中的权力。要知道，绝大多数公民在选择让某个人流放时通常难以保持绝对理性，很容易被一些政治家鼓动。因此，公民在选择要流放谁时，未必都经过深思熟虑，判决也未必公正。

为避免出现这种情况，陶片放逐法在运用时十分谨慎。首先要经过500人会议提议，向公民大会提出申请，公民大会表决同意后，才能按部就班地实施。所以，该措施自公元前6世纪末确立，在公元前5世纪下半叶被彻底废除，在长达90年的施行时间里，只有10个人被执行了流放。

但是，到了雅典民主政治的后期，陶片放逐法还是不可避免地产生了一些负面影响。在一些党派斗争中，政客们为了争夺更多民众的支持，打着民主的口号，鼓动民众以这种方法协助自己打击政敌。这种做法使陶片放逐法失去了最初维护民主秩序的作用，甚至很大程度上导致了无政府主义的泛滥。

### （1）被流放的地米斯托克利

现在谈到雅典的海上帝国时，人们第一个想到的可能是伯里克利，却常常忽略促使雅典开始发展海军的地米斯托克利。

地米斯托克利出生于雅典的一个商人家庭，由于他的母亲来自异邦，他从小就备受雅典贵族子弟的歧视。不过这并未令他消沉，反而激发了他奋发向上的动力，让他成长为一个优秀的人。

地米斯托克利所处的正是雅典风起云涌的时代。公元前493年，地米斯托克利出任雅典首席执政官，随即着手组建海军。公元前490年，波斯王大流士一世派遣海军入侵雅典，第一次希波战争爆发。雅典军队在海军将领米太亚德的率领下，前往波斯军队的驻地——

马拉松平原，在这里与波斯大军展开激战，并最终取得了马拉松战役的胜利。

当所有雅典人都认为希波战争已经结束时，地米斯托克利却坚定地认为马拉松战役并不代表战争的结束，而是更激烈的搏斗的开始。海军才是雅典未来的军事希望所在。果然，公元前 480 年，波斯新王薛西斯一世亲率 30 万陆军及 1000 艘战舰再次进军希腊。面对波斯大军压境，雅典全城立即进入备战状态。这一次，地米斯托克利亲任主帅，与其他希腊城邦组成联盟，共抗波斯。

地米斯托克利在马拉松战役后组建的雅典海军终于派上了用场，他将全部的战舰都集结到萨拉米湾，指挥雅典海军发挥船小速度快的优势不断向波斯战舰发起冲击，最终击溃了波斯舰队主力，解除了希腊的危机。而地米斯托克利也因这一战绩获得了极高的荣誉，希波战争结束后，地米斯托克利成功地掌控了雅典政权。

然而到晚年时，地米斯托克利却好像变了一个人，变得飞扬跋扈，甚至开始贪污受贿，原本希腊人心目中的大英雄开始遭人唾弃。公元前 471 年，雅典人动用陶片放逐法，将不可一世的地米斯托克利流放异邦。据说，后来地米斯托克利还被雅典人认定犯有通敌罪，遭到整个希腊的通缉，他不得不逃往波斯帝国。公元前 459 年，雅典人与波斯人对峙，波斯国王希望地米斯托克利能带领波斯军队对战雅典军队，但地米斯托克利不愿意与自己的祖国为敌，两难之下，最终选择亲手结束了自己的生命。

（2）被放逐的阿里斯提德

阿里斯提德是雅典著名的政治家、军事家，曾协助克里斯提尼推翻了僭主政治，建立了雅典民主政治，在民间享有极高的声誉。

在太平年代，一个人的声誉太高，背后就可能会有嫉妒的目光，阿里斯提德也没能幸免。政敌们开始散布各种关于阿里斯提德篡权、贪污等谣言，导致人民对他的盛名逐渐心怀不满。

在这种情况下，陶片放逐法又发挥了作用。一年一度的公民大会召开，公民开始投票，选出一个危害城邦安全的人，将其放逐出境。据说在投票过程中，阿里斯提德在雅典城中遇到一个目不识丁的乡下公民请他帮忙。这位公民不会写字，但他想将阿里斯提德的名字写在陶片上，于是请求迎面遇到的阿里斯提德帮助他。

阿里斯提德很吃惊，就问这个乡下人为什么希望流放阿里斯提德。是因为阿里斯提德做错了什么吗？乡下人却回答说，自己根本不认识阿里斯提德，也不知道他有没有做过坏事，只不过他总听到别人称呼阿里斯提德为“公正的阿里斯提德”，这令他感到厌烦，所以想将阿里斯提德放逐。面对这位公民的请求，阿里斯提德就把自己的名字写到了陶片上。

最终，阿里斯提德被流放外邦，但不到 10 年，薛西斯再次入侵希腊，公民大会投票决议，将他召回。

（3）被人民怀疑的伯里克利

伯里克利是古希腊民主政治的杰出代表、古希腊著名的政治家之一，曾为雅典民主政治的发展做出了卓越的贡献。然而，到伯里克利统治晚期，陶片放逐法也差一点波及他自己。

伯里克利统治雅典长达 30 年之久，在他的领导下，雅典的商品经济、民主政治、海上霸权及古典文化等都日臻繁荣，伯里克利本人更是成为后世西方推行民主政治的人纷纷效仿的榜样。然而这样一位出色的政治家，到执政晚期依然遭到了雅典人民的怀疑：一个位高权重、执掌雅典政权这么多年的人，难道真的没干过一点坏事吗？我们是不是也应该将他流放呢？

得知自己遭到雅典人民的怀疑，伯里克利又惊又怕，立刻在雅典城中心发表了一篇声泪俱下的演讲，历数自己对雅典的贡献以及对雅典人民的忠诚，最终感动了雅典人民，才免遭流放之苦。

由以上三个案例可以看出，陶片放逐法在一定程度上维护了公民的权益，体现了雅典民主政治的广泛性，同时有效地约束了贵族阶层，保证了国家和民主秩序的安宁与稳定。但是，陶片放逐法在保证民主制度的同时，也传达出更深层次的意义：如果没有符合正义精神的法律护航，片面的民主未必是人民之福。

不过，这些瑕疵不能完全掩盖它的创始人克里斯提尼为雅典民主政治做出的贡献。如果说雅典是古希腊民主政治的摇篮，那么克里斯提尼称得上是雅典的民主政治之父。他的改革为雅典民主体制奠定了坚实的基础。

## 六、伯里克利改革

伯里克利被称为“雅典帝国的宙斯”。在伯里克利主政期间，雅典无论在军事、经济、政治还是文化上，都迈入了巅峰时期。这一时期的政治发展也代表了古代民主所能达到的最高成就，体现了古希腊人超凡的政治想象力和创造精神。

普鲁塔克在《希腊罗马名人传》中这样评价伯里克利：“他

把雅典以及雅典拥有的一切都掌握在自己手中——贡税、军队、军舰、岛屿、大海、从希腊到外国得到的广大权利，以及由许多沉浮的民族、友好的国王、结盟的统治者作屏障的霸权。”与伯里克利同时代的历史学家修昔底德也称：“虽然雅典在名义上实行民主政治，事实上，其权力掌握在第一个公民（指伯里克利）手中。”

由于掌控的权力过大，雅典人民担心伯里克利成为第二个庇西特拉图，因此要求他发誓永远不当僭主。在雅典这样一个极度反对个人权势的国家，伯里克利是如何掌握如此大的权力，且掌权长达 30 年之久的呢？伯里克利的一系列改革措施究竟使雅典实现了民主制，还是成为一种变相的僭主制？下面我来详细阐述。

### （一）伯里克利改革的社会背景

伯里克利出身雅典名门，他的父亲克山提伯斯是一位雅典海军舰队的司令官，母亲是雅典民主政治奠基人克里斯提尼的侄女，因此，伯里克利从小就受到了良好的教育。

青年时期的伯里克利，是在希腊同盟抗击波斯侵略者的岁月中度过的。在这场战争中，雅典与同盟国勠力同心，凭借海上舰队强大的战斗力取得了辉煌胜利，大败波斯大军，雅典也因此一跃成为希腊最强大的城邦，经济繁荣，文化昌盛。

当时雅典的民主改革虽然在一定程度上缩小了贫富差距，缓和了社会矛盾，但由于改革让底层平民获得了太多的权益，导致上层贵族阶级的利益受到了重创。在这种情况下，贵族阶层一直试图团结起来，与民主制度进行对抗。

公元前 472 年，希腊城邦红极一时的英雄人物地米斯托克利

雅典民主制领袖伯里克利

遭到流放。而另一位马拉松战役的指挥者米太亚德及其追随者开始在雅典逐渐拥有影响力。米太亚德死后，他的儿子客蒙开始崭露头角。

公元前 478 年，客蒙当上了雅典的将军，参与组建了提洛同盟，建立了雅典的海上霸权。但是，客蒙代表的是雅典的保守贵族派势力，而且随着雅典海上霸权的建立，他开始变得专横霸道。他的行为渐渐引起了雅典人民的不满，加上他一贯坚持“亲斯巴达”政策，更是直接将他推向了失败的深渊。

公元前 461 年，在伯里克利和其他雅典民主派政治家的联合弹劾下，客蒙被流放。不久，伯里克利登上了雅典的政治舞台，成为雅典民主派和国家政权的重要领导人物。紧接着，伯里克利开始推行一系列行之有效的改革措施，进一步将雅典的民主政治制度推向顶峰。

### （二）伯里克利改革的具体内容

经过之前梭伦、克里斯提尼的民主改革，雅典的民主政治已经取得很大的发展，而伯里克利又在梭伦、克里斯提尼改革的基础之上，对雅典的民主制度进行了完善，进一步扩大了平民的权益，使雅典的民主政治日臻完善。具体来说，伯里克利的改革包括下面几个方面。

#### 1. 完善雅典的立法机构

与梭伦、克里斯提尼一样，伯里克利上台后做的第一件事就是完善雅典的立法机构。

首先，伯里克利剥夺了客蒙执政时期贵族院获取的政治权力，将其归还公民大会、500 人会议和陪审法庭。从那之后，贵族院只被允许处理一些宗教事务，或者审理一些与宗教有关的案件。公民大会、500 人会议和陪审法庭摆脱了贵族院的牵制和干扰，再次成为雅典的最高立法机关和最高权力机关。

当然，公民大会仍然存在以前的问题，那就是不可能让所有公民都参与每一项政治事务，大约仅有 2000 人能够参加每个月的公民大会。

500 人会议的成员除了沿袭梭伦改革时订立的规矩——采取抽签的方法选出，伯里克利还创造了一种非常有趣、非常文雅的选举方法——背诵诗文选举法。他规定，想成为议员的人，至少要能背诵一段《荷马史诗》或《神谱》中的内容，这是成为一名议员的基本条件。

不仅如此，伯里克利还向广大公民放开雅典的各级官职的任职资格。到公元前 457 年前后，第三等级的公民已经被允许通过选举的方式担任执政官，到了后来，即使最低等级的公民也开始被允许担任此职。但这一政策只有在官员拥有一定财产的情况下才能顺利实施，对于第四等级的穷人来说，他们仍然没有履行公职的能力。为解决这一问题，伯里克利规定，国家给那些担任执政官的人和 500 人会议的成员每人支付一份不错的津贴。如此一来，雅典全体男性公民基本都能不受财产限制，通过抽签、选举和背诵诗文的方式获得出任国家各级官职的权力和机会。

此外，伯里克利还将 500 人会议划分为 10 个“50 人委员会”，50 人委员会成员的身份、地位相同，不分高低。然后，他又将一年分为 10 个周期，每个周期约 36 天，50 人委员会各自在一个周期内执政。

在当值的周期内，每天早晨 50 人委员会都要召开晨会，以投票选举的方式选出一位委员会主席。这位主席就是这一天的国家最高领导人，负责决定国家的一切重要事务。这样，所有雅典公民都有成为国家最高领导人的机会。这也意味着雅典各级官职都向公民开放，所有机构的运转仍然坚持集体领导和少数服从多数的原则，这为公民提供了当时的社会条件下最广泛、最公平的参政机会。

用亚里士多德的话来说，雅典这种制度就是“轮流统治与被统治”，公民人人平等，人人都有参政议政的权利。一个人会统治其他人，也会被其他人统治。在伯里克利看来，这样的雅典才是真正公平、民主的雅典，就像他自己说的那样，这时雅典的国家权力不掌握在少数人手中，而是由全体人民掌握。

虽然按今天的眼光来看，这种制度存在很多弊端，但就当时的雅典来说，它仍然具有一定的先进性和优越性。因为希腊城邦最大的特点就是“小国寡民”，而这一特点对直接民主的推行十分有利。同时，直接民主又可以充分调动全国的力量，进行国家建设。

世上原本就没有完美的政治制度，任何政治制度都存在其合理性和局限性，能够顺应历史的发展潮流，推动本国的政治、经济、文化发展，就应当予以肯定。从这个角度来说，伯里克利的立法改革算是可圈可点。

### 2. 降低行政机构的门槛

在早期的雅典，9 名执政官联合执政，后来克里斯提尼设立了十将军委员会，导致9名执政官的权力被削弱。到伯里克利时期，9名执政官已是徒有虚名，最多只负责国家的一些宗教事务，真正掌握军政实权的是十将军委员会。不过，伯里克利的主要权力并非来自执政官，而是来自首席将军，其他9位将军都必须听命于他。因此，雅典虽说在实行民主政治，但实际上是由伯里克利一人统治。

幸运的是，伯里克利是个公正无私的政治人物，在处理事务时总会先从国家、人民的利益出发。比如，为了让更多的公民参与国家的军政大事，伯里克利降低了十将军委员会成员的选拔门槛，其结果就是所有雅典公民，不论身处第几等级，只要有能力，并获得人民的拥戴，都可以成为十将军委员会的成员。

表面上看，行政机构的门槛降低了，雅典变得越来越民主，但这一政策却为后来党派相互倾轧埋下了伏笔。普鲁塔克在《伯里克利传》中曾评价道，伯里克利为雅典公民“灌注了大量纯粹的自由”，使他们变得“桀骜难驯，有如野马”，不再有耐性听从指挥，只有伯里克利能够说服和引导他们。一些古代西方作家甚至将伯里克利实行的民主当成一种花招：他给予人民太多的权利，然后控制他们，借由人民的名义获取个人权势。

伯里克利之后的民主派领袖都缺少伯里克利的威望和能力，他们要想扩大影响力、维护自己的统治，就不得不一味地讨好民众，哪怕民众的想法是错误的。所以很多人也认为伯里克利是雅典衰落的始作俑者，他用民主政治和各种津贴讨好人民，使他们忘乎所以，难以控制，最终使雅典走上了不归路。

### 3. 整顿雅典的司法机构

伯里克利统治时期，6000 人陪审法庭依然是雅典最高的司法与监察机关，任何超过 30 岁的雅典男性公民都可以在法庭上担任陪审员。每年年初，雅典都会采取抽签的方式，从适龄公民中选出 6000 名陪审团成员，陪审员登记注册后便可以审理案件。为了鼓励公民们积极参与，伯里克利还给陪审团成员发工资，每天发放 2 欧布鲁斯[1]。到公元前 5 世纪后期，这一标准又提高到 3 欧布鲁斯。

从伯里克利采取的上述措施中可以看出，到这一时期，雅典的法制建设已经基本完成。从最早奉行司法女神忒弥斯、正义女神狄克以及一些不成文的部落习俗法，到德拉古、梭伦等人推进成文立法，再到伯里克利时代形成的普遍法制，雅典的法律可谓逐渐走向了民主和规范。但是，建立法律制度不等于已经实现依法治国。对一个国家来说，法律制度再健全、再完美，如果公民不能自觉遵守、不能依法办事，那么这个国家距离依法治国仍然还有很长的路要走，而伯里克利时代的雅典正是如此。

比如，虽然雅典法律规定任何人都必须遵守法律，否则就要受到法律的惩罚，但现实情况是，一些贵族的习俗仍在沿袭，而公民即使触犯了法律，只要犯的不是谋杀、亵渎神灵或叛国等大罪，通常都可以“破财免灾”。但是法律对待奴隶问题时十分苛刻，奴隶即使犯了很轻的罪也会被处以重刑，会被处死。

而且，在执行死刑的时候，公民和奴隶面临的行刑方式也有

---

[1] 一种古希腊银币。

很大的区别。公民犯了死罪、被处于死刑的时候一般会采取比较温和的做法，如苏格拉底是喝下毒酒而死的。但其实，苏格拉底喝的并不是毒酒，而是一种有毒的萝卜汁。喝下这种液体后，人会全身麻痹，最终死亡，整个过程不会有太大的痛苦。但是，奴隶一旦被处以死刑，基本都是被乱棍打死的。

由此可见，在雅典社会，不同身份的人享受的法律地位和权利是不同的，接受的惩罚也是不同的。当然，这并不能否认伯里克利为雅典做出的贡献，毕竟一个国家的法律制度不是完全交由一个人来制定和完善的。而且，除了在民主方面的推进，伯里克利在对外贸易，尤其是海外殖民扩张方面，同样做出了很大的贡献。

#### 4. 推动海外殖民经济的发展

伯里克利虽然在雅典国内实行民主，但在对外殖民方面极其专横霸道。在对外政策上，伯里克利一直以扩大雅典的势力和利益为根本原则，力图在控制提洛同盟的基础上，形成足以对抗以斯巴达为首的伯罗奔尼撒同盟的力量，从而使雅典在希腊地区占据海陆两方面的优势和霸权地位。

公元前 458 年，雅典出兵攻打斯巴达的同盟科林斯和埃基那并获得胜利，埃基那沦为雅典的附属国。第二年，伯里克利还在雅典与比雷埃夫斯港之间修筑了长达数公里的“雅典长城”，加强陆地防御力量。

公元前 454 年，伯里克利又率领雅典海军侵袭伯罗奔尼撒半岛的周围地区，重点攻打科林斯湾一带的城邦，并逐渐控制了当地诸城邦。对于不服从的城邦，伯里克利进行了残酷的镇压活动，派出驻军和监察官，在当地建立宣誓永远效忠雅典的傀儡政府。

与此同时，伯里克利还竭尽全力加强对盟邦的控制，将提洛同盟变成了雅典的海上属国，同盟金库也从提洛岛迁到雅典，由雅典支配；同盟会议也不再召开，雅典统一发号施令，处理同盟的内部事务。至此，雅典在希腊半岛的势力达到了顶峰。

公元前 448 年，伯里克利又开始发动外交攻势，派雅典使节到各城邦派发邀约，邀请希腊各邦人员参加在雅典召开的泛希腊大会。雅典此举的目的是想以盟主身份执希腊世界之牛耳，不想却遭到了伯罗奔尼撒同盟的拒绝。第二年，战事再起，斯巴达大军逼近阿提卡半岛，伯里克利率军平息了战事。此后，雅典与伯罗奔尼撒同盟达成了为期 30 年的和平约定。在此期间，伯里克利不仅完全控制了爱琴海，就连黑海地区也变成了雅典海军的驻地。

但事物的发展是有规律的，正所谓“盛极必衰，物极必反”，此理亘古不变。在伯里克利统治后期，雅典陆续出现了各种问题。首先，雅典的民主体制决定了它难以长期控制其海外势力；其次，雅典的农业极不发达，需要依赖从黑海地区进口粮食，这也使雅典缺乏强大的陆军来抵抗外敌；再次，希波战争结束后，虽然波斯退出了希腊地区，但其凭借强大的财力在支援雅典的敌人。种种形势决定了雅典帝国难以长久维系。伯里克利的改革和统治虽然将雅典推向了辉煌，但也不可挽回地导致了它的没落。

### 5. 注重雅典的文化建设

伯里克利一向崇尚文学与艺术，年轻时他出资自导自演了埃斯库罗斯的著名悲剧作品《波斯人》。这一作品在当时获得了极

伯里克利时期重建的帕特农神庙复原模型

大的反响，不仅让他一夜成名，也为他日后从政打下了很好的人际关系基础。

掌握政权后，伯里克利更是成为古典希腊文化的推崇者和倡导者。他的理想和抱负不仅是让雅典成为希腊霸主，还要使雅典成为“全希腊的学校”。因此，伯里克利时代也成为希腊古典文化高度繁荣的时代，我们现在熟知的许多文化名人和艺术大师都荟萃于当时的雅典，聚集在伯里克利周围讲学授课，追求文学、哲学、艺术、科学的新高度。这些人包括哲学家阿那克萨戈拉、苏格拉底，历史学家希罗多德、修昔底德，剧作家索福克勒斯、欧里庇得斯，雕塑家菲狄亚斯，等等。这些人给了伯里克利很多灵感和意见，而他则为这些艺术大师和文化名人提供了诸多经济上的资助。

希波战争时期，雅典曾被波斯军队占领，大约在公元前 480 年前后，雅典卫城遭到波斯人的破坏。公元前 447 年，战争结束后，伯里克利动用同盟金库的储备，重新修建卫城，并先后兴建了帕特农神庙、赫淮斯托斯神庙等神庙以及这些建筑中的各种雕像、浮雕等精美绝伦的艺术杰作，为古希腊乃至整个西方世界的古典文化留下了宝贵的遗产。

### （三）伯里克利的品行及生活

翻看伯里克利的生平，就像打开了一份政府官员的履历一般。虽然后人将“伯里克利时代”喊得非常响亮，但伯里克利本人既没有战无不胜的盖世功绩，也没有傲视天下的霸主气魄。在《希腊罗马名人传》中，普鲁塔克曾这样评价伯里克利：“作为将领，伯里克利以稳健著称，他从不打没有大把握的冒险仗。对于那些冒险作战，侥幸获胜，被奉为伟大将领的人，他不羡慕，也不去效法。他常常对人民说，只要他执掌大权，他们就会永远活下去，永远不会去送死。”

种种迹象表明，伯里克利是一个非常谨慎的领导人，也是一个低调且很有风度的领导人。据普鲁塔克说，在雅典城中，伯里克利只走一条路，就是去市场和议事厅的路，至于宴会一类的娱乐场所，他从不涉足，也从不收受什么礼品。哪怕是朋友或家人之间的聚会，他也很少参加，因为“亲密的聚会会使外表上的庄严不易维持”。

当然，作为一名民主派的政治领袖，伯里克利不可避免地会得罪一些人，甚至会遭到政敌的攻击和辱骂。但即使如此，他也从不还嘴。普鲁塔克讲述了一个著名的故事，生动形象地展现了伯里克利的耐性和风度。

> 一次，伯里克利遇到一个粗鄙的人。这个人守在伯里克利工作的地方，早晨见伯里克利来上班后，开始破口大骂。伯里克利忙着处理公务，就忍着不吭声。下班回家的路上，这个人又跟在伯里克利的后面，一直不停地辱骂他，一直骂到伯里克利到家。回到家后，伯里克利见天已经黑了，就叫来仆人，让仆人打着灯笼将辱骂他的人送回家。

伯里克利从来不会因为政见不同而报复别人。从个人品行上来看，他称得上是一个高风亮节、一心为公的领导人。正因为这样，黑格尔给了他极高的评价，称他是“古往今来最为伟大的政治家”。

伯里克利一生有两个最爱：一个是他为之奋斗一生的雅典，一个是一位名叫阿斯帕西娅的女子。我们知道，雅典的妇女地位非常低，所以人们只知道阿斯帕西娅来自哲学之乡米利都，于公元前 450 年左右来到雅典。传说她美丽出众、风姿卓绝，更重要的是，她非常有智慧和胆识。据柏拉图记载，虽然阿斯帕西娅是外邦人，但她在雅典创办了一所妇女学校，向全雅典的妇女开放，妇女可以在这里学习音乐、艺术、辩论等课程。甚至连雅典的许多精英人物，比如伯里克利、苏格拉底等，都当过她的学生。不少哲学家和艺术家都是她的座上宾。有人甚至认为，伯里克利的很多政治观点都来自阿斯帕西娅，因为他的演讲稿都是由阿斯帕西娅撰写的。

伯里克利、苏格拉底和阿斯帕西娅

也有一些人认为阿斯帕西娅就是一个交际花，因为在此之前她的确经营过一家妓院。不过，这并不影响伯里克利对她的喜爱和赏识。为了能与阿斯帕西娅在一起，伯里克利与原配妻子离婚了。两人在一起后生下了小伯里克利。遗憾的是，伯里克利改革时制定过一条政策，规定雅典公民可以不分等级跻身朝政，但必须为纯正的雅典公民，即父母双方必须都是雅典人。小伯里克利由于其母的外邦人身份，始终没能成为雅典公民，这恐怕也是伯里克利心中的一大痛楚。

晚年的阿斯帕西娅开始遭到雅典人的抨击，雅典人认为她亵渎了神灵。当时的雅典人十分迷信，认为那些自然科学、天体理论思想都是对神灵的大不敬，哲学家苏格拉底后来就遭受这样的指控，并因此丢了性命。当时，雅典人将阿斯帕西娅告上法庭。据说一向冷静自重的伯里克利为了给她求情，不惜声泪俱下地向陪审员们哀告，阿斯帕西娅因此被免除了死罪。

> 有一幅画是以伯里克利、苏格拉底和阿斯帕西娅为主题的，画中伯里克利站着，坐在他身边的是苏格拉底，阿斯帕西娅在他们对面。画中的苏格拉底被画成了一位老人，这与事实应该有出入。苏格拉底生于公元前 469 年，而伯里克利生于公元前 495 年，伯里克利的年龄要比苏格拉底大许多。据说苏格拉底曾经向阿斯帕西娅请教过辩论术，应该要比阿斯帕西娅年轻一些。所以这幅画并没有严格遵循历史事实，主要是为了渲染一种浪漫的意境。

阿斯帕西娅的出现，不仅深刻地影响了伯里克利的个人生活和政治事业，还影响了当时其他研究政治思想、哲学思想的伟大人物。阿斯帕西娅成为雅典乃至希腊历史上最为著名的女性之一，在雅典城邦的“黄金时代”写下了属于她的一笔。

## 七、雅典民主制的特色与缺点

经历了几次立法与改革，雅典终于有了较为成熟的民主政治体制。下面我简要阐述一下雅典民主政治的优势及一些不可避免的问题。

到底什么才是民主政治？伯里克利在“丧葬演说”中讲了这样一段话，其中就有他对民主一词的定义和理解。

> “我们的制度之所以被称作民主政治，是因为政权在全体公民手中，而不在少数人手中。解决私人争执的时候，考虑的不是某一个特殊阶级的成员，而是他们具备的真正才能。任何人，只要他能够对国家有所贡献，他绝对不会因为贫穷而在政治上默默无闻。在私人生活中，我们是自由的和值得宽恕的；但是在公家事务中，我们要遵守法律。这是因为法律使我们心悦诚服。我可以断言，我们的城邦是全希腊的学校；我可以断言，我们每个公民，在许多生活方面能够独立自主，并且在表现独立自主的时候，能表现得特别温文尔雅和多才多艺。”

我们可以从这段话中总结出伯里克利表述的雅典民主的实质：不论富贵、贫穷，每个人在法律面前都具有同等的权利，也都可以为国家发挥政治才能。

当然，这一实质必须有法律的保证。正如我们前面所说，民主一定要以法律为前提，才能真正被推动。而在雅典的政治生活中，与民主相得益彰的就是法律。雅典人虽然极其珍视公民的个人自由，但这种自由从来没有变得无法无天。解决各阶级的矛盾和冲突基本遵循着一定的法律程序，以暴力和流血手段争权夺利的现象很少见。

与此同时，雅典成了全希腊的“学校”，向全希腊展示自己的民主，并在民主政治、文化生活等方面成为整个希腊城邦的典范。

这应该就是伯里克利追求的民主政治。

由于历史的局限性，这一政治制度虽然独具特色，却也问题重重。

### （一）特色：历史上最狭隘亦最充实的民主政治

之所以说雅典民主政治狭隘，是因为在这种政治制度下，只有极少数人能够享受到真正的民主。伯里克利统治时期，雅典的经济、文化等都达到了鼎盛状态，雅典城邦的人口已经达到了 30 万。但在这 30 多万人中，只有 4.3 万人属于真正的雅典公民，能够享受雅典的民主政治权利。人口中占大多数的妇女、外邦人、奴隶等，被完全排除在外。这样的民主虽然在一定程度上促成了雅典政治、经济、文化的高度繁荣，但也限制了雅典大部分人民的权利和发展。它是伟大文明的催化剂，却也是靠盘剥、压榨非公民来维护社会的暴力机器。

但雅典的民主政治也是最充实的民主政治。因为对可以享受民主权利的 4.3 万人来说，他们有相对平等的机会参与国家事务，享有平等的立法权、选举权和监督权。比如，每个公民都有机会通过抽签的方式成为国家最高权力机构——500 人会议中的一员，而且每人每年都有机会参与一次抽签。从理论上说，只要你参与抽签，就有跻身其中的机会。

6000 人陪审法庭也是如此。陪审法庭中的 6000 名成员每年要通过抽签的方式更新 2000 名，这便保证了每个公民都有机会进入国家的司法机构。

如果一个公民有真才实学，他还可以通过选举被拥立为国家领导人，成为十将军委员会中的一员。尤其到了伯里克利时期，所有高级官员的职位向全体雅典公民开放，不分阶级高低、不分财富多寡。从这一点来说，雅典的民主政治又是最直接、最充分的民主。

### （二）缺点：缺乏专家政治的纷杂低效的民主制度

雅典的民主政治有很大的优越性，但也有非常明显的缺点和不足。

#### 1. 公民大会不负责任

俗话说，兴趣爱好决定生活态度。虽然一部分人很幸运，抽中了“上上签”，得以跻身国家权力机关，但并不是所有人都有兴趣参与其中。何况由于外在环境的影响，参加公民大会的也只有少数人而已，这就导致公民大会只能代表少数人的民主，其中一些成员缺乏责任心和真正的使命感。

#### 2. 政府和公职人员缺乏效能

我们知道，500 人会议的成员都是通过抽签和轮换方式任职的，这就导致了一个严重的问题，即抽中的人并非都是真正有智慧、有才能之人，也可能是愚笨、毫无责任甚至是道德败坏之人。显然，这样的人不能很好地行使手中的权力，为雅典人民服务，也必然导致职能机构在处理国家公务时缺乏效率。

#### 3. 陪审法庭人员缺乏专业知识

6000 人陪审法庭的成员也都是通过抽签的方式选出的，这就导致其中相当多的一部分人缺乏审理案件时必需的法律知识。在对案件进行判决投票时，这些人极容易受情绪和喜好的左右。这也导致后来雅典出现了一种非常时髦的活动——辩论。在法庭上，如果被审判者能够用自己的辩才说服和打动陪审团，那么他就有机会脱罪。

#### 4. 党派之间相互倾轧

由于伯里克利放宽了公民跻身国家要职的门槛，便有大量第三等级、第四等级的公民进入国家的权力机构。这些人与原来担任国家要职的贵族阶层显然不属于同一个派系，他们代表的是中下阶层的平民，大多对贵族阶层怀有仇视心理。他们上台后，不可避免地会设法推翻一些原来贵族阶层实施的政治措施，去推行一些有利于中下阶层的措施；然而当贵族阶层上台后，又会再一次推翻之前的措施，采取更有利于自己的措施。

如此循环往复，不同的党派和阶层陷入了一种相互倾轧的恶性循环，民主政治则沦为不同党派、不同阶层之间争权夺利的工具，最终导致雅典走向了党派争斗和报复政治的深渊。

综合而言，雅典的民主政治具有一定的历史进步性，它开启了西方民主政治的源头，对后世的西方社会产生了深远的影响；但由于古希腊奴隶制社会的本质，这一政治制度本身也包含极大的弊端。

## 八、雅典制度对后世的影响

一直以来，西方都将希腊文明视为自身发展的活水源头，而古典时期的雅典民主制度便是其最有力的佐证。

### （一）孕育了后世西方的政治制度

尽管雅典的政治制度有诸多弊端，但随着不断修改、不断补充，到古罗马时期，政治制度已经相对稳定。最明显的表现就是：议会议员不再每年更换，而是几年换一届，目的是保证政府成员相对稳定；政府成员的职业要求有所提高，国家不再允许对政治一无所知的人在国家机构担任要职。

到了罗马共和国时期，贵族阶层的元老们会在自己的孩子还很小的时候，就将他们带到元老院内学习从事政治活动、处理国家事务。这些孩子长大后会子承父业，成为新的元老。这些做法在很大程度上保证了罗马政治制度的稳定性、有序性和传承性。

### （二）促进了希腊文化生活的繁荣昌盛

雅典民主政治最大的优点就在于它营造了一种开放的、自由的氛围，让所有人都能畅所欲言，表达自己的政治观点和文化态度，而这也是雅典能够在科学、文学、艺术、哲学等领域都获得空前繁荣并出现一大批哲学家、思想家、艺术家的重要原因。当代西方哲学的各个主要派别及伦理学、逻辑学、美学、政治学、法学、建筑学等学科，都可以在以雅典为中心的古希腊文化中追本溯源。此外，在数学、医学和其他学科，雅典人也做出了许多杰出的贡献。所以，伯里克利才会骄傲地宣称："我们的城邦是全希腊的学校。"

在雅典，公民参与国家事务与文化生活时都会前往一个叫作"阿戈拉"的地点，阿戈拉就是广场，位于雅典卫城中。雅典公民每天都聚集在这个广场上，一起讨论国家的政治、经济、文化等问题。像抽签、投票、选举、审理案件等社会活动，都要在广场上进行。当然，宗教祭祀、体育竞技等公共活动也是如此。

历尽沧桑的“阿戈拉”遗址

> 在这里，人们没有长幼尊卑、等级高低、财产多寡之分，每个公民都可以畅所欲言，也可以对任何观点展开激烈的辩论。

正因为存在这样一个开放的场所，雅典的民主政治得以快速推进，雅典的文化生活才得以走向昌盛与辉煌，雅典也才有机会成为当时希腊城邦中的政治与文化楷模。

但是，2000 多年过去了，雅典的辉煌早已成为过眼云烟，“阿戈拉”也早已变成断壁残垣，一片荒芜，不复当年模样。

第V章

# 希腊城邦的宗教

尽管古希腊被称为西方哲学与理性的摇篮，但脱离了宗教的古希腊城邦是不完整的。从某种意义上来说，宗教影响着城邦的方方面面，甚至与城邦保持一种“同呼吸、共命运”的关系。在本章中，我将详细阐述希腊城邦宗教的发展历程及其对后世社会文化的影响。

第I节

# 希腊城邦的文化背景与特点

在公元前338年——马其顿国王腓力二世以军队为后盾建立统一的“科林斯同盟”之前，古希腊一直处于一种城邦林立的状态。前面我们提到，古希腊每个城邦的人口数量都不多，一般不超过几万人，即使如雅典、斯巴达这样的大城邦，人口也只有30万。但是，古希腊城邦的历史却是丰富多彩的，其中最重要的应该是以雅典为代表的民主政治，以及由此衍生的城邦文化和作为文化根基的宗教。

## 一、希腊城邦文化产生的背景与特点

希腊文化的发展大致可以分为三个阶段，分别是神话与史诗阶段、古典阶段和希腊化阶段。其中，古典阶段为希腊文化的全盛时期，这期间不仅涌现出大量不朽的诗歌、戏剧、艺术作品，还诞生了大批文学家、艺术家、哲学家。

古典阶段也是希腊城邦制度迅速发展的重要阶段。数以百计的城邦既是希腊地理环境影响与制约的结果，也是当时希腊社会经济发展和文化进步的结果。反过来，城邦制度又培育了以雅典民主政治为代表的古代民主政治制度，为希腊古典文化在哲学、史学、文学、艺术及宗教等各个领域的繁荣发展奠定了坚实的基础。

所以，希腊城邦文化产生的背景以及它本身所具有的特点，都

科林斯遗址

与希腊城邦制度息息相关、不可分割。

### （一）商业繁荣的希腊诸城邦

对希腊城邦的关注，人们一般会将目光停留在两个城邦上，一个是雅典，另一个是斯巴达，但这并不妨碍希腊其他城邦的发展与繁荣，以及对希腊文化产生影响。比如，在伯罗奔尼撒半岛与阿提卡半岛之间的科林斯，就是除雅典和斯巴达以外，古希腊另一个非常重要的城邦。

#### 1. 科林斯

科林斯可以说是希腊本土知名度仅次于雅典和斯巴达的城邦。如果说雅典的名片是“文化”，斯巴达的名片是“勇武”，那么科林斯的名片就是“富裕”。科林斯坐拥古希腊本土最肥沃的田野，

掌控着古希腊经济贸易的要道科林斯地峡，东西为陆，南北为海，南来北往的人都在此地汇集。虽然科林斯在希腊古风时代和古典时代的多次大型战役中也颇有参与感，但总体来说，科林斯人似乎更乐于享受富裕而舒适的生活，因此，奢侈享乐也成为科林斯城邦的主要特征。

科林斯不仅商业相当发达繁荣，它还是古希腊一个非常著名的风化场所。卫城山上矗立着一座供奉着爱与美之神阿佛洛狄忒的神庙。在当时，神庙中的女祭司不仅要负责神庙内的管理事务，还要充当妓女，并将通过这种方式赚取的钱财用于城邦各项公共事业。

### 2. 麦加拉

麦加拉位于科林斯以东、雅典以西，和科林斯一样，也以商业发达著称。麦加拉还有一个重要特征，就是热衷于建立海外殖民地。它在西西里岛、博斯普鲁斯海峡沿岸都建立了海外殖民地，其中最为著名的就是于公元前658年建立的拜占廷。

尽管麦加拉人并不热衷于各种争斗，一直生活在安静祥和的小城邦里，但由于地理位置的特殊性，加上商业高度发达，它还是与科林斯形成了一种竞争局面，后来甚至成为伯罗奔尼撒战争的导火索。

在古希腊喜剧之父阿里斯托芬创作的《阿卡奈人》中，他以一种戏说的方式讲述了伯罗奔尼撒战争的起因：几个雅典青年喝醉了，跑到麦加拉的一所妓院中诱拐了几名妓女。于是，麦加拉人如法炮制，跑到雅典阿斯帕西娅建立的女子学校中诱拐了几名雅典妇女。这件事让伯里克利非常愤怒，于是便向麦加拉发动了战争。后来斯巴达也加入战争。这场战争最终发展为持续了近 30 年的伯罗奔尼撒战争。

这种说法自然是缺乏史料依据的，但也并非完全是捕风捉影，只能说，这件事在当时产生了一定的影响。但是，无论伯罗奔尼撒战争的爆发是否与麦加拉有关，麦加拉都在这场战争中起到了不可轻视的作用。

### 3. 底比斯

在雅典的北边，还有一个名叫底比斯的城邦，它也是希腊神话中多次出现的城邦。公元前 4 世纪，在伊巴密浓达的领导下，底比斯异军突起，打败了强大的斯巴达，一举成为古希腊城邦中的霸主，与西西里最大的城邦叙拉古势均力敌。只可惜，出于多种原因，底比斯霸权仅仅维持了几十年，后来被北方的马其顿征服。

### 4. 西西里岛上的希腊城邦

在西西里岛上，分布着以叙拉古为代表的多个希腊城邦。这些城邦除了商业繁荣，还有一个共同特征——神秘主义比较盛行，这对希腊哲学的出现和发展产生了巨大的推动作用。

除了上述城邦，位于东方小亚细亚地区的米利都、以弗所等城邦也十分繁华，这些城邦不仅商业发达，科学技术、哲学思想等也具有相当强的实力。这些都在一定程度上影响着希腊城邦文化与宗教的发展。

以弗所遗址

### （二）希腊城邦时代的宗教影响

古希腊的历史总是与神话传说交织在一起。无论是在科学、哲学中，还是在艺术、文化方面，神明的形象总是无处不在、无时不在。戏剧以神明的故事为题材，雕像以神明为模特……古希腊人用自己的智慧，对心目中的神明进行了最广泛、最深入的诠释。

由于古希腊人都是听着各种神话传说长大的，并且一生都生活在非常浓郁的神话氛围中，所以古希腊文化中存在一个特别的领域，这个领域后来被人称作宗教。宗教不仅影响了古希腊人的知识构成，也成为维系古希腊社会中各种关系的重要纽带。从家庭到氏族、到国家，再到整个希腊和泛希腊地区的文化领域，都是依靠宗教信仰凝聚在一起的，可以毫不夸张地说，宗教维系着希腊社会的发展。

正因如此，宗教对古希腊人的意义与其对现代人的意义是完全不同的。在古希腊城邦时代，城邦承载了宗教，同时其本身也被宗教所影响，宗教成为城邦的一种中心意识，构建并诠释了构成城邦认同的所有因素。我们可以这样形容：科学技术对现代人有多大的影响力，那么宗教神话对古希腊人就有多大的影响力。后面我将详细阐述宗教对古希腊城邦生活的方方面面的影响。

### （三）宽阔的海洋与温暖的气候

前面我们说过，在古希腊神话中，智慧女神雅典娜与海神波塞冬曾为争夺雅典而战，最终雅典娜获胜。但这并不代表希腊人不崇拜海神波塞冬，相反，由于希腊城邦多为依海而建，他们对波塞冬也十分崇拜。

古希腊文明版图辽阔，位于地中海的东部，扼欧、亚、非三洲要冲，地理环境为多山环海，地势崎岖不平。在整个古希腊的领土范围内，除伯罗奔尼撒平原外，很难再找到一块肥沃、开阔的平原，其余大多数地方是绵延不绝的山川河道，它们将陆地分割成一块块彼此隔绝的区域，形成了一个个“小国寡民”的城邦。

然而，正是有了浩瀚的海洋，古希腊人才有了在陆地之外更广阔的发展空间。希腊各城邦所在之地，海岸曲折，港口众多，加上地中海温和宜人的气候，古希腊人拥有得天独厚的海洋资源和自然条件。因此，古希腊城邦中的人们虽然不能耕田务农，但可以依靠海洋发展商业贸易。这种以商业为主的生产、生活方式，也导致希腊人特别善于与他人交流，进而与其他地区、城邦、国家产生了广泛的商业往来，进行了各种文化交流。

与此同时，这种生活方式也导致希腊的公共文化日益繁盛，对希腊民主制度的发展以及希腊文化、艺术乃至宗教的繁荣都产生了重要的推动作用。

### （四）贫瘠的土地和优美的景色

古希腊城邦所处的地理环境，在一定程度上影响了古希腊人的性格。由于各城邦几乎都地处海岸，土地贫瘠，耕地匮乏，可用于种植小麦等农作物的耕地不多，导致整个希腊的物产都不是十分丰富。通俗点说就是：古希腊能用于填饱肚子的东西比较少，有些人会经常饿肚子。

但是，整日面对宽广浩瀚的海洋，波澜壮阔的美景会令人心潮澎湃、热血沸腾，这也让古希腊人放弃了很多对物质的追求，转而追求精神上的富足，从而形成了古希腊文化中张扬、浪漫、勇于追求思想自由的个性与精神。

19 世纪著名艺术史家丹纳在其《艺术哲学》一书中指出：古希腊人的生活很简单，对于一个古希腊人来说，通常一个鱼头、几片洋葱、几颗橄榄就可以解决他的一日三餐。然而面对视野开阔、风景秀丽的海洋时，他们又很容易产生无穷无尽的遐想。于是，构思巧妙的文学艺术、神秘莫测的宗教文化，以及高深玄奥的哲学思想等，便由此诞生了。

### （五）征服者对力与美的推崇

由前述可知，希腊城邦的建立并不是民族融合的结果，它伴随着被侵略、被迫迁徙的种种波折。而且，无论希腊本土的城邦，

美丽的爱琴海

还是迁徙到海外的殖民城邦，每个城邦都各自为政。为了生存和发展，这些城邦之间也会不断发生战争，以争夺有限的资源。由于当时的武器都不够先进，为了守住自己的城邦，城邦中的人，尤其是男人，都十分崇尚武力。

在这种环境下，那些身体健壮、骨骼和肌肉都很结实的男子会被视为英雄。为了展示英雄们那完美的身体，城邦在和平时期还会组织各种运动竞技活动，运动员大多裸体竞技，以展现自己的力量与形体美。

所以，古希腊人所崇尚的美与克里特时期那种阴柔、细腻的女性之美完全不同，它更多体现的是一种阳刚之美、力感之美，是古希腊人将力与美推崇到极致的体现。

希腊人喜欢通过人体展现力量之美，这一点在他们崇敬的各种神的雕像上有所体现。希腊城邦时期神的雕像都拥有健美的身材、壮硕的肌肉，展现出一种朝气蓬勃的力量之美。同样，在一些建筑、浮雕及绘画作品中，这一特点也有体现。

直到古希腊城邦走向衰落，历史发展到希腊化时代，这种情况才有所变化，柔美之风逐渐取代了之前的阳刚之美。因此，希腊化时代的很多艺术作品与希腊城邦时代的艺术作品有着相当明显的差别，尽管希腊化时代的艺术品在形式和做工上似乎更加精美、细致，但整体上往往给人一种艳丽、柔弱的感觉，当年那种“大江东去”的气魄已然不再，展现的更多的是一种“低吟浅唱”的阴柔之风。

从这个角度来说，从希腊城邦时代到希腊化时代的文化变迁，其实也是一种时代精神的变迁。

### （六）法治有度的城邦生活

在古希腊文化和艺术当中，“美即和谐”的思想占据着主导地位。“庄严”“恬静”也是它们追求的艺术境界，它们同浪漫的希腊神话一样，都体现了古希腊人对于自由与欢乐的追求，以及对于真和美的歌颂。

不过，由于古希腊是一个法治有度的城邦社会，因此大多数古希腊人虽然追求个性自由，但一直坚守底线，始终遵守着城邦的普遍规则。正因如此，古希腊的诸多艺术品以及希腊宗教，既充满了浪漫情调，又始终不脱离现实社会。

无论希腊的艺术作品，还是希腊宗教，都很少会创造一些奇奇怪怪的东西，它们崇敬的神与自然界中的人是一样的，有正常的肢体、有血肉、有情感，并不是面目狰狞、三头六臂的怪物。当然，也有一些古老的神是人兽杂糅的，但这些神大多是从克里特及迈锡尼时期的神话体系中遗留下来的，并不属于城邦时代主流的神明。

可以毫不夸张地说，希腊人既仰望星空，同时双脚也牢牢扎根于坚实的大地；他们既追求“阳春白雪”，也不会完全忽视“下里巴人”。从这个角度上说，将理想与现实、灵魂与肉体、神灵与凡人完美融合，就是希腊城邦文化的主要特点。

## 二、希腊城邦文化的共同点

希腊不同的城邦由于地域环境和政治制度的不同，其文化风格、宗教信仰等也有所不同。但后人仍然将这些城邦统称为希腊，原因就在于这些城邦的文化存在着许多共性，比如整个古希腊共同信奉的一些神明和英雄。

目前，学术界通常认为，泛希腊地区中最具影响力的宗教中心有三个，分别为德尔菲的阿波罗神庙（希腊人求神谕的圣地）、伯罗奔尼撒的奥林匹亚（通过奥林匹亚竞技会敬拜宙斯）以及厄琉西斯的祭典仪式（对农业女神得墨忒耳的神秘崇拜）。正是这些泛希腊地区的宗教活动和集会，使分散在不同地区，文化风格与宗教信仰迥异的各个城邦中的居民认为自己属于同一民族，通称自己为“希腊人”，称各个城邦的国土为“希腊”。这些共性成为将整个古希腊联系在一起的重要纽带。

### （一）带有各地方言的共同语言

虽然古希腊的200多个城邦遍布在爱琴海沿岸乃至更广阔的

地中海沿岸，由于地域、历史、文化等原因，城邦中的人们说着不同的方言，但希腊人又有属于他们的通用语言，并伴随着城邦的形成创造出了通用的字母文字。这就像我们说的普通话一样，虽然不同省市都有属于自己的方言，但普通话是全国范围内通用的语言。

对于希腊人来说，他们的“普通话”就是当时雅典人说的语言。当时的雅典城邦最为强大，在政治、文化等方面引领着整个希腊的潮流，因此，当时的雅典语言就成为希腊人认可的标准、共同语言。

### （二）共同的精神追求

如前所述，希腊城邦所处的地理环境使希腊人对物质不是太在意，但对精神生活的追求乐此不疲。正因如此，希腊人在有限的时间和空间中，创造出了极其丰富、极其辉煌的文化成就，在文学、艺术、哲学、科学等方面树立了典范。

### （三）对运动的共同爱好

在人类历史发展的长河中，除宗教集会这一古老文化形态外，奥林匹克运动会可以称得上是历史最为悠久的一种社会文化活动。奥林匹克运动会的前身即为奥林匹亚竞技会，它的起源可从文字记载中追溯到公元前 776 年，但在此之前，古代运动会早已经存在。

古希腊人是热爱体育运动的民族，体育运动在古希腊人的社会生活中占据着特殊的地位，这一点很可能与他们崇尚武力有关。从迈锡尼时代一直到多利亚人入侵，再到希腊城邦的建立，希腊的构建属于北方民族南下导致的结果。北方民族崇尚武力，尤其在原始社会末期以及奴隶制度建立的初期，战争和掠夺是社会生活中的主要事件，这就需要人们具备健壮的身体和巨大的力量来为自己和自己的部落争取更大的利益。因此，体育运动便很自然地受到了古希腊人的重视。

据《荷马史诗》记载，在“英雄时代”，希腊人就已经将体育运动当成增强体质、娱乐心灵的活动。公元前 8 世纪前，古希腊已经开始盛行赛跑、射箭、投掷、角力、拳击等竞技活动了。

从公元前 776 年到公元 393 年，希腊人总共举办了 293 次奥林匹亚竞技会。这是古希腊民族共同的爱好与追求，不仅在人类体育发展史上留下了光辉的一页，还成为世界古代文化史上的重要华章。

### （四）共同的爱美之心

无论在古希腊时期，还是在现代，希腊都称得上是一个浪漫、爱美的民族。如前所述，古希腊时期人们崇尚的美充满了阳刚的力量，男人强壮、女人丰满，而且这种阳刚之美也成为后来西方社会审美的基本标准之一。

正因如此，整个古希腊社会创造的艺术作品也都充满了这种统一的美感，无论是建筑、雕塑，还是抽象的宗教、哲学等，其中蕴含的美都是一种明朗、雄伟、壮观并带有一定和谐性、韵律感的美。古希腊社会这种共同的审美标准对后世西方的文艺风格产生了深刻影响。

### （五）相似的宗教信仰与仪式

希腊拥有厚重的宗教历史，从希腊神话中的众神时代起，奥林匹斯山上一直“居住”着多位神明，他们的故事也成为希腊宗教历史的重要组成部分。

古希腊的宗教并非一个单独的体系，而是由一系列包括神话、神学等内容组成的宗教系统，拥有多个分支。但无论哪个分支，都对希腊各城邦的人们产生了深刻的影响。无论希腊人迁移到哪个地方，建立多少个城邦，城邦形成后人们要做的第一件事就是在最重要、最显耀的地方建筑神庙，并在一些重要的节日在神庙举行各种各样的祭拜和宗教仪式。

不仅如此，希腊的宗教仪式大都充满了文艺性，与古代东方那些阴郁悲惨的宗教氛围相比，更像是一场盛大的文艺表演。在希腊人心目中，最美的生活就是与神的生活最接近的生活，也就是宗教祭祀活动。无论是各个城邦当中受政府推崇、公开举行的奥林匹斯诸神祭拜仪式，还是民间的酒神崇拜仪式，人们在聚会上都会通过音乐、舞蹈等欢快的文艺方式将自己对神的崇敬和感激展现出来。

通过前面对克里特、迈锡尼时期宗教的介绍，我们已经得知，城邦时代人们尊崇的神与克里特、迈锡尼时代崇拜的神是有所不同的，但希腊人还是将之前的宗教与由埃及传入的宗教慢慢融合在一起，逐渐形成一个比较完整、统一的宗教体系，而且这种宗教体系还令希腊人产生了强烈的民族认同感，从而将本土及海外的城邦都联系在了一起。

但是，如果将这个宗教体系进行细分，又可以分成不同的分支，即前面提到的社会高层崇尚的奥林匹斯宗教、民间崇尚的地下宗教，以及一种从东方传入的神秘主义宗教。在这三个分支中，奥林匹斯宗教是希腊城邦时代占主流地位的宗教，地下宗教要比奥林匹斯宗教古老得多，所以也有很多人信奉，尤其是社会底层的劳动人民;神秘主义宗教比奥林匹斯宗教产生的时间要晚，但发展到希腊化时代，神秘主义宗教在某种意义上已经取代甚至颠覆了奥林匹斯宗教，最后与罗马时代出现的基督教发生了某些内在联系。

总而言之，由于古希腊宗教的构成十分复杂，加上城邦林立及政体与经济形态各异，希腊人对神灵的崇拜和信仰也有所不同。但是，古希腊神人同形同性的特点却非常鲜明，这些可以从希腊绚丽多彩的神话传说中了解。希腊人崇拜的神，其实就是现实世界中人的提升。有些神本身就是由人转化而来的，所以希腊的神普遍具有人的形体、思想、性格和行为，只不过他们比人更强壮、更健美，而且能够长生不老；他们的战斗力比人更强，比人更奢侈。他们也像人一样，具有七情六欲，会表现出勇敢或胆怯、诚实或奸诈、慷慨或小气、高雅或低俗等行为，甚至具有嫉妒心、虚荣心、报复心，等等。这一切，恰恰使希腊宗教具有了某种真实的美感，为后来世界各族人民所热爱和传颂。

第II节

## 奥林匹斯宗教

在古希腊，每四年要举行一次奥林匹亚竞技会，目的是祭拜住在奥林匹斯山上的诸位神灵。这是全希腊最隆重的盛会，几乎所有古希腊城邦都会派运动员参加。面对数以万计的热情观众和震耳欲聋的欢呼声，竞技者们以自己健美的形体、发达的肌肉和矫健的身手表达对奥林匹斯山上诸神的崇拜和对荣誉的热爱。

奥林匹斯山位于古希腊北部，是一座常年积雪的山峰。在希腊语中，“奥林匹斯”意为“光之处”，这座山在希腊神话中也被称为“天堂”。古希腊人认为，天堂是可以到达的，只要将古希腊的三座山峰叠加在一起就能形成天梯，直达天堂。而奥林匹斯山正好位于天梯的最上端，是距离天堂最近的地方。后来人们甚至开始相信，奥林匹斯山与天堂相连。换句话说，神灵就住在奥林匹斯山上，以高山为中心，执掌着整个世界。而各种竞技活动和宗教仪式，就是为了向山上的神灵们献祭。

前面提到，古希腊人崇拜的奥林匹斯宗教是由以主神宙斯为首的两代神明构成的，但事实上，奥林匹斯宗教本身就是历史融合的结果，是各种宗教源流汇聚的产物。

## 一、奥林匹斯宗教的产生

关于神灵系统的产生，前面在提到赫西俄德的《神谱》时已经做过介绍。在神话中，奥林匹斯诸神身上的“人性”往往超过了“神性”，他们与人类一样，有着各自的性格、嗜好、优点、缺点、理智以及情欲。由此可见，古希腊的宗教并不是由传教士、预言家或某位圣人创造的，而是依靠诗人、艺术家通过神话传说的形式发展起来的。这种神话故事中的神灵观念成为古希腊城邦时代宗教的核心，并为古希腊宗教确立了一个神灵观念信仰体系。

## （一）文化融合的历史结果

之前我们讲《荷马史诗》时提到，曾有一些神明参加了特洛伊战争，他们分别支持希腊人（阿卡亚人）和特洛伊人，而且这些神都是有名有姓、有模有样的。由此可见，这些神明早在迈锡尼时代就已经被北方人带到希腊大地上，与本土神明或者从南方传来的更古老的神明相互融合。

这种融合也使奥林匹斯神族的范围不断扩大。举例来说，农神得墨忒耳就是从古老的对万物生长发育的崇拜中发展而来的，最后被融入奥林匹斯宗教。同样，还有酒神狄奥尼索斯，在奥林匹斯宗教当中，他始终是个不受重视、难登大雅之堂的神，显然他原来并不属于奥林匹斯神体系。

有些研究者甚至认为，在奥林匹斯诸神中，除了雅典娜这个比较好斗的女神，其他女神大多是从古老宗教中传承演变来的神，她们大多与婚姻、生育、万物的收获等事物有关，而与战争没有直接的关系。我们知道，北方人崇尚武力，古希腊人从北方带来的神通常是喜爱打仗、崇尚征服的神。由此可以证明，奥林匹斯宗教本身就是南北方诸神融合的产物。在这种融合稳定之后，融合后的宗教对希腊本土及各个城邦的人民都产生了极大的影响。

## （二）天神地祇各司其职

奥林匹斯神系的组织形式像一个大家族，以“家长”为中心，大家共同管理人类，决定人类的命运与世界的进程。这个家族共有十几位主要成员，其他的都是附属成员，所以我们称奥林匹斯宗教是一个多神教。更神奇的是，最初，每一位神都象征着某种自然现象；而后来发展出的年轻的神又象征着某种社会现象。

从这种安排中可以看出，奥林匹斯宗教其实是以神话的方式，表达希腊人对自然、对社会的种种看法、理解与感悟。很显然，这种宗教模式与人们的生活是息息相关的。

按照奥林匹斯宗教的观点，这些主宰着自然与社会的天神地祇也像人类一样具有情感、思想，也能生儿育女。神与神结合后生下的孩子，自然是新一代的神；但因为具有情感，神也会垂涎人间的俊男美女，而神与凡人结合后生下的孩子，被称为“半神”，也叫“英雄”。英雄与神是血脉相关、休戚与共的，他们不仅身份高贵，而且都非常有本事。

如此一来，构成奥林匹斯宗教的成员中不但有神，还有一批英雄。所以后人在整理古希腊神话故事时，通常会将这些故事分为神的故事和英雄传说两个部分。在古希腊城邦时代，神和英雄都是人们尊崇的对象。

### （三）游吟诗人的传唱

前面提到过，古希腊人在举行宗教祭祀或宗教仪式时，都以一种大型表演的形式来进行，人们载歌载舞，尽情欢歌。诗人们会在仪式上朗诵诗歌，歌者将诗歌吟唱出来，舞者伴着歌声起舞。表演中通常还会有乐器伴奏，如三弦琴、七弦琴等。

总之，古希腊的宗教活动就是通过这样一种游吟传唱的方式，将神和英雄的故事传给后来一代又一代希腊人。所以荷马、赫西俄德等人虽然生活在“黑暗时代”，但他们整理的关于神、关于英雄的故事，对后来古希腊城邦的出现，尤其是对古希腊宗教文

游吟诗人的传唱

化的建立，都起到了重要的奠基作用。

## （四）“历史之父”希罗多德

公元前 5 世纪，一位被誉为“历史之父”的人撰写了一本名为《历史学》的著作，这个人就是我们前文提到的希罗多德。希罗多德在谈到荷马与赫西俄德时，字里行间充满了敬仰之情，他这样说：“荷马与赫西俄德的时代比我的时代不会早过四百年，是他们把诸神的家世教给希腊人，把他们的名字、尊荣和技艺教给所有的人，并且描述出了他们的外形。”

的确，荷马和赫西俄德都生活在公元前 9 世纪到公元前 8 世纪期间，只比希罗多德生活的时代早三四百年而已，但他们将诸神

“历史之父”希罗多德

的名字、容貌、技艺等全部描述出来，用传唱的形式流传下来，让每一个希腊人都能非常清晰、非常直观地信仰、尊奉他们的神。所以希罗多德不无崇拜地称，希腊人都生活在“荷马和赫西俄德的气息之中”，希腊人的“所有教养都是从荷马和赫西俄德那儿获得的”。

神话传说之于古希腊人，就如同科学技术之于我们现代人，像空气一般不可缺少。正因如此，每一代希腊人对他们崇拜的神都如数家珍。此后在古希腊，哲学逐渐取代了宗教和对诸神的信仰，虽然希腊人采取了一种更加理性与文明的模式解读自然秩序及人类社会，但宗教的烙印依然在他们的思想和理论之中得以体现。

## 二、奥林匹斯宗教的主要神祇

在古希腊神话传说中，奥林匹斯宗教中的主要神祇由两代神构成，第一代神为宙斯和他的五个兄弟姐妹，第二代神则为宙斯的子女们，下面分而述之。

### （一）第一代神祇

如前述所言，克洛诺斯与自己的姐姐瑞亚结合，生下了六个孩子。这六个孩子就是奥林匹斯神的第一代神，即宙斯六姐弟。

#### 1. 天神宙斯

宙斯被称为“众神之王”，也是地位最高的天神，被视为所有神祇的领袖。在神话传说中，他威风凛凛、所向披靡、战无不胜；在形象上，他是一个手持武器、威武雄壮的中年男子，有着浓密的头发和胡须。在罗马神话中，他对应的名字是朱庇特。

宙斯有两方面的属性，其一是作为雷电之神，这体现了强大

众神之王宙斯

的自然力量；其二是作为人类社会的主宰，这体现了不可抗拒的命运威力。

作为众神之王，宙斯拥有至高无上的权力，他一手擎雷电，一手执权杖，可以决定人间的秩序和法律，主宰人类的祸福与兴衰，判定战争的成败和竞技的输赢，监督风俗习惯传承和宗教仪式的正常运转。而另外，宙斯又具有人的性格缺陷，最主要的表现就是他风流好色，他的风流韵事在古希腊神话传说中不胜枚举。

据统计，宙斯至少曾与六位女神有染，生下许多“神二代”。不仅如此，他还经常跑到人间拈花惹草，与多位凡间女子交好，又生下一大批英雄。戏谑地讲，天神宙斯可谓“子孙满堂”。

前述中提及，宙斯唯一的合法妻子名叫赫拉，她其实是宙斯的姐姐，也是与宙斯交好的第七位女神。在此之前，宙斯有过很多“女朋友”。比如，他曾与司法女神忒弥斯结合，生下正义女神狄克；他还与一位名叫墨提斯的海洋女神交好，但他后来得到一个启示，说如果他与墨提斯结合，生下的孩子长大后将推翻他的统治，就像他曾经推翻了自己的父亲克洛诺斯的统治一样。为防止悲剧发生，宙斯一口将墨提斯吞入腹中。然而，墨提斯却在宙斯腹中孕育了智慧女神，最后，宙斯从头颅中诞下智慧女神雅典娜。而墨提斯仍然留在宙斯腹中，成为宙斯思想和意志的主宰……

尽管宙斯“女朋友”众多，但赫拉仍是奥林匹斯山上被正式封为天后的女神。这种姐弟结合的婚姻关系事实上也是一种母系氏族社会血亲关系的残余。

宙斯虽然生性风流，但这并不妨碍他作为诸神领袖的权威地位。

前文提到，宙斯与他的兄弟姐妹们一起推翻了父亲的残暴统治，然后与两位很有本事的哥哥抽签三分天下：宙斯抽到了天空，故称“天神”；他的大哥哈德斯抽到了冥界，成为“冥王”；二哥波塞冬抽到了海洋，成为“海神”。

### 2. 海神波塞冬

在希腊神话传说中，海神波塞冬是一个蓄着胡须的中年男子，他性格暴躁，桀骜不驯，经常与海洋生物为伴，战车由海马牵引，手里拿的武器是三叉戟。他的相貌与宙斯、哈德斯几乎一模一样，区别在于与他相伴的动物和他的武器。

波塞冬的权势仅次于宙斯，他在罗马神话中对应的名字为涅普顿。在希腊神话中，宙斯虽然是主神、众神之王，但他并不具有专制君主的权力，其他的神也会挑战他的权威，比如海神波塞冬。

在特洛伊战争期间，波塞冬与雅典娜、赫拉等神支持希腊人，而太阳神阿波罗、爱与美之神阿佛洛狄忒、战神阿瑞斯、狩猎女神阿耳忒弥斯等都支持特洛伊人。一开始，宙斯支持特洛伊人，后来又保持中立，不许其他神祇参战，这让波塞冬非常反感，以至于二者发生了公开的争执。在波塞冬的强烈反对之下，宙斯不得不收回成命，任凭诸神自由行事。

波塞冬的妻子是海洋女神安菲特里忒，她为波塞冬生了一儿二女。儿子名叫特里同，形象为半人半鱼。波塞冬也与宙斯一样风流成性，广播情种。

### 3. 冥王哈德斯

哈德斯是克洛诺斯与瑞亚的长子，负责冥界的管理，被称为

海神波塞冬

冥王，主要掌管地狱、生死等事务。冥王不是死神，也不是冥界的判官。哈德斯还是执掌财富的神。在罗马神话中，他通常被叫作普路同。

哈德斯虽然十分强大，但严格来说，他属于冥界，不算是奥林匹斯山上的神。在希腊神话中，他的形象是一个坐在宝座上的强壮男子，手握两股叉或权杖，脚边是一只三头犬刻耳柏洛斯。这只狗完全发挥了"看门"的本领，它每天站在冥府门口，既不让死去的人出去，也不让活着的人进来。

作为冥界之王，哈德斯为人冷漠，做事也十分冷酷无情，但他很理智、公正、无私。

### 4. 天后赫拉

赫拉是天神宙斯的妻子，身份相当于中国神话中的"王母"。在罗马神话中，她对应的名字为朱诺。赫拉拥有与宙斯一样的权力，地位也仅次于宙斯。她掌管着婚姻、生育及捍卫家庭的权力，代表女性的美德和尊严，所以也被称为婚姻女神。

在神话传说中，赫拉是一位端庄、威严的中年女性，因其长着一双特别大的眼睛，所以又被称作牛眼赫拉。她善用权势，生性善妒，不能容忍宙斯爱慕其他任何女性，经常用暴戾手段打击丈夫的情妇，对宙斯的私生子女一概怀有强烈的仇恨。

据传，宙斯爱上了河神的女儿伊俄，便来到凡间与伊俄谈情说爱。这件事被赫拉知道了，她风风火火地赶去"捉奸"。为了不被赫拉发现，宙斯将伊俄变成了一头小母牛，但赫拉早已识破丈夫的诡计，便找机会唆使牛虻不断地蛰伊俄。伊俄疼得四处乱跑，

冥王哈德斯和他的妻子珀尔塞福涅

天后赫拉

跑遍了整个世界，最后在埃及停了下来，面对奥林匹斯山跪下求饶。宙斯心疼伊俄，就向赫拉求情，并保证不再爱慕伊俄，赫拉这才饶过伊俄。

作为众神之王宙斯的姐姐和妻子，赫拉对爱情和家庭十分忠诚。也许正因为“爱之深、恨之切”，自己又无法反抗宙斯的权威，赫拉才将满腔怒火发泄在宙斯的情人与私生子女身上。赫拉虽然是高高在上的婚姻女神，可自己的婚姻却不是很圆满。

### 5. 农神得墨忒耳

与赫拉一样，得墨忒耳也是宙斯的姐姐。在古希腊神话中，她是负责农业、谷物与收获的女神，故而被称为农神。在罗马神话中，她的名字叫刻瑞斯。由于地理位置的特殊性，古希腊对农业一向不太重视，加之北方入侵者崇尚征服、轻视生产的文化传统，所以得墨忒耳在奥林匹斯诸神中的地位并不高，只在民间受到百姓的崇拜。

在古罗马时代，得墨忒耳的待遇与古希腊时截然不同，因为罗马是一个农业国家，所以她自然深受罗马人的喜爱与崇拜。

### 6. 灶神赫斯提亚

在第一代主神当中，赫斯提亚是年纪最大的一位，是其他五位神祇的大姐。相传，赫斯提亚为了躲避弟弟波塞冬和侄子阿波罗的追求，便向宙斯请求获得掌管人间所有家灶的权力。宙斯答应了她，还让她成为奥林匹斯所有女神的首席。

不过，在希腊神话中，有关赫斯提亚的记载并不多。赫斯提亚对应的是罗马神话中的灶神维斯塔，被视作罗马万神殿的顶部

农神得墨忒耳

灶神赫斯提亚

神之一，在老百姓中享有很高的声望。

### （二）第二代神祇

第二代神祇为宙斯与众位女神所生的孩子。当然，宙斯的子女远不止这几个，只是这几位在古希腊神话传说中比较有名，而且发生在他们身上的故事与古希腊城邦文明的出现与发展存在着一定的联系，所以他们名声响亮、地位显赫。

#### 1. 智慧女神雅典娜

《神谱》中记载，雅典娜是宙斯的第三个孩子，她的母亲是墨提斯。在罗马神话中，雅典娜被称为密涅瓦，与宙斯（朱庇特）、赫拉（朱诺）并列为最受罗马人尊崇的三位主神。

雅典娜的出生极具神话色彩，前文提到，她是从宙斯的头颅中直接蹦出来的，而且一出生就身披铠甲，头戴金盔，手持长矛和盾牌，威风凛凛，因此，又被称为女战神。

不过，雅典娜最主要的职责是执掌智慧。她向人类传授纺织、工艺和园艺等生活技能，也将绘画、雕塑等艺术元素带给人类，同时，她发明了众多工具，并将这些工具都传授给了人类。此外，作为雅典城邦的保护神，她还主持着雅典的法庭，掌管着人间的法律与秩序。

与其他神祇相比，雅典娜的智慧是她最鲜明的特征。比如，波塞冬为掌管马匹的神，但他只会用蛮力驯马；而雅典娜发明了驯马的马具，并教人类使用这种工具。波塞冬为海神，但他只会在海洋中兴风作浪，展示他粗野、狂暴的力量；而雅典娜造出了舰船，教人航海，让人类可以在海上自由航行。同为战神，阿瑞斯凶残好斗，

智慧女神雅典娜

崇尚暴力；而雅典娜制定了战争纪律，尽可能地用法律解决争端。

正因为雅典娜代表智慧与正义，加之她对人类极为关爱，所以受到了人类广泛的爱戴。《神谱》中称雅典娜为“明眸少女”。虽被称为“女战神”，但她体态婀娜、高贵美丽，其端庄的仪态令众神惊叹。雅典娜常见的形象是身穿轻装铠甲，头上戴着头盔，右手执矛，左手拿着镶嵌美杜莎头颅的盾牌，肩上停着一只象征智慧的猫头鹰。

无论在众神和英雄眼中，还是在人类眼中，雅典娜都是个很有“神缘”和“人缘”的女神，她曾为众多英雄提供了很大的帮助。

雅典娜曾引导及保护奥德修回到自己的家园，重掌权力；曾帮助珀耳修斯杀掉蛇发女妖美杜莎，并将美杜莎的头颅镶嵌在自己的盾牌上；在特洛伊战争中，还帮助和保护了阿喀琉斯及众多希腊联军；还曾协助赫拉克勒斯完成了十二件功绩。

雅典娜被视为雅典的守护神，受到雅典人的大力崇拜，整个古希腊都将荣耀归于她，为她建立恢宏的神庙。雅典卫城的帕特农神庙就是为她而建的，人们会定期去供奉和祭拜她。后来雅典盛行一个非常重要的节日，叫作泛雅典娜节。节日期间，当地人会举行各种各样的体育竞技活动，目的是向他们最为尊崇的女神致敬。

### 2. 文艺之神阿波罗

阿波罗也被称为太阳神，是天神宙斯与他的情人、泰坦女神勒托所生。与阿波罗一同出生的，还有他的姐姐狩猎神阿耳忒弥斯。

在罗马神话中，阿波罗的名字与希腊神话中完全一样。

在古希腊神话传说中，阿波罗的权力很大，执掌着光明、青春、畜牧、音乐以及诗歌等多种富有生命和激情的事物，同时，他还负责向人类传达宙斯的预言与神谕。“给我一把七弦琴和一副弓箭，我必将宙斯的无上旨意传递到人间的每个角落。”这是阿波罗出生时说的第一句话。阿波罗还是奥林匹斯山上所有男神中最英俊的一个，他快乐、聪明、多才多艺，拥有阳光般的气质。在众神之中，除了宙斯，没有任何一个男神能如阿波罗一般，被人们爱戴、供奉甚至吹捧，因此，他也成为许多艺术家在诗歌和绘画中广为称颂的对象。

阿波罗为文艺之神，他很擅长弹奏七弦琴，其演奏的美妙旋律如同天籁之声。后来，阿波罗周围还聚集了专司文艺的缪斯九女神。缪斯九女神不是主神，她们原本是守护赫利孔山泉水的水仙，后来人们将阿波罗设为她们的首领，此后缪斯九女神便围绕在阿波罗周围，与阿波罗一起出现在众神或英雄们的聚会上，轻歌曼舞，展现风姿。在这九位女神中，有六位都擅长诗词歌赋，在宴会上也经常将诗与歌联系起来表演，既为神带来了欢乐，还为人类带来了音乐、诗歌和戏剧。

如前所述，阿波罗还有个称号，就是太阳神，其实，这是人们将他与另一个太阳神赫利俄斯混为一谈了，赫利俄斯才是真正的太阳神。赫利俄斯每天要驾驶着四匹喷火的骏马牵引的太阳车，从东方的海岸线上升起，奔驰一天后再沉入西方的大洋之内，所以赫利俄斯才是希腊神话中最为正统的太阳神。而阿波罗到古希

文艺之神阿波罗

腊晚期才具有太阳神的属性，且因为他是希腊各城邦最为尊崇的第二代神，所以人们也将他称为太阳神。

除此之外，阿波罗还被称为射箭之神、预言之神、青春之神等。古希腊人为他建立了许多神庙供奉，其中最著名的就是位于德尔菲的阿波罗神庙。

### 3. 狩猎女神阿耳忒弥斯

阿耳忒弥斯是阿波罗的孪生姐姐，在奥林匹斯众神中她的职司是狩猎女神，同时也是月亮神。在罗马神话中，她的名字是狄安娜。阿耳忒弥斯经常背着一张弓箭，与一头鹿一起巡视山林。她背上那张弯弓的形状如同天上的月亮。

古希腊神话传说中有三位贞洁女神，也就是终生未婚的女神，一位是灶神赫斯提亚，一位是智慧女神雅典娜，一位是阿耳忒弥斯。但是，年轻美丽的阿耳忒弥斯遇到了自己喜欢的男性，只是她的兄弟阿波罗总会想办法把他们拆散。

一次，阿耳忒弥斯狂热地爱上了一个青年，以至于忘记了每天晚上应该用皎洁的月光照亮大地。阿波罗很生气，便利用阿耳忒弥斯没有月光看不清东西的弱点，指着远处的一个年轻人，称那是一头野兽。作为狩猎女神的阿耳忒弥斯听说有猎物，自然不愿放过，于是她一箭射死了那个年轻人。

后来，阿耳忒弥斯得知自己射死的正是心爱的青年，她伤心不已，万念俱灰，月亮从此也变得冰冷而没有生机。阿耳忒弥斯此后再也不与阿波罗见面，无论阿波罗如何追赶她，想方设法向

狩猎女神阿耳忒弥斯

她道歉，她也总是在他到达的前一刻离开。从此，月亮与太阳不再有交集。这就是希腊神话中太阳和月亮永远不会同时出现的原因。

阿耳忒弥斯也是宙斯最宠爱的女儿，她向宙斯提任何要求，宙斯都会满足。宙斯还曾许诺阿耳忒弥斯，让她在奥林匹斯众神中地位永远与太阳神平等。我们知道，除宙斯外，阿波罗是众神中最受崇拜，也最具发言权的一位，由此可见，阿耳忒弥斯获得了仅次于天后的神职。

### 4. 战神阿瑞斯

阿瑞斯是古希腊神话传说中为战争而生的神，被视为尚武精神的化身。他是宙斯与天后赫拉的儿子，即名副其实的“太子”，但在奥林匹斯诸神中，阿瑞斯是最招人痛恨的神。之所以让人痛恨，不仅因为他尚武好斗，还因为他生性傲慢、脾气暴躁，一听到战鼓声便手舞足蹈，一闻到血腥味便心醉神迷。

更可笑的是，阿瑞斯虽然身为战神、热爱战争，可他并不是一位常胜将军。而且，他的武艺也不是很高强，智谋更是有限，所以正如前述所言，他曾被大英雄狄奥墨得斯打败，自己还负了伤。为此，阿瑞斯竟然跑到父亲宙斯那里告状，请求宙斯惩罚战胜了自己的对手，结果自然遭到了众神的嘲笑。

因为好战尚武、喜爱打斗，阿瑞斯被称为战神，但因其性格上的种种缺陷，比如凶残、狂躁、嗜血、鲁莽等，他又被后人称作“暴力之神”“可鄙之神”，所以他在奥林匹斯众神中的地位并不高。即便在诸神泛滥的古希腊，也几乎没有专门供奉他的神庙。

战神阿瑞斯

然而在古罗马神话中，阿瑞斯却享有极高的地位。在罗马，阿瑞斯对应的名字为玛尔斯，是罗马人最崇拜的神，地位仅次于朱庇特，甚至在某种意义上比朱庇特的地位还高。因为罗马人崇尚战争，总在四处征战、开疆拓土，所以他们时刻需要战神的庇护。在罗马神话中，战神玛尔斯不仅骁勇善战，甚至还成了罗马人的祖先——传说最早建立罗马城的孪生兄弟罗慕路斯和雷穆斯，就是玛尔斯的儿子。

在罗马日历中，最重要的月份是第一个月，古罗马人将这个月献给了他们的战神玛尔斯，称其为 March。后来，恺撒修订罗马历的时候，将这个月改为 3 月。此外，罗马人还将天上最红的一颗星星献给了玛尔斯，称其为 Mars，这就是火星。由此可见罗马人对战神的崇拜程度之深。

### 5. 爱与美之神阿佛洛狄忒

阿佛洛狄忒是古希腊神话中的爱与美之神，也被称为性欲女神，是宙斯与冰海女神狄俄涅的女儿。由于她诞生在海洋之中，故而有时也被奉为航海的庇护神。

阿佛洛狄忒美丽绝伦，拥有全希腊最完美的身段与相貌，象征着爱情与女性的美丽，被认为是女性容貌美、体态美的最高象征。就连我们熟知的玫瑰花，在希腊神话中也是上天为阿佛洛狄忒创造的。在罗马神话中，她对应的女神就是我们熟知的维纳斯。

正如前述所言，阿佛洛狄忒获得了代表“最美女神”称号的金苹果，结果引发了特洛伊战争，这或许是对“红颜祸水”这个成语的有力佐证。因此，阿佛洛狄忒在希腊神话中形象十分特殊。

爱与美之神阿佛洛狄忒

在早期的古希腊神像雕塑中，裸体的一般都是男神，女神往往会因为羞耻感而穿着衣服，只有阿佛洛狄忒的雕像是半裸的。到了古希腊城邦晚期，全裸的阿佛洛狄忒雕像大量出现。或许古希腊人认为，美可以让人原谅阿佛洛狄忒的一切放纵。

不过，作为希腊神话中最美丽的女神，阿佛洛狄忒却被宙斯强迫嫁给了相貌丑陋又跛脚的火神兼锻造之神赫淮斯托斯。前文提到，赫淮斯托斯是宙斯与天后赫拉的儿子，他出生时便瘸了一条腿。赫拉厌恶他，便将他抛到了海边，被海中女神忒提斯捡到并抚养长大。后来宙斯将他召回奥林匹斯山，将美神阿佛洛狄忒嫁给了他。

阿佛洛狄忒自然瞧不上这个又丑又瘸的丈夫，所以不断红杏出墙。《奥德赛》中记载，阿佛洛狄忒与战神阿瑞斯相爱，还与他生了爱神厄洛斯，也就是我们经常在书中见到的那个背后长有一双小翅膀、手持一副弓箭的可爱小男孩。在罗马神话中，他对应的名字为丘比特，他随时准备把自己手里的箭射向人间。无论是谁，只要被他的箭射中，就会被爱情征服。

后来，赫淮斯托斯知道了阿佛洛狄忒与阿瑞斯的奸情，便铸造了一张“无情的网”，趁两人幽会时将他们罩住，然后将赤身裸体的两人送到宙斯面前，让诸神评判，惹得众神耻笑。

除战神外，阿佛洛狄忒还有许多情人，如商业之神赫耳墨斯、酒神狄奥尼索斯等，还有凡人阿多尼斯。传说，战神阿瑞斯因为嫉妒阿多尼斯，便把自己变成一头野猪，去凡间咬死了阿多尼斯。

总之，阿佛洛狄忒美丽而风流，与雅典娜等几位贞洁女神形成了鲜明的对比。因此，在古希腊，她也是妓女们尊崇的神。就像我们前面说的，在科林斯著名的阿佛洛狄忒神庙中，女祭司的另一项任务就是充当妓女。而在后来的罗马时期，神庙中的女祭司都是处女，由此可以看出不同时代对道德也有着不同的标准。

### 6. 火神赫淮斯托斯

在希腊神话故事中，赫淮斯托斯既是火神，又是锻造之神、雕刻艺术之神与手艺异常高超的铁匠之神。他虽然容貌丑陋，身体残疾，但非常勤劳、聪明，曾经创造了许多发明之物，包括武器、车辆、容器等。罗马神话中与赫淮斯托斯相对应的是火神伏尔甘。

古希腊人十分崇拜火，不仅因为每个家庭都要生火做饭，更是因为古希腊国家重要的宗教祭祀活动都需要点燃圣火。这种习俗源于下面这个故事。

> 古希腊神普罗米修斯为解救处于饥寒交迫中的人们，从天庭中盗走了天火，将火种撒向人间，从此人间便有了火。普罗米修斯的行为惹得宙斯大怒，因为宙斯认为不能给予人类太多帮助，否则将无法统治人类。因此宙斯狠狠地惩罚了普罗米修斯，将他吊在高加索山的悬崖上，任由风吹日晒，甚至派出鹰隼啄食他的肝脏，而被啄食的肝脏在夜间又会长好，第二天又要被鹰隼啄食，日复一日，周而复始。普罗米修斯受尽折磨。但他一直不肯屈服，也不后悔将火种带到人间。古希腊人为了表达对普罗米修斯的崇敬和感激，便会在祭祀时点燃熊熊烈火。

在一些大型祭祀仪式中，比如奥林匹亚竞技会，赫拉神庙前

火神赫淮斯托斯

的大祭坛上就一定要燃烧着熊熊烈火。后来这一仪式发展成为奥运会的点火仪式。

虽然火神赫淮斯托斯由于身体有缺陷和妻子阿佛洛狄忒的不忠诚导致他在奥林匹斯山众神中的地位比较卑微，但由于他是工匠和手艺人的保护者，是神圣之火的象征，因此在民间百姓中拥有相当高的声望。

### 7. 商业之神赫耳墨斯

如果说奥林匹斯众神中最帅的是文艺之神阿波罗，那么最聪明的要数商业之神赫耳墨斯了。他没有如父亲宙斯一样的无边法力和权力，也没有战神的威猛和太阳神的英俊，平时也只能干些通风报信等“跑龙套”的事，看似没多大出息，其实，他的地位十分重要。赫耳墨斯穿着一双带翅膀的金拖鞋，所以他跑得飞快，经常为众神传递消息，替天神宙斯传达旨意，因此深得宙斯信任。另外，他还经常帮宙斯做一些对抗天后赫拉的事情，比如曾经帮助宙斯救出他的情人伊俄。

赫拉发现伊俄后，宙斯把伊俄变成了一头小母牛。赫拉识破这个小把戏后，便故意让宙斯将这头小牛犊送给自己作礼物。宙斯无奈，只好将伊俄送给赫拉。赫拉就将伊俄关起来，派“百眼巨人”阿尔戈斯日夜看守，伊俄根本没有机会逃脱。

宙斯焦急万分，就让自己最信任的儿子赫耳墨斯出马，救出美人。赫耳墨斯扮成牧羊人，为阿尔戈斯唱歌，后来又给他讲了一个乏味冗长的故事。把阿尔戈斯哄睡之后，赫耳墨斯救出了伊俄。

商业之神赫耳墨斯

由此可见，赫耳墨斯是很有智慧和谋略的。同时，赫耳墨斯还是个天才，发明了七弦琴、牧笛、音律、字母、尺度等。另外，他又是商业之神，经常拿着个钱袋四处游走，古希腊商人都很尊崇他。同时，他也是行路之神，旅行者乃至小偷、盗贼都将他当成保护神。由于赫耳墨斯“黑白通吃”，所以，后人也称赫耳墨斯为神灵中的“嬉皮士”。在罗马，赫耳墨斯的名字是墨丘利。

### 8. 酒神狄奥尼索斯

对于希腊人来说，酒神狄奥尼索斯算是个外来神祇，大约在公元前 7 世纪末或公元前 6 世纪初，对狄奥尼索斯的崇拜才最终得到希腊各个城邦的认可。后来，他还成为奥林匹斯主神之一，在希腊民间受欢迎程度丝毫不亚于其他神祇。在希腊人和罗马人中，他通常也被叫作巴克斯。

在古希腊社会，酒神狄奥尼索斯与太阳神阿波罗代表迥然不同的宗教精神。阿波罗代表的是阳光、理智、威严，而狄奥尼索斯代表的是狂欢、沉迷和浪漫，因此，德国哲学家尼采曾将阿波罗精神与狄奥尼索斯精神视作古希腊精神的两极，即把世界当作美丽梦幻来欣赏的日神精神与从生命的绝对无意义性中获得悲剧性陶醉的酒神精神。

狄奥尼索斯展现的形象非常耐人寻味。在很多场所，他与太阳神阿波罗一样，相貌英俊、一表人才；但有时在民间，他又会变成手中拿着葡萄和酒杯，一副醉醺醺的模样。酒神既能登得了庙堂，也处得了“江湖”；既能入住神圣的奥林匹斯山，又能置身于民间与普通老百姓一起醉酒狂欢。因此，酒神深受普罗大众

酒神狄奥尼索斯

的爱戴。

以上我们介绍了 14 位主神，其中除海神波塞冬住在大海、冥王哈德斯住在冥府、酒神狄奥尼索斯游荡在民间外，其他主神都住在奥林匹斯山上。当然，奥林匹斯山的神祇远不止这些，还有很多，如时序三女神、命运三女神等。

虽然这些神都住在高高的奥林匹斯山上，但他们与人有着相同的情感，有欢乐，也有烦恼，除了具备人类没有的法力和永生不死的特性，其情感、行为与人几乎别无二致。

第 III 节

## 古老的地祇

上一节介绍了奥林匹斯山上的主神，本节我将介绍下层民众最为崇拜的地祇。如果说奥林匹斯山上的众神为新兴的神明，那么下面要讲的地下神就是古老的地祇。

正如前述所云，奥林匹斯神以及为这些神举行的竞技活动主要盛行于精英社会，具有“阳春白雪”的特点，代表着崇高、典雅；而老百姓崇拜的地祇多具有“下里巴人”的特点，他们与人们的生产生活息息相关，与奥林匹斯主神们崇尚的战争、征服关系不大。

所以我们看到，奥林匹斯神明个个都威风凛凛、身材伟岸；而老百姓崇尚的地祇多为半人半兽的形象，而且形象猥琐。不过，这些地祇的历史十分悠久，很多可追溯到克里特时代，甚至追溯到古埃及文明时代。

## 一、地神

按照赫西俄德《神谱》中的说法，天与地都是从混沌开始的，最早出现的是卡俄斯，他在古希腊神话中被描绘为一个无边无际、一无所有的空间。卡俄斯本身具有繁衍生命的能力，因此诞生了大地之母盖亚、“黑暗之神”厄瑞波斯及“黑夜女神”纽克斯等。

其中，盖亚为五大创世神之首，是大地的本体。然后她又繁衍了天空乌兰诺斯、海洋蓬托斯及山脉乌瑞亚。后来，盖亚又与自己的儿子乌兰诺斯结合，孕育了泰坦神族，其中就包括宙斯的父亲克洛诺斯和母亲瑞亚。

由此可见，大地女神盖亚是最古老的神。因此，希腊人将其奉为所有神的始祖，民间对她极度崇拜。

除盖亚之外，与人们生产生活息息相关的地祇们也深受百姓崇拜，比如前文提到的农神得墨忒耳，她司掌农业、万物生长等，也被称为丰收女神；还有灶神赫斯提亚、畜牧保护神潘、正义女神狄克等，都是民间老百姓十分崇拜的地祇。

## 二、生殖神

生殖神也是民间百姓十分崇拜的地祇。早在迈锡尼时代，土地就被尊为生命的始源、万物的母亲。自然，大地女神盖亚也被赋予了多种职能，而随着宗教的发展，到了古希腊城邦时代便分化出了丰产女神得墨忒耳，由她来掌管土地的生产等事务。

前文提到，得墨忒耳在奥林匹斯众神中的地位并不高，但由于她司掌着与老百姓的生活息息相关的土地、农业等，她可以使土壤肥沃、植物茂盛、五谷丰登，让人们拥有享不尽的财富，所以很自然地受到底层百姓的青睐和崇拜。古希腊各城邦都有纪念得墨忒耳和她的女儿珀尔塞福涅的节日，而盛行秘密仪式的厄琉西斯就是崇拜和祭祀得墨忒耳的中心。

珀尔塞福涅被称为“谷物女神”“春天女神”，同时她也像她的母亲一样，是一位主司丰产的女神，因此也深受民间百姓的崇拜。不过，发生在她身上的故事要比她母亲的故事精彩得多。这些故事我们会在后文中讲述。

### 三、地下诸神

地下的神祇都是与死亡有关的神，他们住在洞穴里、大地或山峦的裂缝里或冥府里，其中最具代表性的便是冥王哈德斯。哈德斯为冥府的主神、地下的主宰，希腊人（以及罗马人）也称他为普路同，意思是丰富的赐予者。他既可以为人们赐福，又能摧毁生长在地下的各种植物的根。哈德斯虽然也属于奥林匹斯神，但他在奥林匹斯山上没有神位，也不受重视，因为他住在冥界，主要负责阴间的事。

但对于普通老百姓来说，他们非常在意自己死后在阴间是否还能有另一种生活，所以也会对地下的诸神进行祭拜，冥王哈德斯便是他们主要的祭拜对象。但这种祭拜并非在白天以仰慕的心情进行，而是在夜间以祓除灾祸的心态祭拜。

从某种意义上说，这种意蕴模糊的非人类力量才是古希腊土生土长的事物，实际上，它们比城邦时代的希腊人更古老，甚至比迈锡尼人更古老，它们可能是由迈锡尼人传入希腊的。

上文提及，农神得墨忒耳有个女儿，即春天女神珀尔塞福涅，这位女神就是冥王哈德斯的妻子。在古希腊的一些艺术作品中，珀尔塞福涅通常被画在大地上，是一位身着长袍、手持谷物的微笑、庄重的女神；然而在阴间，她却是一个手持火炬、铁石心肠的冥后。哈德斯和珀尔塞福涅之间，还有一段曲折的传说。

一天，珀尔塞福涅与雅典娜、阿耳忒弥斯一起外出采花，一不小心，她远离了伙伴。这时候，她突然发现远处有一朵盛开的水仙花，可当她跑过去准备采摘时，大地忽视开裂，四匹黑色的战马拉着冥王哈德斯的战车从裂缝中出现了，珀尔塞福涅就这样被抢到了冥界。

女神得墨忒耳丢失了女儿后万分悲伤，于是便离开奥林匹斯山四处寻找女儿的下落。由于她无心再管农业的事，导致大地上的万物全部停止了生长，人们怨声载道。宙斯见状，只好与冥王商量，希望冥王能将珀尔塞福涅送回人间。但哈德斯已经爱上了珀尔塞福涅，舍不得她一去不回，于是就在珀尔塞福涅临走前给她喂下了四颗石榴籽，迫使珀尔塞福涅每年必须有四个月的时间返回冥界，与自己相会。

冥界内其他主管死亡的神也受到人们的崇拜，如冥界总管赫卡忒、判官米诺斯等。

冥王劫掠帕尔塞福涅

## 四、死去的祖先或英雄

除了以上几种神，古希腊人还会祭拜一些死去的祖先或英雄，认为他们也能给人赐福或降祸，因此会以祭献和祈祷的方式来安抚他们。

事实上我们很清楚，死者并非真正的神，但古希腊人认为，对已故的祖先要比对任何神灵更加尊敬。不过，在古希腊时代，人们对魂灵的恐惧多于尊敬，因此他们才会以一种安抚式的仪式祭奠逝者的魂灵。

古希腊人对英雄的崇拜也源于祖先崇拜，比如对雅典的先祖忒修斯、多利亚的始祖赫拉克勒斯、底比亚的始祖卡德莫斯的崇拜等。在诸多英雄崇拜中，最为著名的就是对医药神阿斯克勒庇俄斯的崇拜。

传说阿斯克勒庇俄斯由太阳神阿波罗与一位凡间女子所生，其形象通常是身穿长袍，袒胸站立，手持一根被蛇缠绕的手杖。他精通医术，一生都在治病救人，却不料因此招来杀身之祸。他一直在想方设法为人类治疗疾病，延长人类的寿命，但这招来宙斯的不满。宙斯担心人类会因此长生不死，所以为了避免这种事情的发生，他便用雷电将阿斯克勒庇俄斯击毙。阿斯克勒庇俄斯死后，人们为了祭奠他，奉他为地祇。而且，人们认为即使在睡梦中，阿斯克勒庇俄斯也可以为他们治病，所以许多人生病后会跑到医药神的神殿中睡觉和居住。在古希腊城邦，阿斯克勒庇俄斯的神殿最多的时候多达 38 座，足见古希腊人对他的尊崇。

以上这些就是古希腊民间崇拜的第二类神，虽然这类神可能

医药神阿斯克勒庇俄斯

其貌不扬，有些甚至外表恐怖，但他们受崇拜的程度以及他们对古希腊城邦文明的影响不亚于奥林匹斯神族的某些主神。

第 IV 节

## 神秘主义宗教崇拜

与希腊社会精英崇拜的奥林匹斯宗教和民间百姓崇拜的古老地祇并行的，还有一种源自埃及和亚洲的宗教，即神秘主义宗教，这种宗教大约盛行于荷马之后的时代。在伯里克利的开明时代，希腊宗教中最为活跃和繁盛的部分，就是盛行于民间的各种宗教秘祭活动。

所谓宗教秘祭，就是举行一些秘密的仪式，通过这些仪式展示某种神圣的象征，并且只有经过正式仪式引进的人，才有资格参加祭拜。这种秘密仪式通常以一种半戏剧的形式进行，以纪念某个神灵受苦、死亡和复活的过程，同时还会向正式信徒许诺个人的不死或永生。

这种神秘主义宗教与前面两类宗教有许多交集，尤其是在厄琉西斯举行的祭拜得墨忒耳和她的女儿珀尔塞福涅的秘密仪式，在很大程度上都无法完全脱离奥林匹斯宗教与古老的地祇宗教崇拜。

### 一、厄琉西斯的得墨忒耳秘祭仪式

如前所述，东方宗教对西方产生了很大的影响，尤其是埃及的伊西斯和奥西里斯崇拜更是直接影响了希腊的民间文化与宗教信仰。

举行这种秘祭仪式的主要目的是让神与人的灵魂合而为一，让死去的人可以在另一个世界或另一种意义上复活。

如果要追溯这种死亡与复活的起源，其内涵正是自然界的冬去春来、世间万物的兴衰荣枯。在古希腊人看来，一年有四季的变化，万物在春夏时节茁壮成长，到秋冬之际便迈入萧条、死亡，然而次年春天到来后，又复苏、生根、发芽，在秋冬时节再次凋谢、死亡……这样周而复始、年复一年的循环过程，给希腊人以启发。他们将这种现象推及人类自身，因为人类也要经历出生、成长、衰老、死亡的过程，但人们又对死亡感到恐惧并心有不甘，所以就会想象人类是否可以像万物一样，死亡后重新复活。于是人们就构想了地狱。而神秘主义宗教仪式的目的，就是通过祭拜的方式，祈祷人类死后可以免遭地狱之苦，像种子重新发芽一样，再次获得新的生命。

在古希腊城邦时代，每年 9 月至 10 月的秋季收割时节，古希腊人都会像埃及人祭拜伊西斯和奥西里斯一样祭拜农神得墨忒耳和冥后珀尔塞福涅。

在仪式举行之前，所有准备成为信徒的人都要先跳入城里的河中做净洁仪式，然后再去参加为纪念农神举行的圣餐仪式。但是，秘密仪式具体是如何举行的，没有人知道，因为凡是泄露仪式过程的人和听到这些话的人都会被处以死刑。但根据相关文献记载，这种秘祭活动多半是以一些象征性的仪式或与得墨忒耳和珀尔塞福涅有关的故事展现的。表演的内容也可以想象，大概情节就是：

珀尔塞福涅被冥王掳走，伤心的母亲得墨忒耳四处寻找，最终珀尔塞福涅重返阳间，与母亲一起向希腊人民传递农业知识等。

在秘祭表演中，冥界并不像人们想象的那么可怕。据传，其中有一个环节，就是冥界之门打开后，祭司会宣布一个神的诞生，再向人们展示一枝成熟的谷穗，象征得墨忒耳对人类的恩赐，代表大地即将回春，将再次长出茁壮的青苗。这一过程与珀尔塞福涅从冥界回到母亲身边的神话发展过程是一致的，象征着死亡后的再生。

在今天看来，虽然这些宗教仪式并不会真的令人死而复生，但它表达了古希腊百姓期望风调雨顺、多产丰收、幸福安康的愿望。这些宗教仪式也增强了城邦公民对希腊这个共同体的认同与归属感，加强了城邦之间的相互联系。

## 二、酒神狄奥尼索斯崇拜

酒神狄奥尼索斯是个潇洒不羁、放浪形骸的神，他的伙伴是长着一对山羊角，还长着山羊的长毛和山羊的蹄子的山林神萨提尔（又译潘神）。在他出现的地方，总是有疯狂、苦难和死亡，疯狂通常是酒精令人迷醉的结果，而苦难和死亡则属于古代社会农业祭祀仪式中要呈现的一部分内容。

除了酒神，狄奥尼索斯其实还有另一个身份，那就是植物之神。他的出生与智慧女神雅典娜一样，同样是一段具有悲剧色彩的传奇。

狄奥尼索斯的母亲塞墨勒是一个凡间女子，是底比斯（又译忒拜）国王卡德莫斯的女儿。塞墨勒长得非常漂亮，于是便被宙斯看中。为了赢得塞墨勒的芳心，宙斯经常化身一位美少年来与塞墨勒约会，并向塞墨勒透露自己是天神宙斯的事实。

不久之后，塞墨勒怀孕了，但这件事也被赫拉知晓了。赫拉为报复塞墨勒，就假扮成塞墨勒的乳母与她见面。出于对乳母的信任，塞墨勒向赫拉坦言自己在与一位自称是宙斯的英俊男子约会。赫拉便假意劝说塞墨勒，要她不要轻易相信别人，免得被坏人欺骗。同时，赫拉还怂恿塞墨勒，下次再与宙斯约会时，让他变回自己的真面目给她看，这样才能证明这个男子不是骗子。

塞墨勒按照赫拉说的去做了。可是宙斯不同意，因为他担心自己的神威会伤到塞墨勒。可是他禁不住塞墨勒的央求，只好回到天庭，穿上最轻的铠甲，拿上威力最小的雷电，再次来到人间。可是，还没等他走近塞墨勒，塞墨勒的凡人躯体就被他的雷电劈死了。

幸运的是，塞墨勒腹中的胎儿还活着，宙斯只好将胎儿从她腹中取出来，缝进自己的大腿中。等到胎儿在他的大腿里发育成熟后，他把孩子取了出来，因为这个孩子出生时腿部有残疾，因此宙斯给他取名为狄奥尼索斯，即“瘸腿之人”的意思。

狄奥尼索斯出生后，宙斯让赫耳墨斯将他送到尼萨山上，由山上的仙女抚养。赫拉知道后，仍然不依不饶，多次想将狄奥尼索斯置于死地。在各种版本的神话故事中，关于狄奥尼索斯的死亡与复活说法不一。有的版本说赫拉唆使泰坦神将幼小的狄奥尼索斯撕碎、吃掉，后来在宙斯的干预下，狄奥尼索斯才得以复活；

有的版本说，狄奥尼索斯被泰坦神害死后，雅典娜拿到了狄奥尼索斯的心，宙斯将他的心与灵魂再次投生到母亲塞墨勒体内，让他得以重生。虽然说法不一，但无论哪个版本，狄奥尼索斯都经历了死而复生的苦难历程，而这才是他引起百姓的同情和推崇的关键原因。所以，民间百姓经常举行一些祭拜狄奥尼索斯的秘密仪式，这一仪式被称为酒神秘祭。

事实上，狄奥尼索斯成为酒神完全出于偶然。

赫拉出于嫉恨，曾将狄奥尼索斯变成了半疯狂状态，他走到哪里，歌声、乐声和狂欢声便跟到哪里。有一次，狄奥尼索斯的朋友在与人决斗时身亡，他伤心地埋葬了朋友。不久，朋友的坟上便长出一根葡萄藤，上面结满了葡萄。狄奥尼索斯把葡萄摘下来弄成汁，装入牛角杯中，一饮而尽。顿时，他感到浑身发热，兴奋异常。在古希腊神话中，葡萄酒就是这样发明的。

后来，狄奥尼索斯把酿制葡萄酒的方法告诉了希腊人，人们因此拜他为酒神。从此，每当葡萄丰收的时候，狄奥尼索斯便会头戴葡萄藤，与百姓纵酒狂歌。

在古希腊，妇女是没有政治地位的，因此，在一些公共宗教祭祀活动中，妇女都被排除在外。但在民间粗犷的酒神秘祭仪式中，最初的主要参加者是妇女，后来男人才开始加入其中。仪式开始后，大家会成群结队地来到荒郊野外，模仿酒神狄奥尼索斯的样子，身披山羊皮，挥舞着缠满藤条的木棍，在葡萄酒的刺激下，一起通宵达旦地狂欢迷醉。在仪式上，人们还会表演狄奥尼索斯受难和复活的过程，用酒神的祭物山羊代表酒神，然后伴随着疯狂的咒语将山羊活活撕裂，连血带肉地吞食下去，用来演绎泰坦神将幼小的狄奥尼索斯撕裂、吞食的过程。最后，在酒精的作用下，人们还会表演酒神复活的场景。

这种表现酒神受苦受难、死而复活的过程，自然难以被信奉正统宗教的主流社会所接受，以至于他们认为这是疯狂的邪教，因此极力禁止，而结果却越禁越烈。到公元前 6 世纪，雅典僭主庇西特拉图统治时期，民间对酒神狄奥尼索斯的崇拜已经达到了史无前例的程度。于是，庇西特拉图发布政令，将酒神祭祀变成官方的正式祭祀活动，并举行了隆重的祭祀仪式——大酒神节。

从此，每年早春时节，古希腊人便会举行为期三天三夜的酒神祭祀活动，这三天三夜也成为希腊全民族最为隆重的盛典。在这期间，所有人都无须工作，连犯人都被允许参与，正在进行的战争也会因此休战，所有人会聚集在一起，纵情享受葡萄酒带来的刺激和畅快。同时，人们还会举行轰轰烈烈的献祭公牛仪式和各种各样的狂热的饮酒比赛，盛况空前。

这种看似野蛮、粗放的表演仪式，在当时的许多统治阶级、精英人士看来自然是低俗的、难登大雅之堂的。然而，古希腊文化形态中最美丽的一枝花——戏剧，包括悲剧和喜剧，正是源于这种狂热而粗俗的宗教仪式。戏剧的出现也使古希腊人不仅从酒神崇拜中获得了肉体的狂欢，更获得了精神的升华。

此外，酒神秘祭仪式对后来希腊民间一些主张死而复生和灵

酒神节的狂欢

肉分离的神秘主义宗教乃至后来的基督教，都产生了重大的影响。基督教中涉及的耶稣死亡和复活的过程正是这一影响的体现。

在教会里，为了纪念耶稣死而复生，基督徒会通过领受圣餐的仪式进行祭拜，而这种仪式与酒神节撕裂山羊的仪式很相似，只不过这个过程已不再表现为直接将代表酒神的山羊撕碎、吃掉，而是以一种象征性的物品替代山羊，比如用小面饼象征耶稣的圣体，用葡萄酒象征耶稣的圣血。吃掉小饼，喝掉葡萄酒，就相当于将耶稣的肉体和血液注入教徒体内，然后再以唱赞美诗的方式颂扬耶稣的复活。如果追根溯源，基督教的弥撒仪式很可能就沿袭了古希腊的酒神崇拜仪式。

总而言之，作为神秘主义宗教的一种仪式，酒神狂欢秘祭表现了希腊民间社会一种特殊又重要的文化现象——当理性不能令人们满足时，人们就需要热情、艺术和宗教。而对酒神的崇拜，既表达了古希腊人对更加热烈的生活的渴望，也满足了社会底层人民在各种制度束缚下的自我解放要求，从而使人们可以从桎梏中暂时解脱，享受生命的狂欢。

## 三、奥尔弗斯教派的神秘崇拜

公元前 7 世纪，由北方的色雷斯和色萨利等地传入希腊一种神秘宗教——奥尔弗斯宗教，这一宗教在希腊历史上产生的影响比厄琉西斯的神秘仪式更加持久，它与一个名叫奥尔弗斯的色雷斯人密切相关。

在古希腊神话中，奥尔弗斯被描述成一位高雅、温柔、热情、爱沉思的人，有人称他在“文化、音乐、诗歌方面，远超过我们已知的一切人”。可以肯定的是，奥尔弗斯是酒神狄奥尼索斯的崇拜者和追随者，是他对早期酒神崇拜仪式中低俗、粗野的部分进行了改造，使其演变成一种用精神享受代替肉体狂欢的仪式。

### （一）民间歌手奥尔弗斯

据说，奥尔弗斯的音乐造诣很深，因为他曾得到文艺之神阿波罗的真传，而且阿波罗还将自己的竖琴送给了奥尔弗斯，可见对他的重视和欣赏。奥尔弗斯的音乐水平的确了得，据说他弹奏七弦琴时，身旁会聚集虎豹豺狼、山羊、兔子，这些动物非但不

奥尔弗斯的琴声

会彼此攻击，反而会在音乐的熏陶下和谐共处，呈现一幅自然和谐的美好景象。

奥尔弗斯虽然崇拜酒神，但他从不参加酒神狄奥尼索斯的狂欢秘祭仪式，因为他认为这种崇拜仪式过于粗野、过于强调肉体的欢愉。但他也因此招来了祸患。据说他死于酒神的誓死追随者——小亚细亚的狂女们之手。

后来，缪斯女神收集了奥尔弗斯的遗骸，将其葬到奥林匹斯山下，宙斯还将他的竖琴置于众星之中。按照奥尔弗斯宗教的说法，奥尔弗斯在死后也像狄奥尼索斯一样复活了，因此，奥尔弗斯便具有了神人合一的特性。

奥尔弗斯与酒神狄奥尼索斯最大的区别就在于，奥尔弗斯从不用酒让人进入迷幻状态，而是通过音乐、诗歌，让人们从中获得精神上的极大享受。换言之，奥尔弗斯认为能让人真正进入迷狂状态的并非物质，而是精神。借助酒力达到癫狂，肉体和灵魂只会同时陷入疯狂；而借助音乐、歌声，人却可以在沉思冥想中达到一种真正的神人合一的沉醉。奥尔弗斯深信，通过这种方式，人才能获得神圣知识，这也令奥尔弗斯宗教充满了神秘主义色彩。正是其带有神秘色彩的教义，使奥尔弗斯宗教对希腊哲学的一些学派产生了重要的影响。

从希腊思想史的发展角度来看，这种带有神秘色彩的宗教观点依靠毕达哥拉斯进入了希腊哲学。客观地说，毕达哥拉斯对于神秘的数学知识的追求以及他对自己和门徒的严格禁忌等，都明显带有奥尔弗斯宗教的风格。事实上，柏拉图乃至之后的神秘主义、新柏拉图主义等，都在沿着毕达哥拉斯主义这条道路前行。

### （二）超越肉体的冥想

奥尔弗斯宗教还有一个很重要的观点，即强调灵魂与肉体的二元对立性。这种观点在之前的希腊从来没有出现过。希腊主流的奥林匹斯宗教认为，奥林匹斯众神的灵与肉是相互融合的，它们不存在对立，因为灵魂不可能独立于肉体，也不可能超越肉体。

奥尔弗斯宗教却强调，肉体是灵魂的枷锁，灵魂只是暂时被束缚在肉体之中，一旦肉体死亡，灵魂就可以解脱，返回冥界，接受审判与考验。因此，奥尔弗斯的赞美诗和宗教仪式与埃及的《亡灵书》一样，都是在训示其教徒要为最后的审判做准备。若教徒审判后确定有罪，就要接受严重的惩罚，再转世为苦难的生命继续赎罪，直到灵魂完全洁净，进入极乐世界。

作为一种民间宗教，奥尔弗斯教派的影响广泛而持久，任何人都可以自由信奉，不像奥林匹斯宗教那样由国家规范。但是，奥尔弗斯的宗教活动和祭祀仪式是在一种秘密状态下进行的。当然，主要活动大概仍然是献祭、吟唱奥尔弗斯创作的各种赞美诗，并且以一种沉思冥想的静默方式替代酒神秘祭的狂欢活动。由于参加者要对外严格保密，所以后人对奥尔弗斯教的活动细节仍然缺乏深入的了解。

奥尔弗斯教不但有秘密的祭拜仪式，在教徒的生活规范和道德伦理方面,也提出了独特的要求,即教徒要过一种纯洁的生活,以禁欲、自制、虔诚为基本原则，以素食、禁止杀生为主要戒律。之所以如此要求，是因为奥尔弗斯认为老一代的泰坦神族做了坏事，吃掉了狄奥尼索斯，所以每一个奥尔弗斯教徒今生都要替他们赎罪，只有终生努力，才能赎清今生的罪，避免或减轻轮回的苦难；同时，教徒们只有过一种纯洁的生活、经过道德的净化和思想的提升，才能摆脱罪恶的纠缠。这种观点在某种意义上与佛教的教义有相似之处。

所以，奥尔弗斯宗教既吸收了酒神崇拜中沉醉入神的体验，又强调通过音乐、冥想等途径达到精神上的沉醉，并通过入会仪式和禁欲主义的生活方式与神相通，以期达到超脱肉体、使灵魂获得永生的目的。

奥尔弗斯宗教还认为，最纯洁的境界就是到天上与众神为伍。这种观点极大地影响了后来的毕达哥拉斯学派，毕达哥拉斯也成为“奥尔弗斯宗教的改革者”，其学派在某种程度上就是在进行一种纯化宗教的智性活动。

此后，苏格拉底、柏拉图等希腊的形而上学哲学家关于灵肉对立的思想也深受奥尔弗斯宗教的影响。我们前面提到，苏格拉底被雅典法庭判处了死刑。面对这样的审判结果，苏格拉底坦然赴死，对死亡表现出一种超然的态度，这与奥尔弗斯宗教宣扬的“死亡可以使灵魂超脱肉体、获得永生”的境界是一致的。

在古希腊城邦时代，如果说奥林匹斯宗教是最主流的宗教，是主张灵肉和谐、统一的宗教，甚至在某种意义上是把肉体看得比灵魂更重要的感性主义宗教，那么奥尔弗斯宗教就是一匹“特洛伊木马”，因为它颠覆了希腊主流的宗教。它宣扬的是一种“肉体是恶、灵魂是圣”的二元论以及灵魂可以摆脱肉体到另一个世界永生的更高意境。因此到后来，奥尔弗斯宗教逐渐取代了奥林匹斯众神在一些民众中的地位，成为古希腊哲学思想萌发的一颗种子。

### （三）古希腊哲学的启蒙

在希腊，哲学观念最初产生于宗教观念，因此，哲学的启蒙自然也成为宗教发展到一定程度的必然结果。后来，随着哲学观念的逐渐发展，与奥尔弗斯相对立的奥林匹斯宗教便逐渐衰落。

在希腊城邦时代后期，希腊出现了两位重量级人物，一位是悲剧家欧里庇得斯，另一位是哲学家苏格拉底。两人生活在同一时代，彼此又是好友，在某些观点上颇有共鸣。其中，欧里庇得斯通过他的悲剧作品向诸神提出了质疑，甚至对诸神进行了嘲讽；同样，苏格拉底在自己的言谈中也明确表现出对希腊诸神的不屑，而这也是他最后被雅典民众以亵渎神灵的罪名判处死刑的直接原因。欧里庇得斯虽然没有被处死，但因此被赶出城邦，最终客死他乡。

虽然欧里庇得斯和苏格拉底都用自己的人生为哲学启蒙献祭，但他们的思想后来却被发扬光大。通过后世希腊哲学家的中介作用，基督教的神学思想也有了可以汲取养分之处。而基督教的出现恰恰取代了古希腊罗马时期的多神教。

综上所述，在古希腊城邦时代，以奥尔弗斯崇拜为核心，以神秘主义为特征，以个人救赎为目的的宗教确实存在过，它的出现与衰落和当时希腊社会的变革紧密相连。奥尔弗斯教试图从人类的本质出发，去解决人与神、一与多、肉体与精神、现在与未来的关系，这与当时哲学关心的问题是一致的。它的思想精髓在以毕达哥拉斯为代表的几位唯心主义哲学家那里获得了共鸣，进而在古希腊哲学史上第一次促成了神秘宗教与思辨哲学的完美结合。

总而言之，在最初的希腊宗教中，由于肉体与精神的原始和谐，使整个希腊文化呈现出一种田园诗般纯净悠扬的意境，古希腊人也都陶醉在一种悠然自得的原始同一感之中，从而充分体现了希腊文化的精神特点，即和谐之美。

但是，随着神秘主义宗教和哲学的出现以及后来基督教弘扬精神、轻视肉体的偏向的出现，这种和谐之美遭到了破坏。虽然在现代西方文化中，肉体与灵魂、现实与理想在历史的进步中实现了和谐，但与希腊文化中天然质朴的和谐之美相比，仍然显得漏洞百出。正因如此，希腊文化才以其和谐之美的个性特征成为现代西方人心中失落且难以回归的精神家园，同时也成为一汪清纯之泉，滋养着被种种功利追求和道德命令折磨得疲惫不堪的灵魂。

第V节

# 希腊宗教对社会文化的深刻影响

在漫长的人类历史发展中，宗教几乎成为一切文化形态的重要基础，对各种文化形态产生了支配性影响。生产力水平越低，宗教的影响就越明显。

古希腊的情况正是如此，即使在哲学产生之后，宗教仍然在一定程度上对各种社会文化产生着重要影响。它就像一股清泉，深深地渗透到希腊城邦时代的文学、戏剧、建筑、雕刻和哲学等各种文化形态当中，成为古希腊社会文化的重要根源。可以说，古希腊社会文化的独特性与宗教信仰是分不开的。

## 一、希腊宗教与城邦社会生活

希腊城邦社会与以奥林匹斯诸神为主体的多神教信仰有着密切的联系，希腊各城邦奉行的分离主义原则和大多数城邦内盛行的自由主义文化气氛，成为希腊多神教存在和发展的现实基础。即使在雅典这样的民主社会，宗教崇拜仍然在日常生活中占据着极其重要的地位。

### （一）宗教崇拜维护城邦秩序和家庭伦理

日本学者池田大作曾说过：“在古代，政治与宗教在任何社会中都紧密地联系着。”在古希腊，政权与神权是密不可分的，宗教为世俗权力的合法性做了保证，成为城邦统治者维护自己的权威和维持城邦秩序的主要手段。在古希腊，城邦的统治者往往也是祭祀的领袖，虽然各个神庙都有专门的祭司，但主持整个城邦公共祭祀活动的仍是城邦的首领和贵族官员们。同样，一些篡夺国家政权的古希腊城邦僭主，也经常以宗教的形式证明自己统治的合法性和合理性。

在古希腊，各个城邦之间各自为政，奉守分离主义原则，但这并不妨碍希腊人彼此的感情表达：在战争爆发的重要关头，在宗教节日期间的各种祭祀、娱乐、竞技等活动中，他们会自发地聚在一起，表现出空前的团结和手足般的亲情。是什么力量让希腊人如此团结？除了拥有共同的文字、语言以及基于贸易交往形成的共同利益，更重要的就在于他们拥有共同崇拜的神祇和共同信仰的宗教。正是这些宗教因素在维系着希腊人彼此间那种脆弱的联系，并会在每一个关键时刻及时唤醒他们那自远古时期延续至今的血脉亲情。

所以说，古希腊人生活在非常浓郁的神话或宗教氛围中，这种影响不仅体现在各种文艺作品中，还与个人出生到成年后的婚姻、家庭、死亡，乃至氏族发展、国家兴亡等息息相关。从这个意义上来说，宗教就是维系整个社会的最重要的黏合剂。没有了宗教的古希腊社会，只能是一盘散沙，难以维系。

不过，古希腊的宗教与后来出现的基督教又有所不同。古希腊宗教不像基督教那样具有强烈的彼岸色彩，甚至严格来说，古希腊宗教不是一种道德宗教，而基督教包含着浓郁的道德意味。所以后来西方社会的许多道德规范，包括一夫一妻制这样的社会伦理道德规范等，基本上都是从基督教中衍生出来的。然而，在古希腊宗教中，道德规范是非常淡薄的，所以神和英雄们才会做出那么多风流韵事。

之所以有这样的不同，是因为与其他宗教相比，“希腊的宗教不是由传教士或预言家们创造的，也不是圣人先哲或其他一批人努力的结果”，而是由诗人、艺术家和普罗大众发展起来的。这些人喜欢任由思想及想象力自由翱翔，他们没有权威的圣书，也没有正统的教义和信条，所以并不重视提升自己的道德境界。他们更关注趋利避害，让自己生活得更快乐。

### （二）神谕的重要性

在古希腊人信奉的宗教中，神谕对整个社会文化的影响是不言而喻的，尤其是德尔菲神庙中的阿波罗神谕，更是引人注目。

据说德尔菲神庙是大地女神盖亚的圣地，大地女神派了一条名叫皮同的巨蟒来这里镇守圣地，并且代她发布神谕。后来太阳神阿波罗杀掉了这条巨蟒，将它埋入地下，在皮同的埋葬处建起了自己的神庙，并取代皮同，由自己发布神谕。

但是，皮同被埋后，仍然阴魂不散，于是埋葬它的那块土地裂开一条深不见底的缝隙，裂缝中终年冒着难闻的臭气。

作为希腊最重要的圣地，尽管这里臭气袭人，却依然有大批朝拜者，尤其是城邦统治者、贵族精英等，纷纷来这里祈求神灵的指示，他们甚至认为散发臭气的裂缝恰恰就是传出神谕的地方。

在请示阿波罗的神谕时，人们会在神庙地下的缝隙处放上一

德尔菲神庙的女祭司在发布神谕

把很高的三条腿的椅子，椅子上坐着一位女祭司。女祭司的嘴巴里常嚼着一种类似月桂树叶的植物，据说这种东西可以让她们与神灵无限接近，实际上，只是因为这种植物有致幻的作用。同时，女祭司的周围还会有烟雾笼罩，她咀嚼过嘴里的东西后，整个人会处于癫狂的状态，然后会在云遮雾绕中代替阿波罗发布神谕。

在古希腊，无论是建立城邦，还是进行殖民活动，人们都要到德尔菲神庙请示阿波罗神谕。在那里，他们会被授予权力并得到启示。比如，吕库古就是在得到德尔菲神谕的启示后，开始在斯巴达实施政治改革。神谕也曾为梭伦当选雅典执政官和确立法律助了一臂之力。

神谕不仅对古希腊的城邦建制和政治纷争产生过重大影响，还影响过希腊人的个人命运，其中最引人注目的就是对苏格拉底的审判。这个被德尔菲神谕宣布为全希腊最有智慧的人，竟被他的同胞指控为“不信奉城邦所奉之神，企图引入新神，并以此来败坏青年”，最终被判处死刑。

### （三）宗教祭典促进文艺发展

古希腊人对于诸神的狂热崇拜，催生出许多祭神的仪式。在希腊，除政治活动之外，主要的公共活动就是举行各种各样的祭拜神灵的活动。

前文提到，希腊宗教的祭神活动与基督教是完全不同的，大多数希腊宗教的祭神活动都是以诗歌、舞蹈、竞技和艺术造型等比较愉悦的活动为主。可以说，祭拜过程通常充满了欢歌笑语，大家都乐意参与其中。

比如四年一届的奥林匹亚竞技会，因为它是从对主神宙斯的崇拜活动中发展起来的，所以这一祭拜活动最为盛大。在活动中，希腊各城邦名门望族子弟纷纷前来参加体育竞技比赛，还组织了各种文艺表演，如歌咏大会、戏剧演出等，所有活动自始至终既充斥着欢呼声，又带有浓郁的宗教气氛。

再如民间对酒神的祭拜活动，人们头戴葡萄藤冠，身披兽皮，手执酒神节杖，一起高唱酒神颂歌并表演各种节目。夜幕降临后，烂醉如泥的人们还会成群结队地来到群山之间或森林谷地接着狂欢。这种狂欢活动让人们能在庄严的宗教仪式中宣泄宗教情感，显得既野蛮又美丽，既疯狂又神圣，充满了神秘色彩。虽然与传统的奥林匹斯宗教祭拜相比，这种祭拜活动难登大雅之堂，但同样能让情感得以宣泄。古希腊最美丽的艺术形式——戏剧正是在这种充满狂热的激情、虔诚的祈祷的宗教崇拜活动中诞生的。

对此，荷裔美国作家房龙曾这样描述："据说喜剧是希腊人在欢度葡萄酒节时由种葡萄的农民发展出来的，那些喜悦的农民满脸抹着酒糟，在车上插科打诨，即兴地表演脱口秀，也许这就是最早的喜剧吧。悲剧则来自在祭祀酒神狄奥尼索斯时，祭司扮演的酒神受难及复活的情景。"从希腊文"悲剧"的最初字义上看是山羊之歌，也就是一些披着山羊皮的人，为了颂扬酒神狄奥尼索斯所唱的歌。在这个过程中，神与葡萄、葡萄酒与人、人与悲喜剧都是环环相扣、密不可分的。这些富有艺术性的祭神活动，极大地促进了希腊文学艺术的发展。

### （四）对报应的恐惧和对转世的向往

正如前述所言，古希腊还有一种神秘的宗教，认为人都是有灵魂的，只要灵魂不死，肉体死亡也会再次复活，这种宗教后来发展为奥尔弗斯宗教。

这种神秘的宗教认为，人死后会去冥界，那里并不恐怖，灵魂会像生前一样，能饮水、吃饭，前提是家属必须按时祭祀，为灵魂提供饮食。不过，只有死者被埋葬之后，灵魂才能在冥界得到安息。所以希腊人不恐惧死亡，恐惧的是死后无人埋葬。

另外，这种宗教还认为，如果人们生前不遵守祭仪，亵渎或触怒了神灵，死后在冥界就一定会遭到惩罚和报复，灵魂也难以重生。因此，信奉这种宗教的人都十分重视祭拜礼仪，都会按时献祭，希望能与神搞好关系，以期死后有机会复生。

由于希腊人的灵魂观念很强，所以即使是当时走在理性思维前沿的哲学家们，也深受这种宗教观念的影响。古希腊早期的哲学家毕达哥拉斯就对生死给出过自己的理解，还提出一种灵魂转世说。在他看来，每个人都有灵魂，而灵魂有感性与理性之分，感性灵魂会因肉体的死亡而死亡，而理性灵魂则是不死的。肉体是灵魂的囚笼，死亡只是灵魂的暂时解脱，灵魂最终会转移到其他人或物身上，以此实现重生。毕达哥拉斯正是用这种观点解释世间万物延续的原因，尽管这种观点带有一定的神秘主义色彩，但对缓解当时人们对死亡的恐惧具有非常现实的意义。

这种宗教与后来出现的基督教有许多异曲同工之处，二者皆在表明：今生是不值得留恋的，所有的今生都是在为来世做准备，只有抛弃这个世界，才能上升到另一个世界。在这种宗教思想的影响下，信奉者开始对死后要进入的那个世界充满憧憬，从而以对来世的向往代替了对死亡的恐惧。当然，来世是看不到的，它只存在于人们的信仰当中。这就是大多数宗教的主要内涵。

总之，希腊的宗教信仰不仅仅是引导人们充分参与到眼下的世界当中，某些民间的神秘宗教还会传递一种对报应的恐惧和对来世的向往，最后使希腊的自然宗教与强调灵魂超越肉体的基督教之间产生了某种微妙的联系。

## 二、宗教崇拜的场所——神庙

爱琴海是欧洲古代文明的摇篮，古希腊的建筑是文明的瑰宝。法国作家雨果曾说："建筑是石头的史书。"建筑沉淀了历史。它们能唤起后人对依附于建筑之上的历史与文化的好奇之心和敬仰之情。

在古希腊的建筑当中，最值得一提的就是古希腊宗教祭拜的场所——神庙。在古希腊城邦时代，最主要的公共建筑有三类，这三类公共建筑充分体现了城邦时代古希腊人的文化品位和精神状态。

在这三类公共建筑中，第一类是神庙，第二类是运动场，第三类则是各式各样的大剧场。其中，神庙是古希腊城邦人民活动的中心，是各种祭拜活动和仪式的举办场所，而且，由于古希腊大多数城邦都围绕着某个山头而建，神庙则恰好建立在山头之上，既具有易守难攻的特点，又符合古希腊人以高为尊的心理愿望，所以神庙也就成为整个城邦的中心。

### （一）希腊神庙的演变

古希腊神庙的起源问题一直是个谜。据考，最早的神庙是建立于公元前 800 年左右的赫拉神庙，其形制最早可追溯到"黑暗时代"以前。通常认为从那时起，神庙的基本特征便已固定下来：正面是由柱子支撑的门廊，上面为三角形的斜屋顶。

不过，早期的古希腊神庙构造非常简单，多数是民居的式样，材质也不是我们现在看到的石头，而是泥土，所以早期古希腊神庙大多不是很高。从阿尔戈斯早期泥墙神庙模型中可以看出，早

早期泥墙神庙模型

期的神庙甚至不能被称作神庙，只不过是一个简陋的大型神龛而已，直到后来古希腊人决定将正面的圆柱加以扩展以环绕整个神庙的时候，神庙建筑才向前迈出了重要的一步。

事实上，克里特—迈锡尼时期的古希腊神庙建筑并不令人瞩目，那个时期甚至也没有独立的神庙，最华美的建筑都是王宫，如米诺斯王宫等。迈锡尼遗址中发现的诸多建筑，多数都是王宫、城墙、墓葬等，似乎看不到独立的神庙。这主要是因为当时的人们更重视国王或统治者，而非神灵。另外，一些具有生育能力的女神是不需要专门建神庙供奉的，她们直接被老百姓供奉在家中。

随着社会的发展，人们对神的崇拜逐渐代替了对国王权力的崇拜，这时候，一些神庙开始陆续出现。比如位于古希腊西北部伊庇鲁斯地区的多多纳神庙，就被认为是古希腊最古老的求神谕场所。它是一座专门用来供奉天神宙斯的神庙，据传是由两名被腓尼基人从底比斯诱拐来的老年女子建立的。不过，这座神庙规模非常有限，就是由泥土墙壁简单垒起来的，还没有用柱子来支撑庙宇。

到了古希腊城邦时代，一些建筑精美、气势恢宏的神庙才逐渐在各个城邦当中出现，比如德尔菲的阿波罗神庙、奥林匹亚的宙斯神庙、雅典的帕特农神庙等，这些神庙今天虽然已是断壁残垣，但当年的风采仍然依稀可见。

### （二）德尔菲阿波罗神庙

德尔菲的阿波罗神庙建于公元前 7 世纪，在古希腊时代被认为是世界的中心，也是古希腊宗教的中心和统一的象征。

如前所述，宙斯认为德尔菲是大地的中心，所以在这里放了一块巨石，这块巨石被称为肚脐石。根据神话传说，德尔菲神庙是用于祭拜大地之母盖亚的神殿，后来太阳神阿波罗射杀了盖亚派来镇守这里的巨蟒，占有了这所神殿。从此，这里便成了太阳神阿波罗的神庙，也成为古希腊人敬仰和祭拜神灵最为重要的地方。

当然，这也与德尔菲神庙的地理位置有关。之前人们祈求神谕时都要去往希腊西北部的多多纳宙斯神庙，但多多纳神庙位于群山环绕之中，距离希腊诸城邦都比较遥远，前往一次十分困难。而德尔菲神庙却相对偏南，地理位置上更方便人们前往祭拜。加之传说中认为德尔菲是世界的中心，这也增加了德尔菲神庙的神圣性。此后，德尔菲神庙慢慢取代了多多纳神庙，成为古希腊一座最重要的神庙。

德尔菲神庙遗址和蛇形柱

（三）奥林匹亚宙斯神庙

奥林匹亚是古希腊南部平原上的一个城镇，位于伯罗奔尼撒西北部。它是古代厄利斯城邦用于祭拜天神宙斯的宗教活动中心，也是古代奥林匹亚竞技会的遗址。

奥林匹亚宙斯神庙遗址位于现在的雅典奥林匹亚村，宙斯神庙曾是古希腊最大、最壮观的神庙之一。据说当年这里供奉着一座高达 20 米的宙斯神像，神像的身上缀满了黄金。神像由古希腊著名雕塑家菲狄亚斯雕刻而成，历时 14 年，可见工程之浩大。当然，如今的宙斯神庙只剩下一些柱子，早已不复当年的壮观，我们只能从宙斯神庙的废墟中想象它当年的壮美与华丽了。

奥林匹亚除了建有宙斯神庙，还建有赫拉神庙，赫拉神庙门

奥林匹亚宙斯神庙遗址

前的祭坛正是现代奥林匹克运动会取圣火的地方。

（四）雅典帕特农神庙

帕特农神庙建于雅典中心的卫城之上，是雅典卫城最主要的建筑，它供奉的是古希腊最受尊崇的智慧女神雅典娜。在古希腊英雄时代的城邦战争中，雅典娜是希腊军队勇往直前、获取胜利的精神力量，同时，她也是城邦繁荣、强大、富足的象征。

帕特农神庙是希腊全盛时期建筑与雕刻艺术的代表，具有“希腊国宝”之称。在罗马帝国晚期，帕特农神庙被改作基督教堂，雅典娜神像也被移除，神庙中心高高挂起了十字架，用以供奉基督徒们信奉的圣母玛利亚。

此后，帕特农神庙还一度被土耳其人改造为清真寺。1687

雅典帕特农神庙遗址

年，威尼斯人从海上攻击雅典，土耳其人将帕特农神庙当成一个弹药军火库。双方作战时，军火库发生爆炸，神庙被彻底损坏。此后虽然经过多次修复，却再也难以恢复原貌。如今，帕特农神庙也如德尔菲神庙一样，仅留下一座石柱林立的外壳，不复昔日荣光。

### （五）其他著名神庙

除了以上三座神庙，崇尚宗教的古希腊还有许多其他神庙。比如，在雅典最南边有个苏尼翁角，据说是雅典国王埃勾斯跳海自尽的地方，后来有人在这里建立了一座海神庙。还有被称为世界七大奇迹之一、位于小亚细亚西岸的古希腊重要城邦以弗所的阿耳忒弥斯神庙，据说曾经这座神庙比雅典卫城的帕特农神庙还要壮观。

雅典苏尼翁角的海神庙遗址

关于阿耳忒弥斯神庙，还有一个传说故事。

公元前 4 世纪左右，有个名叫黑若斯达特斯的青年，因为不愿让自己一生籍籍无名，便想做一件惊天动地的大事让自己扬名天下。于是，他在阿耳忒弥斯神庙中点了一把大火，将这座神庙全部烧毁。黑若斯达特斯以为自己这下肯定要出名了，没想到他的行为惹怒了以弗所人，以弗所人以极刑处理了这个疯狂的纵火犯。曾经宏伟壮观的阿耳忒弥斯神庙就此被付之一炬，时至今日只剩下几根破烂不堪的柱子。

此外，其他比较著名的神庙还有厄琉西斯的得墨忒耳神庙、埃皮达鲁斯的医药神阿斯克勒庇俄斯神庙、科林斯的波塞冬神庙以及西西里岛阿格里真托的赫拉神庙等。

以弗所的阿耳忒弥斯神庙遗址

## 三、奥林匹斯宗教的基本特点

在女娲补天、精卫填海等中国古代神话传说中，大多数神灵的躯体都带有动物的特征，比如女娲为人头蛇身，精卫变成了鸟，等等。但是，古希腊神话传说中的神灵往往都是以躯体完美的人的形象出现的，如赫西俄德的《神谱》中提及的奥林匹斯山上的那些主神，个个都以人的形象出现，主管着天地人间的种种不同事务，彼此也有着一种错综复杂的亲属关系，他们或是兄弟姐妹，或是夫妻、情人等。之所以会有此不同，主要是因为古希腊宗教信仰中具有“神人同形同性”的特点，即神与人具有同样的身形、同样的性情。

### （一）神人同形同性

灵魂与肉体的和谐统一、情与意的自然交融，使古希腊神灵与其说是高高在上的抽象“精神”，倒不如说本来就是一些富有人情味的生灵。在古希腊宗教传说中，神就是一些特殊意义上的人，他们同人一样有喜怒哀乐，有七情六欲，也有与人一样的优点和不足。

因此，古希腊神灵的最大特点就是：既拥有与人一样的身形、外表，也拥有与人一样的性情、欲望。神与人唯一的区别就是，神会青春永驻、长生不死。在这种观念下，古希腊宗教非常自然地将神灵拉入人群之中。这也使古希腊的神话传说变得非常有吸引力，而不是稀奇古怪或高不可攀，这自然赋予了古希腊宗教更多的生活气息。

### （二）希腊宗教的精神特征

正因为古希腊宗教中崇拜的都是有血有肉的神灵，所以古希腊宗教与后来的基督教，以及东方一些带有阴郁色彩的宗教是完全不同的。古希腊宗教直接体现了一种对自然、对人体、对美好事物的热爱，其信仰也表现出一种直观的感觉主义和一种朴素的自然崇拜。

这种自然崇拜类似于原始人的拜物教，即自然万物、日月星辰都是原始人类崇拜的对象。古希腊宗教其实也是一种泛神论的宗教，其中不同的神祇代表着不同的自然现象或社会现象。也就是说，希腊人将一切自然现象和社会现象都神化了，认为自然界充满了神性和美好。因此，他们对人的身体也充满热爱，对身体的热爱和重视甚至要高于对精神的关怀。

正因如此，古希腊人特别喜欢展示他们强健的体魄和矫健的

钟情怀春的奥林匹斯神——阿波罗和达芙妮

身形，并热衷于将时间花在运动场上。他们参加各种体育竞技活动，目的就是练就更加结实、健美的身体。对肉体的重视，也令裸体竞技活动成为古希腊一种非常普遍的现象。而这种崇拜也直接导致了希腊艺术，尤其是人体造型艺术的出现及发展，甚至一度在艺术史上达到了登峰造极的水平。中国古代人更注重道德修养，重视的是立德、立言、立功，对于身体的强壮与健美则不那么重视。

在古希腊的宗教当中，还有一种与奥林匹斯宗教完全背道而驰的宗教，就是前文多次提到的奥尔弗斯宗教。这种宗教推崇的恰恰与古希腊主流宗教中宣扬人类应及时行乐的情调完全相反，它宣扬的是压制欲望，重视灵魂甚于肉体。由此可以看出，古希腊并非完全只有一种宗教崇拜。但是其主流宗教，即奥林匹斯宗教却充满了七情六欲，这一精神特点正好代表了古希腊文化的基本特点，即追求和谐之美。

据说梭伦在立法期间，曾公开鼓励开设妓院，到后来的伯里克利统治时期，同性恋也成为一种合法行为。这些都表明古希腊人思想中没有太多的道德观念，他们认为人就应该尽可能地满足自己的欲望。因此，古希腊文化本身就是纵情纵欲的，也就是要将人的七情六欲尽可能地表达出来。

后来的古罗马宗教深受古希腊宗教的影响，古希腊宗教具有的一些特点，如神人同形同性、无教会组织和神职人员、注重献祭和仪式等，古罗马宗教在不同程度上也都具有。但由于希腊城邦长期处于一种“小国寡民”的状态，人们的欲望很容易满足，即使纵欲，也往往保持着几分美感和浪漫主义基调。而在这一点上，古罗马人便有所不同，罗马人的欲望随着国家版图的扩大而不断膨胀，后来甚至将希腊人那种适度的享乐主义发展成了无节制的纵欲主义，完全蜕化为一种声色犬马、纵欲无度的生活。这种行为显然与古希腊宗教精神背道而驰。

### （三）希腊宗教的美感与童真

古希腊宗教文化与古埃及宗教文化也不同。古埃及宗教的主题是肃穆而遥远的死亡与转生，而古希腊宗教则表现出强烈的现世意味。因而，在前者影响下的人很容易忽视或压抑自我感觉，不会将自我感受以外在的形式表达出来；而后者对于欢乐与现世的珍视则会让他们更加重视当下的自我体验，当体验足够强烈时，人们就会寻求更加丰富且独特的表达方式。因此，古希腊的艺术作品都是从宗教活动中产生的。而在此基础上产生的艺术，不仅具有主体性带来的活力，还具有不断突破和改善的潜力。

对于这一点，丹纳《艺术哲学》一书里的一段话具有很强的启示意义，发人深省：

“希腊人心目中的天国，就是在阳光普照之下永远不散的宴席。宗教无非是一顿快乐的酒席，让天上的神饮酒吃肉，吃得称心满意。最隆重的节日会上演歌剧。悲剧、喜剧、舞蹈、体育表演都是敬神仪式的一部分。他们从来不想为了敬神的需要苦修，战战兢兢地祈祷、伏在地上忏悔罪过；他们只想与神同乐，给神看最美的裸体、为了神而装点城邦、用艺术和诗歌创造辉煌的作品，使人暂时能脱胎换骨、与神灵并肩。”

而且古希腊人还充满了游戏色彩，他们觉得人生就是游戏，生

充满美感和情趣的希腊神明——美神与林神

活中也时时充满了童趣：

“他们以人生为游戏，以人生一切严肃之事为游戏，以宗教与神明为游戏，以政治与国家为游戏，以哲学与真理为游戏。就因为这样，他们是世界上伟大的艺术家。”这一点就像孩童一样，孩子的世界从来都是充满美好和趣味的，正如柏拉图所说：“希腊人心灵纯洁，好像永远长不大的孩童。”

据说，古埃及人很有学识，他们为此曾经嘲笑古希腊人。一位古埃及的祭司曾经对一位古希腊的思想家说：“你们希腊人在我们埃及人看来就是什么都不懂的小孩子，你们以为你们很了解世事，实际上你们什么都不懂。”

表面看来，古埃及人的这句话并没说错，古希腊人的内心原本就像孩子一样。但是，孩子也有童真的智慧，关于这种智慧，后文会进行详细阐述。严格来说，古希腊人当时的精神状态其实像是一种朦胧的智慧，这种朦胧的智慧与后来被知识武装的精致的愚蠢相比，反而要更高一筹。

### （四）希腊宗教与基督教的精神差异

基督教的神学思想深受古希腊奥尔弗斯宗教和希腊唯心主义哲学的影响。在奥尔弗斯宗教的相关传说中，酒神狄奥尼索斯是经历过死亡与重生的神，他的前身为宙斯的儿子，后来被泰坦神撕裂分食。宙斯用雷霆击毙了泰坦神，又从灰烬中创造了人类。因此，奥尔弗斯宗教认为，人类的灵魂（属于狄奥尼索斯的那部分）是洁净的，而躯体（属于泰坦神的那部分）是束缚灵魂的。因此，奥尔弗斯宗教教义的核心是对人死后生活的注重、对彼岸世界的向往。

它认为人们可以通过禁欲、苦修来使灵魂获得净化与升华，最终与诸神同在。

这种教义曾一度流传于古希腊社会，柏拉图、亚里士多德等人的著作中都曾多次提到。后世基督教关于灵魂不死、原罪救赎、禁欲苦修以及复活永生的观点，在很大程度上受到了这一教派的影响。

从这一点上看，基督教的观点与希腊主流宗教的观点存在很大差异。古希腊主流宗教体现的是神人同形同性，人们十分珍视现世生活，所以会尽情享受此生。从根本上来说，希腊人都属于乐观主义者，他们不仅能以欢愉的心态对待现世，还能以同样欢愉的心态对待死亡。这种信念一方面可以让希腊人用乐观的态度对待生活中的悲剧，勇敢直面现实和悲剧；另一方面，对于来世生活的平常心又令希腊人在面对死亡时表现出一种坦荡的气概，不像中世纪的基督教徒那样，面对死亡时会忐忑不安并心存恐惧。

此外，希腊宗教与基督教的差异还体现在神的外形上。希腊宗教属于多神教，但众神都威风凛凛、肌肉发达、随心所欲、极尽其乐，体现一种灵肉和谐之美；而基督教信奉的耶稣则被钉在十字架上，不仅形容枯槁，还承受着极大的痛苦和屈辱。当然，从更深层的文化意义上看，基督教正是通过肉体的痛苦彰显精神的极乐，用现世的苦难烘托天国的幸福，从而表现出人在此世的罪孽与在天国的荣耀之间的巨大反差。

综上所述，从古希腊宗教中的神灵和英雄身上，我们可以看到神性与人性、灵魂与肉体、天国与人间等一系列本应对立的矛

十字架上的受难者耶稣

盾都融合在一起，宗教表现出一种童真的情怀，焕发出欢快明朗的情感光芒。相对而言，早期和中世纪的基督教却在刻意以神性贬低人性，以灵魂唾弃肉体，以天国超越人间，从而在现实中表现出一种阴郁的、凄楚的宗教色彩。由此可见，这两种宗教在精神特征上是完全不同的。

# THE GLORY OF ANCIENT GREEK CIVILIZATION

# 古希腊文明的光芒

（下）

## 美韵哲思

赵林
著

人民邮电出版社
北京

美韵
哲思

第 VI 章

# 城邦时代的竞技与艺术

竞技与艺术，两者看起来似乎风马牛不相及，但在古希腊城邦时代，两者却紧密地联系在一起。古希腊艺术的主要对象为神、英雄和运动员，其中运动员在希腊造型艺术中占据非常重要的地位。在本章，我将详细阐述希腊城邦时代竞技与艺术的关系，以及古希腊的主要艺术类型和艺术风格等。

第 I 节

## 希腊奥林匹亚竞技会的产生

在古希腊时代，奥林匹亚原本是坐落在伯罗奔尼撒半岛西部的一座不起眼的小山村，但在两千多年后的今天，其名声早已响彻世界——因为这里正是现代奥运会的发源地。古希腊人将体育竞技看成是祭祀奥林匹斯山上众神的一种节日活动，到了城邦时代，古希腊最大的两个城邦——斯巴达和雅典，更是先后成为繁盛时期古希腊体育的代表。

### 一、古希腊的体育竞技会

据说早在迈锡尼时代，古希腊人为了祭祀天神宙斯，便开始在奥林匹亚等地举行宗教盛典和竞技会。后来，由于多利亚人的入侵，竞技会被迫停止。到了城邦纷纷建立之后，希腊人又于公元前 776 年，在奥林匹亚再次举行了体育竞技活动。从这一年开始，奥林匹亚竞技会被延续了下来，而且有了正式的文字记载。

一千多年以后，到了罗马帝国时期，信奉基督教的罗马皇帝狄奥多西一世下令禁止异教徒举行对奥林匹斯诸神的祭奠活动，奥林匹亚竞技会因此被禁止。在这之前，奥林匹亚竞技会一共举办过 293 届，历时 1170 年。

（一）将希腊城邦凝聚为统一的文化整体

在公元前 5 世纪上半叶，希波战争发生之前，古希腊各城邦完全处于一种“小国寡民”的相对独立状态，城邦之间在政治、经济等方面并没有直接的联系。希波战争爆发后，为保卫自己的国家，古希腊各城邦才团结在一起，共同抵御外敌。在此之前，古希腊城邦在政治上完全是一盘散沙。

而那时真正将古希腊各城邦整合在一起的，就是各种泛希腊的宗教节庆以及为祭祀神祇而产生的各种竞技活动。

从公元前 8 世纪起，古希腊各城邦便经常举行一些祭祀奥林匹斯神祇的活动。古希腊城邦时代共有四大竞技会，除出现最早、规模最为盛大的奥林匹亚竞技会外，还有于公元前 6 世纪陆续出现的、每四年在德尔菲举行一次的毕提竞技会，以及每两年举行一次的伊斯米竞技会和奈美竞技会。因此，对于古希腊人来说，每年都会举办体育竞技会，而且这种竞技会不是由某个城邦单独举办，而是很多城邦共同参与，甚至位于小亚细亚爱奥尼亚地区的古希腊殖民城邦都会加入其中。由此可以看出，这种竞技会实际上就是一种泛希腊的活动。正是这种文化与宗教因素，将古希腊各个分散的城邦凝聚为一个统一的文化整体。

（二）竞技会的产生

关于奥林匹亚竞技会的起源，现在有很多说法，我们很难厘清到底哪些是历史事实，哪些是神话传说，因为两者早已融为一体。在这其中，有一种比较流行的说法是，竞技会的起源与古希腊的一位英雄有关，这位英雄就是前文提到的伯罗奔尼撒半岛的始祖珀罗普斯。

前文提到，珀罗普斯来到伯罗奔尼撒半岛后，爱上了伊利斯国王的女儿希波达弥亚，他凭借赛车比赛的胜利娶到美人，还登上了伊利斯国王的宝座，后来便进一步统治了整个伯罗奔尼撒半岛。自此以后，赛车运动便在古希腊流行了起来。而这个传说故事也反映出早期希腊人利用和平方式进行竞争的情况。

珀罗普斯去世后，为纪念这位伟大的英雄，伯罗奔尼撒人为他举行了一场非常隆重的葬礼。葬礼上，人们举行了包括赛车在内的多种竞技活动，而这些竞技活动就是古希腊奥林匹亚竞技会的起源。

然而，当时的竞技活动并没有固定的举办时间，只是偶尔进行。据说，希腊大英雄赫拉克勒斯曾一度恢复了纪念珀罗普斯的竞技会，将其作为奉献给天神宙斯的祭礼。但直到公元前 776 年，古希腊社会才开始出现有规律的、四年一次的奥林匹亚竞技会。

上面的传说只是关于奥林匹亚竞技会起源的众多传说之一，这些传说虽然内容不尽相同，但有一点是共同的，即奥林匹亚竞技会是献给宙斯的祭礼，是人们将身体运动作为献给神灵的祭礼，因此，它成为古希腊最为盛大的竞技大会。

从这点上来看，古希腊时期举办竞技会的目的与中国古代举办各种体育活动的目的是完全不同的，甚至与现代举办各种竞技赛事的目的也不尽相同。

中国古代认为君子应具备“六艺”，即礼、乐、射、御、书、数，其中“射”指射箭，“御”指御马、驾车，从某种意义上来说，这两种技艺与体育都具有一定的关系。但它们不是真正意义上的竞技活动，更多的是一种表现君子之间礼仪的活动，因为参与者需要按照一定的礼仪规范来御马、驾车、射箭，以此来展示自己技艺的高低。所以，尽管这两种技艺似乎可以被纳入体育范畴，但其目的显然与古希腊的竞技活动不同。而现代世界各国举行的体育赛事，更多出于强身健体、为国争光等目的，与古希腊竞技会的目的相差甚远。

古希腊竞技会是为了祭祀众神，其最主要的特点就是竞技。这种竞技活动既是一种向神灵的献祭仪式，也是以一种和平竞赛的方式将不同种族、不同阶级、不同宗派之间的武力冲突表达出来的较量活动。也就是说，竞技活动中的比赛项目其实都是战争的缩影，是对战争场面的一种和平再现。正因为这样，它后来才成为凝聚希腊诸城邦的重要的“黏合剂”。

### （三）希腊最隆重的盛会

按照现在的记载，第一届奥林匹亚竞技会召开于公元前 776 年，此后每四年举办一次。在这之前，奥林匹亚虽然也曾召开过竞技会，但规模较小且没有规律，也鲜有正式的文字记载，甚至还曾停办过几百年之久。关于奥林匹亚竞技会的恢复，还有这样一个传说。

公元前 8 世纪上半叶，古希腊的伊利斯城邦遭遇了一次严重的自然灾害。按照宗教传统，在遭遇天灾人祸时，古希腊人会到供奉神灵的神殿中听取神的旨意，也就是听取掌管神殿的祭司们以神灵的名义发布的神谕。遭遇自然灾害后，人们纷纷到神庙中

奥林匹亚遗址

请求神谕，而神谕的指示是：由于伊利斯城邦的人们忽视了对奥林匹斯山上诸神的祭祀活动，众神之王宙斯感到愤怒，这场灾难就是宙斯向伊利斯城邦发出的警告。这时，人们想起几百年前伯罗奔尼撒大英雄珀罗普斯去世时，希腊人举行了非常隆重的赛事，以祭祀神灵、悼念英雄。

于是，伊利斯城邦的国王便与斯巴达城邦的国王达成协议，决定一起恢复对奥林匹斯山上诸神的祭祀活动，并在祭祀时举行竞技活动。同时，为了避免宙斯未来再对城邦降下灾祸，他们约定竞技会每四年举行一次。

就这样，从公元前 776 年开始，真正意义上的古代奥林匹亚竞技会正式拉开了序幕。

当然，这只是一个传说。事实上，在早于奥林匹亚竞技会出现的《荷马史诗》中，就已经有关于古希腊英雄为悼念帕特洛克罗斯而举行体育竞技活动的记载了，而且当时竞技活动的项目颇为丰富，包括投标枪、掷铁饼、摔跤、赛跑、赛马等。在《伊利亚特》中，荷马也非常生动地描述了古希腊英雄们激烈竞技的场面。

由此可见，早在公元前776年第一届奥林匹亚竞技会举办之前，古希腊人早已举行过这样的活动。只不过在第一届奥林匹亚竞技会之后，竞技活动的覆盖范围就逐渐从最初的伊利斯和斯巴达扩大到希腊各城邦，活动的规模也越来越大。

古希腊与今天的希腊不同，古希腊是个“大希腊”的概念，其范围不限于今天的希腊本土，还包括小亚细亚、南意大利，甚至伊比利亚半岛沿海的一些地区，这些地方都建有古希腊的殖民城邦。所以说，古希腊包括广布于爱琴海甚至地中海沿岸的城邦，其地域范围要比今天的希腊广阔得多。

当四年一次的奥林匹亚竞技会举行时，许多希腊城邦，包括小亚细亚和南意大利地区的各个殖民城邦，都会派代表参加。随着时间的推移，奥林匹亚竞技会慢慢发展为隆重的体育盛会。

到公元前5世纪时，古希腊的奥林匹亚竞技会进入鼎盛时期。在此期间，城邦不仅会举行各种体育竞技活动，还会组织戏剧表演以及其他文娱活动，甚至还会组织经济贸易活动。当时的希腊人已经懂得借助奥林匹亚竞技会这个平台，将经济活动与文化活动融为一体。

### （四）古代奥运会的终结与现代奥运会的召开

公元前2世纪，希腊本土被穷兵黩武的罗马帝国吞并，成为罗马的一个行省。罗马人虽然在地域上征服了希腊，但也从水平更高的希腊文化当中吸取了很多有价值的东西，比如希腊的神话传说、悲喜剧、艺术、哲学等。当然，罗马人也将希腊最为隆重的祭祀活动——奥林匹亚竞技会延续了下来。

然而，到了公元 4 世纪，罗马帝国由强盛走向衰弱，进入日薄西山的濒死状态。就在这时，罗马帝国境内发生了一件非常重要的事情——基督教在罗马帝国合法化了。

基督教于公元 1 世纪上半叶传入罗马帝国，一开始并不被罗马人所接受，甚至一度遭到官方的迫害。然而，随着罗马帝国日渐衰落，基督教却变得日益强大。公元 313 年，罗马帝国皇帝君士坦丁一世颁布了著名的《米兰敕令》，承认了基督教在罗马帝国的合法地位。到公元 393 年，罗马帝国的另一位皇帝狄奥多西一世更是直接宣布定基督教为罗马国教，用以取代罗马人信奉了千年之久的希腊罗马多神教。从此以后，罗马人便不被允许再信奉希腊罗马多神教了。

如前所述，古希腊的宗教为多神教，即崇拜许多神灵。罗马的宗教是从希腊人那里模仿和继承而来的，只不过将希腊神灵的名字改成了拉丁名。因此，当基督教成为罗马的国教后，所有和希腊罗马多神教相关的东西便都被视为异教文化。于是，希腊罗马多神教的神庙被全部拆除，偶像崇拜也被完全禁止，罗马帝国只允许人们信仰一个神灵，那就是基督教的上帝。在这种情况下，为祭奠希腊神灵而举行的奥林匹亚竞技会自然也会被叫停。所以在公元 393 年，历时 1170 年、共举办了 293 届的奥林匹亚竞技会被罗马帝国皇帝狄奥多西一世下令取缔。

这一停便是1500多年,直到1896年,在法国人顾拜旦的倡导下,希腊在首都雅典恢复了中断长达1500多年的奥林匹亚竞技会，并将其更名为现代奥林匹克运动会，简称奥运会。从那以后，四年一届的奥运会才得以继续举办（除了第6届、第12届、第13届因战乱中断）。

## 二、奥林匹亚竞技会的演进

在最早的奥林匹亚竞技会中，运动项目只有一种——赛跑，后来才逐渐增加了其他项目及一些规模宏大的文娱节目，如诗歌比赛、演说比赛、戏剧表演等。由此可见，奥林匹亚竞技会既是一种宗教活动，也是对青年人进行体育、文学教育的文化舞台。

### （一）最初的赛跑

在第一届奥林匹亚竞技会上，赛跑是唯一的竞技项目，赛期为一天。最初的赛跑赛制很简单，运动场有多少米，运动员就跑多少米，这被称作单程赛跑。

单程赛跑是从对宙斯的祭祀活动中产生的。当时，人们会先将祭品摆放在宙斯的祭坛上，但并不点燃。选手们站在距离祭坛1斯塔德[1]远的地方，一位祭司手持火炬立于祭坛旁边充当裁判。比赛开始后，最先跑到祭坛前的人从祭司手中接过火炬，点燃祭品，

[1] 当时希腊采用的度量衡与后来西方的度量衡有所不同。1斯塔德约为192.27米，据说这是赫拉克勒斯步量出来的。

奥林匹亚的赛跑场

成为奥林匹亚竞技会的优胜者。

因此，早期的赛跑是在奥林匹亚圣域中心进行的。后来，人们将赛跑的场地迁到了圣域东面，并专门修建了长方形的“赛跑场”。场地中的跑道宽约 30 米，长度与原来单程赛跑的长度一致，即 1 斯塔德。而“赛跑场”这个词，就是由“斯塔德”衍生而来的。

后来，为了营造热烈的竞技活动气氛，到第 14 届竞技会时，赛会的组织者在单程赛跑的基础上增设了双程赛跑项目，选手们从出发点跑到另一端后，要绕过“折返柱”折返回来。赛程变为 2 斯塔德，最先跑到起点的人为胜利者。

到第 15 届竞技会时，组织者又增设了长跑项目。据推测，最

表现希腊人竞技场面的浮雕

长赛程可能为 24 斯塔德。到第 18 届竞技会时，竞赛项目增加了号称古典五项竞技的全能项目。

### （二）古典五项竞技

古典五项竞技除了赛跑还包括跳跃、掷铁饼、投标枪和摔跤。这五项竞技起源于斯巴达城邦，斯巴达人经常利用这几种运动项目训练士兵，提升士兵们的体力、耐力、速度、灵巧性等。后来，这五个运动项目也成为古代奥林匹亚竞技会中最受重视的项目，正如亚里士多德评价的那样："参与五项竞技的运动员是最出色的，因为他们既有力量又有速度。"所以五项竞技也成为评选希腊最佳全能运动员的重要竞赛项目。

后来，奥林匹亚竞技会的比赛项目不断增加，比如增加了重装赛跑、赛车、拳击等项目。在古希腊的竞技会上，运动员都裸体参加比赛，但增加了重装赛跑后，运动员就要佩戴具有盔缨的头盔和护胫甲，还要携带盾牌。盾牌是专门为赛事准备的，力求每个盾牌的大小和重量相等。选手们要全副武装地在跑道上往返多次，最先完成赛程的为优胜者，优胜者会获得“最杰出的希腊人”的光荣称号。

到古罗马时代，赛车又成为竞技会上的主要竞赛项目，罗马人为此还建立了许多赛车场。赛车是一项刺激而残酷的项目，比赛场面十分壮观，现场人山人海。虽然比赛过程中经常发生人仰马翻、车毁人亡的状况，但罗马人并不觉得这是一项残酷的运动，反而会因为这种刺激的场面而情绪高涨、热血沸腾。

### （三）增设拳击项目

拳击首次成为比赛项目，是在公元前 688 年举办的第 23 届奥林匹亚竞技会上。这也是古希腊运动中颇受人尊崇的运动项目之一，但比赛手段十分凶残。

到希腊化时代及后来的罗马时代，拳击比赛变得越来越血腥，选手们不仅要徒手比赛，还会在拳头上裹着带有金属疙瘩的皮带，然后向戴着青铜面罩的对手发起猛烈攻击，直到一方倒下或认输。

公元前 648 年，第 33 届竞技会增加了一项比拳击更为残酷和危险的项目——混斗。混斗是角力（摔跤）和拳击的结合，在比赛过程中，选手除了不能咬对方和挖对方的眼睛，基本没有限制。也就是说，在这种竞技中，几乎所有攻击形式都是规则允许的，激烈的比赛将一直持续到其中一方完全失去战斗力或认输为止。

表现拳击场面的陶瓶画

### （四）奥林匹亚竞技会的取缔

征服了希腊之后，好斗的罗马人又在竞技会项目中增加了角斗，这使原本的比赛项目变成了一种野蛮的娱乐。角斗士大都是奴隶或战俘，他们要真刀实枪地走上竞技场，当着罗马贵族和万千平民的面进行表演，其结果通常是血肉模糊地横尸当场。此后，杂技、斗兽等项目又陆续出现在竞技会中。就这样，奥林匹亚竞技会开始慢慢变质，混乱、血腥的暴力表演逐渐侵蚀了古希腊人为祭祀众神、缅怀英雄而创办的奥林匹亚竞技会的初衷。

由此可以看出，古希腊奥林匹亚竞技会原本是一场展示人类体格魅力及速度、力量和耐力的运动盛会，到古罗马时期却发展为一种赤裸裸的生死角斗，这种暴力的运动形式一直到奥林匹亚竞技会被罗马皇帝下令取缔为止。

公元 395 年，哥特人入侵的战火烧毁了奥林匹亚多座建筑。31 年后，狄奥多西二世又下令烧毁奥林匹亚所有的残余庙宇，宙斯神像也被掳掠至君士坦丁堡。又过了 100 多年，两次大地震彻底夷平了这块土地，随后的大洪水又将奥林匹亚淹没在泥沙之下。古典的奥林匹亚竞技会就这样消失在了历史的长河中，直到 1500 多年后才改头换面、重见天日。

### （五）柏拉图与阿卡德米

在奥林匹亚竞技会中，除一些体育比赛项目外，还有诗歌比赛、演讲比赛、戏剧表演等活动，历史之父希罗多德、哲学家高尔吉亚等人都曾在奥林匹亚会场上发表演讲或与他人进行辩论。哲学家柏拉图也曾在竞技会上大放异彩，不过，他与人竞赛的项目并不是演说或辩论，而是摔跤。

据有关资料记载，柏拉图并不是他的本名，取这个名字正是因为他是一位摔跤高手。“柏拉图”这个词在希腊语中为“宽肩膀”“大块头”的意思，柏拉图身体强壮，摔跤技术也很厉害，还参加过多次比赛，也曾获得冠军，所以人们便把“柏拉图”这个绰号送给了他。

大约在公元前 385 年，柏拉图在雅典城外西北角一个名叫阿卡德米（Academy）的地方创建了自己的学园，用来收徒讲学。阿卡德米原本是个专门教人摔跤的竞技场，柏拉图在这里建立学园后，一边与学员研讨数学和哲学理论，一边继续教人摔跤。作为曾经的摔跤冠军，柏拉图还亲自给学员授课，教授摔跤的各种

柏拉图学园遗址

方法和技巧。

这座学园存在了 900 多年，直到公元 529 年被东罗马帝国的查士丁尼大帝关闭。学园后来成为中世纪时在西方发展起来的大学的前身。

在参赛这件事上，柏拉图并不是特例。在古希腊时代，据说毕达哥拉斯、德谟克利特、亚里士多德，甚至犬儒学派代表人物第欧根尼，都参加过奥林匹亚竞技会。

第II节

## 奥林匹亚竞技会的重要意义

在人类文明发展的长河中，奥林匹亚竞技会称得上是悠久历史皇冠上的一颗明珠。作为古希腊重要的宗教活动和社会文化现象，奥林匹亚竞技会的泛希腊性质使其在促进民族团结、增强文化认同感等方面发挥了重要作用。与此同时，作为一个竞技性的盛大活动，奥林匹亚竞技会也是推动希腊政治交流、促进贸易发展、繁荣文化生活的重要手段。而说到对于现代奥运会的引导与影响，它同样具有重要意义。

本节将详细阐述奥林匹亚竞技会对古希腊人的生活以及后世奥林匹克运动会产生的积极影响。

### 一、统一了希腊的历史纪元

世界现行的纪年法是以“公元前”和“公元后”来记载的。但在公元纪年法被接受之前，每个国家都在按照自己的纪元方式记载历史，比如我国古代是按照皇帝的年号来纪元的。过去的西方社会，一些国家也会以国家建立日作为元年来记载历史，比如罗马历就是以公元前753年罗马城的建立年作为元年来记载历史的。在公元前1世纪，罗马共和国独裁官恺撒在古代罗马历的基础上制定了儒略历，后来，罗马帝国一直按照儒略历来记录历史。

基督教成为西方的主流宗教之后，一些西方人开始将纪年法与基督教联系起来。公元 525 年，一位名叫狄奥尼西的修道士提出以耶稣诞生之年为起点，创建了新的纪年方法。这一主张得到教会的大力支持。

1582 年，罗马天主教教皇格里高利十三世又对儒略历进行了进一步改革，提出“公历纪年法”，以耶稣诞生年作为公元元年，在此之前称为“公元前”。在这之后，西方社会才逐渐开始以这种纪年方式来记载历史。随着西方文化的影响在全球范围内不断扩大，公元纪年法逐渐被世界各国接受，成为现在全球通行的纪年方式。

### （一）希腊纪元的基本序列

得益于“公历纪年法”的确立，我们可以倒推第一届奥林匹亚竞技会是在公元前 776 年举行的。但在当时，人们自然不知道什么是公元纪年。在第一届奥林匹亚竞技会举办之前，古希腊诸城邦各自为政，每个城邦都有各自的命名执政官，所以不同城邦就是以该城邦命名执政官的名字纪年，来记载当时发生的事情。

在奥林匹亚竞技会举行之后，全希腊从此便有了一个统一的纪年方式，即以四年一届的竞技会纪年。比如，说到某件事情时，希腊人会说这件事发生在第几届奥林匹亚竞技会上，或发生在第几届竞技会的第几年；说到某个人哪年出生、哪年死亡时，希腊人也会说他出生在第几届奥林匹亚竞技会的第几年，于第几届竞技会的第几年去世。

由此可见，奥林匹亚竞技会的出现让整个希腊社会从此开始有了统一的纪年方式。我们之所以说古希腊城邦文明出现的时代是在公元前8世纪上半叶，就是因为这一时期出现了奥林匹亚竞技会。奥林匹亚竞技会成为记载希腊历史的基本序列，从此希腊就有了真正意义上可记载的历史。

### （二）夏至后的月圆之日举办竞技会

奥林匹亚竞技会每四年举行一次，每次的举行时间都是在北半球夏至以后的第一个望月，即月圆之日，这一习俗一直流传至今。古希腊人信奉神灵，无论是平时的祭祀活动，还是举行竞技会，都会选择黄道吉日。在古希腊人眼中，所谓的“黄道吉日”即为月圆之日。

据说，每当出现日食或月食现象时，即使发生战事，甚至敌军打到了家门口，古希腊人都不会出兵抵抗，因为他们认为这样的日子“不吉利”，不利于战争胜利。

传说在希波战争爆发后，波斯国王大流士率领大军入侵雅典，在一个名叫马拉松的地方遭遇雅典军队的抵抗。在波斯军队到达之前，雅典已经与斯巴达达成协议，商定共同对抗波斯大军，保卫自己的国土。斯巴达是当时希腊最强大的城邦，斯巴达的军队是希腊唯一的职业化军队，战斗力很强。如果能争取到斯巴达的援助，希腊人战胜波斯大军的可能性就会大大增加。

然而，当雅典人与波斯军队在马拉松展开激战后，斯巴达的援兵却迟迟不来。雅典人多次派人求援，而斯巴达人却称他们要在一周后的月圆之时才能出兵，否则不吉利，会影响战事。

虽然雅典人最终凭借一己之力战胜了波斯大军，但也因为没有援军相助而付出了巨大的代价。

在希腊人看来，月圆之日才是吉日，因此奥林匹亚竞技会一定要选在月圆之日举行。日期定下来后，通常会由三名使者从奥林匹亚出发，带着橄榄花冠和特制的权杖，向希腊各城邦通报竞技会的举办日期，同时邀请各个城邦派出代表参加。从这一刻开始，全希腊便进入了为期三个月的“神圣休战”状态。

在此期间，城邦之间不能爆发战争。如果有外敌入侵，也要等竞技会结束后才能出兵迎战。这种方式实际上也将和平友好的观念植入了公民意识之中，同时也渗透到了各城邦政治领导人物的执政理念之中，“冷却”了人们穷兵黩武的军事热情，促进了城邦之间的和平相处。

每届奥林匹亚竞技会一般为期五天，第一天会举行祭拜神灵的活动，主要是祭拜奥林匹斯山上的主神宙斯。从第二天开始，一连四天的体育竞技活动才正式开始。

## 二、品行高尚者才能参加竞技会

对主神宙斯与奥林匹斯山上众神的崇拜以及为这些神祇举行的竞技会主要盛行于希腊的精英阶层，具有“阳春白雪”的特点，代表高尚、典雅、有身份、有地位。因此，奥林匹亚竞技会也成为一种只有古希腊上层社会人员才能参加的竞技会。

### （一）只属于精英阶层的竞技会

在古希腊时代，社会贤达和贵族精英人士并不是只会坐在高高的庙堂之上，挥手命令下层民众参加战争。恰恰相反，一旦发生战争，上流社会中越是有钱有势的人，越会冲锋在前。

古希腊时期，城邦之间战事颇多，加上时有外敌入侵，所以贵族们非常重视锻炼身体。没有战事时，他们会跑到各种竞技场中参与体育竞技活动，以此来表现他们的战斗精神。同时，赛马、赛车这类比赛需要自备车马，又要求参赛者接受专门的训练，所以，如果不是权贵和社会精英人士，是很难满足这些条件的。

对于那些下层民众来说，他们平时既没有闲暇参加各种体育竞技活动，也没有资格参加奥林匹亚竞技会和其他竞技会，即使他们身体强壮，也很难有机会千里迢迢前来参加竞技会。

与下层民众一样不能参加竞技会的还有古希腊的妇女们，竞技会上没有专门为妇女设置的体育项目。已婚妇女甚至连观看竞技会的资格都没有。但竞技会的比赛实在是太诱人了，有些女子总会“以身试法”，偷偷观看。可是一旦被发现，她们往往会受到重罚。

不过，由于整个希腊社会都崇尚体育竞技，妇女不可避免地受到了影响，因此她们也十分热衷于体育锻炼。为此，古希腊社会便定期组织纪念天后赫拉的竞技会，这种竞技活动更接近于健美比赛，没有太过激烈的竞争项目，参加者都是妇女。

竞技会中的获胜者享有极高的威望，他们可以在奥林匹亚地区和自己的家乡为自己树立雕像。据说，第 77 届竞技会获胜者艾克萨涅特回到家乡时，有 300 名青年骑着雪白的骏马出城相迎；有一位名叫提阿哥拉斯的老者，因为两个儿子同时得胜归来，他

拳击手萨提罗斯的青铜头像

被当地人奉若神明，结果他竟然因极度兴奋而死在了儿子的怀里。古希腊“无所不能”的艺术家们也会根据获胜者的事迹创作各种各样的艺术形象，使他们成为人性美的象征，这对于获胜者来说，更是一种莫大的荣誉。公元前 4 世纪的拳击手萨提罗斯就因为多次在奥林匹亚竞技会、毕提竞技会和奈美竞技会中赢得比赛，被当时著名的雕刻家西拉尼奥塑造了青铜头像供人景仰。

### （二）犯过罪的人不允许参加竞技会

奥林匹亚竞技会举行之时，各城邦的参赛者和观赛者都会穿上鲜艳的服装，来到奥林匹亚地区参加这一规模宏大的盛会。盛会开幕那天，人们会簇拥着来到宙斯神庙前，朝拜和献礼。第二天，人们会一起来到建造在山坡上的庞大的竞技场，准备参加体育竞技活动。

活动正式开始前，传令官会先登上高台，宣布参赛的运动员入场。在宣布参赛运动员的名字时，传令官还要读出这些运动员父亲的名字、所属城邦、出生地点等，并且会大声向参加竞技会的人们确认：是否怀疑这些运动员的公民权？如果其中哪位运动员不是希腊公民，或是有过某些罪行，或是亵渎过神灵，就会被剥夺参加竞技会的权利。也就是说，参加奥林匹亚竞技会的运动员不但要属于贵族阶级，还必须是“清白之身”，不能有任何不良记录和犯罪行为，否则就会被拒于奥林匹亚竞技会的大门之外。

与此同时，奥林匹亚竞技会还为现代奥运会树立了一种优良的运动作风：在体育竞技中，获胜者可以获得最高荣誉，受到大家的尊敬；而那些在竞技活动中使用不当手段作弊的人，一经发现，就会被立即赶出竞技场，遭受大家的耻笑。当然，这类人以后也不会再有机会进入竞技场。

奥林匹亚竞技场的门口曾有一排石头台，每座石头台上都有一座雕像。这些雕像并不是获胜者的雕像，而是有过犯罪行为或作弊记录的人的雕像。因为奥林匹亚竞技会还规定，凡是有过犯罪记录或作弊行为的运动员，被发现后不但会被驱逐出场，他们还必须自己花钱为自己立一座雕像，放置在奥林匹亚竞技场门口，以对其他运动员起警示作用。所以，这些石头台相当于耻辱台，与那些树立在各城邦重要位置的获胜者雕像形成了鲜明的对比。

### （三）被希腊人鄙视的波斯文明

在古希腊人看来，奥林匹亚竞技会既是一种体育竞技活动，又

奥林匹亚竞技场外的“耻辱台”

是一种神圣的祭祀活动，因此在竞技会举办期间是不允许发生战事的。处于激烈交战状态的城邦必须停战，大家放下武器，一起到奥林匹亚竞技场上进行和平角逐，而且每个城邦都有义务为敌对国的运动员提供安全通道，便于其前往奥林匹亚参加竞技会。尽管大家在战场上刀枪相向，但到了奥林匹亚竞技场上，所有人都只能以和平友好的方式竞赛。竞赛结束后，大家再重回战场上决斗。

据说在公元前 480 年，波斯大军在国王薛西斯一世的率领下第二次入侵希腊。在一个名叫温泉关的狭隘通道，波斯大军遇到了斯巴达国王列奥尼达率领的 300 名斯巴达勇士的顽强抵抗。最后因为双方军事力量悬殊且没有任何希腊援军前来救援，300 名斯巴达勇士全部壮烈牺牲。后来，波斯人得知，当时希腊正在举行奥林匹亚竞技会，希腊人认为竞技会比战争更重要，所以他们选择继续参加竞技会，不理会兵临城下的波斯大军。

波斯人显然无法理解希腊人这种热爱荣誉超过现实利益的行为，而希腊人也十分鄙视波斯人这种“趁火打劫”的行为，认为波斯就是一个野蛮的、没有文明内涵的民族。事实上，波斯是一个非常强大、富有的国家。由于希腊和波斯彼此没有往来，互不了解，所以认为对方国家远不及自己的国家那样文明。

随着希波战争的爆发，波斯人才慢慢发现希腊并不是一个贫穷、野蛮的海边民族。相反，它不但拥有自己的城邦和强大的军事力量，还有属于自己的独特文明。而温泉关战役中希腊人的表现，就是改变波斯人对希腊印象的一个重要因素。

不过，希腊人却并未改变对波斯人的看法，他们尤其鄙视波斯人藏在长袍里面的羸弱身体。虽然波斯国王先后两次率重兵远征希腊，但希腊人最终还是将入侵者驱逐出自己的家园，获得了希波战争的胜利，甚至还在此基础上扩张了海上势力，确立了雅典在爱琴海地区的霸权地位。如此一来，希腊人更加鄙视波斯人，在他们看来，野蛮的波斯永远不可能战胜拥有灿烂文明的希腊。而这一刻板印象，直到一百多年以后才有所改观。

公元前 4 世纪，希腊各城邦被马其顿王国征服。不久后，马其顿国王亚历山大对东方的波斯等国发动了侵略战争，开始了亚历山大东征的历程。在这个过程中，希腊人才终于发现，波斯也是一个非常富有的民族，其文明程度丝毫不逊色于当时的希腊。亚历山大也意识到了波斯先进的文化与独特的政治文明（大一统的帝国体制），于是他以身作则，娶波斯女子为妻，同时鼓励自己的将士们也娶波斯女子为妻，以期通过联姻的方式将希腊文明与波斯文明结合起来。这种方式的确发挥了效用，希腊文化被广泛传入波斯，当然，波斯的一些文化特色也被希腊吸收，最终促使希腊文明迈入希腊化时代。

## 三、奥林匹亚竞技会的神圣仪式

古希腊奥林匹亚竞技会的参赛者全都是男性公民，而且参赛者在竞技过程中全部赤身裸体。在古希腊人看来，筋肉突出的强健体格是最值得骄傲示人的，所以他们喜欢将身体暴露在阳光之下，并且认为羸弱、残障和疾病都是可耻的。

奥林匹亚竞技会举行之前，依照宗教规定，人们都要聚集在宙斯神庙前举行庄严肃穆的点燃火炬仪式，然后经过严格挑选的纯希腊血统的三名运动员高举燃烧着的火炬奔赴希腊各个城邦，向城邦中的人们展示圣火，并且大声呼喊："停止一切战争，参加竞技会！"燃烧的火炬就像是一道严格的命令，具有至高无上的权力。

当火炬回到奥林匹亚时，伴随着燃烧的"圣火"，竞技会宣布开幕。按照神谕，圣火必须在竞技会结束后才能熄灭。由此可以想象，古希腊人对奥林匹亚竞技会有着何等强烈的民族情感！

奥林匹亚竞技会点燃圣火的仪式也被沿袭了下来，成为现代奥运会传递奥运圣火这一重要仪式。

奥林匹亚赫拉神庙前的圣坛

### （一）奥运火炬传递的起源

关于奥运圣火的起源，最流行的说法来源于一个古希腊神话故事。古希腊伟大神灵普罗米修斯盗取天火，将火种撒向人间，为人类带来光明和温暖。后来，人们就将火种保存在奥林匹亚赫拉神庙前的祭坛中。

在古代奥林匹亚竞技会的点火仪式上，会有一批身穿白袍的女祭司主持祈祷和点火仪式，她们的祈祷词是这样的。

神圣的寂静，

天空、大地、海洋、清风，群山肃穆，鸟鸣俱寂。

伟大的太阳神将我们聚集在这里，

现代奥运会的圣火采集仪式（赫拉神庙前）

阿波罗，太阳之王，光明化身，
让你的万丈光芒点燃这神圣的火炬。
伟大的宙斯将和平降临给所有的人民，
将橄榄枝戴在神圣竞赛的胜利者头上，
欢呼！为了光荣的胜利者，欢呼吧！

今天，在现代奥运会召开前，仍然会举行点燃和传递奥运圣火的仪式，而点燃圣火的地方，便是希腊奥林匹亚赫拉神庙前的圣坛。与古代的仪式相同，一批身穿象征纯洁的白色长袍的现代希腊少女，通过将太阳光集中于凹透镜中央而产生的高温点燃圣火。这也是采集奥运圣火的唯一方式，整个过程庄严肃穆、崇高典雅。

圣火点燃后，第一名火炬传递手会用希腊少女手中燃烧着的圣火点燃火炬，然后开始火炬接力。许多人参与火炬接力，直到将圣火传递到奥运会举办的城市。

在整个火炬接力过程中，圣火是不能熄灭的。为确保圣火一直处于燃烧状态，奥运圣火的火种会被放入数个火种灯，一旦火炬熄灭，必须由专门的护跑手用火种灯内的圣火火种引燃，不能让圣火与其他任何火焰混杂，以确保奥运会开幕式上的主火炬是来自奥林匹亚的圣火火种。

实际上，1896 年恢复的现代奥林匹克运动会并没有将古希腊时期点燃圣火的仪式沿袭下来，直到 1920 年在比利时安特卫普举办的第 7 届现代奥运会上，人们为了庆祝第一次世界大战结束，纪念在战争中死去的将士，才在奥运会主会场点燃了象征和平的火炬。不过这届奥运会并没有进行火炬传递活动，也没有举行奥运火种采集仪式。

奥运圣火在现代奥运会上首次出现是在 1928 年的第 9 届阿姆斯特丹奥运会。当时，东道国荷兰除了在举办城市阿姆斯特丹新建了一座能容纳 4 万多人的主体育场，还建造了一座高达 45 米的马拉松塔。在奥运会期间，马拉松塔内一直燃烧着熊熊火焰，直到奥运会结束。但这届奥运会的圣火并不是取自奥林匹亚，而是就近取自荷兰本地。

1934 年，国际奥委会正式决定：从 1936 年第 11 届奥运会开始，正式举行圣火点燃和传递仪式，而且要在奥林匹亚赫拉神庙前的圣坛上举行取火种仪式。

1936 年，第 11 届奥运会在德国柏林召开。此时第二次世界大战还未爆发。在奥运会开幕前，组委会举行了神圣的取火种、点燃圣火仪式，柏林奥组委还首次为圣火传递设计了一条经由希腊、保加利亚、南斯拉夫、匈牙利、奥地利、捷克斯洛伐克的传递路线，火炬于当年 8 月 1 日抵达德国柏林。

第二次世界大战结束后，奥运会于 1948 年恢复，点燃圣火和传递火炬的仪式也延续了下来。此后，每届奥运会举行前，都会有神圣而庄严的点火仪式。这一仪式传递出来的是源于古希腊时代的强大的奥运精神，而现代人又赋予了奥运圣火非同一般的意义。因为奥运圣火是人类渴望和平和友好的标志，无论在现代的文明社会，还是在遥远的古希腊时代，火炬所到之处皆为光明到来的象征。在奥运会上如此，在奥运会之外，相信它也在默默地传递着和平之光。

### （二）竞技优胜者获得橄榄花冠

在古希腊时期举行的奥林匹亚竞技会上，优胜者会获得极高的荣誉，但没有什么明确的物质奖励。最初，比赛优胜者获得的奖品大多是满满一大陶罐橄榄油。后来，根据阿波罗神谕的指示，优胜者获得的奖励是用橄榄枝编成的造型简单的花冠。橄榄树是希腊人亘古不变的精神栖息之所（雅典城邦的来历就与雅典娜赋予此地的橄榄树有关）。橄榄枝编织的花冠既象征冠军的荣誉，又代表古希腊人纯洁、美好的思想情操。

不过，优胜者的花冠并不是用普通的橄榄枝编成的，编花冠的橄榄枝是从一种被希腊人称为圣树的金橄榄树上砍下来的。另外，

竞技优胜者的橄榄花冠

对于砍树枝的人选也有着严格的要求。人们会优选出一些俊美的古希腊少年来砍树枝，同时，这些少年的父母必须是自由人，不能是奴隶，而且父母必须都健在。橄榄枝被砍下来后，这些少年会将它们编成冠冕，作为奥林匹亚竞技会的锦标颁发给优胜者。这种花冠显然并不值钱，但包含着一种特殊的文化意义，象征着一种极高的荣誉。

运动员获得冠军后，裁判员会当众给优胜者戴上花冠，优胜者的速度、力量或敏捷性也因此受到人们的景仰。就神圣意义而言，获得这一殊荣意味着他是被神看重和喜爱的人，甚至他本人也会被提升到如神一般的尊荣地位。虽然没有获得任何物质奖励，但优胜者回到自己的城邦后，会有盛大的迎接仪式和祝捷宴会迎接他们，此后，他们还会享受所有城邦人民的膜拜。后来，奥林匹亚竞技会还规定，如果一个人能连续三届获得竞技会的冠军，城邦就要为他塑全身像，供人们世代瞻仰。

前文提到，古希腊共有四种规模较大的竞技会，除了最盛大的奥林匹亚竞技会，还有毕提竞技会、伊斯米竞技会和奈美竞技会。其中，毕提竞技会是用月桂枝做成花冠颁给优胜者，伊斯米竞技会是用松柏树枝编成花冠颁给优胜者，奈美竞技会则用希腊特有的一种名叫野芹菜的植物的枝叶编成花冠，作为对优胜者的奖赏。不论是哪种植物的枝叶做成的花冠，它们代表的都是竞技者获得的最高荣誉，而且也只有竞技会的优胜者才有资格获得这些神圣的花冠。

### 四、对希腊艺术产生了深远影响

在古希腊，体育与艺术有着非常紧密的联系，它们的结合就像是身体与灵魂的结合，水乳交融、珠璧交辉。丹纳在他的经典著作《艺术哲学》中多次提到体育，尤其是古希腊的体育运动，似乎没有体育就不会产生如此辉煌的古希腊艺术。

古希腊早期的艺术作品，包括绘画、雕塑等人体造型艺术，水平都相当有限，整体看起来比较呆板，难以给人一种惟妙惟肖、生动逼真的艺术感受。然而到公元前 6 世纪以后，这种情况获得了明显改观，最重要的原因就是奥林匹亚竞技会和其他竞技会的举行极大地促进了文学艺术的发展。体育竞技与造型艺术的完美结合，使运动员健美的体形与矫健的身姿成为艺术作品中神和英雄形象的原型。

### （一）树立了完美的人体形态

在古希腊文中，“体育馆”（gymnasium）一词的词根就是“裸露的”（gymnos），所以“体育馆”也被称作“裸体的地方”，而不是“比赛的地方”，这也反映出古希腊人对裸体竞技风俗的广泛接受与认可。

在奥林匹亚竞技会中，赛跑、跳远、投掷、摔跤、拳击等项目的参赛者都是裸体的男性，所以这类项目的比赛只允许男性观看，赛场也成为包括勇敢、力量和速度在内的男性品质得以充分展现的舞台。正是在这种裸体竞技的过程中，希腊人首先发现和欣赏到了男性的人体之美，艺术家们开始以这种美丽、健硕的人体为模型，进行造型艺术创作。

由于古希腊人对裸体的崇尚，他们不但会在竞技会上展现自己健硕的裸体，在一些公关活动和宗教仪式中也会以裸体形象示人，比如斯巴达就经常举行男女裸体游行活动，一些盛会还组织裸体舞蹈表演等。在古希腊人看来，脱掉衣服，身披日光，就是在用汗水和肌肉来展示自己正在努力地工作。

这种对于裸体的崇尚给艺术家们带来极大的灵感启发，所以我们可以看到，古希腊大部分雕塑作品都是裸体的造型，裸体雕塑也成为古希腊艺术的主流。“健全的精神寓于健全的人体”，所以有些优胜者的裸体形象甚至成为某位神灵的塑像模型。在古希腊艺术家眼中，完美的人物及神灵不一定具有善于思索的头脑或感觉敏锐的心灵，但其身躯必然发育良好、比例匀称、身手矫健，擅长各种运动。正是这种对人体的极度推崇与欣赏，使古希腊在人体雕塑艺术方面达到了登峰造极的水平。

19 世纪俄国文艺批评家别林斯基在《希腊艺术的一般特征》中提出："希腊人的雕像采取了裸体的形式，在他人看来，这可能是厚颜无耻、有碍观瞻的，但在古代世界里，这却曾经是纯洁无瑕的诗篇和对人的尊严的赏识。希腊人的雕塑艺术之所以能取得这种最高的发展，结下如此丰硕的果实，就是因为这个缘故。"

直至今天，希腊人对裸体艺术仍然十分推崇。2004 年在雅典举行的第 28 届现代奥运会的开幕式上，希腊运动员为了展现古希腊奥林匹亚竞技会的风采，全部身着白色紧身衣来展现各种竞技动作，他们这么做就是为了重现希腊人对人体的崇拜。

鲜有人知的是，在现代奥运会的早期历史中，有人曾尝试在举行体育竞赛的同时举办艺术竞赛，范围包括文学、音乐、建筑、雕塑和绘画等，所创作的内容必须与体育有关。但由于奥运会参赛者多为业余人士，而从事上述领域艺术创作的多为专业人士，彼此难以融合，所以艺术竞赛后来便被取消了。但体育与艺术、奥运与艺术的联系一直存在，从未中断。

### （二）古希腊造型艺术的形成

古希腊人热衷于竞技，发展出全世界最早的"运动会"观念，然后在裸体的体育竞技中又发现了人体的美。他们对人体的每一寸肌肉都予以充分关注，经过锻炼的身体让他们感到无比自豪。出于对人体的赞美，艺术家们便以裸露的人体为原型，将运动员雕塑成偶像加以推崇，进而又以人体为模特，雕塑成各式各样的神灵。可以说，崇尚裸体的风俗与体育竞技活动的盛行，使古希腊雕塑艺术得以迅速发展，这一风俗也直接推动了古希腊人体造型艺术的发展。

其实，最初的裸体雕像造型并不算优美，角力者虽然被雕刻得十分强健，但姿态却显得较为蠢笨，甚至有种野蛮感；赛跑者的雕像也往往过分突出宽肩膀、蜂腰和鼓胀的大腿，这令后人直观地感受到了古希腊人那种相对原始的彪悍。然而，到了公元前 6 世纪以后，雕塑作品中人物造型的野蛮感消失了，虽然肌肉仍然强健，但身体变得匀称、紧致，极富美感。

公元前 5 世纪以后，古希腊艺术进入繁盛时期，人体造型艺术更是达到了登峰造极的水平。各种雕塑中的人体姿态极富动感，近乎完美的曲线姿态和丰腴圆润的艺术肌理超越了之前的艺术作品，征服了后世一代又一代的观赏者。

总之，奥林匹亚竞技会在促进古希腊各城邦文化、生活、艺术以及全希腊统一观念的发展上，都起到了极大的推动作用。虽然奥林匹亚竞技会在公元 393 年被罗马皇帝下令取缔，但作为古希腊文明的标志，竞技会的精神和意义成为人类文明的重要遗产将长存于世。

第 III 节

# 希腊的艺术发展

奥林匹亚竞技会的出现和发展，极大地推动了古希腊艺术的进步。在此之前，古希腊的文化艺术形式，如史诗、舞蹈等，尤其是其中赞美神灵、赞美英雄的史诗和抒情诗等，都属于流动的艺术，即这些内容须在一定的时间聆听，因为其中的故事都是随着时间流动的，人们很难通过一个故事、一首诗歌了解人物或事件的全貌。

这种艺术形式无疑有一个很大的弊端，那就是缺乏连贯性和完整性：交代了前因之后，可能要等很久才能知道结果；然而当事件发展有了结果时，人们可能已经遗忘了前因。

奥林匹亚竞技会出现后，艺术家们开始思考：是否可以将一些传奇的人物和美丽的故事以一种空间凝聚的方式表现出来？这便催生了古希腊造型艺术。

## 一、古希腊造型艺术

所谓造型艺术，就是将一些重要的人物、美好的事物或美好的瞬间以一种空间凝聚的方式永久地展现出来。这种艺术形态不会再受时间的影响，一旦形成便会长久存在。古希腊最具有代表性的造型艺术就是人体雕塑。

著名作家蒋勋在《写给大家的西方美术史》中写了这样一段话：

“不只是西方美术有太多应该感谢希腊人的地方，全世界的美术都受到了希腊人的启发。他们为人类找到了‘美’的起点——美是从个人的身体开始的，肉体的美、精神的美，并不分离对立。一个健康、自信的身体，就应该是一个崇高的精神、自信的生命的开始。在许多以迂腐的道德压抑身体，以庸俗的禁忌捆绑身体的社会中，希腊艺术提供的人体的自由、健康，更是值得认真思考的美学启示。”

古希腊时期，由于战争频繁和体育竞技的兴起，体育训练和裸体竞技曾经大放异彩。人们不仅不以裸体为耻，反而还将健硕、结实、灵巧的身体视为美的典范。美术史家阿尔巴托夫曾说：“无论在希腊人之前或之后，人们都不能那样单纯无邪地看待裸体。”在古希腊艺术家眼中，人体作为自然界的一部分，是匀称、和谐和优美的审美对象。这种追求真实、客观以及对人的力量与价值的肯定，为古希腊雕塑及后世西方艺术的发展奠定了基础。

### （一）古希腊造型艺术的写实性

在公元前6世纪以前，古希腊造型艺术的主要作品为木雕，即用木头雕刻各种各样的人物、事物。但木雕有个很大的缺点，就是容易腐烂、不易保存，所以当时虽然有大量木雕作品，但遗留下来的作品寥寥无几。

后来，从小亚细亚地区传入希腊一种青铜铸造方法，即用沙土做成空心的模具，再灌注融化的铜液，待铜液冷却后敲掉外面的模具，将其打磨光滑即可。此后希腊便出现了青铜材质的造型雕像。不过，青铜雕像也很难保存，金属材料的特殊性使绝大多数古希腊的青铜雕像后来被熔化用作他途，保存下来的作品也很稀少。

再后来，古希腊人开始尝试用石头雕刻，尤其是在掌握了大理石雕刻技术后，古希腊的雕刻艺术发展突飞猛进。不过，刚开始时，古希腊人的造型作品都是模仿埃及和小亚细亚地区的雕塑作品，造型死板，比如女性雕像的衣服就是线条笔直的石裙，上面没有任何褶皱，看起来就像一根石柱。

直到奥林匹亚竞技会和其他竞技会的举办，雕刻家们看到竞技场上裸体参加体育活动的运动员健美的身体后，便开始尝试雕刻裸体的人体雕像。此外，他们还以运动员的人体形象为参照来雕刻神灵，这就是我们现在看到的古希腊神灵的雕像多数都是裸体或半裸的原因。这些神灵往往都有着健硕、丰腴的肌肉，轻盈、优美的体态，衣服上的褶皱自然、人物造型优美，极具写实性。

除了人体雕塑，古希腊城邦时代的建筑、绘画、音乐、戏剧等艺术形式，也都与现实生活密切相关。当然，这其中也穿插着许多神话传说。对于古希腊人来说，神灵在时刻保佑着他们，是他们现实生活的一部分，所以这些艺术形式同样具有写实性的特点。

今天，当我们谈到古希腊、古罗马时期的艺术以及文艺复兴时期和近现代的西方艺术时，就会发现，西方的绘画、雕塑等艺术形态主要是具有强烈写实性特点的造型艺术，尤其是人体造型艺术。这些人体造型非常贴近现实生活，很少出现三头六臂、妖魔鬼怪这类超现实形体，这与古希腊人早期对奥林匹亚竞技会中健美裸体的尊崇密不可分。

### （二）古希腊造型艺术的故事性

古往今来，人们都认为古希腊雕塑中的裸体形式与当时战争频繁和体育盛行有关。柏拉图曾说："那时的战争全凭肉搏，因此，每个士兵都要锻炼好身体，身体愈强壮、愈矫健愈好。青年人大多数时间都是在练习场上角斗、跳跃、拳击、赛跑、掷铁饼，把赤裸的肌肉练得强壮、柔软，目的是炼出一具结实的身体。在这方面，没有一种教育做得比希腊教育更成功了。"

今天，在欣赏古希腊时期造型各异的艺术作品时，大多数人看到的也许只是其外形是否优美、姿态是否逼真。事实上，这些都不是古希腊艺术作品的精髓。其精髓在于，每一件艺术品、每一座雕像的背后，都有一段故事，这段故事记载的正是当时的一段历史，也是当时的一段现实。这就是古希腊造型艺术的另一个特点，即具有故事性，这也是造型艺术写实性的一种体现。

从某种意义上来说，古希腊造型艺术的故事性和写实性，与古希腊的社会性质密切相关。古希腊城邦社会注重法制、秩序和规范，所以在艺术作品中，人物造型的细节都表现得非常细致，动作也刻画得栩栩如生，既表现了一种力量美，又不会让人感觉到作品是脱离现实的。

总之，古希腊人虽然是一个浪漫的群体，但他们的艺术基因从未脱离现实，这一点在他们的艺术作品中体现得十分明显。可以说，古希腊的艺术作品在表现事物时，融入了对现实的体察和感悟，是感性美与理性美的灵巧融合。这种成就是古希腊人在特定的自然环境、社会环境和独特的人文环境中积淀而来的，基于此，古希腊城邦时代才最终形成了绚烂多姿的各种艺术形态。

## 二、古典时期的艺术

从发展演变的角度来看，古希腊艺术的发展可以分为三个时期，分别为古风时期、古典时期和希腊化时期。其中，古风时期正是古希腊城邦刚刚形成的时期，整个城邦社会都处于初期发展阶段，政治体制改革处于不断推进的过程中，所以这一时期的雕刻艺术大多呈现一种古朴、稚拙的风格。

古典时期指公元前6世纪中叶到公元前4世纪中叶的200年间，此时，希腊城邦制度进入鼎盛时期，不仅经济、政治发展迅速，文学、艺术等也迈上了高峰。这一时期被西方艺术家称为“造神的时代”。此时，古希腊人刚刚赢得了希波战争，在以雅典为代表的各城邦中，民众精神抖擞，充满战争胜利的骄傲与自豪。奥林匹亚竞技会和其他各种竞技会也在按时举办，在艺术理念方面，希腊人崇尚理想主义，热衷于表现人体的完美无缺。艺术家们不断对雕刻艺术进行探索和创新，试图突破古风时期的刻板样式，在人体直立的基础上将身体重心移至一足，使另一足自然地表现某些动态效果，以展现人物的动感。这是古代艺术家美学观的新突破，意味着艺术家对人与人体美的认识的提高。所以，这一时期的雕塑作品更接近于现实中完美的人体。古典时期的代表作品包括米隆的《掷铁饼者》、波留克列特斯的《束发的运动员》、菲狄亚斯的《命运三女神》等，不仅展现了这一时期高超的雕塑水平，还奠定了古希腊经典艺术风格的基础。

到了希腊化时期，虽然艺术形式趋于完美，雕塑手法也更加自然、活泼、轻松，但由于这一时期古希腊城邦国家遭到瓦解，政治、宗教、文化等也逐渐丧失了严肃性和公民性，时代精神和观念发生了转变，被视作城邦保护神的雅典娜和拥有至高无上的权威的宙斯已不再是人们的精神依托，加之希腊化时代的社会权贵和奴隶主们开始贪图享乐、不思进取，艺术便开始沦为少数贵族统治者自我炫耀、享乐和粉饰太平的手段。所以在这一时期的雕塑作品中，神的地位开始降低，人的世俗生活更多地出现于艺术题材当中，哲学思想和艺术创作开始更多地关注个体的幸福以及流俗的世界，而不再是展现城邦的强盛和理想的境界。而战争和动乱也使人们的信仰逐渐崩塌，艺术家们更专注于对市井百态的探索，比如挣扎的场面、情色主义风格等，所以，象征爱与美的阿佛洛狄忒（维纳斯）就是在这种背景下闯入了人们的视野，成为人们普遍推崇的神灵偶像，同时也深受雕塑家的喜爱；相比之下，早先那些象征力量、正义的神（如雅典娜）和英雄（如赫拉克勒斯）反而显得黯然失色了。

总而言之，与古风时期、希腊化时期相比，古典时期被认为是古希腊艺术发展的黄金时期。艺术家们在一种自由、民主、平等的思想的影响和支配下，通过对人和人性的关注，创作出一件件饱含情感的雕塑作品。这一时期的雕塑不仅成为西方美术中人体艺术的写实风格和西方古典建筑的典范，而且充分体现了西方文化的人本主义优良传统。这一点是古风时期与希腊化时期的艺术作品无法企及的。

第 IV 节

## 希腊的雕塑

在西方众多艺术珍宝中，雕塑是最能体现古希腊艺术水准的，而且古希腊雕塑艺术留给人类艺术的美的境界，是后世其他时代无法企及的。

### 一、古希腊雕塑艺术的起源

古代希腊的雕像不仅形式优美，而且充分表达了艺术家们的思想和情感。艺术家们认为，完美、健硕的人体是人类的骄傲，是人类神性的体现，因此充满了宗教意味。在这一点上，历史学家威尔·杜兰的一段话非常具有代表性："奥林匹斯山诸神的坦诚人性和他们需要庙宇作尘世之居留，为雕塑、建筑，以及成百的附属艺术开辟了康庄大道。也许除了天主教，从来没有任何其他宗教这样刺激和影响了文学和艺术。几乎自古希腊传递下来的每一本书，每一出戏剧，每一个雕像、陶器或建筑，在主题、目的或灵感方面都涉及宗教。"

古希腊悠久而美丽的神话传说成为古希腊雕塑艺术的源泉，也承载了艺术家们对自然和社会的美好憧憬。古希腊人相信神灵与人一样，具有同样美好的形体与性格，甚至比人类拥有更加健美的体魄与健全的灵魂。因此，艺术家们便以健硕、裸露的人体作为艺术形式，通过雕塑各式各样的神灵、英雄形象，传递人类自身的精神力量。

前文提到，广义的造型艺术形态除雕塑外，还包括绘画、建筑等。对于古希腊人在绘画上的成就，我们今天很难评判，因为年代久远，当时的技术也比较落后，颜料容易褪色，加上战争频发，所以古希腊的绘画很难流传下来。虽然后来希腊人学会了在画布上进行绘画创作，但布画同样禁不住时间的冲刷，最终也未能保存下来。只有一些陶器、陶瓶上的瓶画可以让我们对古希腊的绘画艺术略知一二。但总体来说，古希腊人的绘画艺术水平与其雕塑艺术水平相比是大为逊色的，古希腊的绘画作品不但透视感较差，其中一些细节的处理也颇为粗糙，当然，这与当时的社会发展和技术水平有很大关系。

古希腊的雕塑艺术水平至今都难以被超越。世界顶级的艺术殿堂——法国卢浮宫博物馆中珍藏着数以万计的艺术珍品。在如此繁多的艺术瑰宝当中，有三件珍品被誉为卢浮宫“镇馆三宝”，其中两“宝”就是古希腊的人体雕像。其中一座为古希腊著名雕塑《米诺斯的阿佛洛狄忒》，也被称为《断臂的维纳斯》；另一座为《胜利女神像》。这两座雕像体现了古希腊雕塑家非凡的艺术水平，其模仿自然人体的现实主义风格与理想化情调，充分展现了其崇高与优美的艺术特点，从而使古希腊的雕塑艺术达到了登峰造极的境界，使每一个看到雕像的人都几乎忘记了它们是冷冰冰的大理石。作品体现的艺术技巧与艺术魅力经久不衰，被后世艺术家奉为造型艺术的典范，并一直被认为是人类文明的骄傲。

事实上，现在人们看到的绝大多数古希腊时期的艺术品都是罗马时期复制的作品，而真正属于古希腊时期的艺术品是非常少见的。罗马人很善于复制艺术品，加上古罗马与古希腊两个时代紧密相接，古罗马人见识过真正的古希腊作品。罗马人很推崇古希腊艺术，加之罗马人具备了高超的模仿工艺，所以他们复制的作品几乎到了可以以假乱真的地步。

## 二、古希腊雕塑艺术的演进

古希腊最早的雕塑艺术可以追溯到公元前 2000 年以前的青铜时代，也称基克拉迪文化时期。当时最具标志性的艺术作品就是用大理石雕刻的抱臂人物像，这些人物像有一个共同点，即造型怪异、制作手法粗糙。对于有些作品，观赏者很难看出其中的人物在做什么，基本只能辨认出这是一尊人像而已。

作为古希腊艺术的源头之一，爱琴文明在雕塑方面的成就主要体现在工艺品上，比如酒杯、面具等。《荷马史诗》曾形容迈锡尼是“多金的”，可见当时的金银工艺品不仅十分常见，而且样式丰富。迈锡尼人还将一些动物形体融入工艺品中，比如狮头角杯、鸽柄酒杯及镌有各种动物形态的青铜制品等，展现了独特的艺术风格。

遗憾的是，随着多利亚人的入侵，爱琴文明随之消亡。直到“黑暗时代”结束，古希腊城邦时代到来，古希腊的艺术才获得新生。在这期间，古希腊最主要的艺术成就就是《荷马史诗》，其中大量的希腊神话传说不仅为希腊人后来进行艺术创作提供了丰富的素材，还为希腊艺术未来的发展指明了方向。

基克拉迪抱臂人物雕像

迈锡尼猎狮场面的镂金短剑

（一）造型粗糙的小型雕像

到了公元前 8 世纪，希腊的雕塑艺术受到了古代埃及和西亚的影响，这一时期也被称为古希腊艺术的东方化时期，艺术作品中开始出现一些“混合体怪兽”的形象，比如一些陶器、青铜器或其他金属制品上出现了大量怪诞巨兽，其中最著名的就是青铜雕塑《英雄与半人半马怪兽》。通过这座雕塑我们可以看出，当时的雕刻水平仍然很粗糙，无论是面部表情，还是身体细节，都难以分辨，基本也只能分辨人形与马形而已。

另外，现在的德尔菲博物馆中，还有一座大理石材质的狮身人面像，它深受古代埃及艺术风格的影响。斯芬克斯最初源于古埃及神话，后来古埃及第四王朝的法老哈夫拉便按照斯芬克斯的形

青铜雕塑《英雄与半人半马怪兽》

象建造了一座巨大的石像，后世称之为狮身人面像。由于深受古埃及雕塑艺术的影响，古希腊早期的雕塑作品中有许多斯芬克斯像，这些雕像沿袭了古埃及的艺术风格，即追求正面律与对称性——头、面部都以正侧面表现，且左右严格对称。与此同时，人体像也具有同样的特性，即使有些人体像中两只脚会一前一后放置，但身体仍有一条中轴线，使身体的左右两部分保持对称。

总体来说，古希腊早期的雕塑作品都比较简单、粗糙，造型较为怪异、僵硬，并且没有形成自己独特的艺术风格，受古埃及艺术风格影响较大。

### （二）形象逼真而形态刻板的雕像

公元前 7 世纪到公元前 6 世纪，随着城邦陆续建立，政治、

受古埃及风格影响的早期希腊人物雕像

经济不断发展，古希腊的造型艺术也有了很大的进步，最明显的特点就是艺术家们开始注重人物体型的写实性，人物雕像从原来的单调、僵硬变得具有质感。雕像基本符合人体比例，并且开始注意表现人物身上的肌肉感。不过，由于深受古埃及艺术风格的影响，这些人像大多保持正面的静态姿态，面部保持着与古埃及人像相同的微笑，这种微笑也被称为“东方式微笑”，人像的发型和头饰与古埃及的雕像也极为相似。

公元前 6 世纪的雕像作品中的人物都保留着一丝拘谨，僵直的躯体、下垂的双手与面部千篇一律的微笑就是这一时期雕塑艺术的典型特征。在希腊语中，男性青年被称为“克洛斯”，女性青年被称为“克拉”。与此前具有浓郁东方风格的艺术品相比，公元前6世纪的人物雕像已经展现出一种过渡性特点,特别是那座“克拉”雕像，仍然僵硬的躯干上已经出现一点肢体变化。

总之，这一时期的人体雕塑较上一时期逼真了许多，但整体形态仍显呆板、生硬，缺少生命力和灵动感。不过，若是仔细观察，也能窥见创作者对人体肌肉的细致表现以及对表现四肢动作的欲望。

### （三）形态日趋完美的雕像

经过数百年的发展，古希腊的雕塑艺术逐渐走向成熟。公元前 5 世纪，古希腊雕塑艺术终于进入繁盛时期，雕塑作品也由“形体逼真”向“形态完美”大步迈进。

有一座现在珍藏在希腊雅典卫城博物馆中的公元前 5 世纪的“克拉”雕像，通过这座雕像可以看出，当时的雕塑水平较之前

公元前 6 世纪的“克洛斯”雕像

公元前 6 世纪的“克拉”雕像

公元前 5 世纪的“克拉”雕像

已有很大的突破与提升，人物不但表情丰富、动作自然，身体的比例也颇具美感，与人体的真实状态非常接近，甚至连衣饰的纹路都非常清晰、细致，给人一种栩栩如生的感觉。

公元前 5 世纪初期，有一座非常著名的雕塑作品，名叫《宙斯与伽倪墨得斯》，这其中包含着一个古老的神话传说。

伽倪墨得斯是一位容貌俊美、身材挺拔的少年。宙斯第一次见到他，就无法自拔地被他迷住了。于是，宙斯化为一只雄鹰，从高空俯冲而下，将伽倪墨得斯掳到奥林匹斯山上。此后，宙斯便与伽倪墨得斯厮守在一起，形影不离，恩爱异常。

不久，天后赫拉得知了这件事。善妒的赫拉怒不可遏，便设计杀害了伽倪墨得斯。为了防止伽倪墨得斯复活，赫拉将他变成一只水瓶。宙斯赶来后，一切都已无法挽回。宙斯悲痛欲绝，伤心不已，便将伽倪墨得斯永远地留在了天上，让他变成了水瓶座。

《宙斯与伽倪墨得斯》是古希腊为数不多得以保存下来的陶土雕像，现存于奥林匹亚博物馆。在雕像中，宙斯右手搂着伽倪墨得斯，左手握着一根手杖，表情严肃、专注，是极富古典时期韵味的艺术表情。

公元前 5 世纪中后期，希波战争结束，古希腊人迎来了抗击外来入侵者的伟大胜利，古希腊艺术作品中也开始出现讴歌和赞美英雄的题材。这一时期，人们的爱国主义情感不断增强，雕塑的风格也由之前的朴素、古板变得丰富且具有动感，雕像的姿态

宙斯与伽倪墨得斯

变得多种多样，出现了很多描绘战争或激烈运动场面的作品。雕刻技术日臻成熟，这令雕像作品结构突出、比例均衡，人像的躯体也出现了明显的肌肉动感。

与此同时，古希腊青铜雕像的工艺水平也有了很大提升，与之前的《英雄与半人半马怪兽》青铜雕塑相比，此时的青铜人像已经具有了人体惟妙惟肖的质感和轻盈的姿态。当然，与大理石雕塑相比，青铜雕像对雕刻技术的要求更高，所以与大理石雕像相比，青铜雕像在人物姿态的灵动方面要稍逊一筹。

### （四）辉煌时期的雕像

古希腊青铜雕像工艺发展的高峰是在公元前 5 世纪中叶，其中的代表作就是现珍藏于希腊德尔菲考古博物馆的马车御者铜像，这座雕像货真价实，非常珍贵。该雕像高达 1.8 米，御者身上穿着短袖长衫，腰间束有腰带，右手拉着缰绳，右臂肌肉饱满、发达。可惜铜像中御者的左手已断，驾驭的马车也已损毁失传。御者目光出神地注视着前方，表情庄严肃穆，形体稳重有力。整座铜像八头身的身材比例、流畅垂坠的衣服褶皱，无不展现了当时高超的雕塑艺术水平。

现藏于雅典国立考古博物馆的宙斯像（据说是著名雕刻家卡拉米斯的作品）也是当时青铜雕塑的又一代表作。这座青铜像创作于公元前460年到公元前450年之间，藏品是真品。雕像高达2.09米，比正常人要高大，主要是为了展现神的无穷力量。作为统领之神，雕像的表情坚定而平静，整座雕像呈现一种稳固、平衡的运动姿态，既具有王者的气度，且从手持武器准备投掷的动作来看，又

马车御者铜像

宙斯青铜雕像

包含着蓄势待发的力量感，因而生出一种令人望而生畏的威严气势。这座雕像是现存的古希腊神灵和英雄雕像当中最重要的作品之一。

公元前 4 世纪下半叶，青铜雕像的制作水平达到了顶峰。雕像作品中的人体姿态显得更加优美、轻盈，着力点也把握得更加精确。比如公元前 4 世纪中叶的一座青年运动员的青铜像明显展现出身体的倾斜。男青年的一只脚呈直立姿态，感觉身体的着力点

青年运动员的青铜塑像

恰好在这只脚上；另一只脚呈踮起姿态，又给人一种轻盈、洒脱的感觉。同时，雕像身上肌肉、骨骼的起伏变化也都得以完美呈现，使人体具有丰满、圆润的美感。

从公元前 5 世纪中叶到公元前 4 世纪上半叶，希腊的石材雕塑艺术逐渐摆脱了古典初期略显稚拙的风格，在生动、灵巧方面达到了古典艺术的顶峰。艺术家们通过对艺术形式和创作手法的研究和探索，使新的技艺、新的作品不断涌现，雕塑水平也有了更大的提高。这一时期也被艺术史家称为“造神的时代”，涌现了大量杰出的艺术家和巅峰级别的雕塑作品。比如，菲狄亚斯的《雅典娜神像》《宙斯神像》，米隆的《掷铁饼者》《雅典娜与玛息阿》以及波留克列特斯的《持矛者》《束发的运动员》等。

接下来，我来重点介绍古希腊艺术辉煌时代几位著名的雕塑家与他们的传世杰作。

## 三、古希腊艺术的辉煌时代

公元前 8 世纪到公元前 6 世纪，古希腊社会发生巨变，原始公社瓦解，希腊各地纷纷建立起奴隶制城邦国家。由于土地贫瘠，城邦之间为了争夺生存资源，矛盾日益尖锐，海上扩张和殖民掠夺盛行，通过战争和扩张，希腊成为地中海地区一支强大的力量。特别是希波战争胜利之后，以雅典为代表的希腊城邦文明进入鼎盛时期。这一切，为艺术家们从事艺术创作提供了丰富的土壤。也是从这时起，古希腊的雕塑艺术迈入了辉煌发展的时代，出现了一大批具有代表性的杰出艺术家。

### （一）菲狄亚斯

菲狄亚斯是古希腊最负盛名、最为杰出的雕塑家，在后世人眼中，他几乎成了古希腊雕塑艺术的代名词。

菲狄亚斯主要生活在公元前 490 年到公元前 430 年间，是雅典著名政治家伯里克利的挚友和艺术总顾问。他的作品具有典雅、静谧的艺术效果，是古典雕塑理想美的典范。第二次希波战争爆发时，波斯国王薛西斯一世一把火烧毁了雅典人最为尊崇的帕特农神庙。战争胜利后，伯里克利便委托菲狄亚斯主持重建帕特农神庙。

这座雅典卫城中占地面积最大的神殿，于公元前 447 年开始重建，直到公元前 432 年才基本完工，历时 15 年。无论整体构造还是雕刻、装饰风格，都体现了希腊古典时期艺术的巅峰水平。其内部雕塑由菲狄亚斯亲自操刀，其中的主神像《雅典娜神像》更是被视作古希腊雕塑艺术“黄金时代”的真实写照和顶尖佳作。

这座雕像后来在拜占廷帝国时期被毁，现在藏于雅典国立考古博物馆里的是大理石仿制品。据说这座雕像的真品高达 12 米，以木料作胎，用黄金和象牙作表面的装饰，极其奢华。据称，光是女神雅典娜身上穿的希腊式长衫就用了 2500 多磅黄金[1]。雕像中的雅典娜女神头戴战盔，身披甲胄，一身戎装，威风凛凛。她左手扶着盾牌，盾牌内藏巨蟒；右手托着胜利女神雕像，形象高贵，器宇轩昂。整座雕像体态丰满、健壮，左腿微微弯曲，右腿直立，显得自然灵动、栩栩如生。

[1] 2500 磅约合 1134 千克。——编者注

雅典娜神像

菲狄亚斯的另一件杰作就是奥林匹亚神庙内的宙斯神像。宙斯神像的建造时间大约在公元前 457 年，整座雕像高达 14 米，比雅典娜神像还要高，而且呈现的是端坐姿势。雕像内部以木质为胎，外加象牙雕成的肌肉和金制的衣饰。宙斯头上还佩戴着黄金制成的橄榄冠，端坐在用杉木制成的饰有黄金、象牙和各种珍贵宝石的宏伟宝座上，左手握着一根栖有一只雄鹰的黄金权杖，右手托着胜利女神像。

据说，菲狄亚斯完成宙斯雕像后，非常虔诚地面向北方的奥林匹斯山，向宙斯祷告：我不知道这座神像能不能得到您的首肯。结果天上降下一个霹雳，将宙斯神像面前的土地劈开一条深深的裂缝，表示天神宙斯认可了菲狄亚斯雕塑的这座神像。

比之雅典娜神像，宙斯神像显得更加威严华贵、气魄雄伟，仿如一位天神正襟危坐于金光灿烂的圣殿之中。后世将菲狄亚斯这一杰作列入“世界七大奇迹”，代表其可与埃及金字塔、巴比伦空中花园等辉煌成就媲美。可惜，如此技艺高超的雕塑杰作后来遭到了战乱和地震的摧毁，早已没有痕迹，现在也只能从古罗马时代流传下来的一些钱币上的宙斯雕塑的小小缩影来遥想当时的宏伟景象了。

除了最为著名的雅典娜神像和宙斯神像，菲狄亚斯还创作了许多艺术作品，当然，现存的大部分都是罗马时代的复制品，比如现珍藏于梵蒂冈博物馆的《得墨忒耳雕像》和《马太的阿马宗

《命运三女神》残部

人》，珍藏于伦敦大英博物馆[1]的《法尔内塞的戴冠运动员》等。此外，菲狄亚斯创作的雅典帕特农神庙三角楣上的装饰性雕像《命运三女神》被认为是希腊古典建筑雕刻艺术最为完美的典范，其真品残部现在珍藏于大英博物馆。

综合来说，菲狄亚斯的雕塑艺术具有高贵、肃穆、雅致、宁静等特点。菲狄亚斯善于模仿自然，他在作品中表达自己的思想，充分体现人与自然的完美协调，他的作品对希腊古典雕塑艺术的发展起到了非常重要的指导作用。

[1] 即大不列颠博物馆，世界四大博物馆之一。——编者注

### （二）波留克列特斯

波留克列特斯生活在公元前 5 世纪的希腊，他原本出生在希腊北部的萨索斯岛，后来获得了雅典的公民权。波留克列特斯与同时代的菲狄亚斯、米隆被誉为公元前 5 世纪三大经典雕塑家，他们奠定了希腊古典艺术风格的基础。

波留克列特斯进行艺术创作时强调对称与精准，他还将人体雕塑的原则确定为一个固定的模型，即圆圆的头颅、宽厚的肩膀、粗壮的躯干、宽阔的臀部和结实的腿肌。他认为这样可以给人一种强烈的力量感。他还提出了著名的“八头身”理论，认为雕塑中人体的头部与躯干应该有一个完美的比例，这个比例为 1:7，也就是头部占全身长度的 1/8。为此，他还专门写了一篇名叫《规则》的文章来论述合适的雕塑比例，可惜这篇文章早已散佚。

“八头身”理论一经提出，立刻被奉为金科玉律，后来的许多雕塑家都十分推崇波留克列特斯的这一理论，并将其应用于自己的作品之中。直到公元前 4 世纪中叶，波留克列特斯的“八头身”理论才被一种新的艺术风格——普拉克西特列斯的修长柔美风格所取代。

波留克列特斯创作了许多人物雕像，其中最著名的是《持矛者》和《束发的运动员》。《持矛者》原作为一尊青铜像，作于约公元前 450 年到公元前 440 年之间，可惜已不复存在，现藏于意大利那不勒斯国家考古博物馆的大理石雕塑为古罗马时期的复制品。

《持矛者》塑造的是古希腊一个身材完美、体格健壮、肌肉发达、充满朝气的青年男性形象，体现了希波战争胜利之后，古希腊人

持矛者

对那些保家卫国的英雄和勇士的崇敬之情。雕像中人物左手持矛，右手自然下垂；右腿直立，左腿略弯曲，身体重心落于右脚之上。整座雕像中，松弛的左腿与自然下垂的右手相呼应，而用力的右腿与持矛的左手相呼应，全身肌肉的紧张感与松弛感各具变化，整个造型在看似矛盾对立中获得了平衡与统一。

在这一作品当中，波留克列特斯充分运用了他提出的“八头身”理论。可以看出，按照这种比例塑造的人体显得健壮、结实，这很符合当时希腊人的审美趣味，因此当时的艺术家们将这座雕像称作“规则”，并将它当成人体美的典范来效仿。

《束发的运动员》也是波留克列特斯的代表作品，据说该雕像表现的是一位曾在奥林匹亚竞技会上获得锦标的优胜者，这座堪称典范的精美作品幸运地被保存了下来，现藏于雅典国立考古博物馆。古希腊的运动员在竞技场上获胜后，会先得到一条彩带，用它将自己的头发束起来，准备佩戴象征胜利的橄榄花冠。这座雕像表现的就是这一光荣时刻。与《持矛者》相比，这座雕像中的人物显得更为自然、放松，形象具有一种内在力量，男性充满力量和动感的人体之美被展现得淋漓尽致。

### （三）米隆

米隆出生于外邦，但在公元前 480 年至公元前 440 年间长期生活在雅典，被认为是希腊古典艺术的开创者。米隆一改古风时期雕刻的拘谨形式，运用写实手法，创造性地刻画人物在剧烈运动过程中的状态，将古希腊的雕塑艺术推向新的高峰。

米隆最经典的作品为《掷铁饼者》。原作是一座青铜雕塑，但

束发的运动员

掷铁饼者

已散佚，现在一些博物馆中收藏的都是大理石雕复制品。通过这些复制品，我们仍然可以看出这座雕塑充满连贯的运动感和节奏感，既表现出人体的和谐、健美和青春的活力，又展现了人体的均衡之美。竞技者身躯的每个部分都处于运动状态，呈现出高度的紧张感，但面部被塑造得格外平静，体现出一种绝对的自信。作品中动静形成鲜明的对比，因此，这座雕像也被认为是“空间中凝固的永恒”，直至现在仍是代表体育运动的绝佳标志。

### （四）克勒西拉斯

与菲狄亚斯、波留克列特斯和米隆同时代的著名雕塑家还有克勒西拉斯，他主要以雕塑人物头像著称。他的作品中有两个最为经典的雕塑头像，一个是雅典政治领袖伯里克利的头像，但原品已散佚，现在藏于梵蒂冈博物馆的为罗马时代的复制品。这个头像也是伯里克利最为经典的雕塑头像，他头戴战盔，满脸的络腮胡，眼神安详而深沉，嘴角憨厚且自信，使人感觉他就是一位足智多谋、沉着冷静的将领。

克勒西拉斯另一个经典作品是《受伤的阿马宗女战士》，是希腊古典时期一座大理石雕塑头像。阿马宗是古希腊神话中骁勇善战的女性部落，居住在黑海沿岸。特洛伊战争爆发后，阿马宗人曾协助特洛伊人与希腊人作战，后来被英雄忒修斯、阿喀琉斯等人征服。克勒西拉斯这座雕像作品表现的是受了伤的阿马宗女战士强忍剧痛的表情，痛苦中又透露着勇敢和坚毅。这座雕塑的复制品现保存于罗马的卡皮托利博物馆中。

以上几位伟大的雕塑家都生活在伯里克利时代，所以他们也

受伤的阿马宗女战士

被称作伯里克利时代的“四大艺术家”。

由于受到古希腊人善于思考、敢于冒险和大胆创新精神的熏陶，以及伯里克利时代民主政治、自由精神及社会经济繁荣发展等因素的影响，这些艺术家的艺术思想和创作技艺都取得了长足的进步。他们不再单纯地继承与模仿古埃及和东方艺术的风格，而是尝试将自身的价值观念融合于雕塑艺术之中，促使雕塑作品的题材更具广泛性，艺术风格更具多样性，人物刻画趋于生活化，同时还注重对人物精神世界的表现，在造型方面，加强了对人体比例的探索与研究，从而创作出大量经典的雕塑作品。

### （五）希腊时代精神和艺术风格的转变

但是，当历史进入公元前 4 世纪后，由于内战频发，希腊城邦制度日渐衰落，人们时常处于动荡不安的状态，因此，这一时期的艺术旨趣逐渐从恢宏阳刚的家国情怀和英雄主义转向精致、唯美的生活情调和自我价值。这一时期被称为古希腊城邦时代向希腊化时代过渡的时期，这一时期的雕塑艺术既保留了古典时期的英雄主义、现实主义与人文主义风格，也开始表现出一些阴柔细腻的审美情调，对人物内在情感的展现也逐渐表现出强烈的个人主义倾向。

事实上，这种艺术风格的转变是由整个希腊时代的精神变化引发的。城邦时代濒临结束，在马其顿王国和波斯帝国的影响下，希腊政治体制发生了重大变化，希腊城邦的民主政治逐渐被专制主义代替，希腊人的理性精神与人本主义日渐淡薄，公民的自信心与进取精神逐渐转变为末世处境的郁闷和屈辱。面对无力改变的社会现状，人们开始逃避各种公共生活，转而去追求个人享乐。因此，这一时期的雕塑作品也拥有了一些新的艺术特质，比如更多地表现人物的形式美感和心理活动，不再突出古典时期雕塑艺术的英雄主义、教育意义等。

## 四、城邦时代向希腊化时代过渡期间的三大雕刻家

在古希腊城邦时代向希腊化时代过渡的时期，仍然涌现出了大批艺术家，其中包括三位伟大的雕塑家，他们是斯科帕斯、留西波斯和普拉克西特列斯。虽然这三位雕塑家生活在同一时代，但他们推崇的艺术风格却不太相同。而且由于艺术的连续性，斯科帕斯和留西波斯的作品中还遗留着古典时期的艺术风格，而普拉克西特列斯的雕塑作品风格大变，甚至直接塑造了希腊化时代的艺术风格。

### （一）斯科帕斯

斯科帕斯早期最为著名的雕塑作品是一系列梅利埃格塑像，原作均已散佚，其罗马时代的复制品分别珍藏于大英博物馆、梵蒂冈博物馆、派格蒙博物馆等地。梅利埃格是古希腊神话传说中的英雄人物。前文曾提到，卡吕冬国王俄纽斯与他的妻子在祭拜奥林匹斯山上的众神时，忘记了向狩猎女神阿耳忒弥斯献祭，对此阿耳忒弥斯非常气愤，于是便派一只巨大无比、双眼喷火的野猪摧毁卡吕冬城邦。卡吕冬国王为保护城邦，就邀请各路英雄围猎野猪。梅利埃格就是当时捕杀野猪的希腊英雄之一。

斯科帕斯创作了许多关于梅利埃格的雕像，其中比较著名的

梅利埃格与野猪

阿波罗与竖琴

有《梅利埃格与野猪》《持矛的梅利埃格》等，这些雕塑将希腊英雄的健美身躯和勇猛精神表现得淋漓尽致，人体形态优雅、自然，艺术手法精美、洒脱。从这些艺术品中可以看出，此时斯科帕斯的创作风格与希腊古典时期的艺术风格一脉相承，仍然体现着一种雄浑遒劲的阳刚气质，几乎感受不到低吟浅唱的阴柔风气。

到了后期，斯科帕斯的一些雕塑作品便渐渐开始向希腊化时代的艺术风格转变，比如在《阿波罗与竖琴》和《渴望》这两座雕像中，人体形态已经有了微妙的变化，原本作为阳刚男性代表的太阳神阿波罗，身体却呈现女性化的柔美姿态。这两座雕像的造型非常相似，身体都倾斜着，人物的表情显得自然祥和，展现出一种宁静的韵味，甚至透露出几分妩媚的情调，丝毫没有之前的英雄气概。

当然，在人体形态方面，斯科帕斯这两座雕像作品的艺术水平仍然值得夸赞，其创作技法纯熟，雕像惟妙惟肖，人体形态较古典时期更加成熟、完美，但作品的整体艺术风格发生了明显的变化，似乎正在远离古典时期的传统规范，传达出一种新时代的艺术精神。

### （二）留西波斯

留西波斯是古希腊城邦时代向希腊化时代过渡时期一位非常重要的雕塑家，堪称古典时期最后一位重要的雕塑家。他继承和发展了波留克列特斯的“八头身”理论，但与波留克列特斯不同的是，他的雕塑作品中的人物既展现运动员般健壮的体魄，又表达复杂的情感和充满矛盾的内心世界。

留西波斯创作了许多雕塑作品，而且全部为青铜作品，如《赫耳墨斯》《赫拉克勒斯》等，其中最著名的就是《揩汗的运动员》。

揩汗的运动员

这部作品现在有许多大理石雕的复制品传世，收藏于各大博物馆内。在古希腊的竞技会上，运动员在比赛前都会用一根木棍或金属条将身上的汗污刮掉，而这部作品表现的正是这一场景。留西波斯塑造的人像要比波留克列特斯雕刻的人像更加修长，这种变化也是古典时期的艺术风格向希腊化时代过渡的标志之一。

此外，留西波斯还雕刻了许多赫拉克勒斯的雕像，比如《法尔内赛的赫拉克勒斯》，现珍藏于意大利那不勒斯国家考古博物馆的也是古罗马时期的复制品，原件是一座不及真人大小的青铜雕像。这座雕像展现的是英雄赫拉克勒斯疲劳后休息的形象。该作品中的人物左手倚靠在柱子上，右手背于身后，左腿略微前伸，身体重心集中于右腿，身体看起来十分放松。最让人惊叹的就是人像健壮的肌肉，表现出一股强烈的力量感，似乎蕴藏着战无不胜的神力，这一点也契合人物的性格特点。

留西波斯创作的小厄洛斯的雕像也有很多，姿态有持弓的，也有拉弓待发的。厄洛斯是希腊神话中的小爱神，相当于罗马神话中的丘比特。他常常在美神阿佛洛狄忒身边。当然，现在我们能看到的厄洛斯雕像都是古罗马时期的大理石雕复制品。这些雕像中的小爱神看起来天真可爱，具有明显的女性化倾向，这主要源于当时轻佻的社会风气，如无节制的两性关系、恋童癖盛行等，这导致这一时期许多作品中的男性形象都带有女性化倾向，其中就包括一些男性孩童形象的转变。

留西波斯是个多产的艺术家，除以上较为著名的作品外，他还给苏格拉底、亚里士多德、亚历山大等人雕刻过头像，而且个

持弓的厄洛斯

个形态逼真、表情丰富，称得上是这些人的标准雕像。从一定程度而言，今天的人们也是因为留西波斯的人物雕塑才知道苏格拉底、亚里士多德等人的相貌的。

### （三）普拉克西特列斯

普拉克西特列斯生于古希腊城邦内战期间。受战争影响，这一时期古希腊的神庙和各种装饰艺术已经不再被人们关注，而爱神、和平女神等可以安慰人们心灵的雕塑开始广泛出现，作品风格也开始变得柔美细腻，充满了世俗性和抒情感。当然，此时的雕塑技术较之前更加完善、成熟，艺术风格也向追求个性和柔美的方向发展。

普拉克西特列斯主要创作大理石雕塑。受时代精神变化的影响，他雕塑作品中的男性人体也明显地表现出女性化的特点：人体较为修长，柔和而富有曲线美。此外，他还在雕塑过程中进行大胆的创新，利用大理石质地光滑、细腻的特点，使雕塑中的人体表现出丰腴、圆润的美感。波留克列特斯开创的古典雕塑规则在普拉克西特列斯这里发生了根本的变化，雄浑遒劲的阳刚之气被修长圆润的阴柔之风取代。从这种意义上说，普拉克西特列斯是继菲狄亚斯、波留克列特斯等古典巨匠之后希腊人体造型艺术的又一代表人物，他开创了希腊化时期文胜于质的唯美主义先河。

#### 1.《赫耳墨斯与狄奥尼索斯》

《赫耳墨斯与狄奥尼索斯》是普拉克西特列斯最具代表性的作品之一，这座雕像的原作得以保存下来，现藏于奥林匹亚博物馆中。

《赫耳墨斯与狄奥尼索斯》正面

《赫耳墨斯与狄奥尼索斯》背面

赫耳墨斯是古希腊神话中的商业之神，是主神宙斯的儿子及最信赖的使者。酒神狄奥尼索斯也是宙斯的儿子。为躲避天后赫拉的迫害，宙斯将幼小的狄奥尼索斯委托给赫耳墨斯看护。这座雕像表现的正是赫耳墨斯怀抱着还是婴儿的狄奥尼索斯前往山野精灵家中做客时中途休息的场景。由于年代久远，赫耳墨斯的一只手臂已经遗失，据说他的右手原本拿着一串葡萄，正在逗弄被抱在左臂弯中的小酒神。

雕像中的赫耳墨斯身形修长、曲线柔和，女性化的丰润特质取代了男性化的力量感。赫耳墨斯身体倚在树桩上，似乎靠这根树桩支撑着全身的力量，因而身体呈现非常自然的“S”形，看起来轻松而惬意。雕像的细节处理得近乎完美，尤其是小酒神狄奥尼索斯下方的衣服褶皱，刻画得自然逼真，几乎无懈可击。

### 2. 接近真人尺寸的裸女雕塑

在普拉克西特列斯之前，几乎没有古希腊艺术家雕刻过全裸的、真人大小的女性形象，即使当时有许多女神雕塑，但都是穿着衣服的或者半裸的，而普拉克西特列斯是最早开始创作全裸女神雕塑的艺术家。他雕刻了一系列真人大小的裸体女神雕像，其中以《克里多斯的阿佛洛狄忒》最为著名，而且它也是希腊历史上第一个真人大小的裸体女性雕塑。这座雕塑表现的是美神阿佛洛狄忒下海沐浴前的情景。阿佛洛狄忒呈站立姿态，左脚微微抬起，重心落于右脚之上，整个身体呈一条优美的曲线；她右手下意识地遮掩着腹沟处，左手将衣服自然地搭在旁边的花瓶上，身体的光洁与衣服的柔滑相映成趣，美轮美奂。该作品的原作已被损毁，古

克里多斯的阿佛洛狄忒

罗马时代的复制品现藏于罗马国立博物馆。

普拉克西特列斯创作了许多阿佛洛狄忒的雕像，关于这件事，还有一段浪漫的故事。

普拉克西特列斯年轻时，与当时希腊最美丽的女子芙里尼相恋。芙里尼是雅典的高级交际花，据说她就是《克里多斯的阿佛洛狄忒》的人像模特。受芙里尼的影响，普拉克西特列斯开始雕刻真人大小的裸女雕像。其作品自然逼真、惟妙惟肖。

应科斯岛城邦的要求，普拉克西特列斯准备雕刻一座阿佛洛狄忒的雕像。于是，他以自己的情人芙里尼为原型，雕塑出一座裸体的阿佛洛狄忒。然而，当普拉克西特列斯将作品交给科斯岛城邦时，人们都惊呆了，他们认为这样的作品实在有损风化，所以不肯接受。

无奈之下，普拉克西特列斯只好重新为科斯岛城邦雕塑了一座穿衣服的阿佛洛狄忒雕像。雕塑第一座裸体的阿佛洛狄忒时，普拉克西特列斯刚好在克里多斯，于是这座裸体的阿佛洛狄忒最后就留在了克里多斯。后来，科斯岛的统治者听说先前那座裸体的女神雕像更加精美绝伦，便感到非常后悔。再后来，据说许多希腊化时代的君主都希望以高价购买《克里多斯的阿佛洛狄忒》雕塑，但都被克里多斯居民拒绝了。

此后，普拉克西特列斯又雕刻了一系列裸女雕塑，多数已遗失，但古罗马时代的复制品多留存至今。

热罗姆的《芙里尼在法官们面前》

### 3.《芙里尼在法官们面前》

关于普拉克西特列斯的情人芙里尼，历史上确有其人。她既是当时希腊著名的美女，也是希腊著名的交际花，与当时许多名人过往甚密。后来，有人以亵渎神灵为由将她告上法庭，她因此受到了法庭的审判。

在法庭上，虽然律师极力为芙里尼辩护，但法官仍然认为她犯有亵渎神灵的罪行。正当芙里尼快要被判刑的时候，律师急中生智，一把扯下芙里尼身上的罩袍，她美丽的身体就这样裸露在大庭广众之下。此时，律师大声说道："难道要给这么美丽的女子判刑，让她消失吗？"法官和陪审团成员都惊呆了，他们认为美若天仙的芙里尼本人就是神，于是当庭宣告将她无罪释放。

19 世纪著名的法国艺术家让·莱昂·热罗姆（Jean-Leon Gerome）便以这一事件为题材，创作了油画《芙里尼在法官们面前》。可以说，芙里尼的美正是普拉克西特列斯创作的灵感源泉，促使他创作出一系列关于美神阿佛洛狄忒的雕塑作品。

### 4. 彰显女性柔美风格的雕塑

普拉克西特列斯的雕塑作品大多是女性，即便是男性，其中也带有女性柔美的风格，比如在现珍藏于卢浮宫的雕塑作品《捉蜥蜴的阿波罗》中，阿波罗身上就体现了很多女性的特点。该作品展现的是阿波罗正准备捕捉一只树上的蜥蜴。在该作品中，阿波罗身体修长，身材匀称而圆润，动作温柔、轻盈，不再具有之前古典时期作品中显现的力量感。

普拉克西特列斯另一座著名的雕塑作品名为《倾斜的萨提尔》，现在收藏于罗马的卡皮托利博物馆。萨提尔是希腊神话中的山林之神，经常与酒神狄奥尼索斯结伴相随，性情轻佻放荡。这座萨提尔雕塑乍一看是一座女性雕像，其中的人物有着修长的身体，完全没有之前男性雕塑那层次分明的肌肉，反而表现得像女性身体那样光滑与圆润。萨提尔形态妖娆地斜倚在树干上，左手颇为风骚地反贴在臀部，全然展现一副搔首弄姿的放荡神态。

普拉克西特列斯也雕刻过一座著名的赫耳墨斯塑像，作品中的赫耳墨斯具有修长的身材和清秀的面容。公元 2 世纪时，古罗马皇帝哈德良有一位男性情人，名叫安提诺乌斯，是一位俊美的希腊青年。哈德良特别宠爱这位情人，于是让人模仿普拉克西特列斯的赫耳墨斯像，只是将雕像中赫耳墨斯的脸换成了安提诺乌斯的脸。这座雕

倾斜的萨提尔

像至今仍然保存在卡皮托利博物馆，名为《观景楼的安提诺乌斯》。

在这一阶段，古典时期波留克列特斯雕塑作品中那种粗犷、雄健的艺术风格已经逐渐被取代。这也意味着希腊城邦时代那种孔武有力的阳刚之气正在逐渐消退，柔和秀美的阴柔之风正在慢慢兴起。这种艺术风格的转变正是时代精神和社会审美情趣变化的结果。

希腊化时代到来后，随着艺术技艺日臻成熟，艺术家们开始在自己的雕塑作品中注入大量情感，使作品拥有了更为鲜活的表情，也展现出创作者本人丰富的内心世界。

## 五、希腊化时代的艺术成就

公元前 4 世纪后半叶，希腊城邦制度日渐衰微之时，腓力二世领导下的马其顿王国逐渐强大起来。公元前 338 年，马其顿在战争中挫败了以雅典、底比斯为首的反马其顿联军，迫使许多希腊城邦承认马其顿的霸权地位。

公元前 334 年，马其顿国王亚历山大开始东征。战争给希腊人和异乡人带来了无尽的苦难和屈辱，但发达的希腊文化也因此被传播到东方的土地上，在小亚细亚、西亚和埃及等地生根发芽。因此，这以后的一段历史被称为希腊化时代。

内战和马其顿的统治使希腊诸城邦充斥着混乱、掠夺、欺骗和绝望，整个社会道德沦丧，虚无主义盛行。随着城邦的消失，希腊城邦时代那种独立的精神、自由的人格，被帝国的专制主义氛围所吞噬。在这种社会环境下，古希腊的艺术作品越来越形式化，虽然它们在技巧、手法等方面更加纯熟，但城邦时代艺术家们的创作活力消失了，金钱、宴会、爱情成为人们关注的话题。这种情况令这一时期的艺术作品在形式上高度发展的同时，逐渐失去了深刻的精神内涵。

### （一）“文明的无聊”

随着亚历山大东征，希腊文化被传播到东方的土地上。希腊人甚至还在小亚细亚、西亚、埃及建立了三个王国。在这些地方，希腊人成为统治阶层，希腊文化成为主流文化，在东方大地上开花结果，表面上呈现一片繁荣昌盛的景象，但实际上，这不过是辉煌的古典文化的回光返照。

此时的希腊，城邦已经名存实亡，希腊的多神教信仰也已经形同虚设。希腊多神教的现实基础是分离主义的城邦制度，因此，当亚历山大终结了希腊城邦制度时，奥林匹斯诸神的丧钟便随之敲响。亚历山大用帝国主义绝对君权这块砾石，磨灭了城邦民主政治和希腊多神教的理想之光。北方民族强悍、粗犷的性格，助他征服了奢靡风气下日渐疲软和堕落的希腊地区，将其融入强权专制的大帝国之中。

然而，公元前 323 年，亚历山大病逝，亚历山大帝国随之崩溃，历史再次进入萎靡不振的时代。在这个所谓的希腊化时代中，英雄主义的理想情怀彻底陨落，古希腊人纷纷躲到了纷乱、无聊的政治游戏与醉生梦死的温柔乡中，他们不再崇拜英雄，不再赞美神灵，而是将目光转向自身，开始尝试在富裕、无聊、平庸的时代里获得个人幸福，收获更多快乐。他们不再关注国家责任，也不再在乎万物的本源，而是以一种消极、颓废的态度对待生存问题，甚至以一种玩世不恭的方式揶揄那些原本非常神圣的东西。

在这种情况下，浅唱低吟、声色犬马、富丽堂皇的艺术形态开始成为主流，这种“后现代”的文化氛围与希腊城邦时代崇高典雅的精神气质完全是背道而驰的。

我将这种情况称作“文明的无聊”。那时的希腊人，满嘴都是珠玑妙语，口袋里装着挥霍不尽的金钱，回廊里放满了精美的艺术品，而脑袋里却充满了虚无主义，终日堕入富人的痛苦之中。他们生活富有，却百无聊赖、没有信仰，所以这一时期艺术家们创作的各种艺术作品表面上富丽堂皇、雍容华贵，可是却缺少一些深刻的内蕴。

### （二）雕塑艺术的发展

受时代精神和风气的影响，希腊化时代的雕塑艺术与城邦时代的雕塑艺术有着巨大的差异。古典时期的雕塑艺术追求家国情怀和人性理想，以深沉、质朴的风格表现希腊人独立的人格、自由的精神和对理想的追求；而希腊化时代的雕塑则着力表现极端的自然主义和不加掩饰的奢华艳丽，雕塑作品充满了追求感官享受的风格特点。

尽管希腊化时代的雕刻艺术致力于追求形式美，但在众多奢靡华丽、文胜于质的艺术品中，也有一些超凡脱俗的传世精品。这一时期著名的雕塑作品主要有《米诺斯的阿佛洛狄忒》《胜利女神像》《拉奥孔》《法尔奈斯的公牛》等。

#### 1.《米诺斯的阿佛洛狄忒》

说到希腊化时代最具代表性的雕塑作品，就不能不提著名雕

米诺斯的阿佛洛狄忒

刻家亚历山德罗斯于公元前 150 年左右创作的阿佛洛狄忒雕像。由于这座雕像是 19 世纪 20 年代在爱琴海的米诺斯岛上发掘出来的，所以得名为《米诺斯的阿佛洛狄忒》。

阿佛洛狄忒是古希腊爱与美之神，在罗马神话中被称作维纳斯，是众女神中最美的一位。在希腊化时代，人们贪图享乐、不思进取，关注点不再是国家与时代，此时象征着爱与美的阿佛洛狄忒便成为人们普遍推崇的神祇，因而，她也受到了雕塑家的喜爱。所以这一时期关于阿佛洛狄忒的作品很多，其中最著名的就是《米诺斯的阿佛洛狄忒》。

雕像中的阿佛洛狄忒无疑是非常完美的，不论是形态、表情，还是人体的比例和造型，都符合当时希腊人对美的理想与要求。美丽、高洁的阿佛洛狄忒身姿优雅、亭亭玉立，袒胸露臂的优美身躯与围裹腰肢的柔软裙裾相得益彰，在艺术形式方面达到了登峰造极的高度。但是，除了创作者技艺的纯熟、作品形态的优美以及展现出来的雍容华贵，我们已经很难再从中看出希腊城邦时代那种雄浑壮丽的精神了。

### 2.《胜利女神像》

希腊化时期另一件可以与《米诺斯的阿佛洛狄忒》媲美的艺术杰作，当数 19 世纪中叶在爱琴海的萨莫色雷斯岛上发掘出土的《胜利女神像》，这座雕像又名《萨莫色雷斯的胜利女神像》。该雕像创作于公元前 200 年左右，作者已经无从考证，而且它出土时是一堆碎块，经考古学家和艺术家们的艰苦努力，最后被拼接为一座胜利女神塑像，但雕像的头颅却未能找到，这成为无法弥补的

胜利女神像

遗憾。这尊雕像现在被收藏在巴黎卢浮宫内，安置在一段台阶的拐弯处。《胜利女神像》由纯白色的雪花石雕刻而成，表现了女神伫立在山崖之巅展翅欲飞的优雅姿态，身躯上紧裹的衣衫随风拂动，映衬出女性人体完美的线条和丰满的腰肢，轻盈婀娜，美不胜收。

### 3.《拉奥孔》

《拉奥孔》又叫《拉奥孔和他的儿子们》，是古希腊雕塑家阿格桑德罗斯和他的两个儿子一起创作的，现珍藏于罗马梵蒂冈美术馆。《拉奥孔》取材于古希腊神话故事。

> 传说希腊人攻打特洛伊城十年之久，始终未能攻克。后来，希腊人建造了一个大木马，将士兵藏于木马的肚子中，然后将木马故意留在特洛伊城门口。特洛伊人看到木马后非常惊讶，不知道这个木马是用来做什么的。后来有人说，这个木马是希腊人用来祭奠女神雅典娜的，如果特洛伊人能把木马放入特洛伊城，雅典娜女神就会给特洛伊人赐福。
>
> 特洛伊国王听说后，便准备将木马拉入城内，但遭到特洛伊祭司拉奥孔的强烈反对。拉奥孔识破了希腊人的计谋，要求特洛伊人马上烧掉木马。他还用自己的长矛刺向木马，木马内当即发出可怕的声音。没想到，这一举动触怒了一直暗中庇佑希腊联军的雅典娜，雅典娜派出两条巨蟒，缠住了拉奥孔和他的两个儿子。拉奥孔父子拼命与巨蟒搏斗，但最终还是被巨蟒杀死了。
>
> 拉奥孔死后，特洛伊人认为拉奥孔是因为毁坏了献给雅典娜女神的礼物才触怒了神灵，遭遇横祸，因此赶紧将木马拉入城内。

拉奥孔

结果等到晚上特洛伊人入眠之后，躲在木马肚子里的希腊勇士跳出木马打开城门，佯装撤离的希腊士兵便冲入特洛伊城内，将特洛伊城洗劫一空，十年的战争就此结束。

在《拉奥孔》这座雕像中，拉奥孔位于三人中间，神情极度恐惧、痛苦。他似乎正在用尽全身的力气，想要将自己的两个儿子从巨蟒的缠绕中救出来。虽然他的左手紧紧抓着一条蛇，但这是徒劳的，因为巨蟒已经咬到了他的臀部，而他的两个儿子也被巨蟒紧紧缠住，不能挣脱。整座雕像的人物身体都处于扭曲状态，肌肉强烈收缩，表情痛苦无助。或许创作者父子三人在创作过程中，内心产生了共鸣，才让这部作品看起来如此栩栩如生，甚至令观察者不自觉地绷紧全身的肌肉，跟着紧张起来。

18 世纪德国美学家温克尔曼用“高贵的单纯、静穆的伟大”来形容以《拉奥孔》为代表的希腊艺术传达出的巨大精神感召力；德国大文豪莱辛更是以《拉奥孔》为题撰写了一部经典著作，深刻阐述了古希腊艺术家将美作为艺术的根本法则，即使在痛苦的场景中也能彰显强大的审美魅力；德国思想家歌德在看到这座雕塑作品时也非常惊叹，认为：“当我们面对痛苦时，通常会产生三种感觉，即畏惧、恐怖和同情。一件雕塑作品如果能够表现这三种情感中的一种就已经很不容易了，而《拉奥孔》却同时包含了这三种感情，这是多么伟大的艺术成就啊！”可以说，《拉奥孔》处在古希腊艺术水平的巅峰，它淋漓尽致地体现了希腊化时代已经相当缺乏的“静穆、庄重、崇高”的古典艺术境界。

关于《拉奥孔》的创作年代，后世艺术家们说法不一。现在主流的观点认为，尽管阿格桑德罗斯父子是古希腊雕刻家，但他们生活在公元前 1 世纪下半叶，已经属于罗马帝国时期，因此这件作品应该归于罗马艺术的范畴。尽管如此，《拉奥孔》的雕塑风格可以说承袭和发扬了希腊的艺术传统。

#### 4.《法尔奈斯的公牛》

《法尔奈斯的公牛》创作于公元前 1 世纪上半叶，创作者为阿波罗纽斯和陶里斯珂斯兄弟。这座雕像现在被收藏于意大利那不

法尔奈斯的公牛

勒斯国家考古博物馆，由于它此前一直被保存在罗马法尔奈斯庄园，所以被称为《法尔奈斯的公牛》。这座雕像其实源于一个古希腊神话故事。

> 底比斯城邦的英雄安菲翁与仄托斯两兄弟是宙斯与河神阿索波斯的女儿安提俄珀所生的一对双胞胎。兄弟俩刚一出生便惨遭抛弃，后来被牧羊人养育长大。河神阿索波斯知道女儿有了私生子后非常愤怒，便将她赶了出去。阿索波斯临终前，嘱咐儿子吕科斯一定要惩治败坏家风的安提俄珀。
>
> 吕科斯捉回妹妹安提俄珀后，让她给自己的妻子狄耳刻当女奴。安提俄珀受尽了虐待。安菲翁与仄托斯两兄弟长大后，攻下底比斯，杀死了舅舅吕科斯。为了给母亲报仇，兄弟俩将狄耳刻绑在公牛角上，将她活活拖死。

《法尔奈斯的公牛》表现的就是这个故事中的一个片段。愤怒的安菲翁兄弟正在将狄耳刻绑在公牛角上，为母亲复仇。整座雕像呈金字塔形，安菲翁两兄弟动作坚定、自然，富有力量，而躁动不安的公牛和痛苦挣扎的狄耳刻表现出强烈的动感。在雕像的右下角，身材矮小的山神正静静地观赏这一残酷的场面，其安详的神态与暴戾的复仇之间形成了鲜明的对照，给人以强烈的心灵震撼。

5. 浮雕作品

古希腊人信仰多神教，因此希腊各地建造了大量神庙来供奉

摩索拉斯王陵浮雕

神灵，这些神庙就成为浮雕作品的主要载体。进入古典时期后，古希腊艺术家们开始大量运用浮雕装点城市和各类建筑物，包含三角楣雕刻、浮雕简板和饰带浮雕在内的神庙浮雕艺术，成为希腊古典雕刻艺术的伟大遗产。

后来，各种反映战争场面和日常生活的浮雕也相继出现。到了希腊化时代，斯科帕斯、普拉克西特列斯等伟大的艺术家们都参与了摩索拉斯王陵的雕塑工作。这座陵墓上的雕塑有一些反映了希腊人与阿马宗人战斗的场景，其中有许多是斯科帕斯雕刻的。后来，这座陵墓遭到了严重破坏，很多浮雕作品被运到了大英博物馆，它们至今仍在那里展出。

当然，希腊化时代的雕塑作品还有很多，此处不再赘述。总之，希腊化时代的雕塑艺术是古希腊艺术的重要组成部分，也是古希腊艺术的必然发展阶段，它们由当时的艺术家及先辈们共同构建而来，也是当时的社会制度、价值观念、行为风格及艺术准则共同作用的结果。所以，它们既有古典时期雕塑艺术风格的余晖，也渗入了许多受当时社会环境影响形成的特定艺术风格。虽然就时代精神来说，希腊化时代的文化精神已经凋敝，但就艺术形式和技巧来说，谁又能说这一时期的雕塑艺术不够精彩、不足以载入文化史册呢？

第Ⅴ节

## 希腊的建筑

曾经有人说：“建筑是凝固的音乐。”依照这个比喻，古希腊建筑的旋律几乎可以在任何时间、任何地点自由地奏响。

古希腊建筑被称为“欧洲建筑的鼻祖”，在西方建筑史乃至世界建筑史上都占有重要地位，西方后来出现的罗马式建筑、哥特式建筑、巴洛克建筑、古典主义建筑、现代主义建筑，以及后现代时期各种风格的建筑，都深受古希腊建筑的影响。

古希腊建筑的主要风格是和谐、单纯、庄重以及布局清新，这可能源于当时的社会风气。所以，一说起古希腊建筑，人们总会想到一种秩序感和祥和感。古希腊的建筑主要体现为神庙建筑，其风格与类型都比较简单，主要可分为三种类型，即多立克柱式、爱奥尼亚柱式和科林斯柱式。下面我们对三种类型分别简要阐述。

## 一、多立克柱式

多立克柱式建筑是古希腊三种柱式建筑中最早出现的一种，大约出现在公元前 7 世纪。这种类型的建筑大多建立在阶座之上，特点是柱体比较粗大、雄壮，带有北方多利亚人那种粗犷的风格。粗壮的柱体上面有一个倒立的锥形圆盘作为柱头，上面没有任何装饰图案。每根柱身上有十多条凹槽，但柱体下没有柱基，柱体是直接在地基上建立起来的。多立克柱式的柱高与柱体直径的比例一般为 4:1 或 4.5:1，这令每根柱子看起来都粗犷结实、雄健有力，象征着男性的粗犷之美，所以多立克柱又被称为男性柱。著名的雅典卫城帕特农神庙、雅典最南面苏尼翁角的海神庙，都属于多立克柱式建筑。

## 二、爱奥尼亚柱式

爱奥尼亚柱式建筑的出现时间较多立克柱式建筑要晚，大约出现于公元前 6 世纪中叶，由爱奥尼亚地区传到希腊本土和泛希腊地区。

与多立克柱式建筑的风格刚好相反，爱奥尼亚柱式建筑的整体特点是纤细、秀美。它的柱头非常容易辨认，是一对向下弯曲的涡轮装饰，像是绵羊的犄角，极富曲线美，涡轮上方有顶梁。柱身上有 24 条凹槽。它与多立克柱式的另一个不同之处在于，它的柱体下面有一个圆盘柱基。

雅典苏尼翁角海神庙的多立克柱式建筑风格

雅典厄瑞克透斯神庙的爱奥尼亚柱式建筑风格

爱奥尼亚柱的建造比例也不同于多立克柱，柱高与柱体直径的比例通常为9:1，这令它看起来极其优雅、高贵与修长，富有女性之美，故而也被称为女性柱，并且广泛出现在古希腊的大型建筑中，如雅典卫城帕特农神庙旁边的厄瑞克透斯神庙。这座神庙的柱体修长，形象地展现出如东方女性般高贵与秀美的气质。

### 三、科林斯柱式

科林斯柱式建筑出现于公元前5世纪的科林斯地区，它其实是爱奥尼亚柱式的一个变体，两者的很多部位都极其相似，只是科林斯柱式建筑的柱体不像爱奥尼亚柱式那样修长，它介于多立克式的男性粗犷和爱奥尼亚式的女性秀美之间。相较于爱奥尼亚柱式，科林斯柱式的装饰性更强，它的柱头以毛茛叶纹作为装饰，形似盛满花草的花篮。毛茛叶是一种生命力极强的植物，很受古希腊人及古罗马人的喜爱。

关于科林斯柱式的出现，还有一段悲怆、浪漫的故事。

相传，在古希腊时期，科林斯城邦中有一名美丽的少女，正当她准备出嫁时，却不幸染上重病去世了。她的家人十分悲伤，其中最悲伤的就是与她朝夕相处的乳母了。乳母将少女的心爱之物都收集在一个篮子中，又用一片瓦片盖住篮子，将篮子放在少女的墓碑前。篮子下面碰巧有一株毛茛草。第二年春天，这株毛茛草的茎叶沿着篮子的边缘向上生长蔓延。毛茛叶越长越多，最后竟将这个篮子环绕了起来，形成一条涡轮形的曲线。

雅典宙斯神庙的科林斯柱式建筑风格

后来，有人便根据这个美丽的故事设计了一种柱式，就是科林斯柱式，柱头上面为藤蔓似的涡轮，下面装饰有毛茛草的茎叶图案。

不过，早期的科林斯柱式并未形成自己的特色，在古希腊建筑中的应用也不广泛。到后来的希腊化时代及古罗马时代，科林斯柱式才逐渐形成自己的风格并在建筑中被普遍应用。古罗马人根据自己的审美要求和技术条件，对科林斯柱式进行了进一步的改造和发展，这一柱式继而被广泛用于建造规模宏大、装饰华丽的建筑物，其中最经典的当数雅典的宙斯神庙。

古罗马人还将古希腊科林斯柱式的柱头和爱奥尼亚柱式的柱头进行了融合，成为混合柱式，使其形状更加复杂、华丽。混合柱式更为高挑、纤细，其柱高与柱身直径的比例为 11:1。在以弗所古城图书馆建筑遗址中，建筑的柱头就是科林斯柱头与爱奥尼亚柱头融合后形成的混合柱式。

直到近代，科林斯柱式的风格仍在西方许多恢宏的建筑中有所体现，比如位于法国巴黎的玛德莲娜教堂和先贤祠，就是两座非常经典的科林斯柱式建筑物。

第 VI 节

## 希腊的绘画

在公元前 8 世纪之前，古希腊人便与亚细亚沿岸的东方民族有了往来，从这时起，东方的绘画便开始传入古希腊，并在古希腊得到了与雕塑一样的推崇和发展。

经过两个多世纪的发展，到公元前 6 世纪，古希腊的绘画艺术已经开始摆脱东方传统绘画艺术的影响，逐渐形成了自己的艺术风格，也出现了一些重要的画家。

早在克里特和迈锡尼时期，古希腊的绘画，尤其是壁画，开始为王宫特有。考古人员在克里特岛发掘出来的绘画作品主要集中在克诺索斯王宫，即克里特国王米诺斯的宫殿。王宫占地 2 万多平方米，结构复杂，布局多变，堪称迷宫。王宫的墙壁上遍布壁画装饰，这些壁画都带有一定的东方色彩，比如我们前面看到的克里特时期的那些壁画，如百合花冠王子、“巴黎贵妇”等，就

迈锡尼的武士之壶

是一种绘于泥灰墙上的绘画艺术。这种壁画艺术也是克里特时期主要的艺术形式。

到了迈锡尼时期，由于北方民族入侵，这时整体的艺术水平较克里特时期明显落后，粗犷而粗糙的巨石建筑（如城墙、墓穴等）取代了米诺斯王宫那样的精美构造和壁画装饰，一些具有北国风格的绘画作品应运而生。这类作品一般画在陶器上，表现的多为战争场面，画中人物线条简单，完全缺乏透视感。代表作品是现藏于雅典国立考古博物馆的“武士之壶”双耳陶罐。

## 一、早期陶器绘画

在古希腊社会，用陶土烧制的器皿是人们日常生活和对外贸

绘有情节性几何花纹的基克拉迪群岛大酒坛

易中不可或缺的用具，而这些形状各异，功用、大小各不相同的陶器上通常都绘有美丽的图案，这就是古希腊时期的陶画、瓶画。

从现代出土的一些古希腊陶器中可以看出，古希腊早期的绘画都非常简单、单调，基本上是一些简单的几何图形。历史学家根据这种陶器绘画的风格，将公元前 9 世纪到公元前 8 世纪这段时间称作古希腊绘画史上的几何陶时代。

几何样式也是古希腊荷马时代陶画和瓶画的主要风格，它主要是在浅黄色的陶器底部绘上黑色的几何花纹。当时的几何花纹包括三类，分别为抽象性几何纹，比如由波浪线、平行线、交叉线、环形曲线、三角形等组成的图案；形象性几何纹，如鸟兽纹、人形纹等；情节性几何纹，如表现战争、葬礼、表演、宴会等场景的花纹图案。这些几何花纹就是对当时人物和事件的高度概括和艺术再现。

到了公元前 8 世纪以后，随着古希腊人海外殖民活动的兴起和海外贸易的不断扩张，他们与西亚及东方一些国家的来往日益频繁，绘画风格也逐渐受到那些国家艺术风格的影响。尤其是发达的东方文明古国，如埃及、腓尼基等，对古希腊的绘画艺术产生的影响非常深刻。在这之后，古希腊陶器上的绘画逐渐有了明确的人物或动植物形象。但总体来说，此时的绘画艺术仍谈不上有什么深度和内涵，有的也只是几何花纹的变化。

## 二、黑绘与红绘

公元前 6 世纪初，希腊绘画开始摆脱东方传统的影响，逐渐

黑绘双耳大口酒坛

形成了自己的艺术风格。这一时期的古希腊，开始独立发展出以神话故事为题材的陶画、瓶画，而且此时的绘画艺术还出现了两种风格，即黑绘与红绘。

黑绘的出现时间要早于红绘，它是用黑色的油彩在陶罐红色的底壁上勾画出图案的物像轮廓，再将陶罐放在窑中烧制。烧制完成后，黑色油彩会呈现一幅画面。在红色底壁的衬托下，黑色图案色彩鲜艳、形象突出，充满厚重感，具有非常强烈的装饰效果。

根据后人的考察、研究，古希腊黑绘风格艺术主要表现当时的生活场景，如狩猎、战争、祭祀等。其中最负盛誉的黑绘作品就是本书第三章中展现的那个双耳酒器上的《阿喀琉斯与埃阿斯

红绘双耳陶罐

掷骰子》，它是公元前 6 世纪古希腊伟大的黑绘大师埃克塞基亚斯绘制的，描绘了特洛伊战争中两位著名人物在战斗间隙掷骰子的景象。黑绘风格的另一件代表作也是埃克塞基亚斯创作的双耳大口酒坛陶画，画面反映了激烈的战争场面。

红绘风格出现在公元前 6 世纪后半叶到公元前 5 世纪初，象征着古希腊陶画、瓶画进入成熟期。在装饰手法、色彩搭配等方面，它与黑绘风格正好相反。黑绘是以陶器本身的颜色为底色，直接在器壁表面绘制图案；而红绘则是先在器壁上用黑色线条勾画出要画内容的轮廓和细部，再将图案以外作底的部分涂成黑色，然后再进行烧制，这样陶器烧制出来后，图案颜色就成了红赭色。

与黑绘相比，红绘可以更自由地描绘图像，陶器烧制出来后，图案也更加强烈、真实，因而这一艺术风格风行整个古典时期。在题材选取方面，红绘的内容丰富多样，但仍以神话题材与日常生活题材为主。在造型方面，除了对人物的结构化表现，红绘对人体的肌肉结构等进行了更深入的探索，从而使人物形象更加立体和丰满。

比如古希腊一件表现战士出征前与家人告别的场景的红绘双耳陶罐，画面底色为黑色，人物则为橘红色图案配以黑色线条，色彩单纯、浑厚，具有极强的装饰性。画面中两位全副武装的战士准备出征，画面的一边是年轻的妻子为手持投枪的丈夫依依送行，丈夫和妻子都面带惜别之情；画面另一边的战士的旁边，是他年老的母亲，她正做着手势向儿子进行临别的叮咛。整个画面虽然只是用简单的线条勾画了几个人物，但描绘的场景真实、细腻，非常动人，画面还与陶器的造型很好地呼应起来。这幅瓶画表现了古希腊绘画纯熟的技巧与典雅、洗练的艺术风格。

虽然古希腊的陶画、瓶画水平与近代绘画水平相距甚远，尤其在透视和光感方面，更是无法同日而语，古希腊绘画远远不如近代绘画那样具有立体感和逼真性，但是古希腊绘画之所以会在世界美术史中占有一席之地，不仅仅是因为它们具有时间上的优势（是最早的西方绘画艺术），还因为它们反映的内容极其丰富，构图具有很强的故事性。这一点对后来的古罗马艺术及文艺复兴时期的艺术都产生了深刻影响。

与陶画、瓶画不同，古希腊的布画水平据说已经达到一定的高度，只是由于材料的限制，我们今天看不到任何古希腊时期的布画。到了公元前 5 世纪，古希腊的平面绘画技术已经很高了，从一个关于古希腊绘画比赛的故事中可窥见一斑。

据说在公元前 5 世纪末，古希腊出现了两位绘画大师，名叫宙克西斯和巴赫西斯。两人都认为自己的绘画水平很高，谁也不服谁。于是二人便相约进行了一次比赛，比赛内容是画葡萄，看谁画得更逼真。

画完后，宙克西斯先拿出了自己的画作。只见画布上的葡萄就像一串串美丽的紫宝石，颗颗晶莹剔透、丰满欲滴，就连天空中的鸟儿都忍不住飞过来啄它。可以说，这幅画达到了以假乱真的水平。

随后，宙克西斯让巴赫西斯打开画布，想看看对手画得如何。可是巴赫西斯只露出了画布的一角，上面仅有葡萄的一部分。于是宙克西斯便要求巴赫西斯把画布全部打开。可是最后他发现，这块画布是巴赫西斯画的，画布原本就是画的一部分，而他却将其当成是没有打开的画布了。

最终，宙克西斯承认，还是巴赫西斯技高一筹。

虽然这只是一个传说故事，但能看出当时古希腊绘画技术已经达到相当高的水平，画家们已经可以在平面上创作出三维空间的光幻真实感。不过，由于历史太过久远，加之布料本身无法长期保存，致使所有古希腊平面绘画作品湮没无闻，只有留在陶器上的一些陶画和瓶画可以让我们大致领略古希腊绘画曾经的辉煌。

第 VII 节

## 建筑、绘画、雕塑三位一体的帕特农神庙

帕特农神庙是雅典卫城最重要的主体建筑，重建工程始于公元前 447 年，正式启用是在公元前 432 年。整座神庙用白色的大理石砌成，无论是整体构造还是雕刻装饰，都体现了希腊古典时期艺术的巅峰水平，因此也成为古希腊全盛时期建筑与雕塑的主要代表，有着“希腊国宝”的美誉，也是人类艺术宝库中一颗璀璨的明珠。

## 一、帕特农神庙的辉煌成就

古希腊艺术不仅包括绘画艺术，还包括雕塑艺术和建筑艺术，古希腊人在这三个方面都达到了很高的水平。而且，这三个方面相辅相成、不可分割。在建筑物的修建过程中，艺术家们首先要对建筑的整体进行设计、建造，然后再进行绘画和雕刻工作。也就是说，任何建筑中的浮雕，都是先画出来，然后再雕刻出来的，不可能一步到位地雕刻出完美的图案。所以说，古希腊的神庙建筑是将绘画、雕塑和建筑合为一体的作品。而古希腊最为经典的建筑帕特农神庙，更是将这三点的和谐统一体现得淋漓尽致。

### （一）帕特农神庙的重建

说起帕特农神庙，估计没有几个人会不知道。这座位于希腊雅典卫城的神庙，其主体部分是为了歌颂帮助雅典人战胜波斯侵略者的女神雅典娜而建。这里也是全希腊供奉雅典娜女神的最大神庙，曾被称为古希腊七大建筑奇迹之一。

如今的帕特农神庙，在历经战火、劫掠之后，已经变得千疮百孔。庙顶已经坍塌，雕像荡然无存，只剩下主体结构尚在。尽管如此，从巍然屹立的柱廊中可以看出，它仍然不失为世界上最美的建筑之一。

早在希波战争之前，帕特农神庙就已经存在了，但规模不似后来这般恢宏。公元前 480 年春，波斯国王薛西斯一世率领大军，分海陆两路入侵希腊，斯巴达国王列奥尼达率领 300 名勇士，与波斯军队在温泉关展开大战，最终 300 名勇士全部壮烈牺牲。这年秋天，波斯大军入侵雅典，国王薛西斯一世下令一把火烧毁了雅典城，宏伟的帕特农神庙在大火中被毁于一旦。幸运的是，雅

帕特农神庙模型

典大军在地米斯托克利的指挥下，于萨拉米湾取得胜利，将波斯人侵者赶出了希腊。

希波战争结束后，雅典人受到胜利的鼓舞，在伯里克利的组织下，开始重新修建雅典卫城，而一项主要任务就是重建卫城内的建筑，其中就包括帕特农神庙。重建卫城的总设计师就是前文提到的著名雕塑家菲狄亚斯，他通过细致耐心的规划，最终将完全被烧毁的帕特农神庙重建。

重建后的帕特农神庙比之前更加雄伟、恢宏，我们今天看到的帕特农神庙遗址，就是这一次重建后的神庙的遗址。整个神庙呈长方形，南北长约 70 米，东西宽约 31 米，采取的是一种改进的多立克柱式风格，其柱高与柱身直径的比例也由之前的 4:1 改为 5:1，从而令神庙的柱体在外观上显得更加修长。

神庙的装饰性雕刻共有三部分：东西廊顶两端的三角楣、92 块间板雕刻和长达 160 米左右的四面内墙腰线装饰雕刻。其中，东边廊顶的三角楣上雕刻的是雅典娜从宙斯的头部诞生、诸神前来祝贺的雕塑，西边廊顶三角楣上雕刻的是雅典娜与海神波塞冬争夺雅典这座城市冠名权的雕塑。遗憾的是，这些雕塑现在都已损毁。

三角楣下方和柱体顶部之间还有柱梁，环绕柱梁四边的是由 92 块间板连环浮雕组成的气势磅礴的希腊神话场景，分别描绘了奥林匹斯神族与泰坦神族之间的战斗、希腊人与特洛伊人的战斗、希腊人与阿马宗人的战斗，以及拉庇泰人与肯陶洛斯人（马人）的战斗。浮雕人物个个美丽、雅致，他们有着强劲的肌肉、飘扬的战袍、饱含情绪的眼神，他们的灵魂似乎正在舞动，可谓笔笔生辉。

帕特农神庙原本是有内墙的，只不过我们现在看到的只剩外圈的柱子了。它内墙里面曾经供奉着高达 12 米的雅典娜神像。内墙外圈周长约 160 米，有一条环绕整个内墙的腰线装饰带，上面布满浅浮雕，刻画的都是希腊人的日常生活情景：饮酒闲聊、担浆牵牛，市井百态，应有尽有。最初，这些内墙上的浅浮雕都涂有颜色，希腊人喜欢用比较醒目的颜色，比如红色、黄色、蓝色等。但几经沧桑，色彩早已消失，浮雕也已严重剥损，再加上内墙被毁，只剩下一片乱石残垣。尽管如此，单单残存的那几十根擎天而立的石柱，其简洁的线条便彰显出不凡的气质，从中依稀可辨帕特农神庙往昔的盛况。

帕特农神庙最突出的特色是整体的和谐统一与细节上的完美精致，不但各处尺度合宜、比例均匀，内部的神像雕塑也极为精美，它们被装点在最恰当之处，构成了美妙无比的人文景观。难怪世人都认为它是世界建筑史上最优秀的作品之一，是“不可企及的典范”。今人想要目睹帕特农神庙的恢宏景象已经不可能了，只能通过模型图来追忆往昔的盛景。

### （二）几经变迁的神庙

到古罗马时期，基督教兴起，其影响力逐渐侵入希腊，于是，雅典的智慧女神被放逐，帕特农神庙也被改为基督教堂。神庙内关于奥林匹斯神的浮雕都被破坏了，换上了耶稣受难的十字架。

公元 1453 年，东罗马帝国灭亡后，希腊又归属了土耳其。土耳其人信奉伊斯兰教，于是又将帕特农神庙中的十字架除去，将基督教堂改成了伊斯兰教的清真寺，还在神庙旁边修建了宣礼塔。

公元 1687 年，威尼斯人派远征队攻击土耳其治下的雅典，土耳其人为加强防守，以雅典卫城为要塞，并将帕特农神庙当成了临时军火库。正是这个危险的用途，让曾经神圣、庄严的帕特农神庙遭到了毁灭性破坏。

当时，威尼斯海军兵临城下，开始向雅典城内投射炮弹，其中一枚炮弹正好落在帕特农神庙内，引爆了这个军火库。几乎在一瞬间，神庙的内墙便轰然倒塌，这座美丽的神庙被炸成了断壁残垣。一位希腊建筑师曾写道：“神庙的四面墙几乎面目全非，3/5 的雕塑被损坏……无数大理石碎片飞落在这附近。”

那些被炸裂的雕塑残片，散落在周围的漫山遍野。18 世纪末，一位驻土耳其的英国大使埃尔金爵士对这座古代艺术巅峰建筑的沦亡十分痛心，便将一些很有价值、相对完整的帕特农神庙碎片运回了英国，保存到大英博物馆内。后来，他还出钱向土耳其人购买了帕特农神庙内一些可以移动的雕塑，将其送入大英博物馆内珍藏。

后来，希腊人也收集了一部分原属神庙的文物，将其保存在后来修建的雅典卫城博物馆内，但最主要的部分还散落在大英博物馆、卢浮宫等地。为此，英国诗人拜伦还曾怨恨埃尔金，认为是他拆除、破坏了神庙的浮雕。希腊独立战争爆发后，拜伦出于对希腊艺术的热爱，投笔从戎，来到这座残损的帕特农神庙前。他看到眼前破败的景象后，痛哭不已，赋诗诅咒拆去浮雕的那些人。

### （三）帕特农神庙的传神雕塑

前文提到，帕特农神庙的东西廊顶各有一个三角楣，三角楣上的一些局部雕塑现在被保存在大英博物馆内，这些雕塑称得上是希腊艺术的巅峰之作。

帕特农神庙东边廊顶三角楣上雕刻的是智慧女神雅典娜从宙斯头部诞生的情景，但画面中不仅有雅典娜和宙斯，还有许多其他神灵，如波塞冬、赫拉、赫淮斯托斯、阿波罗、赫耳墨斯、阿佛洛狄忒、阿瑞斯等，个个都栩栩如生、神采飞扬。最右边有三位相互依偎而坐的女神，她们是命运三女神；在她们旁边，驾着马车下山的是狩猎之神阿耳忒弥斯；在三角楣的左边，有一位站立的女神，手里拿着披风，她是青春女神赫柏；再向左是两位坐

帕特农神庙三角楣雕塑残部

着的女神，分别为农神得墨忒耳和她的女儿珀尔塞福涅，也就是冥王哈德斯的妻子；再向左一位坐着的男神是酒神狄奥尼索斯；在最左边，还雕刻有四匹马拉着的马车正在向上走，有一个露出半个头的神，那是太阳神赫利俄斯。

今天，在雅典卫城博物馆只能看到这个三角楣的复原图，那是一座由石膏雕塑的小模型。事实上，真实的雕塑作品要比复原模型更加逼真和精美。现存于大英博物馆的是两座雕塑残骸，第一座为命运三女神，虽然女神的头部和胳膊都已损毁，但从三位女神身上的衣服、裹巾，女神的坐姿等，可以看出其中的每处细节都恰到好处。女神们的衣服仿佛被微风吹动，起了轻微的褶皱；三位女神的坐姿看似随意，实际却相互呼应，造型极为精美。第二

帕特农神庙的间板浮雕（拉庇泰人与肯陶洛斯人的战斗）

座则是四位神的雕塑：青春女神赫柏的披风和裙裾随风飘扬，虽已残破，气韵犹存；旁边坐着的得墨忒耳、珀尔塞福涅和狄奥尼索斯，虽然他们的头和手已经残缺不全，但依然身姿优美、神态悠然，表现出创作者极高的艺术水准。

西边廊顶三角楣上雕刻的是雅典娜与波塞冬争夺雅典城冠名权的故事，画面中的雕像同样惟妙惟肖。不过，由于神庙的西面墙破损非常严重，最后也只有两件雕塑被保存下来，但也并不完整，其中一件是躺着的河神伊利索斯的雕像，另一件为彩虹女神伊里斯的雕像。

除了三角楣上的雕像，下面 92 块间板上的浮雕也异常精美、传神。这些间板的两边全部为竖条纹饰，上面的浮雕均为连环浮雕，

卡里阿斯少女廊柱

刻画的都是希腊神话传说中著名的战争故事，例如拉庇泰人与肯陶洛斯人之间发生的战事，等等。由间板组成的浮雕将整个故事形象地“讲述”出来，故事中的人物和场面充满张力，生动地刻画了惊心动魄的战斗情景。

事实上，在雅典卫城，帕特农神庙并非孤立的庙宇，而是一个神庙群。也就是说，卫城不仅有供奉雅典娜的帕特农神庙，还有胜利女神神庙、雅典先祖厄瑞克透斯神庙等。厄瑞克透斯神庙就建在帕特农神庙旁边，帕特农神庙被炸毁时，它也不可避免地受到了破坏，但主体架构仍然保存了下来。厄瑞克透斯神庙最神奇的地方是其侧面有一座由六根少女廊柱支撑着的殿宇。

这六根少女廊柱也被称为卡里阿斯少女柱。卡里阿斯原本是雅典旁边的一个村庄，由于这个村庄中的少女都长得特别美丽，所以艺术家们就以这里的少女为模特做了六座少女雕像，并将这六座雕像做成了厄瑞克透斯神庙侧殿的廊柱。由于直立的雕像容易产生呆板的感觉，设计师为此倾注了巨大的心血，他们让每一座雕像中人物的一条腿都微微弯曲，由另一条腿支撑身体的重心，从而让雕像看起来和谐、优美，既显得神态优雅、不失稳重，又不显得呆板。为了避免因人物颈部较细而无法承受压力，创作者们又给每位少女各配了一条垂在脑后的粗大的辫子，更显得人物端庄娴雅。

现在我们在雅典卫城厄瑞克透斯神庙看到的少女廊柱都是复制品，真品有五座珍藏在雅典卫城博物馆内，但雕像身体也都不太完整了。唯一比较完整的少女雕像被保存在大英博物馆内，至今尚未返回故乡希腊。

## 二、古希腊艺术的总结

在古希腊艺术当中，帕特农神庙是具有代表性的优秀作品。从帕特农神庙的建筑特色以及精美的浮雕可以看出，古希腊艺术寓情于理，推崇形式的优美，强调部分对称与整体和谐，追求灵与肉、力与美以及动与静的统一。即使是风蚀雨淋、残缺不全的建筑遗迹和雕塑碎片，同样具有美不胜收的文化意韵。

当然，古希腊艺术也不是完美无瑕的，也存在很多不足之处。比如，早期雕塑过于注重外在形式而忽略了内心的情感表达，所以我们常常看到一些“有眼无珠”的希腊雕像；在建筑方面过于强调质朴的矩形结构，尚未发展出后来罗马人的拱券、拱顶格局，因为拱形结构建造难度更大，当时的技术难以实现。不过从整体来说，这些瑕疵与古希腊艺术的伟大之处相比，完全是瑕不掩瑜的。尤其是希腊艺术风格表现出来的优雅风度、崇高精神与真善美之和谐理想，对后世西方文化影响至深，成为不可超越的艺术典范。

希腊古典艺术风格深深地影响了罗马艺术，它与中世纪哥特式艺术风格、文艺复兴和巴洛克艺术风格，近代新古典主义、现实主义和浪漫主义艺术风格，以及现代派和后现代艺术风格一样，都巧妙地表现了不同时代的基本精神特征，它们都是西方艺术殿堂中不可或缺的重要组成部分。

# 第 VII 章 希腊的抒情诗、悲剧与喜剧

古希腊的生活本身是充满美感的，各种文化形态中都体现了美的形态、美的特征。其中，雕塑、建筑是以空间凝固的形态来表现美，将美的姿态、美的瞬间展现给众人。还有一种美是通过时间的流动展现的，这就是希腊的文学，包括史诗、抒情诗、悲剧、喜剧等。本章将详细阐述希腊的文学发展历程，尤其是希腊的抒情诗、悲剧与喜剧。

第 I 节

# 希腊抒情诗

抒情诗是古希腊文学的三大表现形式（史诗或叙事诗、抒情诗、悲剧）之一，继荷马史诗之后，古希腊人便开始以抒情诗的文学体裁来抒发自己的情感，传达自己对社会、对生活的感悟。这些诗歌就像我国的《诗经》一样，朴素却深邃动人。

古希腊的抒情诗盛行于公元前 7 世纪到公元前 5 世纪，大多以歌唱的形式来表现，歌唱时还伴有管弦乐器的乐声。但古希腊的诗歌远远不只限于我们今天理解的艺术的某个门类，它其实覆盖了整个希腊生活的所有方面。在某种意义上来说，运动员在奥林匹亚竞技场上表现出来的优美姿态以及雕塑、建筑等在空间中凝固的艺术形式，其实都是一种“诗歌”，只不过这种“诗歌”是在空间凝固状态之下体现的。

当然，诗歌本身的表现形式是在时间当中流动的，而且会随着时间的推移不断展现出其悠长的意蕴。正因为如此，希腊的生活充满了诗情画意，不论何种文化形态的呈现都有一种让人无法拒绝的美。

## 一、古希腊诗歌的发展历程

一说到古希腊诗歌，首先想到的就是荷马史诗。史诗是一种古老的诗歌形式，它出现的时代要早于希腊的抒情诗和悲剧。就如同古希腊文明与两河文明、古埃及文明有一定的渊源一样，希腊史诗的形成也可能受到过美索不达米亚史诗《吉尔伽美什》和埃及《亡灵书》等宗教诗歌的影响。

早期的希腊史诗是一种诵唱艺术，其前身可能主要是描述神灵或英雄的日常活动的叙事诗。荷马史诗出现之后，希腊的英雄史诗创作迎来了高峰。

前文提到，古希腊史诗的代表作主要有荷马的《伊利亚特》《奥德修纪》以及赫西俄德的《神谱》等，同时还包括其他一些不知名诗人的系统叙事诗。这些内容都是以诗体形式出现的，带有这种文学形式特有的修辞方式。

这时候的史诗、叙事诗等，都以讲故事的方式阐述作者想要表达的内容，这些内容大多是神话传说、英雄故事等。随着时间的推移，人们的思想观念不断进步，对于文化形式的欣赏要求也开始提高，于是抒情诗在这种内容较直白、浅显的史诗或叙事诗的基础上出现了。

抒情诗不再是简单地叙述故事，而是着意抒发作者内心的情愫和感受，表达内心所思、所想、所感。这对创作者和接受者的文化水平、文化层次的要求显然要高于叙事诗对人的要求了。因此，抒情诗的出现，也意味着古希腊文化达到了一个更高的层次。

伴随着文化的不断发展，普通大众对文化的需求也越来越强烈，这时一种雅俗共赏的文学形式——悲剧应运而生。与抒情诗相比，悲剧既具有戏剧的成分又具有完整的剧情，因此贵族

司掌舞蹈、爱情诗和史诗的缪斯女神

阶层能够接受它，普通大众也能够接受它。它的影响力甚至超过了雕塑、建筑和抒情诗，成为一种人人都感兴趣的文学艺术形式。当然，不同阶层、不同教养、不同背景的人从中得到的感受肯定是不同的，但它的整体特点就是雅俗共赏，满足不同人群的文化要求。

当悲剧发展到巅峰之后，两种不同的文学发展路径又出现了：一种是悲剧彻底走向世俗化，其结果是产生了另一种新的文化形式——喜剧；而另一种是悲剧走向了更为高级，甚至“高处不胜寒”的境界，最终激发了哲学的高扬。在某种意义上，哲学与喜剧其实是悲剧进一步发展的两个方向，最终这两者分道扬镳，代表了完全不同的精神内涵和价值取向。

## 二、抒情诗的出现与特点

古希腊抒情诗的出现与希腊社会文明的进步是分不开的。公元前 8 世纪后，希腊原有的氏族制度逐渐瓦解，阶级分化日益加剧，社会不平等现象加深，城邦逐渐形成。人们失去了氏族的庇护，同时也摆脱了氏族的束缚，每个人在社会生活中都会遇到各种各样的问题，这时，个人意识便代替了原来的集体思想，个人的情感要求也从多个方面表现出来，由此产生了抒发个人情感的抒情诗。

与此同时，古希腊人信奉多神教，对奥林匹斯诸神的崇拜和赞美也使他们从最初绘声绘色地讲故事逐渐发展到通过诗歌表达内心对神的讴歌与崇拜，从而使希腊的文学形式从叙事诗逐渐走向了抒情诗。

还有一个重要原因，就是奥林匹亚竞技会的出现。希腊人积极参与其中，与各城邦的运动员进行体育竞技，竞技会过程中还会举办各种文娱表演，这些文娱表演多数是在赞美运动员的出色表现，抒发对运动员，尤其是对竞技中获得锦标的运动员的崇拜之情。此外还有对自己的城邦、国家的热爱和赞扬的主题。这些因素都推动了抒情诗的出现与发展，人们可以通过这种优美的文学形式抒发内心的敬仰与热爱之情。

前文提到，古希腊的雕塑主要是人体造型，多是赞美奥林匹斯诸神、传说中的英雄以及奥林匹亚竞技会上的运动员。抒情诗也是如此，它与雕塑最大的区别就是：一个以空间中凝固的形式来表现，一个以时间中流动的方式来展现，但两者都是随着希腊城邦社会的发展以及奥林匹亚竞技会的影响而生长、发展的。

不论是对奥林匹斯诸神的崇拜，还是奥林匹亚竞技会，都属于高雅的、带有精英色彩的活动。随之产生的雕塑艺术和抒情诗也具有同样的特点，即高雅的艺术，也可以称之为“阳春白雪”。我们很难想象一个处于社会底层、每天为生计奔波的农民或奴隶会用抒情诗表达自己的情感。因此，不论是众神崇拜与奥林匹亚竞技会，还是雕塑艺术与抒情诗，都代表古希腊城邦社会中“阳春白雪”这样的文化品位。

“抒情诗”（Lyric Poetry）一词指由弦琴、竖琴或短笛伴唱的诗歌，包括双行诗体、讽刺诗、琴歌和牧歌等多种题材。抒情诗起源于希腊的民间歌谣，形式多种多样，根据伴奏的乐器可分为笛歌和琴歌。其中笛歌是用笛子伴奏，出现的时间比较早，诗歌形式是一种每段由六音步诗行加上五音步诗行组成的双行体，内容上包括挽歌、战歌、情歌等，后世通常将这些诗歌统称为哀歌。而琴歌是用弦琴伴奏，古希腊的琴都是拿在手中弹奏的，与我国古代箜篌的弹奏方法比较相似。古希腊的琴开始只有三根琴弦，后来逐渐发展为五弦和七弦。琴歌可分为独唱和合唱两种，独唱的诗歌主要抒发个人情感，合唱的诗歌多是抒发集体情感，主要用于宗教祭祀活动，多为赞歌。在各类赞歌中，以对酒神的赞歌最为著名，而公元前 6 世纪后盛极一时的希腊悲剧，与此有着直接的关系。

由此可见，从古希腊民间歌谣发展起来的抒情诗，最初既有一定的贵族格调，也有深厚的民间基础。从抒发个人情感的短篇歌谣到合唱歌曲，再发展为迎神赛会的赞歌，到最终促使古希腊悲剧和喜剧出现，希腊抒情诗起到了穿针引线的作用，因而也成为古希腊文学中最为辉煌的成就之一。

## 三、古希腊的抒情诗人

在古希腊的抒情诗当中，成就最高的要属琴歌，即一边弹琴一边吟唱的诗歌。琴歌分两个派别，一种为独唱派，一种为合唱派。其中，独唱派也称依阿利亚派，以莱斯波斯岛为中心，代表人物是女诗人萨福；合唱派又称多利亚派，以斯巴达为中心。

公元前 7 世纪左右，依阿利亚派诗人特潘达将原本的三弦琴改成了新型的七弦琴作为诗歌的伴奏乐器。至此，对琴而歌的独唱抒情诗才算真正出现。之后，特潘达又将这种奏琴伴唱诗传到了斯巴达，并使这种形式的抒情诗逐渐传遍希腊各邦。再后来，克里特岛的合唱舞蹈队传入斯巴达，与特潘达的奏琴伴唱诗相结合，形成了合唱抒情诗。在推崇集体主义的斯巴达，合唱抒情诗极大地激发了爱国精神。

到古典时期的城邦时代，希腊开始出现一些抒情诗人，比较早的如提尔泰奥斯、阿尔克曼、阿尔凯奥斯、阿那克里翁、西莫尼德斯等。但在所有的抒情诗人当中，影响最大的有两位，一位是莱斯波斯岛的女诗人萨福，另一位是将希腊抒情诗推向巅峰的诗人品达。

### （一）提尔泰奥斯

一直以来，希腊人都十分热爱自己的城邦，尤其在城邦建立的早期，希腊的抒情诗人更多的是在关注国家、民族。他们具有强烈的家国情怀，集体仪式感很强。因此，早期的希腊抒情诗都带有很强的爱国热情，诗句传递的都是鼓舞和歌颂希腊人投入战斗、保家卫国的情怀。

从整体上说，斯巴达的文学和艺术乏善可陈，因为斯巴达是个好战的民族，城邦中的人要么是奴隶，要么是用于镇压奴隶的战士，这样的环境很难孕育像样的文学与艺术。但在斯巴达还没有大规模扩张时，他们的音乐与诗歌却独树一帜。在公元前 5 世纪前，斯巴达城邦的诗人在整个希腊享有很高的声誉。

虽然斯巴达人热爱音乐和诗歌，但他们创作的文艺作品都是为军事和战争服务的，并不是为了抒发个人情怀。他们的音乐与诗歌都强劲有力，特潘达就曾受邀到斯巴达，为斯巴达人创作各种战歌。据说在一次叛乱中，特潘达还凭借歌声平息了叛乱。

特潘达死后，提尔泰奥斯接替了他的工作。斯巴达人特别重视集体精神，很少会有人对个人教授音乐，通常是战士们一起合唱歌曲。合唱战歌不但能激发他们的爱国热情，还能训练他们遵守纪律、注重合作的精神。在训练过程中，斯巴达的士兵们会集体跳舞，吟诵着各种爱国的诗歌。哪怕在战争期间，他们也会跳着群舞、唱着战歌奔赴战场。也可以说，战争虽然残酷、无情，但斯巴达的战争充满了“诗意”。

提尔泰奥斯以写战歌、哀歌著称，他流传下来的作品仅有 5 首完整的诗歌和一些残篇，其内容主要涉及斯巴达生活的方方面面，尤其以歌颂祖国、赞美斯巴达的勇武传统、谴责希腊人之间的纷争等为主，呼吁斯巴达同胞同仇敌忾、不畏牺牲，勇敢地与敌人战斗。

据说，在第二次镇压美塞尼亚奴隶的战争中，提尔泰奥斯为激励斯巴达战士、鼓舞士气，写了下面这首战歌。这首慷慨激昂的战歌最终扭转了战局，使斯巴达人反败为胜。

勇者为国征战，必奋勇争先；

男儿当求战死阵前……

让我们每个人站稳脚步，坚韧不拔，

让我们齐步并肩，盾甲相连，

豪气冲霄汉。

壮士视死如归去，勇者马革裹尸还；

刀枪剑齐指，奔向敌人，

不胜誓不还！

从这首战歌中可以看出，早期的古希腊诗歌带有一种英雄主义情怀，以讴歌祖国、鼓舞士气为主要风格，被古希腊城邦人民所喜爱和传诵。

### （二）阿尔克曼

阿尔克曼是与提尔泰奥斯同时代的诗人，他与提尔泰奥斯既是朋友又是竞争对手。阿尔克曼是吕底亚人，后来斯巴达人惊叹于他诗歌当中的浪漫主义情怀，就将他请到斯巴达。到了亚历山大时期，希腊人将他评为九大抒情诗人之一。

阿尔克曼的诗歌风格与提尔泰奥斯截然不同，他的诗歌带有诗情画意，比较著名的有《夜》《无题》《翡翠》等，构思都极其巧妙。其中《翡翠》是一首讴歌海洋女神的短诗，内容是这样的。

你们这队歌声甜蜜的少女！

我的脚已支不住我，

可我真想化作翡翠，

随着你们在浪花间群飞，

无忧无虑像春天的鸟儿，海样的蓝。

很显然，这首意境优美、富有浪漫情怀的诗歌抒发的情感与提尔泰奥斯的诗歌完全不同，提尔泰奥斯让我们感受到早期斯巴达人的战斗精神，阿尔克曼让我们体会到希腊人温柔、浪漫的一面。

### （三）阿尔凯奥斯

阿尔凯奥斯生活在公元前 7 世纪末公元前 6 世纪初，他创作的诗歌内容大多表现政治和战争，体现了古希腊诗歌中刚劲有力的一面。阿尔凯奥斯与萨福过从甚密，后世评论家认为他和萨福将古希腊的抒情诗推向了巅峰水平。

阿尔凯奥斯的政治抒情诗主要描写党派斗争，他善于运用比喻，诗歌常带有一种含而不露的感觉。不过，阿尔凯奥斯最擅长的其实是酒歌与情歌，尤其是他创作的酒歌，风格明晰、情感热烈。他还独创了一种“轮唱体”的酒歌，即饮酒时众人轮流吟唱的诗歌，这种轮唱体后来发展为一种固定的诗体，被称为“阿尔凯奥斯体”。

阿尔凯奥斯最著名的诗歌就是下面这首《饮酒歌》。

朋友啊，你的心为何烦恼？

难道能用思绪阻止未来？

喝酒吧，酒是医治忧愁的灵丹妙药，

让我们喝个一醉方休！

这种对酒的热爱、饮酒时豪迈的气势，是阿尔凯奥斯抒情诗的典型风格。

### （四）阿那克里翁

阿那克里翁也是古希腊时期著名的抒情诗人，他的诗歌节奏流畅、措辞优美、思想独到，在古希腊抒情诗中可谓独树一格。

阿那克里翁的作品有琴歌、哀歌、情歌及抑扬格体诗等，饮酒与爱情是他的诗歌中最常见的主题。他用爱奥尼亚方言创作琴歌，写过献给酒神狄奥尼索斯、狩猎女神阿耳忒弥斯、小爱神厄洛斯等神的颂歌以及一些饮酒歌，诗歌多为独唱的形式。

通常情况下，人们会向爱神祈求爱情，可阿那克里翁却独辟蹊径，转而向酒神祈求爱情。下面这首《向酒神祈求》就是阿那克里翁著名的抒情诗。

神啊，那征服人心的爱情，

那些深蓝色眼睛的山林女神，

那肤色红润的美神，

在你邀游这高峻的山岭时，

都伴着你一同游玩，

我跪下求你，

请你对我发慈悲，

垂听我请求你开恩的祈祷：

请你劝克勒布罗斯

把我对他的一番爱情，

酒神啊，接受下来。

这首抒情诗中出现了一个名叫“克勒布罗斯”的人，其中有这样一段故事。

有一次，诗人阿那克里翁喝醉了酒，在大街上大喊大叫、跌跌撞撞地行走，不小心碰到一个怀抱男孩的女子。阿那克里翁不但没向女子道歉，反而还骂了女子几声。女子非常生气，便暗中向神灵祈祷：要让今天骂自己和孩子的坏人，在以后百倍地赞美自己的孩子。她的孩子就是克勒布罗斯。

后来，这个祈祷果然应验了。当克勒布罗斯成为一个少年后，阿那克里翁无意中遇到了他，便不可救药地爱上了他，还为他写了无数赞歌和情诗，希望能够弥补自己当年的谩骂之过，希望克勒布罗斯接受他的爱情。

在古希腊神话中，酒神狄奥尼索斯所到之处，信女们成群结队地尾随其后。阿那克里翁在醉酒后写下这首《向酒神祈求》，希望他钟情的少年也能够像那些信女对待酒神一般，可以对他产生爱情。

### （五）西莫尼德斯

西莫尼德斯出生在爱琴海的凯奥斯岛，晚年经历了希波战争。

他写过酒神颂歌、胜利者颂歌等各种体裁的诗歌，尤以挽歌见长。他的诗歌既带有浓厚的爱国情感，又带有一定的哲理性，充满对人生无常、命运莫测的感叹。

既生而为人，就莫说明天必将如何，
若看见某人幸福，也莫说会有多久，
因为即使那霎时飞走的长翅膀蜻蜓，
也比不上人生变化无常。

还有一首诗，叫《人力微小》，是这样写的。

人力微小，忧虑无益，
短促人生，苦辛相续，
死常当头，无可逃躲，
一旦命尽，良莠同一。

乍一看，这首诗歌似乎饱含消极悲观情绪，然而事实却不然。相传斯巴达国王帕萨尼亚斯率领斯巴达与希腊联军击溃了波斯侵略军，由此变得狂妄自大、目中无人。有一天，他忽然下令要西莫尼德斯讲个笑话给他听。西莫尼德斯知道这位国王素来自命不凡，便写了一首诗，劝诫他不要妄自尊大，因为人类最终的命运都是一样的，不管国王还是普通百姓，最后都会走向死亡。所以这其实是一首讽刺诗。

此外，西莫尼德斯歌颂希波战争中的英雄事迹的诗歌也非常著名，他还为在温泉关牺牲的300名斯巴达勇士写过墓志铭。

### （六）萨福

在西方，如果提到“诗人”，人们最先想到的就是荷马；而如果提到“女诗人”，人们最先想到的一定是萨福。

萨福出生于公元前630年，一般认为她出生于莱斯波斯岛上的一个富裕家庭。据说她的父亲喜爱诗歌，在父亲的影响下，萨福很小就迷上了吟诗写作。19岁时，萨福已在当地崭露头角，但这并不是因为她的美貌，相反，她身材瘦小，头发和皮肤都比普通的希腊人黑。萨福之所以出名，是因为她举止优雅、才华横溢，具有超凡的内在智慧。

#### 1. 第十位缪斯女神

萨福是个思想前卫、追求独立平等的女性，成年后她便积极参与社会各项公共事务。不到20岁，她就已经凭借政治智慧在社会公共生活中享有很高的声誉。但不幸的是，萨福参与了一起推翻执政王的行动，行动失败后，萨福被流放到西西里岛。她在这里结婚、离婚，并开始以诗歌创作为业。萨福还精通音律，她将自己创作的诗歌谱上曲调，供人们吟咏弹唱。

返回莱斯波斯岛不久后，萨福创办了一所女子学校，专门教授妇女诗歌、文学、音乐、仪态等，甚至还教授女子们恋爱技巧。将人类本能的生理欲望上升到艺术的高度，是由萨福开始的。许多贵族争相将自己的女儿送来学习。一时间，萨福声名远播。

在这种教学中，萨福本人也与自己的女学生产生了深厚的感情，

庞贝古城出土的古希腊女诗人萨福想象图

她为此创作了大量爱情诗，其中的主角便是她众多的女学生。在古希腊时期，同性恋是一种很常见的现象，甚至被视作时尚与风雅，贵族阶层无不以拥有一个或几个美少年爱恋对象为荣。但这种风气仅在男性中盛行，当萨福这样的女同性恋者出现时，就显得十分与众不同了。

不过，这恰恰是萨福向众人展示自己拥有与希腊男性同等的权力和地位的方式。直到现在，萨福的名字仍然被女同性恋者所尊崇。现代英语中“女同性恋者”（Lesbian）一词，就取自萨福的出生地莱斯波斯岛（Lesbos）。

在崇尚自由与民主的古希腊社会，萨福惊世骇俗的行为很快就被接受和认可。但后来，随着男权主义的兴起，尤其是中世纪时期基督教的发展，萨福的言行因被视作“伤风败俗”而遭到基督教社会的强烈反对。中世纪的基督教坚决反对同性恋行为，所以极力抵制古希腊、罗马时期流传下来的同性恋之风，而萨福及她的作品也因此被视为“危险之物”，她的大部分作品在这一时期被付之一炬，流传至今的诗歌残篇寥寥无几。

尽管如此，萨福的诗歌不管是在当时还是对后世，都产生了深远的影响。尤其是她的抒情诗，成就了古希腊抒情诗的创作转向：从以诸神和缪斯的名义创作诗歌转向以个人的声音吟唱诗歌。就连主张理性精神、号称要将诗人赶出他的“理想国”的柏拉图，都对萨福赞叹有加，他说：“谁说只有九位艺术女神呢？难道萨福不是第十位吗？”[1]

柏拉图之所以给予萨福如此高的赞美，最根本的原因在于萨福创作的诗歌。萨福开创了一种独具特色的诗歌体裁，即“萨福诗体”，具体来说，就是由三个长句搭配一个短句构成的一种独特的诗体形式，有点类似于中国的“三句半”。当然，“萨福诗体”中的诗句富有美感，格调婉约，辞藻华丽，充满了丰富的情感。

[1] 希腊神话中，主司艺术与科学的九位古老的文艺女神被统称为缪斯。——编者注

### 2. 萨福的诗歌

萨福一生创作了大量爱情诗篇，当她陷入爱情时，会用诗句尽情表达自己的情感，如下面这首《给所爱》。

他就像天神一样快乐逍遥，
他能够一双眼睛盯着你瞧。
他能够坐着听你絮语叨叨，
好比音乐。
听见你的笑声，我的心儿就会跳，
跳动得就像恐怖在心里滋扰；
只要看你一眼，我立刻失掉言语的能力。
舌头变得不灵，
噬人的感情像火焰一样烧遍了我的全身，
我周围一片漆黑，耳朵里雷鸣，
头脑轰轰。
我周身淌着冷汗，
一阵阵微颤透过我的四肢，
我的容颜比冬天的草儿还白，眼睛里只看见
死和发疯。

萨福见到自己心仪已久、相思至深的爱人时那种无法抑制的狂喜与激动，在这首小诗中展现无遗。虽然历经2000多年的岁月，我们今天仍然可以通过这些炽热而痴情的诗句，感受萨福亲历的热烈的爱情。

萨福很清楚，青春是最为易逝的东西，不论叱咤风云的英雄，还是倾国倾城的美人，他们的风光都是很短暂的。就人性而言，人们自然希望美丽的东西能够永恒，但事实上一切事物都会消逝，所以萨福常感叹时光流逝、青春不再。尤其看到自己华发已生，脸上布满皱纹后，更加感叹岁月的无情，就像下面这首诗。

> 胸脯芳香的缪斯甘美的礼物，
>
> 你们，少女，清和悦耳的竖琴；
>
> 妒忌啊，岁月将我的身体抓皱，
>
> 头发变色，不再油黑，
>
> 心更沉了，双膝颤颤悠悠，
>
> 它们曾如小鹿之舞般轻捷。
>
> 我总哀怨这一切，可又能怎样？
>
> 身为凡人，总得变老，难躲的命运。
>
> 据说，提托诺斯被黎明女神垂爱，
>
> 她玫瑰的手臂将他挟持到天涯，
>
> 然而难敌时间的灰暗，
>
> 这曾经的英俊少年，神仙妻子的凡人丈夫。

这首诗展现了这样的场面：萨福看到自己身边那些美丽年轻的女子，联想到自己双膝软弱、白发已生，不禁悲从中来，发出了凡人难敌岁月的哀叹。

这首诗还与一段神话故事有关。

传说，凡间一位名叫提托诺斯的俊美少年被黎明女神厄俄斯发现，女神疯狂地爱上了他。作为神灵，厄俄斯是长生不老的，而提托诺斯虽然俊美，但作为凡人，他会随着时间的流逝而变老，这样厄俄斯就无法与他长相厮守。

为了能与提托诺斯永远相伴，厄俄斯便到奥林匹斯山上苦苦哀求宙斯。宙斯禁不住厄俄斯的恳请，最后只好答应让提托诺斯长生不死。然而宙斯忘记让提托诺斯永远保持年轻，导致提托诺斯虽然可以永远不死，却仍然会随着时间的流逝而逐渐老去。

结果，黎明女神厄俄斯虽然与提托诺斯厮守了几十年，但提托诺斯还是变成了一位耄耋老者，身体日渐衰弱、精神日渐消沉，最后竟成了一只蟋蟀，连话也不能说了。厄俄斯无可奈何，只好守着这只蟋蟀，每天听着蟋蟀的鸣叫，以此相伴。

萨福的诗既歌唱了缠绵悱恻的爱情，又抒发了丰富的个人情感。她创造了抒情缠绵、韵律优美的“萨福诗体”，将古希腊的抒情诗推向新的高潮，对后世产生了深远的影响。

### （七）品达

品达大约出生于公元前 518 年，是古希腊一位享誉盛名的抒情诗人，被后世学者称为“古希腊抒情诗人之魁”，也被认为是九大抒情诗人之首。

品达出生在古希腊底比斯城邦中一个贵族家庭，从小受到良好的教育，年幼时就已精通各种乐器、格律、诗歌等。与萨福的独唱体不同的是，品达的抒情诗以合唱体为主，更多地表现对国家、对城邦、对诸神的赞美与讴歌。他的诗歌气势宏伟，措辞严谨，思想深邃，充满爱国热忱，因此，品达也被称作“国民诗人”。

### 1. 国民诗人

品达生活的时代正是古希腊竞技会盛行的时代。除了奥林匹亚竞技会，毕提竞技会、伊斯米竞技会和奈美竞技会也轮流举行。这些盛大的活动既彰显人类勇敢、无畏的一面，也颂扬神灵神圣、庄严的一面。品达的诗歌主要颂扬神灵，赞美在竞技会上获胜的贵族青年，他希望通过诗歌的教化作用维持人、神与城邦之间的和谐。就像依迪丝·汉密尔顿在《希腊精神》中描述的那样：“品达是希腊贵族最后的，也是荷马之后最伟大的代言人。对希腊精神产生了重大影响的希腊贵族理想在他的诗歌中有着最为完美的体现。”

古希腊城邦的发展历程就是贵族化向平民化的过渡。前文提到，公元前 8 世纪时，古希腊出现了最早的城邦制度，此时的城邦制度为君主制或寡头制，城邦的统治者为君主或贵族阶级。到了公元前 5 世纪中叶，即伯里克利统治时期，希腊许多城邦中的贵族统治制度才逐渐被民主制度取代。而在这中间的 200 多年中，贵族阶级一直统治着整个城邦。在这期间，不论对奥林匹斯诸神的崇拜，还是四年一届的奥林匹亚竞技会的举办，以及各种文化、艺术的发展，基本都是在表达对各种神灵及贵族、精英活动的赞美。这也正好符合古希腊贵族当政时期的时代精神与特点。

随着贵族阶级统治的衰落和民主政治的兴起，平民阶层越来越多地开始投身于城邦事务的管理。与之相应，权贵阶级的势力开始被削弱，有钱、有闲的贵族精英们崇尚的那些“阳春白雪”式的活动逐渐成为明日黄花，不再是社会的主流。品达就生活在这个时代转折期，他的诗歌中满是对昔日贵族生活的描述以及对日渐式微的贵族政治生活的赞美与歌颂。他的诗歌带有贵族阶级所推崇的庄重、高雅的格调，所以也被称为是古希腊贵族的最后代表。

品达的诗歌之所以具有这样的特点，一是因为他本人的贵族出身，这令他不必像普通人那样因日常生活而烦恼，可以将全部精力投入更高层次的精神领域，去思索更为高级的、精神领域的问题；二是因为他从小就接受了良好的贵族教育，具有丰富的学识和高尚的道德情操，他相信“贵族会为他人的利益运用自己的权力”，所以他的诗歌才会充满对贵族理想的赞美和讴歌。但很显然，品达将希腊的贵族政治理想化了。现实社会中，家世的高贵并不意味着精神的高贵，因而，品达的贵族政治理想难免带有乌托邦色彩。

### 2. 品达的诗歌

在古希腊各种体育竞技会盛行的时代，竞技活动总是与祭奠神灵的节日结合在一起，所以品达的诗歌中有相当大一部分是在赞美与歌颂奥林匹亚竞技会及其他体育竞技会中的优胜者和他们的城邦。

我要用我燃烧的诗歌点燃这座城邦。

我的诗会传遍大地的每一个角落，

它比最高贵的骏马、添翼的战舰还要迅速。

我在阿波罗的金色山谷建造了一座诗歌的宝库。

无论是和着狂风横扫大海的每一个角落的冬雨，

还是狂暴肆虐的飓风，都不能将它摧毁，

它那辉煌的门庭将在一片清辉中宣告胜利。

从这些诗歌片段中我们可以明显体会到品达创作的诗歌措辞极其优美、高雅，充满对城邦、对神灵的崇拜与赞叹之情。

在希波战争期间，雅典人凭借自己的力量打败了波斯人。品达怀着极其激动、豪迈的心情为雅典城邦作赋，讴歌那些在希波战争中英勇抗敌的雅典人。

啊，灿烂辉煌，

你戴着紫罗兰的花环，

你的赞歌传向四方。

光荣的雅典，你是希腊的堡垒，

神的城邦。

品达还写了许多赞美竞技会中优胜者的诗歌，其中有一首是献给西西里岛卡玛里那城邦一位竞技冠军普索米斯的，这首诗是品达诗歌情调的典型体现。

雷霆的投掷者——脚步不倦的至高宙斯！

你的女儿“时光”在华彩的竖琴声中旋舞，

送我来为那最崇高的竞赛作赞歌。
朋友成功后，高尚的人听见甜蜜捷报，
立刻就会兴高采烈。
克罗诺斯的儿子，你拥有那习习多风的埃特纳，
你在那山下囚禁过百首的巨怪台风，
请你快来欢迎这位奥林匹亚胜利者，
为美惠女神们来欢迎这支庆祝队伍。
这队伍象征一种强大力量的不朽光辉，
这队伍来庆祝普索米斯的赛车，
他头戴橄榄枝冠，一心为卡玛里那城争光。
愿天神慈悲，照顾他的祈求，
因为我所称颂的人热心培养骏马，
喜欢接纳四方的宾客，
他纯洁的心集中于热爱城邦的和平。

在这首诗中，品达赞美了普索米斯的品德。作为城邦中一个有权势、有地位的人，他不仅获得了竞技会的冠军，摘取了象征荣誉的橄榄花冠，还关心驯马事业，善意收容和款待外来的宾客，热爱城邦，这些都是非常值得赞颂的品德。品达讴歌的往往都是贵族阶层这些崇高的品质和行为。

品达对贵族政治表现出一定的理想化期望，但随着贵族统治的日渐凋敝和民主政治的慢慢兴起，品达的诗歌显得与时代格格不入。随着悲剧的出现，剧场取代了曾经热闹辉煌的竞技会，成为

城邦文化的中心。品达代表的抒情诗歌的时代逐渐走向消亡。由此可以说，品达代表的正是希腊贵族格调的最后阶段，他的诗歌也体现了希腊城邦早中期的时代精神。

第II节

## 希腊悲剧的产生

前文提到，品达的抒情诗被看作是希腊文学中对贵族阶层最后的赞美和讴歌，在品达之后，抒情诗的风采便逐渐被戏剧所掩盖。

悲剧和喜剧与抒情诗的来源完全不同，表达的思想也截然不同。如果说古希腊的史诗属于民间文学，表达的是氏族社会的思想感情；抒情诗属于精英文学，表达的是贵族阶层的思想感情；那么悲剧和喜剧就是公民文学，表达的是希腊城邦公民的政治态度和思想情感。

古希腊悲剧基本上取材于神话传说、英雄故事和史诗等，所以其反映的事件和情绪都比较严肃。从剧情上看，古希腊悲剧与之前的系统叙事诗表现的古老家族的不幸遭遇有着直接的联系，它们共同的主题是人在客观世界中面临的矛盾冲突与不幸命运。从历史的角度来看，古希腊悲剧是对转型社会中出现的伦理冲突的艺术写照，它以一种惊心动魄的方式表现个人的自由意志与客观必然性之间的深刻矛盾。

古希腊悲剧中描写的冲突往往是难以调和的。如人与命运、人与自然环境、人与人、人与社会之间几乎无处不在的尖锐矛盾。这一切反映在古希腊悲剧中，便构成了种种惊心动魄的冲突场面。而悲剧的主人公通常具有坚韧不拔的性格和气贯长虹的英雄主义。虽然他们在与命运的抗争中失败了，但其精神会永存于世。所以说，古希腊悲剧产生的戏剧效果并非是真的“悲”，而是一种对剧中人物苦难遭遇的深刻同情，或是一种对人生意义的深刻反思，以及渴望掌握自己命运的意愿与勇气。

## 一、酒神颂歌与悲剧的诞生

与古希腊的体育竞技一样，戏剧也源于宗教庆典。前文提到，在古希腊神话中，狄奥尼索斯被奉为酒神，同时也是丰收之神，掌管着各种农作物的丰收。所以在葡萄成熟的时节，希腊各城邦都会举行盛大的歌舞表演，以此来向酒神狄奥尼索斯献祭，表达对酒神的崇拜和对丰收的喜悦。

由于神话传说中狄奥尼索斯是半人半羊的形象，为了表达对酒神的崇拜，人们在表演过程中会纷纷披上羊皮，扮成“羊人”载歌载舞。这种歌舞后来被称为“山羊歌”。而现代英语中“悲剧”（tragedy）一词，就源自古希腊语“tragodia”，意思就是“山羊歌”。这种“山羊歌”便被认为是希腊戏剧最早的形式。

经过长时间的发展，最初对酒神狄奥尼索斯的祭祀仪式逐渐演变为一种具有一定规模和程序的戏剧。在公元前 6 世纪以后的雅典城邦，每当节日来临，雅典公民便在执政官的召集下来到可容纳数万人的半圆形露天剧场，在那里欣赏剧作家们的作品。演员们头戴面具，脚穿高底鞋，在舞台上朗诵庄严的诗句；合唱队则保留着古代狄奥尼索斯崇拜的歌舞形式，配合剧情诠释该剧深刻的寓意。观赏结束后，观众们还要对刚刚欣赏过的戏剧给出评价，推选出他们心目中最成功的作品。悲剧作为古希腊城邦文化最为重要的组成部分，在此过程中得到进一步发展。

对酒神狄奥尼索斯的崇拜最早来自民间，因为这种崇拜在主流社会看来是粗俗、野蛮、难登大雅之堂的，主流社会崇拜的是象征光明、秩序和理性的太阳神阿波罗。在古希腊神话中，阿波罗是太阳神，是人间的保护神，他的职能是每天驾驶着太阳战车在空中行驶。阿波罗还是文艺之神，他会弹奏七弦琴，统领着主司艺术与科学的九位文艺女神——缪斯。每当阿波罗弹奏起他的七弦琴时，缪斯九女神都会围着他翩翩起舞。阿波罗代表的是一种格调高雅的文艺形式，代表古希腊最高雅的文明形态，古希腊神庙的建筑、雕塑及抒情诗等，都是以阿波罗为代表的。

酒神狄奥尼索斯虽然是阿波罗同父异母的兄弟，但他与阿波罗的命运截然不同，他自出生以来就遭受了许多痛苦的磨难。与养尊处优、崇高典雅的阿波罗相比，狄奥尼索斯代表的是一种疯狂的、粗野的文化。很显然，这种风格是难以被上流社会接受的。但在民间，狄奥尼索斯受到了百姓的喜爱，因为老百姓无缘欣赏类似抒情诗那样格调高雅的作品，他们更热衷于喝着葡萄酒载歌载舞，用这种方式来表达对酒神苦难经历和复活奇迹的崇拜之情。尽管这种方式在贵族阶级看来是低俗的，但在当时的希腊民间非常流行。

哲学家尼采在《悲剧的诞生》中指出，太阳神阿波罗和酒神

崇高典雅的阿波罗与缪斯女神

狄奥尼索斯代表的恰恰是两种完全不同的形态：梦与醉。阿波罗是代表秩序、理性、乐观的太阳神，体现在梦幻之中，代表的是人类社会中的文明与美。古希腊人在举行日神祭祀时，会有无数手持月桂枝的少女排成整齐的队伍向阿波罗神庙移动，给人一种庄重、梦幻的美感。而对酒神的祭祀中，民间百姓往往会成群结队、且歌且舞，以酒助兴，情绪亢奋、癫狂，无视一切神圣的法则，在酣醉忘我的状态中追求精神超越的快乐，个人在其中感觉到的也不是道德与法则规范下的自我，而是在释放长期压抑的自我。在这种释放过程中，人们才会感到一种与宇宙本体相融合的神秘体验。

在尼采看来，太阳神仅仅停留在外观上，他就像一个迷幻的梦，以美丽的面纱掩盖着苦难世界原本的狰狞面目，不去探究世界与

粗野放纵的酒神节狂欢

人生的真相。但梦终究会醒来，美好的梦境常会被严酷的现实打碎，太阳神营造的美好、高贵、完善的世界，不可能永远掩饰生活的苦难。

酒神则恰恰相反，他揭开了太阳神编织的美丽面纱，直面世界与人生的本来面目，最终实现了人与自然的融合。在这个过程中，每个人都可以获得解脱，载歌载舞、如痴如醉，达到疯狂的状态，人与人之间的界限也由此打破，人们完全处于一种忘我的境界，并从中获得不可言状的快感。

尼采本人就是一位反传统者，他认为希腊文明的完美并非产生于人们内心世界的和谐，而产生于内心的痛苦以及对痛苦的浪漫超越。酒神象征着情绪的放纵，对酒神的崇拜则是为了追求一种解除束缚、复归原始状态的体验，获得与世界本体融合后的最高程度的快乐，所以酒神状态是一种痛苦与狂喜交织的癫狂状态。而音乐艺术就是在酒神的冲动和癫狂状态中产生的，当人生处于痛苦与悲惨之中时，酒神冲动和癫狂的状态可以将这种现实状态真实地展示出来，揭示太阳神艺术更深的根基，使个体在痛苦与消亡之中回归世界的本体。所以尼采认为，悲剧产生于太阳神与酒神的结合。

不论悲剧究竟是由哪些因素创造的，不可否认的是，它与酒神祭祀有着密不可分的关系，并且经过不断发展，最终走向了繁荣与规范。到公元前 534 年，悲剧表演正式成为酒神节祭祀活动的一部分。

## 二、走向繁荣与规范的古希腊悲剧

前文提到，“悲剧”这个词在希腊语中的意思是“山羊歌”，最初它只是一种盛行于希腊民间的酒神颂歌，可能诞生于色雷斯地区，后通过小亚细亚传入希腊本土。到公元前 7 世纪时，这种祭祀活动开始从农村传入城市，在许多城邦中流行。在这个活动中，人们会举行隆重的祭祀酒神的仪式，感谢酒神庇佑而带来的五谷丰登，同时祈求来年风调雨顺，获得更大的丰收。

从这些古老的祭祀中可以看出，古希腊人对自然界的认识能力极其有限，他们认为人不能掌握自己的生活和命运，只能祈求神灵的保佑与降福，需要用神谕解释自然和人生。故而酒神祭祀活动具有浓厚的原始宗教色彩。

古希腊主流社会崇拜的是象征光明、美好的太阳神阿波罗以及其他奥林匹斯神，认为崇拜酒神是低俗的，所以这种崇拜活动只能在民间举行，表现为一种下层社会的狂欢秘祭。但到了公元前 6 世纪左右，工商业的迅速发展和对外贸易范围的扩大刺激了农业的发展，也带来了文化活动的繁荣。越来越多的人开始加入祭祀酒神的活动，酒神祭祀逐渐成为一种全希腊性的活动。

公元前 560 年，雅典僭主庇西特拉图将酒神的祭祀活动引入雅典，这是酒神祭祀中的歌舞向戏剧转变迈出的重要一步。公元前 534 年，庇西特拉图将这种民间自发的表演第一次搬上舞台，使它成为一种正式的戏剧表现形式。同时，在庇西特拉图统治时代，雅典还出现了一位被称为“戏剧之父”的人，名叫泰斯庇斯。他将这种民间即兴表演规范化，在祭典仪式中增加了一个答话人的角色，即最初的演员，由他自己扮演这一角色。他可以在剧中扮演任何角色，与台下的合唱队采取一唱一答的方式进行对话，帮助观众了解剧情，从而将原来的酒神颂歌变成了戏剧表演。演员的出现标志着原始戏剧已初步形成。

随着剧情的不断发展，一个演员已经难以表现戏剧的内容，于是，被称为“悲剧之父”的埃斯库罗斯改进了戏剧表演形式，他在其中增加了一名演员。如此一来，演员之间就有了互动，同时，演员也可以更好地与台下的合唱队相互应答。

几十年后，另一位伟大的悲剧作家索福克勒斯又增加了一位演员，使舞台上的主角变成了三个。这样，戏剧就真正定了型，而演员之间的对白逐渐取代了合唱队的合唱以及合唱队与演员的对话。如此一来，以对白和动作为主的戏剧日益取代以歌舞为主的合唱，古希腊的悲剧从此有了完善的表演形式，此后也再无重大变化。

### 三、悲剧内容的展开方式

早期的古希腊悲剧往往采取三部曲的结构形式，由三个相互承接又彼此独立的部分组成一个整体，逐渐清除“山羊歌”的痕迹，这反映了古希腊人对整体的认知观念。在当时的希腊人看来，任何完整的事物都应该包括头、身体、尾三部分，艺术作品也应如此。

在内容方面，古希腊悲剧一般采用按照时间顺序单线叙事的结构，通常第一部分引出情境，第二部分发生反转，第三部分解决冲突。如埃斯库罗斯的《阿伽门农》中，第一部分为阿伽门农被杀，第二部分为阿伽门农的儿子奥瑞斯忒斯为父亲报仇，第三部分则是通过雅典娜的判决，使矛盾得以解决。这种结构形式使大部分悲剧的结局都不是悲惨的、灾难性的，戏剧更加接近喜剧的团圆结局。

#### （一）悲剧的构成形式

从构成形式上说，古希腊悲剧由两部分构成，一部分叫逻各斯（logos，即话语），一部分叫迈洛斯（melos，即唱段）。其中，逻各斯是古希腊的一个哲学概念，通常指世界上可理解的规律，也具有语言、逻辑或理性的含义。在古希腊悲剧中，这个词主要指演员的独白以及演员之间的对话，其格律与散文比较接近。而迈洛斯主要指悲剧表演中合唱队的唱段，当时的唱段是由早期的诗歌发展过来的，仍带有诗歌的特点，语言唯美、动情，带有浓浓的诗意。

与后来的莎士比亚戏剧以及近现代戏剧不同的是，古希腊戏剧有个明显的特点，即台下的合唱队与歌队队长在整部戏剧中起着非常重要的作用。在一场戏剧当中，合唱队通常由 15 名男性成员组成。这些人都要事先经过挑选，并进行专业的合唱训练。尽管他们不是演员，但热衷于戏剧这种表演形式，所以经过训练就组成了一个较为专业的合唱队，在表演时与台上的演员进行对话。如此一来，角色的独白和对白，角色与台下的合唱队形成相互应答，就成为整场戏剧的主要形式。

在戏剧表演过程中，合唱队除了要与台上的演员形成应答关系、交代剧中必要的剧情、渲染气氛，还有一个重要作用就是担任剧情发展过程中强有力的审判者。针对剧情发展过程中的对白、围绕剧中的人物，做出符合当时伦理道德和神意的判决或批评，或者发表一些具有启发性、哲理性的评判。

悲剧之所以在酒神节上演，主要是为了让希腊人不要忘记酒神狄奥尼索斯曾经遭受的苦难，通过这种表演纪念酒神的痛苦经历，巩固希腊人心中命运艰难、人生悲苦等观念，同时也告诫希腊人，诸神和最高法则永远存在。而悲剧中的合唱队就是在不断告诫观众“诸神和命运掌控着你们的人生”，从而引导观众做出符合剧作家期望的、对悲剧人物的评判，使悲剧起到教化作用。但合唱队不能以对白的方式向观众解说，于是便以诗歌的形式唱出他们要表达的内容，这就是迈洛斯的作用。

最初，无论话语还是唱段都要求押韵；后来，话语不再强调押韵，但唱段始终要押韵，这与今天的话剧相比显得更加唯美，充满艺术感。虽然这种方式在今天看来似乎曲高和寡、不接地气，但古希腊人一直生活在这种唯美的氛围之中。对他们来说，美具有高于一切的价值，为了美，他们可以牺牲一切，比如道德、利益、真实，只要有美就够了，所以他们才会时刻营造一种美好的氛围，尽管这种氛围可能并不真实。

### （二）悲剧的进展过程

从戏剧的表演过程来看，悲剧的进展基本上可以分为五个部分。

第一部分为开场。古希腊悲剧通常按照时间顺序在舞台上将一部戏剧完整地展现出来，但当时的悲剧作家已经发现，在戏剧正式开始前加上一段开场白，不但能点明悲剧的背景、悲剧的主要内容等，还可以从悲剧中提炼一些哲理性思考，在开场白中将其简明扼要地表达出来，进一步激发观众的观看情绪。所以在开场前，合唱队或歌队队长先出来，进行一段简短的开场白，然后再进入下一部分。

第二部分为进场歌。古希腊悲剧中的歌队是从古老的祭神歌舞中留传下来的。进场歌在悲剧的结构形态中发挥着重要作用，不仅要交代背景、渲染气氛，还要起到转换剧情、抒发情感等作用。在正式开场前，合唱队会先唱一段进场歌，以精彩的舞台表演，活跃剧场气氛。尤其是在广场上演出时，进场歌调节气氛的作用会更为明显。

第三部分为正式的剧情演出，由若干较为独立的内容部分构成，称为“场”。这是戏剧的主要部分。演员相继出场，进入正式的表演阶段，其中有故事情节、演员的独白与对白、演员与合唱队的对话等。

第四部分为场间合唱。在一场戏剧演出落幕、下一场上演之前，歌队会在歌舞池中一边歌唱，一边跳舞，这一部分被称为场间合唱，主要起承前启后、引出下一场表演的作用。场间合唱的内容可以是对前一场剧情发表意见，或对即将出现的情节表达期望、疑虑等，以增加观众的观赏兴趣。场间合唱结束后，再过渡到下一部分。

第五部分为退场。此时歌队要进行最后的合唱，演唱内容往往是一段从悲剧中引申出来的发人深省的深刻哲理，用来引发观众的思考，使这部戏剧圆满结束。

总而言之，古希腊悲剧并不仅仅是一种艺术形式，更像哲学的萌芽，因为它不再简单地停留在讲故事或抒发情感上，而是转向揭示人生真谛，积极引导人们思考和探索。尤其对于一些有知识、有品位的人来说，他们观看完一场悲剧后，不但能体会到故事情节的完整性、激烈性，还会感叹这种艺术形式的优美。对于更少一部分"心有灵犀者"来说，他们还能从中读出弦外之音，体会悲剧背后蕴含的更加深刻的人生哲理，比如自我意识的觉醒、个性的张扬、心灵的拷问等。这种人本主义思想对古希腊哲学和欧洲文艺理论乃至日后启蒙思想的生长，都产生了深刻的影响。这应该也是古希腊悲剧能够屹立于世界戏剧和文学巅峰的根本原因。

## 四、古希腊建筑的重要代表——剧场

在民主政治的影响下，古希腊的戏剧获得了高度发展，反过来说，戏剧的发展也促进了民主政治的繁荣，这一点在戏剧演出活动中得到了有力的证明。

古希腊戏剧最初不过是宗教仪式的一个组成部分，到了僭主政治时期，由于庇西特拉图的推崇，这种艺术形式才逐渐发展为人们政治生活和社会生活的重要组成部分。特别是到了伯里克利执政时期，在政府实行“戏剧津贴”政策后，每次戏剧上演时，雅典公民都有一天的看戏时间。雅典人关注国家大事，热衷于公共事业，具有很高的文化水平，这些素质的养成与戏剧演出活动有着密不可分的关系。

最初，演戏的地方是酒神的祭坛附近，演出前，人们会对场地进行简单的布置。到公元前 5 世纪戏剧演变成一种全民性活动后，古希腊公共建筑的另一个重要代表——剧场便应运而生了。

### （一）剧场的出现

古希腊剧场是建立在宽敞地区的露天剧场，建筑设计根据酒神祭祀仪式的情况演变而来。早期祭祀时，人们在酒神的祭坛边围成半圆形或圆形，或坐或立地观看表演，所以后来的剧场也都是半圆形的。

剧场内，观众的坐席一排排沿着山坡上升，靠近观众席前排的一块圆形地面是表演区，也叫乐池，合唱队和演员会在这里进行表演。后来圆形表演区的一部分被改建成平台，供演员表演之用，平台后面建有高墙作为演出背景。表演区后面有木质的屏障式帐篷，称作“景屋”，相当于剧场的后台，演员会在这里更换面具、服装等。

当时已经具备了比较原始的舞台设备，如推台，大概是装有轮子的活动平台，其作用相当于现在的车台。推台从表演区后面的景屋向舞台推出。根据当时的规定，舞台上不能直接表演杀人的情节，如果剧情中有凶杀场景，则要在后台进行。有了景屋后，表演凶杀的剧情时景屋中便传来惨叫声；或者安排一位目击者站在景屋门口，用语言、表情和动作告诉观众里面发生了什么，最后再用推台将“尸体”推到前台展示。

后来，由于戏剧逐渐成为一种主流艺术形式，剧场也成了永久性建筑，人们便在景屋的外墙上绘制各种图案，作为演出时的舞台背景，这也是“风景”（scenery）一词的起源。由于是在露天剧场，戏剧表演的布景都非常简单。如果表演悲剧，就将景屋布置成王宫庙宇；如果表演喜剧，就将其布置成一般的住宅。演员就在布景前面进行表演。

剧场可容纳千万名观众，坐在观众席最前面的通常是权贵阶层，或是祭司和竞赛会的评委等，普通观众都要坐在后边。但由于剧场太大，坐在后排的观众可能看不清演员或听不见声音，为此，演员们采取了各种方法。比如，他们会戴上面具，面具上绘有不同的人物形象和表情，有的面具正反两面都可以使用，演出时只需翻一下面具就能改变角色。演员还会将面具的嘴巴做成漏斗形，通过这种方式放大声音。为了让自己的身形更加高大、显眼，演员还会在衣服内填充一些物品，再戴上高高的帽子，穿上厚底鞋，有时还要戴上颜色鲜艳的手套，以便观众能看清自己的手势。总之，演员们极尽所能地让在场的每一位观众都能看到他们的表演、听到他们的声音。

尽管演员们都很卖力，但观众并不是对每场演出都满意。在剧场中，观众是最自由、最有权力决定戏剧命运的。只要不满意

演员面具（萨提尔）

台上的演出，观众就会向舞台上扔橄榄枝，但最常见的是扔石头。据说著名戏剧家埃斯库罗斯有一次在台上表演时，就差点被砸死在观众扔上台的乱石之下。

### （二）古希腊剧场的影响力

古希腊共有三大公共建筑，分别是神庙、运动场和剧场。在这三大建筑当中，剧场对希腊生活的影响力是最大的。它的出现不仅刺激了商业活动，丰富了人们的日常生活，还对社会风气产生了积极的影响。这种剧场建筑也为此后欧洲戏剧的繁荣与发展创造了良好的条件。

首先，古希腊的剧场面积足够大，一个剧场至少可以容纳几千人，大一些的甚至可容纳上万人甚至几万人。前文中提到，古希腊最大的城邦雅典在全盛时期公民人数也不过四五万人，而剧场却可以容纳几千、上万人，可见它最初建立时蕴含的开放性和包容性。由于是露天而建，有戏剧演出时，整个城邦的人都可以前来观看，不像奥林匹亚竞技会那样，只许有身份的男人参加和观看，所有女性和儿童都被拒之门外。如此一来，到剧场看戏就成了一种人人都能参与的全民性活动。

同时，在古希腊剧场看戏是不收取任何费用的，尤其在最早推崇戏剧的雅典，因为其更加重视戏剧的全民普及。随着雅典的政治制度日益民主化，城邦当中财富水平不同的人可以享受到不同的政治权利，但也要承担不同的社会责任。在这种情况下，有钱人不但要出资建造剧场，还要出资培训演员和合唱队，以便演员可以表演得更加出色，为观众奉献更好的戏剧作品。

此外，为了让雅典城邦中的每个人都能受到教育，提升人们的文化素养，从庇西特拉图时期开始雅典的统治阶级便鼓励人们看戏。到公元前 5 世纪伯里克利统治时期，雅典更是迅速崛起，成为当时政治、文化和教育最为先进的城邦。在这期间，雅典每年都要举行戏剧大赛。这是一个全民狂欢的节日，政府部门都会停止办公，大家全部聚集到剧场中观看戏剧演出。妇女、儿童也纷纷参加，与城邦最高统治者坐在同一个剧场内看戏。甚至连监狱中服刑的犯人也会被士兵押到剧场去看戏。这个时候的城邦真是太平等、太欢乐了！

在城邦当中，剧作家享有极高的荣誉，不仅享有各种特权，还不会遭到任何迫害。古希腊三大悲剧家埃斯库罗斯、索福克勒斯和欧里庇得斯，都曾在雅典的戏剧大赛中夺得桂冠。

正是在古希腊戏剧和剧场的强烈影响之下，观赏戏剧也成为古希腊时期每座城邦内十分重要也相当高雅的活动。人们到剧场中观看戏剧，不但能接受精神教育，陶冶情操，还能形成良好的交流氛围。对于古希腊这种“小国寡民”的城邦来说，人们到剧场看戏不仅仅是为了欣赏台上演员的表演，还带有进行人与人、阶级与阶级交流的目的。比如，在一些戏剧开场前，政府会向前来剧场观看戏剧的人展示他们准备发放给市民的财物，或者公布父母为城邦英勇捐躯的孤儿们的收养名单等。这使观看戏剧不再仅仅是一种文娱活动，也增添了政治意味。所以也可以说，在一定程度上，古希腊的剧场与它的民主政治制度是共生的。

## 五、古希腊著名剧场遗址

在古希腊时期，几乎每个城邦都建有剧场，而且剧场与宗教庆典活动以及神话传说有密切的关系。如今，这些剧场大部分都已废弃不用，变成断壁残垣，但其中蕴含的历史、文化内涵经久不息，成为古希腊辉煌文明的最佳见证。

### （一）雅典狄奥尼索斯剧场

雅典的狄奥尼索斯剧场遗址位于雅典卫城南侧，修建于公元前 6 世纪，是希腊最古老的露天剧场。整座剧场依山而建，阶梯状的观众席构成了一个略大于 180° 的半圆形。在三面环绕的观众席之中设有一个开敞式的露天大舞台。通过剧场的遗址我们可以想象当时的演员在舞台上表演戏剧，合唱队则手持酒神节杖站在

雅典狄奥尼索斯剧场遗址

舞台前面的圆形表演区吟唱，成千上万的观众坐在观众席上，兴致盎然地观看着舞台上的演出。

可惜，现在这一舞台已经坍塌，剧场也已经荒废，但 2500 多年前，古希腊著名悲剧家埃斯库罗斯、欧里庇得斯等人都在这里上演过自己创作的戏剧，可以想象当时的剧场是多么的恢宏、壮观。

### （二）斯特拉托斯剧场

斯特拉托斯剧场位于希腊北部山区，是一个非常古老的剧场。由于斯特拉托斯地理位置偏僻，剧场如今已完全成为荒芜之地，曾经站有演员和合唱队的圆形舞台已经面目全非，曾经熙熙攘攘的观众席也早已被青草覆盖。但这些都不能掩盖 2000 多年前这里的辉煌。

斯特拉托斯剧场遗址

斯特拉托斯剧场遗址与其他剧场遗址最大的区别就在于它从未被修缮过，虽然经过岁月的洗刷它早已看不清原貌，但它是人们现在能够看到的一个最为原始的希腊剧场。

### （三）多多纳剧场

多多纳剧场遗址距离斯特拉托斯剧场不远，虽然现在看起来同样比较原始，但它在罗马时代曾被修缮过，现在能看到一些修缮过的痕迹。

### （四）阿尔戈斯剧场

阿尔戈斯是古希腊非常重要的城邦之一。公元前 7 世纪，多利亚人曾在这里建立了城邦，并一度称霸伯罗奔尼撒半岛。公元前 546 年，斯巴达城邦异军突起，成为伯罗奔尼撒半岛实际的统治者，

德尔菲剧场遗址

阿尔戈斯逐渐走向衰落。阿尔戈斯也建有剧场，但这座剧场早已荒废，杂草丛生，再也不复当年的辉煌。

### （五）德尔菲剧场

前文提到，德尔菲是古希腊人求神谕的地方，这里建有著名的阿波罗神庙，而阿波罗的神谕被希腊人认为是最准确、最权威的，所以这里曾是古希腊非常重要的宗教圣地。

阿波罗神庙不远处就是建于公元前 4 世纪的德尔菲露天剧场，这是一座用大理石建砌的半圆形古剧场。这座剧场之所以举世闻名，主要是因为它是和阿波罗神庙建在一起的，而阿波罗又被古希腊人称作音乐与诗歌之神。剧场遗址的墙壁上现在仍然刻有阿波罗颂歌的音符。

如今的德尔菲剧场仍能使用，希腊人经常在这里搭建临时舞台，表演当年创作的戏剧，或者在这里举办音乐、诗歌及戏剧竞赛。

### （六）斯巴达剧场

公元前 5 世纪以前，斯巴达也曾拥有诗歌、戏剧等文学艺术，斯巴达人也会看戏，也建有剧场。只是如今的斯巴达剧场只剩断壁残垣，不再有当年的风采。

另一种说法认为，斯巴达之所以像其他城邦一样建了剧场，是受了雅典的影响。斯巴达在伯罗奔尼撒战争中打败了雅典，攻占了雅典的卫城后原本打算将雅典卫城付之一炬，但听说雅典的戏剧非常出名，就决定先看一场戏剧。他们看了一场欧里庇得斯的悲剧，看完后改变了主意：如此文明的雅典城邦，烧毁实在可惜，还是保留下来吧！不仅如此，斯巴达人也效法雅典建立了自己的剧场。这种说法从侧面说明了当时戏剧的精彩程度以及戏剧对希腊人的重要影响力。

### （七）埃皮达鲁斯剧场

埃皮达鲁斯剧场建立于公元前 4 世纪，位于伯罗奔尼撒东北部的一座希腊城邦中，是如今保存最为完好的古希腊时代露天剧场和古典建筑之一，后世不断对其进行修缮，直到现在仍在使用。每年夏天，这里都会上演各种演出。虽然舞台早已坍塌，现在的舞台都是临时搭建的，但这座露天剧场地处群山环抱之中，环境优美，更重要的是剧场的回音效果特别好（每个观众座位的石阶下面都装有一个小陶罐以增强回声），舞台上的声音可以传递到剧场的每个角落，所以至今仍在使用。

至今仍在使用的埃皮达鲁斯剧场

与其他古希腊剧场一样，埃皮达鲁斯剧场也呈半圆形，由古希腊著名建筑师阿特戈斯和雕塑家伯利克里道斯合作完成。它的面积很大，中心舞台的直径可达 20 多米，最初的观众席共有 34 排座位，全场可容纳 1.5 万名观众。

1988 年，埃皮达鲁斯剧场遗址被联合国教科文组织作为世界文化遗产，列入《世界遗产名录》。

（八）以弗所剧场

以弗所剧场遗址位于今天的土耳其境内，它是小亚细亚地区最大的古代剧场，据说曾经可同时容纳 2.5 万人。剧场建于半山腰，从舞台开始，观众席的每一排都比前一排更加倾斜、陡峭，这种设计改善了外层观众的视听效果，保证在场的每一位观众都能看

以弗所剧场遗址

到舞台上的情景、听到舞台上演员的声音。

罗马帝国时期，罗马人曾对以弗所剧场进行过修缮。如今这里虽然略显荒凉，但仍在使用，每年的六七月会有一些文艺活动在此举行。

### （九）希拉波利斯剧场

在土耳其代尼兹利市北部，有一个著名的温泉度假胜地，名叫棉花堡。这里不但拥有上千年的天然温泉，还有形状古怪、如棉花一般的山丘。棉花堡附近有一座希腊化时代的剧场遗址，就是希拉波利斯剧场。剧场同样依山而建，入口在山丘的高处，从外边看仿佛一片断壁残垣，但剧场里面保存得比较完好，中央舞台上还保留着精美的廊柱和神像雕塑，让人不禁联想起当年古希

叙拉古剧场遗址

腊人在这里欣赏戏剧时的快乐景象。

### （十）叙拉古剧场

希腊本土最大的剧场为埃皮达鲁斯剧场，而泛希腊范围内最大的剧场是叙拉古剧场。这座剧场的遗址位于今天意大利的西西里岛。古希腊时期，这里曾是古希腊的海外城邦叙拉古，热爱戏剧和艺术的希腊人在这里建立了一座大剧场。此后，罗马人又对该剧场进行了修缮，将它扩建得更加宽敞，据说扩建后的剧场一次可容纳 5 万人。整个剧场依傍山丘，面对大海，结构宏伟，气势磅礴，不仅具有希腊式的秀美雅致，而且兼具罗马式的博大胸怀。

第 III 节

# 希腊悲剧的命运主题

古希腊悲剧较多反映一些显贵家族内部的伦理冲突，例如伯罗奔尼撒家族几代人之间骨肉相残的故事、奥狄浦斯弑父娶母的故事等。当然，这些矛盾冲突的原因并非悲剧主人公个人品德方面存在缺点，也不是邪恶的外部力量，而是根植于悲剧主人公内心的自由意志与某种不可抗拒的客观必然性之间的紧张关系，这种客观必然性就是所谓的“命运”。所以，古希腊的悲剧中总是蕴含着非常明显的命运主题。

## 一、古希腊悲剧中的命运主题

在古希腊的悲剧中，很少有反映现实生活的内容，绝大部分讲述的都是神话传说、英雄事迹，这些看起来似乎都是一些脱离现实的内容。但事实上，这些神话传说、英雄事迹通常蕴含着深刻的伦理思想、哲学理念等，可以给人很多启示。从这个角度来说，古希腊悲剧已经远远超越史诗、叙事诗那样单纯讲故事的层次，更多地阐释一些深刻的意义，尤其突出了命运的主题。

“命运”这个词在古希腊语中的写法是“Moira”，它的本义是“份额”。在古希腊文化中，每个人一生中能分得的“份额”

早已注定，也就是“命运注定”。或者说一个人从出生开始，他的一生已经被命运女神规划好了，他一生的经历、遭遇都是注定的。在希腊悲剧中，命运常常会作为神的意志并且借助神的活动表现出来，因此，敬畏神、崇拜神、顺从神就成了古希腊人文精神的主题。有时，命运甚至凌驾于神灵之上，因为不但凡人要接受命运的安排，神明也要接受命运的安排。在古希腊悲剧当中，命运既不能用日常的逻辑来解释，也不能在道德上得到合理的证明，它更多地具有一种“形而上”的神秘意味。

正因为如此，古希腊的悲剧通常也被称作“命运悲剧”，它最重要的意境就在于突出“命运”这个主题。而命运也意味着人的局限性，意味着人性和人力的不足。这样的悲剧更像是古希腊人对自身与世界关系的反思，是对人的局限性与世界的无限性的表达。每个人都有不可预测的命运，这既是舞台上表演的悲剧的内容，也是现实生活中人生的常态。即便是普罗米修斯这样能够预知未来的神明，也同样无法摆脱命运的安排和支配，故而他才会在痛苦的磨难中深深地感叹。

哦，透亮的晴空，穿飞的风儿，
你们，奔腾的河流，大海层层屈卷的笑靥；
哦，大地，万物的母亲，
还有你，无所不见的球体，
光辉的太阳——我对你们呼唤！
看看我吧，一位神明，

忍受众神制导的灾难；

看看我的苦难，此般羞辱，

拼命挣扎，一万年的磨难。

这便是我的钉绑，被那位新掌权的王贵，

幸福的神明的首领，被他的谋划禁锢在这边。

苦啊，磨难！为眼下的不幸，也为将来的苦酸，

我出声哀叹，不知何时才得解救，

命运使我渡过难关。嘿，我在说什么？

我预知未来，将要发生的一切，

清清楚楚，都在我的料想之内；

对于我，苦难的来临不会出乎意外。

我必须接受命运的支配，不会大惊小怪，

知晓与必然的强力抗争，绝无胜利可言。[1]

命运不仅是人类无法摆脱和改变的，也是神灵无法摆脱和改变的，就像奥狄浦斯说的："我们不可与命运抗争。"作为客观的现象世界背后的一种抽象的本质或规律，作为一种普遍性的东西，命运是建立在形象思维基础之上的，是古希腊神话和古希腊悲剧无法真正把握的。因此，对于古希腊人来说，命运是不可理解、

[1] 本书引用的希腊悲剧和喜剧台词均出自《埃斯库罗斯悲剧集》（陈中梅译，辽宁教育出版社 1999 年版）和《古希腊悲剧喜剧集》上下部（张竹明、王焕生译，译林出版社 2011 年版）。

无法改变的。黑格尔就曾指出，命运在希腊神话中是一种“较高一级的东西”，它“对神和人都有约束力，但本身又是不可理解的、不可纳入概念的”。神话传说和悲剧中这种扑朔迷离的决定性力量只有在古希腊哲学当中才会以不同于神话表象语言的另一种语言——抽象的概念语言得以明确表述，这就是希腊哲学追问的世界“本原”或“逻各斯”。

也可以说，古希腊悲剧表现的更多是命运与悲剧主人公之间的冲突，而命运又带有某些“形而上”的色彩，是经验不能解释，甚至超出经验的一种概念，它实际上是将人们引向了更高的思想维度。简而言之，古希腊悲剧将观众的眼光，尤其是将那些聪明睿智的观众的眼光从悲剧展现的表象引向悲剧背后，促使这部分人发现悲剧蕴含的更为深刻的内容，这就为哲学的兴盛奠定了基础。

所以，人们常说古希腊的悲剧家都是哲学家，因为悲剧本身就是一种与诗歌、对白、表演、音乐、舞蹈等文艺形式结合在一起的哲学，只不过它蕴含的哲学思想不是直截了当地表述出来的，而是通过一种大众喜闻乐见的艺术形式表达的，使之成为一种普罗大众都可以接受的哲学，并在古希腊民众当中产生了极其广泛的影响。

## 二、古希腊悲剧与近现代悲剧的根本区别

说到悲剧，多数人会认为悲剧有一个悲惨的结局，或者更准确地说，是一个好人面临悲惨的结局。如果一个坏人结局悲惨，人们通常会认为是报应；只有一个好人遭遇不幸，陷入悲惨的结局，

才会被认为是悲剧。

而悲剧并不只是结局悲惨，它本身也具有一定的道德含义。比如一个好人被坏人陷害而遭遇不幸，这就是一个悲剧，因为其中带有一定的道德意识，存在善与恶、好人与坏人之间的矛盾冲突。这是我们现代人理解的悲剧，是深受近现代悲剧，尤其是近代西方最伟大的悲剧家莎士比亚的影响而形成的认识。莎士比亚的悲剧，不论是《哈姆雷特》《奥赛罗》，还是《李尔王》，都明显存在善良与邪恶之间的冲突和斗争，最后虽然邪恶的人遭到了报应，但邪恶也吞噬了善良。

再看古希腊悲剧，我们会发现它与近现代悲剧存在许多不同。如果将古希腊悲剧、近代悲剧与现代悲剧三者进行比较，我们通常将古希腊悲剧称为“命运悲剧”，它最重要的意境就是命运与主人公之间的冲突；近代悲剧被称为“道德悲剧”，更多表现的是善良与邪恶之间的冲突；而现代悲剧被称为“个性悲剧”，表现的是自我的冲突。古希腊悲剧中没有善与恶、好与坏的明确区分与截然对立，善恶、好坏是以一种原始的和谐状态出现在同一个人身上的。古希腊悲剧中既没有高尚的哈姆雷特，也没有邪恶的克劳狄斯，悲剧人物的行为很难用一般的善恶标准加以评判。在悲剧中并不是善与恶这两种对立的自由意志发生激烈冲突，而是自由意志与潜藏在它背后的命运之间的冲突；造成冲突的不是一个人对另一个人的否定，而是自己对自己的否定。

综上所述，古希腊悲剧是一种更为深刻的悲剧，它并未将悲剧看成是人滥用自由意志（恶）的结果，而是将悲剧理解为生存或生活的一般规律和某种终极性的宿命，是人的自为存在（自由意志）与自在存在（命运）之间的一场不可避免的冲突。

古希腊悲剧影响了当时人们的精神世界。既然悲剧是人生的必然遭遇，古希腊人便不再以悲切的凄楚之情面对人生，而是以泰然的乐观态度对待人生，因为他们相信，悲剧之后将会迎来一个更为美好的归宿。在这一点上，古希腊悲剧的贡献是十分卓著的，人能否解开命运之谜并不重要，重要的是能否承受命运之重。尽管古希腊悲剧中的人物总是受到命运的摆弄，心头也永远笼罩着浓重的哀愁和对自身渺小的无奈，但他们能够凭借崇高的自由意志和勇敢激昂的抗争精神，保持积极的生命意志。

当然，古希腊人对悲剧的理解尚且处于直观的阶段，还不曾勘破命运的实质，因此，命运主题在古希腊悲剧当中还只是一个朦胧的意向。尽管如此，这种关于命运的朦胧意向仍不失为早期希腊文化当中最为深刻的思想，同时也是真正具有宗教性的思想。罗素曾指出："在荷马诗歌中所能发现的、真正与宗教情感有关的，并非奥林匹斯的神祇们，而是连宙斯都要服从的'命运''必然'与'定数'这些冥冥的存在。"在赫西俄德的《神谱》以及埃斯库罗斯等人的悲剧中我们都能看到，命运就像一把高悬在普通人和英雄头顶之上的"达摩克利斯之剑"，连宙斯、克洛诺斯等神明也对其无可奈何。悲剧中的主人公总认为自己是全能的，因为他们不是英雄就是神明，的确能力非凡，但他们也有自己的智慧盲区，有能力所及的边界，所以他们也会不可避免地面临一个巨大的、不可战胜的，甚至是不可预知的力量，这个力量就是命运。

## 三、古希腊悲剧的意境

古希腊著名雕塑家菲狄亚斯有一幅非常著名的雕塑作品《命运三女神》，他雕刻的就是住在奥林匹斯山上的三位心如铁石的命运女神。三位女神各有分工，其中年纪最小的女神克洛托掌管着人的生命线，线的长短代表人寿命的长短，线一断，这个人的生命也就宣告完结了；排行第二的女神拉克西斯掌管生死簿和纺锤，人的寿命将尽时，纱线即断；最年长的女神阿特洛波斯负责将另外两位命运女神确定的人的一生命运写入卷宗，命运一经写下便不可更改。出于对命运女神的畏惧，古希腊人往往将她们塑造成三个丑陋的、满脸皱纹的老太婆，并为她们取了共同的名字"莫伊拉"。

然而在古希腊悲剧当中，命运并不是以三个满脸皱纹的老太婆的形象出现的，它从来都不是一个具体的角色。相反，它是隐而不彰的，是深藏在悲剧背后的一种神秘力量。而恰恰是这个从不露面的、名叫"命运"的力量，决定了舞台上悲剧主人公的结局。

从这点上来说，古希腊悲剧的意境要比近现代悲剧更高，因为它表现的不是好人与坏人之间的直接冲突，而是人类与一个比人类更强大的力量之间的冲突，人们对这种力量茫然无知，却又无法改变、无法逃避，最后总会落入它事先设定好的"陷阱"。这就是古希腊悲剧的魅力，我们称这种魅力为"朦胧的智慧"或"朦胧的深刻"，它给予人们的智慧和启迪要比各种具体的知识更为深刻。

## 四、古希腊悲剧的启示

前文提到，古希腊人对待悲剧的态度与近现代人是完全不同的，他们通常会以一种从容的心态面对悲剧。虽然悲剧象征着一场可怕的灾难，可能会导致一个可悲的结局，但希腊人仍然能以平常之心对待它，并将它当成不可避免的宿命。在他们看来，悲剧是自己无法控制的，有一股巨大的力量在背后推动它发生。既然无能为力，何不坦然接受呢？

但是，希腊人仍然可以从悲剧当中获得极大的启示，即通过悲剧进一步追问命运的问题：既然人本身是无罪的，那么一切灾难缘何而来？人的悲剧是否与自身有关？这一系列深度的追问也将人类逼入无可退避的境地，从而促使古希腊文化开始反思人类存在的多元维度。面对命运，人类无能为力，这恰恰证明了人类的渺小，证明了人类能力的局限性。悲剧的发生并非仅仅因为有一个“克劳狄斯”在陷害我们，更多的是因为我们认为自己是万能的，而未能认清自身的局限性；我们认为自己无所不知，而事实上我们的智慧是有盲区的；我们认为自己能力无限，而事实上我们在一股被称为命运的巨大力量面前是束手无策的。

这种反思对人类智慧的提升起到极大的启发作用。人们常称自己是世界的主宰，然而在命运面前却是那么不堪一击。今天看来，崇尚神灵、敬畏命运的古希腊人也许有些愚笨、蒙昧，但他们其实具有很高的自觉性，已然意识到冥冥之中似乎有一种力量在决定、支配着人的命运，这种力量不是人依靠道德修养、善良意志或文化水平就可以超越和克服的。古希腊人对于人的生存困境、对人性之

司掌悲剧的缪斯女神墨尔波墨涅

中的否定性有着十分透彻的认识，即人类不仅有自由意志和创造性，还有孤独、局限和不完善，这就是人生而为人不可逃避的命运。

古希腊人固然在不断寻求与神灵和好的途径，但他们也认为人生的悲剧并非源于个人的行为，而是出于神的意志，因此，他们不轻易放弃与神灵的抗争来赢得自身的尊严。著名学者朱光潜先生指出："古希腊人创造的悲剧是异教精神的表现，他们一方面苛求人的自由和神的正义，另一方面又能看到人的苦难、命运的盲目、神的专横和残忍，于是感到困惑不解。古希腊人既有一套不太明确的理论，又有深刻的怀疑态度；既对超自然的力量怀有迷信的畏惧，又对人的价值有着坚强的意识；既有一点诡辩学者的天性，又具备诗人的气质——这种矛盾就构成了希腊悲剧的本质。"

第 IV 节

## "悲剧之父"埃斯库罗斯

公元前 525 年，埃斯库罗斯出生于古希腊阿提卡地区的厄琉西斯。作为古希腊第一位悲剧诗人，埃斯库罗斯有着"悲剧之父""有强烈倾向的诗人"的美誉，并与索福克勒斯、欧里庇得斯并称为古希腊最伟大的三位悲剧作家。他的代表作品主要有《被缚的普罗米修斯》《奥瑞斯提亚》三部曲、《波斯人》等。

之所以被称为悲剧之父，是因为埃斯库罗斯是古希腊悲剧真正的创立者。当埃斯库罗斯开始进行悲剧创作时，古希腊的悲剧尚

“悲剧之父”埃斯库罗斯

处于萌芽阶段。他在悲剧表演中增加了第二个表演者，使剧情更加生动，还使用剧场装饰、飞行装置、雷声装置等改良了剧场的道具，而且还创造性地让演员开始佩戴面具，穿高底鞋，这大大增加了戏剧的可观赏性，使古希腊悲剧具备了完整的表演形式。而且他创作的悲剧作品格调高雅、语言优美，富有抒情意味。当公元前 484 年雅典举行第一届悲剧大赛时，埃斯库罗斯就毫无悬念地摘得了悲剧作家与演员的双桂冠。

上文提到，古希腊悲剧表现出一种庄严而神圣的命运主题，它的基调是悲壮、崇高的。亚里士多德认为，悲剧通过激起人们内心的怜悯和对恐惧的净化与升华情绪，使人体验到一种崇高感，这种崇高感通常与人们的宗教虔敬感相联系。在埃斯库罗斯生活的公元前 6 世纪到公元前 5 世纪，古希腊多神教在雅典等城邦具有不可亵渎的神圣性，埃斯库罗斯创作的悲剧也充满对传统宗教与道德的维护以及对神秘的命运的敬畏之情。

## 一、传统宗教与道德的维护者

埃斯库罗斯出生于一个世袭的贵族之家。传说在他很小的时候，有一天他在葡萄园里的葡萄树下睡着了，梦中酒神狄奥尼索斯出现在他的面前，告诫他长大后要好好写戏剧。埃斯库罗斯不负酒神“所托”，长大后便四处搜集资料，为编写悲剧打基础。

青年时期的埃斯库罗斯目睹了雅典僭主政治的独裁与暴虐，因而极力拥护雅典建立民主政治。公元前 490 年，他应征入伍，陆续参加了马拉松战役、萨拉米战役、普拉提亚战役等反抗波斯侵略军的战役，表现出强烈、炽热的宗教热情与爱国精神。

公元前 456 年，埃斯库罗斯逝世于西西里。在去世前，他亲自写了自己的墓志铭。据说，在墓志铭中，他丝毫没有提到自己在悲剧创作方面的伟大成就，只写了以下四句话。

雅典人优弗立翁的儿子埃斯库罗斯，
成了格拉麦田的泥土，在坟里休息。
马拉松的森林可以说出他的武功，
长发的波斯人也知道这些战绩。

通过以上四句话，我们可以看出埃斯库罗斯的爱国之心和报国情怀。

事实上，埃斯库罗斯不仅是古希腊悲剧的奠基人，还是承接希腊古风时期思想风格的一位古典剧作家，他的悲剧作品反映出当时希腊的神话、政治、文化状况等。埃斯库罗斯生活的时代，正是古希腊民主政治开始走向高峰，但尚未完善的时期，埃斯库罗斯本人仍然带有浓郁的贵族情调，他的戏剧作品也成为后人理解当时雅典政治制度转向及新旧精神激烈冲突的最佳材料。虽然埃斯库罗斯生活在雅典民主制度的上升时期，但他的悲剧作品并没有一味地宣扬雅典民主政治，从他现存的作品来看，他更倾向于维护传统的宗教与贵族宣扬的道德标准。埃斯库罗斯一生所处的政治环境正是雅典在僭主政治和民主政治之间更迭的动荡时期，他的作品也展现了对时代交替的复杂情绪。

不管是埃斯库罗斯本人，还是他的悲剧作品，都极力讴歌被传统、古朴的道德和宗教维系的雅典早期民主政治，因为当时社会蒸蒸日上，人们对主流价值充满热情。但到了民主政治的中后期，雅典的政治制度逐渐从贵族民主走向了平民统治，这或许是埃斯库罗斯不愿意看到的。

## 二、对悲剧创作的杰出贡献

埃斯库罗斯一生共创作了 70 多部悲剧，流传下来的只有 7 部。在这 7 部作品当中，以早年的《被缚的普罗米修斯》和晚年的《奥瑞斯提亚》三部曲最为著名。其中，《奥瑞斯提亚》三部曲分别为《阿伽门农》《奠酒人》和《善好者》。

埃斯库罗斯的作品大多采用传统悲剧的“三联剧”形式，即三部剧相对独立，而其中的人物、故事情节等又互相连贯。《被缚的普罗米修斯》便是三联剧中的一部，也是最著名的一部，它的第一部叫《持火的普罗米修斯》，第三部是《被释的普罗米修斯》，也叫《自由了的普罗米修斯》，可惜第一部与第三部都已失传。

埃斯库罗斯的悲剧作品中塑造的主人公形象通常是反抗暴君的英雄，具有民主精神和宁死不屈的英雄品格。在埃斯库罗斯看来，命运或天神的作弄注定要让主人公承受巨大的打击和痛苦，但主人公在挫折和磨难面前仍然能保持坚定的意志和不屈的精神，用超凡的勇气反抗强大的命运，其精神是不可战胜的。

埃斯库罗斯的悲剧作品结构和剧情完整而简单，正如他所处的年代，充满了朴素的气息，但这丝毫不妨碍他在戏剧历史上做出杰出贡献。之前，戏剧表演时舞台上只有一个演员，是埃斯库罗斯首次采用了在台上多加一位演员的做法，让两位演员站在舞台上为观众表演，他还使对白在悲剧表演中成为表达思想感情的主要方式。同时，在舞台道具、布景及演员的服饰方面，他也进行了创新和改革。这一切都表明：在埃斯库罗斯的努力下，戏剧形式正朝着更加正式而有序的方向发展演进。

## 三、埃斯库罗斯悲剧创作的特点

年轻时的埃斯库罗斯参加过多次战役，是一名真正的战士，也是一个拥有英雄性格的人。因此在他的悲剧作品中，主人公在遭受劫难时都不曾退却，也没有被动地接受命运的安排，而是以一种伟大的精神和伟大的行为面对命运给予他们的苦难。这些英雄人物身上都体现着作者的品格——面对不可抗拒的力量，毫不退缩、不肯屈服，勇敢地承受人生的苦难。他的身上闪耀着人性的光辉。

埃斯库罗斯创作的悲剧作品中，主人公都有战士一般的高傲与豪情，以一种英雄式的崇高和决不妥协的抗争精神来表现生命的冲动。这些悲剧中的英雄可以被毁灭，但无法被征服。在埃斯库罗斯笔下，普罗米修斯等主人公的遭遇，昭示了人类在苦难面前永远抗争、追求生命自由的顽强意志。

除了作品内容展现和宣扬的高贵精神，埃斯库罗斯的作品形式本身也很有特色。埃斯库罗斯生活的时代，正是古希腊抒情诗开始向悲剧转换的时期，而埃斯库罗斯是贵族出身，受过良好的教育，具有浓郁的贵族情结，所以他的悲剧作品中带有十分明显的抒情诗风格。演员的台词优美且华丽，合唱队的唱段粗犷豪放、浓墨重彩，风格崇高悲壮，对弘扬当时的主流价值观、渲染正义和命运的色彩、以及对后世戏剧的创作都产生了深刻的影响。在莎士比亚的作品中，许多语言、场景、意境都深受埃斯库罗斯的影响。

## 四、《被缚的普罗米修斯》

埃斯库罗斯创作的关于普罗米修斯的三部悲剧当中，以第二部《被缚的普罗米修斯》最为著名。前文提到，埃斯库罗斯的悲剧作品的剧本结构和剧情都比较简单，有时刻画的场景几乎没有情节，有时刻画的则是以独白为主的短暂片段。他的悲剧主要通过人物对话及合唱队的铺陈来推进剧情，开展得十分巧妙，不论雄浑悲壮的场面，还是庄严有力的对白，都能将观众拉入一个纯粹的情境之中。

### （一）剧情简述

古希腊悲剧大都取材于古希腊神话故事，虽然关于普罗米修斯的三部曲的第一部与第三部已经失传，但根据神话传说也可大体知悉其中的内容。第一部《持火的普罗米修斯》讲的是泰坦神族的后代普罗米修斯用黏土按照自己身体的形状创造出了人类，他处处帮助和维护人类。在这期间，宙斯的父亲克洛诺斯推翻了其父——第一代神王乌兰诺斯的统治，成为第二代神。克洛诺斯也因此遭到诅咒：他的统治同样会被自己的儿子推翻。克洛诺斯非常害怕，连续吞掉了自己的五个子女，但他最小的儿子宙斯幸运地被母亲救了下来，长大后救出了自己的五位哥哥姐姐，并踏上

被缚的普罗米修斯

了反抗父亲的统治的道路。后来，诸神分为两派：以克洛诺斯为代表的古老泰坦神族和以宙斯为代表的新兴奥林匹斯神族。

普罗米修斯出身于泰坦神族，但他站在了宙斯的新神阵营里。这是因为普罗米修斯是一位先知神，能够洞悉未来。奥林匹斯山上的诸神虽然威力无比、不可战胜，甚至能够长生不老，但他们不知道自己的未来。在希腊语中，“普罗米修斯”一词的含义就是“先知”，他可以洞悉未来的情形，他知道奥林匹斯神终究会战胜老一代的泰坦神，所以便选择站在宙斯的一边，帮助宙斯推翻了泰坦神王克洛诺斯的统治，让宙斯成为新的主宰。

宙斯胜利后，由于担心人类强大之后不再服从自己的管理，所以想彻底消灭人类。这让普罗米修斯非常生气和失望，他决心拯救人类。当他看到人间因为没有火而忍饥受冻时，就违背宙斯的旨意，盗取天火，将火种送到人间。他还教人类劳动，给予人类智慧，引导人类创造了一个崭新的世界，开始了前所未有的幸福生活。

宙斯得知此事后勃然大怒。他先用潘多拉盒子报复人类，接着又将惩罚之箭对准了普罗米修斯。第二部《被缚的普罗米修斯》就此展开。

宙斯用铁链将普罗米修斯锁在黑海边的高加索山上，让他忍饥挨饿，遭受风吹日晒。宙斯还命令一只饥饿的老鹰每天啄食普罗米修斯的肝脏，让他永遭痛苦。众神劝说普罗米修斯向宙斯妥协，普罗米修斯却丝毫没有屈从，他反而向着苍穹、大地与太阳控诉这场凌辱与迫害。

普罗米修斯可以预见未来，他很清楚命运不可抗拒。在盗火之时，他就已经预见了自己即将面临的后果。但他透露了一个惊天秘密：宙斯必须解除对自己的禁锢，否则他的神权就会旁落，被新神取代。这便是这部悲剧的核心观念：众神之王也逃脱不了已注定的命运。

宙斯很害怕自己的统治被人推翻，于是派神使去逼问普罗米修斯，要普罗米修斯说出未来到底是谁会让自己丧失神权。普罗米修斯表示，除非宙斯帮自己解开这耻辱的镣铐，否则他决不说出真相。神使见劝说无效，愤然离去。此时大地裂开，悬崖崩塌，地底深渊处传出沉闷的轰鸣，更大的灾难向普罗米修斯袭来。

在第三部《被释的普罗米修斯》中，在大英雄赫拉克勒斯的调解下，宙斯释放了普罗米修斯。普罗米修斯也告知宙斯，如果他

宙斯与海洋女神忒提斯

与海洋女神忒提斯结合，他们生下的儿子就会取代他的地位。虽然宙斯非常喜欢忒提斯，但因为普罗米修斯的预言，他还是忍痛将忒提斯嫁给了人间的一个英雄佩琉斯。后来，忒提斯与佩琉斯生下了古希腊最强大的英雄阿喀琉斯。阿喀琉斯虽然天下无敌，但只是个英雄，不会威胁到宙斯的统治。而且英雄终将老去、死亡，神却是永远不会死的，所以他也不可能取代宙斯的地位。

### （二）剧情中蕴含的深刻思想

在古希腊众多戏剧作品当中，埃斯库罗斯的《被缚的普罗米修斯》也许不是最伟大的，但它仍不失为一座令后人瞩目的丰碑。在这部作品中，埃斯库罗斯刻画了一个“哲学的日历中最高的圣者和殉道者”的形象——普罗米修斯热爱人类，从天上盗取火种送给人类，结果遭到天神宙斯的憎恨与惩罚。但面对宙斯的折磨，普罗米修斯始终坚强不屈。后人对埃斯库罗斯展现的普罗米修斯的伟大形象和抗争精神给予了高度赞扬。

事实上，这部悲剧也反映了当时雅典的政治状况。借助《被缚的普罗米修斯》，埃斯库罗斯痛斥了宙斯象征的古希腊城邦中的僭主，讽刺了剧中与宙斯一起折磨普罗米修斯的那些神灵帮凶。极力推崇普罗米修斯的马克思曾说，古希腊众神在普罗米修斯的反抗光芒中被打得遍体鳞伤，几乎死去。当然，这部悲剧蕴含了很多深刻的思想主题。

#### 1. 命运的不可抗拒性

古希腊悲剧中一直包含着一种庄严、神圣的命运论，宣扬命运是不可抗拒的，即使是如普罗米修斯一般能够预知未来的神灵，也不能摆脱命运的安排。命运设定了人和神的苦难，要反抗命运，最终只会归于毁灭，这正是古希腊悲剧精神的核心所在。这一点在《被缚的普罗米修斯》的台词中有所表现。

我必须接受命运的支配，不会大惊小怪，

知晓与必然的强力抗争，绝无胜利可言。

在这里，“知晓”指知识，而“必然”指命运。用知识与命运抗争，注定会失败，因为命运是不可战胜的。

无论如何，技艺是不可能战胜定数的。

“技艺”在其中指技术、技巧，这些都是后天掌握的东西。但“无论如何”，这些人为的技巧、机谋都不可能战胜“定数”，即命运。

还有一段最经典的对白。宙斯派出神使赫耳墨斯来到高加索悬崖前，试图说服普罗米修斯，让他说出未来推翻宙斯统治的人是谁，以免受皮肉之苦。赫耳墨斯还威胁普罗米修斯，如果他仍不说出这个秘密，天神宙斯就会将他打入地狱，让他遭受万劫不复的折磨。面对赫耳墨斯的威逼利诱，普罗米修斯说出这样一段话。

让他投掷风卷烈火的闪电，

用白色的翅膀，飘飞的雪片，

用地震的响声，轰轰隆隆，

把整个世界搅翻：

他无法酥软我的意志，

讲出谁受命运的支配，

将把他踢开，中止他的暴虐。

这段台词不但强化了普罗米修斯反抗暴君的英雄形象，同时强调，即使是宇宙最高的统治者、天神宙斯，也摆脱不了命运的支配。他也会像他的父亲一样，被其他的神取代。这种命运的不可抗拒性以及对神圣命运的敬畏之情，在古希腊早期悲剧中体现得非常透彻。

2. 对暴力权威的反抗

埃斯库罗斯生活在古希腊城邦时代民主制度形成的时期，是一位具有现实主义精神的诗人，他借助剧中相关人物之口传达自己的思想和观点，他的悲剧作品集中地反映出当时社会的政治形势。他虽然出身于贵族家庭，却极力反对僭主制度，拥护民主制度。在《被缚的普罗米修斯》中，表面看普罗米修斯被缚是因为盗取天火惹怒了宙斯，被宙斯惩罚，深层原因则是普罗米修斯挑战了宙斯作为最高主宰不可违背的君主权威。在剧中，宙斯是新得势的神，担心自己的统治被推翻，因而残忍暴虐、专制横行，是个典型的暴君。这一形象恰好符合当时社会中的僭主形象。埃斯库罗斯反对专制，对僭主深恶痛绝，于是他便借助宙斯的形象，痛斥希腊各城邦的僭主统治，表达自己拥护民主制度的思想。同时，普罗米修斯也将自己隐喻为曾经与僭主一起对抗贵族势力、协助僭主夺得政权的人民。

剧中的台词也直接将矛头对准了希腊城邦统治阶级顶礼膜拜的奥林匹斯神王宙斯，揭开了宙斯冷酷、残暴的真实面目，同时也表现了普罗米修斯的不屈与抗争。

我知道宙斯的酷戾，

把正义玩弄在手里；

不过他会酥软意志，

总有一天，被我知晓的方式镇得服服帖帖。

……

我的劫难无有期限，

直到宙斯倒台，倒下权势的峰巅。

我痛恨所有的神明——一句话

——他们用邪恶回报我的帮援。

埃斯库罗斯笔下的宙斯与希腊城邦中的专制君主极为相似，这些台词也是对希腊各城邦中的君主政治和僭主统治的影射。在宙斯的反衬之下，敢于反抗暴政、决不屈服、充满斗争精神的普罗米修斯的英雄形象更加鲜明。

### 3. 对僭主统治垮台的预断

在《被缚的普罗米修斯》中，宙斯推翻他的父亲克洛诺斯的统治时，克洛诺斯发下诅咒，声称宙斯将来也会像自己一样，被他自己的儿子推翻、取代。

然而，这一天终将到来，那时，

宙斯尽管心胸顽倔，将被迫丢脸，

他的计划，他的王位，让他销声匿迹，

从而最终实践，不留残余，克洛诺斯的咒言，

他的父亲，被他打下宝座，诅盼的报现。

所以，让他端坐王位，踌躇满志，

自信于震撼天庭的响雷，挥舞手中暴虐的闪电。

这些全都无济于事，救不了他的跌毁，

难以忍受的灭亡，让他声名狼藉……

其时，面对灭顶之灾的扑击，

宙斯将会知悉，

作为权贵和奴隶，二者间的差别。

上面的独白注定了宙斯的失败。在古希腊的三大悲剧家当中，埃斯库罗斯是唯一经历过僭主制度的剧作家，他见证了雅典城邦从僭主制度向民主制度转变的整个过程。在《被缚的普罗米修斯》中，埃斯库罗斯通过剧中人物的语言，表明自己对僭主制度的反对和对民主制度的支持，同时也预断僭主制度就像宙斯的残暴统治一样，一定会有被取代的那一天。

### 4. 拯救者受难和知识导致的痛苦

普罗米修斯帮助宙斯战胜了泰坦神族，帮他登上神界的最高统治地位；他为人类盗取天火，教授人类各种劳动技能，将人类从蒙昧状态中唤醒，让人类意识到他们在面对真理和知识时与神灵是一样的，从而打破了人类最初对神的绝对依赖状态。然而，普罗米修斯在为自己的技艺感到自豪的同时，也承认技艺战胜不了定数，所以他才会受难。他在剧中反复哀叹，无奈于命运的不可抗拒。

我，宙斯的朋友，帮他完成霸业，

如今被酷刑摧磨——按他的旨意！

但听我说凡人的痛苦，他们的过去：

没有头脑，缺少智慧；

是我让他们掌握思考的技巧，学会分析。

我为凡人的发明林林总总——唉，我这倒霉的智者，

却没有为自己想个方案，

摆脱眼下的困境，遭受的磨难。

你忍受悲苦，一万种折磨，

只因你，普罗米修斯，不怕宙斯的权威，

听服于自己的心意，厚待凡人，给予过多的恩惠。

埃斯库罗斯生活的时代正是古希腊新旧制度的交点，虽然旧制度中的道德秩序、宗教信仰对他来说依然神圣，但他也深刻地感受到了旧制度的弊端，并相信新制度一定会到来。

几十年后，埃斯库罗斯这种对神圣命运的敬畏逐渐被后来兴起的怀疑主义思想冲淡。在悲剧家欧里庇得斯的作品当中，悲剧的根源越来越多地被归结为人性本身的弱点，而不再是神秘而不可知的命运。

### （三）对当时及后世的影响

《被缚的普罗米修斯》被搬上舞台后，普罗米修斯的形象被后人反复引用和演绎。后人不断延伸其内涵、提升其境界，使普罗米修斯最终成为一个为追求人类普遍利益而勇于献身的精神图腾。从这层意义上说，埃斯库罗斯悲剧中塑造的普罗米修斯是一

位成功的英雄。

与此同时，普罗米修斯的形象也成为对雅典现实的映射，这种映射的力量激情澎湃，不可战胜，就像后人评价的那样：“悲剧刻画这种崛起于旧世界废墟中的巨大力量，比诗歌和道德的意义更大。”剧中的天神宙斯被描写得专横残暴，而其他与宙斯一道羞辱、威胁普罗米修斯的众神也被描写得活灵活现，犹如现实中的暴君及其身旁的帮凶。

此时的埃斯库罗斯正值壮年，有一定的反叛精神，对当时的社会制度充满愤懑和不满，将众人尊崇、信仰的天神宙斯描写为一个冷酷、残暴的君主，很显然，这是违背大众的价值判断的。甚至在一次戏剧演出时，他差一点被台下看戏的观众用石头砸死。

到了晚年，埃斯库罗斯的思想、价值观等都发生了巨大的转变，这一点在他晚年创作的悲剧《奥瑞斯提亚》中便有所体现。他一改年轻时对宙斯权威的反抗和批判，开始大力维护宙斯的权威。

不过，相比于埃斯库罗斯晚期的作品，后世的人们更加推崇《被缚的普罗米修斯》。无论是马克思、恩格斯等思想家，还是雪莱、拜伦、雨果等诗人和文学家，都曾经赞美过《被缚的普罗米修斯》。拜伦甚至还以普罗米修斯自居，表明自己反抗暴政、反抗权威的态度。

这部悲剧还蕴含很多发人深省的内容。任何拯救者都要遭受苦难和折磨，但他们往往无怨无悔，这是哲学上崇高的圣者兼殉道者的形象。普罗米修斯为人类带来了火种，教人类掌握了许多新技能，改变了人类的生活，但这些知识和智慧反而给自己及人类带来了许多痛苦。从现实的角度看，普罗米修斯与宙斯的冲突，既是人权与神权的冲突，也是雅典社会中民主精神与暴力统治的冲突。

由此可以看出，古希腊悲剧中关于人的思考是多层次的，包括自我意识的觉醒、个性的张扬以及对社会的批判等，这些人本主义思想对后世西方的文学艺术和哲学理论产生了深刻的影响。

## 五、《奥瑞斯提亚》三部曲

《奥瑞斯提亚》是埃斯库罗斯唯一一部完整传世的三部曲作品，也是他的戏剧作品中情节极其复杂的一部。它由《阿伽门农》《奠酒人》和《善好者》三部悲剧构成，讲述了一个家庭中父母、子女的恩怨情仇。更重要的是，这部悲剧涉及希腊神话传说中非常重要的一个家族——伯罗奔尼撒家族，与这个家族有关的方方面面都在这部作品中有所涉及和体现。要想了解《奥瑞斯提亚》这部悲剧作品，就要先回顾一下伯罗奔尼撒这个家族以及这个家族对作品诞生的直接影响。

### （一）伯罗奔尼撒家族的“罪与罚”

伯罗奔尼撒家族的第一代始祖名叫坦塔罗斯，由宙斯与一位凡间女子所生。坦塔罗斯从小聪明伶俐，很得众神欢心，但他恃宠而骄，竟然杀掉自己的儿子珀罗普斯向众神献祭，结果被众神识破，遭到诅咒，被丢入冥府。

众神复活了被坦塔罗斯杀掉的珀罗普斯，让他继承了父亲的王位。后来珀罗普斯来到伯罗奔尼撒半岛，施计迎娶了伊利斯国王的女儿，还继承了伊利斯国王的江山。但他言而无信，用恶毒手段残害了曾帮他夺取伊利斯王位的米尔提洛斯，因此遭到了米尔提洛斯的父亲赫耳墨斯最恶毒的诅咒，从此这个家族便开始了夫妻反目、兄弟成仇、骨肉相残的被诅咒的宿命。

由于珀罗普斯被认为是建立伯罗奔尼撒统治的大英雄，他有两个大名鼎鼎的儿子——阿特柔斯和堤厄斯忒斯。但兄弟二人为争权夺利发生了激烈的冲突。不仅如此，堤厄斯忒斯还引诱阿特柔斯的妻子；而阿特柔斯为报复堤厄斯忒斯，杀掉了堤厄斯忒斯的儿子。堤厄斯忒斯知道真相后，怒火中烧，向阿特柔斯下了最恶毒、最可怕的诅咒。

更加不幸的是，堤厄斯忒斯后来与自己的女儿乱伦，生下一个儿子，名叫埃吉索斯。埃吉索斯长大后与堤厄斯忒斯联手杀死了阿特柔斯，获得了统治权。

阿特柔斯死后，他的两个儿子阿伽门农和墨涅拉俄斯不得不逃离迈锡尼，四处流亡，后来被斯巴达国王收留。在斯巴达国王的帮助下，阿伽门农兄弟回到迈锡尼，杀死堤厄斯忒斯，赶走埃吉索斯，两人分别迎娶了斯巴达国王的两个女儿克鲁泰墨斯特拉和海伦。

斯巴达国王去世后，墨涅拉俄斯继承了斯巴达国王的王位，阿伽门农也已是迈锡尼国王。看似一切都无比顺利，但被诅咒的伯罗奔尼撒家族的悲剧并未就此终结，亲人反目、骨肉相残的悲剧仍在上演，而《奥瑞斯提亚》的剧情由此正式拉开帷幕。

### （二）《奥瑞斯提亚》三部曲剧情简述

《奥瑞斯提亚》三部曲是从伯罗奔尼撒家族的第四代开始讲述的。

### 1.《阿伽门农》

第一部《阿伽门农》的背景为特洛伊战争。前文提到，斯巴达国王墨涅拉俄斯的妻子海伦被特洛伊的一个花花公子帕里斯诱拐，离开了斯巴达。妻子的离去让墨涅拉俄斯既悲痛又恼怒，更让整个希腊倍感屈辱。于是，迈锡尼国王、墨涅拉俄斯的哥哥阿伽门农便以此为借口，向特洛伊发动了战争。

战争持续了十年之久。最终，阿伽门农用木马计攻下了特洛伊城，最终获得了特洛伊战争的胜利。让阿伽门农万万没想到的是，等到他凯旋时，阔别十年的妻子已包藏祸心。

阿伽门农出征期间，他的妻子克鲁泰墨斯特拉留在迈锡尼，却被前来向阿伽门农寻仇的埃吉索斯诱骗，发展情人关系。阿伽门农身披甲胄、高举凯旋战旗归来的当天晚上，就被他的妻子与埃吉索斯密谋杀害了。

由于几代人的悲剧，埃吉索斯杀掉阿伽门农事出有因，而阿伽门农的妻子参与杀害阿伽门农的阴谋，却是另有原因。

原来在特洛伊战争打响之前，阿伽门农在一次狩猎时不小心杀死了狩猎女神阿耳忒弥斯的神鹿，惹怒了阿耳忒弥斯。阿耳忒弥斯便在海上刮起逆风，让希腊出征的船只受阻，不能前进。无奈之下，阿伽门农派祭司卡尔卡斯到德尔菲阿波罗神庙去请求神谕。然而神谕的指示是阿伽门农必须用他的女儿伊菲革涅亚向狩猎女神献祭，弥补狩猎女神阿耳忒弥斯失去神鹿的痛苦，只有这样，海上的逆风才能停止。

为了平息狩猎女神的怒火，也为了赢得战争的胜利，权欲熏心的阿伽门农将妻子克鲁泰墨斯特拉和女儿伊菲革涅亚骗到军营之中，将女儿作为牺牲献祭给了狩猎女神。在刽子手正要杀掉伊菲革涅亚时，戏剧性的一幕出现了：天空中一声巨响，祭坛上的伊菲革涅亚变成了一只母鹿，刽子手屠刀落下，这只母鹿死在了刀下。此时狩猎女神已经掳走了伊菲革涅亚，让她成了自己的侍女，祭坛上替伊菲革涅亚牺牲的只是一只母鹿。

不过当时阿伽门农等凡人是不知道这件事的，克鲁泰墨斯特拉因为爱女的惨死大受刺激。从此以后，克鲁泰墨斯特拉便对丈夫阿伽门农怀恨在心。回到迈锡尼后，她便与埃吉索斯勾结在了一起。

最终让克鲁泰墨斯特拉下定决心杀掉阿伽门农的还有一个重要原因，就是阿伽门农凯旋时，还带回一个漂亮的女子——特洛伊公主卡珊德拉。传说卡珊德拉具有预言能力，被阿伽门农掳掠后，她已经预测到自己和阿伽门农回到迈锡尼后必将遭遇不测，并会引发阿伽门农家族一系列的复仇悲剧。但为了报复阿伽门农对特洛伊发动的战争，为了替自己死于这场战争的父兄报仇，她秘而不宣，视死如归，宁愿成为阿伽门农的殉葬品。

果然，当克鲁泰墨斯特拉看到阿伽门农带回一个美丽的女子后，气愤不已，加上之前女儿被献祭，身边又有情夫埃吉索斯的蛊惑，她最终下定决心，向阿伽门农举起了刀剑。新仇旧恨、家族相残的诅咒再一次在伯罗奔尼撒家族应验。

这部悲剧的背景正是特洛伊战争，从伊菲革涅亚被献祭的情节中可以看出战争的残酷以及阿伽门农的残忍，这也是发生后面一系列悲剧的主要根源，《阿伽门农》表现的悲剧性也正在于此。

阿伽门农之死

战争的残酷、人性的自私，使这个家族反复被命运捉弄，这一系列悲剧实则带有一定的必然性。

### 2.《奠酒人》

《奠酒人》的剧情紧接《阿伽门农》。阿伽门农与妻子克鲁泰墨斯特拉共生了三个孩子，大女儿为伊菲革涅亚，也是克鲁泰墨斯特拉最喜爱的女儿，已不幸被献祭；二女儿名叫厄勒克特拉。她一直生活在迈锡尼王宫之中，从小就十分崇拜自己的父亲，对

母亲伙同情夫杀害父亲这件事无比愤恨，但由于势单力薄，无力为父亲复仇，只好将仇恨深埋心中，期盼自己流落在外的弟弟能够早日回来，与自己一起为父亲复仇。厄勒克特拉的弟弟奥瑞斯忒斯是阿伽门农与克鲁泰墨斯特拉的第三个孩子，也是这部悲剧的主人公。对丈夫怀恨在心的克鲁泰墨斯特拉曾将幼年的奥瑞斯忒斯抛弃到外邦。若干年后，长大成人的奥瑞斯忒斯在阿波罗神谕的指引下回到迈锡尼，到父亲坟前祭祀，并凭着一缕头发与失散多年的姐姐厄勒克特拉相遇。厄勒克特拉痛苦地将隐藏在心中为父亲报仇的想法告诉了弟弟。于是，奥瑞斯忒斯乔装成一名商人，跟着姐姐厄勒克特拉来到王宫。克鲁泰墨斯特拉热情地款待了这位外来的年轻人，当奥瑞斯忒斯试着告诉克鲁泰墨斯特拉她早年抛弃的孩子已经死了时，他震惊地看到母亲假意的悲伤下隐藏的喜悦之情。在这样的情势下，奥瑞斯忒斯和厄勒克特拉联手杀死了母亲的情人埃吉索斯，失望的奥瑞斯忒斯更是亲手杀死了自己的母亲，为父亲阿伽门农报仇。

### 3.《善好者》

《善好者》又名《福灵》，是《奥瑞斯提亚》三部曲的大结局。当克鲁泰墨斯特拉被自己的儿子杀死后，复仇三女神开始出场。复仇三女神是专门掌管血亲仇杀的神明，她们知道这件事后，立刻去向奥瑞斯忒斯索命。奥瑞斯忒斯四处逃亡，最后只好向阿波罗求助。在阿波罗神谕的指引下，他来到雅典卫城外一个叫亚略巴古的地方。

亚略巴古又被称作战神山，在希腊神话中，战神阿瑞斯曾在这里杀掉了海神波塞冬的儿子，最后遭到神的控告，于是智慧女神雅

复仇女神向奥瑞斯忒斯索命

典娜在战神山上建造了雅典第一座法庭，在这里审判了该案。阿波罗指引奥瑞斯忒斯前往战神山，接受以雅典娜为审判长的法庭审判。

作为法庭的建造者和审判者，雅典娜接手了这个案件，组织雅典十二位长老对奥瑞斯忒斯进行了审判。这场审判被哲学家们称为人类历史上第一场法庭审判。从这之后，法治社会开始取代完全按照血亲复仇原则运行的宗法社会，这也意味着人类社会从没有法治的混乱状态向有法可依、有法可治的国家状态迈进。

在法庭上，复仇三女神与奥瑞斯忒斯分别作为案件的原告和被告展开了激烈的辩论，双方相持不下。由于法庭上除了雅典娜还有十二位德高望重的长老，长老们便决定通过投票的方式决定如何判决奥瑞斯忒斯。然而投票结果是一半长老认为奥瑞斯忒斯无罪，另一半长老则认为他有罪。关键的一票由雅典娜投出，她将这关键性的一票投给了奥瑞斯忒斯，法庭最后判决奥瑞斯忒斯无罪，他得以赦免。

至此，困扰了伯罗奔尼撒家族几代人的诅咒终于被解除，一场接一场的家族仇杀终于结束。复仇三女神也因为这一案件而放弃了复仇的职责，成为降福女神。世界终于恢复了和平，人间重新充满了爱。

### （三）《奥瑞斯提亚》三部曲展现的深刻主题

《奥瑞斯提亚》是古希腊悲剧当中仅存的一部完整的三部曲，也是古希腊文学中最璀璨的一部戏剧作品。它以宏大有序的戏剧结构及悲壮凄凉的气氛，讲述了一个冤冤相报、世代仇杀的悲剧故事。《阿伽门农》更是在一开始就奠定了一种壮烈的悲剧主旋律。

但是，想要揣摩作者在这部悲剧中倾注的思想，就必须结合《奠酒人》和《善好者》来思考。仔细品读剧中的台词，才能洞悉其中蕴含的深刻主题。

#### 1. 罪与罚的宿命观

古希腊悲剧大多取材于希腊神话，其中蕴含着深刻的宿命论和因果报应观，埃斯库罗斯的悲剧作品也不例外。在《奥瑞斯提亚》三部曲中，阿伽门农的死、奥瑞斯忒斯杀死自己的母亲都被作者认为是“命中注定的”，是宿命的安排，也是前人的罪恶导致的因果报应。

纵观整部悲剧，剧中的每一项罪行都得到了相应的惩罚，然而每一项惩罚又转变为新一轮的罪恶，召唤着新的复仇行为。仇恨是罪恶的，但罪恶会轮回，剧中每一种罪恶都是前一种罪恶的结果，每个人都逃不出复仇女神诅咒的怪圈。很显然，剧中一系列仇杀、因果报应，都起始于阿伽门农家族祖先的诅咒，直到雅典娜在法庭上对奥瑞斯忒斯进行审判，才以法的精神终结了阿伽门农家族悲惨的命运和血腥的杀戮。

整部悲剧中，处处都彰显出罪与罚的宿命，合唱队诵唱的歌句便是证明。

旧时的狂傲会抓住邪恶的人们，
催产狂傲，新的种苗，
或迟，或早，在生养的时候，注定难逃，
引出那个精灵，不能抵御，休想逃跑，
乌黑的毁灭，渎圣的恣傲，踏着祖辈的脚印，
在他们的房居，以同样的面貌。

复仇，永久的潜伏，绝难逃跑。
栖住厅堂，她们唱诵古时的罪恶，
痛苦的渊薮，轮番诅咒，唱咒，
他的过错，在兄长的床上胡闹。

又一次临来，第三度吹刮，
家族的风暴横扫王者的宫房，

按照既定的方向。

最初是孩子被杀，吞入肚肠。

这几段写的是堤厄斯忒斯诱拐了哥哥阿特柔斯的妻子，阿特柔斯发现后，愤怒地赶走了堤厄斯忒斯，并杀掉了堤厄斯忒斯的两个儿子，还将他们做成肉酱让堤厄斯忒斯品尝。堤厄斯忒斯知情后，向阿特柔斯下了最恶毒的诅咒，形成了最初的宿命。

这宿命了这个家族一代又一代的惩罚与报复，每一次复仇都是对前一个罪行的惩罚，而每一项惩罚又转变为新的罪恶，召唤着新的复仇行为。罪和罚构成了这个家族难以解开的宿命。

谴责回对谴责，谁能轻易做出裁夺？

掠劫者已被掠劫，杀人者已受惩报。

正义永随宙斯的宝座，他的意志：

谁个做错，谁个付出——此乃律条。

谁能挖出诅咒，将深埋的种子，丢在门口？

它已和毁灭粘连，这个家族。

此乃律法，永不改变，

倾洒地上的鲜血呼讨血的报偿。

谋杀哭喊复仇，

后者从先前被杀者的冤魂引出新的毁灭，

用灾难回报它所导致的灾亡。

在这场宿命中，我们很难判断谁是好人，谁是坏人。每个人都有犯下罪行的理由，每个人也都有复仇的理由。堤厄斯忒斯的儿子被杀后，他对哥哥阿特柔斯及哥哥的后人发出了诅咒：“接着是一位王者被杀。”“王者”就指阿特柔斯的儿子阿伽门农。

阿卡亚全军的统帅，
惨遭谋害，死于浴汤。
眼下，这第三者来了……

这里的“第三者”指奥瑞斯忒斯，即阿伽门农的儿子。他替父亲复仇，杀掉了自己的母亲。

一位救星——
抑或，我该称其为死亡？
它会在哪里终止、停下，何时接受抚慰？
心平气和——它，命运的狂怒，
何时进入梦乡？

这个家族中每一桩罪恶的行为终将在今生或来世被发现，继而得到惩罚。罪恶和复仇何时能够终止？在前两部悲剧中没人能够回答，前两部悲剧也反映了当时古希腊无法可依、以恶制恶、盲目复仇这一古老却又悬而未决的社会问题，也体现了悲剧中罪与罚的宿命观念。

2. 正义与正义的冲突

在莎士比亚的戏剧中，好人与坏人、善良与邪恶往往是泾渭分明的，但在埃斯库罗斯的《奥瑞斯提亚》三部曲中，每一个犯下罪行的人物角色，都打着正义的名义，理直气壮地做罪恶的事情。阿伽门农在远征特洛伊时曾说："我秉持正义，要毁灭普里阿摩斯（特洛伊国王）的城邦。"甚至当他为了征服特洛伊用自己的女儿献祭时，也认为自己是正义的，这样做是为了战争的胜利、为了希腊的荣誉，当然也为了他自己的王者野心。

而阿伽门农的妻子克鲁泰墨斯特拉伙同情人埃吉索斯一起杀死自己的丈夫时，她也认为自己是正义的，"让正义引他进宫，沿着猩红指引的方向"，"以公正的名义，它替我的孩子报仇；以毁灭和复仇的名义，我用此人对之祭祷。"她要为自己最心爱的女儿复仇，不能让自己的女儿枉死。

埃吉索斯虽然是克鲁泰墨斯特拉的情人，身份不那么光彩，但他认为自己的行为也是出于正义。阿伽门农杀了他的父亲堤厄斯忒斯，夺取了本属于他父亲和他的权势，所以他要"见到此人受惩，套入正义的网线"。不论是勾结克鲁泰墨斯特拉，还是杀死阿伽门农，都出于他内心的正义，出于他复仇的目的。

当后来的奥瑞斯忒斯为父亲复仇时，他同样认为自己是正义的："遣送正义，为你亲爱的人们战斗"。因此，在众长老组成的法庭上，他振振有词，认为自己的母亲犯有双重谋杀罪——她杀死的是她的丈夫，但也是自己的父亲；而自己杀掉母亲，只是替父亲复仇，这是天经地义的事，何罪之有？

向奥瑞斯忒斯索命的复仇三女神，自然也认为自己是正义的。“哦，正义！哦，复仇，你们置身宝座！”她们站在女性的角度上，认为自己有责任保护天下的女性、惩罚杀害女性的人，即使犯人是她的儿子。而与复仇三女神相对立的是站在男性立场上的阿波罗，他也认为自己在主持正义：妻子杀害丈夫是罪大恶极的行为，而儿子为父亲复仇是天经地义的行为，故而他认为奥瑞斯忒斯是在坚持正义，无须接受任何惩罚。

最后，案件交给了智慧女神雅典娜主持的法庭来审判。

雅典娜表述的正义是超越了一切相对正义的绝对正义。因为相对正义无法达成统一，所以必须有一个绝对权威来主持正义，这个绝对权威就是雅典娜建立的法庭，而绝对正义就是法庭的宣判。从此以后，人类社会就有了高于一切相对正义的、具有绝对权威的法庭正义。在悲剧的最后，雅典娜做了振聋发聩的宣告。

> 哦，强健的命运，凭借宙斯的意志，
> 让此事实现，让正义稳操胜券！
> 对恶毒的话语，用恶毒的话语击还——
> 正义高声呼喊，索要欠债；
> 对致命的击打，用致命的击打奉还——
> 做者必须受难。
> 古老的告诫，把三代人通贯。

雅典娜这些台词的含义是：对待罪恶，就要用罪恶的方法；对待一系列致命的击打，也同样要用致命的击打去还击。这实际指的就是法庭审判。而下面一段雅典娜的发言也在强调建立一个至高无上的、超越血亲复仇以及所有相对正义的绝对正义，即法庭正义。

我将前往挑选，精选我最好的市民，
然后回来，让他们秉公断理，
用誓咒的威力保证，
法庭的评判绝不对抗正义。

从今后，直到永远，
我所定下的规章，
同时也让当事者知晓，
他们的案例会得到公正的审判。

在这种情况下，雅典娜最后以类似“庭长”的身份，将自己的一票投给了奥瑞斯忒斯，宣布奥瑞斯忒斯得到赦免，打破了双方僵持不下的争辩。

现在，阿提卡的人民，听从我的号令，
你们将首次行使判决，对流血的行为。
从今后，对埃勾斯的后人，
这里将成为判议的场所，永久的法庭。
我建立这个法庭，不受财欲的污脏，

庄严、肃穆，但能迅起惩罚，

警觉，保护人们睡觉，为国土站岗。

从此，法庭成为人们裁判对错、伸张正义的机构，法治的精神战胜了悲壮的宿命和血腥的杀戮、复仇，文明战胜了野蛮，人类社会进入了法治阶段。

### 3. 法权关系中父权原则的确立

克里特文明时期，社会文化带有明显的女性崇拜的特点，女性在社会上享有很高的地位。然而到了希腊城邦时代，女性的社会地位发生了根本转变，女人不能参加重大的社会活动。无论奥林匹亚竞技会，还是公民的选举、宗教祭祀活动，都将妇女排除在外。这一变化在《奥瑞斯提亚》的最终审判中也有明确的体现。

在审判奥瑞斯忒斯时，阿波罗与复仇女神在法庭上有一场对辩，先开口的是复仇女神。

他将母亲的鲜血，溅洒在地，

难道还能住进阿尔戈斯，他父亲的房居？

哪个公祭的炉坛他可接近？

可有哪个亲族会让他享用清水，去邪、净洁？

阿波罗对复仇女神的言论做了回应。

母亲不是家长，

虽然人们管教她的生养，

叫他们她的孩子。

她只是一位“保姆”，

照料被新近栽入的种子。

真正的家长是他，

是播种的那位，

而女方只是充当生客，

倘若神明不使它夭折，

保存另一位生客的种迹。

我会举出实例，证明我的分析：

父亲的概念依然成立，即便没有母亲。

这一位是现成的例子，

奥林匹斯宙斯的千金，

从来不曾在黑暗的子宫里受育，

然而却没有哪位女神能胎生这样出色的孩子。

阿波罗这里说的“奥林匹斯宙斯的千金”指的是雅典娜，她是从宙斯的头颅中诞生的。这颠覆了惯常的生育原则，即真正的血亲不是母亲而是父亲，父亲才是真正的“播种者”，母亲只是“孕育种子的土壤”，只充当“保姆”的角色。母亲是可以替代的，而父亲与孩子之间的血亲关系是不可替代的。

显然，在主张男女平等的今天，这种观点看起来是很荒谬的。不论父子还是母子，彼此之间都是血脉相连的，都有同样密切的血亲关系。但从当时的历史社会发展程度看，则诚如恩格斯所说，《奥瑞斯提亚》中包含着一种重要的思想，即法权关系。也就是说，父子关系代表着权力、财富的传递，而且这种法权关系重于血亲关系。在重男轻女的父权社会，这种法权关系只有在父子之间才可以传递、继承，母子之间是无法传承的。雅典娜在剧中的宣判实际上也意味着以法权关系为纽带的父权社会彻底取代了以血亲关系为纽带的母权社会。

从这个意义上来说，《奥瑞斯提亚》不仅是一部杰出的文学作品，它还反映了当时古希腊社会风貌的变迁以及重大社会原则的改变。

### （四）《奥瑞斯提亚》三部曲的艺术特色

埃斯库罗斯是一位杰出的戏剧家，也是一位优秀的诗人，这一点从《奥瑞斯提亚》三部曲中可以看出。这部悲剧具有恢宏壮阔的史诗色彩，全剧壮美的诗段、精彩的辩论不计其数，展现出令其他剧作家叹为观止的语言天赋。不论是丰富多彩的辞藻运用，还是天马行空的想象力展现，都令剧中的人物形象在极具画面感的词句中被烘托出来。

阿伽门农凯旋时，向众人炫耀自己带回的女奴的台词就极具特色。

> 没有人愿意戴上奴隶的轭，
> 她是从许多战利品中选出来的花朵，
> 军队的犒赏。

又如克鲁泰墨斯特拉杀死阿伽门农后，宣泄自己复仇成功的快感时的呐喊。

我的快感不亚于麦苗所承受的天降的甘雨，
正当出穗的时节。

诸如此类优美如诗的语言，剧中比比皆是。

还有几段合唱队反复咏唱的台词也具有非常强烈的抒情性。例如剧中第一段，合唱队这样咏唱海伦与帕里斯王子私奔并导致特洛伊战争爆发的经历。

悲哉，海伦，粗野的心胸，
断送数千条人命，
在特洛伊的墙脚下，
你毁掉多少壮勇！
如今，你自戴花冠，
被死者的鲜血染红，
长留人们的记忆之中，
洗不掉的光荣。
……
显然那时有一个精灵行走房宫，
给男人带来苦痛。

《奥瑞斯提亚》三部曲处处彰显着古希腊人对宿命的无可奈何。

如这段咏唱，作者认为，海伦之所以会与帕里斯王子私奔，是因为暗中有个“精灵”在左右男人的命运，导致这个家族一代又一代男人罪与罚的宿命和一代又一代的罪恶与毁灭。

第二段中咏唱阿伽门农之死的唱词在剧中多次出现。

哦，国王，我的国王，
我将怎样为你哀悼？
我将如何表述对你的厚爱？
你横躺这张蜘蛛的网套，
呼喘出命息，死得这样猥琐，
伸腿在这张不光彩的床上，
被你妻子的叛逆之手杀倒，
挥舞利剑，锋口两条！

剧中描写阿伽门农死前曾在妻子的恭维和引诱下走过紫色的毡毯[1]。在夜晚沐浴后，阿伽门农被妻子用网套罩住连刺三剑，最后流血而亡。上面这段唱词正是咏叹阿伽门农死时的惨状。

第三段是一段饱含苦涩的对祭祀场景的咏唱。

就着祭物，被烈火熬煎，
这是我们的歌调，碎裂心肺，

[1] 古希腊人认为，只有神和真正高尚的人才配走到紫色的毡毯上。

充满恐惧，极度狂迷，使头脑疯癫，

复仇的歌曲缠缚心智，枯萎凡人的生命，

崩断它的弦线，不用竖琴。

一代接一代的复仇，使无数人的生命枯萎。这个家族被命运和罪恶扼住了喉咙，每个人都无法与之抗争。这段唱词表现的正是这种宿命观念。

最后一段发生在雅典娜的判决之后。雅典娜判决奥瑞斯忒斯无罪，引起了原告复仇女神的不满，复仇女神发出了报复的申诉。

不行！你们，年轻一代的神明，

你们践踏古时的律法，

把它们从我手中抢去！

我被盗剥权益，遭受痛苦，怒满胸襟，

将对这片国土倾泄复仇的毒汁，致命，

从我的心灵滴淌，侵伤泥地，

催生毒疮、溃疡，

夭折儿童，枯萎树叶——

哦，正义——横扫平原，

让病灾灭绝人类，在大地上猖行！

唉，我们，黑夜的女儿，沮丧、忧郁，

被弄得灰头土脸，尽失权益！

复仇女神原本是地下古老的神灵，掌管仇恨、冤屈和惩罚，只要世间有罪恶，她们就必然存在。同时，她们也会给人间带来灾害。而雅典娜、阿波罗属于新一代神，新一代神即将取代古老的神，这令她们无法容忍。

但复仇女神的愤怒最终还是被智慧女神雅典娜化解了。雅典娜提出，她会让雅典人为复仇女神建一座神庙，每年向她们献祭，以此平息复仇女神的愤怒。剧情的结尾，复仇女神中为首的一位说："这是新秩序诞生的一天。"这意味着代表新一代神的雅典娜与代表旧神的复仇女神达成和解，世界最终归于和平与友好。

由此可以看出，埃斯库罗斯的悲剧作品虽然充满了宿命、罪恶以及惊心动魄的复仇情节，但最终会迎来一个皆大欢喜、罪得赦免的结局。

### （五）《奥瑞斯提亚》三部曲的伟大成就

关于《奥瑞斯提亚》三部曲的伟大成就，著名历史学家威尔·杜兰在《世界文明史》中的评价非常到位，他说："《奥瑞斯提亚》是希腊文学继《伊利亚特》和《奥德修纪》之后最伟大的成就。它有广阔的构想、统一的思想与表达、雷霆万钧的戏剧发展效果、深刻的性格理解及壮丽的风格。在莎士比亚之前，我们再也找不到综合这一切的作品。这个'三部曲'的内容进行了严密的组织，形成一出布局良好的三幕剧，剧情承上启下，一气呵成。当故事展开后，恐怖的气氛逐渐加深，令人朦胧地感觉出它曾经如何深深地扣动当时希腊观众的心弦。"

不论是之前的《被缚的普罗米修斯》，还是后来的《奥瑞斯提亚》，命运始终是贯穿古希腊悲剧的主题。而《被缚的普罗米修斯》中一再强调“技艺是不可能战胜定数的”，这更体现了古希腊人对命运的不可抗拒性的认同。在今天看来，这些思想显然带有一定的局限性。威尔·杜兰也认为：“《奥瑞斯提亚》之保守犹如《被缚的普罗米修斯》之偏激。公元前458年，埃斯库罗斯用《奥瑞斯提亚》为最高法院辩护，称其是雅典政府中最具智慧的一个机构。他像阿里斯托芬一样，向往马拉松战役时人们展现的美德。报应思想也就是业或原罪之说，每一桩罪恶的行为，终将在今生或来世被发现并得到报应。希腊思想企图以此种方式协调人的罪恶与神的关系，即一切苦难皆由罪恶而起，即使此种罪恶是前生所犯。”

《奥瑞斯提亚》三部曲是一出深刻而壮丽的悲剧。作者埃斯库罗斯通过这部由一个古老的神话故事编写而成的悲剧作品探讨了原罪、报应以及伦理道德、法律正义等主题。剧中人物虽然都秉持着内心的正义，但其行为野蛮而血腥。他们对生命极度漠视，就像伏尔泰在《哲学辞典》中说的那句话：“人们手持心中的圣旗，满面红光地走向罪恶。”然而，人物的行为越荒诞，就越能体现其悲剧宿命。由于命运注定，不论杀人还是被杀，悲剧主人公都无能为力。

如何解决这些矛盾？埃斯库罗斯最终给出了答案，就是理性和民主，于是在这部作品的最后，理性公正的法庭审判为这个家族互相残杀的悲剧命运画上了句号。

第Ⅴ节

## “戏剧界的荷马”索福克勒斯

索福克勒斯出生于公元前496年，成长于雅典一个新兴的工商业主家庭，父亲曾经开设兵器厂。从幼年时期起，索福克勒斯就受到了良好的教育，他擅长音乐、体育和舞蹈。公元前480年，希腊人在萨拉米海战中大胜波斯人，16岁的索福克勒斯因长相俊美、富有音乐天赋而被选入庆祝胜利的少年朗诵队。

长大后，索福克勒斯跻身政界，多次担任雅典城邦的要职。公元前440年，56岁的索福克勒斯进入雅典的权力中枢——十将军委员会，成为十将军之一，而当时伯里克利正担任首席将军。不久后，以雅典为首的提洛同盟与以斯巴达为首的伯罗奔尼撒同盟之间爆发战争，索福克勒斯与伯里克利共同指挥雅典海军，英勇作战。公元前430年雅典瘟疫流行，索福克勒斯担任雅典的祭司。索福克勒斯晚年仍然活跃在雅典政坛之上，积极为城邦事务操劳。公元前406年，90岁高龄的索福克勒斯还在比他年轻的悲剧家欧里庇得斯的葬礼上唱诵挽歌，他本人也于同年去世。

与从政经历同样精彩的，是索福克勒斯的戏剧创作生涯。他一生共写下130部剧作，但仅有7部流传下来，其中最著名的有《奥狄浦斯王》以及《安提戈涅》《奥狄浦斯在科罗诺斯》等。在漫长的一生中，索福克勒斯不仅创作剧本，还积极参与戏剧演出。公

“戏剧界的荷马”索福克勒斯

元前 468 年，28 岁的索福克勒斯在戏剧比赛中一举夺冠，击败了连续 16 年夺冠的埃斯库罗斯，此后更是名声大噪，成为新一代的戏剧之王。

据史料记载，索福克勒斯一生共获得 24 次戏剧节的冠亚军，并继续对戏剧演出进行改革，将之前舞台上两位演员的表演发展为三人表演，还进一步改进了舞台设置和布景，使悲剧逐步发展为一种庄严的艺术，因而，他也被后人尊称为“戏剧界的荷马”。据说索福克勒斯去世后，人们在他的坟头立了一个善于唱歌的人头鸟雕像，象征着人们对他在戏剧方面伟大成就的有力肯定。希腊“喜剧之父”阿里斯托芬也因此称赞他“生前完满，身后无憾”。

索福克勒斯所处的时代正是雅典民主制度最为繁盛的时期，因而他的戏剧作品充分反映出雅典实行民主制度时期的主流价值观，如平等、自由、法治等。他的剧作一方面大力渲染神与命运的无上权威，另一方面也倡导个人自强不息的精神，强调人应该对自己的行为负责。在进行戏剧创作时，索福克勒斯会按照自己的理想塑造人物形象，让这些人物即使处于命运的掌控之中，也不丧失独立自主的坚强性格。

基于个人理想，索福克勒斯作品中的人物不仅个性鲜明，还具有鲜明的自由意志以及与厄运斗争的坚韧精神。这种理想化的特点与古希腊第三大悲剧家欧里庇得斯有所不同。欧里庇得斯创作时往往会根据人的现实状况塑造剧中的人物形象，而不是像索福克勒斯笔下塑造的人物那样充满理想色彩。

## 一、代表作《奥狄浦斯王》

索福克勒斯的《奥狄浦斯王》被视为古希腊成就最高的悲剧，也是世界戏剧的典范之作。与埃斯库罗斯的“三联剧”形式不同,《奥狄浦斯王》是一部单行本悲剧，取材于古希腊神话故事中奥狄浦斯弑父娶母的故事，用惊心动魄的故事展现出富有典型意义的希腊悲剧主题——人与命运之间的冲突。

### （一）故事发生的背景

要理解这部悲剧作品，首先需要了解故事发生的背景。

古希腊时期，富饶的底比斯城邦中有一位国王，名叫拉伊奥斯。在拉伊奥斯幼年时，他的父亲就去世了，拉伊奥斯被夺去了底比斯的统治权，不得不投奔伊利斯国。伊利斯国王珀罗普斯收留了他，还让他担任自己的儿子克律西波斯的家庭教师。然而拉伊奥斯爱上了克律西波斯这位俊美的少年，并将其诱奸，导致克律西波斯自杀身亡。克律西波斯的死令珀罗普斯悲愤万分，于是向拉伊奥斯立下了“将会被自己的儿子杀死”的诅咒。

后来，拉伊奥斯回到底比斯，坐上了底比斯国王的宝座，并与一位名叫伊奥卡斯特的美丽女子结婚，但他们婚后一直膝下无子。盼子心切的拉伊奥斯亲自到德尔菲神庙祈求神灵，德尔菲女祭司发布的神谕却是：拉伊奥斯会得到一个儿子，但这个儿子将来会杀父娶母。不久以后，伊奥卡斯特果然生下了一个男婴。由于担心珀罗普斯的诅咒和德尔菲神谕成真，惊恐万分的拉伊奥斯叫人用钉子将男婴的两只脚后跟刺穿，用皮带捆住，交给手下的一个牧羊人，让他把这个婴儿丢入山野之中喂狼。

然而，这个奉命行事的牧羊人动了恻隐之心，他把男婴转交给邻邦科林斯的一位牧羊人，后者又把可怜的婴儿送给了膝下无子的科林斯国王波吕波斯。由于这个孩子来路不明，且被收养时双脚肿胀、鲜血淋漓，所以波吕波斯就给他取名为奥狄浦斯，意思是“肿胀的脚”。就这样奥狄浦斯在科林斯王宫中长大成人了。

在一次王宫宴会中，有人酒后失言，称奥狄浦斯不是国王的亲生儿子。奥狄浦斯听说后，就去问国王夫妇，但国王波吕波斯没有告诉奥狄浦斯真相。不死心的奥狄浦斯又跑到德尔菲神庙求问阿波罗，阿波罗的神谕也没有告诉他谁是他的父母，只说他会弑父娶母。为了摆脱这个可怕的命运，奥狄浦斯决定不再回科林斯，而是一直向东走去。

在一个三岔路口，奥狄浦斯遇到一个车队，车上的老者态度十分粗暴。愤怒的奥狄浦斯与对方大打出手，结果不小心一棍子打中老者，老者当场死亡。另外几名奴仆也被奥狄浦斯杀掉，但有一位逃走了。没想到的是，这名老者正是奥狄浦斯的亲生父亲拉伊奥斯，他此行的目的地是德尔菲神庙。因为惦念自己多年前抛弃的儿子的生死，拉伊奥斯准备再次去向阿波罗求神谕，结果在半路上就意外惨死于奥狄浦斯之手。

而侥幸逃走的那位仆人就是当年的牧羊人，他逃回底比斯以后，为了掩饰自己的无能，就向王后伊奥卡斯特撒了一个弥天大谎，说他们在去德尔菲神庙的路上遇到一伙强盗，对方人多势众，杀死了老国王和其他仆人，他自己经过浴血奋战才逃出重围。

另一边，无意中杀死亲生父亲的奥狄浦斯对真相浑然不知，继续流浪，来到了自己的出生地底比斯。这时候底比斯正在遭受一场灾难，一个人面狮身的女妖斯芬克斯盘踞在城门口，向每一个路人询问一个奇怪的问题："什么动物早上四只脚，中午两只脚，晚上三只脚？脚越多走路越慢，身体越虚弱？"路人如果回答不上来，就会被斯芬克斯一口吃掉。一时间，底比斯城内人心惶惶。

流浪至此的奥狄浦斯聪明睿智，面对斯芬克斯之谜，他略微沉思，就解开了谜底："这种动物就是人啊！"人在婴儿时爬着走，是四只"脚"；长大后直立行走，是两只脚；年老后拄着拐杖走，是三只"脚"。以智慧自居的斯芬克斯见谜底被揭穿，羞愧交加，跳崖自尽。奥狄浦斯就这样为底比斯人民解除了灾祸。

因为铲除女妖有功，加上底比斯的老国王不久前外出被人杀害，

奥狄浦斯破解斯芬克斯之谜

所以奥狄浦斯被底比斯城邦的民众拥立为新国王。按照当时的习俗，初来乍到、人地两生的新国王往往会娶先王的王后为妻，于是奥狄浦斯就与伊奥卡斯特缔结了婚姻。至此，弑父娶母的诅咒或神谕已经全部实现，但奥狄浦斯本人毫不知情。

奥狄浦斯在位 16 年，将底比斯城邦治理得井井有条，并与生母伊奥卡斯特生育了两儿两女。然而到了奥狄浦斯统治底比斯的第 17 个年头，城中发生了一场可怕的瘟疫。这场瘟疫打破了底比斯城邦的平静，一场悲剧故事由此展开。

### （二）主要剧情

索福克勒斯的《奥狄浦斯王》是在这个背景下开场的。底比斯城内的瘟疫爆发后，国王奥狄浦斯积极想办法对抗瘟疫。他派自己的小舅子克瑞翁担任使者，前往阿波罗神庙去请求神谕。克瑞翁带回的神谕是：这场灾祸降临底比斯的原因是底比斯的老国王拉伊奥斯被杀，要想消除灾祸，就必须找出杀害老国王的凶手，否则这场瘟疫永远不会终结。

为了解救危难之中的城邦民众，奥狄浦斯在获悉神谕后，立刻竭尽全力寻找十几年前杀死老国王拉伊奥斯的凶手。同时，他还发下一道无情的重誓：不论杀害老国王的人地位多高、权势多重，只要找到凶手，就一定会将他赶出城邦，并谕令所有希腊城邦不许收留此人，让他像一只无家可归的野狗一样凄惨地死在流浪途中。

#### 1. 先知的预言

底比斯有一个先知，名叫特瑞西阿斯，是个盲人。为寻找真相，克瑞翁将特瑞西阿斯引入王宫，希望他能帮助国王奥狄浦斯找出杀害老国王的凶手。作为先知，特瑞西阿斯自然知道奥狄浦斯的身世秘密，但当他面对奥狄浦斯时，支支吾吾地不敢说出真相。

这让奥狄浦斯非常恼火，他大骂先知浪得虚名，甚至想与先知比一比谁更有智慧，因为在斯芬克斯女妖危害底比斯城邦时，是奥狄浦斯破解了谜底，拯救了城邦。

情急之下，特瑞西阿斯向奥狄浦斯说出了真相："杀害老国王拉伊奥斯的凶手就是你！"奥狄浦斯不相信这个所谓的"真相"，愤怒地赶走了特瑞西阿斯。

但先知的话让奥狄浦斯内心变得不安。他马上回到宫中，对王后伊奥卡斯特说了这件事，并追问老国王到底是怎么死的。王后便将自己之前与拉伊奥斯之间的故事告诉了奥狄浦斯，即德尔菲神谕宣称他们的儿子将弑父娶母，因此他们的孩子刚出生就被丢入荒野死掉了。后来，老国王带着几名奴仆前往德尔菲神庙去求神谕，结果在一个三岔路口被一伙强盗所杀，只有一位牧羊人跑回来报信。在奥狄浦斯成为新国王之后，这位牧羊人又回山中牧羊去了。

2. 报信人

正当奥狄浦斯与王后回忆各自之前的经历时，忽然从科林斯来了一位报信人，声称奥狄浦斯的父亲、科林斯国王波吕波斯已经去世，科林斯人要拥立奥狄浦斯为新的国王。

奥狄浦斯听说父亲去世的消息后十分悲痛，但内心也豁然产生一种解脱的感觉，因为当初神谕称他会弑父娶母，为此他才不得不远离科林斯，离开自己心爱的父母，发誓永远不回去。现在父亲已经在科林斯去世，而他本人却远在底比斯，杀父的神谕显然已经不会实现了。

然而就在奥狄浦斯暗自庆幸之时，报信人又说了一番话，他

奥狄浦斯与安提戈涅

安慰奥狄浦斯，波吕波斯其实并不是奥狄浦斯的亲生父亲。原来，这个报信人就是当初将婴儿送给波吕波斯的那个科林斯牧羊人。当奥狄浦斯进一步追问他是从哪里得到那个婴儿的时，科林斯牧羊人就说出了与他同在一座山上放牧的底比斯牧羊人。

此时王后伊奥卡斯特忽然明白了一切。她恳求奥狄浦斯不要再继续追查真相，奥狄浦斯却坚持要追查下去，直到弄清真相为止。

### 3. 真相大白

在科林斯报信人的提醒下，奥狄浦斯找到了已经躲到山中的底比斯牧羊人——那位曾经动了恻隐之心的拯救者。一番对质之后，残酷的真相终于被揭开：杀害底比斯老国王的人就是现在的国王奥狄浦斯。而更残酷的是，奥狄浦斯杀害的正是自己的亲生父亲，而王后正是他的亲生母亲！奥狄浦斯最终还是未能逃脱弑父娶母的悲剧命运。

羞愧万分的奥狄浦斯这时才发现，他的王后，也是他的母亲伊奥卡斯特不见了。他立刻冲到后宫，发现王后上吊自尽了。百感交集的奥狄浦斯从王后头发上拔下一支金簪，举起来刺瞎了自己的双眼。作为一个负责任的国王，奥狄浦斯自觉恪守当初发下的重誓，命令仆人打开宫门，让全体底比斯人看了他最后一眼后，就在他与母亲所生的女儿安提戈涅的搀扶下自我放逐，永远离开了底比斯城邦，踏上了孤独的流浪之途。

### （三）《奥狄浦斯王》的启示

通过对《奥狄浦斯王》剧情脉络的梳理我们可以看出，这部悲剧作品的情节比较简单，却深刻揭示了希腊悲剧的命运主题。

#### 1. 命运的诡秘与神谕的应验

在《奥狄浦斯王》这部作品中，索福克勒斯要表达的核心就是人与命运的冲突以及命运的不可抗拒性。奥狄浦斯悲剧的起点是他的父亲因犯错而受到“儿子会弑父”这一诅咒，这个诅咒又因神谕进一步强化为“弑父娶母”，导致后面一系列悲剧成为现实。即使奥狄浦斯一直竭力反抗命运，试图让神谕落空，但最终还是未能摆脱命运的陷阱与神谕的威力。

可是当奥狄浦斯了解自己弑父娶母的原委后，他反而不再逃避，自戳双目，勇敢地承担自己的罪行。这使读者深刻地感受到一种面对命运无可奈何的悲怆和一种虽然无辜却勇于认罪自罚的崇高精神。在可怕的命运与神谕面前，奥狄浦斯维护了人类的尊严。这些思想和情操通过剧中精彩的台词得以展现。

比如，当克瑞翁带着神谕回来告诉奥狄浦斯要找出杀害老国王的凶手时，合唱队演唱了这样一段唱词。

德尔菲石窟传来神谕指出的，
那个用血染的手犯下无以名状罪恶的是谁呀？
现在到了他撒开比快如风暴的骏马还有力的脚步逃跑的时候了。
因为，用宙斯的火与电武装起来的阿波罗正向他追来，
和他一起追来的，
还有那可怕的永无差误的命运之神。

刚从积雪的帕尔那索斯山发出的神谕，
要大家寻找那个隐藏的罪人。
他躲进了野树林子，
从一个山洞流浪到另一个山洞，
像一头凶猛的公牛，
凄苦孤独地走着，
还在努力摆脱大地中心的神谕。
但他摆脱不了它，
它一直盘旋在他头顶上。

这些唱词表现了命运与神谕的不可抗拒、不可改变，它们如

影随形，让人插翅难逃。到后来一切真相大白，命运和神谕终于应验时，奥狄浦斯的唱词表现了他的心情。

哎呀，哎呀！一切都应验了。
天光呀，现在让我看你最后一眼！
我被发现，生于不该生的父母，
娶了不该娶的人，杀了不该杀的人。

哎呀，大名鼎鼎的奥狄浦斯啊，
同一宽敞的房间不是足够你用的吗？
你可以在里边做了儿子再做丈夫，
放了摇篮再放婚床呀。
不幸的人呀，
你父亲的婚床怎能一声不响让你用了这么久长？
能发现一切的时间发现了你，
尽管你不愿意，
审判了这荒诞的婚姻：
长时间里丈夫和儿子是一个人。

王后伊奥卡斯特知道真相后，更是羞愧难当。

她发疯似的冲过门廊，
直奔自己的婚床，两手抓住头发。

她一进卧房，便砰地把门关上，
呼唤早已死去的拉伊奥斯的名字，
回忆她早年所生的那个儿子，
说拉伊奥斯是被他杀的，
留下寡妻和儿子生了一些不幸的孩子。
她悲叹自己的床榻，
悲叹自己不幸在床上生下了两代人——
和丈夫生了丈夫，和孩子生了孩子。

这一切都是命中注定的。在整部作品中，那隐匿着的、冥冥之中注定的命运，尽管表面上销声匿迹，被人遗忘和忽视，没有步步紧逼地跟随奥狄浦斯的生活轨迹，甚至奥狄浦斯本人也认为自己通过努力逃脱了它的摆布，但它还是在关键的时刻猛然呈现本来的面目，使此前所有看似偶然的事件和无谓的巧合一起，导致了必然的悲剧结局，令人不寒而栗。

### 2. 明眼人的愚蠢和盲者的智慧

奥狄浦斯无疑是个英雄，也是个英明的国王。他正直诚实，体恤民众，敢于面对现实和承担责任，是个理想的民主派领袖。但他也并非完美的英雄，也有自己的缺陷。他解开了斯芬克斯的难题，拯救了濒临毁灭的城市，但这也使他滋生了骄傲之心，导致他变得过度自信和盲目，这一点从他要与先知特瑞西阿斯比试智慧时可以看出。先知特瑞西阿斯也曾这样提醒奥狄浦斯。

你虽然有眼睛，但是看不见自己的不幸，

看不见自己住在哪里，和谁住在一起。

你知道自己是从哪个根上长出来的？

你无意中成了自己已死的和活着的亲属的仇人。

有朝一日母亲的诅咒和父亲的诅咒将一起紧追不舍，

驱赶你离开这方土地，

你发现看得清楚的双眼那时一片漆黑。

先知虽然是个盲人，却对奥狄浦斯的身世一清二楚，他“看到”了底比斯灾难的缘起。但有眼睛、本该看清真相的奥狄浦斯却听不懂也根本不相信盲人先知的话。被激怒的先知答道：“你虽然有眼睛，但是看不见自己的不幸，看不见自己住在哪里，和谁住在一起。”这里，盲人先知对奥狄浦斯的谴责直指他的乱伦行为及其后果，同时也暗示奥狄浦斯不再具有作为国家最高领导者的资格。

当然，在这部悲剧中，最大的限制和最大的禁忌就是命运。尽管奥狄浦斯决心通过自己的努力逃脱命运的摆弄，让“弑父娶母”的神谕落空，但命运是不可违背的，奥狄浦斯这种反抗命运的行为在神那里也成了一种傲慢，构成了对神权的挑战，因此必然遭受惩罚，所以，盲人先知也对奥狄浦斯的命运作了可怕的预言。

明眼人成了盲者，富人成了乞丐，

靠一根手杖探路，远走异国他乡。

他将被发现是和他同住一屋的自己的子女的兄弟和父亲，

又是生养他的那个女人的儿子和夫君，

以及自己父亲的共同播种人和杀人凶手。

这就形成了一个强烈的对比：一个有眼睛却盲目的国王以及一个失明却洞悉一切的先知。奥狄浦斯不愿相信先知的话，也不想屈从于命运的安排，直到两个牧羊人对质、王后自杀、真相大白后，他才恍然大悟，原来自己竟是这般荒唐的存在。该看到的他看不到，而他看到的一切都是假象，到底谁是明眼人、谁是盲人？至此一目了然。所以后来奥狄浦斯说："我有一种要命的恐惧：那个老预言家是有眼睛的。"当奥狄浦斯开始怀疑自己的眼睛时，他也看到了自己的命运，因此，他才会刺瞎自己的眼睛，并对自己的眼睛说了这样一席话。

你们再也看不见我所遭受的苦难、

我所造成的罪恶！

你们看够了你们不应当看的人，

却不认识我想认识的人。

让你们从此黑暗无光吧！

奥狄浦斯没有像自己的母亲那样直接自杀，一了百了，而是戳瞎双眼，自我流放，因为这种方式更具有惩罚意味，同时作者也借此暗喻这种方式可以使人的内心走向真正的光明。就像德国哲学家海德格尔说的那样："自行戳瞎双眼，就是让自己走向光明。"

奥狄浦斯虽然失去了眼睛，内心却豁然开朗。

这部悲剧当中有很多关于眼睛的言论，它们高度概括了人类的困境：有眼睛的人看不见真相，盲人却有先见之明。这也成了后世文学作品中一种经典的意象。

### 3. 幸福的无常

中国伟大的思想家老子说过一句话："祸兮福之所倚，福兮祸之所伏。"人生原本就是无常的，福与祸也是相互依存的。

纵观奥狄浦斯的一生，他前半生是非常幸运的：虽然被亲生父母无情抛弃，但又被人解救，送到邻邦的王宫中，在国王、王后的宠爱中长大；成年后，他为躲避神谕来到底比斯，通过自己的智慧化解危机，当上了底比斯的国王，受到臣民爱戴，并与先王后生育了四个孩子，一家人其乐融融，幸福无非就是这样。

然而到了后半生，不幸开始降临在奥狄浦斯身上。他最终得知自己失手杀死的是自己的亲生父亲，娶的王后又是自己的亲生母亲，还与母亲生下了孩子，这多么荒唐！尽管奥狄浦斯也曾竭力与命运抗争，但仍然没有逃脱无处不在、无时不在的命运的捉弄。

为了惩罚自己，奥狄浦斯刺瞎双眼，离开底比斯，流放自己。在《奥狄浦斯王》这部悲剧的结尾，合唱队唱出了一段发人深省而又充满哲理的唱段。

> 有谁，有谁的幸福不只是一个影子，
>
> 眼前一晃消失了？
>
> 啊，不幸的奥狄浦斯呀！

你的命运，你的命运告诫我，
不要称任何凡人
“幸福的”。

这家族古老的幸福从前真是幸福的，
但从这一天起，
悲伤、毁灭、死亡、耻辱，
一切凡有名称的灾难，
在这里无一不能找到。

但奥狄浦斯最后刺瞎自己的双眼，接受命运、自行放逐，或许又是另一种幸福的开始。因为从此他不用再被无情的命运和诅咒左右。索福克勒斯晚年时又创作了一部戏剧作品——《奥狄浦斯在科罗诺斯》，讲述了奥狄浦斯离开底比斯后，四处漂泊，他的女儿安提戈涅一直陪伴着他。并且，他被雅典国王忒修斯收留和善待，安度晚年。最后在命运的指引下，奥狄浦斯来到科罗诺斯森林，在这里走向了人生的终点。这个饱受精神和肉体折磨的老人，在生命的最后时刻，收获了内心的安宁与满足。

在《奥狄浦斯王》这部悲剧当中，索福克勒斯也像埃斯库罗斯一样，时刻强调命运的不可捉摸、不可抗拒性。但面对无法逃避的命运，人就要坐以待毙吗？显然不是。从奥狄浦斯身上我们看到，命运可以剥夺人的生命，却不能贬低人的精神；可以将人打垮，却不能将人征服。奥狄浦斯虽然遭受了命运的捉弄，但命运也因其诡异无常而招致了人们的批判和厌恶。从这一点来看，奥狄浦斯对命运的抗争也是完善自我认知的过程，并不是最终的结局。而命运所代表的世界的无限性是人们永远都想超越的梦想，在这种不断超越的过程中，每个人的人性都会不断地获得升华。

## 二、《奥狄浦斯在科罗诺斯》

《奥狄浦斯在科罗诺斯》是索福克勒斯晚年时期创作的作品，是《奥狄浦斯王》的续作。奥狄浦斯刺瞎自己的双眼，让仆人打开宫门，向民众承认自己弑父娶母的罪行。不过民众都知道奥狄浦斯是在不知情的情况下犯下这些罪过的，所以底比斯人并不厌弃这位英明的国王，反而还很同情他。

众人的态度让原本万念俱灭的奥狄浦斯十分感动，但为了履行自己的诺言，他还是将王位交给了克瑞翁，让克瑞翁摄政，辅佐他两个年幼的儿子，并拜托克瑞翁帮忙照顾自己的两个女儿，最后他准备离开底比斯城邦，放逐自己。

然而，当心情渐渐平复且体会到双目失明造成的种种生活上的不便之后，奥狄浦斯预感到了流放的可怕。于是他又向克瑞翁和两个儿子请求，希望他们能让自己留在底比斯，但克瑞翁和两个儿子都拒绝了奥狄浦斯的请求，他们给奥狄浦斯一根行乞的手杖，逼迫他尽快离开底比斯。但两个女儿很同情父亲，小女儿伊斯墨涅尚且年幼，留在了底比斯；大女儿安提戈涅则主动提出愿意陪伴父亲一起流放。

不久后，奥狄浦斯在大女儿安提戈涅的搀扶下，步履蹒跚地

奥狄浦斯在科罗诺斯



离开了底比斯。一路上，安提戈涅牵着失明的父亲，风餐露宿，尝尽人间疾苦。他们先来到德尔菲神庙，向阿波罗请求神谕。阿波罗清楚奥狄浦斯并非故意违背人伦道德，他的罪过可以获得救赎。所以他指示奥狄浦斯，让父女二人按照命运女神的指引去流浪，到达命运女神指定的地方后，复仇女神就会降下慈悲，让奥狄浦斯获得解脱。

在神谕的指引下，奥狄浦斯来到雅典城邦，获得了大英雄忒修斯的接纳和保护。忒修斯还将奥狄浦斯带到了雅典一个非常幽静、与世隔绝的地方，这个地方名叫科罗诺斯。剧中有一段语言生动地描述了这个美丽、宁静的地方。

那儿浓密的青葱掩映着她，

悦耳的夜莺颤颤地唱出她那甜蜜辛酸的衷曲，

明露中一片清新，

冠戴晶莹洁白的早开花簇，

稚嫩的水仙在晨曦中怒放……

来到科罗诺斯后，奥狄浦斯告别了忒修斯和女儿安提戈涅，一个人走入幽深的丛林之中，歌队唱出了这样一段话。

继续向前走，

我们在一处小小的空间里打转。

瞧，我们再也看不见一个人；

但他——王（忒修斯）——却在那里，

将一只手放在额头上，

像是在眺望一件阴森可怖的东西，

可能是不忍卒睹。

但若不是神谴某人引导他的步履，
就是地狱深渊敞开着表示它友善的大门，
没有丝毫痛苦。
因此那人被带走了，
毫无遗憾——
离开这个世界时未因病痛的折磨而憔悴；
但是他的结局若有结局的话，
真是妙不可言。

这就是奥狄浦斯的结局，他走入幽深的丛林，走向了另外一个世界。

至此，奥狄浦斯悲剧的一生落下帷幕。回顾奥狄浦斯的一生，他诚实聪明，热爱人民，努力为民众消灾解难，是一个堂堂正正的英雄。这样的英雄，结局却如此凄惨，这是因为作者索福克勒斯试图通过奥狄浦斯的悲剧揭示英雄意志难逃命运的惶惑与痛苦。作为个人，奥狄浦斯竭力反抗命运，为摆脱弑父娶母的神谕逃离科林斯，力图掌握自己的命运；而在寻找杀害底比斯老国王凶手的过程中，他也表现出大公无私、对民众高度负责的态度。尽管他越来越清楚地意识到自己已经陷入命运的罗网，却仍然努力追查真相，绝不逃脱罪责。他遵循高尚的道德准则，敢于与神谕对抗，然而命运却让这样一位英雄成了罪人，从始至终都不能摆脱命运的作弄。

索福克勒斯通过塑造奥狄浦斯这样一个人物形象，影射了当时雅典奴隶主民主派英雄的历史悲剧，同时对命运的合理性提出质疑，表达了个人反抗命运的思想与决心。可以说，奥狄浦斯的经历既表达了索福克勒斯对当时流行的命运观的深刻思考，也寄托了他对民主派领袖的高度评价和深厚同情。

## 三、《安提戈涅》

《安提戈涅》在剧情上承接《奥狄浦斯王》和《奥狄浦斯在科罗诺斯》，但它其实是索福克勒斯最早写就的。在前两部悲剧中提到，奥狄浦斯将自己流放后，大女儿安提戈涅主动提出愿意陪伴父亲一起流放。《安提戈涅》的剧情就是从安提戈涅陪伴父亲奥狄浦斯一起离开底比斯城邦以后展开的。

### （一）《安提戈涅》剧情简述

奥狄浦斯离开底比斯后，将王位让给了自己的小舅子，同时也是他舅舅的克瑞翁，并嘱咐克瑞翁好好照顾自己的两个儿子。然而不久之后，继承王位的克瑞翁就被奥狄浦斯的大儿子厄特克勒斯赶下王位。克瑞翁听从神谕的指示来到雅典向奥狄浦斯求助，但奥狄浦斯对当初克瑞翁不允许他留在底比斯之事心怀不满，因此不肯帮助克瑞翁。克瑞翁就绑架了奥狄浦斯的两个女儿，逼迫奥狄浦斯帮自己夺回王位，结果被闻讯而来的雅典国王忒修斯出手相救。

争夺底比斯王位的除了克瑞翁外，还有奥狄浦斯的二儿子波吕尼刻斯。但波吕尼刻斯在与哥哥及克瑞翁争权过程中失利，逃到了邻邦阿尔戈斯，还娶了阿尔戈斯的公主。在这里，波吕尼刻斯得到了岳父阿德拉斯托斯的支持，打算借助阿尔戈斯的兵力反

安提戈涅与波吕尼刻斯

攻底比斯，夺取王位。在出兵的路上，波吕尼刻斯绕道来到雅典，希望求得父亲奥狄浦斯的帮助，但奥狄浦斯同样拒绝了二儿子。

鹬蚌相争，渔翁得利。厄特克勒斯与波吕尼刻斯两兄弟为夺取王位对阵沙场、手足相残，最终在一场恶战中同归于尽，王位再次落入克瑞翁之手。

克瑞翁上台后颁布了一道命令，他说厄特克勒斯是为守护底比斯而死，应按照国王的礼仪给予厚葬；而波吕尼刻斯勾结外邦攻打自己的城邦，是底比斯的叛徒，应将他暴尸荒野，任由虎豹豺狼分食他的尸体。克瑞翁还专门派兵看守波吕尼刻斯的尸体，防止尸体被人偷走或安葬，并指出谁敢违抗命令，就将其处死。

但是，克瑞翁的命令激起了奥狄浦斯的大女儿安提戈涅的强烈反对。她不忍心让自己兄长的尸体暴露于荒野之中，留给猛兽啄食撕扯，因此与克瑞翁据理力争，要求克瑞翁安葬波吕尼刻斯。她认为，哥哥虽然是底比斯的叛徒，但死后同样应入土为安，这是天神制定的永恒不变的自然法则。而克瑞翁坚持己见，并威胁安提戈涅，如果她敢为波吕尼刻斯收尸，同样会受到严厉的惩罚。

安提戈涅不顾克瑞翁的警告和威胁，抗命安葬了自己的兄长。克瑞翁知道后勃然大怒，但为了避免杀亲招致天谴灾祸，他将违抗自己命令的安提戈涅囚禁在一个空置的墓穴内，只给她留下少许的食物，任由她自生自灭。

克瑞翁的儿子海蒙是安提戈涅的未婚夫，他深深爱着安提戈涅。当父亲克瑞翁将安提戈涅囚禁后，海蒙苦苦哀求父亲，规劝父亲不要因威严而丧失民心与人情，克瑞翁却丝毫不为所动。

这时，克瑞翁遇到了盲人先知特瑞西阿斯。特瑞西阿斯称克瑞翁的行为冒犯了诸神，是会遭报应的。克瑞翁很害怕，急忙去救安提戈涅，可惜晚了一步，安提戈涅已经死去。海蒙见自己心爱的未婚妻悲惨死去，拔剑刺向父亲克瑞翁，幸好克瑞翁反应快，躲过了这一剑。海蒙收回剑后，直接将剑刺向了自己。在临死前，海蒙紧紧抱着安提戈涅，他为安提戈涅殉情而死。

海蒙的死让克瑞翁和妻子受到了极大的刺激，尤其是克瑞翁的妻子，因无法接受爱子离世的现实，伤心过度，也自杀了。克瑞翁虽然重新拥有了王位，身边的亲人却一个个死去，这让他追悔莫及。

### （二）《安提戈涅》蕴含的深刻思想

“我是按照人应该有的样子来写作的。”索福克勒斯曾经这样概括他的悲剧作品，而事实也的确如此。索福克勒斯的悲剧歌颂的都是一些正直高尚的人物形象，充满了理想色彩，奥狄浦斯如此，安提戈涅也是如此，他们都有着与命运或权威斗争到底的坚定意志和不屈精神，并且都始终坚信自己站在正义的一方，勇于负责，临危不惧，视死如归。

《安提戈涅》是一部剧情相对简单的悲剧作品，但作者将剧情安排得非常巧妙、合理，从奥狄浦斯两个儿子的互斗到克瑞翁的禁葬、安提戈涅的反抗，再到先知的警告、海蒙的自杀，可谓一气呵成。全剧优美的文字可以与埃斯库罗斯的悲剧作品相比美。与此同时，《安提戈涅》中也蕴含着深刻的思想和启示。

#### 1. 人法与神律之间的冲突

在《安提戈涅》中，推动剧情发展的核心矛盾就是应否为死去的波吕尼刻斯收尸。站在克瑞翁的角度，波吕尼刻斯是底比斯城邦的叛徒，他带着敌国的军队来攻打自己的城邦，所以克瑞翁想狠狠地惩罚这个给底比斯带来祸患的家伙，哪怕死后也不允许任何人为他收尸。

但是站在安提戈涅的角度，作为波吕尼刻斯的亲人，她显然不能容忍自己的兄长横尸野外，所以当克瑞翁阻止她为波吕尼刻斯收尸时，她正义凛然地说了下面一席话。

须知，向我宣布这法令的不是宙斯，

和冥间诸神同居地下的正义女神也没有为人间制定过这种法律。

我不认为你的法令有这么大的效力，

以致一个凡人可以践踏不成文的永不失效的天条神律。

后者的有效期不限于今天或昨天，而是永恒的，

也没人知道它们是何时起出现的。

我不能因为害怕任何凡人的傲慢去违背这种天条。

以致遭受神的惩罚。

安提戈涅认为，不管自己的哥哥因为何种原因死去，作为家人，她都有责任让他入土为安，而不是暴尸荒野，这符合当时的家庭伦理，也符合神律的规定，否则将遭到神明的惩罚。而克瑞翁如果同意安提戈涅的要求，无疑会损害原本就缺乏统治根基的自己的权威和国法的威信，瓦解底比斯城邦的尊严。

克瑞翁与安提戈涅的决定都不算错，就像西方著名哲学家柏克与黑格尔说的那样，“这是正义与正义之争”。不过，索福克勒斯有自己的判断。在他看来，克瑞翁代表的是希腊城邦的僭主，总是将自己的意志强加在城邦的意志之上，将城邦的法律置于神律之上，刚愎自用，残暴凶狠，最后落得个孤家寡人的下场。因此，索福克勒斯认为：“人类最大的灾祸来自愚蠢的行为。”

相比之下，安提戈涅却像是一个坚定而倔强的勇士。虽然她的初衷只是安葬自己的兄长，但索福克勒斯其实是想通过安提戈涅的行为体现国法与神律、人法与道德伦理之间的冲突。这部悲剧阐发的原则也被后来的希腊哲学家们继承和发扬，苏格拉底就

曾将法律分为自然法和人法，认为自然法是神的意志，具有普遍性；而人法是国家颁布的法令，具有易变性，故而自然法应高于人法。后世人通常也认为安提戈涅在道德上和道义上都是高于克瑞翁的英雄。因为死亡已经是对一个人最大的惩罚，而克瑞翁让波吕尼刻斯暴尸荒野，不能入土为安，就是违反了神律，也违背了人们公认的"天理"。所以，安提戈涅的抗争行为也被认为是公民依据自然法原则和天理良心对抗邪恶国法的代表。

### 2. 家庭罪恶的宿命

与埃斯库罗斯一样，索福克勒斯的作品也摆脱不了古希腊当时浓重的命运观念，他也将自己笔下的奥狄浦斯、安提戈涅等人物都置于无法逃脱的命运罗网中。

在《奥狄浦斯王》的结局中，刺瞎了双眼的奥狄浦斯在安提戈涅的陪伴下离开了底比斯。途中，奥狄浦斯对女儿说了这样一段话，这段话就像一个预言，甚至像是一个魔咒，它直接决定了安提戈涅日后的命运。

> 我也为你们痛哭，因为我看不见你们了，
> 一想起你们日后辛酸的生活……我就难受。
> 你们能参加什么市民集会，什么节日庆典，
> 不哭着回家，而不能分享快乐？
> 等你们到了结婚年龄，我的女儿呀，
> 有哪个男人肯冒险使自己遭受那种
> 对你的孩子和我的孩子同样可怕的辱骂？

什么不幸少得了?

“你们的父亲杀了他的父亲,

把种子播在生身母亲那里,

从自己出生的地方生了你们。”

你们会挨这样的骂。谁还会娶你们呢?

啊,孩子们,没有人会的。

你们显然只有不结婚,不生育,枯萎而死了。

奥狄浦斯的命运悲剧最终也传承到了他的孩子们身上,他对自己孩子的预言也都成了现实。所以当安提戈涅被克瑞翁囚禁到墓穴中时,她才会悲痛地说这样的话。

啊,坟墓呀,新房呀,

那个永久囚禁我的石窟呀。

我就要去你那里投奔我的亲人了。

他们多数已经死了,

早已被冥后珀尔塞福涅接到死人中间去了,

我是他们中的最后一个,死得也最惨,

要在寿限未到之前就去那里……

我还没听人唱过婚歌,没上过婚床,

没享受过婚姻的幸福和养育儿女的快乐。

我这不幸的人呀,就这样没有亲友,

孤苦伶仃地,活着走向死人的墓穴。

我违犯了什么神律？

既然我做了敬神的事情，

却得到了不敬神之名，

我这可怜的人为什么还要寄希望于神灵？

还要祈求什么神的援助？

安提戈涅最终死在被囚禁的墓穴内，她父亲当年的预言成了现实。虽然她遵守了神律，但也与她的父亲奥狄浦斯一样没能逃脱家族罪恶的宿命。

不管《奥狄浦斯王》还是《安提戈涅》，结局都是悲惨的。但我们也看到，两部悲剧宣扬的精神却是积极乐观的，不会让人感到过多的压抑和沮丧。这两部作品都让人深深地感受到了生命的激情、真理的可贵和永不屈服的精神，这也表现了作者索福克勒斯的创作思想：无法摆脱沉重的宿命观念，同时又对命运持有强烈的不满情绪和反抗精神。在他的笔下，悲剧不再是人沦为神或命运的玩偶，而是人努力地对抗强加于自己的悲惨命运的过程。虽然结局仍是悲剧，但悲剧的结果往往是人本身的行为造成的，人也必须为自己的行为负责。不论何种宿命，其实往往是主人公亲手而为、亲历而成。索福克勒斯的悲剧在渲染命运威力的表象下埋藏了质疑和反抗命运的种子。而这颗种子在他的强劲竞争对手欧里庇得斯那里开花结果。

第 VI 节

# “剧场里的哲学家”欧里庇得斯

欧里庇得斯出生于公元前 485 年，与埃斯库罗斯、索福克勒斯并称古希腊三大悲剧大师。他一生创作了 90 多部悲剧作品，流传至今的有 18 部，其中以《伊菲革涅亚在奥里斯》《美狄亚》和《特洛伊妇女》最为著名。

## 一、欧里庇得斯悲剧作品的特点

埃斯库罗斯被称为“悲剧之父”，他是古希腊悲剧的开创者，虽然他创作的悲剧剧情比较简单，但充满悬念，不论是描写亲族之间的仇杀，还是阐述罪与罚的冤冤相报，都强烈地表现出命运观念和正义之间的冲突。他的作品语言优美，场面恢宏，用惊心动魄的语言渲染剧情中的深刻矛盾。

第二位悲剧家索福克勒斯虽然与埃斯库罗斯一样，都在作品中表现出浓郁的命运观，但索福克勒斯的作品中出现了浓烈的个人自由精神以及向命运抗争的态度。同时，索福克勒斯的作品剧情安排较埃斯库罗斯的作品更加巧妙，剧情一波三折、跌宕起伏，既在意料之外，又在情理之中。后世评论者们通常认为，索福克勒斯在悲剧的剧情结构、矛盾演进、表演艺术等方面都优于埃斯库罗斯和欧里庇得斯，是古希腊悲剧的典范，因此，索福克勒斯有“戏剧界的荷马”之美誉。

与以上两位悲剧大家相比，第三位悲剧家欧里庇得斯的思想观念却明显不同。埃斯库罗斯与索福克勒斯作品中的人物虽然表现出了对神和命运的抗争精神，但更多的是在维护古希腊的主流观念，赞美神、讴歌神，维护神与命运的权威。而欧里庇得斯却开始明确地表现出对神和命运的怀疑与批判的态度，并且不再将悲剧的发生归结于神秘而不可知的命运，而是归结为人性本身的弱点。

因此，人们对欧里庇得斯的评价褒贬不一，有人认为古希腊悲剧在他手中走向衰亡，也有人认为是他将古希腊悲剧推向了巅峰。欧里庇得斯的作品有两个明显的特点，一是剧中人物有大量内心独白，即不再借助他人表达人物心理，而是让人物通过独白直接描述自己的心理状态；二是他作品中的主要角色不再是神和英雄，而是普通人，尤其以女性居多，主要是揭露和批判希腊社会对于女性的不公。这正是他的作品遭到抨击的主要原因。在古希腊，人们认为悲剧是一种高尚的艺术形式，什么样的内容最能表现高尚呢？自然是神话传说和英雄史诗，是神和英雄的故事。欧里庇得斯却反其道而行之，创作普通人的悲剧，甚至创作在古希腊地位很低的女性的悲剧，公然对抗古希腊男权社会的主流观念，这显然是难以被正统思想接纳的。

由于受到当时社会环境的影响，欧里庇得斯的悲剧作品所传达的价值观念与以前的悲剧作品不再相同。欧里庇得斯生活的时代，雅典民主制度已经走向衰落，暴民政治开始渗透到雅典的政治生活中；希腊人已不再团结，城邦之间互相攻击，战争不断。这些变化让普通人苦不堪言。思想极度敏感的欧里庇得斯感受到雅典民主政治制度江河日下。他对被压迫、被剥削的贫苦百姓充满了同情，尤其是女性，作为当时社会弱者中的弱者，她们的悲剧更能反映时代和命运的冷酷。因此，欧里庇得斯开始借助文学作品针砭时弊，批评希腊社会一向奉行的主流价值观和宗教系统，并在悲剧作品中表现出强烈的怀疑主义思想。

欧里庇得斯的怀疑主义思想和理性批评精神推动了古希腊哲学的启蒙，甚至有评论者认为，欧里庇得斯不仅是“希腊古典时期的莎士比亚”，也是那个时代的“伏尔泰”，是“剧场中的哲学家”。欧里庇得斯在哲学探索和政治革新方面表现出浓厚的兴趣。他年轻时曾与智者普罗塔哥拉有过交往，熟悉智者怀疑神存在的理论，也喜欢在自己创作的剧中讨论哲学问题，这在一定程度上导致他的作品在剧情和语言方面显得枯燥乏味，既没有埃斯库罗斯那样纯粹而质朴的人物勾勒，也没有索福克勒斯那样蓄意编排的意料之外、情理之中的剧情演化。但作为一个哲学启蒙者和一个理性批判家，欧里庇得斯却是成功的。那些哲学式的台词为他创作的悲剧赋予了更深刻的意义，也表现出强烈的社会批判意识。他的悲剧作品代表着传统英雄悲剧的终结和悲剧向世态戏剧的演进。

苏格拉底是欧里庇得斯的挚友。两人志趣相投、惺惺相惜，他们都经常发表一些抨击时政、质疑神灵的言论，因而被当时雅典的保守派视为洪水猛兽。欧里庇得斯晚年在巨大的舆论压力下不得不离开雅典，流落到马其顿，最终客死他乡；苏格拉底最终也被雅典人以亵渎神灵罪处以死刑。这两位思想家都看到了当时社

“剧场中的哲学家”欧里庇得斯

会存在的诸多弊端，直接将批判的矛头对准了社会的毒瘤，这势必会得罪当时的当权者和保守的民众，因而遭到排挤、打压，甚至迫害，最终走向悲剧性的人生结局。

欧里庇得斯是那个时代的反叛者。然而在希腊城邦时代的后期，有一些思想激进的年轻人以欧里庇得斯和苏格拉底为偶像，运用欧里庇得斯悲剧作品的思想和苏格拉底的哲学理论对传统神明提出质疑和批判，进而推动了希腊喜剧和哲学的繁盛，从此，古希腊文化开始进入一个崭新的阶段。

## 二、《伊菲革涅亚在奥里斯》

埃斯库罗斯所著的《阿伽门农》中提到，因为阿伽门农用自己的女儿伊菲革涅亚向狩猎女神献祭，所以他的妻子怀恨在心，最终引发了悲剧。而欧里庇得斯创作的这部《伊菲革涅亚在奥里斯》讲述的就是阿伽门农用伊菲革涅亚献祭时，伊菲革涅亚乞生与赴死的故事。

当时，希腊联军在爱琴海西岸的奥里斯集结，扬帆待发，准备去攻打特洛伊。这时海上突然刮起逆风，船舰无法出港。祭司卡尔卡斯声称，因为阿伽门农狩猎时不小心射死了狩猎女神阿耳忒弥斯的圣鹿，所以必须以自己的女儿献祭阿耳忒弥斯，才能平息她的怒火。

阿伽门农顿时陷入绝望，他不愿杀死自己的女儿，但是担心将士出征前躁动不安的情绪影响士气，再加上他本人心中熊熊燃烧的权欲野心，他最终决定忍痛割爱。他让妻子将女儿送到军营，谎称要将女儿嫁给大英雄阿喀琉斯。妻子和女儿满怀喜悦地来到奥里斯，未曾料到，等待她们的是痛苦的献祭。

伊菲革涅亚得知自己要被父亲用来献祭时，她苦苦乞求父亲，希望父亲能改变主意，不要杀她。这段乞求非常凄楚，她跪倒在父亲面前，泣不成声地说了下面这些话。

父亲哟，

假如我有奥尔弗斯的神奇竖琴，

假如我可以发出感动顽石的声音，

那么我，就能说出雄辩的话引起你的同情！

但我没有这个能力，只有眼泪才是我唯一的武器。

请求别人怜悯的人，都在手上拿一根橄榄枝，我只好用双手来代替橄榄枝，抱住你的双膝。

父亲，别让我这么年纪轻轻就死去！

……

你真的要杀死我？呵，千万别这样。

我当着母亲的面恳求你。

我的母亲十月怀胎生下我，

现在她想到我的死就感到更大的痛苦。

海伦与帕里斯的事与我有什么相干？

帕里斯来到希腊，而我为什么就该死？

啊，看着我的眼睛，可怜可怜我吧！

面对无辜的伊菲革涅亚，大英雄阿喀琉斯也站出来为她求情。这时候阿伽门农说了一番话，听起来慷慨激昂，事实上却充满私心和野心。阿伽门农始终想要征服外邦，获得更多的财富，以满足自己作为统治者的权势欲和虚荣心。在古希腊人看来，所有非希腊人都是野蛮人，即使后来希波战争爆发，面对与自己势均力敌的波斯人时，希腊人也认为波斯是一个野蛮的、没有文明的民族，这样的民族就应该被征服、被消灭。海伦被特洛伊城的帕里斯诱拐，这成了希腊人的奇耻大辱：野蛮人掠夺了我们的妇女，我们必须好好教训他们。

阿伽门农也用这套说辞说服自己的女儿献祭。

我现在以沉重的心情做着可怕的事情，

可我必须这样做。

你们看到了，多么大的一支船队由我统率，

多少王子身穿盔甲，站在我的周围。

我的孩子，如果我不按照神谕牺牲你，

那么特洛伊将不能被攻陷。

英雄们全都希望希腊妇女今后再也不会遭到特洛伊人的劫持，

他们都下了这个决心。

我不遵照神谕去做，

他们就会杀掉你们，也杀掉我。

我的权力到此为止，已经无能为力了。

我不是向我的弟弟墨涅拉俄斯妥协，

而是顺从全体希腊人的要求。

父亲这番冠冕堂皇的说辞让伊菲革涅亚彻底死心了。她意识到自己必须做出牺牲，这是神谕注定的。于是她冷静下来，接受了所谓命运的安排，表示自己愿意赴死，愿意为希腊献出自己的生命。她说了这样一段慷慨激昂的话，表现了视死如归的英雄气概。

现在我决心去死，

但是我希望死要死得光荣，

我要抛弃那可耻的怯懦。

伟大的希腊如今会注视着我，

船队的出航、弗律基亚的覆灭，

全系于我一身；
如果为了这次帕里斯抢走海伦，
我们给了蛮族人以毁灭的惩罚，
这可使他们今后不敢再从幸福的希腊抢走妇女。
无数的人竖起了盾牌，无数的人拿起了船桨，
为雪国耻，鼓起勇气进攻敌人，为希腊去牺牲，
但为了我一个人活命，
停止这一切，这算什么正义？
我把我的身体献给希腊。
用我来献神吧，去毁灭特洛伊！
希腊人统治蛮族人，不是蛮族人统治希腊人，
因为蛮族人是奴隶，希腊人是自由人。

这段话既表现了伊菲革涅亚为国献身的凛然大义，也表现出希腊人自高自大的心理。希腊人认为对外战争都是为了消灭野蛮民族，都是正义的，所以伊菲革涅亚才自愿牺牲，以帮助希腊船队顺利起航，去征服特洛伊。这时，伊菲革涅亚又向父亲说了一段话。

父亲啊，我按你的吩咐来了，
为了我的祖国，为了全希腊的国土，
我愿献出我的身体，
让你把我带到女神的祭坛前去用作牺牲，
如果有此神谕。

愿你因我的供献而交上好运，

摘取到胜利的果实，回到你祖国的土地。

随后，伊菲革涅亚被带上祭坛。祭司卡尔卡斯从刀鞘中抽出一把锋利的刀，放入祭台旁的金篮内，又为伊菲革涅亚戴上花冠，准备将她献祭。这时，阿喀琉斯突然手持宝剑冲出来，想要救下伊菲革涅亚，但被伊菲革涅亚拒绝了。阿喀琉斯只好扔掉宝剑，捧起金篮，像祭司那样一边围绕着祭坛走动，一边祈祷。

啊，高贵的女神阿耳忒弥斯，

请仁慈地接受这一自愿而又神圣的祭礼吧！

那是阿伽门农和全希腊给你献祭的。

让我们的船一帆风顺吧，让特洛伊降服在我们的长矛下。

全体希腊士兵站在祭坛前面，默默地低头致敬，等待献祭的开始。然而就在祭司卡尔卡斯挥刀斩向伊菲革涅亚时，发生了这样的一幕。

祭司拿起刀来，祷告通诚，

仔细观察少女的脖颈，看哪里适宜下刀。

可是，突然间一个奇迹！

大家清楚地听到了重重的一声刀的砍击，

可是那少女不见了，谁也没看见她钻到哪里去了。

伊菲革涅亚的献祭

一只硕大好看的母鹿躺在那里地上，

正在咽气，女神的祭坛上洒满了它的鲜血。

祭祀结束后，海上刮起了顺风，希腊战船顺利出海，希腊将士们发出了阵阵欢呼。对希腊人来说，伊菲革涅亚已经被献祭，但事实上，阿耳忒弥斯用一头母鹿代替了祭品，救下了她。阿耳忒弥斯将伊菲革涅亚送到陶里斯，让她去做当地神庙的祭司。然而，这场献祭将仇恨的种子种入了母亲克鲁泰墨斯特拉的内心深处，直接导致了后面一系列悲剧的发生。

虽然故事最终以一种喜剧的形式结尾，慨然大义的伊菲革涅亚没有死去，而是成为阿耳忒弥斯的祭司，但这部戏剧揭示的人性之自私与丑恶却丝毫没有减弱。诚然，希腊英雄们出征是为了希腊的荣誉和财富，而阿伽门农却是为了谋求权势和地位，当他的欲望受阻时，竟不惜牺牲自己的亲生女儿。与大英雄阿伽门农卑污龌龊的权欲野心相比，小人物伊菲革涅亚以身殉国的精神和壮举显得更加崇高典雅。一边是弱势者伊菲革涅亚的凄楚申诉，一边是阿伽门农和众多希腊英雄代表的民族大义，但在后者面前，伊菲革涅亚的申诉没有得到任何回应，这位美丽而无辜的少女最终还是屈服于男权社会的暴戾之下。所以，这部悲剧暗含一种讽刺意味，同时也揭示了女性在希腊社会中的屈辱地位。

## 三、《美狄亚》

《美狄亚》是欧里庇得斯最负盛名的悲剧作品。无论艺术性还是思想性，都称得上是欧里庇得斯的巅峰之作。

《美狄亚》描写的主要是家庭问题，通过讲述一个名叫美狄亚的女巫的爱情故事，刻画了古希腊时期女性的种种不幸，以及誓言破碎、爱情消逝后主人公疯狂的复仇心理。

要讲述这个故事，我们先要介绍一下它的背景。古希腊神话中有一个很著名的故事叫“阿尔戈船英雄”，讲的是在一个名叫伊俄尔卡斯的国家，国王克瑞透斯死后将王位传给了他的儿子埃宋，然而埃宋的王位却被他同母异父的弟弟珀利阿斯篡夺。为斩草除根，珀利阿斯还处死了埃宋所有的后代。在母亲的苦苦哀求下，他才没有杀掉埃宋，只是将他囚禁起来，并逼他放弃了王位。

后来埃宋与阿凯美迪结合，生下一个男婴，名叫伊阿宋。为保护伊阿宋，阿凯美迪将孩子偷偷送到珀利翁山，托付给马人喀戎抚养长大。伊阿宋长大后回到伊俄尔卡斯，准备夺回王位。珀利阿斯谎称自己得到祖先托梦，要伊阿宋到科尔喀斯国王那里盗取金羊毛。如果伊阿宋能完成任务，他就将王位还给伊阿宋。前往科尔喀斯的路十分凶险，珀利阿斯坚信伊阿宋此行必将丧命。但伊阿宋不知道珀利阿斯的真实意图，很痛快地答应了。

关于金羊毛的来历，也有一段故事。

传说珀俄提亚国王阿塔玛斯和自己的妻子涅斐勒生活很不愉快。后来国王另娶了底比斯国王卡德莫斯的女儿伊诺为妻。可是，伊诺却不是一位善良的后娘，她虐待阿塔玛斯与前妻生的两个孩子，还说服阿塔玛斯将儿子佛里克索斯献祭给宙斯，以消除当时国内的旱灾。涅斐勒为保护自己的孩子，招来一头身上长有双翼与金羊毛的公羊救下了佛里克索斯。佛里克索斯逃脱后，带着自己的妹妹赫勒一起骑着公羊向科尔喀斯飞去，途中，赫勒不小心从公羊身上跌落，掉入海中淹死了。佛里克索斯一个人到达科尔喀斯后，受到国王埃厄忒斯的接待，埃厄忒斯还把自己的女儿嫁给了他。佛里克索斯将公羊献祭给宙斯，并将公羊身上的金羊毛献给了埃厄忒斯。埃厄忒斯将金羊毛挂在战神阿瑞斯圣林中的一棵树上，由火龙看守。

伊阿宋与忒修斯、赫拉克勒斯等众多英雄一同乘坐古希腊最大的船——阿尔戈号来到科尔喀斯，向国王埃厄忒斯索取金羊毛。不出所料，他们遭到埃厄忒斯的拒绝，但伊阿宋获得了埃厄忒斯的女儿美狄亚公主的爱情。这部悲剧故事便由此展开。

美狄亚公主是一位法术高明的女巫，她天真美丽、情感细腻又敢爱敢恨。在伊阿宋到来之前，她在自己的国家中过着无忧无虑的生活。伊阿宋的到来打破了她原来平静的生活，她深深地爱上了这个英俊、勇敢的小伙子，并决心帮助自己的心上人拿到金羊毛。在一天夜里，美狄亚用巫术引走了看护金羊毛的火龙，让伊阿宋趁机偷走了金羊毛。她还义无反顾地离开故土，跟随伊阿宋远走他乡。

埃厄忒斯发现女儿帮助伊阿宋盗走羊毛后，怒不可遏，命令自己的儿子前去追赶。为帮助伊阿宋逃脱，美狄亚不惜亲手杀死了前来阻拦的亲弟弟，还将弟弟的尸体切割成碎块，扔进大海。埃厄忒斯四处寻找儿子的尸体，无暇顾及美狄亚和伊阿宋，使两人顺利逃脱。

伊阿宋在美狄亚的帮助下拿着金羊毛回到伊俄尔卡斯，父亲埃宋却已被珀利阿斯杀害。于是美狄亚用法术害死了珀利阿斯，但遭到了珀利阿斯的儿子的驱赶，伊阿宋和美狄亚只好带着他们的两个儿子逃亡到科林斯。

美狄亚原以为自己全身心的奉献可以换来丈夫一生一世的疼爱，然而伊阿宋却开始贪恋富贵，移情别恋。他迷恋上了科林斯国王的公主，便想方设法抛弃美狄亚，欲娶科林斯公主为妻。愤怒的美狄亚忍无可忍，决定进行报复。她让自己的两个儿子假装殷勤，与伊阿宋一起前往科林斯王宫，向即将成为伊阿宋的新娘的科林斯公主献上一顶花冠和一套美丽的衣服。公主不知是计，高兴地戴上花冠，穿上衣服，却不曾想，花冠和衣服都被美狄亚事先涂上了剧毒。公主身中剧毒，痛苦不已。国王见状，不顾一切地想要抱住女儿，结果也染上了剧毒，最终父女二人都因中毒而死。

科林斯国王与公主的惨死没能熄灭美狄亚胸中复仇的怒火，她当着伊阿宋的面，亲手杀死了自己与伊阿宋的两个儿子，然后乘着龙车离去，留下家破人亡的伊阿宋。因为自己的过错，伊阿宋失去了原本幸福的家庭，他后悔不已，却又无法使儿子复活，最后郁郁而终。

这是一部关于爱情和婚姻的悲剧。为了能与心上人在一起，美狄亚不惜欺骗自己的父亲，杀害自己的兄弟。对国家、对亲情的背叛，使她的内心遭受巨大的谴责和伤痛。她乞求的只是伊阿宋对她一心一意的爱，然而她放弃一切换来的却是伊阿宋的背叛，这彻底摧毁了美狄亚的所有念想。爱情和婚姻的破灭促使美狄亚开始复仇，甚至手刃亲生儿子，用无辜的孩子祭奠爱情之殇。

不过，美狄亚在这个过程中也充满了矛盾。欧里庇得斯是一

愤怒的美狄亚

位非常擅长描写人物心理变化的剧作家，尤其是写到美狄亚准备杀死自己的孩子时，他将美狄亚那种满腹怨恨却又无法割舍的复杂情感描写得非常细腻。毕竟那也是她的亲生孩子，所谓“虎毒不食子”，要亲手杀掉他们无疑是痛苦万分的；但如果她不杀掉自己的孩子，他们又可能遭到科林斯人的报复；何况她的主要目的是报复伊阿宋，当面杀死他的亲生儿子，这是对伊阿宋最残酷的打击。所以在经历了一番痛苦的挣扎之后，美狄亚选择了忍痛跟孩子们告别。

啊，孩子们，
伸出你们的右手让母亲吻一吻！
啊，最亲爱的手，
我最亲爱的嘴，
你们高贵的体形和容貌啊！
我祝你们好运！
但要在别的地方了；
这里的幸福全被你们父亲剥夺了。
啊，甜蜜的吻，
娇嫩的面颊和温馨的呼吸！
别了，别了！我的眼睛不忍再看你们了。
——我被痛苦战胜了。
我虽然意识到我要做的是一件多么罪恶的事情，
但是愤怒，这人类罪行的最大根源，
已经战胜了我健全的思想。

美狄亚勇敢大胆、敢爱敢恨，甚至后来有人还将她当成女权主义的先锋，因为她曾提出“我宁愿三次提着盾牌上战场，也不愿在家生一个孩子”“在天底下所有的生物中，我们女人是最不幸的”等控诉。这些控诉都表现了当时女性的疾苦和不幸，这也是欧里庇得斯剧作中一种新潮的思想。但是，为了所谓的爱情、为了向伊阿宋复仇，她不惜手刃自己年幼的孩子，这种做法不论放在哪个时代，都是过于残忍和罪恶的。

美狄亚的故事让我们看到了爱情的力量，也让我们看到爱情的绝望。她也许对抗过命运，但终究还是活在爱情的幻影中，也无法摆脱被男性主导的命运。尽管她有过“豪言壮语”，却仍然无法作为独立女性的代言人。因为一个真正独立的女性不会将人生变成爱情的附庸，一个真正的母亲不会抛弃她的身份去挽留名存实亡的爱情、去换取报复的快意。可见，悲剧《美狄亚》虽然表达了对妇女解放的要求，但其方式和途径还是太过偏激，美狄亚也因此成为一个颇具争议的艺术人物。

### 四、《特洛伊妇女》

《特洛伊妇女》是欧里庇得斯另一部著名的悲剧作品，在这部剧中他更加明晰地揭露了妇女的痛苦和不幸，阐扬了她们身上的高尚情操和道义。

特洛伊战争算是世界上最广为人知的战争故事之一，欧里庇得斯这部作品讲述的就是特洛伊城被希腊人攻陷之后，特洛伊妇女们遭受的种种苦难。作品从四位女性各自的角度控诉了战争的残酷，同时也通过四位女性的不同遭遇引发人们对于生命的哲学思考。

### （一）赫卡柏——悲怆的母亲

欧里庇得斯曾经独立创作过一部悲剧《赫卡柏》，该剧创作于伯罗奔尼撒战争期间，于公元前 423 年上演。剧中充满了血腥、痛苦、悲怆和绝望，特洛伊在人国破家亡的绝望情景下，能够解救他们的天神并没有出现，好人没有获得好报。欧里庇得斯在剧中营造了一种令人窒息的悲剧气氛，表达了他对战争的憎恨和谴责，同时也给观众带来深刻的启迪和思考。

《赫卡柏》一剧的主角赫卡柏是特洛伊王后，即特洛伊国王普里阿摩斯的妻子。持续了十年的特洛伊战争以希腊的胜利和特洛伊城被毁灭而宣告结束，故事在这样的背景下展开。特洛伊王后赫卡柏和她的小女儿波吕克赛娜沦为希腊人的俘虏，跟随希腊军队来到特剌刻半岛的海边。在这里，阿喀琉斯的魂灵拦住了她们所在的船只，他要求将波吕克赛娜献祭给自己。赫卡柏苦苦哀求，甚至表示愿意代替女儿献祭，仍没能救下女儿，波吕克赛娜被希腊人当着自己母亲的面杀掉献祭了。

女儿的尸体尚未掩埋，更大的不幸又降临到赫卡柏身上——她儿子波吕多洛斯的尸体又被抬到她面前。战争期间，特洛伊国王为保护儿子波吕多洛斯，曾将他送到自己的朋友波吕莫斯托尔家中，同时还送去很多黄金，希望波吕莫斯托尔能够保全自己的儿子。然而特洛伊城沦陷后，波吕莫斯托尔为了独吞黄金，将波吕多洛斯杀掉，还将波吕多洛斯的尸体抛入大海，最后尸体又被人抬到了赫卡柏眼前。巨大的打击接连落在赫卡柏的身上。

为报复波吕莫斯托尔，赫卡柏设计杀死了他的两个儿子，并弄瞎了他的眼睛。但这仍然没能改变赫卡柏的命运，她还要继续给希腊人做奴隶。

曾经养尊处优、儿女绕膝的王后，暮年时因为一场战争，不但目睹自己的孩子一个个死掉，还要在孤独和绝望中承受沦为奴隶的悲惨命运，她的状态可想而知。剧中这段话就体现了赫卡柏的痛苦。

> 什么我应该沉默？
>
> 什么应该说？
>
> 什么我应该哀伤？
>
> 可怜我竟躺在这里伤心，
>
> 伸开四肢，睡在这坚强的地铺上。

赫卡柏在剧中有许多声泪俱下的控诉，控诉特洛伊战争和希腊人的残忍。这些控诉揭露了人性的丑恶，拷问了人的自然本性，同时也揭示了战争的残酷以及霸权主义的累累罪行。

欧里庇得斯是希腊人，特洛伊战争正是希腊人挑起的。希腊曾认为特洛伊是一个野蛮的国家，自己才是文明的国家，所以想通过战争征服它。然而，希腊人的傲慢和野心导致了战争的爆发，也给特洛伊人带去了无尽的苦难。欧里庇得斯通过《赫卡柏》中相关人物的遭遇，既控诉了战争发动者的罪恶，也表达了自己对这场战争的理解：希腊人发动的战争并非正义的战争，战争殃及无数无辜者，泯灭人性，斫丧了人们对美好生活的希望。战争是残酷的，自视文明的希腊人发动的战争也同样是残酷的、野蛮的，正直的人们应该反对战争，维护人与人之间正常的伦理秩序。

在《特洛伊妇女》这部悲剧中，欧里庇得斯再一次让赫卡柏以一个悲怆的母亲的身份出场。身为特洛伊城的王后，赫卡柏的儿女几乎都死于这场残酷的战争，唯一幸存的女儿卡珊德拉也与自己一样沦为希腊人的奴隶，被希腊联军统帅阿伽门农据为己有；她还眼睁睁地看着希腊人把她幼小的孙子、特洛伊大王子赫克托耳的唯一遗孤从城墙上扔下活活摔死，其情其景，惨绝人伦！欧里庇得斯通过描写这位善良无助的垂暮老人的悲惨遭遇，反衬出希腊人的邪恶残暴。

### （二）安德洛玛刻——坚贞的妻子

安德洛玛刻是特洛伊大英雄赫克托耳的妻子，也是一个美丽、贤惠、善良的女人。特洛伊战争爆发后，赫克托耳为保卫特洛伊城不得不奔赴前线。临行前，他与自己的妻子安德洛玛刻依依惜别，表达了对妻子的不舍与无限爱意。最终，他死在了阿喀琉斯的长矛之下，再也没能回到妻子身边。

特洛伊城沦陷后，安德洛玛刻也像其他特洛伊妇女一样，成为希腊人的俘虏。因为美貌，安德洛玛刻被阿喀琉斯的儿子皮罗斯强行占有。为了保全她与赫克托耳唯一的儿子，她只能忍辱负重，忍受着常人不能忍受的痛苦和屈辱，希望儿子能够长大成人，将来为他的父亲、为他的国家复仇。

然而，希腊人非常忌惮赫克托耳的威名，也害怕赫克托耳的

安德洛玛刻

儿子长大后会成为希腊的威胁。为消除隐患，他们残忍地从安德洛玛刻手里抢走了她的儿子，并将这个可怜的孩子从城墙上扔了下去。

儿子的死彻底断送了安德洛玛刻生命中唯一的精神寄托，充分表现了这场战争的罪恶，以及战争中人性的邪恶。面对儿子的死亡，安德洛玛刻说了两句话——两句对希腊人泣血般的控诉。

希腊人啊，

你们曾经发现蛮族人的残忍，

你们自己为什么要杀害这个完全无辜的孩子呢？

到了近代，西方悲剧作家又多次以安德洛玛刻为主题创作改编了一些戏剧作品，如 17 世纪法国古典主义悲剧作家让·拉辛创作的《安德洛玛刻》讲述了安德洛玛刻既保全自己的名节，又保全她与赫克托耳唯一的儿子的故事，这应该也是后人对安德洛玛刻最美好的希望吧。

### （三）卡珊德拉——复仇的女巫

我们在讲述埃斯库罗斯的悲剧《阿伽门农》时提到，特洛伊战争结束后，阿伽门农还将俘虏的一位女子带回自己的国家，此举引起了妻子克鲁泰墨斯特拉的嫉恨，这个被俘的女子就是特洛伊公主卡珊德拉。

卡珊德拉是特洛伊国王普里阿摩斯和王后赫卡柏最美丽的女儿，也是太阳神阿波罗的女祭司，具有预测未来的能力。但是由于卡珊德拉拒绝了阿波罗的爱情而遭到后者的诅咒，使得无人相信她的预言。卡珊德拉曾经预言她的兄弟帕里斯会引来红颜祸水，也曾经预言特洛伊城会被焚毁，但是所有人，包括她的父亲都不相信她，甚至把她软禁在王宫里。特洛伊城破之后，卡珊德拉躲到雅典娜神庙中，却被希腊人发现，并被掳走。在那个极其崇尚神明的时代，祭司作为神灵在人间的代理人，是必须得到尊重和善待的，但阿伽门农凭恃武力，强行将卡珊德拉据为己有。这种亵渎神灵和道德沦丧的行为，再一次表明希腊人的野蛮残暴。

作为女祭司，卡珊德拉已经预测到自己跟随阿伽门农回到迈锡尼之后，一定会成为阿伽门农的殉葬品。对于这个不幸的结局，卡珊德拉不但没有逃避，反而非常高兴地面对，她认为正好可以通过这种方式为自己的国家和亲人复仇。在剧中，她坦然地表述了渴望与仇人同归于尽的决心和期待。

> 请把胜利的花冠戴到我的头上，
> 母亲啊，庆祝我嫁给一个国王。
> 那阿卡亚人著名的王阿伽门农，
> 娶了我将比海伦的婚姻对他更有害。
> 我要杀了他，毁了他的家，
> 替我的父亲和兄弟们复仇。
> 我的婚姻将引起杀母之斗和阿特柔斯家族的衰败。

复仇已经成为这个倍受凌辱的弱女子生存下去的唯一动力。卡珊德拉明知道自己会成为一个殉葬者，却仍然义无反顾地前去赴死，以玉石俱焚的方式报复希腊人对自己城邦和亲人的伤害。最终，卡珊德拉果然与阿伽门农一起被克鲁泰墨斯特拉杀害，但是她也成功地引发了阿伽门农家庭内部的杀夫、弑母事件，导致了整个伯罗奔尼撒家族的衰落，间接地实现了自己的复仇计划。

同时，对于利欲熏心、杀女献祭的阿伽门农，卡珊德拉也辛辣地讽刺过。

还有他们那智慧的统帅，
为了最可憎的东西丢掉了最珍贵的东西，
为那个女人，
为兄弟牺牲了自己和孩子们的天伦之乐。
而那个女人原是自愿出走，
并非被劫持离家的。

这里提到了《伊菲革涅亚在奥里斯》中的情节，即阿伽门农为了挽回弟弟的颜面，为了抢回海伦，为了所谓的荣誉与胜利，发动了罪恶的战争，他也因此失去了最珍贵的东西——自己的女儿、家庭。将女儿献祭，导致妻子怀恨在心，最终向他举起了屠刀。

战争还给双方国家都带来了巨大的灾难，但是相比之下，希腊人的结局更加糟糕。

希腊人自从踏上斯卡曼德洛斯河岸起，
便相继死亡，
并非因他们的国土受到侵占，
也不是他们祖国的城池受到破坏，

阵亡者倒在异国的土地上，
看不到自己的儿女，也没有妻子在身边，
为他穿上送终的衣裳。
家里也出现和兵营里类似的情况：
妻子死时已是寡妇，
父母死时家里没有儿子，
白费了养育孩子的辛苦，
再没有人祭奠他们，
在他们坟前的地上浇洒鲜血。
他们的军队只配得上这样的赞语，
他们的丑事还是不去说它的好，
他们的罪恶故事我也不想去说唱。

接着她话锋一转，又说起了特洛伊。她认为故乡的人们虽然遭受了浩劫，却是因保家卫国而牺牲的，他们死得光荣，会被正直的人们永世颂扬。

但是，特洛伊人，
首先，是为祖国而献身，
他们赢得最光荣的名声。
一旦倒在敌人矛尖下，
他们的尸体会被战友抱回家来，
安葬在祖国的土地里，

复仇的卡珊德拉

葬礼有必要的亲人亲手为他们料理。
至于那些没有战死的弗律基亚人，
他们终日同自己的妻子儿女住在家里，
阿卡亚人可没有这样的乐趣。
凡是明智的人自然应该避免战争，
但是，一旦战争临头，
英勇的牺牲给城邦带来光荣，
怯懦给它带来耻辱。

这种觉悟使卡珊德拉面对死亡毫无畏惧，她意志坚定地表达了为家国复仇而忍辱负重的决心。

为此，母亲啊，莫为特洛伊悲伤，
也别为我的婚姻难过，
我将以我的婚姻把我和你所憎恨的人灭掉。

卡珊德拉虽然死去了，但她表现出的一种无畏的情怀，也充分彰显了巾帼不让须眉的英雄本色。

### （四）海伦——美丽的祸害

海伦是古希腊神话中最为著名的人物之一，也是直接引发特洛伊战争的女人。由于被特洛伊王子帕里斯诱拐，海伦离开了斯巴达，这令海伦的丈夫、斯巴达国王墨涅拉俄斯怒不可遏，更让所有的希腊人蒙羞。于是在墨涅拉俄斯的兄长、迈锡尼国王阿伽门农的号召下，希腊人对特洛伊发动了战争。

特洛伊王后赫卡柏对海伦恨之入骨，安德洛玛刻对她也没好脸色，认为她是个水性杨花的女人。正是她的风流迷惑了帕里斯，才招来了海峡对面希腊的军队，使特洛伊被屠城灭族，使无数特洛伊人丧命。

但是在古希腊的男权时代，对于没有任何地位和话语权的海伦来说，美貌是她的武器，也是她的不幸。整部作品中，海伦一直在四处乞求，希望阻止这场战争，可惜没人理睬她。她不仅遭到希腊人的唾弃，也遭到特洛伊人的咒骂，没有一个人理解她、同情她，她一直承受着最难以承受的心灵折磨。

而更加具有戏剧性的一幕是，当特洛伊战争结束后，希腊人重新将海伦抢了回来。海伦的丈夫墨涅拉俄斯原本对海伦恨之入骨，发誓一定要狠狠地惩罚她。但当墨涅拉俄斯再次见到自己的妻子后，他马上改变了主意。因为海伦实在太美了，美消解了他内心的一切仇恨。面对如此美丽的女人，他实在不忍心惩罚。于是，墨涅拉俄斯带着海伦高高兴兴地回到自己的家园，与她恩爱地共度余生。

前文多次强调，希腊人对美的东西有着一种由衷的爱惜。只要是美丽的事物或人，即使招致天大的灾祸，或者犯下天大的罪行，也可以被原谅。

欧里庇得斯笔下的海伦，一方面是传统希腊神话中不忠的妻子，另一方面又不过是男性手中的玩偶。但事实上，希腊人发动特洛伊战争的真实原因并非海伦，而是他们对财富的追求、对征服的渴望。所以在希腊大军攻破特洛伊城之后，他们不仅夺回了海伦，还抢夺了无数金银珠宝，这些财富也成为古希腊王族与英雄荣誉的象征。但不义的战争带给双方人民的只有苦难，处于社会底层的女性遭受的苦难尤甚。女人不但成了发动战争的幌子，受人诋毁，而且一旦国破家亡还要沦为敌人的奴隶，一如特洛伊的妇女们，余生都要遭受非人的折磨。而即便是获胜方的女性，面对命丧疆场的父兄、丈夫、儿子，又哪里还有欢乐可言？剧作家欧里庇得斯正是通过这样一个故事，将对战争的谴责和对传统女性观的反思密切地结合在了一起。

当然，受时代文化背景的限制，尽管欧里庇得斯对女性的苦难命运充满同情，但他的同情仍然带有不可避免的男性权威意识。虽然他深切地关注女性的不幸遭遇，却又没有能力为她们指明出路，这其实也隐含了诗人在面对现实时无可奈何的情绪。由于对命运、战争、妇女地位等社会敏感问题表现出不同凡响的哲学反思和批判态度，欧里庇得斯获得了“剧场中的哲学家”的美誉，同时也遭到了雅典保守人士的攻讦，最终只能背井离乡，客死异邦。

第 VII 节

## 悲剧呼唤着哲学

古希腊悲剧对希腊社会产生了巨大的影响。

首先是建筑。因为悲剧的出现，古希腊各城邦都建立了许多大型剧场，这些剧场也成为古希腊城邦文明发展到鼎盛时期的标志性建筑，推动了古希腊文化的蓬勃发展。古希腊的悲剧作品大多以神话故事和英雄传说为主要内容，而城邦文明时期的人们也正是通过观赏这些戏剧完成了基本的文化教养。希腊人之所以将其他民族的人视为野蛮人，一个很重要的原因就是他们认为其他民族没有戏剧，也不会欣赏戏剧。这种观念使戏剧成为衡量人的文明程度的一个重要标尺。除了剧场建筑，希腊戏剧的影响也广泛地渗透到其他艺术形式中，如雕塑、绘画，甚至哲学。

其次是悲剧对希腊政治的影响。当雅典城邦发展到民主政治的鼎盛时期，凡是想要跻身政坛、成为政治领袖的人物，都必须具备一个前提条件，那就是能够背诵一些希腊重要悲剧作品中的台词。这样，他们的政治演说才更具雄辩性，更能够激发听众的共鸣，从而获得更好的宣传效果。此外，如同入选 500 人会议的成员需要背诵荷马等人的诗文一样，在公共生活中能够引用一段经典的戏剧台词，会被看作一种优雅的教养或品位。由此可以看出希腊悲剧对社会影响之深入、广泛。

### 一、希腊悲剧的命运主题

不论题材还是内容，大多数古希腊悲剧作品都是依照《荷马史诗》等早期作品中记载的神话故事和英雄传说创作而来的，但是，希腊悲剧又远远超出了像《荷马史诗》那种单纯讲故事的水平，更多地阐述一些非常深刻的内容，尤其是突出命运的主题。而且，希腊的悲剧不像近代悲剧那样从道德的角度展现邪恶力量与善良力量之间的冲突，而是从更深刻的意义上不断挖掘命运的内涵。命运是一个从未出场的角色，但它无处不在、无时不在，就像一把高悬于头顶、随时可能掉下来的达摩克利斯之剑，与人的自由意志之间形成了不可调和的矛盾，最后导致悲剧主人公的毁灭。可以说希腊悲剧中的悲剧结局并不是由于坏人陷害好人，而是那只从不出场却一直存在的命运之手与悲剧主人公的自由意志之间冲突的结果。

古希腊悲剧中，主人公往往是某位英雄或某位天神，他很有能力，却也有自己智慧的盲区，有着力所不及的区域。他的生活会因为自己的某种性格、某种能力以及某些认知的局限性而面临不可战胜、不可改变、不可预知的神秘力量的挑战，这个力量就是命运。个人与命运两者之间的冲突始终存在，虽然主人公依然可以追求自由、追求自我实现，却始终在无形中受控于命运的支配，最终发现所谓的自由意识也依附于命运，成为命运展现自身的手段。作品中的冲突提升到了自由意志与命运决定论之间的冲突，上升到更高的、具有形而上意义的层面。这种带有形而上的哲理含义的意境，推动了哲学意识的发展。

哲学的诞生在某种意义上也意味着希腊城邦文化的鼎盛时期的结束与衰亡的到来。“密涅瓦的猫头鹰只有在黄昏时才起飞。”这句黑格尔的名言蕴含着深刻的意义：智慧只有在一个人，一个国家、时代、民族的黄昏时候，才会翱翔。不论是一个人还是一个民族，都要在拥有足够的阅历，对社会、人生乃至世界、宇宙有了深刻的看法之后，才能真正获得哲学的智慧。

从这个意义上来说，希腊悲剧已经在呼唤哲学的腾飞，隐藏在悲剧中的命运意向也逐渐发展成明晰的“逻各斯”，成为希腊哲学的核心概念。

## 二、希腊悲剧表现的丰富情感

古希腊悲剧构成了人类历史上最丰富的美学源泉之一，它不仅仅是西方戏剧的源头，还奠定了欧美文艺理论的基础。亚里士多德在总结古希腊的美学思想时创作了《诗学》一书，在这部著作中，亚里士多德不仅讨论了希腊的文艺，还着重讨论了希腊的悲剧。他认为悲剧之所以能够在希腊社会产生巨大的影响，主要是因为它调动了人们内心的两种情感，一种为怜悯，一种为畏惧。

当我们看到悲剧作品中的主人公无端遭受悲惨命运的摆布时，总是忍不住悲从中来，对主人公产生一种怜悯、恻隐之心，甚至想要施以援手。悲剧不仅丰富了人类的情感体验，还引导人类走向更深层次的思考：如何摆脱这种悲剧性命运？这实际上也是人们自我意识觉醒的标志。

悲剧还会让人对生命、对命运产生敬畏之心。如受难的普罗米修斯以及不幸的奥狄浦斯王，他们的遭遇一方面昭示了人类在苦难面前勇于抗争、追求自由的生命意志，另一方面也传递出比生命和自由更抽象的信息——不可抗拒的命运或必然性。人在这种巨大的力量面前必须保持一种肃然起敬的畏惧之心，使宗教情感和道德情感得以净化、升华，在生命意志中激发出一种更加崇高的感受。

古希腊悲剧中蕴含着强烈的生命意识，因此也被视作一种生命悲剧，它凝聚着古希腊人对生命的崇拜和思考。正如朱光潜先生在《悲剧心理学》中提到的那样：“悲剧比别的任何文学形式更能表现杰出人物在生命最重要关头的最动人的生活，它也比别的任何文艺形式更能使我们感动，它唤起了我们最大量的生命能量，并使之得到充分地宣泄。”在欣赏悲剧的过程中，人们认识到了自我，认识到了生命的价值。同样，古希腊人通过悲剧中生命的毁灭感受到了生命的永恒之美，从而产生对生命本身以及命运的敬畏之心。这种敬畏促使人们在道德上保持一种比较自觉或警觉的状态，诚如中国古代伟大的思想家孔子所说：“君子有三畏，畏天命，畏大人，畏圣人之言。”

亚里士多德曾说，古希腊悲剧对希腊人起到了一种道德净化的作用。用今天的话来说，就是古希腊悲剧起到了一种励志作用。它不仅让观众了解了神话故事、英雄传说，更重要的是，它成功地通过悲剧剧情烘托命运这一主题，调动人们内心的悲悯和畏惧之情，使人们的思想获得启发，情感得以净化，心灵得到升华。

古希腊悲剧象征着古希腊城邦社会的繁荣发展，同时也预示着城邦时代的文明迈向巅峰。而巅峰之后总会走下坡路。悲剧引发的哲学最先觉察到了城邦的危机，并且开始对此进行反思和批判。希腊哲学的兴盛和发展，在某种意义上也意味着城邦时代衰落的开始。

第 VIII 节

# 喜剧的产生与发展

随着雅典“黄金时代”的结束，古希腊悲剧也从盛世走向衰落。在这之后，哲学和喜剧开始登上历史舞台，成为文化主流，并呈现出两种迥然不同的人生理想。

## 一、喜剧的诞生

如果说希腊悲剧代表了酒神祭祀活动中庄严肃穆、崇高悲壮的一面，那么喜剧则代表着它欢宴醉乐、放浪形骸的一面。亚里士多德在谈论戏剧的起源时称悲剧起源于迎神，而喜剧起源于村社祭神，其内涵相差无几。喜剧原本被称为Komoedia，意思是“村社之歌”。最初在每年收获葡萄的季节，希腊人都会在乡间举行一些祭祀酒神的活动，用表演还原酒神的苦难和复活的过程，最终诞生了悲剧。由于其中一些受难、复活等情节过于沉重，所以人们在酒醉表演之余插入一些轻松、欢快的表演，以放松心情、活跃气氛，这就是喜剧的最初形态。

最初的喜剧多表演为插科打诨、嬉笑怒骂，多以性、生殖能力为主题。此时的表演还称不上是喜剧，只能算是一种即兴表演，而且这种表演与祭祀酒神的颂歌形成了两种截然不同的风格。酒神颂歌庄严肃穆，有一个非常严肃的主题，不论是参与其中，还是在一旁观赏的人都会肃然起敬。当庇西特拉图上台后，正式将酒神颂歌搬上舞台，演变成悲剧的表演形式。而即兴表演明显有别于酒神颂歌，它是一种毫无规矩的，甚至是低俗下流的娱乐行为，属于祭祀庆典中附带的环节。正如希腊悲剧源于酒神颂歌一样，这种即兴表演也成为希腊喜剧的萌芽。

随着希腊城邦时代由盛转衰，悲剧大行其道之后也开始因其过于严肃的内容而逐渐令人厌烦。人们开始将喜好转向那些轻松、诙谐的艺术形式。之前在酒神祭祀中难登大雅之堂的即兴表演就此从民间走向了剧场，变成一种崭新的艺术形式——喜剧，并且逐渐取代了悲剧的主流地位。

公元前 6 世纪中叶，西西里岛的居民首先将这种粗野的酒神祭祀游行发展为一种简短的喜剧表演。不久之后，这种艺术形式从西西里岛传入伯罗奔尼撒半岛，后来又从伯罗奔尼撒传到阿提卡半岛。雅典的民主政治为这种带有强烈讽刺意味和政治批评色彩的艺术形式提供了良好的土壤，公元前 486 年，喜剧正式成为春季酒神祭祀活动中的表演项目。大约在公元前 465 年，合唱队加入喜剧表演，开始在酒神节上正式演出。酒神节上的演出往往会安排在一天内上演三出悲剧、一出林神剧（一种滑稽的闹剧，类似于现代的小丑剧）和一出喜剧。后来随着影响力变大，喜剧便从悲剧表演的附属之中脱离，开始单独占用一天的时间进行演出。

到了希腊城邦时代的后期，即公元前 4 世纪时，希腊喜剧的风头已经盖过了悲剧，对人们生活的影响也越来越大。人们开始抛弃严肃的悲剧，转而欣赏那些轻松的、能够满足感官刺激的喜剧。

到希腊化时代，喜剧已经占据戏剧的主要舞台，此时的希腊社会，评判一个人是文明人还是野蛮人的标准也发生了变化，不再像之前那样看这个人是否懂得欣赏悲剧，而变成看他会不会欣赏喜剧了。

## 二、喜剧的发展

最早的喜剧作品出现于公元前 484 年。一位名叫埃庇卡姆斯的哲学家兼戏剧家，在西西里的叙拉古创作了 30 多部喜剧作品。这些作品主要阐述了一些人生哲理。但这些喜剧都没有留存下来，对后世也没能产生太大的影响。

十多年后，喜剧获得了雅典官方的认可，并开始公开表演。此时希腊又出现了一批喜剧家，其中以克拉提诺斯、欧波利斯和阿里斯托芬最为有名。但这三位喜剧家中只有阿里斯托芬的作品流传了下来。

从诞生之日起，希腊喜剧就与解构神圣、讥讽时弊紧密地联系在一起。比如阿里斯托芬的《阿卡奈人》《骑士》《黄蜂》等作品，对江河日下的雅典民主制度进行了无情的批判；而他的《蛙》《云》等喜剧，则指名道姓地对当时的名人欧里庇得斯、苏格拉底进行挖苦和讽嘲。

阿里斯托芬生活的时代正值伯罗奔尼撒战争期间，雅典城邦文明日渐衰落，社会中出现了严重的贫富分化、政治党争的现象，这些现实问题都为剧作家们提供了创作的背景素材。以阿里斯托芬为首的喜剧家们甚至还组成了一个团体，对于当时民主制度下表现出来的各种政治腐败和道德沦丧现象进行抨击，呼吁恢复传统的道德规则和淳朴的生活方式。希腊喜剧这种明显具有保守倾向和怀旧情绪的价值取向与粗俗猥亵的喜剧语言结合在一起，最终演变成对现实世界中一切主流价值的挑战。从这个意义上来说，希腊的喜剧家们可以称得上是希腊城邦文化当中的“后现代主义者”。

而发展到希腊化时代，希腊文化开始向爱琴海东面扩展，其影响力也超出了希腊和爱琴海范围，逐渐在小亚细亚、西亚、埃及等地区生根发芽、开花结果，这也导致大量希腊剧场和希腊戏剧在东方传播开来，喜剧也开始在东方大行其道。

与在希腊诞生时不同的是，此时的希腊喜剧渐渐丧失了批判、嘲讽的意味，演变成一种幽默、诙谐、结局欢乐的新喜剧，其主题不再是对国家政治的冷嘲热讽，也不再以引发人们的思考作为主要目的，大多变成一些对家庭生活和男欢女爱的诙谐描写。这一阶段出现了两位新喜剧的代表人物，一位叫菲利门，一位叫米南德。他们的新喜剧不再谈论政治，只关注当下的社会风尚，热衷于表现乡间坊里儿女情长、家长里短的世俗生活场景。普罗大众已经对国家的兴衰、英雄的功业毫无兴趣，纷纷龟缩在感官快乐和随波逐流的精神自娱之中。这一重要的时代精神变化，意味着古希腊文明已经迈入暮年。

### 三、“喜剧之父”阿里斯托芬

阿里斯托芬约出生于公元前 450 年，是早期喜剧作家中唯一有代表作流传下来的人，被誉为古希腊的“喜剧之父”。阿里斯托芬生活的时代与希腊三大悲剧家生活的时代基本处于同一时期，

阿里斯托芬

与欧里庇得斯生活的时代相重合。也就是说，当欧里庇得斯开始用自己的悲剧作品对希腊社会那些主流价值进行怀疑、批判和颠覆的时候，阿里斯托芬也开始了讽刺喜剧的创作。

虽然一位为悲剧家，一位为喜剧家，但欧里庇得斯和阿里斯托芬都对现实的社会问题进行了抨击。不同的是，欧里庇得斯通过悲剧作品挑战传统的价值观，而阿里斯托芬却在维护这一传统价值观，认为当时的雅典社会背离了传统，所以他批判现实，号召回归传统。阿里斯托芬的喜剧作品中不但有对雅典现实社会的挖苦和讽刺，还有对欧里庇得斯悲剧的嘲讽。他认为现实社会之所以出现诸多弊端，就是因为背离了传统，所以呼吁回到传统的社会中去，而传统的价值观念和信仰恰恰是欧里庇得斯的悲剧所怀疑和批判的。

虽然两位大家都表现出对现实社会批判、嘲讽的态度，但他们批判的价值取向是不同的。阿里斯托芬虽然很不认同欧里庇得斯的观点，但他对另外两位悲剧作家埃斯库罗斯和索福克勒斯却十分推崇。他认为埃斯库罗斯和索福克勒斯弘扬的思想才是正确的，也是应该被维护和遵循的。所以在阿里斯托芬的作品当中，处处都表现出对于往昔的眷恋之情以及对传统的宗教信仰、风俗人情和主流价值观的怀恋，而对于江河日下的雅典民主制度，则进行了无情的嘲讽和贬斥。

阿里斯托芬创作的喜剧作品形式自由、语言犀利、情节荒诞甚至下流，充满了讽刺意味。尤其在语言表达方面，比较粗俗，与悲剧高雅、精练的语言迥然不同。因此，威尔·杜兰认为阿里斯托芬是一个将美、智慧与猥亵综合于一身的矛盾混合体，称“他是为我们所知的所有希腊作者中最不道德的一人，但是他希望以攻击不道德来弥补不道德”。

阿里斯托芬可能也意识到自己这样做会得罪观众，所以每次都会在喜剧中为自己辩护：“诸位观众，请原谅。我，一个穷鬼，写喜剧，想对雅典人谈论国家大事。因为喜剧也懂得正义，我的话会骇人听闻，但却正当。”并且他的歌队还唱道：“自从诗人指导我们歌队演出他的喜剧以来，从没对观众说过他自己是多么正确。但由于他的对头在轻信的雅典人中中伤他，说他讽刺我们的城邦，侮辱我们的人民，他现在要在从善如流的雅典人面前为自己辩护。他将在喜剧里宣扬真理。他说他要教你们许多美德，让你们永远幸运。他不拍马，不行贿，不诈骗，不要赖，不糊弄人，而是教你们美德。”

阿里斯托芬的喜剧作品是俗与雅、丑与美、调侃与严肃的绝妙结合，这也让他在当时受到人们的称颂。古希腊城邦后期的许多学者都十分推崇他非凡的智慧、尖锐的讽刺和诙谐的创作风格。

## 四、阿里斯托芬的喜剧作品

阿里斯托芬一生共创作了 42 部喜剧作品，保存下来的有 11 部，其中较为著名的有《阿卡奈人》《骑士》《黄蜂》《云》《蛙》《和平》《鸟》等。

### （一）《阿卡奈人》

提到阿里斯托芬的喜剧作品，首屈一指的就是《阿卡奈人》。《阿卡奈人》是阿里斯托芬最早创作的一部喜剧，其创作背景正是伯罗奔尼撒战争局势胶着，双方争执不下的时期。

伯罗奔尼撒战争是爆发于希腊两大城邦——雅典与斯巴达之间的一场火并，战争从公元前 431 年开始到公元前 404 年结束，持续了 20 多年。这场战争最终以两败俱伤收尾，也是希腊城邦文明走向衰落的一个最重要原因。

《阿卡奈人》讲述的是战争的起源及其影响下的雅典人的故事。战争进行到中期，议和派代表公民狄凯奥波利斯贿赂一个提倡与斯巴达议和的人，让他替自己一家人与斯巴达人议和，这引起雅典主战派的反感，他们指责狄凯奥波利斯叛国。狄凯奥波利斯为自己争辩，说自己并不想投靠斯巴达人，自己也遭受过斯巴达人的蹂躏，他是在斯巴达人的逼迫下不得已而为之。他还称雅典人也应该为这场战争负责。主战派代表将军拉马科斯不满狄凯奥波利斯的言论，与他扭打起来，却被狄凯奥波利斯打败了。

不久之后，拉马科斯再次为国家出战，却在战争中不幸负伤，伤了一条腿，狼狈地被人抬回了雅典。而狄凯奥波利斯此时正在与伯罗奔尼撒人通商，他从中大捞了一笔，与家人尽情地享受着美食和美酒，酒足饭饱，得意扬扬。全剧在狄凯奥波利斯的惬意生活与拉马科斯的痛苦呻吟中结束。

作者对雅典的现实政治失望、鄙夷的态度通过这部喜剧作品表现得淋漓尽致。当时的雅典城邦已经没落到英雄梦断的地步，伯里克利等政治领袖都已经去世，坐在雅典政治高位上的是一些投机者。这些人唯利是图、利欲熏心，整天想着如何为自己多捞些好处，而《阿卡奈人》中的议和派代表狄凯奥波利斯就是这些领袖人物的缩影。阿里斯托芬认为，伯罗奔尼撒战争期间，雅典的领导人已经完全对国家存亡失去了兴趣，他们考虑的只有自己的利益，哪怕是在召开公民大会讨论战局时，雅典领导人的表现也令人愕然。

现在言归正题：

定好今天开公民大会，

时间已经不早，

可普倪克斯（会场）还是空空如也。

人们还在市场里谈买卖，

溜过来溜过去，

那些主席官也没有到，

但在他们迟迟到来之后，

你难以想象他们会怎样一拥而至，

你碰我撞，挤成一团争坐前排座位。

至于讲和的事，他们全不放在心上。

啊，城邦啊城邦！

一个国家，连领导人都不关心战争的形势，只关心自己的私利，战争又如何能取得胜利呢？

除了这样直接表达剧作家情绪的语言，剧中还有许多戏谑的语言和片段，比如阿里斯托芬对这场战争起因的戏说：几个雅典小伙子喝醉了酒，跑到麦加拉抢了名妓西迈塔，这让麦加拉人大为恼火，于是如法炮制，跑到雅典劫掠了政治领袖伯里克利的情人阿斯帕西娅建立的女子学校中的几名妇女作为报复。伯里克利对此非常生气，便悍然开战。就这样，为了几名女子，战火烧遍了整个希腊。

此外，剧中还有许多戏谑和讽刺的片段，如狄凯奥波利斯拜托使者安菲特奥斯用 8 个德拉克马替自己与斯巴达人议和，而 8 个德拉克马大约只相当于一双鞋的价钱。当阿卡奈的老烧炭工们不满狄凯奥波利斯与斯巴达议和，想用石头砸死他时，狄凯奥波利斯从家里拎出一篮木炭作为“人质”，威胁烧炭工们不要轻举妄动，否则就杀死“人质”。雅典获得和平后，大家看到狄凯奥波利斯获得了不少好处，纷纷来找他一起分享“和平”，其中还包括主战派代表拉马科斯，但都被狄凯奥波利斯拒绝了。他唯独给一个希望将丈夫的生殖器留在身边的新娘几滴“和平”，让她将“和平”涂在丈夫的生殖器上。戏剧以戏谑方式表明在当时的希腊人眼中，所谓“和平”是可以按点滴计量的。

阿里斯托芬认为，伯罗奔尼撒战争是雅典人在希波战争胜利、成为爱琴海地区的霸主后过分狂妄，恃强凌弱导致的，而《阿卡奈人》的政治意义主要在于扫除民众心中的主战心理。当时雅典城邦的大多数人，包括工商从业者和阿卡奈人在内的大部分乡下人，在一些政治家的煽动下竭力主战。商人主战，是想借助战争维护和发展自己的经济力量；而包括阿卡奈人在内的一部分乡下人主战，则是为了报复斯巴达人，因为斯巴达人曾毁灭了他们的家园，拔掉了他们的葡萄藤，所以他们痛恨斯巴达人，希望雅典能够战胜斯巴达。

但是，战争真的能解决所有问题吗？显然不能。即使是主战派，也只是为了满足自己的私欲和野心，可战争却给城邦带来了莫大的损害，给农民带来了莫大的灾难。站在分离主义的传统立场上，阿里斯托芬是反对城邦内部战争的。他认为城邦之间应友好相处，共同对付外来的波斯人，而不应该互相残杀，让波斯人坐收渔利。

《阿卡奈人》的情节十分荒诞，但剧中的反战主题很鲜明。剧中的私人求和、个人市场、人当猪卖等诙谐场景，都极大地讽刺了当时政治家虚伪的本性和城邦生活的堕落。《阿卡奈人》无疑是一部非常成功的政治讽刺喜剧。

### （二）《骑士》

如果说《阿卡奈人》的讽刺意味还比较含蓄，那么《骑士》

喜剧《骑士》的陶盘绘画

则称得上是一部直截了当的讽刺剧，毫不掩饰地嘲讽了当时雅典的执政者克里翁。

《骑士》共分为三部分，第一部分讲述年老昏聩、不辨是非的德莫斯新买回一个原本是皮匠的家奴帕弗拉孔。这个片段讽刺了当时雅典人民选举的克里翁将军原本只是个皮革匠。帕弗拉孔表面圆滑世故，很会拍主人的马屁，暗地里却阳奉阴违、作恶多端，将两个老家奴得莫斯特涅斯和尼基阿斯搅得不得安生。后来，得莫斯特涅斯忍无可忍，偷了帕弗拉孔的神谕，神谕说帕弗拉孔会败在一个卖腊肠的人手下。

后来，得莫斯特涅斯果然在路上遇到一个卖腊肠的人，于是他极力吹捧这个卖腊肠的人，说千人骑士（雅典一个战功卓著的团体，作战时全部骑马）都会站在自己这一边，让他相信自己可以统治雅典，进而与帕弗拉孔对抗。当腊肠贩询问得莫斯特涅斯如何统治人民时，他直言不讳地做了回答。

> 再容易不过，就照你现在的做法去做：
> 把一切政事都混在一起，切得细细的，
> 要时常用一些小巧的、烹调得很好的甜言蜜语
> 去哄骗人民，争取他们。
> 凡是一个政客所必具的条件你都具备：
> 粗野的声音、下贱的出身和市场的训练；
> 凡是一个政治家所必需的你都不缺。

在《骑士》的第二部分，腊肠贩与帕弗拉孔就谁可以统治雅典这一问题吵得不可开交。两人用不堪入耳的下流话互相攻击，争相证明自己的脸皮更厚。光骂还不过瘾，腊肠贩还联合自己的“骑士队”与德莫斯的两个家奴群殴了帕弗拉孔。

帕弗拉孔去议事会告状，腊肠贩也紧随而来。两人开始争相用好消息和大排场讨好议会议员，最后腊肠贩胜出，骑士们热烈

庆祝自己的盟友比对手更狡诈、更不择手段。

到了第三部分，帕弗拉孔和腊肠贩又去讨好德莫斯。在争宠过程中，腊肠贩再次击败帕弗拉孔，成为德莫斯的新管家。腊肠贩还向德莫斯献上了象征与斯巴达签订三十年和约的三个美丽少女，请德莫斯和她们一起到乡下玩乐。他还惩罚帕弗拉孔去干自己曾经从事的腊肠营生，让他同粗人和妓女打交道。

《骑士》这部剧作直截了当地批判了当时雅典城邦领导人的卑鄙无耻、狡诈欺骗，表明每个城邦领导人在无耻方面都极尽所能，因为谁能在无耻的比拼中胜出，谁就可能爬上高位，担任城邦领导人，以更高级的无耻继续欺骗人民。这种赤裸裸的嘲讽明确体现了作者的政治态度。在推崇传统政治美德的阿里斯托芬看来，当时的雅典政坛已经成为一群利欲熏心的卑鄙小人竞相角逐的场所，他在喜剧中也直截了当地嘲讽了这些政客。

> 如今一个有教养的人，
> 一个正人君子是不能够成为政治家的，
> 只有那无知的、卑鄙的人才能够呢。

《骑士》中也不乏对古典价值的讴歌。阿里斯托芬一直缅怀马拉松战役之前的雅典，认为那是一个古典的雅典，是带有贵族格调、政治清明的雅典，而不像时下，所有跻身政坛的人都心怀鬼胎、无耻自私。所以他剧中的台词也对高尚者和无耻者的行为进行了对照。

我有意赞美我们的祖先，

他们是无愧于祖国和女神的男儿，

他们在陆战中、海战中，

处处时时胜利，为城邦争光。

如今的将军得不到前排座位，

吃不到公餐，就拒绝战斗。

在阿里斯托芬看来，当时的雅典与过去相比已是天壤之别，所以他通过对比，讽刺当时腐败、肮脏的雅典政客，表达了他对那些真正为雅典而战的古典英雄们的赞美之情。

### （三）《云》

相较于其他几部喜剧作品，阿里斯托芬的《云》的艺术风格不够突出，讽刺也不够彻底，但通过《云》这部作品，我们却可以从一定程度上了解阿里斯托芬和一般雅典民众对于当时哲学的看法。

《云》的大致内容是，有一个名叫斯特瑞普西阿德斯的农民，他的儿子菲迪庇德斯因为沉迷马术而欠下债。为逃避债务，斯特瑞普西阿德斯带着儿子到哲学院学习诡辩术，希望能通过诡辩赖掉债务。在哲学院，他见识了种种莫名其妙的人和各种怪异的理论，最后看到一个人坐在一个悬空的篮子里，屁股朝天，头朝下。门徒告诉他，这个人叫苏格拉底。他问苏格拉底在干什么，苏格拉底这样回答他。

我在空中行走，思考太阳。

喜剧《云》中的苏格拉底

如果我不把我的心思悬在空中，
不把我轻巧的思想混进这同样轻巧的空气里，
我便不能正确地窥探这天空的物体。
如果我站在地下寻找天上的神奇，
便什么也找不着，
因为土地会用力吸去我们的思想精液，
就像水芹菜吸水一样。

原来苏格拉底信奉天上的空气和云，他还告诉斯特瑞普西阿德斯，说以后除了我们信仰的天空、云和舌头，不用再信仰其他神灵了。这其实是在嘲讽希腊那些哲学家们不接地气，只会教导人们一些不着边际、虚无缥缈的东西，而且不信仰传统的神灵。所以，在剧中，阿里斯托芬将苏格拉底等哲学家们描写成“一些脸色苍白、光着脚丫子的无赖”。

那么苏格拉底又教了斯特瑞普西阿德斯的儿子一些什么东西呢?

> 让他学习两种理，
>
> 一种叫正理，一种叫歪理。
>
> 后者常用无理取闹的话制服前者。
>
> 如果学不了两种，
>
> 无论如何也要叫他学会歪理，
>
> 你一定得教他学会用歪理驳倒任何正理。

阿里斯托芬之所以这么写，其实是在嘲讽苏格拉底的思想，认为苏格拉底这类的哲学家们只会用歪理进行诡辩。斯特瑞普西阿德斯的儿子菲迪庇德斯跟苏格拉底学成之后，果然用诡辩的本领骂走了讨债人，但同时，菲迪庇德斯开始打骂自己的父亲，并用自己掌握的诡辩术证明儿子是可以打父亲的。

挨了揍的斯特瑞普西阿德斯非常愤怒，他认为是苏格拉底和那些哲学家害了自己的儿子。于是他气急败坏地跑去找苏格拉底算账，还爬上苏格拉底家的屋顶，在屋顶上放了把火，烧毁了苏格拉底的家。当苏格拉底气愤地问斯特瑞普西阿德斯在干什么时，斯特瑞普西阿德斯的回答是："我在空中行走，思考太阳。"

阿里斯托芬的这部喜剧之所以将矛头对准苏格拉底，是因为当时以苏格拉底为代表的哲学启蒙者们对传统主流观念持怀疑态度，他们的一些哲学理论也带有明显的对传统价值的批评和颠覆，这其中也包括悲剧作家欧里庇得斯。前文曾提到，欧里庇得斯与苏格拉底关系较为亲密，欧里庇得斯是一位比较激进的怀疑论者。虽然苏格拉底并不喜欢怀疑论，甚至与怀疑论者（即"智者"）进行过辩论，但他很喜欢与人辩论，他辩论时也会加入一些诡辩的因素。所以在阿里斯托芬看来，苏格拉底与欧里庇得斯是一样的，都是试图颠覆传统价值观和主流思想的人。而阿里斯托芬是一位保守派人士，他缅怀马拉松战役之前的希腊及那时的价值观，对于欧里庇得斯、苏格拉底之流怀疑、批判和颠覆希腊传统价值的行为表示难以接受和容忍，所以他也将这些人视为洪水猛兽，通过自己的作品对他们极尽嘲讽和挖苦。在另一部喜剧《蛙》里，阿里斯托芬也将讥讽的矛头对准了欧里庇德斯，嘲笑欧里庇得斯在阴曹地府试图与埃斯库罗斯争夺"桂冠诗人"的荣耀，最后只能自取其辱。

若干年后，苏格拉底因思想异端和不信旧神的指控接受了雅典 501 人法庭的审判，最终被处以死刑。后人推测，这一结果很可能是由于雅典民众受到了阿里斯托芬的《云》这部喜剧的影响，大家认为苏格拉底就像《云》中描述的那样误人子弟，做了许多荒唐事，甚至藐视神明，毫无道德底线，最终导致陪审法庭的许多成员都投票赞成将他判处死刑。

### 五、阿里斯托芬喜剧的价值

阿里斯托芬的喜剧表现出对传统的缅怀以及强烈的批判和嘲讽现实的情绪，虽然内容荒诞、语言粗俗，但作品的内涵却充满智慧。阿里斯托芬喜剧的特点和价值，就在于他以一种轻松、诙谐的方式揭露了那些被假象遮蔽的本质，从而使那个在悲剧中显得无比神秘和可怖的抽象的命运成为一个滑稽可笑的意象。这就像我们走入一个房间，看到里面有一面哈哈镜，镜子中出现一个巨大狰狞的“怪物”，这个“怪物”让我们恐慌无比。喜剧告诉我们：哪有什么怪物？那不过是我们自己的映像而已。喜剧通过诙谐的方式告诉人们：所谓命运，只不过是你的自我意识在未知世界这面巨大的哈哈镜中呈现的一个狰狞丑怪的投影而已。

古希腊的喜剧往往也表现出一种大彻大悟的智慧，将一些看似神圣、崇高的东西进行解构。倘若说古希腊的悲剧是以一种庄严凝重的方式表现了希腊城邦文化的神圣性和严肃性，那么喜剧则是以一种轻松戏谑的方式在解构城邦文化中一切神圣、崇高的文化内涵，同时也助长了一种彻头彻尾的怀疑主义和虚无主义。阿里斯托芬的喜剧表面上似乎是在缅怀希腊城邦时代的传统价值，但他对现实社会的辛辣讥讽和批判恰恰解构了这些主流价值，宣布了时代精神的衰亡。就此而言，他与他嘲笑的欧里庇得斯和苏格拉底一样，都是希腊城邦社会的批判者，差别仅在于追求的目标不同：欧里庇得斯和苏格拉底批判现实是为了实现新理想，阿里斯托芬批判现实则是为了回归旧传统。

从哲学的角度看，不论是阿里斯托芬的旧喜剧，还是希腊化时期的新喜剧，都表现出直接的个别性对于普遍秩序的嘲笑。自我意识从喜剧中觉醒，并作为一种否定性的力量，同时来到艺术和历史的前台，而令人敬畏的命运以及作为它的傀儡的诸神，都以一种猥琐滑稽的形象出现并迅速消失。至此，希腊城邦文明在一阵欢快热闹的笑声之中落幕。

第 VIII 章

# 希腊哲学的演进

古希腊文明不仅以美轮美奂的神话传说、崇高典雅的艺术悲剧闻名于世，而且以深邃睿智的哲学思想而恩泽千秋。毋庸置疑，古希腊哲学构成了西方哲学的活水源头。淳朴真挚的希腊先哲们以一颗赤子之心，仰望浩瀚无垠且令人迷惑的宇宙。从对自然界的关注转向对人类命运的关注，标志着古希腊哲学走向了完善和成熟。在古希腊，哲学与科学的分工并不明确，在物理、数学、天文及医学等方面取得成就的科学家们，同样拥有哲学方面的创见；同样，哲学家们也凭借自己对于世界的见解，在科学方面有着诸多发现。

第 I 节

## 哲学是什么

哲学的英文写法为Philosophy，这源于两个希腊词语的组合。在希腊语中，philo 是“爱”的意思，sophia 是“智慧”的意思，两个词语整合在一起，最终成为“philosophy”，意思是“对智慧的热爱”，或简称为“爱智慧”。这就是“哲学”的最初意义。

这个词与我们现在常说的“知识”是不一样的，“知识”是可以通过经验性的学习获得的常识，而“智慧”显然是一种比“知识”更深入、更高级的东西，它不能仅仅通过经验性的学习去把握，而要通过逻辑推理和思辨来领悟。所以，“对智慧的热爱”就主要不再依靠感官，而是依靠人的思想乃至灵性。正因为如此，哲学从诞生之日起，就表现出一种阳春白雪或超凡脱俗的超越倾向和精英气质，从古至今，尽管每个人都或多或少地思考过一些哲学问题，但是真正的反思意义上的哲学只属于极少数人。

### 一、哲学是悲剧的深化与提升

前文提到，古希腊悲剧的一路高歌发展，对希腊的社会生活产生了巨大的影响，同时也意味着城邦时代的文化达到了巅峰状态。此后，希腊悲剧盛极而衰，并开始向两个不同的方向发展：一方面，对于身处城邦衰落阶段的普罗大众来说，他们不再热衷于去看那些思想深刻、剧情严肃的悲剧，转而开始欣赏一些轻松、诙谐的喜剧，这导致了悲剧日益走向没落，喜剧逐渐取而代之，成为大众追求消遣、及时行乐的艺术形式；另一方面，对于极少部分人来说，他们开始沿着悲剧这条道路向着更加深刻、更加神秘或者更加抽象的方向进行探索，这便导致了希腊哲学的迅猛发展。事实上，希腊哲学早在希腊悲剧出现之前就已经开始萌芽，在希腊悲剧登峰造极之后，哲学的发展也随之到达了高峰。从这个角度来说，希腊哲学就是希腊悲剧的一种深化和提升。

## 二、哲学的魅力与特点

哲学是属于极少数人的。亚里士多德就曾指出，哲学是离生活最远的一门学问。也就是说，它缺乏感性的生活气息，是一种抽象的、超越现实的东西，人们难以用生活的常识和经验把握它、理解它。更重要的是，哲学是一种没有终极答案的学问，对于一些同样的问题，古代的哲学家们形成了众说纷纭、莫衷一是的局面，说到底，不是因为他们中间谁的观点正确，谁的观点错误，而是因为这些问题本身就是无定论的问题，即所谓形而上学的问题。哪怕再过几千年，人类的智慧得到更加充分的发展，真正意义上的哲学问题仍然会没有定论，仍然会说不清、道不明，这也决定了哲学无法被普罗大众理解和接受。但是，也正因为“无定论”，哲学才充满了魅力。因为对这些无定论的问题不断思辨和言说的过程本身就具有巨大的诱惑，这就是智慧的一种表现，或者说是“命运”的一种呼唤。所以说，哲学教给人们的不是确定性的知识，而是无定论的智慧。

这一点就与科学有所不同，对于科学的发展来说，每一个时代的科学家们都可以给自己所研究的对象以某种真理性或确定性的答案。比如牛顿发现的“运动三大定律”、万有引力定律，以及爱因斯坦的相对论、普朗克的量子力学等等，这些都能给予人们一个确定性的科学答案，而且这些答案在某个特定论的领域内是绝对正确、不可颠覆的。

哲学却不是这样的，古往今来产生了许多哲学大家，他们也都在争论一些同样的问题，然而这些问题却永远没有终极性答案。例如：这个世界从根本上说究竟是物质性的还是精神性的？人死之后，是否真的能到达另一个世界？到底是自然界本身充满了规律性，还是我们人类是一种喜欢秩序的动物，所以我们一思考，自然界就充满了规律性？世界有没有目的性？等等。显然，这些问题没有一位哲学家能给出一个大家异口同声都同意和奉行的答案。

同样，对于人们不断追求的科学真理来说，它可以通过实验或检验的方法对真理进行反复证明，在同样的环境中，给定同样的条件，就会产生同样的结果。然而哲学问题却永远无法在实验室里进行实验和检验，因为人们只存在于现实的经验世界当中，无法检验这些形而上学的哲学理论本身正确与否。所以哲学理论或观点更多地建立在信念的基础上，而非实验的基础上。

从这些意义上来延伸的话，有许多自然科学理论一旦涉及终极问题时，实际上也就上升为哲学问题了。比如宇宙大爆炸理论，科学界的人们认为 130 多亿年前曾经发生过一次宇宙大爆炸，但这个理论直到今天仍然是一种假说，人们无法通过实验或亲身体验去进行验证。所以，这种理论其实已经不再属于自然科学，而是属于哲学范畴了。

再比如生物进化理论，最普遍的说法为：人是由猿猴演变来的。但这一理论本身同样无法得到证实，只能用一种比较合理的方式来进行解释，以赢得具有理性思维的人的认可和赞同。所以这一理论也不属于科学范畴，而归属于某种哲学的假说。

综上所述，哲学探讨的就是一种很玄妙的存在，也就是古希腊悲剧中所宣扬的“命运”，或者中国道家所说的“道”。这是一种极其高深的存在状态，用哲学的一个术语来说，就是形而上学。

## 三、“密涅瓦的猫头鹰”

前面曾提到，19 世纪德国著名哲学家黑格尔说了一句名言：“密涅瓦的猫头鹰只有在黄昏的时候才起飞。”“密涅瓦”就是古希腊的智慧女神雅典娜，在罗马时代的拉丁文中，她被称作密涅瓦。雅典娜是雅典城的守护神，她身边经常有一只圣鸟，就是猫头鹰。传说这只猫头鹰专门负责夜间外出为雅典娜传递消息，还有传言说雅典娜自己也时常化身为猫头鹰外出打探消息。作为智慧女神的象征，猫头鹰也代表了智慧、理性与真理。所以西方有这样一句谚语：“像猫头鹰一样聪明。”因为哲学的含义就是“爱智慧”，所以象征智慧的猫头鹰也就成为哲学的代称。“雅典娜（或密涅瓦）的猫头鹰”自此流传于后世。

黑格尔的那句话表面上是说猫头鹰只有在黄昏时分才会外出

正反面分别刻有雅典娜和猫头鹰的雅典古钱币

翱翔，实际上是在以猫头鹰指代智慧，认为黄昏时分对于一个人、一个国家、一个社会乃至一个时代来说，都是最富有理性精神的，也就是智慧高度发展的时候。其实仔细想一下，所谓理性、智慧，其表达的不就是可以在黑暗中辨清真相、在混乱中厘清思绪的能力吗？

而哲学，也像是密涅瓦的猫头鹰一样，不是在旭日东升的时候在蓝天中翱翔，而是在薄暮降临的时候才悄然起飞。黑格尔以密涅瓦的猫头鹰在黄昏中起飞来比喻哲学的本质，其实也是在暗指哲学是一种“反思”活动，是一种沉思的理性。按照黑格尔的说法，反思是“对认识的认识”“对思想的思想”，是以自身为思想对象，对自己进行再思考。而这一点，恰恰是哲学代表的一种成熟的智慧。

由此也可以看出，在一个国家、一个民族当中，当代表智慧和哲学的密涅瓦猫头鹰起飞翱翔时，表示这个国家和民族开始进入对时代精神的反思和批判阶段。所以，希腊哲学就成为希腊文化发展历程中的最后一座高峰，哲学的闪亮登场也就意味着其他各种文化形态黯然谢幕。随着希腊哲学发展到高潮，希腊城邦时期的文明也开始逐渐走向衰落、瓦解和崩溃。

第II节

## 希腊哲学产生的背景与早期四大学派

作为一种抽象的理论思维，哲学在一个民族进入文明社会后才会产生。每一个时代的哲学思想，都是当时的社会现实与精神生活的抽象体现。因此，就像马克思说的那样，“任何真正的哲学都是自己时代精神的精华”，那个时代“人民最精致、最珍贵和看不见的精髓都集中在这些思想里”。哲学是文明的理论核心与活的灵魂，它的产生与发展与一定历史阶段的文明形态紧密相关。

### 一、希腊哲学产生的背景

随着原始氏族社会的解体、私有制的产生和奴隶制的出现，人类逐渐迈入文明社会，这也成为哲学得以产生的基本社会历史前提。古希腊时代的哲学是西方古典文明的产物。西方古典文明发端于约公元前 2000 年克里特文明之后，伴随着西罗马帝国的灭亡于公元 476 年终结。它依次经历了爱琴文明、希腊城邦文明、希腊化文明和罗马文明四个阶段，其地域范围主要包括现在的希腊和意大利。它由爱琴海地区和希腊半岛发源，逐渐向地中海一带扩展，为西方文明的发展奠定了深厚的基础，并成为西方文化的发展源泉。

在这期间，古希腊逐渐建立了彼此独立而又相互依存的城邦国家，城邦之间还以一种自由、平等的关系共同对抗外敌，保障自己的权益。分工制度与商品经济的发展在社会关系的形成中起到了重要的推动作用，也加速了个人、家庭同氏族公社及自然血缘关系分离与独立的过程，最终导致氏族制度的彻底瓦解和新的国家政治制度的确立。

所有这些，都使古希腊人在政治、经济和文化方面得到了自由的发展，并发挥了巨大的文化创造力，从而为古希腊哲学的产生和发展奠定了坚实的社会基础。

具体来说，古希腊哲学的产生与发展有三大背景。

### （一）“人人平等”的商业法则

前文多次提到，古希腊城邦最先崛起的地方并不是希腊本土，而是爱奥尼亚地区。这是因为在“黑暗时代”来临后，大量古希腊人外迁到西亚、小亚细亚一带，他们在这些地方建立起自己的殖民城邦后，便将自己的文明也带到了这里。除此之外，小亚细亚一带较少受到氏族血缘制度的束缚，工商贸易比较发达，而且邻近东南部的古埃及文明和古巴比伦文明。更重要的是，小亚细亚西部的爱奥尼亚地区是中东与古希腊的交通要塞，东西方文化最初在这里交汇。因此，当雅典还默默无闻、斯巴达还是蛮荒之地时，爱奥尼亚地区的一些城邦，如米利都、以弗所等地，商业经济就得以迅速发展，并出现了最早的法律，率先发展为独立的城邦国家。

商业和普遍的立法原则以及民主政治的逐渐发展对古希腊哲

学的产生和发展都起到了重要的推动作用。在一个国家或城邦当中，商业的发展需要遵循商业交换的原则，国家立法也需要遵循“法律面前人人平等”的普遍性原则，而哲学需要寻找特殊事件背后的普遍性。所以，城邦中这些普遍的政治经济法则规范都对哲学探讨纷繁复杂的现象背后的某些普遍性规律起了重要的启蒙作用。

此后，随着希腊本土城邦的兴起，产生于爱奥尼亚地区的哲学思想开始从东方回流，并在希腊本土开花结果。从公元前 5 世纪中叶到公元前 4 世纪末期，以雅典为中心的希腊本土城邦的政治、经济和文化迅猛发展，希腊哲学也迎来了争奇斗艳的鼎盛时期。

### （二）辩论风气与悲剧精神

民主政治的发展也极大地推动了哲学的发展。在民主政治下，希腊城邦，尤其是雅典，形成了一个比较民主、自由的政治环境，它尊重公民的独立人格，保证和发展公民的个性，这就为精神文化的产生创造了良好的条件。在这种情况下，一种非常重要的文化形式——辩论随之出现。哲学思想最初的载体并不是书本，而是古希腊那些被称为哲学家的人在广场上不断与其他人进行的唇枪舌剑的辩论。

所以，早期的哲学思想都是以对话的形式表达的，也就是用“逻各斯”来表达的。在希腊语中，“逻各斯”的原意为“话语”，但实际上它包含了多层含义，其中最重要的是语言、交谈、演说等，同时，它也代表理性、规则、思考、关系、类推等。前文提到过，古希腊悲剧由两部分组成的，一部分叫逻各斯，另一部分叫迈洛斯，其中对白、独白就是逻各斯，而唱段就是迈洛斯。所以，逻各斯是构成希腊悲剧的一个很重要的部分，而希腊悲剧又延伸到哲学，从这个角度来说，逻各斯也是哲学的一种重要的表达形式。

到了公元前6世纪，随着雅典这个希腊民主政治的典范开始崛起，雅典城邦中辩论风气日渐盛行，这极大地推动了雅典哲学的崛起。从而让雅典接过了爱奥尼亚等地区哲学思想的接力棒，并迅速异军突起，一跃成为希腊哲学的主力。希腊哲学的鼎盛时期，正是在雅典城邦崛起之后到来的。

可以说，雅典民主政治的黄金时代正是城邦文学艺术大放异彩的时代，这并不是巧合。在民主政治制度下，公民不再是少数特权者手中的玩偶，而是城邦的主人，可以参与政事、发表政见或直接担当公职。在这种社会环境下，人们自然能够更加积极地探索世界的奥秘，发挥自己的聪明才智，提出关于世界本原的各种见解。因此，学派蜂起、百家争鸣的思想繁荣局面形成，各个学派之间相互辩论，皆希望通过辩论阐明真理。尽管此前的爱奥尼亚地区乃至南意大利地区都出现了一些哲学先驱，但他们的思想都是在雅典崛起之后才逐渐到达顶峰的，这时，智慧才真正进入希腊哲学发展的至高境界。

### （三）希腊宗教、科学与哲学的辩证关系

在今天来看，哲学与科学、宗教似乎是彼此分离的，但在希腊哲学刚刚产生时，它与希腊的宗教、科学等有着千丝万缕的联系。

正如古希腊的竞技、诗歌、艺术、戏剧等都与古希腊奥林匹斯多神教有着直接而密切的关系一样，古希腊哲学最初也有一个神话起源。希腊自然哲学关于万物本原问题的哲学思考源于希腊

神谱反映的自然演化观，而希腊形而上学关于世界本质（或“形式”）问题的思考则源于希腊神话中神秘诡异的“命运”意向。希腊哲学与希腊神话的根本差异在于希腊哲学采用一些具有还原性和抽象性的哲学概念来解释万物产生与变化的过程，而希腊神话却是用感性直观的神祇和扑朔迷离的“命运”来解释万物。

希腊的“哲学之父”泰勒斯宣称万物都是从水中产生的，他是第一个用哲学方式表达宇宙本原思想的哲学家。就其内容来说，这一思想与希腊的神话、宗教有着明显的内在联系。在赫西俄德的《神谱》中，“波涛怒吼的海洋”蓬托斯和大洋之神俄刻阿诺斯是较早出现的一批神；在荷马的《伊利亚特》中，天后赫拉将俄刻阿诺斯和海洋女神忒提斯称为“神们的始祖”，诸神也将大海和冥河作为发誓的见证。水在希腊神话当中的作用如此重要，自然影响了泰勒斯的哲学思想，所以后来亚里士多德就曾明确指出泰勒斯的“水本原说”与希腊神话对海河的崇拜关系密切，而泰勒斯将万物的本原说成是水，也只是以一种不同于神话的新形式，即以哲学的形式表述了神话中的内容。

本质上宗教与科学似乎是不相容的，但希腊人对神的信仰并没有阻挡他们发展出希腊科学。希腊人的宗教信仰很有特点，他们从未提出共同的宗教教义或编出一部宗教经典，并在此基础上形成严密的宗教组织。希腊人按照自己想象中的样子塑造他们心目中的神，这些神与人类一样，有情感、爱争斗，甚至还会介入人类的社会生活，帮他们建造城市、参与他们的战争。这种想象也让希腊人对所谓的神灵充满了亲近感，促使希腊人在面对未知世界时少了一份恐惧，在探索大自然时多了一份勇气，而这对科学的发展是非常有利的。可以看到，尽管希腊人有明确的宗教信仰，但这并未妨碍他们对科学的研究和探索。

研究宇宙万物的本原是人类好奇心的永恒表现。当人类的思维发展到一定程度时就会开始思考这些问题：构成宇宙万物的东西究竟是什么？用哲学的语言来说，宇宙的本原是什么？

对上述问题的解答一开始充满了神话色彩，后来随着科学与理性思维的发展，神话逐渐不再占据主导地位。尤其是在公元前6世纪后，希腊人通过思考走上了一条不同于神话与宗教信仰的新道路，这种探究也使希腊哲学开始了它的历程，并为哲学思想的发展奠定了基础。此后，随着雅典城邦时代的经济、政治发展到顶峰，哲学也表现出越来越强烈的批判精神，哲学家们开始对传统的宗教进行反思、质疑甚至公开批判。但是这种质疑和批判遭到了希腊保守人士的不满以及攻击，一些著名的哲学家如苏格拉底、柏拉图等，都遭到过保守分子的攻击。苏格拉底被处以死刑，柏拉图被赶出城邦，即使是欧里庇得斯这种仅仅对传统宗教提出过质疑的悲剧家，命运也没好到哪儿去。

然而，希腊哲学又将希腊宗教与后来的基督教以一种否定的方式衔接在了一起。在现今基督教的神学理论中，我们可以找到不少古希腊哲学思想的原理，其中最具代表性的就是柏拉图的思想。罗马时代的新柏拉图主义奠基人普罗提诺曾经指出：“柏拉图主义是基督神学有机结构的一个主要组成部分。要想把柏拉图主义从基督教里剔除而不至于拆散基督教，那是完全不可能的事情。”

事实上，后来成为西方主流宗教的基督教与希腊及后来罗马时代流行的宗教，两者之间的格调是完全不同的。希腊宗教是多神教，其格调是明朗的、阳光的，充满留恋人间生活、及时行乐的色彩；而基督教作为一神教，其特点是阴郁的、悲戚的，充满了禁欲色彩，并且号召人们向往天国世界。这两种背道而驰的宗教是如何前后相续的呢？主要是通过希腊哲学“牵线搭桥”。希腊哲学是对希腊宗教的反叛，而它作为一个反叛希腊宗教的哲学，实际上成为与希腊宗教格调完全相反的基督教的一种隐秘呼唤，从而成为基督教的思想先驱，促进了基督教神学的产生和发展。由此，基督教与希腊宗教之间就以这种隐秘的形式联系在了一起。从这个意义上来说，不仅是宗教促进了希腊哲学的出现、推动了希腊哲学的发展，反过来，希腊哲学也对西方宗教的发展起到了承前启后的作用。

## 二、希腊早期哲学的四大学派

古希腊哲学的发展分为三个阶段，其中第一个阶段是苏格拉底出现之前，这一阶段的哲学也被称为前苏格拉底时代的哲学。这一时期哲学思想的重心还没有转移到雅典，而是在爱奥尼亚地区以及西边的南意大利、西西里岛等地。其中，爱奥尼亚地区的哲学思想发展最为迅速，这里出现了多个哲学学派，各个学派的哲学家纷纷提出自己的哲学思想及理论，这些思想与理论对后世产生了深远影响。正如恩格斯所说：“在希腊哲学多种多样的形式中，差不多可以找到以后各种观点的胚胎、萌芽。”所以说如果哲学思维是最美丽的花朵，那么前苏格拉底时代无疑是哲学思维生根发芽的时代。

这一时期出现了四个比较重要的、对后世影响深远的哲学学派，分别为米利都学派、以弗所学派、毕达哥拉斯学派和爱利亚学派。

当时爱奥尼亚地区出现了十二座城邦，它们被称为爱奥尼亚十二城。在这十二座城邦中，以米利都、以弗所以及与它们隔海相望的萨摩斯岛对这一时期哲学的发展最为重要，这三座城邦呈三角形分布，成为希腊哲学诞生的沃土。同时，这三座城邦也诞生了一些非常重要的哲学学派和哲学家，如米利都城邦中的哲学家们组成了米利都学派，以弗所中的哲学家们组成了以弗所学派，而萨摩斯岛则产生了一位伟大的哲学家，他就是后来逃亡到南意大利的毕达哥拉斯。

另外，希腊人在西西里、南意大利等地区也建立了自己的殖民城邦。这些城邦中同样诞生了一些比较重要的哲学学派，如南意大利的克罗顿城邦和爱利亚城邦中，就诞生了前苏格拉底时代两个重要哲学学派。一个是由从萨摩斯岛逃到意大利的毕达哥拉斯在克罗顿创立的学派——毕达哥拉斯学派，另一个是由著名哲学家巴门尼德在爱利亚创立的爱利亚学派。

在这四个学派当中，按照他们观点的不同又可以分为泾渭分明的两大学派。其中，起源于小亚细亚爱奥尼亚地区的米利都和以弗所两派认为万物的本原是一些物质性的东西，因此这两派通常也被称为唯物主义学派；而起源于南意大利的毕达哥拉斯学派和爱利亚学派则认为万物的本原是一些精神性的内容，故又被称为唯心主义学派。由于唯物主义和唯心主义都是近代哲学的名称，所以从古代哲学的语境来说，我分别把这两派称为自然哲学和形而上学。

尽管这四个学派倡导两种不同的观点，但他们所探讨的问题的实质是一样的，即万物的本原是什么。

### 三、共同探讨的问题——万物的本原

古希腊哲学以探索万物的本原作为开端，本原也是古希腊哲学家们进行形而上的追问所得到的结果。他们都执着于在思想中探寻宇宙万物之由来，想找到一个本初的存在。具体来说，就是大千世界纷繁复杂、千差万别，那么在大千世界的背后，到底什么东西才是最初的起源？这个世界究竟是从哪里产生的？或者说这个世界最初是由什么东西构成的？

对于世间万物之本原的探索及思考，是古希腊哲学家共同在做的事情。在探索的过程中，又产生了两种不同的路径，第一种路径为自然哲学的路径，其代表学派为爱奥尼亚地区的米利都学派和以弗所学派，他们试图用某种自然物质来说明万物的起源。

比如，早期的自然哲学家提出以水、气、火等自然物质作为万物的本原，即他们认为万物或起源于水，或起源于气等诸如此类的自然物质。到了比较晚一些的自然哲学家那里，他们转而从空间结构的角度来追溯万物的本原，即将关注的焦点从万物的原始开端转向万物的构成要素，从生成论转向构造论。在古希腊自然哲学中，这种构造论最高水平的代表就是德谟克利特的原子论。“原

子”这个词在古希腊语中指的是“不可分”的意思，它在那时还不属于物理学概念，而是一个纯粹的哲学概念，即构成宇宙万物的最后单元。从原子是指事物最后的、不可分的单元这个意义上来说，原子论的确是古希腊自然哲学还原论路径中所能达到的最高水平，当然，它也成为古希腊自然哲学的最后环节。

第二种路径是以南意大利地区的毕达哥拉斯学派和爱利亚学派为代表的形而上学路径，它与自然哲学还原论路径中的思想迥然不同。与自然哲学探讨的问题一样，形而上学同样是在追问世界的本原，但这一派的哲学家们不是通过对世界进行时间上或空间上的质料还原，而是以一种抽象的路径来追问万物的本质。也就是说，形而上学并不是一上来就追问事物背后的质料根据是什么，他们并不追问构成事物的开端或元素是什么，而是追问维系事物的本质或形式是什么。究其根本，就是追问一个事物之所以成为该事物的根据。

比如，我们追问人的本原，形而上学不会将人还原为猴子或三叶虫，也不会将人还原为一堆细胞或蛋白质，而是会追问人之所以成为人的本质规定性。但由于事物的本质是无法直观得到的，只能通过抽象的思维把握，所以形而上学采取了一种完全不同于自然哲学还原论的抽象路径。通过这种抽象的路径，形而上学得出了关于人的本原的另一个答案，即关于人的本质定义。例如我们通常会说，人是具有一定社会关系、可以使用工具进行劳动的理性动物。这样的抽象路径就不是从质料上来说明“人”，认为人就是一堆细胞、一堆蛋白质，等等，而是抓住了人之所以是人的本质规定性。

总而言之，这两个派别对世界的理解和对本原的解读是不一样的，一个执着于追问世界是由什么质料构成的，因而被称为自然哲学；另一个则执着于追问世界是由什么原则或本质决定的，因此被称为形而上学。发展到后期，这两个派别也渐行渐远，沿着各自的路径不断发展出更多新的观点，它们推动了希腊哲学全盛时期的来临，并且为后世西方哲学指明了基本的路径与方向。

第 III 节

## 米利都学派

米利都位于小亚细亚西海岸的爱奥尼亚地区，也就是今天土耳其西部一带。米利都工商业发达，与埃及、两河流域有着比较密切的联系，这也使它率先在文化上发展起来。正是在这里，希腊人的历史学开始萌芽，文学创作开始兴起；也正是在这里，希腊的科学得以初步发展，哲学也开始了它的探讨世界本原问题的漫长行程。

米利都学派的哲学家们同时也是科学家，他们试图对自然世界提供一个理性的解释，该学派的创始人正是古希腊哲学的开山鼻祖——泰勒斯。

### 一、“哲学之父”泰勒斯

不论西方人还是东方人，在写西方哲学史时往往会从泰勒斯写起，所以泰勒斯既被称为古希腊哲学的创始人，也被称为“西方哲学之父”。

### （一）生平简述

据推断，泰勒斯应该生于公元前 7 世纪下半叶，他出生于米利都一个贵族家庭，本人经过商，从事过政治活动，但他似乎更热衷于对自然的观察研究工作。由于他博学多才，而且在社会活动中富有成就，因此受到希腊人的极大尊敬，被誉为古希腊的“七贤”之一。

泰勒斯对众多与知识相关的领域都抱有强烈的兴趣，早年还游历过埃及、巴比伦等地，并将埃及的几何学、巴比伦的天文学带入希腊。他是第一个运用埃及的几何学知识测量海上船只离岸距离的人。

泰勒斯在科学领域也颇有建树，他在数学、工程学等方面提出了许多理论，力图解释各种自然现象。但他最关心的是天文学问题，据说他曾经成功地预言了发生于公元前 585 年的一次日食。因为精通天文学，他还能预测未来的年景。有一次，他预测第二年将是一个好年头，就在前一年冬天时将米利都城邦中所有闲置的榨油机低价买来备用。爱琴海地区最主要的农作物就是橄榄，每年秋天橄榄收获后，农民便开始榨橄榄油。当人们要用榨油机时，却发现城邦中所有榨油机都被泰勒斯垄断了，于是人们不得不高价买回或租用榨油机，泰勒斯因此大赚一笔。所以后来 20 世纪的哲学家罗素在评价泰勒斯时说，哲学家要想赚钱也是很容易的，只不过他们志不在此。

### （二）哲学观点：水是万物的本原

泰勒斯最先提出了世界本原是水的思想，他明确表示："万物都产生于水，并且复归于水。"在今天看来，"万物都产生于水"这一观点是比较幼稚的，但在2000多年前的古希腊，这种观点标志着一次根本性的思想革命。正如著名科学家丹皮尔在《科学史》中评价的那样，是泰勒斯第一次抛开了神，从自然事物之中寻找自然的本原，而不再借助于神话的原则来解释世界。尽管这种观点在现在看来经不起推敲，因为科学已经证实许多东西确实不是从水中产生的，但泰勒斯能够摆脱神话的影响，直接面对自然界本身，从某种自然事物的角度出发说明万物的本原，这在人类思想史上算得上是一次伟大的飞跃。

泰勒斯之所以将水当成是万物的本原，是因为他通过经验观察（当然也有神话的影响）发现水比其他东西更有资格成为万物之本。所以，虽然泰勒斯的观点看起来只不过是从神话向前迈出了一小步，但其实是人类思维进化的一大步，因为人类从此开始摆脱神，不再受神话的影响，第一次实现了从神话到哲学的革命。

除了提出"万物都产生于水"这个观点，泰勒斯还主张万物有灵论，即世间万物都是有灵魂的。据亚里士多德在《论灵魂》中所说，泰勒斯认为能引起万物运动的东西是"灵魂"，并说"磁铁有灵魂，因为它能吸动铁"。但泰勒斯说的"灵魂"并非是一种纯粹精神性的东西，而是一种类似于气的、非常稀薄的物质。当时的希腊人很难理解完全脱离物质形态的纯粹精神这种想法，在他们看来，灵魂与肉体紧密联系在一起。灵魂独立于肉体而存在

“哲学之父”泰勒斯

的思想是后来才出现的。所以，泰勒斯的万物有灵论中的“灵魂”其实只是一种与物质相联系的功能罢了。

泰勒斯开创了一个哲学流派，即自然哲学。这一流派中其他哲学家所持观点与泰勒斯一样，企图用某种自然物质解释万物，只不过他们不再满足于用水来解释万物，试图用其他物质，如气、火等进行解释，并企图解释得更加精确。泰勒斯之后的哲学家们沿着泰勒斯的思想继续前行，最终形成了两个学派——米利都学派与以弗所学派。

米利都学派的代表人物除泰勒斯外，还有他的学生阿那克西曼德，以及阿那克西曼德的学生阿那克西美尼。师徒三代前后相续，将关于某种质料性的本原思想推向了更加精密化的方向。以弗所学派的代表人物为著名哲学家赫拉克利特，他既是古代辩证法的创始人，也是“万物的本原是火”的观点以及关于逻各斯的思想的提出者。后来，这两个学派的哲学家又发展出了更高水平的自然哲学，如四根说、种子说、原子论等，试图用更高级、更精密的方式来解释世间万物。

泰勒斯活了将近 80 岁，据罗马帝国时期的希腊哲学史家拉尔修记载，泰勒斯的墓碑上有一段简短的铭文：

> 伟大的泰勒斯长眠于此，
>
> 他的墓穴很小，他的声望齐天。

## 二、阿那克西曼德

阿那克西曼德既是泰勒斯的朋友，也是他的学生，其鼎盛年(即 40 岁左右的年龄)大约在公元前 570 年。阿那克西曼德对泰勒斯的哲学观点提出了反对意见，他认为水还不是最初的东西，因为水是有形之物，而有形之物不可能作为最初的、最原始的东西，即“本原”。如果有其他东西比水更有资格成为万物的本原，那么这个东西一定是无形的。于是，阿那克西曼德提出了一个“无限者”的概念，认为那是万物的本原。

### （一）哲学观点：“无限说”

“arche”一词最早是由阿那克西曼德提出的，中文意思为“本原”，这个词成为现在许多英文单词的前缀。在希腊语当中，“arche”指最初、最根本的东西，也就是万物的本原。所以“本原”这个词最初并不是由泰勒斯，而是由阿那克西曼德提出的，尽管泰勒斯更早地表达了万物都源于水的思想。同时，阿那克西曼德还认为万物的本原不是有形的水，而是由一种叫作“apeiron”的东西构成的。其中“peiron”这个词在希腊语中的含义为限制、规定，指任何事物都有一定的规定性；在前面加个“a”则表达相反的意思，所以“apeiron”的含义就是“无限者”“无规定者”的意思（音译为“阿派朗”），这就是阿那克西曼德的哲学观点。

在阿那克西曼德看来，他的老师泰勒斯提出的“水是万物的本原”的观点固然能够解释一些现象，但这个观点不是万能的，有许多东西根本无法用水来解释。既然这样，就一定存在比水更具解释力度的东西。阿那克西曼德的智慧之处就在于，他没有绞尽脑汁去寻找比水更能解释万物本原的有形之物，而是反过来推想：既然水作为有形之物不能解释万物本原，那么其他有形之物同样不能解释，因为任何限定同时也是否定。也就是说，一个有限的、有规定的事物不可能产生另一个有限的、有规定的事物，只有一个没有任何限定或规定性的东西，才有资格成为各种有限的、有规定之物的本原。从逻辑上来说，这一观点的结论就是：一个能够解释所有东西的东西，一定是一个什么都不是的东西。正是基于这种理解，阿那克西曼德提出了“无限说”，也叫“无定形说”。

后来许多哲学家在评价阿那克西曼德的思想时，都认为他的思想境界比他的老师泰勒斯及他的学生阿那克西美尼的思想境界要高出许多，因为他似乎一下子就从自然哲学上升到了形而上学的高度。但是阿那克西曼德的“无限说”阐述的仍然是某种自然之物，只不过是一个说不出任何规定性的物质而已。而他之所以要将这个没有任何规定性的“无限者”作为万物的本原，只是因为他想从中引出整个有形之物的世界。就此而言，“无限者”也只是一个哲学概念，就相当于万物的原始开端，或者希腊神话中的混沌状态。这种混沌状态究竟是什么？没人说得清楚。也正因为它说不清、道不明，所以才能够成为万物的本原，这个道理与中国先哲老子所谓的“道可道，非常道”中的奥妙是完全相通的。

阿那克西曼德进一步解释说，“apeiron”作为万物的本原，通过自身具有的两对矛盾——冷热和干湿，创造了各种不同的有形之物。例如，热与干相结合就产生了火、热与湿相结合就产生了气、冷与干相结合就产生了土、冷与湿相结合就产生了水……世界上的万事万物都是这样从“apeiron”中产生的。这种解释不仅从质料的意义上说明了万物的本原，还从动力的意义上解释了世间万物是如何从本原中演化而来的。

### （二）“无限”与黑格尔逻辑学的开端

19 世纪，西方出现了一位非常伟大的哲学家——黑格尔，他将西方哲学史以一种概念自身演绎的形式表述出来。黑格尔在讲述哲学史时，是从逻辑开始讲起的。也就是说，他认为在历史还没有出现时，逻辑便出现了。那么，逻辑学应该从哪里开始呢？黑格尔认为，当然应该从最抽象、最空洞无物的地方开始。

而这个最抽象之物就是“有”或者“存在”本身，或者说它是一种要开始的决心，即纯粹的 to be。想要开始，首先必须“有”，必须“存在”，然后才能开始。但“有”什么呢？由于这个纯粹的“有”本身缺乏任何具体的规定性，只是一个纯粹的思想抽象物，因此它相当于什么都没有，也就是“无”，这样，它就从“有”过渡到了它的对立面“无”。

当我们说有某物的时候，一定得同时说出这是什么东西。“什么”是和“有”密切联系的，而“什么”就是一个事物的规定性、限定性。简单来说就是：当一个东西具体是什么时，它就有了某种规定性，就不再是其他东西了。所以任何具体的事物如果用阿那克西曼德的观点来看，都是有限的或定形的，而任何一个有限或定形的东西就不可能再是别的东西了。这样就不能用有限之物来解释有限之物，而只能用无限之物来解释有限之物。任何有限之物固然因为有了某种规定性而成为它自身，但这种规定性或限定性同时也成为一种否定，即对他物的否定。这一观点后来被 17 世纪荷兰哲学家斯宾诺莎明确地表述为“任何规定都是否定”。

“有”是黑格尔逻辑学的开端，而“无”又等同于“有”，或者是直接从“有”中推出来的，但两者仍然是站在不同角度对“无规定性”的描述，这并非说两者就是完全同一的，真正将两者统一起来的是第三个概念“变易”。对此，黑格尔说道：“如果说‘无’具有这种自身等同的直接性，那么反过来说，‘有’正是同样的东西，因此‘有’和‘无’的真理就是两者的统一。这种统一就是‘变易’。”我们每个人身上，都有一个变易的表象，这个变易中有“有”的规定，也有“无”的规定，“有”的消失即是“无”，“无”的产生即是“有”，而“有”和“无”之间的这种转变就是“变易”。如此一来，“有”

与“无”便统一于“变”了。“有”与“无”相互对立，但是将“有”与“无”推向绝对状态的时候，二者又可以相互贯通，而二者共通的本质就是“变”。所以，黑格尔的理论也在告诉我们，哲学最基本的思考和推理就是“有”“无”“变”，宇宙万物也正是通过这样的“变易”过程最终形成的。

举个简单的例子，以宇宙大爆炸理论来说，最初，整个宇宙就是一个奇点、一个原始物质，它什么都不是，没有任何具体的规定性。后来它“砰”的一下爆炸了，连这个原始物质也没有了，这就是“无”。然后，一切物质又开始在大爆炸的过程中慢慢形成，慢慢地“有”了起来，并逐渐获得规定性，逐渐进化、发展，最终发展为有生命之物，发展为灵长类动物，发展到人类，这个过程就是从“有”到“无”，再从“无”到“有”的“变易”过程，整个过程也是在不断地肯定、否定、否定之否定……

由此可见，黑格尔的哲学理论便是从阿那克西曼德提出的“apeiron”开始的。“apeiron”是一个纯粹的否定概念，即“无限”（无限制、无定形），但它作为万物的本原时却代表了某种“有”，即最抽象、最空洞、没有任何规定性的“有”（或“存在”），这恰恰就是黑格尔逻辑学的第一环——“有”本身。所以说，阿那克西曼德的这个观点在今天看来仍然是非常高明的。

## 三、阿那克西美尼

关于阿那克西美尼的记载很少，据说他是阿那克西曼德的学生、继承人，鼎盛年大约在公元前 546 年。

如果说泰勒斯以肯定的方式表述了万物的本原为水，阿那克西曼德以否定的方式表述了万物的本原是“apeiron”，那么米利都学派的第三位哲学家阿那克西美尼就是以一种否定之否定的方式表述了万物的本原是一种貌似无定形、实则有确定内涵的东西——气。

### （一）“气本原说”

阿那克西曼德认为万物的本原为“apeiron”，即无限者、无定形者，但“apeiron”到底是什么？阿那克西曼德却没有说清楚，事实上他也说不清楚（所谓“道可道，非常道”），他只是以一种否定的方式表述了这个概念。阿那克西美尼却明确地表示，万物的本原为气。很明显，气具有流动性大、易变性强、延展范围广等特点，看起来似乎具有无定形的特点，但气显然又是某种具体的东西，具有内在的规定性。

呼吸在古希腊人看来等同于生命或灵魂，而呼吸又需要气。这些现象表明，那种看不见、摸不着，比水更加无定形，同时又有着内在规定性的自然物质——气，才是构成“有”和“存在”的首要因素。从这些方面来说，阿那克西美尼关于气是万物本原的思想正好是对泰勒斯和阿那克西曼德两位思想家观点的一种综合。气既是一种表面无定形的东西，又有着内在的规定性；既可以否定地加以表述，又能够肯定地加以表述。因此，阿那克西美尼气本原说的观点也就构成了希腊早期自然哲学发展的否定之否定环节。

### （二）气化生万物

除了提出“气为万物的本原”的观点，阿那克西美尼还提出了“气化万物”的观点，认为气与世间万物是可以相互转化的，而两者转化的动力就是阿那克西美尼在老师阿那克西曼德提出的“冷热干湿”理论基础上提出的稀散与凝聚两种运动。阿那克西美尼认为，气为万物的本原，而气本身就具有冷和热两种特性，这两种不同的特性可以使气转变为万事万物，并且也能将万事万物复归于气。

具体来说，就是当冷的特性发生作用时，气就会凝聚，形成风和云；再进一步凝聚，就变成了水；再凝聚，水就变成了土和石头。反过来，当热的特性发生作用时，土和石头就会稀散为水，水再稀散为云、风和气，气再稀散为火。这样一来，他就用凝聚和稀散这两种作用将火、气、水、土这几个最基本的元素联系了起来。

这个转化过程实际上蕴含了两个非常重要的思想，并且这两种思想很快被后人发扬光大，推演出了更加深邃的哲学思想。其中一种思想表示，如果气进一步稀散后就变成了火，那么从逻辑上来说，是否意味着火是一种比气更加稀薄的东西呢？既然越稀薄的东西越具有无定形的特点，从这个意义上来说，火应该比气更有资格成为万物本原。

果然，在稍晚出现的以弗所学派中，代表人物赫拉克利特就明确提出，火乃万物之本原。这种思路的出现是完全符合逻辑的。

阿那克西美尼的凝聚与稀散理论中蕴含的另一种思想就是在气与万物的转化过程中，凝聚（浓厚）和稀散（稀薄）的程度决定了事物的性质。用现在的话解释，就是量的规定性决定了事物的性质。从火到气，再到水、土以及与之相反的路径，这种彼此之间的转化都是由冷热或凝聚、稀散的程度决定的。也就是说，在火、气、水、土相互转化的背后，有一个不出场的东西左右着它们，这个不出场的东西就是数量关系，它决定了万物之间的聚散离合和相互转化，就像希腊悲剧中不出场的命运决定着主人公的生死泰否、悲欢离合一样。这又蕴含了另外一种关于万物本原的思维路径，即寻找现象背后的形式或本质的路径，也就是形而上学的路径。希腊形而上学的创立者毕达哥拉斯正是在这样的思想背景下登上历史舞台的。

毕达哥拉斯与阿那克西美尼是同时代人，据说他也曾求学于阿那克西曼德，但他与“同门”阿那克西美尼走上了截然不同的哲学道路。但在毕达哥拉斯关于数是万物本原的思想中，我们仍然可以发现阿那克西美尼的冷热聚散理论的痕迹。

第 IV 节

## 以弗所学派

爱奥尼亚地区的米利都学派是希腊第一个自然哲学流派，除此之外，爱奥尼亚地区还有另一个哲学学派——以弗所学派，这个学派基本上也可以归于自然哲学流派。这一学派之所以不完全属于自然哲学流派，是因为它第一次引出了哲学的复线，即现象与本质、自然哲学与形而上学并存的两条线索，而这显然又超出了自然哲学的领域。

## 一、代表人物赫拉克利特

以弗所学派的代表人物为赫拉克利特，他的鼎盛年大约在公元前 504 年至公元前 501 年。据记载，赫拉克利特出身于以弗所城邦的王族，他本来可以继承王位成为国王，但他对王位丝毫没有兴趣，反而对哲学思想兴趣浓厚。于是他将王位让给了弟弟，自己则远离凡尘，到乡间过起了清贫的生活，专注于自己的哲学思想。

赫拉克利特平时不大喜欢与人打交道，因为他认为以弗所是一个堕落的城邦，尤其在他的一个好朋友在城邦中被人吊死之后，他就认为这个城邦中的所有成年人都应该被吊死。赫拉克利特平时的言行也很古怪，他经常像德尔菲神庙中的女祭司一样，用一种极其晦涩、深奥的语言表达自己的哲学思想，这也致使他的思想极其神秘、晦涩，就连西方哲学史上思想最晦涩的哲学家黑格尔都称赫拉克利特为“晦涩的哲学家”。

赫拉克利特的哲学观点构成了两条相互交织的复线，其中之一是火本原说，另一个为逻各斯理论。

### （一）“火本原说”

按照阿那克西美尼的事物转化观点推论，火是比气更加稀薄、更加无定形的东西，因此它也应该更加具有本原性。赫拉克利特所在的以弗所城邦与米利都城邦都属于爱奥尼亚地区，城邦之间的距离非常近，所以赫拉克利特自然十分了解阿那克西美尼的观点，于是他便在阿那克西美尼的观点的基础上提出了万物的本原是火的观点，即整个世界就是一团不断燃烧、不断熄灭的永恒的活火。用他自己的话说就是：“这个世界的过去、现在、未来，都是一团永恒燃烧的活火，它在一定的分寸上燃烧，在一定的分寸上熄灭。”随着火的熄灭和燃烧，形成两条相反相成的路径——火熄灭后就变成了万事万物，这是一条下降的路径；而万事万物燃烧后复归为火，这是一条上升的路径。通过火不断地燃烧和熄灭，一个又一个世界不断地被创造、被毁灭。所以在赫拉克利特看来，火转化为一切，一切又转化为火，周而复始，构成世界，这就是赫拉克利特的火本原说。

### （二）“逻各斯”

除了火本原说，赫拉克利特还从稍早的毕达哥拉斯的数本原说中发展出一套关于逻各斯的精深理论。

在赫拉克利特看来，火与万物之间的转化属于现象世界，但他敏锐地察觉，这种转化之所以发生，背后一定有着某种依据，即在“一定的分寸”上燃烧或熄灭。正是这种“一定的分寸”才使火与万物能够周而复始地转变。

那么这个“分寸”是什么呢？赫拉克利特将这种“分寸”称为“逻各斯”，认为正是逻各斯决定了火与万物之间的转化。就像希腊悲剧中渲染的“命运”一样，它决定了悲剧主人公的悲欢离合和兴衰存亡。这种隐藏在背后的定形之物不同于感觉世界中的定形之物，它只能通过抽象的思想来把握。或者说，它只有在思想中才是定形的，在感觉中是无法被找到的。相对于这种思想中的定形之物而言，经验世界中的定形之物（水、火、土、气等感性事物）只是转瞬即逝的虚幻之物。这样一来，赫拉克利特就在处于生灭变化过程中的万物本原“火”的背后，又找到一个不变不动、不生不灭的真正定形的思想范畴——逻各斯。

逻各斯思想是西方哲学史上的一个重大突破。表面上看，在赫拉克利特的思想中，火与气、水、土等万事万物的转化过程是线性的，这个过程充满了生灭变化，这是我们的感觉能够把握的部分；从背后看，却是逻各斯的神秘规定决定了火与其他事物的转化的发生，但这种规定是看不见、摸不着的，只能通过思维把握。而表面和背后两条线之间具有一定的平行关系，即背后的东西决定着表面的东西，逻各斯决定着生灭变化、纷繁复杂的水、火、土、气和万事万物，故而二者形成了一种相互呼应的平行关系。

这种以理性世界不动不变的思想抽象物或思想定形物来说明运动变化的感性世界的做法，正体现了西方形而上学的基本特点，所以赫拉克利特的火本原说虽然属于自然哲学的范畴，但他的逻各斯理论却明显带有形而上学的色彩。从这层意义上来说，赫拉克利特的哲学可以看作综合了米利都学派的自然哲学和毕达哥拉斯的形而上学后进行的最初尝试。

### （三）辩证法

赫拉克利特的另一个重要思想就是辩证法。在赫拉克利特之前，“辩证法”这个词还没有出现，而且在它刚被赫拉克利特运用时也不叫辩证法，这个词是在稍晚时被苏格拉底提出的，主要是指一种通过对话揭露对方逻辑矛盾的方法。赫拉克利特这种朴实的辩证法思想与苏格拉底那种对话式的辩证法是不同的，他强调的是事物的运动变化、相互转化以及对立面的统一等问题，所以列宁将赫拉克利特称作“古代辩证法的创始人”。

赫拉克利特的辩证法思想可以概括为以下几点。

### 1. 万物流变，无物常驻

赫拉克利特有一句名言是“人不能两次踏入同一条河流”，这句话的意思是说，当你迈入一条河时，河水在流，所以当你离开后再次迈入，你迈入的河已经不是之前的那条河了。简单地说，就是万物皆变，无物常驻，世界上所有事物都处于永不停息的运动变化过程之中，没有什么东西是不变的，但逻各斯除外。

### 2. 矛盾是运动变化的根据

万物变化的根据是其内在的固有矛盾。尽管赫拉克利特没有运用矛盾、对立统一这类概念，但他表述的内容却有这样的含义，比如，他说：“互相排斥的东西结合在一起最融洽，不同的音调形成最美的和谐，一切都是斗争产生的。”“在我们身上，生与死、梦与醒、少与老，都是同一个东西。后者变化了，就成为前者；前者变化了，又成为后者。”这些观点其实都表达了矛盾和对立统一的思想。

### 3. 强调事物的相对性

赫拉克利特辩证地说道，海水有毒，人不能喝，但鱼可以喝；猪在淤泥中洗澡，而人却觉得淤泥很脏；最美的猴子在人看来也是丑陋的，同样，最美的人在猴子看来肯定也是丑陋的。这些例子都是在强调事物的相对性，但如果将这种观点推向极端，则表明没有任何真理是可靠与确定的，一切都是相对的，这样又会走向相对主义和诡辩论。后来赫拉克利特的学生克拉底鲁就做了这件事，最后导致一种诡辩论观点出现。克拉底鲁说：“一个人连一次都不能走进同一条河流。”他认为一个人迈进河流的一瞬间，河流就已经发生了改变。

事实上，赫拉克利特的辩证法与后来的诡辩法、神秘主义等都是紧密相连的，辩证法稍微向前推进一点就是诡辩论，诡辩论再稍微向前推进一点又可能转向神秘主义。所以从思想根源上来说，辩证法与神秘主义之间有着极其复杂的内在联系，这一点在后世西方哲学和基督教神学中多有体现。但在当时，赫拉克利特这些充满辩证思想的理论还过于抽象，人们根本理解不了，因此，赫拉克利特的理论始终以“晦涩”著称。

希腊早期四大哲学学派中的米利都学派和以弗所学派基本上都属于自然哲学流派（虽然赫拉克利特的逻各斯理论已经具有明显的形而上学的意蕴），几乎同时，希腊还出现了另外两派哲学思想，那就是毕达哥拉斯学派和爱利亚学派，它们属于形而上学路径。事实上，毕达哥拉斯的理论要早于赫拉克利特的理论，后者曾经在著作残篇里明确提到过毕达哥拉斯，而逻各斯理论显然受到了毕达哥拉斯的数本原说的影响。

第Ⅴ节

## 毕达哥拉斯学派

米利都学派与以弗所学派都属于自然哲学流派，这两派的思想更多地带有科学主义的味道，而且也都对后世西方的自然科学产生了深远影响。在古希腊时代，哲学和科学往往不分家，所以很多哲学家同时也是科学家，这种情况在爱奥尼亚地区的哲学流派中尤其普遍，但在相对落后和闭塞的南意大利地区却不是这样，这里出现了另外一些哲学家，他们思考问题的角度与米利都、以弗所地区的哲学家完全不同。他们不是从时间维度追溯万物的本原，而是致力于探寻事物的内在规定性。借助亚里士多德的术语来说就是：他们注重的不是事物的质料因，而是形式因，即事物的本质。他们的思想带有与自然哲学完全不同的形而上学倾向。与自然哲学从具体的自然物出发进行还原的做法不同，形而上学更侧重于思想的抽象性。而形而上学思想的第一个奠基者，就是毕达哥拉斯。

## 一、“爱智慧”的毕达哥拉斯

前文曾提到，“哲学”这个词在古希腊语中代表“爱智慧”，据说这个词最早是由毕达哥拉斯提出并使用的。毕达哥拉斯的鼎盛年大约在公元前 530 年前后。据记载，他是一位具有传奇色彩的人物。他既是一位天才的数学家，又是一个神秘主义宗教团体的创始人，他精通音乐，据说正是他将古希腊的三弦琴改进为七弦琴，他的追随者甚至认为他是介于人与神之间的一种生物。

早年时期，毕达哥拉斯生活在小亚细亚萨摩斯岛上的萨摩斯城邦，年轻时曾向泰勒斯和阿那克西曼德求过学。后来他因为反抗当地统治者受到迫害，不得不离开萨摩斯岛，流亡到南意大利地区的克罗顿城邦，并在那里定居，还在那里创立了一个学派——毕达哥拉斯学派。

## （一）毕达哥拉斯定律的诞生

几何学由埃及人开创。当时尼罗河经常泛滥，出于丈量土地、修建水渠的需要，埃及人便创立了最初的几何学。在几何学的发展过程中，埃及人还发现了一个规律，即一个直角三角形的直角边为3或3的倍数，另一条直角边为4或4的倍数，那么斜边一定就是5或者5的倍数。由于当时的埃及人缺乏希腊人那样的抽象思维能力，所以他们没能将这种几何关系表述为一种具有普遍性的定理。

毕达哥拉斯年轻时游历广泛，到过埃及和巴比伦，最远甚至可能还到过印度。在埃及游历时，他看到埃及人在使用3个、4个和5个单位的三根绳子时，总能做出完美的直角三角形。他受到启发，回到希腊后便开创了自己的学派，将从埃及学到的几何学内容加以规范，最终归纳为一个数学定律——毕达哥拉斯定律，也就是我们说的勾股弦定律。

毕达哥拉斯定律与埃及人在丈量土地时形成的图形几何学规律有什么区别呢？其最大的区别就在于：埃及人虽然知道直角三角形的三条边存在着3 ∶ 4 ∶ 5这样的比例关系，但未能进一步将其表述为“直角三角形的斜边之平方等于两条直角边的平方和”这样一个普遍性公式，但毕达哥拉斯做到了，他将这个规律提升到一个更加抽象的数学层次上。

数学与几何学之间虽然有着千丝万缕的联系，但两者又有着很大的差别。几何一定要依附于形，它不能完全脱离形而存在；数学却可以完全脱离形而存在，它属于一种抽象思维的表述。这一特点使数第一次脱离了形而独立存在，让纯粹数学作为一门科学成为可能。

### （二）毕达哥拉斯信仰的“神秘主义宗教”

前文曾有述，希腊城邦时代盛行三种宗教，第一种为主流社会奉行的、社会影响力最大的奥林匹斯宗教，奉行对宙斯等奥林匹斯诸神的崇拜；第二种为民间老百姓崇拜和信奉的、与生产生活相关的诸神，如农神得墨忒耳、丰产之神珀尔塞福涅、酒神狄奥尼索斯等；第三种宗教是一种从东方传来的神秘宗教，最早表现为厄琉西斯对丰产女神的崇拜，后来发展为对酒神狄奥尼索斯的崇拜，最后又从酒神崇拜上升为一种神秘宗教，即奥尔弗斯宗教。

奥尔弗斯宗教崇拜的表现方式是音乐，因为奥尔弗斯是个非常神奇的琴师、歌手与诗人。一些画家给弹琴的奥尔弗斯画像时，他旁边的猛兽，如狮子、老虎等，都会安安静静地伏在地上，听他弹奏音乐。由此，民间就出现一种通过音乐表达对奥尔弗斯的崇拜的教派，这个教派对奥尔弗斯的崇拜甚至达到了狂热痴迷的地步。人们通过音乐让自己进入一种沉思冥想的状态，以达到灵魂出窍的境界。

这是一个神秘的教派，它带有明显的神秘主义特征。这种神秘主义后来影响了西方基督教中的隐修主义[1]。

奥尔弗斯宗教还是第一个公开宣扬“灵魂可以摆脱肉体”的宗教流派，信奉该教的人认为灵魂离开肉体后可以在不同的生物

---

[1] 又称修道主义，发源于早期基督徒的禁欲主义生活。根据教会记载，公元 3 世纪埃及的安东尼为隐修主义的创始人。——编者注

中实现轮回转世。有德之人的灵魂经过几次轮回转世，最终会升入天堂，与神灵为伍；无德之人的灵魂转世后就会每况愈下，最终只能转世到一些蜜蜂、蚂蚁等低级生物身上。

神秘主义所持观点对大多数希腊人来说是比较陌生的，因为信仰奥林匹斯宗教的希腊主流社会认为灵魂是不能摆脱肉体的。在他们看来，灵魂一旦摆脱肉体就什么都不是了，所以他们才会非常崇拜肉体。在古希腊，只有很少的人会信奉这种神秘的宗教。凑巧的是，毕达哥拉斯就是奥尔弗斯宗教的教徒，而且他后来还成为奥尔弗斯宗教的一个改革者。

毕达哥拉斯从萨摩斯岛逃亡到克罗顿城邦后，在那里开创了毕达哥拉斯学派。这个学派是一个具有神秘色彩的哲学学派，既研究数学和自然科学，也奉行许多奇怪的宗教规矩。比如，这个学派严禁吃豆子，豆子是希腊一种很重要也很普遍的农作物，希腊人平时很喜欢吃豆子，但毕达哥拉斯学派不允许成员吃。此外，这个学派里还有不许掰着吃面包、不许迈过门槛等规定。这个学派严禁杀生，不许吃动物，这是因为他们受奥尔弗斯宗教的影响，相信动物身上可能栖息着人类的灵魂。据说有一次，毕达哥拉斯阻止人们去打一条狗，他说自己从这条狗的叫声中听到了一位故去的朋友的声音，他相信这位朋友的灵魂就附着在这条狗身上。

这些奇怪的规矩引发的怪事还有很多，而毕达哥拉斯的死也跟这些规矩有关。有一次，毕达哥拉斯在与自己的学生聚会时被仇敌包围，在学生的帮助和掩护下，他本来已经逃脱了包围圈，但他夺路而逃的过程中遇到一片豆子地。由于豆子在他的学派中被认为是神圣而不可亵渎的，所以他宁愿被人抓住，也不肯践踏豆子地。就这样，他被仇敌抓住并被处死。

可以说，毕达哥拉斯的一生充满了传奇的色彩，以至于他的弟子们在谈到他的时候都会这样说：“既有人，也有神，还有像毕达哥拉斯这样的生物。”

在毕达哥拉斯思想的引介下，奥尔弗斯宗教与希腊形而上学产生了关联，这个宗教后来还影响了苏格拉底和柏拉图，并通过他们影响了更晚出现的基督教。同时，毕达哥拉斯将宗教与哲学、科学（数学）非常和谐地融为一体，建立起一个神秘又带有精英主义色彩的教派，只是由于这个教派信仰的宗教过于神秘，教派中研究的内容又过于高深、抽象，所以普通人很难理解和接受。

毕达哥拉斯开创了一个学派，这个学派存在了九百年之久，直到公元 4 世纪末基督教被罗马帝国确立为国教，毕达哥拉斯学派才被当作异教信仰的学派而被取缔。据说毕达哥拉斯学派要求“不懂数学者不得入内”。也就是说，这个学派的成员必须精通数学，否则便没资格加入。数学原本就是一个抽象的、带有神秘色彩的学科，加上他们信奉的神秘主义宗教，使其完全成为极少数精英所在的团体，普通大众被排除在外。正因为这样，毕达哥拉斯学派当时遭到了许多人的厌恶和反对，他本人也死于克罗顿人民的攻击之下。

## 二、毕达哥拉斯的哲学观点

毕达哥拉斯通晓音律，尤其在谐音学方面颇有造诣。据说他发明了单弦琴，这是一种用一根弦线和可移动的琴马来演奏的乐器，毕达哥拉斯还发现了音程。他还注意到琴马之间的比率关系决定了谐音的差异，他又将这种比率关系运用到天文学中，进而发现不同天体之间的位置关系与谐音之比率相同。这种对比率的运用让他体悟到数与万事万物，甚至与道德品性之间的关系，从而提出了著名的哲学命题，即“数是万物的本原”。

### （一）“数本原说”

“数是万物的本原”这一哲学观点与希腊自然哲学中关于本原的所有观点都相去甚远。不论是水、气还是火，都是某种自然的物质形态，虽然当时的哲学家认为它们具有无定形的特点，但它们毕竟是具体的感性事物。但“数”是什么呢？不论我们将万事万物从空间上还原，还是从时间上还原，都无法找到一个被称为“数”的东西。但我们又必须承认，世界上任何事物都具有“数”的规定性，正是“数”构成了任何事物被称为该事物的规定性。“数”与具体事物的关系就像古希腊悲剧中“命运”与悲剧主人公的关系一样，“数”是一种在背后的、不出场的、看不见的事物，但它又能决定一切在场的、看得见的事物，并影响着每一个事物的性质。

但“数”又不是一种能够通过还原的方式找到的有形之物，它是一种抽象的东西，只能通过抽象的思想把握，并且也只有通过抽象的思维才能把握事物背后的这种规定性，即数量的规定性。从这种意义上来说，毕达哥拉斯在提出“数是万物的本原”这一观点时，已经通过抽象思维把握了事物的本质，他的哲学思想也超出了形的范畴，达到一种形而上的、无形无象的本质状态，同时从根本

希腊形而上学的开创者毕达哥拉斯

上超越了米利都学派从直观意义上寻找万物本原的做法。对于西方哲学的发展来说，这是一个非常了不起的思想飞跃。

## （二）开启了“形而上学”的源端

事实上，“数”是一个看不见的事物，而物则是一种看得见的事物，用一个看不见的事物解释一种看得见的事物，这种思维已经远远超出了之前米利都学派将水和气看作万物本原的境界。

但是，看得见的事物是我们能够通过感官感知的，事物背后隐藏的本质却只能通过抽象的思维来把握，而这种本质通常被认为是判断事物存在与否的根本依据。比如，我们说人是理性动物，理性构成了人之所以为人的本质规定性，但理性本身却是任何感官都无法直观感受到的，我们只能通过对人的言行举止进行综合、归纳而使之抽象地显现。同样，当毕达哥拉斯提出数是万物的本原时，其实抽象的方法已经取代了自然哲学的还原方法。因此，他开启了一条运用抽象思维把握事物本质的哲学之路。

当然，这种抽象思维在毕达哥拉斯那里时还远未达到纯粹的程度，数也没有完全摆脱形，还是与几何学联系在一起的。所以，实际上毕达哥拉斯只是开启了希腊形而上学的源端。在他的数本原说中，数与形是一种若即若离的关系。一方面，他在解释数是如何形成万事万物时，仍然会受自然哲学的影响，将数具象化，与形相互联系。他认为数是万物的本原，而 1 则是数的本原，这一点与老子的“一生二，二生三，三生万物”的观点很相近。并且作为本原的 1 以及由 1 构成的 2、3、4 等数都具有空间意义：1 就是一个点，2 就是两个点连成的一条直线，3 则为三个点构成的一个面，4 则是四个点构成的一个体，之后体再按照不同的排列方式构成水、火、土、气这四种最基本的自然物质，最终水、火、土、气再构成万事万物。从这个角度来说，毕达哥拉斯其实是把作为万事万物本原的数理解为具有几何形状的东西，即点、线、面、体，或者是物理学意义上的数，也就是具有广延性（占有空间位置）的物质微粒。毕达哥拉斯这种“数本原说”与后来德谟克利特提出的“原子论”观点也有许多契合之处。

另一方面，毕达哥拉斯又将数神秘化，将其说成是在事物背后起决定性作用、决定着事物性质的某种抽象物。这样一来，数就成了万事万物背后的比例关系和抽象原则，就像希腊悲剧中在英雄背后起决定作用的命运那样的隐藏规则。比如，毕达哥拉斯将 1

当成是真理，因为 1 是最基本的数；将 2 当成是意见，因为它摇摆不定；将 4 和 9 当成正义，因为 4 和 9 分别为第一个偶数 2 和第一个奇数 3 的平方（以毕达哥拉斯那里，1 是作为本原的基本数，既不是奇数也不是偶数）；将 5 当成是婚姻，因为它是第一个偶数 2 和第一个奇数 3 的和；将 10 当成是圆满，因为它是 1、2、3、4 之和。这样一种带有隐喻或象征特点的哲学观点当然有一定的抽象意味，它表明了数量关系与事物性质之间的联系，同时也带有一种明显的、像巫术一样的神秘色彩。由此可以看出，在最初的抽象思维中，哲学与宗教是不分彼此地混合在一起的。

### 三、亚里士多德与“形而上学”

“形而上学”来自希腊语，其写法为 metaphysics。这是个复合词，其中“meta”指“在……之后”，现在是很多英语单词的前缀；“physics”的含义是“物理学”。古希腊时期，物理学的含义是非常广泛的，几乎所有自然科学都被称为物理学。“meta”与“physics”合在一起，直译就是“在物理学之后”，后来翻译成中文时译为“形而上学”。

“形而上学”这个概念出现得较晚，作为形而上学的先驱，尽管毕达哥拉斯的抽象思维中已经具备了形而上学的思想，但他在当时并没有提出“形而上学”这个概念，后来在亚里士多德哲学中，这个概念才被正式提出来。

亚里士多德是一位百科全书式的人物，也是希腊哲学的集大成者。亚里士多德有个特点，就是述而不作。他提出了很多观点、理论，但他生前真正表述自己思想的书籍却很少，大部分有关亚里士多德思想的著作都是由他的弟子记载并整理而成的。

亚里士多德曾在雅典一个名叫吕克昂的体育场创立了自己的学院——吕克昂学院，专门收徒授课，所以他的哲学学派也被称为吕克昂学派。吕克昂学派还有个名字，叫作逍遥学派，原因是学院里面有很多长廊，而亚里士多德喜欢一边带着学生在长廊中散步，一边给学生授课，同时还会与学生讨论各种哲学问题。亚里士多德从来不会让学生在课堂中正襟危坐地听他讲课，他教授给学生的内容也仅靠学生随手记录。

亚里士多德死后，他的学生和后人们开始分门别类地整理他的思想及观点，并将其汇编成不同的著作。比如，亚里士多德研究自然科学时产生的思想被编成一本书，书名为《物理学》，他研究逻辑学时产生的思想也被整理成一本书，书名为《工具篇》。此外，还有研究政治学思想的《政治学》、研究文学艺术思想的《诗学》以及研究伦理学思想的《尼各马可伦理学》（由亚里士多德的儿子尼各马可编纂成书），等等。

当亚里士多德的传人们把他所有的思想整理成书后，他们发现有一部分内容是亚里士多德最为重要的思想内容，他本人将其称为“第一哲学”，也就是“最重要的哲学内容”，但这部分哲学内容既不属于物理学、逻辑学，又不属于政治学、伦理学、诗学，因为这些学问研究的对象都是具体存在的事物，比如研究作为自然现象的存在、作为社会现象的存在、作为文艺现象的存在，等等，但是“第一哲学”是研究“存在”本身的哲学。简而言之，我们在研究某事物为什么存在之前，首先要研究存在本身。比如，想要研究男人、女人、坏人、好人，那么首先要研究人，知道人是什么，然后才能区分并研究男人、女人、坏人、好人。同样，在研究作为自然现象的存在、作为社会现象的存在或作为文艺现象的存在之前，首先要研究存在本身。而亚里士多德研究存在本身的学问就是第一哲学，也是亚里士多德最重视的哲学内容。

因此，这部分内容无法被归纳到物理学、逻辑学、伦理学等具体的学问当中，但又不能直接将其称为第一哲学。于是，亚里士多德著作的整理者们就采取了一个权宜之计，他们将这部分内容单独编成一卷，放在《物理学》这卷的后面，还为这部分内容起了一个体现其权宜之计特点的名字——“在物理学之后”，即“metaphysics”。

随着哲学的不断发展，亚里士多德作品中的其他著作，如《物理学》《政治学》《诗学》等，逐渐从哲学中分离出来，唯独最重要的那部分——“metaphysics”发展为真正意义上的哲学，成为亚里士多德的哲学内容中最为核心的部分。

到了19世纪，日本人接受了西方思想文化之后，开始用中国文化中的一些术语去翻译西方的著作，“形而上学”一词最早就是由日本明治时期著名哲学家井上哲次郎翻译出来的。《易经·系辞》中有这样一句话：“形而上者谓之道，形而下者谓之器。”意思是说，有形的、看得见、摸得着的东西，称为器；而无形的、超越性的东西，称为道。由于器用之物有形，所以称其为形而下；而道是无形的、抽象的，所以称其为形而上。井上哲次郎在翻译“metaphysics”

这个词时参照了这句话，将亚里士多德的“第一哲学”翻译为“形而上学”。这一翻译极其精到，顾名思义，亚里士多德的“第一哲学”是研究“道”的学问，是形而上的、极其高深的哲学思想。

“形而上学”的西文概念产生后，一直到中世纪乃至西方近代早期，它都是一个褒义词，指代一种非常高深的学问，是哲学的本质和核心所在。但到了康德那里，康德开始批判“形而上学”，他认为“形而上学”太过玄奥，虚无缥缈，人们在理解时容易产生主观谬误。再到后来的黑格尔那里，“形而上学”就变成了一个贬义词，黑格尔在批判“形而上学”时，还提出一个与“形而上学”相对立的理论——辩证法。很多人认为“形而上学”是一个贬义词，把它理解为一种片面地、孤立地、一成不变地看问题的思维方式或哲学体系。但这并不妨碍西方思想家和哲学家们将“形而上学”当成是哲学思想中最为重要、最为核心的部分，是哲学的灵魂。

弄清了“形而上学”的概念，再回到毕达哥拉斯学派，我们就会发现，毕达哥拉斯学派其实开创了一条注重事物背后的抽象实质的形而上学路径，这是一条与希腊自然哲学完全不同的路径，并且它更具哲学味道。古希腊哲学的基本目标就是寻求万物的本原，在这个基本目标的指引下，自然哲学侧重于说明一与多的关系，而形而上学则更加注重探讨本质与现象的关系。希腊自然哲学后来在德谟克利特的“原子论”中最终实现了一与多的统一，而希腊形而上学在其开端处就明确地将“一”本身作为万物的本原。这里的“一”指的不是某种具体的物质形态，而是抽象的数，或者说是一种不生不灭、不变不动、始终如一的本质。从这个意义上来说，它其实就是万事万物必须遵循的命运或逻各斯。这样一来，“一”就从毕达哥拉斯的形而上学意义上的数，自然而然地过渡到了赫拉克利特的更加抽象的分寸、尺度或逻各斯。

## 四、数与形的分离与赫拉克利特的二元论

毕达哥拉斯在数学上取得了一个伟大成就，就是发现了勾股弦定理。但这个定理的发现很快引起了数学史上一场大危机，即不可通约数危机。

在毕达哥拉斯学派中，有一个名叫希伯索斯的人，他也是一位精通数学的哲学家。他发现，如果一个直角三角形的两条边都为 1，那么根据勾股弦定理，它的斜边是多少呢？今天我们自然知道，斜边是$\sqrt{2}$。$\sqrt{2}$既不是奇数，也不是偶数，而是一个无理数。但在当时的希腊，人们只知道两种数：奇数和偶数，对无理数一无所知。在希腊人看来，如果不能用一个整数表示这条斜边，那么至少可以用分数表示。根据毕达哥拉斯定律，这个分数的平方等于 2，因此这个分数的值应该大于 1 且小于 2。于是人们开始通过归纳的方法寻找这个分数，可是不论如何推理，都找不到这样一个其平方为 2 的分数。

如此一来，希腊人便迷惑不解了，连毕达哥拉斯自己也开始困惑：明明可以画出这样一个直角三角形，三角形也有一条斜边，为什么找不到表示这条斜边的数呢？也就是说，这条斜边与另外两条直角边是不可通约的。这种状况让希腊人对数与形之间的对应性产生了怀疑，也让数变得更加神秘化。

据说希伯索斯因为动摇了毕达哥拉斯定律追求的逻辑完美性，让毕达哥拉斯学派陷入困惑和尴尬之中，他被驱逐出毕达哥拉斯学派，后来被人推到大海里淹死了。但不可通约数危机撕裂了毕达哥拉斯学派在数与形之间建立的同一性，导致了二者的分离，从而产生一种将数神秘化的倾向。形是形而下的，数却是形而上的，明明可以画出形来，却找不到对应的数，如此令人尴尬的结果不仅使数变得神秘莫测，还导致了一种把抽象的数看得比具象的形更加真实、更加具有本质性的认识倾向，从而奠定了西方哲学史中重理性、轻感性的唯理论传统。

或许正是受到了毕达哥拉斯学派关于数与形相互分离的思想的影响，后来的赫拉克利特认为哲学具有复线关系：一方面，赫拉克利特认为世界是火与万物在周而复始地不断转化；另一方面，他又强调火与万物之间的转化会受到逻各斯的制约。这样一来，变动不居、杂而多的自然万物与不变不动、单一的逻各斯之间形成了两条平行线索。显然，赫拉克利特将逻各斯当成了万事万物背后那个不出场却起着决定作用的“导演”，这是由于他深受毕达哥拉斯“数本原说”的影响，把万物的抽象本质进一步由数深化为质（逻各斯）。

毕达哥拉斯学派自恃精通数学，将不懂数学的芸芸众生拒之于神圣的哲学殿堂之外。赫拉克利特则认为，逻各斯对所有人都是一样的，只是绝大多数人对逻各斯视而不见、充耳不闻。他的言外之意就是，普罗大众的思想充其量只能停留在火与万物的转化这个表象上，看不到表象背后的逻各斯，而他却可以看到逻各斯。

所以他不屑与大众为伍，离群索居，孤芳自赏，用他自己的话来说，“一个最优秀的人抵得上一万个人”。毕达哥拉斯和赫拉克利特这种关于数与形、逻各斯与具体事物的二元对立思想，表现出了强烈的精英主义色彩。其实，希腊后来许多哲学家都有这种观念，认为只有自己才能把握真理，而芸芸众生只能沉溺于意见之中。早在毕达哥拉斯那里就明确地划分出一对相互对立的概念，即真理与意见，其中真理指的是智慧，意见则是指常识、俗见。这也让希腊哲学，尤其是形而上学走上了一条与大众见识背道而驰的道路。

赫拉克利特还提出，火与万物是多，逻各斯是一；火与万物是动，逻各斯是静；火与万物是有生有灭，逻各斯是不生不灭。只有关于独一无二、不动不灭的东西（逻各斯）的知识，才是真正的智慧，后来这种观点也贯穿了整个希腊的形而上学。这样一种彼此独立又互相平行的复线观点，便构成了赫拉克利特的“二元论”。但是，赫拉克利特并没有因为逻各斯理论而放弃火本原说。在赫拉克利特那里，逻各斯与火及万物构成了一种复线关系，它们都是真实的，只是相比而言，逻各斯更具真理性，对逻各斯的认识才是真正的智慧。

第 VI 节

## 爱利亚学派

爱利亚学派也是早期希腊哲学中非常重要的一个学派，它与毕达哥拉斯学派一样，起源于南意大利地区。但与起源于小亚细亚爱奥尼亚地区的米利都学派和以弗所学派注重自然哲学不同，南意大利地区的毕达哥拉斯学派和爱利亚学派都更注重形而上学。关于差异形成的原因，有人认为，爱奥尼亚地区航海业和商业都比较发达，人们眼界开阔，科学技术水平也比较高，所以会更多地关注自然现象；而南意大利地区比较落后、闭塞，那里神秘主义宗教流行，所以人们更加重视精神方面的问题，从而形成了一种形而上学的倾向。

## 一、克塞诺芬尼的“神”

爱利亚学派的第一位哲学家名叫克塞诺芬尼，其鼎盛年大约在公元前 540 年。克塞诺芬尼在西方哲学史上最重要的贡献就是对当时希腊城邦中流行的多神教进行了怀疑和批判。在他看来，希腊人崇拜的那些与人同形同性的神不过是人们按照自己的形象杜撰出来的，所以希腊人崇拜的神都长得像希腊人，而埃塞俄比亚的神则是黑皮肤的。他还嘲讽道，如果狮子和马也能进行创造的话，那么也会有狮子形和马形的神。

虽然这种大胆的思想颠覆了当时希腊“神创造人”的传统观点，但是克塞诺芬尼并未因此得出无神论的结论，他认为在这些人形的神背后，有一个不生不灭、不变不动的独一无二的“神”，他用思想推动一切事物，我们只能通过思想认识这个神。他将这个神称为“一”，或者叫作“存在”，这个作为“一”或“存在”的神没有形体，不是我们感官所能感受到的对象。显然，这个作为“一”

或“存在”的神只是一个尚未分化的抽象概念，它与毕达哥拉斯学派的“数”或赫拉克利特的“逻各斯”如出一辙，都是某种形而上学的存在。

## 二、西方形而上学的真正奠基人——巴门尼德

爱利亚学派的真正奠基者和主要代表人物为巴门尼德，他的鼎盛年大约在公元前500年。对于西方哲学界来说，巴门尼德的思想就像赫拉克利特的思想一样，都是极其晦涩艰深的。他们是同时代的人，其思想观点既有一致之处，也存在着明显的分歧。

巴门尼德出身于爱利亚一个豪门家族，年轻时曾师从克塞诺芬尼，但真正引导他走上哲学道路的却是毕达哥拉斯学派的哲学家阿美尼亚。巴门尼德曾以六步韵的形式写了一本名为《论自然》的诗体哲学著作，书中他描述自己遇到一位驾着驷马高车的真理女神，她将他领入一座真理殿堂。真理女神在这里告诉他，他有两条路可以选择：一条为真理之路，一条为意见之路，其中，真理之路认为“存在者存在，非存在者不存在”，而意见之路则认为“存在者不存在，非存在者存在”。

### （一）“存在”与“非存在”

巴门尼德借这个故事提出两个重要的哲学概念，即存在和非存在。“存在”这个词在西方语言中与“是”“有”相通，用英语表述即being。那么到底什么是“存在”呢？巴门尼德对此并未做明确说明，但是我们循着早期希腊哲学的发展路线便能在其中发现一条明显的思想脉络，即从克塞诺芬尼的“独一无二的神”和毕达

哥拉斯的“数”，到赫拉克利特的“逻各斯”，再到巴门尼德的“存在”之间的逻辑关系。由此我们可以推论，巴门尼德所谓的“存在”，其实就是指有形之物背后的“一”（克塞诺芬尼的思想之神）、现象世界背后的数或纷繁复杂事物背后的逻各斯。简而言之，“存在”就是事物的抽象本质，而所谓的“非存在”，就是指纷繁复杂、生灭变化的现象世界。但是巴门尼德本人并没有这样明确地表述这一内涵，原因是他的思想还没有达到一定的抽象水平，所以无法直接用概念表述现象背后的一般本质，只能含混地将其称为“存在”，以此来与作为感性现象的“非存在”相对立。

### （二）“存在”的特性

巴门尼德虽然没有明确地说出“存在”到底是什么，但是他认为“存在”具有四个特性：第一，它是不生不灭的，即既不产生，也不消灭；第二，它是独一无二的，没有部分，不可分割；第三，它是不变不动的，永远在同一个地方，即在自身之内；第四，它在时间上是无始无终的，在空间上却不是无边无际的，它被强大的必然性所包围，看起来就像一个“滚圆的球形”。

在“存在”的四个特性中，前三个特性最为关键，即不生不灭、独一无二、不变不动，由此我们可以大体推断巴门尼德的“存在”究竟指的是什么。那么，世界上什么东西是不生不灭、独一无二、不变不动的呢？事实上，世界上没有任何实在的东西具有这样的特点。与之相对应的“非存在”的特点又是什么呢？当然就是有生有灭、繁杂和运动变化。试想，什么东西是有生有灭、繁杂而又不断运动变化的呢？我们发现世界上几乎所有的东西都是这样的。

所以，巴门尼德虽然没有直接告诉人们什么是“存在”，什么是“非存在”，但从他阐述的这些“存在”的特点中可以看出，“存在”只能是一种思想中的抽象物，而我们说的感觉世界中那些生灭变化、纷繁复杂的“存在”，恰恰就是巴门尼德所说的“非存在”。

举例来说，我们在生活中看到的万事万物是我们认为的“存在”，但这些东西却一直处于有生有灭、运动变化的过程中。如我们日常所用的桌椅、碗筷或其他生活用品，甚至包括我们自身，虽然看得见、摸得着，但随着时间推移，它们都会破碎、腐烂，直至消失，不再存在。这种“存在”，在巴门尼德看来就是“非存在”。

至于不生不灭、不变不动、独一无二的“存在”，我们在日常生活中是找不到这样的东西的，但在思想中可以，那就是抽象的概念。只是巴门尼德当时受思维的限制，无法表达这个东西，后来的柏拉图就将这个东西阐述清楚了。柏拉图提出，万事的本原就是它的概念，即“理念”。世界上的桌子有千千万万，但桌子的概念只有一个，那就是“桌子”本身；世界上所有的桌子都有生有灭，但“桌子”这个概念却是不生不灭的。

可见，尽管当时巴门尼德不能清晰地表述这种思想，但他已经意识到，凡是处于生灭变化中的事物都是“非存在”，故而他提出了“存在者存在，非存在者不存在”的哲学命题。事实上，巴门尼德还有言外之意，就是旗帜鲜明地批判米利都学派的观点。在他看来，执着于生灭变化的自然物质（水、气、火等）并将其作为万物本原的做法，完全是一种流俗的意见，而非智慧的真理。即使像赫拉克利特那样主张“存在”（逻各斯）与“非存在”（火及万物）可以并存并且相互对应的二元论观点，实际上也是一种意见。只有一种观点才是真理，那就是他提出的“存在者存在，非存在者不存在”。

### （三）巴门尼德与赫拉克利特

巴门尼德与赫拉克利特属于同时代的人，二者的思想也存在着一种复杂的关系。巴门尼德反对米利都学派的观点，但由于赫拉克利特主张一种复线的二元论立场，所以他恰恰成为米利都学派与巴门尼德之间的一个居间人。在某些方面（如火本原说），赫拉克利特与米利都学派是一脉相承的；但另一方面（如逻各斯理论），他又与巴门尼德的观点更加接近。如果使用巴门尼德的术语，将逻各斯称为“存在”，将水、火、土、气等具体事物称为“非存在”，那么巴门尼德的立场就可以表述为“存在者存在，非存在者不存在”，米利都学派的立场就应该表述为“存在者不存在，非存在者存在”，而赫拉克利特的立场就应该表述为“存在者存在，非存在者也存在”。由此可见，与巴门尼德的主张完全相反的是米利都学派，而赫拉克利特的主张恰好介于二者之间。

这也让我想到佛教中的一个人物，那就是六祖惠能。有一天，六祖惠能来到一座寺庙，听见两个僧人争论不休。一个僧人说：“风吹幡动。”另一个僧人说：“幡动而知风吹。”两个人争论不下，谁也说服不了谁。这时，六祖惠能说道：“非风动，非幡动，仁者心动。”他的意思是说：我们看到风和幡在动，其实风和幡都没动，而是我们的心在动；如果心不动，那么风和幡就不会动。

六祖惠能阐释的这一观点与巴门尼德的观点十分契合，即普通大众看到的是风在动、幡在动，而惠能感受不到风动和幡动，他感受到的是心在动。这就很好地解释了巴门尼德的观点，即一般人，甚至某些哲学家（米利都学派）都仅仅将目光停留在转瞬即逝的“非存在”（风动和幡动）上，看不到真正的“存在”（心动）。由此可见，巴门尼德与赫拉克利特具有一定的一致性，他们都强调背后的东西，尽管他们对于呈现在感官之中的东西的评价是完全不一样的。

（四）思维与存在的同一性

巴门尼德还有一个很重要的观点，这个观点对后世西方哲学影响非常大，那就是他提出了思维与存在的同一性，即“能存在者和能思维者是同一的”。也就是说，真正的“存在”（即事物的本质）只能依靠抽象的思想把握，它只存在于思想之中；相反，依靠感觉能够把握的都是“非存在”，“存在”是不可能通过感觉捕捉的。因此，能被思维者与能存在者是同一的。

基于此，巴门尼德还提出，“存在”不仅是能思维的，还是可以通过语言表述的，所以语言又与“存在”和思维具有同一性，也就是说，“存在”与思维、语言之间存在着一种内在的必然联系。在巴门尼德看来，倘若一个东西既不能被思维，又不能被言说，那么它就什么都不是。这一思想在当时是非常高明的，只是这种同一性后来很快被智者派进行了解构和反驳。

需要注意的是，巴门尼德所谓的“存在”与我们普通大众通常理解的存在是完全不同的。他所谓的“存在”不是指具体的存在物，而是一种思想的抽象物，因此他说的思维与存在的同一性说到底也不过是思维与思维自身的同一性而已。到后来的柏拉图时代，“存在”就被称为“理念”了，而理念自然是不能脱离思维的。虽然柏拉图强调理念是一种客观精神，是一种可以独立于我们的头脑而存在的概念，但它毕竟只能在思维中被把握，只有在思维中才具有现实性。这样一来，思维与存在的同一性其实就变成了思维与理念的同一性了。而理念虽然不是感性的存在事物，却是对感性事物的一种本质抽象的提炼，所以巴门尼德和柏拉图所说的思维与存在的同一性，其实就是指思维与本质之间的同一性，也就是指只有思维才能真正把握事物的本质，才能在纷繁复杂的大千世界中产生真理性认识。

## 三、诡辩论者芝诺对“非存在”的颠覆

爱利亚学派的第三位哲学家是一位诡辩论者，名叫芝诺，他的鼎盛年大约在公元前 468 年。芝诺的主要贡献在于他为巴门尼德的形而上学存在论提供了大量的逻辑论证，但另一方面，他的那些论证也极大地助长了诡辩论的思想风气。这种风气后来在智者派中演化成一种吊诡的结果，并最终发展为一种解构形而上学的怀疑论。

芝诺本人在哲学上并没什么建树，只是通过一套自己的“辩证法”或诡辩论论证了老师巴门尼德的思想，尤其是巴门尼德提出的关于“存在”的思想。他的论辩方法与师祖克塞诺芬尼大致相同，即通过归谬和反证的方法达到目的。但是，这并不意味着芝诺的道德品行存在瑕疵，相反，芝诺是一个非常了不起的英雄人物。在爱

利亚城邦生活期间，他反对当时城邦的独裁者、僭主，还密谋推翻僭主统治，后来不幸被僭主抓获。僭主要他供出同谋，芝诺宁死不招。于是僭主命人用酷刑折磨他，他便假装说有重要的消息要告知僭主，并要僭主将耳朵凑过来。僭主以为芝诺要向自己告密，便把耳朵凑了过来，结果芝诺一口咬下了僭主的耳朵。僭主恼羞成怒，让人将芝诺塞进一口舂米的大缸里，然后用石臼将芝诺活活捣死了。所以，不论芝诺的哲学观点在今天看来是否有价值，他本人都称得上是一位非常英勇且令人敬佩的人物。

巴门尼德认为，“存在”是不变不动、不生不灭、独一无二的，而不变不动、不生不灭的对立面就是运动、有生有灭，独一无二的对立面就是繁多，芝诺要证明老师的观点，就需反过来证明运动和繁多是虚假和迷惑人的，从而通过反证法得出不变不动和“一”才是真实的结论。

芝诺的论证分为两个方面：一方面是对运动的否定，另一方面是对多的否定。为此，他提出一系列诡辩，如“阿喀琉斯追乌龟”“飞箭不动”“二分法”以及“大小的论证”“谷粒的论证”，等等。

### （一）“阿喀琉斯追乌龟”

“阿喀琉斯追乌龟”是芝诺对运动进行否定的一个著名的论证案例。阿喀琉斯是古希腊大英雄，同时也是一名长跑健将，《荷马史诗》中称他为“捷足的阿喀琉斯”，意思是他跑得非常快。乌龟爬行很慢，显然与阿喀琉斯没有任何可比性。但是，芝诺就是要论证阿喀琉斯永远也追不上乌龟。

阿喀琉斯追乌龟

在论证中，芝诺让乌龟先爬行一段距离，然后让阿喀琉斯从后面追赶乌龟。在常人看来，乌龟爬行很慢，阿喀琉斯肯定很快就会追上乌龟。但芝诺的论证是：当阿喀琉斯追赶乌龟时，首先他要到达自己出发那一刻乌龟起跑的那一点，这段时间里乌龟已经向前爬行了一小段路；而当阿喀琉斯从乌龟的起跑点继续向前追赶乌龟时，乌龟又向前爬行了一段，阿喀琉斯就需要再次到达乌龟新的起跑点……乌龟后面一直会有新的起跑点等待阿喀琉斯，甚至可以说有无限个这样的起跑点。所以阿喀琉斯只能这样无限接近乌龟，但永远追不上乌龟。

现在我们知道，这是数学中的极限理论，但对于 2000 多年前的希腊人来说，他们根本不知道这一理论，也不了解连续性与间断性之间的关系，所以芝诺的理论让他们非常困惑。如果有人提出：这种论证违背了常识，阿喀琉斯完全可以一步跨过去，超过乌龟。但芝诺恰恰就是要通过这些论证说明我们看到的常识性的东西都是假的、是不可靠的，因为它们与理性论证相矛盾。所以运动本身就是一种假象，感觉欺骗了我们，它只会引起思想的混乱。从逻辑上推理，阿喀琉斯永远无法追上乌龟，逻辑是比感官更加有力的证据。

这就是芝诺论证的目的，他就是要颠覆感觉和常识，颠覆“眼见为实”的传统，从而培养一种运用纯粹的逻辑推理认识世界的抽象思维习惯，用思想中的真实否定和取代感觉中的真实。通过论证“阿喀琉斯追乌龟”，芝诺得出的结论就是：运动是虚假的，它只会导致矛盾，而真实的世界（存在）是不变不动的。芝诺的其他几个论证，如“飞箭不动”“二分法”等也是在论证同样的道理，都旨在说明运动的观点会造成逻辑上的矛盾，所以一个有智慧的人应该摒弃这种观点。

在今天看来，芝诺的论证无疑带有诡辩色彩，但它同样蕴含着辩证法的思想，所以芝诺既被看作西方哲学史上著名的诡辩思想家，也被亚里士多德称为辩证法的奠基者。

### （二）“谷粒的论证”

芝诺的另一个论证是对多的否定，这方面的论证以“谷粒的论证”为代表。这个论证对数学产生了较大的影响。后来数学中发展出一门模糊数学，它就受到了芝诺这一论证的影响。

在论证时，芝诺问智者普罗泰戈拉：“一颗谷粒落在地上会不会发出响声？”后者回答说不会。于是芝诺接着问，一斗谷粒落在地上会发出响声，而一斗谷粒是由一颗一颗谷粒集合而成的，一颗谷粒落地没有声音，一斗谷粒落地为什么会有声音呢？

今天我们自然明白，这是一种集合效应，一颗谷粒其实也有声音，只不过因为声音太小，我们听不见而已；一斗谷粒一起倒下来，形成集合效应，声音放大了，人们自然就听见了。但在当时的希腊，人们是很难做出这样科学的解释的。而且从逻辑学的角度来说，既然每颗谷粒落地都没有声音，那么一斗谷粒也不应该有声音。由此，芝诺便得出结论：“多”是一种迷惑人的假象。通过这种反证，他强调只有“一”才是真实的。

芝诺这种带有诡辩色彩的论证无非是想说明“存在”是不变不动、独一无二的。虽然芝诺不是历史上第一个进行逻辑论证的人，但他的论证即使在今天看来同样很有系统性，所以他确实把当时的希腊人弄糊涂了。这些论证虽然充满了诡辩意味，但也培养了希腊人重视逻辑推理而轻视感觉经验的倾向，这种倾向对于推动西方哲学，尤其是推动形而上学的发展是至关重要的。尽管这种思维方式最终走向形而上学、走向唯心主义，但我们不能否认它在西方哲学史上的重要意义。

第 VII 节

# 智者派——对“存在”的颠覆

早期希腊的四大学派对于本原问题持有不同观点，虽然这些学派的哲学家们各执己见、针锋相对，但他们都致力于探寻宇宙的本原和万物的本质。就此而言，他们都是客观主义者和建构主义者，即承认世界具有客观的本原或本质，并且试图建构关于这些本原或本质的哲学理论。随着希腊城邦文明的进一步发展，早期四大学派形成的自然哲学和形而上学这两种哲学思想被发扬光大。到了公元前 5 世纪，哲学开始在以雅典为中心的希腊城邦中大放异彩，这时出现了一大批伟大的思想家，他们分别把自然哲学和形而上学推向了希腊哲学的高峰。但是在早期四大学派兴起到希腊哲学的鼎盛时代之间，出现了一批解构主义者，他们站在主观主义和诡辩论的立场上，旗帜鲜明地对四大学派的本原理论进行了彻底的批判，他们在某种意义上颠覆了早期希腊哲学的客观主义和建构主义赖以成立的前提。这批思想深刻的批判者就是“智者”。

## 一、普罗泰戈拉“一切皆真”的相对主义

作为巴门尼德的学生，芝诺用一套诡辩的方法支持了老师关于“存在”的形而上学思想。但诡辩论本身是一把双刃剑，运用诡

辩论来论证形而上学就如同搬起石头砸自己的脚。在芝诺的同时代或稍晚的时代，一些反对爱利亚学派的智者们很快就学会了“以其人之道还治其人之身”，他们运用诡辩术解构形而上学，从而导致西方哲学史上出现了一种既不属于自然哲学，也不属于形而上学的思想派别——怀疑主义。并且从古希腊时代开始，怀疑主义就与形而上学形成了尖锐的对立关系，此后更是从未和解。怀疑主义的基本宗旨就是对一切独断论的形而上学根据进行解构。

古希腊智者派的代表人物主要有两位，一位叫普罗泰戈拉，另一位叫高尔吉亚，他们都生活在稍晚于芝诺的时代。据柏拉图记载，芝诺与普罗泰戈拉和苏格拉底都有过对话。公元前5世纪时，希腊城邦社会就像中国的春秋战国时期一样，邦国林立、思想自由。尤其是雅典，由于民主政治制度的兴盛和文化的繁荣，雅典成为思想家的沃土。而城邦公共生活中民主自由的氛围也导致辩论风气日盛，那时判断一个城邦公民是否拥有智慧的标准就是他的口才。因此，有一部分人以专门教人学习辩论术为职业，这批人自称“智者”，即有智慧的人。但苏格拉底、柏拉图、亚里士多德等人对这些自称智者的人颇为不屑，认为他们并没有什么真才实学，只不过是在逞口舌之能。亚里士多德还把这些智者贬抑为“靠一种似是而非的智慧赚钱的人”，柏拉图更是借苏格拉底之口将他们说成是“以批发和零售精神食粮赚钱的人”。

这里有个重要的概念，在希腊语中，“智慧”一词为“Sophia”，而“智者”自称“Sophister”，意思是有智慧的人。由于苏格拉底不喜欢这些自称“智者”的人，他认为他们太过狂妄，于是，他谦虚地称自己是“Philosopher”，即“爱智者”，也就是热爱智慧的人。后来“Philosopher”一词就被翻译为“哲学家”，而“Sophister”则演变为一种贬义的称谓——诡辩家。

后世也有一些哲学家为智者们抱不平，认为他们其实是一些思想深刻的人物，例如，罗素就认为智者们之所以遭到苏格拉底等人的攻击，就是因为他们智慧超群。言外之意是苏格拉底、柏拉图等人未免有点嫉贤妒能了。

### （一）“人是万物的尺度”

普罗泰戈拉是第一个自称“智者”的人，其鼎盛年约在公元前 450 年。他原本是色雷斯人，在希腊各城邦中传授辩论术。他曾经两次来到雅典，第二次来雅典时与年轻的苏格拉底有过一次辩论。他的主要思想都是针对爱利亚学派的。爱利亚学派将不变不动和独一无二的“存在”当作世界的本原，普罗泰戈拉对此提出了反对意见，他认为这个所谓的“不变不动”和“独一无二”的本原本身就是虚假的。他使用的辩论方法与芝诺的诡辩术很相似，但他最终得出的结论与芝诺完全不同。与爱利亚学派强调的客观的、单一的“存在”相对立，普罗泰戈拉提出了他的著名命题，即“人是万物的尺度，既是存在的事物存在的尺度，也是不存在的事物不存在的尺度。”

巴门尼德曾指出有一种错误的观点，即米利都学派和以弗所学派中自然哲学家的观点，因为他们将水、气、火这些“非存在”说成是“存在”，却对真正的“存在”视而不见。同时巴门尼德认为还有一种错误的观点，就是赫拉克利特关于“逻各斯”是存在，但火与万物也是存在的观点。巴门尼德认为，只有“存在者存在，非存在者不存在”才是真理。这样一来，就出现了几种对立观点并存的现象，你说是存在的东西，他却认为是非存在，人们各持己见，都认为自己是对的，他人是错的。

普罗泰戈拉从这些不同的观点中发现了问题。到底什么才是“存在”？这些观点其实都是以不同的人为标准的，为此他明确地指出：“事物对于你，就是它向你呈现的样子；对于我，就是它向我呈现的样子。”他还举例说，刮风时有人感觉冷，有人却不觉得冷，因此我们不能说风本身是冷的或者是不冷的，只能说风对于那个觉得它冷的人就是冷的，对于那个觉得它不冷的人就是不冷的。这样一来，普罗泰戈拉就将爱利亚学派的形而上学独断论解构了，他将客观性的绝对真理推向了见仁见智的相对主义。

这种相对主义思想，其实是以每个个体作为世界的参照系和准则的。也就是说，世界是什么样的，取决于它呈现在不同人眼里的样子。所以我们就不能再说“世界本来就是这样的”，只能说“它对于我来说是什么样的”。因为一切都因人而异，所以所谓“存在”也不是真正意义上的客观存在，而是与人的主观感觉和思维有关，人才是万物的尺度。

普罗泰戈拉还感叹道：“问题是晦涩的，人生是短暂的。”他认为人类可能连神是什么东西都不知道，更无法说出来。希腊人信奉奥林匹斯诸神，但这些神都只是希腊人通过想象创造出来的形象，他认为就连克塞诺芬尼主张的那个独一无二的神，也是无稽之谈。据说因为提出这个观点，普罗泰戈拉得罪了不少希腊人。但在今天看来，普罗泰戈拉的思想是非常先进和高明的，并且具有大彻大悟的特点。当哲学家们都在争论到底什么是万物本原、什么是“存在”时，普罗泰戈拉却告诉人们，万物的本原或所谓的“存在”就是你眼中看到的那个事物、你思想中推论的那个事物。简单来说，万物的本原无非就是你自己的感受和认知罢了。

“人是万物的尺度”的观点，将古希腊哲学家们孜孜以求的唯一的、客观的本质彻底打碎，使之变成了主观的内容。如果每个人都有自己的尺度，每个人用自己的尺度衡量的世界都是正确的，那么有多少人，就有多少个逻各斯。这种情况下，普罗泰戈拉的相对主义就得出了“一切皆真”的结论，即每个人从自己的角度出发认识的世界都是真实的。

### （二）“理论的相对性”

“理论的相对性”是普罗泰戈拉的第二个观点，他认为：“一切理论都有与其相反的说法。”这个观点无疑是站在相对主义立场上的一种表述，但它却可能颠覆相对主义。从一方面来说，站在相对主义的角度，一切理论当然都有相反或相对的说法，而且这些说法也都是有道理的。从实践中看，古希腊哲学中各种理论的确是相互对立的，而且每一方都坚持认为自己的观点是正确的。所以，普罗泰戈拉的这个观点就客观地反映了这一事实。

但从另一方面来说，这一观点又会导致一个悖论。因为“一切理论都有与其相反的说法”这个观点本身就包含在“一切理论”之中，所以它也应该有相反的说法，于是可以引出一种相反的说法，即“并非一切理论都有与其相反的说法”，这就颠覆了这种相对主义的命题。换句话说，由于普罗泰戈拉将相对主义绝对化了，于是他使相对主义走向了其反面，即否定或证伪了相对主义。

有一个关于普罗泰戈拉的故事，就与这个问题有关。

普罗泰戈拉教学生学习辩论术有一条规矩，那就是学生要先交一半学费，剩下的一半等学成之后补齐，而学成的标准就是在出师之后打赢第一场官司。有一次，一个学生出师之后迟迟不肯交付剩下的一半学费，理由是他还没有打赢第一场官司。

为了催收学费，普罗泰戈拉就把这个学生告上了法庭。在法庭上，普罗泰戈拉认为，不论这场官司学生是赢还是输，他都必须把剩下的学费交给自己。因为如果自己胜诉了，法官会判决学生还钱给自己；如果自己打输了，那么学生就赢了，而按照他们的约定，学生打赢第一场官司，就应该交齐剩下的学费。

但普罗泰戈拉的这位学生却青出于蓝而胜于蓝，他反唇相讥，今天不管谁胜诉，他都不会把钱交给普罗泰戈拉。因为如果他胜诉，法官自然会判决他不必向普罗泰戈拉付钱；如果他败诉，按照当时两人的约定，他只有打赢了第一场官司才需要付钱，那么他仍然不需要向普罗泰戈拉付钱。所以无论胜诉还是败诉，他都不会把钱交给普罗泰戈拉。

这个故事恰恰说明了“一切理论都有与其相反的说法”这个理论本身也有相反的说法。所以正如柏拉图指出的那样，普罗泰戈拉相对主义的观点既摧毁了其他理论，也摧毁了它自身。

## 二、高尔吉亚“一切皆假”的怀疑主义

普罗泰戈拉用自己的“人是万物的尺度”和“一切理论都有与其相反的说法”的观点，解构了爱利亚学派的形而上学独断论，使哲学走向“一切皆真”的相对主义。但从逻辑的角度来说，如果一切彼此不同甚至对立的观点都是真的，那么也就没有任何观点是真的了。因此，普罗泰戈拉“一切皆真”的相对主义就转向了高尔吉亚的“一切皆假”的怀疑主义。

高尔吉亚出生于西西里岛的一个城邦，曾师从芝诺和恩培多克勒，他也很擅长诡辩术。如果说之前芝诺用诡辩论论证了自己的老师巴门尼德的观点，那么高尔吉亚则用诡辩论颠覆了他的老师芝诺的论证。

事实上，高尔吉亚只是将普罗泰戈拉的观点向前推进了一步，将普罗泰戈拉“一切皆真”的相对主义推向了极端，从而得出了“一切皆假”的怀疑主义结论。这个过程中，高尔吉亚主要通过三个命题证明了自己的思想，这三个命题分别为“无物存在”“即使有物存在也无法认识”以及“即使认识了也无法言说”。

### （一）“无物存在”

芝诺曾经证明了繁多和运动的“非存在”都是虚假的，那么高尔吉亚要证明的就是作为一和不变不动的“存在”也是虚假的，这样，他就可以得出一切皆假、无物存在的结论了。

要证明“无物存在”，高尔吉亚首先假设“有物存在”，有什么物呢？有三种情况：第一种就是“非存在者存在”，第二种就是“存在者存在”，第三种就是“非存在者和存在者都存在”。

如果有物存在，那么就只有这三种情况，不可能再有第四种情况。

高尔吉亚认为第一种情况根本不需要证明，因为非存在者就是不存在的东西，不存在的东西自然不会存在。

第二种情况即“存在者存在”，这是爱利亚学派的基本观点，也是高尔吉亚要解构的重点。在证明时，高尔吉亚首先将“存在”分为三种情况：第一，它是永恒的；第二，它是派生的；第三，它既是永恒的又是派生的。

如果是第一种情况，即存在是永恒的。永恒的东西指时间上的无限，而时间上永恒的东西在空间上也应该是无限的。那么这种在空间上无限的存在又可以分为三种情况：它小于它所存在的场所、它等于它所存在的场所以及它大于它所存在的场所。如果小于存在的场所，那么它就不可能是无限的；如果等于存在的场所，那就意味着它既是一个东西，又是这个东西存在的场所，这是一种自相矛盾的情况；如果大于它所存在的场所，那么它就会无处存在，而无处存在的东西当然也是不存在的。三种情况都被证伪了，所以第一种情况就被否定了。

如果是第二种情况，即存在是派生的。这种情况也无须反驳，因为爱利亚学派的宗师克塞诺芬尼曾驳倒了独一无二的神是派生的这种观点，巴门尼德也曾进一步论证了存在者不可能是派生的。所以第二种情况也被否定了。

如果是第三种情况，即存在者既是永恒的又是派生的。这本身就是一种自相矛盾的观点。因为二者是直接对立的关系，不可能同时为真，必然有一个是假的。所以第三种情况也被否定了。

这样一来，就只剩最后一种情况，即“非存在者和存在者都存在”。高尔吉亚认为，这种说法也是自相矛盾的，如果存在者存在，那么非存在者就不存在；反之亦然。

至此，“有物存在”的三种情况都被否定了，高尔吉亚理所当然地得出了自己的结论：无物存在。这个论证或诡辩的结论从常识角度来看是非常荒唐的，与芝诺那些否定运动和多的诡辩一样荒唐，但是它们都是逻辑论证的结果。事实上，我们都无法否定世界上有东西存在，至少高尔吉亚本人是存在的，但是高尔吉亚却偏偏像他的老师一样，从理论上证明了“无物存在”。芝诺告诉人们，你看到有东西在运动，那只是一种假象。高尔吉亚遵循老师芝诺的论证方法，最后竟然得出世界上没有任何东西存在的结论。当然，高尔吉亚的诡辩也是旨在向世人说明诡辩论其实是一把双刃剑，它既能刺向论敌，也可以反过来伤害自己。

### （二）“即使有物存在也无法认识”

高尔吉亚的第二个观点是“即使有物存在也无法认识”，也就是说，假定世界上有物存在，但我们也无法认识它。高尔吉亚论证道：我们的思维费尽周折，仍然没能论证有物存在，以至于最后得出了“无物存在”的结论；那么反过来说，如果真的有物存在，也一定不能被我们思考和发现。

巴门尼德曾经认为，凡是能被思考的东西就必然存在，思维与存在是同一的。高尔吉亚却反驳道，我们可以想象一个人在天上飞或一辆马车在海中行驶，但实际上这些情况是不存在的，所以能被思考者也不一定就是存在者。反之，那些并不存在的东西反倒是我们能思考的，如三头六臂的妖怪等。由此可以说明，能被思考的东西不一定存在，而不存在的东西却可以被思考，所以思维和存在之间并非是同一的。

### （三）“即使认识了也无法言说”

关于“即使认识了也无法言说”的观点，高尔吉亚又精辟地指出，我们在实践中亲身经历的事物与我们用言语表达的事物是不一样的。比如你在美术馆看到一幅画，觉得很好，但不管之后你如何用语言向别人描述，别人都无法了解你亲眼看到那幅画时的感受。因此，思维和语言之间存在着巨大的差异，思维不仅与存在不是同一的，与语言也不是同一的。这样，高尔吉亚就彻底斩断了存在、思维、语言三者之间的桥梁，颠覆了一切传统哲学观点，走向了“一切皆假”的怀疑主义。

应该说，智者派的许多观点都表现出了极高的智慧，虽然智者们只注重辩论的技巧或形式，不在乎辩论的思想内容，但他们却通过诡辩术为形式逻辑的发展奠定了重要的基础，同时也推动了辩证法的发展。所以亚里士多德虽然对一些诡辩学家的行为比较不屑，但他也不得不承认，自己的形式逻辑深受这些诡辩学家的影响。从这个意义上来说，诡辩论对于推动西方哲学的发展其实是非常重要的。

至此，希腊早期哲学建立的一切理论观点都被解构了，自然哲学和形而上学都在诡辩论的冲击之下坍塌为一片废墟。在这样的情况下，希腊世界就必定会有人重新树立自然哲学和形而上学的旗帜，挽狂澜于倾倒之际，这些人就是原子论者与其先驱，以及苏格拉底和柏拉图师徒。

第 VIII 节

# 原子论者及其先驱——现代科学的思想根源

智者派不仅把矛头对准爱利亚学派的形而上学独断论，而且他们的相对主义和怀疑主义还捎带着把自然哲学的本原思想解构了。既然“人是万物的尺度”，既然“无物存在”，那么将水、气、火等自然物质当作万物本原的说法也就成为无稽之谈。但怀疑主义作为一种解构性的哲学思想，尽管其精深微妙、独辟蹊径，但也只是西方哲学发展历程中的一个小插曲，并不能阻止建构性的哲学主流的发展。正如同智者派把其他哲学观点都看作在自欺欺人一样，它也被其他哲学流派看作无伤宏旨的雕虫小技，丝毫不会影响人们继续探索万物本原的信心和步伐。正当智者派在希腊各地散布他们的相对主义和怀疑主义时，希腊自然哲学也开始从寻找万物的时间开端转向了探寻万物的空间结构，相继出现了恩培多克勒的“四根说”、阿那克萨戈拉的“种子说”和德谟克利特的“原子论”。

## 一、恩培多克勒的“四根说”

恩培多克勒生于意大利西西里岛上的阿克拉伽斯（即阿格里真托），鼎盛年为公元前 5 世纪初，他的家族在当地属于名门望族。关于他的事迹，史书记载较少，我们只知道他知识渊博、医术高明，曾经帮助病人起死回生。而最引人注目的是关于他死亡的故事，据说为了证明自己的神性，他跳入了熊熊燃烧的埃特纳火山口。

恩培多克勒的哲学思想受毕达哥拉斯影响较大，但是他坚持的仍然是自然哲学路线。在恩培多克勒之前，古希腊哲学发展到赫拉克利特时曾面临一个转折，米利都和以弗所的哲学家们已经将自然界中的基本元素都接触了，水、火、气等分别被当成万物的本原，而希腊神话中也有关于大地女神盖亚（代表着土）是诸神始祖的说法。如果再循着这条路走下去，恐怕很难有新的进展。同时人们也发现，不论用哪一种自然物解释万物的产生与消亡都很牵强。所以，自然哲学如果想继续往前发展，就必须调整思路，另辟蹊径。

于是，恩培多克勒在前人观点的基础上，提出了所谓的“四根说”。他认为，世界的本原或根基不是一个，而是四个。这四个最基本的元素就是水、火、土、气，万物都是由这“四根”结合而成的。而且这四个基本元素之间不存在谁产生谁的问题，它们都是最基本的东西，都是本原。具体而言，万事万物都是由水、火、土、气这四种基本元素按照不同的比例结合而成的，例如人类的肌肉就是由四种元素等量混合而成的，神经是由一分土、一分火和两分水构成的，骨骼是由两分水、两分土和四分火构成的，等等。

虽然这种说法在今天看来十分可笑，但在当时它却是一种试图用不同元素之间的数量关系来说明事物的产生和差异的观点。这种观点其实早在阿那克西美尼时期就已经存在，他认为气的稀薄和浓厚程度决定着事物的性质和差异（毕达哥拉斯的“数本原说”也表达了类似的思想）。与阿那克西美尼不同的是，恩培多克勒提出了四种本原。

那么，水、火、土、气四种基本元素是如何凝聚在一起、形成万事万物的呢？恩培多克勒又提出一种带有神话色彩的观点，他认为有两种动力性的力量将水、火、土、气四种元素凝聚在一起或拆散开来，这两种力量就是“爱”和“恨”。“爱”让“四根”按照不同的比例彼此亲近、相互结合，从而形成万事万物；“恨”则让“四根”相互反目、彼此分离，最终令万事万物分解而复归为水、火、土、气。借助亚里士多德的术语可以这么说：水、火、土、气构成了事物的质料因，而“爱”和“恨”则构成了事物的动力因。从动力因的角度来看，恩培多克勒的“爱”和“恨”也可以看成是与泰勒斯的“万物有灵论”、阿那克西曼德的“冷热干湿论”、阿那克西美尼的“冷热聚散论”以及赫拉克利特的“逻各斯”一脉相承的哲学思想。但是恩培多克勒并没有明确地把“爱”与“恨”说成是某种精神性的东西，而只是借助神话的说法表示一种更加精细的物质性动力。

## 二、阿那克萨戈拉的“种子说”

阿那克萨戈拉生活的时期在公元前500年到公元前428年之间。他原本出生于小亚细亚的一个希腊殖民城邦，随着雅典民主政治走向繁盛，哲学热点逐渐从爱奥尼亚、南意大利等地区向雅典汇聚，阿那克萨戈拉也来到雅典，并成为雅典杰出的政治领袖伯里克利的老师和挚友。

此后数十年，阿那克萨戈拉一直生活在雅典，深受伯里克利的尊敬。后来由于阿那克萨戈拉提出了“太阳就是一块燃烧的石头”，“月亮是由土构成的”等哲学观点，被当时信奉多神教的雅典人指责为无神论者。雅典保守派甚至要处死阿那克萨戈拉，多亏伯里克利从中斡旋，多方说项，才保住了他的性命，但是阿那克萨戈拉还是被驱逐出雅典城邦，最终客死异乡。

### （一）“种子”——构成万物的质料

阿那克萨戈拉在哲学上的重要建树，就是创立了“种子说”。尽管阿克那萨戈拉和恩培多克勒是生活在不同地方的同时代人，我们很难说二者之间是否有过影响，但是从思想发展的内在逻辑来看，“种子说”可以看作“四根说”的一种深化。阿那克萨戈拉认为，万物的本原并非水、火、土、气，而是万物由以构成的最小微粒。比如骨头是由很多骨头的微粒组成的，头发则是由很多头发的微粒组成的……万事万物都是由它们自己最微小的同类部分组成的。阿那克萨戈拉将这种最小微粒称为“种子”或“同类的部分”，这无数的“种子”或“同类的部分”就是万物的本原。

但是，从质料上来看，世界上每一种事物都是有差别的，所以“种子”与“种子”之间也是有差别的。也就是说，“种子”是异质的，组成头发的种子不同于组成骨头的种子，也不同于组成肌肉的种子，这些种子都是不同的。不同的种子作为不同的质料组成不同的事物，只有同类的种子组合在一起，才能形成同一种事物。

那么不同的事物之间是如何转换的呢？阿那克萨戈拉认为，虽然每一种事物都是由“同类的部分”构成的，但任何同类的东西中都多多少少会包含一点不同类的东西，比如面包中主要是面包的种子，但其中也会有一点肉的种子、骨头的种子、头发的种子等等，所以人吃了面包之后会长出肌肉、骨头、头发。这似乎就说明了事物之间为什么会相互转化。

那么为什么“同类的部分”组成的事物中会包含一些不同类的成分呢？对此，阿那克萨戈拉提出一个与现代宇宙大爆炸理论相似的观点。他认为，世界最初是一片混沌，所有的种子都混杂在一起。后来发生了一次类似宇宙大爆炸的运动，于是混沌状态就分开了，同类的种子与同类的种子结合在一起，就这样形成了世间万物。因为最开始时所有的种子都是混杂在一起的，所以在分裂之后，同类的种子组成的事物里面多少会包含一些异类的种子，所以任何事物都不可能是纯粹的。由此，阿那克萨戈拉提出“一切包含着一切”的观点，这种观点显然是为了解释不同事物之间为什么能够互相转化而提出的，但这种解释也缺乏足够的说服力，有些牵强附会。

### （二）“努斯”——万物生灭变化的动力

阿那克萨戈拉还提出一个重要的哲学概念，那就是“努斯”（nous，即“心灵”）。“努斯”的概念与赫拉克利特的“逻各斯”、柏拉图的“理念”、亚里士多德的“实体”等，都是古希腊哲学最重要的概念。“努斯”与“种子”的关系，就像恩培多克勒的“爱”、“恨”与“四根”的关系一样，是一种动力因，正是“努斯”促进不同“种子”组合为不同的事物。“种子”作为质料是惰性的，“努斯”作为动力却是能动的，但是阿那克萨戈拉却第一次明确地把“努斯”说成是一种精神动力。

后来，这一学派发展到最高峰，就出现了原子论。原子论出现时，阿那克萨戈拉的观点反而渐渐明晰，他提出的“种子”其实相当于我们现在物理学中的分子，即构成事物的最小单位。与阿那克萨戈拉的异质的“种子”相比，德谟克利特的“原子”虽然在数量上也是无限的，但原子是同质的。作为构成世界万物的最后单元，“原子”并没有任何性质上的差别，只有形态、大小、次序和位置方面的差别。所以，直到“原子论”出现，异质的“种子”得以转变为同质的“原子”，这时，阿那克萨戈拉的疑难问题才最终得到解决。至此，古希腊自然哲学也达到了发展的顶峰。

## 三、原子论者德谟克利特

德谟克利特出生于北方色雷斯的阿布德拉城邦，与智者普罗泰戈拉是同乡，其生活在公元前 460 年至公元前 370 年间。德谟克利特年轻时游历过埃及、巴比伦、波斯、印度等地，见多识广，是古希腊最博学的人之一。他与苏格拉底、柏拉图同处一个时代，也到过雅典，见识过苏格拉底的思想风采，但苏格拉底却不认识他。德谟克利特的思想观点恰好与柏拉图相反，两个人分别代表古希腊自然哲学和形而上学的高峰。

德谟克利特是古希腊原子论的集大成者，据说最早提出“原子”概念的是德谟克利特的导师留基波（后人对其知之甚少），德谟克利特将这一观点发扬光大，使之成为一套系统化的自然哲学世界观，这套世界观对后来的西方哲学和科学产生了巨大的影响。

### （一）“原子论”的基本思想

德谟克利特认为，万事万物都由一个最小的元素组成。如果

原子论者德谟克利特

将所有事物进行切割，切割到最后一定可以切出一个最小的微粒，微粒之间没有任何性质上的差异，只有大小和形状的差异，这种最后不可再分的东西就是万物的基本元素，德谟克利特把它们称为“atom”，原意是“不可分之物”，中文翻译为“原子”。按照德谟克利特的说法，在纷繁复杂的大千世界中，尽管所有事物形态各异，但它们都是由这些同质的原子按照不同的排列方式组合而成的。

德谟克利特提出的“原子”并不是一个物理学概念，而是一个哲学概念。因为当时没有任何实验设备能够证明原子的存在，德谟克利特通过抽象思想得出了上述结论。

在今天看来，德谟克利特的原子论与现代物理学很接近，只是现代物理学中的原子是可以继续分割的，而古代“原子论”中的原子却是不可分割的最后单元。对于古希腊人来说，世界是不可能被无限分割的，一定要有终点，这个终点或最后单元在现实世界中可能是看不到的，但通过思想的抽象思维能力，人们可以得出一个不可分之物的概念，而古希腊语中“原子”这个词的原意就是“不可分之物”。

德谟克利特与恩培多克勒、阿那克萨戈拉的不同之处在于，他否定了原子之外的任何动力因，而将运动说成原子自身固有的功能，这就将质料因与动力因统一起来了。德谟克利特还认为，连灵魂都是由一种更稀薄的原子组成的。如此一来，他就说明了精神和物质之间的同一性，即把精神归结为物质，精神也是一种物质，这种思想后来深深地影响了近代唯物主义。

遗憾的是，德谟克利特的“原子论”很快被与他同时代的柏拉图的哲学思想所遮蔽。柏拉图提出了一种“理念论”，后来成为西方哲学史中的主流思想。希腊化时代以后，这种思想又成为基督教神学的重要理论基础，继而又深刻地影响了近代唯心主义，最后一直影响了黑格尔哲学。而德谟克利特的原子论思想则被打入冷宫，两千年来几乎无人问津。

### （二）“原子论”思想的发展

到了“原子论”提出两千年后的 17 世纪，随着西方自然科学的蓬勃发展，人们开始通过各种实验手段研究自然、分解自然。实验证明，每种事物都可以再进行分解，人们把分解出来的最小部分称为“分子”。

1811 年，意大利化学家阿伏伽德罗提出了比较确切的分子概念，即分子是指游离状态下单质或化合物能够独立存在的最小质点。分子概念提出后，在很长一段时间里，科学家们都将分子看成是构成不同事物的最小微粒（相当于“种子”）。

随着西方物理学的进一步发展，科学家们又得出了新的结论，认为分子也是可以再分解的，并且能够分解出更小的东西，但这个更小的东西就不能再分了。至此，人们才想起古希腊时期的哲学家德谟克利特，因为德谟克利特早在 2000 多年前就说过，世界是由一些最小的、不能再分的物质组成的。关于这种物质，科学家们通过对分子的进一步分解终于在实验室里找到了，它就是德谟克利特所说的“原子”。这就是近代物理学中“原子”一词重新出现的原因。

然而在 19 世纪末叶，物理学再次发生了变革，科学家们通过更精确的实验，居然将原以为不可再分的原子进行了分解，并且分解出了原子核和电子。古希腊人认为原子是不可再分的，“atom”一词就指“不可分之物”。但是通过现代物理实验，原子却被分解了，甚至到了后来，原子核又被分为质子和中子。直到今天，人们又分解出了构成物质的基本粒子夸克。

从这个意义上来说，在当前科学所能达到的水平，基本粒子才是真正意义上的“atom”，才是德谟克利特所说的哲学“原子”。而今天物理学中的原子与德谟克利特说的“原子”相差甚远，已经没有资格被叫作“原子”（从字面意义上说，汉语中的“原子”也应该是指最后的单元）。尽管如此，德谟克利特“原子论”的思想仍然具有颠扑不破的伟大意义，深深地影响着现代自然科学和唯物主义哲学。无论德谟克利特的“原子论”，还是现代物理学，都告诉我们，这个看似丰富多样、异彩纷呈的现实世界，越往微观方面深入，它就变得越简单、越枯燥、越没有浪漫色彩。如此纷繁复杂的大千世界，还原后最终无非是一大堆极其单调乏味、不停旋转的基本粒子罢了。

从古希腊哲学的宗旨来看，哲学就是要探讨万物本原，就此而言，德谟克利特的“原子论”是非常高明的，它从质料的角度真正探寻到了万物的本原。所以，古希腊自然哲学发展到德谟克利特那里就达到了顶峰，此后便逐渐衰落，甚至被人遗忘。著名科学史学家丹皮尔说过，德谟克利特的原子论比他之前或之后的任何学说都更接近于现代科学的观点。然而非常不幸的是，原子论在古希腊和中世纪被柏拉图主义压制了。直到近代自然科学复兴后，这种思想才重新回到人们的视野当中。

第 IX 节

## 苏格拉底——对真理价值的重建

如果说原子论者及其思想先驱们继承了希腊早期的自然哲学，并将其推向了古代哲学的高峰，那么在大体相同的时间里，苏格拉底及其弟子柏拉图则把希腊早期的形而上学发扬光大，使其与兴旺繁荣的自然哲学旗鼓相当，共同营造了古希腊哲学繁荣昌盛的局面。

## 一、苏格拉底其人

公元前469年，苏格拉底出生于雅典一个平民家庭，他的父亲是雕刻匠，母亲是助产妇。小时候，苏格拉底跟父亲学过雕刻，据说雅典卫城中还有他的雕刻作品。

苏格拉底年轻的时候参加过一些政治活动，还参加了伯罗奔尼撒战争，他在战斗中表现非常勇猛，并因此得到嘉奖。后来他远离政治活动，一心沉潜于学术。据记载，苏格拉底长相丑陋，秃脑袋、大扁脸、双眼凸出、鼻孔朝天，还有一张奇大无比的嘴巴。但他对自己的相貌有着与众不同的看法，他认为实用才是美，一般人的眼睛深陷，只能往前看，而他的眼睛可以侧目斜视；一般人鼻孔朝下，因而只能闻到从下而上的气味，他却能够闻到四周空气中的味道。

除了长相，苏格拉底的性格也很怪异。他经常披着一件破旧的大氅，光着头、赤着脚，站在空旷的广场上仰头沉思，常常一站就是好几个时辰。据说有一天傍晚，他在广场上沉思，有一批好事的年轻人就搬来被褥躺在广场上守着他，看他到底能站多久。结果他整整站了一夜，第二天早晨太阳出来后，他向太阳深深地鞠了一躬后才回家去了。

当时的雅典正处于民主政治的鼎盛时期，文化繁盛，思想自由，所以苏格拉底经常跑到雅典城邦的广场（阿戈拉）上与人辩论，许多思想的火花也是在这个过程中迸发出来的。

由于苏格拉底行为怪异，所以许多雅典人都不喜欢他。用罗素的话来说，喜欢处于出神状态聆听灵异声音的人通常有两种情况，一种是先知，一种是精神有问题。罗素是不太认可形而上学派的哲

“哲学殉道者”苏格拉底

学家的，他喜欢德谟克利特这样的原子论者，所以他对苏格拉底的印象并不好，他的言外之意就是，苏格拉底是个精神有问题的人。

罗马共和国晚期出现了一位非常著名的大文豪，名叫西塞罗。[1]西塞罗非常崇拜苏格拉底，认为苏格拉底是第一个将哲学从天上拉到人间的哲学家。也就是说，他认为在苏格拉底之前，哲学家们讨论的都是天上的问题，什么万物的本原呀，什么“存在”呀，都是天马行空的，而苏格拉底第一次将哲学拉回人间，开始关注人类的道德问题。因此，如果说泰勒斯是古希腊自然哲学的创始人，毕达哥拉斯是古希腊形而上学的创始人，那么苏格拉底就是古希

[1] 因雄辩而成为罗马政治舞台上的显要人物。政治家、演说家。——编者注

腊道德哲学的创始人。他第一次告诉人们，哲学关注的焦点应该是人类的道德，而不应该是万物的本原，因为万物的本原是神关注的问题，我们只需要关注人类自己的问题就行了。

当时苏格拉底因为一些新颖而叛逆的思想对雅典城邦的年轻人产生了深刻的影响，所以许多追求新潮的年轻人追随在苏格拉底身边，这其中也包括一些贵族青年，比如柏拉图。也正因如此，苏格拉底遭到了许多保守主义分子的抨击，他们认为苏格拉底是在用各种稀奇古怪的知识蛊惑人心，误导年轻人，后来还把苏格拉底告上了法庭。

## 二、苏格拉底之死

公元前 399 年，苏格拉底被雅典一部分保守派人士以两条罪名告上了法庭，一条罪名指控苏格拉底喜欢探究各种稀奇古怪的知识，并且用这些知识教导青年人，唆使他们不尊敬父母；另一条罪名是不敬重神灵，他们认为苏格拉底试图在雅典引入新神，败坏道德。

法庭上，苏格拉底为自己进行了一番著名的辩护，他讲述了自己孜孜不倦地探寻知识，甚至将自己一生的精力都花了进去，以至于到晚年时一贫如洗，还被人告上了法庭。

### （一）法庭上的辩论

面对别人的指控，苏格拉底声称，自己之所以这样做，是因为一个灵异的声音在指导他这样做，这类似于克塞诺芬尼提出的那个思想之神。关于雅典人指控他的两条罪名，他予以默认，但他认为这不是一种罪行，而是对雅典的一种贡献。

当时的雅典刚经历了伯罗奔尼撒战争，重新恢复了民主制度，但这种民主制度就像回光返照一样，完全是一种假象。所以苏格拉底指出，雅典这匹良种马在财富和虚荣的腐蚀下已经变得臃肿不堪，而他本人就像一只马虻，受到灵异的指示不断叮咬这匹良种马，提醒它注意德行，不要沉溺于物欲的享乐和虚荣之中。即使在当下，他仍然受到这个灵异的声音的影响，它告诉他不要从事政治，不要去经商，应专心致力于学术。并且他还指出，这个声音从未误导过他，包括现在自己被人告上法庭，这个灵异的声音也没有阻止他，因为他所做的这一切都是对的。

对于苏格拉底的这套辩论，那些控告他的人以及法官、陪审员等，都是听不进去的，他们都认为这是一向自以为是的苏格拉底在狡辩。雅典民众对苏格拉底的反感也有一部分是由于阿里斯托芬的喜剧《云》造成的刻板印象，在剧中，苏格拉底被描写成一个蛊惑人心、误人子弟的怪物。

### （二）泰然赴死

尽管苏格拉底在法庭上拒不认罪，但法庭最终还是以误导年轻人、不敬重神灵等罪名将他判处了死刑。

在牢狱中等待行刑的那段时间，苏格拉底的一个名叫克里同的朋友来看望他。克里同告诉苏格拉底，他和其他朋友愿意帮苏格拉底越狱，然后将他送到其他城邦，让他在那里平安地度过晚年。但是苏格拉底断然拒绝了，他说自己本来就是无罪的，判处他死刑只能说明雅典人有问题，如果自己越狱逃跑了，那才真的是有意犯罪呢，因为越狱这种行为是对法律的一种践踏，是一种真正的罪行。最后苏格拉底明确表示：“人应该追求好的生活更甚于生活本身。”他所谓的“好的生活”指的是肉体死后灵性的生活，因为他深信死后他就能够在天国无忧无虑地与那些希腊先贤们一起自由地讨论问题了，再也不会因此受到人们的指控。所以苏格拉底认为那些觉得死是苦境的人是错误的，在他看来，死亡并不是一种痛苦，反而是一种超脱。他对判处他死刑的雅典人说道：“我去死而你们活着，谁的去路好，唯有神知道。”他这种以死为乐的思想开启了西方唯灵主义，也为后来基督教神学的出现和发展奠定了重要的精神基础。

公元前 399 年，苏格拉底喝下了一种雅典专门为死刑犯人准备的毒胡萝卜汁，泰然赴死，成为先于耶稣四百年殉道的西方道德先贤。公元 30 年左右，被钉在十字架上的耶稣说的最后一句话是：“我的国不属于这世界！”实际上这一观点早在四百年前就已经被苏格拉底身体力行地表达出来了。所以也可以说，苏格拉底之死构成了希腊乃至整个西方文化的“原罪”，对后世的西方哲学和西方文化都产生了重要的影响。

法国画家雅克－路易·大卫创作过一幅名画，名叫《苏格拉底之死》，这幅画表现了苏格拉底临刑前的超然态度。当行刑者递来毒药时，苏格拉底平静地一手接过，一手指向天空，安慰四周悲伤欲绝的朋友和学生说：“我要去的是一个好地方，你们应该为我感到高兴。”他就这样泰然而平静地走向了另一个世界，成为西方文化中堪与耶稣媲美的殉道典范。

苏格拉底之死

三、苏格拉底的哲学观点

道德问题是苏格拉底哲学的核心，也是他教育思想的主题，他一生都在以道德的要求自励并以此育人。

（一）“认识你自己”与“自知其无知”

苏格拉底在法庭上辩论时说到，在年轻的时候，他有一位名叫凯勒丰的朋友，曾经到德尔菲的阿波罗神庙去求神谕。凯勒丰问阿波罗，世界上有没有比苏格拉底更有智慧的人？太阳神阿波罗通过女祭司告诉凯勒丰，世界上没有任何人比苏格拉底更有智慧。苏格拉底得知这个神谕后大惑不解，因为他认为自己并没有什么智慧，但是既然神谕这样说了，他就想看看神谕到底对不对。于是他开始四处游历，遍访雅典城邦中以智慧著称的名人，包括政治家、工匠、诗人等，试图发现这些人比自己更有智慧。但他每走访一个人，就会为这个神谕增加一条佐证，因为他发现这些人与自己一样，并没什么智慧，可他们却不知道自己没有智慧，反而都以为自己很有智慧、很聪明。在这一点上，苏格拉底感觉自己比他们强，因为他至少知道自己是无知的，而那些人却缺乏自知之明。由此，他终于明白了，原来神谕的意思是说：像苏格拉底这样知道自己无知的人，就是最有智慧的人。“智慧”是一个很崇高的词，没有人能够配得上它，只有神才配得上，因此自知其无知的人，就是最有智慧的人了。

这个解释显然是苏格拉底在表达对智者们的不满，因为“智者”这个称呼表明他们不知道自己是无知的，反而以有智慧自居；而苏格拉底表示自己只是“爱智慧”，绝不敢认为自己“有智慧”。同时苏格拉底还提到德尔菲神庙门前的一块黑色石头上的名言：“人啊，认识你自己！”这句话正是促使他终身孜孜不倦地探求知识的巨大动力。

苏格拉底一直强调，人是不配被称为“有智慧”的，所以他认为以前的哲学家们探寻万物本原的尝试都是一些不知天高地厚的做法。万物的本原只有神灵才能把握，人根本没有能力认识它、把握它。那么，人类应该做什么呢？苏格拉底明确地表示，人的职责就是“认识你自己”，通过对自己的认识而实现对神的认识。也就是说，苏格拉底将探索的眼光从自然界转向了人类本身，认为“认识你自己”才是哲学真正的意义所在，这就是苏格拉底的“自知其无知”“把哲学从天上拉到人间”的思想的重要意义。既然要探索人本身，那么什么才是人的根本问题呢？苏格拉底认为，人的根本问题就是道德问题。通过对自己道德特性的认识重新建立一种普遍性的本质，这就是哲学的基本使命。只不过这种本质不再是自然世界的本原，而是道德世界的本质、人的本质。所以“认识你自己”探讨的其实是道德问题，它不再像“人是万物的尺度”所呈现的感觉现象，只是过眼烟云，转瞬即逝，而是深刻地认识自己的心灵，对自己的道德状况进行研究，从而确立一种普遍性的道德规范。

### （二）“美德即知识”

在苏格拉底的对话中，随处可见“美德”这个概念。那么什么才是美德呢？苏格拉底认为“美德即知识”。在他看来，美德不是一种行为，而是一种知识，即关于“善”这个概念的知识，一个人与善相关的知识掌握得越多，这个人的道德水平就越高。

后来的西方社会出现了两种针锋相对的观点：一种观点承认“美德即知识”，即越有知识的人，他的道德水平就越高，无知即罪恶，一个没有关于“善”的知识的人，就会走向罪恶；而另一种观点恰恰相反，认为道德和知识是不相干的，道德与个人是否虔诚、内心是否纯洁等因素有关，一个缺乏知识的人，照样可以拥有良好的道德，而一个具有丰富知识的人也可能是邪恶的。亚里士多德就认为，苏格拉底将知识与美德画等号的观点过于片面，他只看到道德的理智因素，却没有考虑人的情感、性格等方面的因素。此外，中世纪基督教伦理学基本上也不赞同苏格拉底的这种观点，因为基督教最初是在罗马帝国没有知识的弱势群体中传播的，它将希腊的哲学、知识看成是与信仰、德性相对立的堕落因素。基督教强调的三种美德是信、望、爱，没有一个与知识有关。也就是说，一个没有任何知识的基督教徒，只要具有虔诚的信仰、坚定的希望和热忱的爱心，就可以在上帝面前被称为一个义人、一个具备美德的人。

发展到近代，这两种观点也有了代表人物，其中赞同“美德即知识”的一派以伏尔泰等启蒙思想家为代表，他们主张科学技术的每一次进步都会使人类道德得以提升和完善，使人类的福祉不断增加；持相反观点的另一派以卢梭为代表，卢梭认为科学技术的每一次进步都是人类道德的一次堕落，科学技术不断发展，人类的道德也每况愈下，所以知识导致了罪恶。

卢梭的观点其实是基督教观点的一种延续，因为基督教认为，人类的始祖亚当和夏娃就是在偷吃了道德知识之果后才开始堕落的。卢梭在他的著作《论人类不平等的起源和基础》中强调了这个观点。

在今天看来，这两种观点可以说是见仁见智，但在西方思想史上，这两种道德观点长期对立，它们之间的张力也构成了西方伦理学的重要内容。

### （三）“精神接生术”和“辩证法”

柏拉图的《美诺篇》中记载了苏格拉底与美诺讨论美德问题的故事。在讨论时，苏格拉底向美诺请教：“什么是美德？”美诺回答说：“男人的美德就是精于国务，女人的美德就是勤于家务。”苏格拉底反驳说：“我问的是什么是美德，而不是男人的美德和女人的美德。我要的是一个具有‘共同性质’的美德，它应该是什么呢？”美诺又回答说：“美德就是统治人、支配人的能力。”但苏格拉底再次反驳说：“奴隶和儿童不能统治人和支配人，他们就没有美德了吗？”于是美诺进一步将美德说成是正义、勇敢、节制、智慧、尊严，等等，但苏格拉底又反驳说：“你说的都只是‘一种美德’，而不是美德‘本身’。这就像我问你什么是图形，你却拿出一堆三角形、长方形、圆形等，你并没有告诉我什么是图形。”这令美诺不得不再次修改自己的结论，最后在苏格拉底的启发下，他终于得出一个结论，即美德是关于善的概念的知识，也就是“美德即知识”。

在讨论其他问题时，苏格拉底也喜欢以不断揭露对方矛盾的方法，引导对方接近真理，这种方法就是所谓的“辩证法”。但大多数情况下，苏格拉底与人探讨的问题都没有最终结论，可见“辩证法”最重要的意义不在于它的结果，而在于它的过程，即通过不断地对话来揭露对方的矛盾之处，启发对方摆脱矛盾，接近真理。

在与人辩论和探讨的过程中，苏格拉底总是采取一种谦虚的姿态，他自己从来不正面表述观点或给出结论，而是不断请教别人，不断向别人提问，这种方法也被称为“苏格拉底式的讨论方法”。苏格拉底解释说，这种方法是他从母亲那里学来的。苏格拉底的母亲是一位助产妇，专门为人接生，苏格拉底认为自己也在接生，只不过他母亲接生的是婴儿的肉体，他接生的是精神性的东西，即事物的概念和一般定义。因此苏格拉底也把他的这种辩论方法称为“精神接生术”。

总而言之，苏格拉底与人讨论问题时最显著的一个特征就是，他始终喜欢追问事物现象背后的东西，即事物“本身”或一般定义。事实上，当我们想要了解一个事物的性质和状态时，首先应该知道这个事物的一般定义。简单地说，我们在说一个事物“是什么样的”之前，先要知道这个事物“是什么”。比如当我们说“草是绿的”时，首先应该知道草是什么，然后才能说出它的性质。

这种思想在亚里士多德那里被明确地表达了出来。亚里士多德认为，“是什么”的问题在逻辑上应优先于“什么样”的问题，这种观点的形成得益于苏格拉底运用“辩证法”对事物进行的归纳推理和普遍定义。在柏拉图那里，这种普遍定义又被称为“理念”，理念相对于感性事物而言就成了一种普遍性的东西，比如“桌子”的理念就比任何一张具体的桌子都更能代表桌子的本质，因为它包含了世界上所有的桌子。人们也正是通过对各种理念的认识而超越了感性现象，走向了事物的本质。

### 四、苏格拉底的“神学目的论”

苏格拉底还有一个很重要的思想，那就是神学目的论。在苏格拉底看来，神是最具智慧的，神按照一定的目的安排了万物。人类小小的身体中充满了无限的奥秘，这恰恰体现了神的高明和伟大。

但苏格拉底说的“神”与那些有血有肉的奥林匹斯诸神不是一回事，他说的更像一个“灵”，所以他常说自己能够听见一个灵异的声音在他耳边轰鸣，罗素因此还认为苏格拉底有精神疾病。苏格拉底认为这个“灵”是超越肉体的、无形的，这就与后来基督教信仰的神联系了起来。

苏格拉底的弟子色诺芬曾在《回忆录》中记载了苏格拉底在牢中与另一个犯人的对话。这个犯人不相信神灵，苏格拉底就与他谈了一些关于神的问题。他说，你看我们的身体器官，处处都显示出神的精心安排。就拿我们的脸来说，眼睛是最容易受到伤害的器官，于是就有了眼皮来保护它们，有了眉毛和睫毛来为它们遮风挡雨，使风沙和雨水不会落入眼睛中，这样的设计多么巧妙啊！再看看我们的耳朵，它长得刚好可以接收声音，又不会被堵塞，为防止异物进入，有耳郭、耳道来保护它；还有我们的鼻子，它能够嗅到物体的味道，同时鼻孔向下生长，异物不容易进入；同样，我们嘴里有牙齿，前面有门牙，两边有臼齿，门牙用于撕咬，臼齿用于咀嚼，如果只有门牙没有臼齿，或者只有臼齿没有门牙，那我们吃东西就太不方便了！这一切都安排得多么完美巧妙啊！

在当时，拉马克、达尔文等人的生物进化论还没有出现，人类也不知道自己是从哪里来的，只是根据经验，认为自己的父母与自己长得差不多，自己的父母跟他们的父母也长得差不多，以此判断最初的人类也应该大体相似。那么最初的人是哪儿来的呢？肯定是神创造的，所以人类的器官才会长得如此和谐。更重要的是，苏格拉底认为人身上还有理性或灵魂，这才是人身上最宝贵的东西，它使人类的一切言谈举止都显得那么优雅和高贵。这一切说明了什么？不正是说明了神以某种特殊目的来对世间万物进行合理设计吗？

苏格拉底这一番话让那位犯人深受启发，以至于他也开始相信神灵的存在了。当然，现在我们已经知道，这种和谐有序性其实是生物长期进化的结果，但苏格拉底所处的时代，人们对进化论一无所知，那时他们只能认为世间的一切都是神按照一定的目的、一定的规则创造的。苏格拉底的这种理论也被称为“神学目的论”。这种理论对后来的西方哲学产生了非常大的影响，尤其是对基督教神学的影响，无论如何强调都不为过。基督教神学的观点认为，世界万物都是由上帝创造的，所以世界上的任何事物都体现了上帝的特殊意志和目的，甚至连一只麻雀何时从何处以何种方式掉下来，都是上帝在创造世界时安排好的。而苏格拉底的目的论就是为了突出神的全知和全能，因此，他将整个世界说成是神灵按照一定目的创造出来的一个有条不紊地运转的大机器，一切事物都严格地遵守神灵事先安排好的轨迹运行。

随着近代西方科学的崛起，古代和中世纪那些关于上帝存在的各种证明都被打得落花流水，但是由苏格拉底发轫的“神学目的论”的证明却仍然存在，甚至还被一些科学家们发扬光大，最后发展为一种精致的设计论证明。后来，人们又将设计论证明发展成智能设计论证明。这种观点认为，我们越是研究世界，就越会惊叹于它的和谐有序性。尤其是掌握的科学知识越丰富、越完善，对自然界的研究越深入，就越能发现大自然的精美和谐。当我们面对一个由钟表匠以报时为目的设计出来的时钟时，我们看到时钟的发条、齿轮环环相扣，指针走起来井然有序，并能准确报时的时候，一定会赞美钟表匠的精湛技艺；那么当我们面对精美和谐程度高于钟表千万倍的精美大自然时，有什么理由不相信它是由一位高明、智慧的神创造出来的呢？至于智能设计论证明，更是把整个世界看作上帝最初设计好的一个初始元素或基因按照既定规则发展而成的结果。

即使到了今天，西方仍然有一些具有神学背景的科学家坚持用目的论解释世间的各种现象。比如关于宇宙大爆炸和生物学大爆炸的问题，他们会用目的论进行解释，以此来说明宇宙演化和生物进化中的方向性问题，认为这些科学事实恰恰证明了上帝的存在和智慧的安排。由此可以看出，苏格拉底创立的“神学目的论”思想对后世西方文化产生了多么深远的影响。

总而言之，苏格拉底是西方最伟大的思想家，他在西方文化中的地位如同孔子在中华文化中的地位一样无可超越。苏格拉底与孔子生活的时代基本相同，都处于传统文化“礼崩乐坏”的时期，他们同样承担着承先启后的历史重任。而且他们都述而不作，言传身教，通过亲身践行自己开创的道德理想垂范后世。中国有话曰：“天不生仲尼，万古如长夜。”同样，如果没有苏格拉底，我们很难想象西方文化后世将会如何发展。

第X节

## 柏拉图——西方唯心主义的奠基人

如果说苏格拉底可以与孔子相提并论，那么柏拉图就相当于孟子；如果说中国儒学的主流思想是孟学，那么西方哲学的主流就是柏拉图主义；如果说苏格拉底是在被智者们损毁的一片思想废墟上重建真理价值，那么柏拉图就站在其师的肩膀上奠定了西方唯心主义的思想根基。

苏格拉底死后，曾经追随他的一些学生在雅典城邦内遭到迫害，不得不四散逃亡，其中也包括苏格拉底的弟子柏拉图。这些人逃离雅典后，分别在不同的地方创立了独立的学派。例如，有人在希腊的麦加拉城邦建立了麦加拉派，有人来到非洲的昔兰尼（今利比亚一带），在那里创立了昔兰尼学派，还有人在雅典郊外建立了犬儒学派（昔尼克派）。这些学派的观点互不相同，但多少都与苏格拉底有一定渊源，所以被统称为小苏格拉底学派。

在苏格拉底的这些弟子和追随者中，最为杰出的弟子就是柏拉图。柏拉图出生于公元前 427 年，他的家族十分显赫，据说他祖先的血缘可以追溯到雅典的改革者梭伦。柏拉图出生时，他的家族中既有雅典民主制度的政治家，也有雅典寡头政治的参与者。年轻时的柏拉图与许多雅典贵族子弟一样，都追随苏格拉底，宣扬苏格拉底的哲学思想，他还成为苏格拉底的嫡传弟子，将老师的思想发扬光大。再后来，他也教出了一位出色的弟子，那就是亚里士多德。苏格拉底、柏拉图和亚里士多德三人，通常被称为“希腊哲学三杰”，他们的成就无可置疑地代表着希腊哲学的最高水平。

## 一、柏拉图及其创立的学园

柏拉图被迫离开雅典后，周游了许多地方，先后三次来到西西里岛的叙拉古王国，试图在这里实现他的政治理想。但不幸的

西方唯心主义奠基者柏拉图

是，叙拉古王国的统治者对柏拉图那套理论并不感兴趣。尤其是叙拉古的老国王，不但没接受柏拉图的政治思想和哲学思想，还把他卖到了奴隶市场。幸亏柏拉图的一位朋友在奴隶市场发现了他，这才花重金将他赎了出来。

在叙拉古王国多次碰壁后，柏拉图迫不得已又回到了雅典。此时苏格拉底已经死去多年，雅典也早已不再追究那些曾经的追随者了。于是，柏拉图就在雅典城郊一个名叫阿卡德米（Academy）的运动场开设了一所学院，专门收徒讲学，传授他的哲学思想，直到去世。因此，“Academy”这个词就具有了“学园”“专科学校”的意思，柏拉图创立的学派也被称为“学园派”。

前文曾提到，柏拉图在雅典建立自己的学园后，不仅讲授哲学课程，还教人摔跤。柏拉图的原名叫亚里斯多克勒斯，因为他很强壮，力气大，又擅长摔跤，人们就给他取了个绰号叫柏拉图，意思是“大块头”。久而久之，柏拉图仿佛成了他的名字，他的原名反而逐渐被大家忘记了。

所以，柏拉图在雅典的阿卡德米其实从事着两份工作，他不仅开课讲授哲学，还教人摔跤并积极参加各种竞技运动。也正是在这个学园中，柏拉图培养出了希腊哲学史上另一位伟大的哲学家——亚里士多德。

## 二、柏拉图的“理念论”

20 世纪英国著名哲学家怀特海曾经说过这样一句话：“整个西方哲学史，不过是对柏拉图主义的注脚。”由此可见，柏拉图的哲学思想在西方哲学史上占据了重要地位。从某种意义上说，了解了柏拉图的哲学，就等于了解了西方哲学的根基和主脉。在西方，不论是古希腊，还是后来的古罗马以及基督教时代，都处于有神论的氛围之中，这种有神论的氛围非常有利于唯心主义的发展。正因为如此，唯心主义在西方哲学史上便成为一种主流。而柏拉图正好是唯心主义的重要奠基者，是他将古代形而上学的发展推向了顶峰。当然，唯心主义是后来才出现的一个哲学概念，但后来的唯心主义与柏拉图当时的形而上学思想是一脉相承的。

柏拉图的哲学思想和历史命运与同时代的德谟克利特相比，可谓大相径庭。依靠柏拉图创立的学园薪火相传以及古罗马时期一些新柏拉图主义者的继承和发展，柏拉图的著作得以保存，这也使柏拉图的哲学思想最终成为西方思想史上的显学。而德谟克利特的“原子论”虽然在古代自然哲学中达到了很高水平，但它从罗马帝国时期开始便一直遭到冷遇，到了中世纪的基督教时代，“原子论”更是无人问津、几近湮灭。一直到近代，德谟克利特的思想才重新被一些唯物主义者从历史的尘埃中发掘出来。由此可以看出，柏拉图思想对于西方哲学史产生的深刻影响。

### （一）“理念论”的基本思想

柏拉图哲学的主要思想就是“理念论”。“理念”一词在希腊语中写作 eidos，现在的英文写法为 idea。什么是理念呢？这一概念的产生还要追溯到柏拉图的老师苏格拉底身上。

前文提到，苏格拉底喜欢与人辩论，而且与人讨论问题时总是喜欢向对方提问，追问事物的本身或一般定义是什么。所以后来亚里士多德在总结苏格拉底的思想时，称苏格拉底在哲学上最重要的贡献就是以不断询问的方法为一个概念下定义，即通过归纳论证寻求一般定义。作为苏格拉底的学生，柏拉图自然也会关注这个问题，他将苏格拉底追寻的事物本身或一般定义称为“理念”，即 eidos 或 idea。

需要注意的是，柏拉图提出的“理念”并不是我们头脑中认为的观念或心中的意念，也就是说，它不是一种纯粹主观的东西。在希腊语中，“eidos”的原义是“看”，是个动词，名词化后意为“看见的东西”或“显相”。但在柏拉图的语境中，这个“看见的东西”并不是指我们用肉眼能看到的实物，而是一种通过精神才能“看”到的东西。在柏拉图看来，世界上所有事物都可以分为两类：一类是一个个具体的事物，另一类就是可以指称这些具体事物的一般概念或“理念”。为此，他指出：“一方面，我们说有多个东西存在，并且说这些东西是美的、是善的，等等；另一方面，我们又说有一个美本身、善本身等。对于每一组多个的东西，我们都相应地假定一个单一的理念，假定它是一个统一体而称它为真正的实在。”这段话也是柏拉图“理念论”最为核心的一段表述。所以说，柏拉图的“理念”其实与前文所述的毕达哥拉斯的“数”、赫拉克利特的“逻各斯”、巴门尼德的“存在”以及苏格拉底的事物“本身”，在思想内涵方面是一脉相承的。

### （二）“模仿说”与“分有说”

柏拉图将世界分为两个部分，一部分就是我们能够用肉眼看见、能够用手摸到的具体事物，如美的人、美的树等各种美的东西；另一方面就是不能用肉眼看见、用手摸到的抽象事物，如美本身，这个“美”既不是美的人，也不是美的树，就是指美本身。也就是说，柏拉图将具体事物与事物的“理念”完全割裂开来，让“理念”获得了客观独立性，成为一种客观概念或客观精神。这种概念与精神不仅独立于具体事物而存在，还构成了具体事物存在的根据，甚至在知识论上还与具体事物形成相互对立的状态。“理念”独立于并且先于具体事物及我们的头脑而存在，具体事物则是对理念的一种模仿和分有，我们头脑中的概念不过是对这种客观“理念”的一种认识罢了。

我们可以举一个例子来说明这个问题，比如有个木匠，他的头脑中会先有一个“桌子”的概念，然后才能根据这个理念制造出各种各样的桌子。每张桌子可能形状不同，材质也不一样，但这些桌子都是对木匠头脑中“桌子”这个理念的一种模仿和分有。也就是说，这些桌子都来自于木匠头脑中“桌子”的概念。由此类推，任何具体的、个别的事物都是对它赖以存在的理念的模仿和分有。

同时，柏拉图还指出，既然是模仿和分有，那么这些模仿的东西就一定不如原本的东西精美、完善。比如，这张桌子是用木头做的，那张桌子是用铁做的，还有的桌子是用石头做的；桌子有长方形的、圆形的、大的、小的……各种各样的材质和形状，其实都是分有了“桌子”这个理念的某些部分，因此，这些桌子都不如“桌子”这个理念完善。

可以说，柏拉图的“理念论”将精神性的“理念”当成唯一真实的存在或实体。也就是说，真正实在的东西是客观独立存在的理念，而感性世界的具体事物却是对理念的模仿和分有。关于这一点，柏拉图也有一段非常明确的表述：“一个东西之所以是美的，乃是因为美本身出现于它之上或者为它所‘分有’，不管它是怎样出现的或者是怎样被‘分有’的。美的东西是由美本身使它成为美的。”简而言之，我们说一个具体事物很美，是因为这个具体事物对“美”这个理念进行了分有，但这个“分有”出来的美的事物肯定不如“美”本身或“美”的理念那样完美。比如说，世界上最圆的圆是哪个圆？不论用何种方式、不论画出来的圆有多么圆，它都不是世界上最圆的圆，因为世界上最圆的圆就是圆的定义，就是“圆”本身或圆的理念。而我们画出来的所有圆，都不过是从“圆”这个定义中分有出来的，它永远都不会是最圆的那个圆。从这个意义上来说，柏拉图“理念论”的实质就在于：事物的概念或定义远比具体的事物本身更加接近这个事物的完美形态，因为它揭示了事物的本质。这就是柏拉图提出的“概念在先”的原则。无论模仿还是分有，其实都是为了说明理念与具体事物之间的因果关系，都表现了柏拉图把背后的东西、把抽象的概念当成唯一实在的本体的形而上学立场。

### 三、理念世界与感觉世界

在柏拉图的理念论中，一方面，理念通过把形式赋予“原始物质”使感性事物的存在成为可能，这样一来，理念就构成了感性事物的形式（即本质）；另一方面，由于其自身的完善性，理念也成为模仿和分有它的感性事物所趋向的目的。同时，也正因为感性事物都极力趋向于作为目的的理念，所以理念也成为感性事物运动的动力。因此，对于感性事物而言，理念既是构成自身的形式，又是目的和动力。

柏拉图把感觉世界与理念世界加以分裂和对立，同时他又把理念世界分为六个不同的层次。其中，最低一层就是自然万物的理念，如山水花草、日月星辰等的理念。需要注意的是，这里的山水花草、日月星辰等，并不是指实际的自然物，而是指自然物的理念。第二级是各种人造物的理念，如桌椅、床等，同样指的是人造物的理念，而不是实物。第三级是数理理念，如正方形、长方形、圆形、三角形以及长、宽、高等，这些理念相对抽象，虽然它们有了“形”的意义，但它们其实又超越了形。第四级为范畴概念，范畴概念是一种更加抽象的哲学理念，比如存在与非存在、有限与无限、动与静、一与多等概念。第五级是道德与审美的理念，像勇敢、善良、节制等，这些已经是比较高级、抽象的理念了。最高的一级就是善的理念，即“善”本身。这六个层次的理念由低到高，下一级的理念都以上一级的理念作为目的和动力，而所有理念又以“善”的理念作为终极目的和根本动力。

从以上的分级中可以看出，柏拉图所说的“善”已经超出了道德伦理学意义上的善，扩展为整个世界的最高实体和终极根据。与处于最顶端的“善”的理念所具有的实在性和能动性相比，处于最底层的“原始物质”就是一种没有任何形式规定、缺乏任何实在性和能动性的“非存在”，它们只能通过对各种理念的模仿和分有才能获得形式，成为现实世界中的某种感性事物。而这些最底层的“原始物质”，在柏拉图看来，就是与他同时代的原子论者德谟克利特所说的“原子”。

从这个角度来说，柏拉图与德谟克利特的哲学观念是截然相反的。德谟克利特的“原子论”认为，所有的事物都是由原子构成的，原子可以自己运动，原子和原子还能彼此结合，最后产生了整个世界、产生了万事万物，就像今天科学描述的宇宙大爆炸理论一样。所以“原子论”认为原子是世界的本原，也是世界得以运动和发展的根本原因。但是柏拉图的“理念论”却认为，原子就是一大堆没有任何形式规定的“原始物质”，那是一堆惰性的、没有任何积极性的、杂乱无章的基本材料，如果没有理念的赋形，这些材料就什么都不是。有了理念，这些“原始物质”才能成为自然物，构成人造物，构成数理对象等。所以柏拉图认为，世界的本原是理念，理念赋予“原始物质”以具体的规定性，这个过程也被叫作“赋形”。由此，柏拉图提出，不论是一堆原子还是其他任何物质，它们本身并不重要，重要的是它们会被赋予什么样的形式，正是这个形式使它们成为感觉之物，如成为山川河流、桌椅板凳，甚至成为人、成为狗，等等。如果没有赋形的过程，这些原子或“原始物质”就什么都不是。

由此我们可以看到，柏拉图的“理念论”就是这样奠定了西方唯心主义的理论根基，开创了精神决定物质的西方哲学主流思想。在这里，柏拉图明确地把能动性的因素归于精神性的理念，他通过理念的赋形功能说明具体物质对理念的模仿与分有，以及感觉世界的存在与运动。而德谟克利特提出的观点虽然高明，认为原子可以自己运动，但这种观点本身会产生一些问题，即物质为什么可以自己运动？运动的动力是什么？

这些问题在 17 世纪之前一直没能获得令人满意的答案。17 世纪时，西方出现了一位伟大的科学家，名叫牛顿。牛顿提出了万有引力定律，指出万物都会受到万有引力的支配，处于运动过程之中，动者恒动，静者恒静。但牛顿在提出万有引力定律时也面临一个大问题，他虽然可以解释一个运动着的世界所遵循的运动规律，却无法解释世界最初是如何动起来的。所以牛顿最终只能说：“世界最初是被上帝推了一把。”这是一种通俗的说法，其含义就是将万有引力的根本与最初动力归结于上帝，这种观点是由牛顿的基督教信仰立场决定的。如此一来，当时普遍信奉基督教的欧洲人也就无话可说了，因为上帝是万能的，可以解决一切人类无法解决的问题。由于上帝是当时西方人思维的终点，所以当牛顿给出这样的回答时，人们便不再追问上帝又是如何让万物运动的问题了。

在宗教信仰浓厚的文化氛围中，把万物运动的根本动力归结于上帝是没有问题的，但是一直到近代，西方人都认为物质本身是缺乏能动性的，物质的运动是不能从物质本身得到解释的，只能从精神层面解释。这种根深蒂固的思维方式就是从柏拉图开始的。

## 四、本体论与基督教的关系

后世的哲学家们认为柏拉图和他的弟子亚里士多德代表了西方两种不同的哲学理念和哲学路径。罗素在《西方哲学史》中就谈到了两人的区别，并分别将两人的哲学特征用一种文学化的方式加以表述。他认为柏拉图哲学的特点是“热情”，亚里士多德哲学的特点是“审慎”，而“热情与审慎的冲突”是贯穿西方哲学史的基本冲突。

事实上，柏拉图也的确如罗素描述的那样，他的很多哲学思想都显得比较诗意化，缺乏冷静的分析。他在著作《蒂迈欧篇》中也提到，有一个叫德穆革的造物主用“善”的理念为指导，以理念世界为模型，然后将这些理念加诸于原始物质，结果就产生了感性世界。比如我们看到的山川河流、花草树木，就是德穆革将“山川河流、花草树木”的理念赋形于原始物质后的结果。

这个解释带有明显的神话色彩，因为关于原始物质如何对理念进行模仿和分有的问题，他根本没有办法解释。但不管怎样，柏拉图的整个理论由此形成了三个层次：上层为理念世界，这是一切动力的来源及赋形的根本，是这些理念将形式赋予了原始物质，才让原始物质成为一个个具体的感觉事物；最下面一层为杂乱无章的原始物质，这些原始物质通过模仿和分有理念构成了中间的感性事物层。

所以说，我们现在面对的感觉世界就是由更高一层的理念世界与更低一层的原始物质结合而成的。这样一来，就构成一个低层次的原始物质和感性事物趋向于高层次的理念，低级的理念又趋向于更加高级的理念，而所有事物和理念都趋向于一个最高的理念——“善”，这样一种井然有序的世界模型和本体论体系。

这里面很明显有许多想象或诗意的内容，但我们不得不承认，柏拉图这一套“理念论”的表述很精辟。虽然其中有些内容难以自圆其说，但它以一种系统性的方式将理念、感性事物和原始物质这三个层面统一了起来。

由此也可以看出，在柏拉图这里，苏格拉底提出的“善”的理念已经从一个道德范畴扩展为整个世界的最高实体和终极根据。后来的人们只需要再对这个形而上学的终极实在加以人格化渲染，它就成为基督教的上帝了。

基督教是一种关于上帝、人和世界三者关系的信仰体系。在基督教中，上帝就是一种精神，就像黑格尔说的那样，“神即精神”。《圣经》中也提出，上帝是个“灵”（灵魂），而不是具有肉体的感性存在。上帝创造世界时，也是完全靠理念来创造的。《圣经·创世纪》中明确宣称：“上帝说要有光，于是就有了光。”同样，上帝说要有山川河流，于是就有了各种具体的山川河流……而上帝说的“光”和“山川河流”以及其他所有东西，首先都是一种概念，通过上帝之口，这些概念才变成一个个具体的对象。基督教这种上帝创世理论就源自于柏拉图的“理念论”。

但是，与柏拉图“理念论”的不同之处在于，基督教的上帝是从虚无之中创造世界的，即上帝创世时并不需要原始物质，他将感性世界的形式和质料一起创造出来；而柏拉图的德穆革却是将理念加到原本就存在的原始物质之上，使这些原始物质获得了形式，成为具体的感性事物。从这个方面来说，柏拉图的神与其说是一个造物主，倒不如说是一个伟大的建筑师或者工匠。两者区别在于，建筑师或工匠再了不起、头脑里的理念再先进，也是“巧妇难为无米之炊”，必须先有原材料，才能运用头脑中的理念将原材料“加工”成感性事物。

而上帝从无中造出万物的思想，则是后来罗马时代基督教教父派从柏拉图思想中发展出来的理论。公元 4 世纪时，古罗马出现了一位著名的基督教思想家，名叫奥古斯丁。他第一次明确表述上帝创造世界是通过语言，即上帝不需要借助任何材料，仅通过语言便创造了万事万物。至此，基督教的上帝创世说取代了柏拉图的“巨匠说”。

奥古斯丁的上帝创世理论显然受到了柏拉图“理念论”的影响，所以后来的哲学史家们都认为，奥古斯丁神学就是“教父中的柏拉图主义”。当然，奥古斯丁是从维护基督教的立场出发接受柏拉图主义影响的，他在援引柏拉图唯心主义哲学为基督教唯灵主义神学奠基方面，做出了重要的贡献。

## 五、认识论上的“回忆说”

柏拉图还有一个重要的思想，就是在认识论方面提出了著名的“回忆说”。

柏拉图认为，六个层次的理念共同构成了客观存在的理念世界。我们的灵魂在进入肉体之前，曾经居住在这个客观的理念世界当中，所以灵魂本身也是具有理念的。不幸的是，灵魂进入肉体之后，由于受到肉体的遮蔽，忘掉了之前获得的理念知识，变得愚钝、无知。与此同时，肉体还在道德上导致了灵魂的堕落，使灵魂充满杂念甚至变得邪恶。但是，被肉体遮蔽的理念也不是不可找回的，找回理念的唯一方法就是学习。通过学习，在感觉经验的刺激下，灵魂就会逐渐回忆起之前在理念世界中获得的知识。所以，柏拉图就提出这样一种观点，他认为学习其实就是在帮助灵魂进行回忆，通过回忆找回以前灵魂在理念世界中获得的真知。

前文有述，苏格拉底生前喜欢与人进行辩论，他会通过辩论不断启发人们接近真理。他曾提出一个著名的悖论，即“我们学习的知识既不是我们已知的，也不是我们未知的”。因为如果是已知的知识，我们根本无须再学；如果是未知的知识，我们对其一无所知，自然也不知道从何学起，所以也无法学习。

柏拉图是苏格拉底的学生，对于苏格拉底的一些观点自然会有所传承，所以他也认为学习就是不断通过后天的启发，使进入肉体的灵魂能够重新回忆起此前在理念世界中已经获得的知识。这就对苏格拉底提出的“知识既不是已知的，也不是未知的”这种令人大惑不解的观点给予了很好的解答。柏拉图进一步认为："我们学习的知识既是已知的，也是未知的。"说它是"已知的"，是因为灵魂曾经获得过，只是因为灵魂进入肉体之后，肉体成了遮蔽真知的障碍物，所以它才变成了"未知的"。但这种"未知的"并不是指完全消失，只是暂时忘掉了，所以通过不断学习和回忆，就能启发这些曾经"已知的"知识，让它从"未知"恢复为"已知"。

柏拉图的这种观点在哲学史上通常被称为先验论，即认为我们的真理性知识都是先于经验而存在于我们的思想之中的。就"回忆说"而言，柏拉图称得上是古代先验论的开创者和重要代表。

关于柏拉图的"回忆说"，有几点需要说明。

### （一）感觉不是知识的来源，而是刺激回忆的媒介

按照唯物主义的观点，我们认为知识是从感性认识上升到理性认识的。比如我们眼前有很多桌子，然后将桌子的各种差异性去掉，最终抽象出它的本质，从而获得一种关于桌子本质的认识，并以一个名字，即"桌子"来指称它。

柏拉图的观点恰好相反。他认为，人们对事物的认识确实是从感觉开始的，但感觉并非知识的来源，只是刺激我们回忆起我们头脑中的原有理念的媒介。为此，他还举例说明。当我看到一位亡友的七弦琴时，我就会想起这位亡友。但是，这并不能说我对亡友的认识或知识是从这把七弦琴中获得的，而是说这把七弦琴曾经被他使用过，所以看到这把琴，我才会触景生情，回忆起他来。也就是说，七弦琴只是刺激我回忆起朋友的媒介，而不是我关于这位朋友的知识的来源。

### （二）回忆不是对具体事物的回忆，而是对理念的回忆

通过上面的例子，柏拉图指出，我们在回忆时，并不是在回忆具体的事物，因为具体事物的知识根本不需要回忆，只需要通过感觉经验就能够获得。我们回忆的是那些曾经拥有过的理念。

对于这种观点，柏拉图也举了一个例子：他的老师苏格拉底曾经同一个小孩对话，这个小孩之前没有学过任何数学知识，而苏格拉底通过启发，让小孩逐渐掌握了数学知识。那么，孩子的数学知识来自哪里？柏拉图认为，实际是苏格拉底用一个个感性事物刺激小孩，使他回忆起头脑中原来有关数学知识的理念。

所以，柏拉图认为，学习就是回忆，而感觉经验的作用仅仅在于刺激我们回忆起那些与生俱来的理念知识。

### （三）回忆是一个不断上升的过程，关键在于灵魂的能动性

柏拉图认为，人们的回忆都是不断从低级理念上升到高级理念的，并最终实现对“善”的理念的认识。在不断上升的过程中，灵魂会表现出一种能动作用，正是这种能动性，使理念知识逐渐从潜在状态转变为现实状态。借用亚里士多德的话来说，这就是从潜能到现实的过程。

### （四）“回忆说”与“洞穴隐喻”

在《理想国》中，柏拉图还举了一个著名的“洞穴隐喻”来说明认识不断上升的过程。他设想，在一个深深的山洞当中，有一些一生下来就被锁链锁住手脚的囚犯，他们不能动弹，每天只能面壁而坐。在他们身后不远处有一堆燃烧的火焰，火焰与囚犯之间有一些晃动的木偶，火光把木偶的影子投射到了囚犯面对的墙壁上。

囚犯们一直认为世界就是他们看到的墙上的样子。后来，有一个囚犯挣脱了锁链，他回过头一看，后面是一堆火，而墙壁上那些晃动的影子，不过是木偶被火光投射到墙上的影子罢了，影子不是真实的，火和那些木偶才是真实的。

后来，这个囚犯走出了山洞，看到了山洞外面真实的世界，那里有来来去去的行人和各种各样的动物，于是他意识到，自己在洞中看到的木偶也是假的，它们只不过是真实的人和物的模仿品而已。

最后，当他的眼睛适应了太阳的光芒后，他终于发现，那些在大地上活动的人和物都需要阳光才能显现，没有了阳光，人们什么都看不见。所以，他得出了最终结论：只有太阳才是最真实的东西。

就是这样，从影子到木偶、从木偶到实物、从实物到太阳，这个人的认识逐渐提升，直至最高的知识层面。这就是"洞穴隐喻"展现的整个认识过程：首先是对假象的假象（木偶的影子，比喻对感性事物的模仿）的认识，其次是对假象（木偶，比喻作为理念之摹本的感性事物）的认识，再次是对实物（真实的人和物，比喻理念）的认识，最后是对照耀实物的光明之源（太阳，比喻"善"的理念）的认识，这种知识的上升过程，恰恰是通过灵魂的不断"回头"、不断反思实现的。

最后，这个人在洞外阳光灿烂的世界中走了一圈之后，又被送回原来黑暗的洞穴之中，被重新捆绑起来。一开始，他看不见洞穴里的任何东西，这时，原来一直在洞穴里的囚犯都认为这个人出去一趟之后眼睛瞎了，所以当这个人向其他囚犯描述自己在洞外看到的事物时，他们根本不相信，认为他在胡说八道。所以这些没有出去过的囚犯达成共识：出洞的事还是不要再想了，如果有人让他们出去，他们将予以拒绝。

对此，柏拉图明确声称，那些囚犯与人类很像，他们代表人类当时的状态，而将解放的囚犯送回洞穴，则暗喻苏格拉底的悲剧。苏格拉底为什么会被处死？就因为他是那个“出洞”的人，他提前看到了太阳，当时的雅典人就是那些被困在洞中的囚犯，只能看到墙上火光映照下的木偶的影子，所以他们都认为苏格拉底是骗子，认为苏格拉底在向他们宣扬异端邪说。柏拉图的“洞穴隐喻”理论不仅深刻地阐明了“回忆说”的思想内涵，而且反讽了当时的社会现实，对后世产生了很大的影响。

17 世纪初，西方伟大的思想家、英国经验论的创始人弗朗西斯·培根说了一句著名的话：“知识就是力量。”他批判了妨碍正确知识的四种假象，假象之一便是“洞穴假象”。他认为，“洞穴假象”就来自于人的生活背景和教育环境，这是每个人都难以避免的问题。也就是说，每个人都会根据自己的性格、爱好、受到的教育以及所处的环境来观察事物，因而也容易歪曲事情的真相。

当然，在柏拉图看来，他也是已经回头的那个人，并且回头后还看到了事物的最高处，即看到了太阳（“善”的理念）。所以，他认为自己进入了纯粹的理性世界，那便是最高的智慧。

## 六、柏拉图的“理想国”

“理想国”其实是柏拉图终生追求的政治理想，这个理想的国度在很大程度上是以斯巴达城邦作为原型的。

### （一）灵魂的三个部分和国家的三个等级

在《理想国》中，柏拉图指出，“善”是最高的理念，如果一切都在“善”的制约和统辖之下，那么这个世界就是一个理想、和谐的世界。那么，由“善”统辖的国家会是什么样的呢？柏拉图将国家比喻为一个放大的个人，把个人比喻为一个缩小的国家，一个人具有什么样的品质，一个国家就会具有什么样的品质。人的本性在于灵魂，而灵魂是由三部分组成的，分别为理性、意志和欲望。这三者各有自身的美德，其中，理性的美德是“智慧”，意志的美德是“勇敢”，而欲望的美德是“节制”。如果灵魂的每一部分都具有相应的美德，那么作为整体的灵魂就具有了“正义”这一综合性的最高美德。

国家是放大的个人，它也是由三部分构成的。第一部分为国家的统治者，也就是国家的第一等级，相当于人的理性，他们对应的美德是智慧；第二部分为国家的保卫者或武士，也是国家的第二等级，相当于人的意志，他们对应的美德是勇敢，即用勇敢来保卫家园；第三部分为普通大众、劳动者，也是国家的第三等级，相当于人的欲望，他们对应的美德是节制，即节制自己的欲望，服从统治者的统治。

在一个国家当中，如果统治者能用理性治国，保卫者能勇敢地保家卫国，普通大众能够节制自己的欲望，大家各安其分，各司其职，那么这个国家就实现了正义，就是一个理想的国家了。

### （二）“理想国”与“哲学王”

不过，柏拉图在设计这个“理想国”、对三个等级进行划分时，并不是按照身份、血缘等来划分的，而是根据一个人的学习水平、受教育程度来划分的，并且各等级之间的界线一旦形成则不可逾越。普通大众不服从统治，那就是僭越，是不道德的。

在今天看来，柏拉图提出的阶级划分标准仍然具有一定的合理性。他认为，理想国的孩子从一出生起，就应该接受相同的教育，即德育、智育和体育。大家一起学习，接受考试。所有人学到 20 岁时，大家要进行第一次考试，考试不通过的，直接归入劳动者行列，从此安安分分地成家立业，在属于自己的土地上劳动、工作。当然，劳动者也可以从事各种经济活动，可以拥有财产。

而第一次考试通过的人需要继续学习更加高深的知识，准备迎接第二次考试。这部分人除了要进行体育锻炼，还要学习音乐、诗歌、戏剧等内容。学到 30 岁时，他们开始进行第二次考试，此次考试不通过的人，就要被归入保卫者行列。保卫者可以拥有家庭，但不能拥有财产。柏拉图甚至认为，保卫者的家庭也是不稳定的，因为他们要随时为国效命，所以他们不应该贪恋个人财产，也不应该贪恋家庭的安稳。

能够通过第二次考试的人很少，这些人在通过 30 岁的考试后需要再学习 5 年，这 5 年主要学习哲学、法律、数学、逻辑等高端知识。到 35 岁时，这些人便开始迈入上层社会，通过学识展现自己的各种能力。当时人的寿命都不太长，所以这一群体中超过 50 岁的就是凤毛麟角了。他们可以成为国家的统治者、领导人，运用自己所学的哲学知识治理国家。但这部分人既不能有财产，也不能有家庭，只能全心全意地为国家、为社会服务。

这就是柏拉图设想的理想国度，他还指出，只有运用哲学治国或让哲学家成为国家的统治者，才能真正实现理想国的政治宏图。他说："我们应该把哲学家变成我们国家的国王，或者被我们叫作国王或统治者的那些人能够用严肃认真的态度研究哲学，将哲学和政治这两件事结合起来，把那些现在只搞政治不研究哲学或者只研究哲学不搞政治的人排除，否则我们的国家就永远不会安宁，全人类也不会免于灾难。"

柏拉图这个"哲学王"的政治理想鼓舞了后世许多哲学家，促使他们尝试在政治领域大展宏图。然而历史经验表明，哲学与政治是完全不同的两个领域，哲学家与统治者总是各行其道，甚至背道而驰，这两种身份很难和谐地结合在一起，柏拉图的理想国也从来都没有真正实现过。

### （三）斯巴达式的"理想国"

如果一定要从历史中找出一个将哲学家与统治者结合在一起的人，可能只有罗马帝国的皇帝马可·奥勒留了。但具有讽刺意味的是，这位在公元 2 世纪下半叶当政的罗马皇帝，尽管位极至尊、大权在握，在哲学上却是一个极其悲观的斯多葛主义者。而且也正是这位哲学家皇帝，在政治上结束了安东尼王朝"五贤君"时代的辉煌，促使罗马帝国由盛转衰。

除马可·奥勒留之外，历史上似乎再没有其他哲学家能够成为国王或统治者，所以柏拉图的理想国也成为后世炫耀智慧的人津津乐道的一个美好蓝图。不过，柏拉图这种带有浓郁理想色彩的国家理念对后世产生了很大影响，其中最直接的影响就是在他的学生亚里士多德那里实现了一种“哲学—王”的转换，即最伟大的哲学家可以培养出最伟大的王。在这里，最伟大的哲学家就是亚里士多德，而他培养的一位伟大的王就是马其顿国王亚历山大，这至少让柏拉图的政治理想得以用另一种形式实现。遗憾的是，这种实现仅仅是昙花一现。

总而言之，柏拉图主义就是诗和哲学、玄想和逻辑相结合的典范。他的思想与后来基督教的“创世说”、唯灵主义以及修道主义等，有着千丝万缕的联系。更重要的是，他那带有斯巴达特色的“理想国”的设想，对后世各种集权社会产生了深远的影响。“理想国”的设想带有浓郁的贵族精英主义色彩。更荒唐的是，为了进一步论证“理想国”中阶级等级的合理性，柏拉图还制造了一种神话依据，认为神最初是运用不同材料创造人的。统治者是用黄金创造的，保卫者或武士是用白银创造的，普通大众或劳动者是用铜和铁创造的。在理想国中，第一、第二等级要实行财产共有，人人都像斯巴达人那样，从小就开始过集体生活，接受严苛的训练和考试，大家都到公共食堂进餐，婚姻和家庭也由国家按照优生学原则统一安排，抚养儿童是国家的职责，等等。这些规则带有浓郁的精英主义及禁欲主义色彩，而这种政治理想最容易导致的是法西斯集权主义。从这种角度来说，柏拉图的理想国在后世也是很难真正实现的。

第 XI 节

## 亚里士多德——希腊哲学的集大成者

柏拉图不仅创立了一套博大精深的唯心主义哲学体系，还培养出一位更加伟大的哲学家，那就是亚里士多德。亚里士多德是古希腊哲学与科学的集大成者，他把此前两派相对立的哲学统一起来。前文提到，古希腊哲学有两条主线，一条为自然哲学，发展到德谟克利特的“原子论”时达到了最高峰；另一条就是形而上学，发展到柏拉图时达到了顶峰。这是两条泾渭分明的哲学路线，这两种观点甚至可以说是相互对峙、格格不入的。只是后来柏拉图的哲学思想成为显学，德谟克利特的“原子论”则被打入冷宫两千多年，直到西方近代自然科学崛起之后才重新被提起。

事实上，虽然表面上德谟克利特与柏拉图二人的哲学观念是针锋相对的，但二者实质上有着某些异曲同工之处。比如，德谟克利特强调原子（以及虚空）与感性事物之间的差异，在认识论中将对原子和虚空的认识叫作“真实的认识”，而将对感性事物的认识叫作“暗昧的认识”。这两种区分与柏拉图在理念与感性事物之间、在真理与意见之间进行的区分是完全一致的，不同之处仅仅在于：作为万物根据或世界本原的东西到底是物质性的原子，还是精神性的理念。

所以说，尽管柏拉图的哲学理念统治了西方哲学两千多年，成为整个西方哲学的主流思想，但由于柏拉图与德谟克利特在一些哲学观念上存在共同点，这就使柏拉图之后的亚里士多德有了努力的方向，那就是将柏拉图与德谟克利特这两座互相对立的山峰统一起来，从而形成一个博大精深、包罗万象的哲学体系。这项综合工作的圆满完成，使亚里士多德哲学进入了古希腊哲学登峰造极的最高境界。

## 一、亚里士多德的生平简述

公元前 384 年，亚里士多德出生于希腊北部色雷斯的斯塔吉拉城。他的父亲是马其顿国王腓力二世的御医，亚里士多德从小受父亲的影响，对医学和生物学产生了浓厚的兴趣，因此，他后来提出了一种非常重要的“有机论”观点。“有机论”观点的基础是将世界看成是一个生命，比如一棵植物或一种动物，它从胚胎状态逐渐生长，最后长成参天大树或一个成型的生命体；而与“有机论”相对的“机械论”则将世界看成是一个钟表，认为世界是由一个一个独立的部件拼装在一起的。两千多年后，随着物理学，尤其是机械力学的迅速发展，整个自然科学界都带有了浓郁的机械论的色彩。相比而言，古希腊时亚里士多德创立的有机论世界体系和其他一些具体观点（比如关于运动的观点）似乎要比两千多年后牛顿创立的机械论世界体系更加富有生机。

在很大程度上，亚里士多德更像一个科学家，他的科学成就远远超过他的哲学成就，只可惜年代久远，他的大量科学著作都已遗失。虽然今天我们将亚里士多德归于哲学家行列，但实际上他更应该被称为一个百科全书式的学者。

### （一）创立“逍遥学派”

十几岁的时候，亚里士多德从色雷斯来到雅典，进入柏拉图的学园学习。后来他在这里学习和工作了近二十年。在此期间，亚里士多德耳濡目染，对柏拉图思想了解至深，也因此成为一个饱学的柏拉图主义者。

后来，亚里士多德应马其顿国王腓力二世的邀请，前往马其顿王国的首都佩拉，担任了年轻的王子亚历山大八年的教师。亚历山大继承王位后，亚里士多德又回到雅典，在一个名叫吕克昂的体育场附近建立了自己的学园，开始收徒授课，讲授他的哲学理论，同时开始批判柏拉图哲学。亚里士多德授课的方式很特别，他喜欢一边与学生围着体育场散步，一边给他们授课，所以他创立的学派也被称为“逍遥学派”。这个学派的授课方法有点类似于我国古代的孔子学派，当时孔子的弟子们也都跟着孔子周游列国，一路上边讨论边学习。在这种情况下，亚里士多德的许多思想都是述而不作的，倒是他的弟子记录整理了大量与他的理论和思想有关的内容，但这样整理出来的内容难免会有谬误，有一些甚至可能与亚里士多德的见解不一样。

这一点与柏拉图和苏格拉底当时的情形很相像，柏拉图曾经根据老师苏格拉底的观点整理出 30 多篇对话录，几乎每一篇对话都是以苏格拉底为对话的一方。早期的对话录可能比较忠实地反映了苏格拉底的思想，但到了晚期，柏拉图基本上就是在借苏格拉底之口来表述自己的观点了。

同样，亚里士多德的许多观点和著作是由他的学生和后人记载整理的，并且有很多记录文献隔了几个世纪后才被发现并流传，所以其中一些内容可能不完全是亚里士多德的思想和观点，也许会掺杂一些他的弟子和后世整理者们的思想。

### （二）“百科全书式的学者”

亚里士多德称得上是古希腊最博学的人之一，后人经过分类整理，将他的思想和著作涉及的领域大体分为以下几个方面。

第一个方面为逻辑学。逻辑学的创建在某种程度上是亚里士多德最令人惊叹的成就，所以亚里士多德也被称为形式逻辑的奠基者。是他最早对逻辑学进行了系统而严谨的规划，使其成为一门真正的学科。其中关于概念的分类、定义、范畴表、谓词表，关于判断的分类、推理的规则以及演绎逻辑和归纳逻辑的原理等，亚里士多德都有所论述。在研究逻辑学的过程中，亚里士多德关注的焦点就是判断或命题的逻辑，他讨论了判断的性质和种类，判断的各种联系以及证明的不同种类等，是他最先发现三段论是演绎推理的基本形式，并将这一形式冠以“三段论”之名。

当现在我们在思考时，已经习惯于运用逻辑推理的思维方式，但在亚里士多德以前，古希腊人的思维方式与现代人有着巨大的差别。希腊人习惯于像诗人一样用诗性的思维来思考，而不是用理性思维或逻辑思维去洞悉问题。柏拉图就是一个典型的例子，从前文阐述的柏拉图的种种哲学观点来看，他的许多思维是飘忽不定的，许多观点和理论带有明显的想象色彩。回溯苏格拉底及其他希腊哲学家，他们还会用诗的形式阐述自己的哲学观点，比如以

“百科全书式的学者”亚里士多德

六韵步诗的格式发表哲学观点。他们的哲学不仅在形式上是诗化的，在内容上也都是诗化的。还有一些哲学家擅长用诡辩的方式表述和论证自己的观点。亚里士多德创立了逻辑学，形成了形式逻辑的一系列基本规范之后，人们在思考问题时才越来越多地使用逻辑思维，也开始对一些哲学问题进行理性的思考。

第二方面为自然科学，即广义的“物理学”，这也是亚里士多德着力最多的学科，他也在这方面取得了伟大的成就。亚里士多德对自然科学最大的贡献是创立了科学的研究方法，并以自然为研究对象，对其进行科学的分类，对物理学、生物学、生理学、心理学、地理学等多个自然科学分支进行了深入细致的研究。在科学方法论上，他重视观察与实验，提出了归纳法与演绎法两类科学研究方法，他强调数学与逻辑推理的重要作用。这些观点和方法对后来自然科学的发展产生了极其深远的影响。所以在很多科学史家看来，真正意义上的自然科学是从亚里士多德这里拉开序幕的。

第三个方面为形而上学，即亚里士多德本人说的“第一哲学”，这一名称沿用至今，“metaphysics”现在也可以被翻译为“第一哲学”。前文曾提到，亚里士多德的弟子与追随者们整理编撰老师的著作时，将各方面内容分门别类之后，发现有一部分内容归到哪个类别里都不合适，但这部分内容又是亚里士多德最重视的，他当时称这部分内容为“第一哲学”。无奈之下，弟子们将这部分内容单独编了一卷，并取了个临时的名字——metaphysics，后来在中文里被翻译为“形而上学”。而我们要重点介绍的亚里士多德的哲学思想，就属于“形而上学”这个部分。

除了以上三个方面，亚里士多德在伦理学、文艺学和政治学等方面都颇有建树。亚里士多德死后，他的弟子和后世学者将他的著作和讲课记录汇编成《亚里士多德全集》20多卷，其中除了《物理学》《工具篇》等，还包括《尼各马可伦理学》《论灵魂》《诗学》和《政治学》等关于各学科的著作，当然，其中最重要的就是《形而上学》这一卷。所以后人在评价亚里士多德时，认为他可以当之无愧地被称为古希腊学识最广博的“百科全书式的学者”。

## 二、构建自己的哲学体系

亚里士多德是形式逻辑的奠基人和确立者，他的哲学观点充满了严谨的逻辑精神，与柏拉图那种富有诗意的独断论不同，亚里士多德的哲学观点在逻辑上是环环相扣的。

### （一）“吾爱吾师，吾更爱真理”

“吾爱吾师，吾更爱真理”是亚里士多德的一句名言。作为从柏拉图阵营中走出来的嫡传弟子，亚里士多德虽然尊崇他的老师柏拉图，但也意识到了柏拉图“理念论”中的一些缺陷。

首先，亚里士多德认为，柏拉图的“理念论”实际上是一种弄巧成拙的学说，把原本简单的问题复杂化了。在亚里士多德看来，我们本来就是要研究那些实在的东西，即作为实体的个别事物，但柏拉图在个别事物之外又增加了一个理念世界，认为理念可以独立于具体事物而存在，并将它们当成是具体事物存在的原因之一，可这些理念不仅不能很好地解释个别事物（如柏拉图无法从根本上说明具体事物是如何模仿和分有理念的），还把事情弄复杂了，我们在研究个别事物之余，还要研究理念世界，这不是多此一举吗？

其次，亚里士多德认为，柏拉图关于理念存在的各种论证也是不合逻辑的。亚里士多德是个逻辑学家，他研究各种哲学问题时自然会从逻辑推理的角度出发，所以他指出，柏拉图的一些观点，如模仿、分有等，都不过是一种“诗意的比喻”，观点中充满自相矛盾之处，根本称不上是严肃的哲学思想。如果一定要有模仿和分有，那么模仿具体是如何进行的？分有具体又是怎么分的？对此，柏拉图显然没有解释，也没办法解释。这一切在亚里士多德看来就像是写诗一样，无须解释，无须论证，怎么想就怎么写，结果就是他的结论与观点根本站不住脚。

亚里士多德是个非常严谨的思想家，他与现在的自然科学家很相似；而柏拉图显然更具诗人气质，他的思想中不可避免地有着浪漫色彩和神秘倾向。虽然柏拉图和亚里士多德是师生关系，但他们在精神气质方面有着明显的差异。罗素就曾将二者的差异概括为“热情与审慎的冲突”，认为柏拉图主义具有显著的迷狂色彩，亚里士多德主义则更侧重于严谨的逻辑慎思。

文艺复兴时期意大利画家拉斐尔画了一幅著名的油画《雅典学院》，现珍藏于梵蒂冈博物馆。画中古希腊哲学先贤们济济一堂，从毕达哥拉斯、赫拉克利特、巴门尼德、芝诺、普罗泰戈拉、苏格拉底一直到希腊化时代的第欧根尼，甚至还包括波斯的琐罗亚斯德。群星荟萃，有两位哲学家如众星捧月一般立于画面正中，一个是白发苍苍、以手指天的柏拉图，另一个则是风华正茂、手抚大地的亚里士多德，由此可见这师徒二人在古希腊哲学中的重要地位及两者不同的思想风格。

尽管亚里士多德批判了柏拉图的理念论，但他毕竟师出柏拉图，因此在建构自己的哲学体系时，仍然很难完全摆脱柏拉图主义的影响。因为追求逻辑的严谨性，亚里士多德想要将各种对立的观点融汇到自己的哲学体系之中，但这样做必定会出现一些矛盾。因此，亚里士多德虽然是古希腊哲学的集大成者，但他的哲学观点中同样会有一些前后相悖之处。

妥协就会导致矛盾，这种情况在西方哲学史上并不少见。而亚里士多德想要将柏拉图与德谟克利特这两个人的对立思想全部包容于自身思想体系之内，就不可避免地会在一些地方出现自相

《雅典学院》局部

矛盾的情况。在西方哲学史上，像这样集前人相互对立的思想于自身思想体系之中的思想家至少有两位，一位是古代的亚里士多德，一位则是近代的康德。二人都立志解决现存两大对立思想派别之间的冲突，也都建立了博大精深的哲学体系，但同样，他们的哲学体系中也免不了会出现深刻且难以调和的矛盾。

### （二）建立自己的哲学体系

在整个西方哲学史上，如果一个哲学家想要“开宗建派”，往往会从批判他前面的某位哲学家开始，然后以一种先破后立的程序建立自己的学说。亚里士多德也不例外。

在完成了对老师柏拉图的批判之后，亚里士多德开始构建自己的哲学体系。他先从对知识的分类入手，开始研究人类的知识

是从哪里来的这个问题。他认为，人类的知识是从感觉经验开始的，通过感觉和记忆这两种最直接的途径，人们获得了最初的知识，这就是我们通常说的感性认识。随后，人们再对感性认识进行提升，从个别性经验上升到普遍性技术。亚里士多德认为，经验是个别性的，技术则是普遍性的，但技术这种普遍性知识只能应用于日常生活，算不上是最高级的知识，只能算是一种次级的学术。最高的知识还要从技术上升到理论，这种最普遍的、最一般的理论知识才是最高的智慧，尤其是研究存在的学问，他将其称为“第一哲学”（即“形而上学”）。“第一哲学”的研究对象不是特殊的存在物，而是“存在本身”或“作为存在的存在”。

### （三）“第一哲学”或“本体论”

既然“第一哲学”是关于存在本身的学问，那么亚里士多德首先要回答的问题就是：存在到底是什么？亚里士多德强调，如果连存在都弄不明白，又怎么研究某种具体的存在物呢？

由此也可以看出，亚里士多德的“第一哲学”仍然带有巴门尼德和柏拉图思想的明显烙印，即仍然将存在本身作为各种具体存在物存在的逻辑前提。但紧接着，亚里士多德就表现出了他与柏拉图等人不同的地方，他提出了一个前人从未提过的问题，即“存在是什么”。之前的哲学家们虽然多次讨论过存在的问题，他们只是把这种东西或者那种东西说成是存在，但从没有人直接提出并明确告诉人们存在到底是什么。巴门尼德认为“存在者存在，非存在者不存在”，但他没有明确说出存在到底是什么，只是描述了存在的一些特征。柏拉图将理念当成存在，德谟克利特的原子也被看成是摔成碎片的存在，但他们也只是提出了“什么是存在”，却没有说明“存在是什么”。

“什么是存在”和“存在是什么”是两个完全不同的问题。“什么是存在”指的是在你知道存在的确切含义之后，对属于存在的那些东西进行归类，这里只会涉及存在的外延。但在知道存在的外延之前，我们首先必须知道它的内涵，也就是定义，由此我们才能真正了解它的实质或规定性，以此判断什么东西是存在或不是存在。比如说“人”，如果我们根本不知道“人”是什么，没有关于“人”的定义，那么说男人、女人、好人、坏人就没有意义。要弄清男人、女人、好人、坏人之间的关联与不同，首先要知道“人”是什么，然后才能把这些不同的人归到“人”这个范畴里。

由此可见，亚里士多德在一开始就抓住了问题的关键，意识到在探讨“存在是怎样的”以及“哪些东西是存在”这两个问题之前，首先应弄清“存在是什么”，否则后面关于存在的讨论就毫无意义。简而言之，在任何情况下，“存在是什么”的问题都具有逻辑上的优先性。因此在亚里士多德看来，创建他的思想体系的首要问题就是对“存在”进行定义，弄清楚“存在”的内涵。

在逻辑学上，当我们对一个概念进行定义时，最常用的方法就是“种加属差”，这个定义也是亚里士多德发明的。举例来说，我们如果要对“人”这个概念下定义，首先就要找到人所属的种类，这个种类就是动物，人是动物这个更大种类中的一个属。但动物这个种类中除了人，还有许多其他的动物，如猫、狗、牛、马等，而人与其他动物之间的根本性差别就是人是理性的动物，其他动物不具备这些特点。由此，我们可以根据“种加属差”的方法对人下一个最基本的定义，即“人是有理性的动物”。在这个定义当中，“人”是被定义项，“动物”是种，“有理性的”是属差，而“有理性的动物”就是运用“种加属差”的方法下的定义。

但是，当我们要对“存在”的概念下定义时，就不能再用“种加属差”的方法了，因为“存在”本来就是一个最基本的范畴，没有比它的外延更大的种了。比如在人的上面有动物这个种，动物上面有生物这个种，生物上面还有物质这个种，物质上面还有存在这个种（物质和精神都属于存在），但在存在上面，就没有外延更大的种了。在这种情况下，就不能再运用“种加属差”的方法从外延方面对“存在”下定义了，而只能从内涵方面对“存在”进行分析和分类，看看到底有哪些不同类型的存在。

亚里士多德认为，存在可以分为两类，一类存在叫作偶然的属性，如“这个人是白的”“那个人是文明的”，等等，这里的“白的”和“文明的”作为属性也是一种存在，但这种存在不是独立的，也不会影响这个事物本身的存在。比如，当这个人被阳光暴晒后可能会变黑，或者那个人受环境影响变得不文明了，所以这种存在具有偶然的属性，并非必然的存在，也不是一种根本性的存在。

第二类存在叫作必然的本质，也叫范畴，这是对各种事物进行高度抽象和概括后形成的最基本的概念。亚里士多德将范畴分为十类，分别为实体、数量、性质、关系、地点、时间、姿态、状态、动作和遭受。在亚里士多德看来，任何事物都必须具备这十类范畴，一个都不能少。这世上我们也找不到任何一种事物是没有数量、没有性质、没有地点和时间、不处于某种关系、不具有某种姿态和动作、不处于某种状态和遭受之中的，所以说范畴是必然性的存在。而在这些必然的本质和范畴中，有一个是最基本的范畴，其他范畴都必须由它支撑，没有它，其他范畴就会失去意义，这个范畴就是实体，也就是涉及一个事物“是什么”的问题。其他范畴涉及的都是这个事物“怎么样”的问题，所以“是什么”的问题在逻辑上始终都要优先于“怎么样”的问题。

比如说“我”，首先我必须是一个人，是一个实体，然后才能知道我是谁、我有什么特征、我在何时何地、我和谁处于什么关系中，等等。如果没有这个实体的“我”，那么后面的一切问题都没有意义。

这样一来，亚里士多德第一哲学的核心就是关于实体的学说，“存在是什么”的问题也就很自然地过渡为“实体是什么”的问题。

## 三、亚里士多德的实体哲学

接下来，亚里士多德的实体哲学主要回答了三个问题：第一，“实体是什么”，即给实体下一个定义，这是最基础、最核心的问题；第二，“实体的原因是什么”，我们不但要知其然，还要知其所以然；第三，“实体是如何生成的”，这个问题旨在说明从实体的原因到实体的发展过程。这三个问题构成了亚里士多德实体哲学的基本内容，而第一个问题的回答直接构成了狭义的“实体学说”，

第二个问题的回答导致了“四因说”，第三个问题的回答形成了“潜能与现实”理论。

### （一）实体是什么——实体学说

前文提到，实体这个范畴是其他九个范畴成立的基础和前提，其他范畴作为实体的一些属性或特点，都必须依附于实体之上才有意义。实体是关于“是什么”的问题的解释，而其他范畴都是关于“怎么样”的问题的解释，没有前者就谈不上后者。所以说，实体概念构成了亚里士多德形而上学的核心概念。用亚里士多德自己的话来说就是，不论是从逻辑定义上、认识上还是时间上，实体都是最基本的东西；而且其他范畴都不能离开实体而独立存在，只有实体是独立存在的。由此，亚里士多德在《范畴篇》中明确地给“实体”下了一个定义，很好地说明了实体的特点。这个定义就是：“实体，在最严格、最原始、最根本的意义上说，是既不述说一个主体，也不依存于一个主体的东西。”

那么，这个定义中的“不述说一个主体”指的是什么意思呢？我们知道，一个孤零零的概念是不能构成知识的，知识必须由判断或命题组成。在一个由主语和谓语构成的判断中，谓语通常是用来述说主语的，而陈述句中的主语就相当于现实中的主体。而“不述说一个主体”的意思就是说实体在一个陈述句中是不能作为谓语来说明其他东西的，它只能当主语。通常来说，有两种概念会在陈述句中作为谓语来说明主体，一种是种属概念，如在“亚里士多德是人”这个陈述句中，“人”就是作为种属概念来述说“亚里士多德”这个主体的；第二种是属性概念，如“亚里士多德是白的”这句话，其中“白的”就是作为属性概念来述说“亚里士多德”这个主体的。这也就是说，一个事物要成为实体，就既不能是种属概念，也不能是属性概念，所以它只能指个别事物，就如亚里士多德说的“个别的人”“个别的马”。

而“不依存于一个主体”的意思是说一个事物必须具备独立的实在性才能被称为实体，它不能像属性或其他范畴那样，需要依存于其他事物才能存在。比如刚才说的“白的”等属性，或数量、时间、地点、姿态等范畴，它们离开了“亚里士多德”或其他主体，就不能独立存在。但“亚里士多德”这个范畴不同，它是可以独立存在的，所以才是一个实体。

从亚里士多德对“实体”的定义可以看出，这个定义非常精确并具有严密的逻辑性，这与柏拉图的“理念”正好相反。“理念”是一个种属概念，而不是一个个别的事物（尽管个别事物被说成是“理念”的摹本），但亚里士多德的“实体”却恰恰是“这一个”，是具体的个别事物。由此我们可以看出亚里士多德与柏拉图的不同——亚里士多德是从经验的个别事物出发，而不是像柏拉图那样从抽象的思维出发。并且他多次强调，实体具有下面几个特点。

第一，实体是“这一个”，是具体、个别的东西。比如某个人、某匹马、某张桌子，而不是“这一类”，这与柏拉图的“理念”是完全不同的。理念是“这一类”，比如人、马、桌子这一类物体。

第二，实体不同于属性，它没有与之相反的东西。比如与“大”相反的属性是“小”，与“好”相反的属性是“坏”，但我们找不出与“一个人”或“一匹马”相反的东西。

第三，实体没有程度上的差别，我们无法判断哪一个实体比另一个实体更是实体。比如，我们不能说苏格拉底比亚里士多德更是人，两者之间没有程度上的差别，他们都是实体，无法进行比较。

第四，实体是变中之不变。简而言之，一个人作为一个实体，不论他是年少还是年老，也不论他是生病还是健康，他都是这个人，只是他作为一个不变的实体，承载着各种属性方面的变化，所以称为变中之不变。

比起亚里士多德这些精确的概念，柏拉图的理念论就显得很模糊了，并且理念属于一类事物，肯定不是实体。但紧接着，亚里士多德就又回到他的老师柏拉图的立场上去了。当亚里士多德用以上观点来定义实体时，他说的实体确实是指个别事物，但接下来他又强调，个别事物只是第一实体，除此之外还有第二实体，即种属概念。比如“人”这个概念，作为种属概念，它不是一个具体的、个别的事物，但它仍然是一个实体，因为“人”这个概念可以被一个更大的种属概念，如“动物”“生物”等来述说，而且“人”也是不依存于一个主体而独立存在的。当然，亚里士多德承认，种属概念作为第二实体，确实不如第一实体那么实在、具体，因为它只满足了“不依存于一个主体”这个条件，却没有满足“不述说一个主体”这个条件。但是这样一来，亚里士多德的第一实体与第二实体之间就出现了深刻的矛盾，因为如果将种属概念也说成是实体的话，那么与个别事物相对立的柏拉图的理念也就成为实体了。如果一个具体的人是实体，而“人”的理念也是实体，那么二者的区别仅在于第一实体和第二实体之分。而且如果“人”作为种属概念可以被称作实体，那么“动物”作为“人”的种属概念也可以称为实体，“生物”作为“动物”的种属概念也可以被称作实体……世界上所有的种属概念就都可以被称作实体。如此一来，亚里士多德的观点就陷入了一种自相矛盾的状态之中。这也表明，当亚里士多德提出第二实体时，他其实是试图在具体事物与抽象理念之间寻求一种妥协。

### （二）实体的原因是什么——四因说

亚里士多德实体哲学的第二个问题是“实体的原因是什么”，他在总结希腊哲学发展史的基础上，将实体构成的原因归纳为四个方面，即质料因、形式因、动力因和目的因。这就是亚里士多德的“四因说”。

实际上，当我们在探寻一个实体或个别事物的原因时，就会发现事物的原因无非就是以下四个方面：首先，这个事物是由什么材料构成的（质料因），比如德谟克利特所说的“原子”、柏拉图所说的“原始物质”等，都属于构成事物的“质料”；其次，它被规定成为什么样子（形式因），也就是事物的形式，比如一棵树会长成树的样子，这个树的样子就是它的形式，当然，这个样子不仅是指它的外形，还指它的本质规定性，正是因为具有了这个规定性，它才成为这个样子；第三，事物仅有质料和形式还不够，还需要知道它的动力在哪里，也就是说，是什么让它成为现在的样子（动力因），比如一个受精卵会长成一个胚胎，最后成为一个人，促使这个受精卵成为一个人的动力就是事物的动力因；第四，事物为什么要这样，它的目的是什么（目的因）。

为了解释上面的四因，亚里士多德以建房子为例进行了说明。如果要建造一座房子，那么这个房子就是实体。要追问这座房子的原因，首先就是质料因，那就是建成这座房子所需的砖瓦泥沙等；其次是形式因，即这座房子的规定性，也就是这座房子的设计图；再次是动力因，房子之所以能够成为房子，动力因就是工匠，是工匠按照房子的设计图用砖瓦泥沙把房子建造起来的；最后是目的因，也就是建房子的目的是什么，目的自然是居住。这样一来，“四因”就被很清晰地表述出来了。

不过亚里士多德认为，在人造物中，这四种原因是可以明显区分的，而在自然物中就不一样了。自然物中的实体原因可归结为两方面，一方面是质料因，一方面是形式因，但动力因和目的因要归于形式因，由此他又得出一个结论，即自然物的动力因、目的因和形式因是统一的。比如一棵树的质料因是什么？就是树的种子，而它长成的大树就是它的形式，同时，参天大树也是驱使树种生长的动力以及它的目的。这样一来，亚里士多德就将自然物中的形式因、动力因和目的因三者合而为一了。

按照亚里士多德的观点，一颗种子要长成参天大树，它的动力和目的不在于树的种子，而在于最后要达成的目标，这就相当于以一个高级状态吸引一个低级状态向上运行，这个过程就是运动，也叫生成。由此他提出，万事万物的生长或运行都不是以前面的事物状态说明后面的事物状态，或者说不是以低级的事物说明高级的事物，而是以后面的事物状态解释前面的事物状态，或者说是以高级的事物解释低级的事物。这样一来，整个世界就构成了一个从低级到高级的动态系统和阶梯模式。这个系统和阶梯的最下端是没有任何形式规定性的“纯质料”，而最上端则是不再构成任何事物质料的“纯形式”。在这两端之间，存在着无数各个层次的实体或事物，它们中的每一个都是质料和形式的统一，不可能只有形式没有质料，也不可能只有质料没有形式。

与此同时，亚里士多德又提出一个非常辩证的观点：一方面，世界上的事物都是形式与质料的统一（除了最上端的“纯形式”和最下端的“纯质料”），另一方面，任何事物相对于比它低级的事物就是形式，相对于比它高级的事物就是质料。比如，对于一块砖头来说，它是一个实体，首先砖头是泥巴这个质料与砖头形式的统一，但砖头对于比它低级的泥巴来说，就是泥巴所趋于的形式；而砖头对于比它高级的房子来说，它又成了质料，而房子成了砖头所趋于的形式；但对于整个街道来说，房子又变成了质料，而街道则成了房子所趋于的形式……每一个高级的事物都是比它低一级的事物的形式，同时它也是低一级的事物所趋于的目的和促使低一级事物向它运动的动力。在世界最下端的“纯质料”和最上端的“纯形式”之间，这种层层递进的形式与质料的辩证统一环节就构成了亚里士多德的世界模型。

这里有两点需要说明，对于古希腊人来说，无限的追溯是没有任何意义的，他们认为如果要从哲学意义上寻找世界的原因，那么就必须在逻辑上假定这个世界是有起点和终点的，否则这种探寻就永远没有答案。早在毕达哥拉斯时期，他就已经将无限当成是一个否定性和贬义的东西了。如果亚里士多德不设定一个“纯质料”和“纯形式”，而是让质料和形式之间的动态关系永不停止地延续下去，那么他的世界模型就会成为一个无始无终的恶性循环，从而导致他的哲学探寻和追溯变得毫无意义。

作为一个精通逻辑学的哲学家，亚里士多德显然不会犯这样的错误，所以他必须设定一个起点和一个终点，让世界开始于某一点，并最终停止在某一点上。因此，最上面就必须设定一个“纯形式”，最下面也要设定一个“纯质料”。最下面的“纯质料”会趋向于某个形式，构成某种事物，然后这种事物再趋向于更高的形式，构成更高级的事物……直到成为最后不再构成任何事物的质料的“纯形式”为止。如此一来，最高级的形式与最低级的质料之间的万事万物，才能形成形式与质料的辩证统一关系，最终构成整个世界。

在这个动态的过程中，最低级的“纯质料”是没有任何形式规定的，也缺乏任何动力和目的。而“纯形式”则是世界上一切事物趋向的最高目标和终极动力，不断吸引着下面的事物向它发展。所以亚里士多德又将这种“纯形式”称为“终极目的”和“第一推动者”或者“神”。这个“神”不再是一个人格神、情感神，而是一个从逻辑学推理出来的必然的“神”，它就像柏拉图提出的“善”一样，位于一切事物的最高端，所有事物都要趋向它，以它为终极目的。这样一来，亚里士多德就又将德谟克利特和柏拉图的相互对立的哲学观点统一起来了。“纯质料”就是德谟克利特提出的“原子”，“纯形式”就是柏拉图提出的“理念”，而处于“原子”和“理念”之间的整个实体世界，就是由柏拉图的理念加诸到德谟克利特的原子之上形成的各种感性事物，只不过这些感性事物被亚里士多德进行了层次划分，他根据质料和形式的辩证关系将其整理为一个由低到高的动态系统。因此可以说，亚里士多德关于实体原因的四因说综合了柏拉图和德谟克利特之间相互对立的两种观点，也是对整个希腊自然哲学与形而上学的理论整合。

### （三）实体是如何生成的——潜能与现实理论

前文阐述了“实体是什么”以及“实体的原因是什么”两个问题，而从实体的原因到实体，中间还需要一个发展的过程，由此就引出了第三个问题：“实体是如何生成的？”

在亚里士多德看来，以往那些哲学家都没有真正探讨过这个问题，无论是自然哲学的水、火、土、气以及种子、原子，还是形而上学中提到的数、存在、理念，这些都只是从不同的角度，即质料或形式的角度来说明实体的原因，但他们都没有说明这些原因是如何构成实体的。而亚里士多德从有机论的角度说明了实体是如何生成的，从而创立了潜能与现实的学说。

亚里士多德认为，实体的生成过程是一个从潜能到现实的转化过程。任何一个事物，在成为它自身之前，都处于一种潜能状态。比如，一颗橡树种子在长成参天大树之前，只是一棵潜在的橡树。一方面，这颗种子不同于一块石头，因为石头是无论如何也长不成橡树的，而这颗种子在适当的条件下就会长成橡树；另一方面，这颗种子虽然包含了橡树的一切可能性，但它毕竟还没有成为一棵现实的橡树，所以只能说它是一棵潜在的橡树。而这颗种子逐渐生长，最终成为一棵橡树的过程，就是从潜能到现实的转化过程。亚里士多德称这个转化过程为运动。

与此同时，亚里士多德还指出，潜能与现实的关系是和质料与形式的关系相对应的，任何事物的质料在没能获得一定的形式而成为该事物之前，都只是一种潜能。比如泥巴在没有被做成砖头之前，只是一块潜在的砖头；砖头在没被砌成房子之前，也只是一座潜在的房子。只有当它们具有了某种形式之后，才能成为一个现实的事物。这样一来，任何事物的产生就不是一个从无到有的创造过程，而是一个从潜能到现实的转化过程，同时也是一个自我生长的过程，即一个有机的而非机械的产生过程。

在亚里士多德的潜能与现实理论中，还有一个最重要的思想，就是关于运动的观点。在古希腊的自然哲学中，动力因往往被说成是一种独立的东西，如恩培多克勒的爱与恨、阿那克萨戈拉的努斯等，它们都是从外部推动基本元素或质料的。所以，这种运动也被认为是一种机械的运动或位移，即事物空间关系的变化，包含聚散离合等。而亚里士多德提出的运动观念却不只是空间关系上的变化，更重要的是指时间意义上的生长和发展，这种变化其实已经从逻辑上包含了空间上的变化，这不仅是因为任何空间上的运动都需要通过时间序列表述，还因为一个事物的生长过程本身就是一种空间关系的变化过程。比如，在一个人长大的过程中，他的身高和体重会相应地发生变化。因此，在亚里士多德这种生成论或有机论的运动观中，包含的内容要远远超过机械论理解的运动。

总而言之，亚里士多德的“潜能与现实”学说以一种辩证的、动态的观点说明了万事万物的生长过程，从而超越了柏拉图的静态模仿说和原子论者的机械构造说。尤其是他关于运动的解释，更是大大超越了传统的机械论观点。他从根本上将运动理解为事物性质的变化，即从一种存在状态向另一种存在状态的转化，并将运动当成是潜能与现实之间的联系中介，从而将“存在”与“非存在”“质料”与“形式”等对立面辩证地统一起来，达到了古希腊辩证法的最高峰。

除了实体学说，亚里士多德在认识论、伦理学等方面也有许多建树，限于篇幅，这里就不一一介绍了。亚里士多德堪称古希腊哲学的集大成者，他的哲学体系博大精深，融会贯通了此前所有的哲学源流。古希腊哲学发展到亚里士多德那里登临了智慧的顶峰，再往后将要面对盛极而衰的命运了。与此相应，希腊城邦文明也开始走向没落。

第 XII 节

## 希腊化时代的三大学派

公元前 323 年，亚历山大大帝在巴比伦英年早逝；第二年，受到反马其顿派攻击的亚里士多德也郁郁而终。亚里士多德死后，希腊哲学随之步入了衰颓时期，此时古希腊文明的发展历程也开始进入希腊化时代。从思想传承的角度来说，希腊化时代与后来罗马时期的哲学一起成为古代希腊哲学与中世纪基督教哲学的中介。

在希腊化时代，希腊出现了三大哲学学派，分别为伊壁鸠鲁主义、斯多葛主义和怀疑主义。这三个哲学学派有一个共同特点，就是对世界的本原、本质、实体等问题都不再感兴趣，转而去关心人怎样才能在一个无聊的世界里获得幸福。对这一问题的探讨，恰恰表明一个文明时代的发展进入最后阶段，其间充满百无聊赖的感觉。因此，这一时期的希腊哲学也可以称作衰颓的哲学。但这种衰颓的哲学并非一无是处，它也成为向另一个时代的哲学的过渡，尤其是通过罗马帝国时期新柏拉图主义的联结，希腊哲学最终实现了向基督教神学的转化。

### 一、伊壁鸠鲁主义

希腊化时代的第一个哲学学派为伊壁鸠鲁主义学派，它的代

希腊化时期的哲学家伊壁鸠鲁

表人物伊壁鸠鲁是希腊化时代早期的一位哲学家，大约生活在公元前 341 年至公元前 270 年之间。

在伊壁鸠鲁那里，哲学关注的问题已经不是寻找世界的本原的问题，哲学的目的也不再是求知。在伊壁鸠鲁看来，哲学的最大目的是帮助人们“寻找生活宁静之道”，简而言之，就是如何在纷扰不已的世界里摆脱痛苦、追求幸福。

那么，什么才是幸福呢？伊壁鸠鲁的理解是：幸福是身体的无痛苦和灵魂的无纷扰。在今天看来，这种关于幸福的定义显然是消极的，伊壁鸠鲁没有直接说明幸福是什么，而是以一种否定的方式界定幸福，即强调幸福不是什么。只要身体上无痛苦，灵魂上无纷扰，就是幸福了。而要实现这样的幸福，就要过一种有节制的生活，比如不暴饮暴食、尽量做到劳逸适度等。

但是，我们感受更加深刻的还不在于身体上的痛苦，而在于灵魂上的纷扰，比如对各种自然异象的困惑、对死亡的恐惧以及与他人相处时的种种困难等，这些都会让我们感到苦恼。

伊壁鸠鲁是一个原子论者，他继承了德谟克利特的原子论思想，所以在告诉人们如何克服这些精神苦恼时，他给出的方法很简单。首先，我们不必过分关注那些自然现象，电闪雷鸣并不是神灵发怒，也不会真的给人带来灾祸，没什么值得恐惧和大惊小怪的。其次，对于死亡的问题，伊壁鸠鲁认为，人活着的时候，从来不会感觉到死亡的痛苦；而当死亡真正来临时，人人都会消散为一堆原子，对死亡仍然没什么感觉。既然人活着的时候感觉不到死亡，死了以后也没什么感觉，那死亡还有什么可恐惧的呢？所以，不管是活着还是死了，人们都没必要恐惧死亡。最后，对于让人烦恼的人际关系问题，伊壁鸠鲁觉得这个就更容易解决了，人完全可以通过构建一个和谐、公正的社会来改善人际关系。如果这种方式行不通，那么人还可以退出社会，独善其身，潜心研究自己的学问，以保持心灵的自由，这样可以避免与他人出现纷争。后人把伊壁鸠鲁的幸福观总结为四句话："神不足惧，死不足忧，乐于行善，安于忍恶。"

总体来看，伊壁鸠鲁的哲学观念都比较悲观消极，它表现出一种通过逃避痛苦的方式追求快乐或幸福的思想。这种思想发展到希腊化后期，尤其到了罗马时代，演变成一种享乐主义和纵欲主义。事实上，这种纵欲主义是对伊壁鸠鲁思想的一种扭曲和误解，

雅典的斯多亚

伊壁鸠鲁本人并不是一个纵欲主义者，相反，他是一个非常理性，推崇节俭、朴实的生活态度的人，我们甚至可以视其为审慎的节欲主义者。当然，伊壁鸠鲁的弟子中是否有人将伊壁鸠鲁追求幸福的审慎态度发展为一种纵欲主义，从而使“伊壁鸠鲁主义”在人们心中成了贬义词，那就是另一回事了。

## 二、斯多葛主义

与伊壁鸠鲁主义一样，斯多葛主义也是一个产生于希腊化时代、流行于罗马时代的哲学学派。与伊壁鸠鲁主义一样，斯多葛主义的哲学目的也是探讨如何追求幸福，但斯多葛主义的观点与伊壁鸠鲁主义有所不同，甚至完全相反。斯多葛主义提倡的是：一个人要想获得幸福，就要顺应自然、服从命运，这才是一种道德的生活，而道德的生活就是幸福的生活。简而言之，斯多葛主义主张“美德即是幸福”，这与伊壁鸠鲁主义主张的“快乐就是幸福”形成了对立关系。以至于到了后来，伊壁鸠鲁主义逐渐被人们看作享乐主义或纵欲主义，而斯多葛主义则被看作道德主义或禁欲主义。

斯多葛主义的创始人是出生于塞浦路斯岛的芝诺（约公元前336年至公元前264年），公元前294年，他在雅典开创了自己的学派，由于这个学派最初设在一个有壁画的长廊下，在希腊语里“画廊”（stoa）一词的发音为斯多亚，所以这个学派就被叫作斯多葛学派，即画廊学派。芝诺的思想来源是赫拉克利特的“火本原说”、逻各斯理论以及苏格拉底的道德哲学，他将逻各斯提升为世界大火背后的一种普遍理性，认为我们每个人的灵魂都是世界理性的一点火花，人应该遵循逻各斯，过一种服从世界理性的道德生活。

到了罗马共和国末期，著名思想家和雄辩家西塞罗将希腊的斯多葛主义介绍到了罗马，希望斯多葛主义能够挽救世风日下、人心不古的罗马社会。由于西塞罗的推动，斯多葛主义开始在罗马地区广泛流传。尤其到了罗马帝国时期，当踌躇满志、以世界主人自居的罗马人在源源不断的外省财富和东方享乐主义的腐蚀下日渐颓丧堕落时，斯多葛主义的观点作为一种消极回应的姿态，也变得越来越偏激，其消极避世的色彩愈发浓郁。罗马时代一些比较著名的斯多葛主义哲学家，包括大臣塞涅卡、奴隶爱比克泰德和皇帝马可·奥勒留，他们尽管身份、地位不同，但是都大力推崇一种顺应自然，服从命运的悲观思想，强调宇宙浩渺，人生苦短，故应随遇而安。这种极端的消极态度既是对现实世界的唾弃，也是将美好的希望寄托到另一个世界的表达，如此一来，斯多葛主义的避世思想就与早期基督教的天国理想联系在了一起。既然此生没有希望了，那就与这个污浊肮脏的世俗潮流一刀两断，把全部希望都寄托于彼岸世界吧。这就是斯多葛主义对基督教信仰的内在精神影响。

但是斯多葛主义毕竟不是基督教的学派，它没有公然宣扬天国理想，只是对现实世界采取了一种不同流合污的高洁态度，它宣扬一种美德主义，将美德等同于幸福。因此，斯多葛主义者对于后世人们来说，往往呈现为一副深沉悲观、恪守美德的禁欲主义形象。

## 三、怀疑主义

怀疑主义也是希腊化时期三大学派之一，该学派的基本观点就是对各种独断论的观点采取一种怀疑、批判的态度。与伊壁鸠鲁主义和斯多葛主义相比，怀疑主义的这种态度少了几分感性色彩，多了几分思辨气息。

早期怀疑主义学派的代表人物为皮浪（约公元前 360 年至公元前 270 年），他也是该学派的创始人。与伊壁鸠鲁主义和斯多葛主义一样，皮浪也致力于追求精神的幸福和灵魂的安宁，但不同的是，他认为获得精神的幸福与灵魂的安宁的方法既不是通过伊壁鸠鲁的享乐主义，也不是通过斯多葛学派的禁欲主义，而是通过对任何事物都不做出判断的途径实现。皮浪指出，为什么我们的灵魂不能获得安宁？就是因为我们总喜欢做出判断，而当我们的判断与别人的观点处于对立状态时、当我们发现有人反对我们的观点时，我们就会陷入混乱和痛苦之中。可见，苦恼是因为我们太执着于判断，因此，要想避免苦恼，以获得心灵的安宁，就应该采取对任何事都不做决定、悬置判断的态度。由此可见，皮浪的怀疑主义或多或少地继承了智者普罗泰戈拉的思想。

皮浪的怀疑主义比后世怀疑主义更加彻底，这样说是因为他不仅在理论上进行怀疑，还身体力行。据说，有一次皮浪在海上航行时遭遇了大风暴，船颠簸得很厉害。面对惊涛骇浪，船上的人都惊慌失措，非常害怕，而皮浪却指着一头正在安静吃食的猪说，聪明人都应该像这头猪一样，对外界的一切变化都不动心，也不做任何判断。

到了罗马帝国时期，又出现了一批晚期怀疑主义者，这些哲学家的主要贡献是提出了怀疑主义的十个老论式和五个新论式。虽然这些论式都比较简单，但却系统地质疑了我们赖以进行判断的感性依据和理性依据，从而对早期怀疑主义“不做决定、悬置判断”的观点进行了理性论证。

但事实上，在任何情况下，完全不做决定、悬置判断都是不可能实现的事情，因为不做决定本身就是一种决定，即决定不做决定。从这个意义上来说，怀疑主义与早期的智者派很相似，当他们将怀疑主义推向极端的时候，结果也只是自掘坟墓，导致自己的观点成为飘在空中的无根之物。当然，如果单纯地作为一种哲学思辨，怀疑主义还是相当高明的，它的思想锋芒既深刻又尖锐，所以古往今来的一切独断论和实在论都害怕及厌恶怀疑主义，因为它的锐利锋芒总是会直接刺向独断论的要害。

不过，由于怀疑主义本身就是一种无根的东西，它之所以能够攻击独断论的要害，是因为它自身的飘忽不定和无须防守。但这种优势同时也会成为怀疑主义的致命弱点，一旦它摧毁了独断论的坚固壁垒，它自己也将无法依存。因此，怀疑主义在西方哲学史上总是昙花一现，在埋葬“敌人”的同时，自己也成了悲壮而滑稽的殉葬者。

希腊哲学发展至此已如强弩之末，博大精深、气势恢宏的自然哲学和形而上学已经荡然无存，哲学从引导人们追求真理的交响乐变成了抚慰无聊人生的安魂曲。与思想的衰颓历程相呼应，希腊文明也步入了瑰丽而悲怆的夕阳时代。

第IX章

# 城邦的衰落与希腊化时代

由盛及衰是事物发展的普遍规律，辉煌的古希腊城邦文明也没能逃过这一“命运”。城邦情结已经深深植入每一个希腊公民的心中，正是这种热衷于独立自由的分离主义政治态度，使小国寡民的希腊城邦团结起来，打败了实力强大的波斯帝国。然而在希波战争胜利之后，迅猛崛起的雅典城邦开始效法波斯的帝国主义，试图在希腊世界建立霸权，从而导致了希腊两大政治同盟——以雅典为首的提洛同盟和以斯巴达为首的伯罗奔尼撒同盟之间的一场内讧，引发了伯罗奔尼撒战争。这场背弃分离主义原则的争霸战敲响了城邦时代的丧钟，呼唤着希腊化时代的来临，同时也成为古希腊城邦文明从繁荣走向衰亡的重要原因。

第 I 节

## 从分离主义到帝国主义

早期希腊文明的一个显著特征就是强烈的分离主义，希腊城邦的所有文化都建立在小国寡民的基础之上。按照现代国家的标准来看，希腊城邦不过是弹丸之地，每个城邦中的人口也不过几万或数十万。

这种相互之间的独立性使每一个城邦都可以比较自由地发展自己的文化形态，所以尽管城邦之间接触频繁，但每个城邦的公民对于征服其他城邦这件事并没有太大的兴趣。这并不是因为他们缺乏勇气，而是因为在他们的意识中，剥夺其他城邦的生存权利意味着剥夺他们自己赖以生存的自由原则和独立性。这种分离主义和小国寡民的政治理想是希腊所有城邦之间的共同默契，它成为希腊城邦社会重要的现实基础。这种基础一旦动摇，希腊城邦社会就面临着彻底崩溃的危险。

不过，在这种基础没有被动摇的情况下，城邦制度还是在公元前 5 世纪遭遇了危机。危机主要源于两场战争，一场是爆发于公元前 5 世纪上半叶的希波战争，崛起于东方的波斯帝国入侵希腊，破坏了希腊城邦的分离主义原则；另一场是爆发于公元前 5 世纪下半叶的伯罗奔尼撒战争，即以希腊两大城邦——雅典与斯巴达为首的两大集团之间的一场内讧，这场内讧直接敲响了分离主义的丧钟，希腊城邦由此走向了衰落。

## 一、波斯帝国的扩张

波斯帝国位于西亚伊朗高原地区，公元前 550 年，波斯的居鲁士大帝消灭了米底王国，创建了阿契美尼德王朝，到大流士一世统治时期（公元前 522 到公元前 485 年），波斯帝国已经发展为一个地大物博、人口众多的大帝国。与实行分离主义的希腊城邦不同，波斯在政治上奉行帝国主义政策，在相继吞并了中亚、西亚和埃及之后，开始染指小国寡民的希腊地区。

关于希波战争的起因，西方历史之父希罗多德在他的著作《历史》的开篇处记述了一个出自波斯人之口的传说。波斯人说，亚细亚与欧罗巴之间的矛盾肇始于彼此掠夺对方妇女的勾当，尤其是从希腊人为了夺回被诱拐的海伦而组织了一支军队攻打特洛伊城开始，亚细亚人与欧罗巴人之间的矛盾愈发不可调和了。但是希罗多德认为波斯人的说法并不可靠，按照他的观点，这场战争的爆发主要是因为波斯帝国无节制地向西扩张，最后当波斯帝国扩张到小亚细亚和爱琴海地区，尤其是扩张到爱奥尼亚地区时，与这里的希腊城邦之间不可避免地爆发了利益冲突。当时，爱琴海周围地区都是希腊的海外殖民城邦，波斯帝国向这里扩张，必然会损害希腊城邦的利益，于是雅典人和其他希腊本土城邦的人们就多次怂恿这些与他们文化相同、居住在爱奥尼亚地区的希腊人起来反抗波斯人的统治。当波斯人吞并了吕底亚王国、侵犯马其顿地区之后，希腊城邦与波斯帝国在爱琴海周围地区的冲突愈发

波斯帝国全盛版图

审图号：GS（2020）4745 号

直接和尖锐，这种日益白热化的矛盾不可避免地导致了两大文明之间的冲突，最终导致了希波战争的爆发。

当时的波斯帝国非常强大，在大流士统治时期，波斯帝国的版图已经扩张至西部的小亚细亚，甚至到了欧洲最东边的色雷斯、马其顿等地区，东部则扩张到印度河流域，从而形成一个幅员辽阔的庞大帝国。

波斯帝国扩张的时期，正是中国的春秋时期，当时世界上还没有出现过一个帝国主义制度的国家。虽然王国、城邦已经出现，但这些所谓的“国家”地域都非常有限。即使是中国春秋时期之前出现的夏、商、周等王朝，奉行的也并非“普天之下莫非王土，率土之滨莫非王臣”的大一统中央集权制度，周边国家只是对中央王国表示臣服，称臣纳贡而已，它们本身仍然是独立的，并不归中央王国来统治。所以当时的夏、商、周也只是处于盟主地位，并不属于真正意义上的一统天下的帝国。

同时期的西方，奉行小国寡民城邦制度的古希腊也从未出现过大一统的局面。从这个意义上来说，帝国主义的始作俑者应该是波斯人，因为在东西方都尚未出现帝国的时候，波斯人已经率先建立了帝国主义国家。

帝国主义的显著特点就是不断扩张自己的领土，将征服的地方全部纳入自己的版图，变为自己的行省。在中国，这种制度最早出现于公元前 221 年，秦始皇统一六国，建立了大一统的秦王朝。而波斯帝国在公元前 6 世纪就已经建立了大一统的帝国，由此可以说，波斯帝国是整个旧大陆历史上出现的第一个帝国主义国家。

## 二、第一次希波战争

早在公元前 6 世纪末，希腊海外的殖民城邦就受到了强大的波斯帝国的威胁和侵犯。波斯帝国在征服了爱奥尼亚地区之后，建立在爱奥尼亚地区的希腊城邦一直在寻求独立。波斯人为了方便统治，就在这些希腊城邦中扶持僭主作为自己的代理人。

不久后，波斯帝国的征服者们又跨过博斯普鲁斯海峡侵入欧洲，在攻打多瑙河下游、黑海沿岸的西徐亚人的战争中，波斯帝国的皇帝大流士一世虽然没有取得预期的胜利，但他攻占了爱琴海北岸的色雷斯地区，导致雅典等希腊城邦通往黑海的商路严重受阻。在这种情况下，波斯便成为雅典追逐海外利益的强大敌手。

作为波斯帝国的最高统治者，野心勃勃的大流士一世时刻想

波斯国王大流士从天神马兹达手中接过权力之环

要吞并希腊，为他庞大的帝国增加一块新的被征服的领土，在他的功劳碑上铭刻下另一个战败国的名字。而且大流士认为，征服希腊不但能够把爱琴海变为波斯的内湖，波斯还能从这块富庶的土地上榨取更多财富。这位好大喜功的皇帝曾自封“万王之王”“从日出处到日落处之王”，而希腊正好位于他的国土的西边，所以他认为自己必须把希腊这块“海外日落的地方”纳入自己的帝国版图。

在这种情势下，希波战争如箭在弦，不可避免，而爆发于米利都的起义则直接触发了这支利箭。

公元前 500 年，爱奥尼亚十二城中米利都城邦的僭主阿里斯塔格拉斯挑唆波斯进攻爱琴海的纳克索斯岛失败。因为惧怕波斯人的惩罚，阿里斯塔格拉斯就利用米利都人民反抗波斯统治的情绪，发动了爱奥尼亚各城邦的联合起义。米利都城邦首先发难，小亚细亚地区的其他希腊城邦纷纷响应，各城邦中被波斯帝国扶植的僭主先后被推翻。这一场以米利都为首的爱奥尼亚城邦起义，拉开了希波战争的序幕。

起义爆发后，米利都人民为维护自由而顽强作战，坚守城池，同时为了壮大力量，他们还派使者向希腊本土的雅典和斯巴达求援。此时的斯巴达对于海外扩张毫无兴趣，因此直接拒绝了来使的求助。但雅典的态度与斯巴达完全相反，海外贸易的严重受阻迫使雅典开始关注小亚细亚沿岸希腊各城邦的命运。因此，雅典派出了 20 艘兵舰前往支援米利都，对威胁着黑海商路的波斯帝国采取了敌对行动。

尽管米利都城邦的人民进行了顽强的抵抗，但最终仍然不敌强大的波斯军，波斯人占领了米利都。不仅如此，此次征服米利都也让大流士一世看清了一件事：要想在小亚细亚西岸站稳脚跟，就必须彻底征服希腊。于是在镇压了米利都及其他希腊城邦的起义后，大流士一世便以雅典曾出兵援助米利都为借口，率先挑起了希波战争。

公元前 492 年，大流士一世命令他的女婿玛尔多纽斯率海陆大军渡过达达尼尔海峡，第一次远征希腊。波斯军队沿途征服了近海地带的希腊殖民城邦和色雷斯等部落，但由于遭遇飓风，多艘波斯战舰被巨浪击沉，300 多艘战舰沉入海底，两万多名士兵葬身鱼腹。陆军失去了海军的呼应，又遭到沿途部落的攻击，死伤无数，玛尔多纽斯本人也受了重伤。在这种出师不利的情况下，波斯军队不得不落魄返回波斯。

大流士一世不甘心就此战败，他一面积极备战，一面派人前往希腊各城邦，企图利用各城邦之间的矛盾离间瓦解它们。迫于波斯的压力，一些希腊城邦举起了白旗，但雅典和斯巴达这两个希腊地区最具影响力的城邦却顶住了波斯的压力，表示坚决反抗波斯的入侵。

公元前490年春，波斯大军在大流士一世侄子达提斯的率领下第二次远征希腊，在雅典东北部约40公里处的马拉松平原登陆，第一次战争的号角正式吹响。

战争开始前，希腊许多城邦都表示会与雅典一起战斗，但波斯大军真正到来时，许多城邦却因为种种原因没有加入。尤其是早已约定将一同出战的斯巴达临阵反悔，理由是他们只在月圆之日出兵作战。所以在马拉松战役中，雅典人基本上是在孤军奋战，没有得到其他城邦的援助。当时正值雨季，马拉松平原中间地势较高，两边都是泥沼，激战期间，雅典军队从两翼像钳子一样合拢，最终以少胜多，一举击溃了波斯大军。

马拉松战役也因此成为古代战争史上以少胜多的范例之一。战争中，雅典军只有192人阵亡，而波斯军则损失了6400多人。第一次希波战争以波斯的战败告终。

### 三、第二次希波战争

对于强盛而庞大的波斯帝国来说，第一次希波战争的战败还算不上严重的打击。波斯国王大流士一世死后，他的儿子薛西斯登上王位。为实现父亲的遗愿，薛西斯一世发誓要踏平雅典，征服希腊。经过几年的备战，公元前 480 年，薛西斯一世率领数十万波斯大军和上千艘战舰第二次入侵希腊。

当波斯大军浩浩荡荡地到达达达尼尔海峡时，薛西斯一世命人在达达尼尔海峡上铺就了一座浮桥。波斯人将战船全部横列，成片的战船几乎铺满了达达尼尔海峡，然后他又命人将战船全部用绳索拴在一起，并在战船上方拉好绳索，绳索上面铺上皮革，皮革上再铺上土，土再夯实，就像铺路一样。然后，整支军队从战船铺就的绳索路上跨过了达达尼尔海峡，从北边直杀入希腊本土。一些北部的希腊城邦为了自保图存，纷纷投向波斯。随后，波斯军攻到了希腊中部的温泉关。

温泉关是希腊中部的一处险要关隘，这里易守难攻，有难以逾越的山川，因此极其不利于骑兵活动。为了在这里对抗波斯军，斯巴达国王列奥尼达亲率 300 名斯巴达勇士镇守温泉关，与波斯军展开了三天三夜的激战。最后，波斯人绕到山后面的羊肠小道上，与前面的波斯军前后夹击，才攻下了温泉关，顽强抵抗波斯大军三天三夜的斯巴达 300 名勇士全部壮烈牺牲。

波斯军队攻下温泉关后便长驱直入，想直取雅典。然而当他们到达雅典时，才发现雅典已经成了一座空城。原来在斯巴达 300 名勇士与波斯人激战时，雅典人到德尔菲神庙去求神谕，神谕指示雅典人躲在幕墙背后。一开始雅典人不懂“幕墙背后”的意思，后来才明白神谕中的“幕墙”就是船，所以他们放弃了雅典，全城居民都撤到了萨拉米湾。而斯巴达 300 名勇士与波斯军的激战，

温泉关斯巴达三百勇士纪念碑

恰恰为雅典人的撤退赢得了宝贵的时间。

波斯人虽然占领了雅典，得到的却是一座毫无用途的空城，薛西斯一世一怒之下放火焚毁了雅典城。雅典城，包括雅典卫城全部被大火毁灭。直到希波战争结束，雅典人获得胜利之后，他们才又花了 30 多年的时间重建了雅典卫城。

萨拉米湾位于阿提卡半岛与伯罗奔尼撒半岛之间，海湾曲折狭窄，即使是最宽阔的地方也仅仅有两公里。为了击溃波斯大军，希腊人事先在这里组建了一支海军舰队。当薛西斯一世焚毁了雅典城，气势汹汹地率军赶到萨拉米湾，准备在这里全歼希腊联军时，希腊联军也已经挖好了陷阱，等着波斯军自投罗网。

公元前 480 年 9 月，雅典人将 300 多艘战舰集结在萨拉米湾，然后派人假装逃兵向薛西斯一世报信，称雅典舰队正在内讧，波斯军队应及时出兵。薛西斯一世不知是计，下令将全军 600 多艘战舰全部驶入萨拉米湾。然而，波斯的巨型战舰在狭窄的萨拉米海湾中根本无法自由行驶，而小巧的雅典战舰十分灵活，它们以舰头的铁撞角猛烈撞击波斯战舰的侧面，导致波斯战舰乱成一团。在雅典海军舰队统帅地米斯托克利的指挥下，雅典舰队与波斯舰队力战 8 小时，最终大败波斯海军。

亲征希腊的薛西斯一世发现波斯海军遭受重大损失，又害怕后路被希腊人切断，只好仓皇逃走，其陆军也退回希腊北部地区，但他们很快又在普拉蒂亚战役中被斯巴达等城邦的联军以少胜多打败。第二次希波战争最后同样以希腊的胜利、波斯的战败告终。

这张希波战争形势图清晰地反映了两次希波战争的情况。图中红色的虚线是第一次希波战争中波斯大军的进军路线，他们在马拉松海域与雅典军队相遇，双方爆发了一场战争。在此次战争中，雅典人以两万人战胜了波斯的十余万大军，取得了马拉松大捷。而这次战役的胜利还开创了一个很重要的体育活动——马拉松长跑。

在雅典人打败波斯人后，雅典军队派了一名十分擅长跑步，名叫斐底庇得斯的人跑回雅典，向雅典人民报捷。斐底庇得斯一路狂奔，一口气跑到雅典。经过长途奔跑，已经累得虚脱的斐底庇得斯只说了一句“我们胜利了”便倒地而亡。雅典人为了纪念这位勇士，便专门设立了马拉松长跑比赛，参赛者跑步的距离就是从马拉松到雅典的距离，约为 42.195 公里。

希波战争形势图

*审图号：GS（2020）4745 号*

图中蓝色的线条为薛西斯一世第二次入侵希腊时的路线。波斯军虽然拿下了温泉关，占领了雅典，但在萨拉米海战中被雅典海军彻底击败，陆军则被斯巴达统率的伯罗奔尼撒联军击溃，波斯军的第二次远征也以失败告终。

公元前 449 年，波斯军队在节节败退的情况下，不得不与希腊签订了《卡里阿斯和约》，放弃了对爱琴海地区的霸权，并承认小亚细亚各希腊城邦的独立地位。至此，波斯人放弃了征服欧洲的梦想，只能暗中挑拨离间希腊各城邦，尤其是斯巴达与雅典的关系。在此后 100 多年的时间里，亚欧之间相安无事。在这个过程中，强大的波斯帝国在奢侈与享乐的腐蚀下日渐衰弱，分散的希腊城邦却开始效法波斯帝国，在爱琴海地区追逐霸权。

## 四、希波战争对希腊城邦的重要影响

“帝国主义”这个概念，对于城邦时代的希腊人来说是完全陌生的。在希波战争之前，希腊人根本不知道什么是帝国主义，而且他们对帝国主义也毫无兴趣。当时希腊各城邦都奉行小国寡民政策，人口少、疆域小，也没有条件建立帝国主义。

但是，希波战争之后，奉行帝国主义的波斯虽然在分离主义的希腊面前碰了壁，但“帝国主义”这种制度却像传染病一样，在希腊地区迅速蔓延。一方面，希腊人从中尝到了甜头，尤其是在希波战争中扮演领导者角色的雅典更是开始意识到，利用这种“帝国主义”的做法可以获得巨大利益。其实早在公元前 477 年波斯入侵者尚未退出希腊时，雅典人就联合爱琴海地区的一些希腊城邦组建了提洛同盟。战争结束后，雅典将提洛同盟保留了下来，自身也开始朝着建立海上帝国的目标发展，将加入提洛同盟的各个城邦视为附庸。由此，“同盟”逐渐变成一个唯雅典马首是瞻的“帝国”，雅典人也从分离主义的楷模走向了帝国主义。

另一方面，一直与雅典分庭抗礼的希腊另一大城邦斯巴达也在希腊半岛南部建立了包括科林斯、西库昂、麦加拉和底比斯等重要城邦在内的伯罗奔尼撒同盟，并开始与以雅典为首的提洛同盟争夺希腊的霸权。这种帝国主义式的对峙最终导致公元前 431 年爆发了伯罗奔尼撒战争。

很显然，伯罗奔尼撒战争已经不是两个城邦之间的战争了，而是以希腊两个最强大的城邦为首的两大同盟之间的战争，或者说是两个帝国之间的战争，因此几乎所有希腊城邦都卷入其中。正因为这样，这场战争也奏响了希腊城邦制度的挽歌，导致希腊城邦制度最终走向衰落。

## 五、伯罗奔尼撒战争

从伯罗奔尼撒战争形势图上可以看到，紫色的部分为提洛同盟的城邦所在地，主要位于环爱琴海周边地区；而橘黄色部分是以斯巴达为首的伯罗奔尼撒同盟城邦的所在地，主要集中在伯罗奔尼撒半岛和希腊北部的马其顿一带。可以说，这两大同盟几乎裹挟了希腊所有的城邦，其战场更是几乎涉及当时整个希腊地区。在现代研究中，也有人称这场战争为“古代世界大战”。

战争首先是由雅典的无限制扩张引起的，斯巴达人是在忍无可忍的情况下发动了战争。战争的导火索在前文中也有阐述，希腊喜剧大师阿里斯托芬在他的喜剧作品《阿卡奈人》中，曾以一种戏谑的方式讲述了这场战争的起因，他认为是雅典人和麦加拉人双方抢夺妇女导致了战争。

当然这只是戏说，不过战争的起因确实与麦加拉和科林斯有关。麦加拉和科林斯是伯罗奔尼撒半岛与阿提卡半岛交接处的两个重要城邦，而且这两个城邦正好处于两大同盟之间，当时它们还保持中立。雅典为了拉拢麦加拉和科林斯，不断向这两个城邦施加压力，最后麦加拉和科林斯忍无可忍，开始向斯巴达求助。斯巴达便从中斡旋，试图说服雅典不要咄咄逼人，然而此时的雅典人踌躇满志，

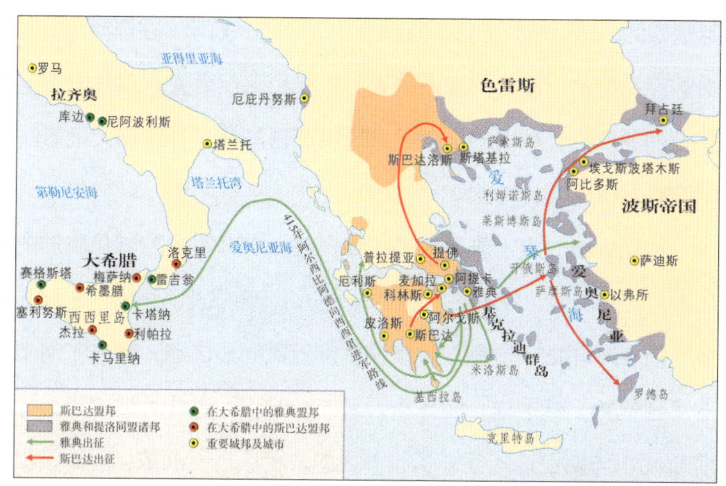


伯罗奔尼撒战争形势图

审图号：GS（2020）4745 号

哪里听得进斯巴达的劝说？在这种情况下，雅典和斯巴达的矛盾日渐白热化，最终引发了一场两个同盟之间的战争。

古希腊著名历史学家修昔底德在他的《伯罗奔尼撒战争史》中描述了这场战争发生的原因和过程。按照修昔底德的观点，这场战争主要是由雅典人挑起的，而且修昔底德还在这本书中提出一个重要的观点，即后世所谓“修昔底德陷阱”。大意是说：一个新崛起的大国必然要挑战现存的大国，而现存的大国也必然会回应这种威胁，此时战争就不可避免了。伯罗奔尼撒战争正是在这种状况下爆发的。

在伯罗奔尼撒战争爆发的第二年，雅典就遭受了瘟疫的折磨。大量雅典人，包括雅典的政治领袖伯里克利都在这场瘟疫中死去。

尽管如此，这场战争仍然断断续续地打了二十多年。在这期间，雅典的民主政治逐渐走向暴民政治，贵族和平民两大派别之间产生了剧烈的冲突，冲突的结果是雅典内部日渐分裂，这极大地影响了雅典人在战场上的表现。

与此同时，由于雅典太过狂妄，对提洛同盟中的城邦施加的压力也越来越大，导致同盟中的成员纷纷背离雅典。再加上雅典在公元前 404 年的一次海战中被伯罗奔尼撒同盟击溃，丧失了海上的军事优势。就这样，在多重因素的影响下，雅典人被迫于公元前 404 年与斯巴达人签订了城下之约，承认自己战败，同时，提洛同盟也随着雅典的战败而解散。由此，雅典不得不放弃所有海外领属之土，仅保留了十二艘战舰，其余战舰全部交给了斯巴达人。随后，斯巴达人便废除了雅典的民主政治，取而代之的正是斯巴达式的寡头政治。

雅典战败后，雅典民主派领袖纷纷逃往北方一个名为底比斯的城邦避难。斯巴达人占领了雅典后，从雅典掠夺了很多财物，甚至还差一点就烧毁了雅典城邦。关于这件事还有一个带有戏说色彩的故事。

据说，斯巴达人原本想要烧掉雅典城，但在焚城的前一天晚上，他们看了一场欧里庇得斯的悲剧，斯巴达人由此改变了主意。斯巴达人认为，要烧毁一个产生了这么伟大的悲剧作家的城邦实在是一件可惜的事，所以最终放弃了焚城计划，仅仅解散了雅典的民主政府，扶持了一个寡头政府，不久之后便退兵了。

就在斯巴达人从雅典退兵后不久，之前逃亡到底比斯的那些雅典民主派人士便纷纷返回雅典，在底比斯的支持下推翻了斯巴达扶持的寡头政府，重新建立了一个民主政府，恢复了民主政治。遗憾的是，雅典民主制度的精神实质已经随着雅典帝国的扩张而丧失殆尽，战争之后重新建立的这一民主制度也如回光返照一样，只是徒有其表的历史闹剧而已。

由于斯巴达扶持的寡头政府中都是一些权贵人物，所以民主派上台后便开始对曾经夺取他们政权的贵族们反攻倒算。这种党派之争也使当时一些文化人士成为政治斗争的牺牲品，其中最著名的就是苏格拉底。苏格拉底虽然是平民出身，但由于他知识丰富、思想新潮，周围聚集了许多年轻的贵族子弟和精英人士，因此那些保守的平民阶级便认为苏格拉底是贵族的代言人，认为他的思想也是洪水猛兽、异端学说，所以便以此为由判处他死刑。

苏格拉底是雅典人的“良心”和“精神”，雅典人用自己的双手扼杀了自己的“良心”和“精神”，这也说明雅典人已经堕落到拒绝接受任何新思想的地步。从这个意义上来说，此时的雅典民主制度也已是徒有其表，完全沦为没有灵魂的行尸走肉，只是在等待一个巨大的力量将其装入棺材，埋入土中。所以在后世看来，苏格拉底之死在很大程度上就意味着雅典城邦，乃至整个希腊城邦的丧钟已经敲响，意味着希腊城邦制度即将退出历史舞台。

第II节

# 亚历山大帝国与希腊化时代

希波战争在自由主义与分离主义的希腊土地上播下了帝国主义的种子，而伯罗奔尼撒战争则揭开了希腊统一运动的序幕。伯罗奔尼撒战争结束后，建立在提洛同盟基础上的雅典帝国土崩瓦解，斯巴达也在战争中元气大伤，再加上它的经济水平和文化状况落后，根本无力承担整个希腊领导者的职责。

这时，北方的另一个希腊城邦开始崛起，这个城邦就是底比斯。公元前 371 年，底比斯击败了一向在军事上战无不胜的斯巴达，控制了希腊的霸权，成为希腊最强大的城邦，但底比斯的霸权也只是昙花一现。就在希腊各大城邦内讧四起、鹬蚌相争之时，位于希腊北部的一个半野蛮王国马其顿开始异军突起。

## 一、马其顿王国的崛起

公元前 359 年，一位精通希腊文化又野心勃勃的青年成为马其顿国王，他就是腓力二世。

腓力二世一上台，就开始积极地效仿希腊的文化成就和战斗技术，大力发展国家的经济实力和军事力量，很快控制了马其顿在爱琴海的出海口，镇压了底比斯和雅典的反抗，将整个希腊都置于自己的统治之下。

实际上，此时的马其顿还有一个强大的对手，那就是东方的波斯。波斯虽然在希波战争中被希腊人击败，但仍然具有一定的实力，并且野心从未熄灭。他们始终利用希腊内部的各种矛盾煽风点火，插手希腊内部的争斗。在底比斯崛起、协助雅典打败斯巴达的过程中，波斯也曾加入其中，与雅典和底比斯联手对战斯巴达。而在斯巴达战败后，波斯又利用希腊城邦之间的内部矛盾不断挑拨离间。公元前 387 年，波斯还利用希腊城邦反对战争、渴望和平的心理，迫使他们签订了《国王和约》。和约规定：那些分散在小亚细亚地区的希腊城邦全部归于波斯统治，除斯巴达领导的伯罗奔尼撒同盟外，其他一切希腊同盟必须解散。波斯要求各城邦宣誓，会坚定不移地遵守和约。

《国王和约》使波斯帝国获得了梦寐以求的小亚细亚地区名正言顺的统治权，而斯巴达也借此和约体面地宣告了战争结束，甚至还以此为借口，维护和巩固自身的霸权。雅典为了获得波斯的支持以对抗宿敌斯巴达，也在和约上签了字，甚至还将提洛同盟在爱琴海东岸的城邦拱手让给了波斯，就这样将自己钉在了卖身求荣的耻辱柱上。

与此同时，北方崛起的马其顿也开始虎视眈眈地觊觎希腊，他们寻找一切插手希腊事务的机会。公元前 355 年，毗邻马其顿的中希腊地区发生城邦混战，腓力二世借机南下，控制了希腊的中北部地区。此后，虽然雅典积极组织力量反抗马其顿的侵略，但是也有一部分雅典人希望雅典能借助马其顿的力量摆脱遍及希腊的城邦危机，将战火引向波斯。公元前 338 年，马其顿军在与以雅典、底比斯军为首的反马其顿军决战中获胜，希腊各城邦不得不承认马其顿的霸主地位。在这种情况下，腓力二世召集希腊各城邦的领导人，在科林斯举行会议，建立了科林斯同盟，建立同盟的实质就是要求希腊各城邦都团结在他的麾下，共同对抗波斯。

就这样，东方的波斯与北方的马其顿两大国家不断插手希腊城邦的政治事务，他们利用希腊诸城邦的明争暗斗，控制了整个希腊城邦。此时的希腊城邦已名存实亡，政治上的自主性基本荡然无存，纷纷沦为波斯和马其顿的傀儡。尤其是雅典，《国王和约》签订后，雅典在政治上的重要性日渐下降，已经不再作为一个重要的城邦而存在。

在这种情况下，雅典人只得将他们的兴趣转向文化和哲学，开始关起门做哲学梦。因此，这一时期的哲学开始呈现一种末流态势，即哲学不再关注世界的本质和万物的本原，而是关注人的生存状况，关注人如何在这个无聊的世界上获得幸福等问题。从某种意义上说，哲学固然代表着智慧，但智慧在高高翱翔之后，也开始从辉煌逐渐走向坟墓。

与雅典一起衰落的还有斯巴达，斯巴达原本始终维系着一种经济平均主义和寡头统治制度，但是在伯罗奔尼撒战争胜利后，它的传统体制和古朴的道德也开始松懈。胜利了的斯巴达人变得骄傲和贪婪，城邦内部争权夺利、贫富分化的现象逐渐加重。越来越多的财富和土地集中到越来越少的贵族手中，平民革命的爆发成为必然，政治变得混乱不堪，经济也越发衰退。

## 二、亚历山大登基

公元前336年，就在科林斯同盟成立的第三年，马其顿国王腓力二世在他女儿的婚礼上遇刺身亡，他年仅20岁的儿子亚历山大临危受命，继承了马其顿王国的王位。

关于亚历山大，人们素来有着各种评价，但总体上是褒扬甚于贬抑。他出生于公元前356年，母亲是邻国伊庇鲁斯的公主奥林匹娅斯。在一些历史学家的描述中，奥林匹娅斯带有浓重的、诡异的女巫色彩，甚至被描绘成性情乖张的妖女。嫁给腓力二世时，奥林匹娅斯只有14岁。由于身上的种种怪癖，甚至有记载她喜欢与蛇同眠，所以在生下亚历山大后，她便遭到腓力二世的厌弃。腓力二世移情别恋，爱上了其他女人。受到冷落的奥林匹娅斯尽管不满，却又无能为力，只能将自己的全部心血倾注到儿子亚历山大身上，与此同时，她也更加痴迷于各种邪恶的巫术。

腓力二世被刺杀，有人怀疑这是他的妻子奥林匹娅斯策划的阴谋，亚历山大很可能也参与其中。人们之所以会有此猜疑，一是因为腓力二世在世时已对奥林匹娅斯极度疏远，人们还传言他娶了另一位美丽的女子为新王后，这无疑会引起奥林匹娅斯的不满和嫉妒；二是因为奥林匹娅斯担心新王后生下的孩子会威胁自己的儿子亚历山大的王位继承权。

事实上，腓力二世在世的最后一段时间里与儿子亚历山大之间已有了很大的矛盾。刚开始，腓力二世十分喜爱和器重亚历山大这个儿子。据历史记载，在亚历山大十几岁的时候，有人送给腓力二世一匹好马，名叫布塞法罗。这是一匹烈马，不论腓力二世还是他手下的部将，没有一个人能够驯服它。亚历山大自告奋勇地向父亲请示，表示自己愿意试一试。只见他走到马前，用手轻轻地拍拍马背，又伏在马耳朵边轻轻说了几句话，结果马就服服帖帖地任他驾驭了。腓力二世见状十分高兴，他对亚历山大说："孩子，马其顿显然太小了，不适合你。"言外之意是说亚历山大未来可以走向更广阔的世界。由此可见，当时腓力二世对亚历山大是非常器重的，并对他寄予了厚望。

但是，随着腓力二世对奥林匹娅斯的冷落与厌恶以及奥林匹娅斯对腓力二世表现出的种种不满，亚历山大与父亲之间的关系也变得微妙。而且奥林匹娅斯是个像女巫一样的人，她始终认为亚历山大不是腓力二世的孩子，而是宙斯与她所生。所以在亚历山大很小的时候，她就给亚历山大讲了阿喀琉斯的故事，说亚历山大就像阿喀琉斯一样，是神与人的儿子，未来也会做出伟大的事业。

在当时那个信奉神灵的时代，腓力二世听到这些话后自然会怀疑亚历山大是不是自己的儿子，加上奥林匹娅斯原本就是个诡异的女人，于是他开始疏远亚历山大，对他再也喜欢不起来了。

此后，腓力二世与亚历山大之间不断发生激烈冲突。据说在一次酒宴上，腓力二世喝醉了，与亚历山大争吵起来。脾气暴躁的腓力二世一气之下拔出宝剑，要刺杀亚历山大，不料，因为喝得太多，刚从座位上站起来，没等走到儿子桌前就摔倒了。亚历山大见状，便嘲笑他说："你还想征服波斯？你连从那张桌子走到这张桌子都做不到。"这让腓力二世更加气愤，父子关系由此愈发紧张。

腓力二世死时，亚历山大已经成年，加上奥林匹娅斯从中斡旋，马其顿的很多军官都开始拥护亚历山大，亚历山大便顺利继承了王位。亚历山大一登上王位，就立即宣布是波斯人刺杀了父亲，并以此作为日后出兵波斯的借口。

亚历山大登基前，希腊人分为两派，一派为分离主义者，或叫反马其顿派，他们反对马其顿统一，希望恢复早年的希腊城邦制度；另一派为亲马其顿派，他们站在马其顿统一的立场上。腓力二世被刺后，反马其顿派活动更加积极，意图摆脱马其顿的控制。但他们太小瞧这位新继位的马其顿国王了，亚历山大继位后不久，就开始集中精力整顿松散的科林斯同盟，只用了两年的时间，就将反马其顿党全部镇压，将松散的科林斯同盟整合为一个统一的马其顿帝国。

受母亲影响，亚历山大从小就胸怀征服东方的梦想。据说不论亚历山大走到哪里，他的床头都放着一本书，这本书就是由他的老师亚里士多德注释的《伊利亚特》。这本书的主角是阿喀琉斯，阿喀琉斯曾经征服了东方的特洛伊，亚历山大非常敬佩阿喀琉斯，也想像他那样，去征服辽阔的东方。

## 三、亚历山大与亚里士多德

前文提到，亚里士多德游历期间曾受马其顿国王腓力二世的聘请，担任王子亚历山大的老师。当时，亚历山大 13 岁，亚里士多德 42 岁。

亚里士多德来到马其顿后，对亚历山大进行了全方位的知识传授，包括哲学、医学、文学、生物学、地理学等，培养了亚历山大好学的精神及科学推理和逻辑分析的思维能力。在亚里士多德的影响下，亚历山大一生都非常仰慕希腊文化，虽然他最后用武力征服了希腊各城邦，但他心中始终有一个梦想，那就是要将希腊文化发扬光大。他尤其想把希腊文化推广到东方，让希腊文化在东方生根发芽、开花结果。也正是在这个信念的激励下，亚历山大开启了希腊化的源流，将希腊文化成功带到了后来他所征服的东方土地上。

亚里士多德作为希腊中产阶级的代表，其基本的政治理想既不是君主政治，也不是民主政治，而是一种贵族政治与民主政治的融合体。在亚里士多德看来，君主政治会导致专制，民主政治则会导致暴政，最好的统治方式是中产阶级执政。尽管在希腊内部，亚里士多德提倡一种贵族式的民主思想；但是对于别国，他倡导的却是一种霸权主义 。之所以如此，是因为亚里士多德认为，除了希腊，其他民族都属于野蛮的民族，野蛮的民族就应该成为希腊人的奴隶。

因此，在亚历山大东征时，亚里士多德就曾建议他说，希腊人不应该和东方人通婚，希腊人始终是主人，东方人只能成为奴隶或下等人。亚历山大征服东方之后，为了更加有效地把希腊文化传递到东方，也为了更好地统治东方，他并未采取老师的建议。相反，他鼓励希腊人移民到东方，与东方人通婚、杂居。事实也证明，亚历山大的政策更适合他对东方进行有效统治。正是通过通婚，希腊文化得以与东方文化成功地融合在一起。如果希腊人始终保持主人的姿态，将东方人视为奴隶，那么即使将希腊文化硬性地传播到东方，也仍然会遭到东方人的拒绝。

从这个角度分析，亚历山大究竟是受亚里士多德的影响较多，还是受他母亲的影响较多，就只能见仁见智了。

在黑格尔看来，亚历山大是古往今来最伟大的领袖和统帅，也是最伟大的青年。他甚至提出，整个希腊文化是由两个理想青年开创和结束的——开始于“诗歌之理想青年”阿喀琉斯，结束于“现实之理想青年”亚历山大。黑格尔认为，亚历山大的丰功伟绩离不开亚里士多德的教导，亚里士多德的思想为亚历山大的伟业奠定了重要的理论基础，因此亚历山大也成为伟大哲学家培育出伟大君主的最佳证明。

但是在罗素看来，亚历山大从亚里士多德那里学到的知识和思想十分有限。他认为亚历山大只不过是“一个野心勃勃又热情冲动的孩子”，亚历山大对希腊文明的敬意不过是出于统治需要，对他影响更大的是他的母亲，他从母亲那里习得了野性和狂妄。早年的亚历山大的确表现出了一个伟人的雄才大略，但在征服东方之后，受东方文化的影响，加上其他因素的作用，他开始变得狂妄和残暴。罗素还引用了哲学家阿·维·贝恩的观点来描述亚历山大的性格：“狂妄、酗酒、残酷、报复成性、迷信又粗鄙不堪，他把深山里酋长的罪恶和东方专制君主的狂暴都结合在一起了。”

至于黑格尔和罗素这两种截然不同的评价究竟哪个更接近真实的亚历山大，取决于后人如何评价亚历山大所创事业的历史意义。

## 四、亚历山大东征

亚历山大从 16 岁起就跟随父亲腓力二世参加军事征战，在这个过程中，他学习了不少作战技术和军事知识。在著名的喀罗尼亚战役中，年仅 18 岁的亚历山大指挥马其顿军队左翼获得了辉煌的胜利。除了参加战争，亚历山大还经常参与治理国家的政务活动，学到了统治阶级的各种思想观点和道德习惯。这一切都使亚历山大从少年时代就形成了一种建功立业、创造辉煌的英雄情怀。据说，在亚历山大还没有登上王位时，每当父亲获得胜利的消息传来，他都会愁眉不展。因为他害怕再这样下去，征服世界的伟大事业就没有他的份儿了。

在 20 岁这年，亚历山大终于如愿以偿地登上了王位。当时马其顿内外环境都十分混乱，内有马其顿贵族谋叛，外有希腊各邦反抗，所以腓力二世的突然去世在马其顿和希腊城邦中都引起了强烈的反应。马其顿的版图本来就是靠腓力二世以武力征服来维系的，腓力二世一死，那些被征服、被吞并的北方部落便开始蠢蠢欲动，一部分军队甚至直接投奔了反抗者。伯罗奔尼撒同盟各城邦也纷纷团结在斯巴达的领导之下，重新展开了反抗马其顿的斗争。

在这种极其不利的情势下，年轻的亚历山大没有丝毫慌张和畏惧。他首先镇压了马其顿贵族的谋叛，接着率军南下，越过温泉关，进入希腊中部的福基斯，在德尔菲召开了近邻城邦的同盟会议，重掌腓力二世时代的盟主大权。随后，他率军进驻伯罗奔尼撒，以强势的武力控制了斯巴达以外的各城邦。雅典慑于马其顿的强势兵威，主动派使者向亚历山大请罪，承认他是希腊的霸主。公元前 336 年，亚历山大在科林斯召开希腊同盟大会，除斯巴达外的各城邦全部前来参加，共同推举亚历山大为远征军统帅。

伊苏斯会战中的亚历山大

在希腊局势平定后，亚历山大开始着手实现他父亲策划已久的对东方的侵略性远征。公元前 334 年，亚历山大亲率 3 万多大军和 160 艘战舰，开始了对东方波斯帝国的远征。据说在出征前，亚历山大将自己所有的财产和奴隶都分赠给了别人。有人问："您将全部财产都分掉了，那么您把什么留给了自己？"亚历山大的回答是："希望。我把希望留给自己，它将给我带来无穷的财富！"

随即，亚历山大率领大军越过了达达尼尔海峡，先后占领了小亚细亚、叙利亚和美索不达米亚。据说在占领小亚细亚的弗里吉亚时，有人请亚历山大观看一辆前国王戈耳狄俄斯的战车，车上有一个绳结，绳结错综复杂，不见首尾，有人称国王有过预言：谁能把车上的绳结解开，谁就能统治整个亚洲。亚历山大举起手

波斯帝国首都波斯波利斯遗址

中的宝剑，一剑将绳结劈成两半，然后挥了挥手中的宝剑说：“管它什么绳结，让亚洲在我的剑下屈服吧！”这个故事也被称为斩断“戈耳狄俄斯之结”。公元前 333 年，亚历山大在小亚细亚的伊苏斯与波斯国王薛西斯三世发生了一场大会战，以 3 万人的军队击溃了波斯 12 万大军，充分展现了其军事天才的风采。

随后，亚历山大又征服了埃及，接着他一路向东，带领马其顿大军一举攻入阿契美尼德王朝统治下的波斯帝国。公元前 333 年，一把大火烧毁了波斯的首都波斯波利斯，以报当年薛西斯一世烧毁雅典之仇。但在征服过程中，亚历山大发现波斯也是一个文明的国度。当年，在希波战争后，希腊人一直认为波斯人属于野蛮的民族，直至一百多年后亚历山大东征来到波斯的首都，他们才发

昙花一现的亚历山大帝国

*审图号：GS（2020）4745 号*

现波斯人原来也拥有高度文明。波斯的统治者、贵族都是一些很有教养的人。更重要的是，波斯那种国王大权在握的专制主义统治方式也让亚历山大非常心仪，大流士等波斯国王号称“万王之王”的权威和霸气更令他心驰神往。正是因为仰慕波斯的文明风采与政治体制，亚历山大才更加坚定了将他热爱的希腊文化引入东方，使其与东方文化相融合的决心。

征服波斯后，亚历山大进一步向东推进，穿越中亚，一直将马其顿军队的兵锋推及印度河流域。只是在将士们的强烈要求下，他才不得不折返，从印度河流域向南走到印度洋，又沿着印度洋向西返回，最后回到西亚的巴比伦，在这里定都。公元前 323 年，年仅 33 岁的亚历山大在古巴比伦因患疟疾英年早逝。

在东征的 11 年间，亚历山大以金戈铁马建立了一个地跨欧亚非三个大陆的庞大帝国——亚历山大帝国。这个帝国西起希腊、马其顿，东至印度河，南接埃及，北至伊斯特河（现多瑙河），其疆域之辽阔，即使是全盛时期的罗马帝国也望尘莫及。

## 五、东西方文化的融合

可以肯定地说，亚历山大东征是一次掠夺性的战争。他的远征军连续作战十余年，行程数万里，不仅上百次强渡江河、围城攻坚，还多次在山地、平原和沙漠作战，经历无数艰辛才最终建立起一个空前庞大的亚历山大帝国。但是，东征给东方各族人民带来了沉重的灾难，使他们饱受战争之苦。亚历山大号称要解放波斯的奴隶，这也让他从小亚细亚到埃及、西亚一路赢得了当地人民的支持和拥护。然而一遇到抵抗，他就会马上高举屠刀，以武力解决冲突。回顾那段历史，远征军所到之地，无数城市被摧毁，成千上万的民众惨遭杀戮或被卖身为奴。

但是，从客观的角度来看，亚历山大东征使希腊文明与埃及、波斯和印度文明有机会接触、交流和融合，从而促使各民族有机会接触更为优秀的世界文化，加快了人类由分散走向集中的进程。也就是说，亚历山大东征极大地促进了东西方之间经济文化的交流。

希腊化时代就是亚历山大东征直接的文化后果。亚历山大将战火燃向东方时，也将希腊辉煌的文化带到了东方。在占领了波斯帝国辽阔的疆土之后，亚历山大面临的一个重大问题就是如何统治这些非希腊臣民。是让希腊人成为统治者高高凌驾于这些被征服的东方人民之上，还是与他们平等相处并相互通婚？尽管亚历山大在出征前，他的老师亚里士多德曾向他强调希腊人才是天生的主人，其他人只配做奴隶，但亚历山大选择了后一种方案，即采取了与其他民族平等相处和“种族融合”的政策。当然，即使是这样的平等相处，希腊文化也依然被当作“公分母”，被东方各族人民仰慕和效法。亚历山大去世之前，他在埃及、西亚、中亚等地以他的名字命名建立了许多希腊式的城市，并且动员大量希腊人来这些城市定居，与当地人通婚联姻。他自己也作为表率，迎娶了波斯国王的两位女儿。在亚历山大的带动下，与亚洲女子通婚的马其顿战士和希腊移民有上万人之多。

通过这样的方式，亚历山大一方面开启了希腊文化推广到东方的源流，让希腊文化得以在东方土地上生根发芽、广泛传播；另一方面，他也在无意中开启了另一个窗口，那就是让东方文化反过来渗透到西方。这种相互之间的文化传播与渗透是卓有成效的，而亚历山大本人也在这一过程中发生了微妙的变化。

一直以来，亚历山大都希望自己可以像阿喀琉斯那样征服东方，但当他真正征服了波斯，发现了波斯高度发展的文明以后，他却开始在许多方面模仿波斯，甚至将波斯文化与希腊文化进行了“嫁接”。比如，他十分崇尚威严赫赫的东方宫廷礼节，于是常常穿着波斯国王的衣服，要求人们以东方人的方式向他行匍匐礼，对他敬若神明。尤其是在他看到东方世界的专制主义统治之后，更是十分仰慕，因此，他开始效仿东方的政治制度，削弱地方权力，加强中央集权，不断提高自己的地位。

这时候，亚历山大还做了一件事，这件事开启了西方社会“神—

王”的传统。他要求手下将士们将他奉为宙斯和阿蒙的合体。宙斯是希腊的主神，阿蒙是埃及的主神，亚历山大将自己当成希腊主神与埃及主神的合体，不仅要像波斯国王那样自称“万王之王”，还要宣称自己和埃及法老一样，是人与神的合体。在古希腊社会中，人与神分得很清楚，人再伟大，也成不了神，所以不论忒修斯还是阿喀琉斯，他们都是人，无论如何也成不了神，这也是神与人的本质区别。然而在东方，当大家崇拜一个王时，往往会将他看作神，比如埃及法老就被民众尊为阿蒙神之子，死后即通过木乃伊和金字塔再度转化为神。埃及的这种“神—王”传统也影响了波斯和东方其他国度，东方的许多专制君主都认为自己是神与王的合体，是神在人间的化身或“天子”。亚历山大认为自己既是神也是人，显然受到了东方文化的影响，这也直接颠覆了西方神、人分离的传统，开启了后来罗马帝国皇帝以神自居的文化源流。

亚历山大本来是想用“希腊化”的方式整合地中海东岸地区，但在征服了东方世界之后，他却深受东方文化的影响，试图在东方采取融合的方式，实现亚欧族群之间的和谐相处和文化融合。亚历山大这一做法，使东方土地上一时间出现了很多希腊人的城市，有一些城市甚至以“亚历山大”命名。这些地方起初不过是军事要塞，后来却发展为经济和文化中心。比如埃及的亚历山大城，曾一度是托勒密王国的首都，再往后又成为罗马帝国最繁荣昌盛的文化名城，直到今天，它仍然是埃及发达的经济文化重镇。

亚历山大远征时还带着许多学者，这些学者跟随他的军队来到东方各地，开始从事学术考察。他们沿途研究地形，搜集各种动植物标本（亚历山大还经常派人把这些标本送回雅典供亚里士多德研究），这对后来地理学、生物学的发展起到了很大的推动作用，也在客观上促进了希腊与亚非各国的经济、文化交流。在一个疆域辽阔的帝国范围内，政治、经济和文化的相互交融是必然会出现的事情，从这个意义上来说，亚历山大东征及其帝国的建立，在东西方文化交流史上也有着划时代的意义。

## 六、亚历山大帝国的分裂和希腊化时代

公元前 323 年 6 月，亚历山大在巴比伦不幸染上疟疾病逝。事发突然，亚历山大临死前并没有对身后事进行任何安排，也没有留下合法的继承者，与他最亲近的人是一位昏庸无能的异母兄弟。据说，手下的人在他临死前要求他指定一个合法继承人，亚历山大的回答是："让最强者继承。"

于是，亚历山大死后，他曾经的将领都认为自己是最强者，由此引发了一连串的内讧和战争，他们企图瓜分亚历山大建立的这个庞大帝国。在混乱的争斗中，亚历山大的母亲奥林匹娅斯、妻子和年幼的孩子都惨遭杀害。经过 20 多年的混战，昙花一现的亚历山大帝国土崩瓦解，其东部领土重新回到了波斯人（帕提亚人）和其他东方民族的怀抱，而西部领土则被三个胜利者瓜分，他们在亚历山大帝国的基础上分别建立了自己的王国。从此，希腊化时代正式来临。

### （一）希腊化时代开启

亚历山大去世后，他依靠军事力量在短时间内建立的庞大帝

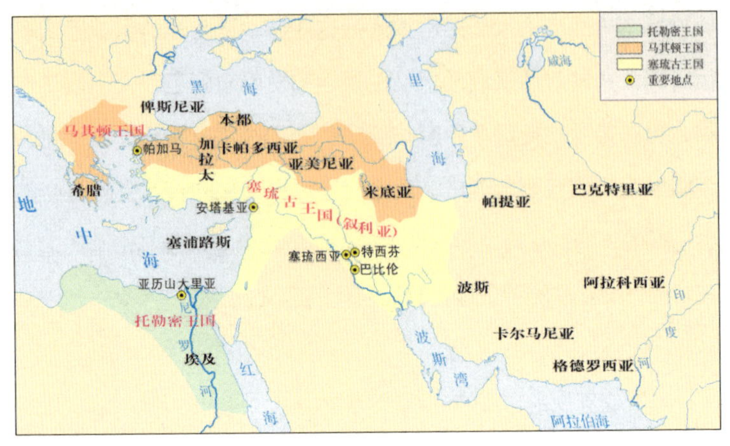


亚历山大身后的三个希腊王国

*审图号：GS（2020）4745 号*

国因缺乏经济基础和有效的行政管理措施而迅速分崩离析。他手下的将领们为了争夺王权而陷入内讧，亚历山大在东方开创的基业被他的两员大将托勒密和塞琉古瓜分。其中，托勒密获得埃及和叙利亚的南半部，塞琉古占据了波斯帝国在西亚的大部分领土，亚历山大帝国的希腊部分则归属于安提柯王朝的马其顿王国统治。

当然，与亚历山大征服的疆域相比，这三个王国的地域小了很多，这主要是由于东方的帕提亚、巴克特里亚等地区重回了东方人的怀抱。但即使这样，这三个王国的版图也远远超出了当年希腊城邦的范围。

虽然这三个王国的版图主要在东方，但这三个王国的统治者却都是希腊人（包括马其顿人），而且他们和亚历山大一样，都热爱希腊文化，也都曾积极地将希腊文化推广到东方，使其在小亚细亚、西亚、埃及等地生根发芽、开花结果。同时，他们还在这些地方建立了许多希腊化城市，这些新兴城市都是由亚历山大身后的希腊统治者们建立和发展的，而且这些新兴城市的文化水平比希腊本土那些衰落的古老城邦还要高，因而它们在希腊化时期逐渐替代了雅典，成为整个希腊文化的中心。

由于这一时期是希腊文化在北非、西亚广泛传播的时期，也是希腊文化与东方文化广泛交流的时期，所以历史上从亚历山大帝国分裂到最后一个由希腊人统治的王国——托勒密王国灭亡，这段持续了三百年之久的时间就被称为“希腊化时代”。

### （二）马其顿王国

马其顿王国的掌权者为安提柯一世，他原本是亚历山大麾下的一名将领，亚历山大死后，他与托勒密、塞琉古等人一起瓜分了亚历山大帝国。此后，安提柯一世又竭尽全力参加了争夺希腊化世界主导权的继业者战争。公元前 301 年，安提柯一世在战争中阵亡，他的儿子德米特里一世保住了马其顿和一些希腊城邦。

有一些希腊城邦并不甘心被马其顿统治。亚历山大病逝的消息传到希腊后，雅典、弗西斯、埃托利亚等地区的城邦便掀起独立运动的大潮，这些城邦中的人民将马其顿驻军赶走，不过，马其顿很快就调回救兵再次击败希腊联军，并在雅典扶植了亲马其顿的寡头政权。从此以后，雅典在希腊政治生活中彻底失去了以往的重要地位，仅在文化方面保留着自己的影响。

尽管如此，希腊人反对马其顿统治的斗争从未停止，一些经济和文化都比较落后的城邦在古典时代诸多先进城邦衰落时崛起，成为希腊人争取独立的运动的中坚力量。公元前 4 世纪末，地处中希腊西北部的埃托利亚地区的城邦组成了埃托利亚同盟，开始与马其顿抗衡。公元前 3 世纪初，南希腊西北部的阿卡迪亚地区的一些小城邦也组成了地方军事同盟，随后，科林斯、伯罗奔尼撒大部分地区的城邦也纷纷加入。由于这些希腊城邦同盟的存在，马其顿王国虽然瓜分了亚历山大帝国的领土，但它对希腊的统治却是不稳固的，这也使马其顿王国成为三大王国中最弱的一个。

而此时的希腊，一方面宗教和道德的影响日渐衰弱，另一方面财富悬殊及社会不平等现象日益严重，各城邦内部不断出现贵族与平民之间相互倾轧的情况，导致人们不再相信传统的宗教。因此，这一时期也是希腊古典喜剧发展的末期，人们对政治彻底失望，连讽喻都懒得进行，他们转而去创作或观看一些男欢女爱的新喜剧，很多喜剧直接描写一些道德沦丧现象，丝毫不具有政治讽喻的热情，而是尽情表现随波逐流、及时行乐的时代风尚。

### （三）塞琉古王国

由亚历山大的另一部将塞琉古建立的塞琉古王国（又译作塞琉西王国），是希腊化国家当中领土最为广阔的一个，其鼎盛时的统治范围包括西亚、中亚、小亚细亚以及印度次大陆西北部的部分地区，其中最稳定的统治区是叙利亚，首都位于安条克，这里曾一度成为整个希腊化世界的商贸中心和艺术中心，所以塞琉古王国又被称为“叙利亚王国”。

为了对广阔的国土和众多的民族实行有效的统治，塞琉古王国的统治者沿袭古波斯帝国的君主专制制度，同时也汲取了希腊传统政治制度的思想，将全国分为 25 个省，由国王统一任命总督进行治理，另外设有将军，直接听命于国王。但发展到公元前 3 世纪以后，塞琉古的中央权力开始衰落，王国中逐渐分裂出一系列独立的国家，如中亚的巴克特里亚、伊朗高原的帕提亚王国等。公元前 142 年，巴勒斯坦的犹太人起义获得胜利，建立了独立的国家，塞琉古王国的国土急剧萎缩，仅限于叙利亚一带。到公元前 64 年，塞琉古王国被东进的罗马大将庞培所灭。

### （四）托勒密王国

托勒密王国由亚历山大的部将托勒密所建，其首都为埃及的亚历山大城。托勒密王国的疆域主要局限于埃及的尼罗河流域，繁盛时期也曾将东地中海的一些岛屿、巴勒斯坦、叙利亚南部的部分地区纳入了自己的版图。在托勒密王朝的繁盛时期，首都亚历山大城一度成为整个地中海地区的工商业和文化中心。因商旅云集，亚历山大港口还专门修建了大理石灯塔，塔高 122 米，当时的希腊人称其为世界七大奇观之一。

除此之外，托勒密王室还修建了许多公共设施，如花园、剧场、神庙、博物馆、图书馆等。其中图书馆和博物馆是当时世界上最大的学术中心，亚历山大图书馆里不仅藏有大量书籍（据说达 53 万册之多），还集中了一大批专门从事图书文献整理及自然科学研究的学者。一些著名的科学家，如欧几里得、埃拉托色尼、阿基米德等，都在亚历山大城的博物馆中进行过学术访问和研究。只可惜，如此辉煌的文化圣地，最后却被恺撒的军队在平定托勒密王国内乱时烧成了灰烬。

亚历山大灯塔模拟图

托勒密王国继承了埃及法老的君主专制制度，国王集军事、政治、财政、宗教大权于一身，并以神在人间的代表自居，这一点对后来的罗马帝国产生了许多负面影响。公元前 2 世纪，因统治阶级内部的权力斗争及社会矛盾激化，托勒密王国走向衰落。公元前 1 世纪下半叶，托勒密王国沦为迅猛崛起的罗马帝国的被保护国，末代女王克利奥佩特拉还与罗马统帅恺撒和安东尼先后发生了著名的爱情故事。公元前 31 年，罗马“后三头同盟”[1] 的屋大维与

[1] 公元前 43 年，安东尼、屋大维和雷必达在波伦尼亚附近会晤，达成协议，共同为被刺的恺撒报仇，史称“后三头同盟”。——编者注

克利奥佩特拉之死

安东尼公开决裂，次年，安东尼兵败后自杀，克利奥佩特拉殉情而死，标志着亚历山大留下的最后一个希腊王国——托勒密王国灭亡，埃及从此被纳入罗马帝国的版图。

总之，亚历山大帝国虽然瓦解了，但此后分裂出来的塞琉古王国和托勒密王国仍然在推行亚历山大的“希腊化”政策，将希腊的生活方式与文化成果在他们统治的地区推广和渗透。亚历山大及其继承者们在东方建立了300多座希腊城市，还在许多城市当中建立了希腊式会所、剧场和体育场等，而希腊的巡回演出剧团也会定期到这些城市的剧场中上演希腊的悲剧和喜剧。“当时如果不懂得希腊文化，不能欣赏米南德及欧里庇得斯的戏剧，就不会被视为有教养的人。”在这些城市中，阿波罗、阿佛洛狄忒等希腊神祇的雕塑随处可见，希腊神庙遍地开花。

亚历山大对东方的征服及其开启的“希腊化”历程在文化上将希腊与东方组合为一个相互融通的整体。但希腊化时代不仅仅意味着希腊文化向东方的渗透和扩张，在这个表象背后，还有更加深刻的内容，即东方文化对希腊（以及后来的罗马帝国）的反向渗透。源于东方（波斯和埃及）的君主专制主义、官僚体制、奢侈放荡的享乐主义以及形形色色的神秘主义和彼岸主义的宗教信仰，随着希腊化进程悄悄浸入西方文化的肌体，潜移默化地影响、改变着西方文化的面貌。

第 III 节

## 古希腊文明的落幕

亚历山大在东征过程中用他的利剑斩断了传说中的戈耳狄俄斯之结，同样也斩断了纷扰芜杂的城邦政治之结和喧闹不已的希腊多神教之结。黑格尔曾经指出：“希腊的生活真是一种青春的行为。开始这个生活的人是阿喀琉斯，他是诗歌里的理想青年；结束这个生活的人是亚历山大，他是现实中的理想青年。这两位青年都出现在希腊与亚细亚的抗争中。”希腊神话的理想在亚历山大帝国中成为现实，奥林匹斯诸神在亚历山大大帝的旷世雄风面前只能俯首恭听。既然希腊多神教的现实基础是分离主义的城邦制度，那么当亚历山大结束了希腊城邦制度时，他也就敲响了奥林匹斯宗教的丧钟。他用帝国主义的绝对君权这块砺石，磨尽了城邦民主政治和希腊多神教的理想之光。北方蛮族强悍粗犷的性格使他得以征服在奢靡风气的腐化之下变得越来越疲软和堕落的希腊世界和东方诸国，将它们融入一个光芒四射的庞大帝国之中。

但是，亚历山大帝国如同夜空中的流星一般，转瞬即逝。亚历山大帝国曾一度以粗犷遒劲的英雄主义感召着日益消沉的希腊人的心灵，让他们看到了黯淡了的英雄主义理想再度辉煌的希望，然而随着亚历山大帝国的崩溃，希腊人再次堕入一个萎靡不振的时代。在这个时代，英雄主义的理想彻底陨落，希腊人纷纷龟缩在纷乱无聊的利益博弈和醉生梦死的温柔乡之中。他们不再赞美神灵，也不再崇拜英雄，而是将目光转向自身，开始以消极颓丧的姿态对待生活，并以玩世不恭的行为方式和冷嘲热讽的口吻揶揄生活中一切神圣的东西。希腊化时代的这种“后现代主义”的文化氛围，已经与希腊城邦时代崇高典雅的悲剧精神背道而驰了。

## 一、发达的社会文化与混乱的精神信仰

塞琉古与托勒密王朝在东方建立后，持续不断地推行亚历山大的希腊化政策，同时，塞琉古的首都安条克和托勒密的首都亚历山大城取代了曾经的雅典，成为当时希腊化世界的文化中心。在东方土地上，希腊人建立了上百座城市，并在这些城市中建造了大量希腊式的公共设施。西亚人和埃及人也像希腊人一样，开始欣赏希腊的悲剧和喜剧，接受希腊的文化教养。

表面上看，希腊化时代是希腊文化在更广阔的地域中的推广与扩展，但从实质上看，希腊化时代的希腊文化精神已经开始走向衰颓与没落。希腊文化雄浑壮丽、悲壮动人的悲剧时代已经结束，一个低吟浅唱、醉生梦死的闹剧时代接踵而来。在当时的希腊世界，尤其是在东方的希腊王国中，人们口袋里装着挥霍不尽的金钱，说出来的话也都很文明高雅，回廊里更是堆满了技艺精湛的艺术品，但是他们的头脑里只有一片空虚，整个时代的精神开始走向衰落。

正是在这种时代背景之下，希腊产生了许多末流的哲学派别与哲学思想，如犬儒主义、伊壁鸠鲁主义、怀疑主义、斯多葛主义等。这些哲学派别不再将目光投向万物的本原、形而上学的本质或现实的世界，而是沉迷于追求个人的幸福与解脱，向往“肉体的无痛苦和灵魂的无纷扰”。哲学“堕落”为伦理学，“如何在无聊的世界中获得幸福”成为哲学的主要关注点，一切高尚的情操和博大的胸怀都消失在个人自我完善的狭小天地里，英雄主义和敬神之心淹没在关于肉体快乐和灵魂获救的现实盘算里。据说有一次亚历山大去拜访著名的第欧根尼——这位犬儒派哲学家以看破红尘、我行我素而驰名希腊，除了一条狗和一根拐杖身无长物，平时就住在一个废弃的破罐子里。亚历山大告诉第欧根尼：“我是万王之王亚历山大，你有什么需要我都可以满足。”结果第欧根尼只说了一句话：“请不要挡住我的太阳光！”

在这样一种厌世哲学或者消极伦理学的影响下，希腊化时期的人们在宗教生活方面逐渐转向神秘主义。具有高贵的理性成分和明朗的欢愉色调的奥林匹斯宗教日渐衰落，奥林匹斯诸神在亚历

亚历山大与第欧根尼

山大的丰功伟绩面前黯然失色，尽管他们被雕塑成各种雕像，供奉在公共场所，却都成了毫无生气的傀儡，他们象征的希腊文化精神也不再受到尊崇。

虽然希腊的雕塑、戏剧和体育竞技活动已经远播埃及、西亚、中亚甚至印度地区，但是希腊的文化精神却一点一点地被东方根深蒂固的文化传统销蚀、渗透和替代。无论在政治制度上、生活方式上，还是在宗教信仰上，东方文化的烙印都越来越明显，希腊城邦文化那种特有的和谐之美已经出现了裂痕，精神和肉体之间的原始同一被打破，两者之间产生了明显的自我分裂和二元对立。其结果就是：一方面是疯狂放纵的物欲，另一方面则是悲观弃世的神秘，肉体与精神都陷入了一种无可救药的绝望之中，于是不得不转向东方文化去寻求解脱。在这种情况下，一种阴郁诡异的神秘主义和带有彼岸性的宗教信仰开始悄然兴起。这种彼岸性的精神信仰和现世性的希腊多神教是完全不同的，但与日后从犹太教中脱颖而出的基督教一脉相承。此时的希腊文化精神已经到了分崩离析的边缘，只要有一种新的历史力量从外部给予它一击，就可以将它推向彻底绝望的境地。这种新兴历史力量就是功利主义的罗马帝国。

## 二、希腊化时代对西方的影响

亚历山大东征将希腊文化推向了东方，成功地将希腊文化同亚洲文化、非洲文化结合起来。当西亚、北非逐步走上希腊化道路时，希腊的移民也无可避免地东方化了。这是一个同步发展而又互为补充的文化融合过程，它深刻地影响了欧洲大陆的历史发展进程。

遗憾的是，亚历山大英年早逝，没有真正使东西方文化完全融合。此后，虽然罗马人试图通过武力征服的方式从政治上实现东西方的一体化，但他们同样没能真正实现这个宏大愿望。

罗马帝国后来统治了整个地中海地区，但也只是实现了政治上的统治，并没有完成文化上的统一，因为当时地中海地区的文化呈现为一种分裂状态：地中海地区东部为希腊文化，西部是罗马拉丁文化，而南部还有埃及文化。直到基督教全面兴起之后，它才以一种“以柔克刚”的方式超越罗马的武力作用，逐渐用宗教信仰实现了整个西方世界的文化一体化。当然，基督教后来又分化成多个子系统，比如东方的东正教、西方的天主教等，但是它们都属于广义的基督教。所以说，亚历山大只是最早开启了希腊化进程，罗马人的武力征服以及基督教的信仰皈依，才最终实现了地中海范围内东西方文化的统一。

除了文化的相互交融，亚历山大开创的希腊化时代还使东方的政治制度对西方社会产生了深远的影响。前文提到，亚历山大征服东方之后开始以神自居，他用帝国主义的绝对君权和专制统治取代了希腊城邦的民主政治和自由精神。从这种意义上说，希腊化时代表面看是希腊文化在东方地域上的推广与扩展，实际上却是东方文化潜移默化、悄无声息地对西方的渗透。

首先是在政治体制上。东方国家长期实行专制主义和官僚主义，奉行君神一体和君权神授。亚历山大接触这种制度和思想后，立刻就被吸引了，因此这套政治制度和思想观念很快就反过来渗透到了希腊，甚至还影响了后来的罗马和中世纪的西方社会。罗马帝国后期的一些皇帝就实施过君神一体的政治统治手段，而中世纪西欧社会盛行的君权神授思想，最早也是从东方通过希腊传播而来的。

其次是在生活方式上。在希腊化时代，希腊人作为统治阶级，很容易受到东方那种奢靡、颓废的上流社会生活方式的影响。长期以来，东方社会的阶层划分非常严格，上层社会过的是纸醉金迷、声色犬马的放纵生活，这与希腊城邦社会中那种相对质朴、节制的上流生活方式截然不同。东方这种享乐主义的生活方式很快影响了希腊化时代的几个希腊王国，致使统治阶级、上流社会也开始毫无节制地追求奢靡的生活享受。此后，这种生活方式也影响了罗马精英阶层，尤其到罗马帝国后期，罗马人对这种疲软、奢靡的生活方式推崇备至。因此后世西方的一些学者认为，东方的纵欲主义先后腐蚀了西方两个伟大的民族，一个是希腊，一个是罗马。

最后也是最重要的，就是在宗教信仰上的影响。在当时的东方国家，下层人民过的是牛马不如、生不如死的苦难生活，他们也没有能力改变自己的处境。在这种情况下，他们便开始寄希望于死后的那个世界，把满腔热情投注其中，这便直接导致了一种彼岸性宗教的产生和发展。这种宗教后来反过来渗透到希腊甚至罗马，最后在西方土地上生根发芽、开花结果，最终长成参天大树，这就是在经历了一番苦难历程之后终于一统西方世界的基督教。

## 三、希腊文明的历史地位

古希腊文明是世界古典文明长河中的一颗璀璨夺目的明珠。古希腊民族在文学、艺术、哲学、史学、科学技术等方面创造了辉煌的成就，在世界文化史上占有十分重要的地位，对后世产生了极其深远的影响。遗憾的是，随着希腊化时代的演进，古希腊文明日益走向没落。

当整个古希腊文明的时代精神开始走向衰颓时，一种巨大的外部力量给希腊这种衰颓的精神以致命一击，将它彻底推向了绝望的深渊。这种力量一方面整饬了腐败堕落的希腊化世界，使散漫放荡的作风就范于一种铁的纪律和不可伸缩的法律下；另一方面则消除了希腊文化中刚刚出现的自我分裂状况，以一种片面性的刚劲之力取代了希腊的和谐之美。这种力量成为两种文化或两种宗教信仰之间的中介，最终将希腊化世界那种半死不活的衰朽精神推入绝望的深渊，以一种否定的方式为另一种高级文明——基督教文明的最终确立创造条件。而这种横扫希腊世界一切腐朽局面的巨大力量，来自罗马人。

尽管古希腊文明已经走向了衰亡，但是我们也应该看到，这个衰亡的过程背后掩藏着西方与东方之间的两次征服与文化反渗的关系。首先，公元前 1 世纪，罗马征服了希腊，但在文化方面，这却是一次希腊对罗马的征服。古希腊各城邦虽然沦为罗马的殖民地，但罗马人却受到希腊文化的影响，甚至可以说希腊文化深深地渗入了罗马的骨髓。结果，希腊虽然成为罗马的政治殖民地，但罗马也成为希腊的文化殖民地，也正因如此，希腊与罗马之间始终存在着一种深刻的文化张力。

因此，威尔·杜兰在他的《世界文明史》中精辟地指出，罗马人虽然征服了希腊，但在文化上却被希腊人所征服，正如东方文化曾经渗透了希腊一样。所以："罗马权力的每一次扩张，都播撒了希腊文明的酵母"。

其次，东西方之间的第二次征服与文化反渗关系表现在宗教信仰方面。到公元 4 世纪时，已经被纳入罗马版图的希腊，与罗马帝国的其他地区一样，放弃了信奉一千多年之久的希腊罗马多神教，转而信仰基督教。此时，基督教似乎已经彻底颠覆了希腊宗教，取代了多神教的国教地位。但同时我们也看到，基督教虽然取代了希腊多神教，但希腊的诸多哲学思想却深深地渗透到基督教神学之中。这种文化渗透也深受希腊与罗马之间的文化张力的深刻影响，在罗马的土地上，出现了带有罗马文化特点的基督教，即罗马公教，也就是我们所说的天主教；而在希腊土地上则生长出了具有希腊文化特点的基督教，即希腊正教，也就是我们所说的东正教。从表面上看，是基督教取代了希腊宗教，但实际上，这些基督教分支都不可避免地带有希腊文化和罗马文化的特点。也就是说，基督教在希腊罗马的土地上生根发芽，长出来的果实已经不再是原来那个纯正的东方基督教了。从这个意义上来说，当基督教实现了对希腊、罗马的征服的时候，它自己也被希腊化和罗马化了，成为有希腊文化特色的基督教（东正教）和有罗马文化特色的基督教（天主教）。由此可见，在宗教信仰方面，希腊文化及罗马文化与后来的基督教文化之间也形成了极其复杂的双向征服与渗透关系。

时至今日，希腊这片土地上的人民早已皈依了希腊东正教会的基督教信仰，但是在希腊人的“血管”里始终流淌着奥林匹斯多神教和古典文化的血液。宙斯、雅典娜、阿波罗等神灵虽然已经退出了宗教殿堂，但他们永远活在希腊人心中。

综上所述，古希腊文明虽然一次被罗马在政治上征服，一次被基督教从宗教上征服，但它却又顽强而成功地对征服者进行了两次文化反渗。所以说，古希腊时代已经一去不复返，古希腊文明也早已落下帷幕，但是古希腊文明的光芒却穿越时空，一直投射到中世纪、投射到近代，乃至投射到现代。至此，我再一次想起 19 世纪英国著名诗人雪莱的那句话：“我们都是希腊人，我们的法律、文学、宗教和艺术之根都在希腊。”

古希腊文明的光芒，永远闪耀在人类历史的星空中。